AF559378

KNAUR

MAC P. LORNE

JACK BANNISTER
HERR DER
KARIBIK

Historischer Roman

Besuchen Sie uns im Internet:
www.knaur.de

Originalausgabe Dezember 2022
Knaur Taschenbuch

Ein Imprint der Verlagsgruppe
Droemer Knaur GmbH & Co. KG
Maria-Luiko-Straße 54, 80636 München

Redaktion: Heike Fischer
Covergestaltung: ZERO Werbeagentur, München
Coverabbildung: Collage unter Verwendung
von Motiven von Shutterstock.com
Coverinnenseiten: Landkarte von Peter Palm
Abbildungen im Innenteil: Schiffsmodell von Dr. Michael Czytko,
Historische Schiffsmodelle www.modelships.de;
Anker von Christos Georghiou / Shutterstock.com
Satz: Daniela Schulz, Gilching
Druck und Bindung: CPI books GmbH, Leck
ISBN 978-3-426-52874-7

Kontaktadresse nach
EU-Produktsicherheitsverordnung:
produktsicherheit@droemer-knaur.de

4 6 8 7 5

Wie immer
für meine drei Frauen
Inga, Jette und Svea

INHALTSVERZEICHNIS

BEZEICHNUNG DER SEGEL EINES SCHIFFES IM 17. JAHRHUNDERT

1 Stagsegel
2 Blinde
3 und 4 Klüver
5 Vorbram
6 Vormars
7 Breitfock
8 Großbram
9 Großmarssegel
10 Großsegel
11 Kreuzmarssegel
12 Besansegel

PERSONENREGISTER

In dem Roman werden Begriffe und Bezeichnungen benutzt, deren Verwendung zu der Zeit, in der er spielt, durchaus üblich waren, die heute aber als rassistisch und nicht mehr zeitgemäß gelten und von denen ich mich in aller Form distanzieren möchte.

Historische Personen, denen der Leser im Laufe des Romans begegnen wird:

Jack Bannister – ein Kapitän, der zum Piraten wurde

William Lewis – sein Freund und Vertrauter

Nicholas Crispe – Geschäftsführer der Royal African Company

John Evelyn – ein begnadeter Gartenbauer und Lebemann

Sir John Banks, Edward Colston, John Locke, Tobias Rustat – Teilhaber der Royal African Company

Thomas Corker – Midshipman, später Faktor der Royal African Company auf York Island, heiratet eine Eingeborene und hat mit ihr zwei Söhne

James Stuart, Duke of York, ab 1685 als James II. König von England, Schottland und Irland – Schirmherr und Hauptnutznießer der Royal African Company

Louis XIV., absolutistischer Herrscher von Frankreich, genannt »der Sonnenkönig«

Philippe I. d'Orléans, Louis' Bruder, und sein Liebhaber, der Chevalier de Lorraine

Otto Friedrich von der Groeben, Philipp Pietersen Blonck, Mattheus de Voß, Walter von Leugreben – Kurbrandenburgische Seeleute und Entdecker

Thomas Lynch – Gouverneur von Jamaica

Hender Molesworth – sein Nachfolger als Gouverneur von Jamaica

Henry Morgan – berühmt-berüchtigter Pirat, ab 1677 Vizegouverneur von Jamaica und Richter des Obersten Gerichtshofs der Vizeadmiralität

Major Peter Beckford und Kapitän Edward Spragg – Offiziere der Royal Navy

Pierre-Paul Tarin de Cussy – Gouverneur von Tortuga

Laurens de Graaf, Michiel Andrieszoon, Nicholas van Hoorn, Jan Willems, Jacob Evertson, Michel de Grammont – Piraten der Karibik mit unterschiedlichen Nationalitäten

Alexandre Olivier Exquemelin – Schiffsarzt und Schriftsteller, der unter mehreren Freibeuterkapitänen segelte und um 1680 ein in mehrere Sprachen übersetztes Buch über »Die Amerikanischen Seeräuber« verfasste

1. TEIL
DER LIEUTENANT

1. KAPITEL
LONDON, 1681

Jack Bannister war nach seinem eigenen Dafürhalten der glücklichste Mensch auf Gottes weitem Erdenrund. Soeben hatte ihn der Pfarrer der Kirche St. Nicholas in Deptford, dem Ortsteil von London, in dem sich die meisten Werften und Faktoreien der großen Handelshäuser befanden, mit Marie-Claire, der Tochter von Captain Gilbert Magminot, vermählt. Nun schritt er, ganz stolzer Ehemann und seine strahlende, junge Frau am Arm, durch das von Entermessern, Degen und Säbeln gebildete Spalier seiner Schiffskameraden, die das Paar hochleben ließen.

Die Braut war von ihrem Vater zum Altar geführt worden und ihre Hand dort von diesem in die seine gelegt worden. Wie sehr hätte Jack sich gewünscht, dass auch seine Eltern an seinem schönsten Tag dabei gewesen wären. Aber sein Vater, ebenso einst Captain in der Royal Navy wie Magminot – dessen Vorfahren, wie der Name unschwer erahnen ließ, aus Frankreich stammten –, war in der letzten Seeschlacht gegen die Holländer gefallen, und seine Mutter bald darauf aus Gram über den Tod ihres geliebten Mannes verstorben.

Jack, der eigentlich mit Vornamen Joseph hieß, was aber nahezu in Vergessenheit geraten war, wäre damals als junger Seekadett plötzlich allein auf dieser Welt gestanden und sich bestimmt sehr einsam und verlassen vorgekommen, hätten ihn die Magminots nicht wie einen Sohn aufgenommen. Sie und die Familie Bannister waren seit Urzeiten befreundet, bewohnten als Nachbarn Kapitänshäuser nahe der großen, königlichen Werft von Deptford, und Jack und Marie-Claire hatten schon als kleine Kinder am Strand der hier langsam und breit dahinfließenden Themse Sandburgen gebaut.

Jetzt war Jack Bannister Lieutenant und Erster Offizier an Bord der nagelneuen *Golden Fleece,* die mit ihren schnittigen Linien und der starken Bewaffnung eine Mischung aus Handels- und Kriegsschiff darstellte und ein gänzlich neues Kapitel in den Annalen der *Royal African Company* aufschlagen sollte. Er hatte großes Glück gehabt, denn nach dem Ende der Feindseligkeiten gegen Holland waren viele Schiffe der Royal Navy ins Dock verholt oder gleich ganz abgewrackt sowie ihre Offiziere auf Halbsold gesetzt worden. Von dem konnte man nur äußerst bescheiden – oder eigentlich gar nicht – leben.

Doch Gilbert Magminot war nach dem Krieg bei der *Royal African Company* untergekommen, deren oberster Schirmherr James Stuart war, der Duke of York und Bruder von König Charles II., der zuvor während der Seekriege gegen die Niederlande das Amt des Lord High Admiral innegehabt hatte. Jeder in der Flotte wusste, dass James sich dabei nicht gerade mit Ruhm bekleckert hatte und es nur Admiral Monck zu verdanken gewesen war, dass es dem legendären holländischen Flottenführer Michiel de Ruyter nicht gelang, die überlegenen englischen Streitkräfte auf See vernichtend zu schlagen.

Letztlich war ein unbefriedigendes Unentschieden zwischen den beiden rivalisierenden Handelsmächten herausgekommen. Der Duke of York hätte den Krieg gern weitergeführt, doch das starke und selbstbewusste englische Parlament zwang König Charles, den teuren Krieg zu beenden. Und auch die Holländer waren an dessen Weiterführung nicht interessiert gewesen, fielen ihnen doch gerade die Franzosen in den Rücken.

Siege hatten die englischen Rotröcke eher in Amerika als auf See erringen können und dort die holländische Kolonie Nieuw Nederland mit ihrer Hauptstadt Nieuw Amsterdam erobert, die seither den Namen New York trug. Jack, dessen Vater nicht zuletzt wegen der unfähigen Flottenführung des Duke of York gefallen war, fragte sich oft, ob der Bruder des Königs die große Ehre dieser Namensgebung wirklich verdient hatte.

Aber als Magminot für ihn ein gutes Wort einlegte und er daraufhin ein Offizierspatent der *Royal African Company* erhielt, sträubte er sich nicht gegen das Angebot, sicherte ihm dies doch ein Auskommen, welches es ihm ermöglichte, sich Hoffnungen auf Marie-Claires Hand zu machen. Die Company besaß das königliche Privileg auf den Handel mit Westafrika und Westindien, und ihren Offizieren stand, wenn sie sich denn im Auftrag der Handelsgesellschaft bewährten, eine gesicherte und oft auch glänzende Zukunft bevor. Wobei es Jack durchaus nicht behagte, womit in erster Linie Handel getrieben wurde, nämlich mit Sklaven.

Aber was sollte er tun? Voller Stolz, weil er eine in seinen Augen ehrenrührige Laufbahn als Handelsschiffsoffizier ausschlug, am Hungertuche nagen? Zusehen, wie Marie-Claire, in die er seit Kindheitstagen bis über beide Ohren verschossen war, am Arm eines anderen Mannes zum Altar schritt? Das hätte ihm das Herz gebrochen, und so war ihm nichts anderes übrig geblieben, als ebenso wie sein Schwiegervater bei der *Royal African Company* anzuheuern und sich dem schmutzigen Geschäft des Sklavenhandels zu widmen. Allerdings immer in der Hoffnung, dass bald wieder eine seefahrende Nation mit seinem Heimatland Streit suchte und er an Bord eines Kriegsschiffes der Royal Navy zurückkehren konnte. Am liebsten auf eine Fregatte, denn die machten, wurden sie von einem einigermaßen schneidigen und kampfesmutigen Kommandeur geführt, die reichste Beute. Die Mannschaften und natürlich die Offiziere waren an den Prisengeldern beteiligt, auch wenn der jeweilige Captain stets den Löwenanteil einstrich. Aber vielleicht würde er ja in absehbarer Zukunft selbst einmal auf dem Achterdeck eines solchen Schiffes stehen und den Befehl zum Entern geben.

Heute war bereits sein allergrößter Traum in Erfüllung gegangen, denn er durfte von nun an die Frau seiner Sehnsüchte die seine nennen. Warum sollte dann nicht eines Tages auch sein anderer, nicht weniger großer, wahr werden? Jack Bannister hoffte es so sehr, wollte er seiner heiß geliebten Marie-Claire doch ein sorgenfreies Leben in gesichertem Wohlstand, wenn nicht gar in angemessenem Luxus, bieten können. Eine so atemberaubende Schönheit wie sie hatte es einfach verdient!

Die frisch vermählte Mrs Bannister war drei Jahre jünger als ihr angetrauter Gatte, dem sie von Herzen zugetan war und den sie aufrichtig liebte, auch wenn er nicht der erste Mann in ihrem bisherigen Leben gewesen war. An einer schönen Blume rochen schließlich viele Nasen, und dass sie von ausgesuchter Attraktivität war und die Begierden der Männer weckte, stand völlig außer Frage und war ihr auch bewusst.

Eigentlich hätte sie heute dem Anlass und der Mode entsprechend eine aufwendig aufgetürmte Perücke tragen müssen und es auch gern getan, weil sie den Kopfputz, der aus Paris kam und die Damenwelt im Sturm erobert hatte, elegant und mondän fand. Aber da ihr Gemahl es grundsätzlich ablehnte, sich etwas anderes als seinen Uniformhut aufs Haupt zu stülpen, Perücken geradezu verabscheute und seine braune Mähne am Hinterkopf stets nur mit einem schwarzen Samtband bändigte, hatte Marie-Claire, wenn auch mit Bedauern, auf eine Zweitfrisur verzichtet. Stattdessen hatte ihr eine Freundin das honigblonde, seidige Haar, das ihr bis auf den kleinen, apfelförmigen Po fiel, hochgesteckt und kleine, weiße Rosenknospen hineingeflochten.

Dabei hätte ihr so eine kunstvolle Perücke, wie man sie jetzt der französischen Mode folgend bei Hofe trug, bestimmt überaus gut gestanden. Wenn ihr der Coiffeur dann noch eine lange, gedrehte Haarlocke den schlanken Hals bis zum Brustansatz hinabfallen hätte lassen, wären ihrem Gemahl sicher die Augen herausgefallen. Nun, irgendwann, wenn er die Karriereleiter bei der Company noch weiter hinaufgestiegen war – und dass es dazu kam, dafür wollte sie schon sorgen –, würde er wohl nicht länger darum herumkommen, ihr solch einen Kopfputz zu schenken und vielleicht sogar selbst eine Allongeperücke zu tragen. Obwohl, an Letzterem hatte Marie-Claire so ihre Zweifel, denn dann hätte Jack sich ja seine unbändige Haarpracht, die nie im Leben unter einer Perücke Platz finden würde, kurz schneiden oder sogar gänzlich scheren lassen müssen. Und ob sie ihn dazu bewegen konnte, wusste selbst sie nicht zu sagen.

Die blauen Augen der jungen Frau blitzten keck und lebenslustig, während ihr diese Gedanken durch den Kopf schossen, und ihre sinnlichen, roten Lippen, gerahmt von kleinen Grübchen, formten sich zu einem versonnenen Lächeln. Ihre Figur war makellos, vielleicht etwas zu schlank für den geltenden Zeitgeschmack. Aber an üppigen Körpern und fast aus dem Dekolleté springenden, schweren Brüsten fand sie wenig Gefallen. Und ihr Mann, der nun so stolz und selbstbewusst an ihrer Seite schritt, wie er ihr zigfach versichert hatte, auch nicht.

Wie sie ihn bewunderte, diesen gut aussehenden, großen, breitschultrigen und muskulösen Seehelden! Ihr Vater sagte ihm eine steile Laufbahn in der Company voraus, sonst hätte er ihm seine Tochter auch niemals zur Frau gegeben. Vorausgesetzt allerdings, Jack überwarf sich nicht noch einmal mit seinem Kapitän, so wie auf der letzten Reise.

Captain Fletcher, so hatte es ihr der Vater berichtet, war zwar ein übler Menschenschinder, und wem schon das Leben der Deckhands wenig galt, dem galt das seiner ebenholzfarbigen Fracht schon gar nichts. Meist brachte der Schiffsführer deshalb auch nur die Hälfte der an der Sklavenküste in Afrika erworbenen Schwarzen lebend nach Westindien. Aber trotzdem erzielte er für die Company stets satte Gewinne, und nur das zählte für Nicholas Crispe und seine Familie, die Haupteigentümer der Gesellschaft waren.

Jack Bannister war mit Fletcher über die Behandlung der Seeleute, ihre mageren Rationen und das schlechte, brackige Wasser, das schon nach wenigen Tagen auf See aus den Tonnen stank, übel in die Haare geraten und hatte dabei auch gleich eine Lanze für die unter unsäglichen Bedingungen an Bord des Schiffes zusammengepferchten und dahinvegetierenden Sklaven gebrochen.

Fast wäre es zur Meuterei der Offiziere und der Besatzung gekommen, hätte der Captain nicht eingelenkt. Die Schwarzen, von denen etliche zuvor wie die Fliegen gestorben waren, konnten nun wenigstens jeden zweiten Tag für eine Stunde an Deck, um dem Gestank in ihren Quartieren zumindest für eine kurze Zeit zu entfliehen und frische Luft in die Lungen zu bekommen. Währenddessen wurden ihre Unterkünfte, in denen sie angekettet und eng aneinanderliegend die Überfahrt verbringen und auch ihre Notdurft verrichten mussten, mit Seewasser ausgespritzt und die Fäkalien ins Meer gespült. Jack hatte es auch sehr zum Ärger des Captains durchgesetzt, dass schon vor Jamaica, dem Ziel der Reise, auf einer der ersten, zu den Kleinen Antillen zählenden Karibikinseln Frischwasser und Früchte an Bord genommen wurden. Dass er dazu gezwungen worden war, darüber hatte sich Fletcher nach seiner Rückkehr bei Crispe bitterlich beschwert und von diesem – wie nicht anders zu erwarten – auch recht bekommen.

Um ein Haar wäre dies das Ende der Karriere von Jack Bannister bei der Company gewesen, doch Crispe war intelligent genug, sich auch bei der Besatzung und den anderen Offizieren umzuhören. Und was er von diesen erfuhr, zeichnete ein ganz anderes Bild von den Vorkommnissen an Bord als das von Captain Fletcher geschilderte. Die Männer waren fast alle an Skorbut erkrankt und kaum noch in der Lage gewesen, das Schiff zu manövrieren. Wären sie in dieser Lage auf die gefürchteten Piraten der Karibik gestoßen, hätten diese leichtes Spiel mit ihnen gehabt und reiche Beute machen können. Und so kam Jack Bannister noch einmal mit einer Verwarnung davon und wurde nicht einmal degradiert, sondern sogar auf die neue *Golden Fleece* versetzt, die demnächst auslaufen sollte, was einer Beförderung gleichkam.

Viel Zeit wird das Paar also nicht miteinander verbringen können, denn spätestens nächste Woche muss Jack sich an Bord seines neuen Schiffes melden und ist dann für mindestens ein Jahr auf See, sinnierte Gilbert Magminot vor sich hin, der, die eigene Frau am Arm, hinter den frischgebackenen Eheleuten herschritt. Er wusste keineswegs zu sagen, ob das gut oder schlecht für die Jungvermählten war, denn er kannte die überschäumende Lebenslust seiner Tochter. Das eine oder andere Gerücht, das selbst ihm zu Ohren gekommen war, besagte, dass Marie-Claire Liebeleien durchaus nicht abgeneigt war. Allerdings wusste er nicht, ob es sich dabei nur um harmlose Flirts, wie unter jungen Leuten üblich, gehandelt hatte, oder sie womöglich sogar weitergegangen war. Zutrauen würde er dies seiner Tochter zu seinem Leidwesen durchaus. Seine Frau war ihm dabei auch keine große Hilfe, denn wenn er sie danach befragte, wich sie ihm stets aus und wechselte schnell das Thema.

Aber vielleicht würde sich Marie-Claire jetzt ja auch zusammenreißen, da sie eine verheiratete und gut situierte Ehefrau war, auf der in dem kleinen Deptford zudem alle Blicke ruhten, und die unweigerlichen Trennungen, die bei Seeleuten nun einmal an der Tagesordnung waren, die Liebe frisch halten. Denn dass seine Tochter Jack Bannister liebte, dessen war er sich gewiss und ließ sich auch nicht übersehen. Ihre Blicke, zärtlichen Berührungen und geflüsterten Schwüre, wenn sie sich unbeobachtet und nicht belauscht wähnten, sprachen Bände. Hätte sie allerdings im nahe gelegenen London mit seinen Theatern, Bällen und sonstigen Vergnügungen gewohnt, hätte sich Magminot wesentlich mehr Sorgen gemacht. Dorthin gingen verheiratete Frauen gemeinhin zwar nur in Begleitung ihrer Ehegatten, aber man hörte doch so einiges munkeln.

Jack Bannister hingegen hatte von einem derartigen Raunen, die Frau an seinem Arm betreffend, noch nicht das Geringste vernommen. Das konnte er auch gar nicht, hatte er sich doch die meiste Zeit in den letzten Jahren auf See befunden. Und wenn er sich dann einmal ein paar Wochen daheim befand, konnte er kein Auge von Marie-Claire wenden, überhäufte seine Angebetete mit Geschenken und war überglücklich, als sie einwilligte, seine Frau zu werden, und das Ehepaar Magminot ihnen seinen Segen dazu gab. Diesem war es ganz recht, ihre Tochter in festen Händen zu wissen, und Jack Bannister ein angesehener Mann, der wohl in die Fußstapfen seines Vaters und Schwiegervaters treten würde. Außerdem liebte er ihre Tochter abgöttisch, und auch sie ließ schon seit Längerem verlauten, dass ihr der junge Lieutenant nicht gleichgültig war. Was konnten sich Eltern denn mehr für ihr einziges Kind wünschen?

Von der Kirche ging es zum Gasthaus zum Blauen Walfisch, wo der Wirt dank des sonnigen Wetters die Tische und Bänke im Freien hatte aufstellen können. Nun tischte er auf, was Küche und Keller nur hergaben, denn die Eltern der Braut, die traditionsgemäß die Feier ausrichteten, wollten sich nicht lumpen lassen.

Jack Bannister hatte alle seine bisherigen Schiffskameraden eingeladen, denn die Hochzeit war gleichzeitig der Abschied von ihnen. Er würde zukünftig auf einem anderen Segler der Company Dienst tun und musste diejenigen, die ihm ans Herz gewachsen waren, ihrem Schicksal und der Befehlsgewalt von Captain Fletcher überlassen. Doch daran wollte er heute nicht denken, sondern mit seiner Frau und seinen Freunden sein Glück feiern.

Der Tag war schon weit fortgeschritten, Bier und Wein flossen in Strömen, und auch ein Fässchen Rum war aufgebockt worden, da näherte sich von Trinity House, dem Sitz der *Royal African Company* in Deptford, herkommend eine Kutsche.

Als Vertreter der Familie Crispe, den Hauptaktionären der Handelsgesellschaft, rollte Nicholas Crispe heran, um dem Brautpaar seine Aufwartung zu machen und zu gratulieren.

Schließlich waren sowohl Gilbert Magminot wie auch Jack Bannister verdiente Offiziere im Dienst der Company, und man vergab sich als Gesellschafter nichts, wenn man sich diese gewogen hielt.

Ein Lakai sprang sofort ab, als die Kutsche hielt, und klappte den Tritt heraus, damit Nicholas Crispe bequem aussteigen konnte. Dieser, ganz nach der neusten Mode gekleidet, den obligaten Spazierstock mit Silberknauf in der Hand, eine gewaltige Allongeperücke auf dem Kopf, tänzelte mehr, als dass er schritt, auf die Feiernden zu.

Jack, sein Schwiegervater und auch die Frauen erhoben sich sofort, wobei sich die beiden Männer vor ihrem Dienstherrn verbeugten und etwas von »Welch große Ehre« murmelten, während die Damen in einen tiefen Knicks versanken. Alle vier waren sich der Ehre bewusst, die ihnen durch die Anwesenheit des Hauptgeschäftsführers der Company zuteilwurde, und deshalb hocherfreut über dessen Besuch. Nur das Schiffsvolk, schon reichlich angetrunken, sah das anders und grölte Crispe entgegen. Auch der eine oder andere Fluch war darunter, denn schließlich sahen sie ihn als einen der Verantwortlichen für die schlechten Bedingungen an Bord an, unter denen sie auf den langen Reisen zu leiden hatten. Aber die waren immer noch besser als die bei der Royal Navy, und Crispe wusste, wie er die Männer zu nehmen hatte.

»Behaltet doch Platz, Mesdames et Messieurs«, gab sich der Gast ganz charmant und folgte mit seiner Anrede den Sitten bei Hofe. »Ich will nicht weiter stören, sondern nur die Glückwünsche meiner Familie, der Company und, wenn ich so frei sein darf, auch die Seiner Königlichen Hoheit, des Duke of York, zur heutigen Eheschließung überbringen. Doch zuvor lasst mich den anwesenden Männern und auch Frauen noch jeweils ein Fass von dem spendieren, was hier ausgeschenkt wird. Ich kann doch davon ausgehen, Wirt, dass Ihr das Beste, was Euer Keller zu bieten hat, auffahren werdet?«

Der Besitzer des Blauen Walfischs kam vor lauter Verbeugungen fast nicht wieder in die Senkrechte.

»Selbstverständlich, Mylord«, dienerte er. »Eurem Wunsch soll sofort Genüge getan werden. Niemals würde ich es wagen, etwas anderes als das Beste vom Besten meinen geschätzten Gästen anzubieten.«

»Was auch immer das ist«, meinte Crispe nachsichtig und sonnte sich in dem Jubel, der das Gegröle verdrängte, als sich herumsprach, was er gerade ausgegeben hatte. Aber an einem solchen Tag konnte man sich schon einmal großzügig zeigen, wenn nur am nächsten die Zügel wieder gewohnt streng angezogen wurden.

»Dürfen wir Euch einen Platz und ein Glas Wein anbieten, Mylord?«, erkundigte sich der Bräutigam höflich und wies auf den Lehnstuhl am Kopf der Tafel, den er bisher innegehabt hatte.

»Gern«, stimmte Crispe, ohne sich zu zieren, zu. »Auch wenn ich nicht lange bleiben kann. Wichtige Geschäfte, Ihr versteht? Immer im Dienst der Company unterwegs. Aber wem sage ich das? Ausgerechnet den Männern, die unseren Reichtum durch ihren Wagemut und die Entbehrungen, die sie auf langen Reisen auf sich nehmen, so vortrefflich mehren.«

Mit diesen Worten ließ sich Crispe neben Marie-Claire nieder, die er allerdings schon von Empfängen, die die Company für ihre Kapitäne und deren Familien zu bestimmten Anlässen gegeben hatte, kannte. Doch er hatte sie lange nicht gesehen und war von ihrer erblühten, atemberaubenden Schönheit ebenso entzückt wie jeder andere Mann weit und breit auch. Nur, dass Nicholas Crispe es gewohnt war, zu bekommen oder aber sich zu nehmen, was immer er begehrte. Und es hatte nur eines einzigen Blickes auf die Jungvermählte bedurft, um seine Begierde zu wecken und diesbezüglich Pläne zu schmieden. Er winkte den ihn begleitenden Lakaien herbei, der auch sogleich herangeeilt kam und seinem Herrn ein kleines Kästchen aus Ebenholz überreichte.

»Ich hätte es natürlich niemals gewagt, hierherzukommen, ohne zumindest der Braut ein Hochzeitsgeschenk mitzubringen. Wenn Ihr so gütig sein wollt, Madame, diese kleine Gabe huldvoll anzunehmen. Ihr würdet mir eine große Freude bereiten.«

Nicholas Crispe klappte den Deckel der Schatulle nach oben, und zum Vorschein kam ein meisterlich gearbeitetes, zierliches goldenes Collier, das sich allerdings zur Mitte hin verbreiterte und einen blauen Saphir umschloss, der genau die Farbe der Augen der Braut besaß. Die junge Frau schlug vor Überraschung die Hand vor den Mund und starrte auf das edle Schmuckstück, ohne im ersten Moment etwas sagen zu können.

Ihrem Gemahl erging es nicht anders, aber aus einem anderen Grund. Jack hatte seiner Angetrauten nur einen einfachen Goldreif zur Hochzeit schenken und am Altar an den Finger stecken können. Zu mehr reichte seine gegenwärtige Heuer einfach nicht aus, und so fasste schon etwas wie Wehmut nach seinem Herzen, als er sah, welche großzügige Gabe sich sein Dienstherr erlauben konnte.

»Mylord, ich bin sprachlos und über alle Maßen gerührt«, brachte Marie-Claire endlich hervor, die von dem kostbaren Schmuckstück äußerst angetan war. »Soll diese edle Gabe tatsächlich für mich sein? Womit habe ich denn ein solches Geschenk verdient?«

»Damit, dass Ihr mir gestattet, Euch das Collier umzulegen, Mrs Bannister«, entgegnete Crispe galant und erhob sich, um hinter die Jungvermählte zu treten. Er nahm das Schmuckstück und legte es sanft um Marie-Claires Hals, die den Kopf leicht neigte, damit er es in ihrem Nacken leichter schließen konnte. Da ihr Haar hochgesteckt war, zeichneten sich die schlanken Linien ihres Halses deutlich ab, und Crispe strich mit den Fingern genussvoll über die zarte Haut. In diesem Moment wusste er, dass er sich irgendwann vom Haaransatz über den schlanken Hals und die Schultern bis zu den Brüsten und weiter zum

Schoß dieser blonden Schönheit vorküssen würde, um sie dann, während ihr Mann auf hoher See weilte, zu beglücken. Er kannte dazu Mittel und Wege, und bislang war es ihm noch immer gelungen, alle Frauen, die er begehrte, in sein Bett zu bekommen.

Jack Bannister, der etwas verdattert danebenstand, hatte das Gefühl, dass hier etwas geschah, was ganz und gar nicht geschehen sollte. Zumindest verweilten nach seinem Dafürhalten Crispes Hände länger, als es schicklich war, auf Marie-Claires Hals und ihrer Haut. Aber welche Möglichkeit hatte er, einzugreifen? Keine, wurde ihm bewusst, wollte er nicht einen Skandal heraufbeschwören, der ihn und wahrscheinlich auch seine Schwiegereltern die Existenz kosten würde. Und bevor er etwas Dummes und Unüberlegtes tun konnte, war der Spuk auch schon wieder vorbei, denn Crispe war ein Mann, der in jeder Situation wusste, wie weit er gehen konnte. Und hier und heute war nicht der Zeitpunkt, um eine junge Ehefrau, noch dazu vor den Augen ihres Mannes und einer Menge Gäste, in Verlegenheit zu bringen. Aber der Tag würde kommen, dessen war er sich gewiss. Deshalb verabschiedete er sich auch ebenso schnell und überraschend, wie er gekommen war, von der Hochzeitsgesellschaft und rollte mit seiner Kutsche wieder davon. Jack Bannister sah ihm eine ganze Weile stumm nach und hatte irgendwie den Eindruck, es würde Schwefelgeruch in der Luft liegen.

Das Fest ging bis weit nach Mitternacht, und es wurde so viel gegessen, getrunken, gelacht und getanzt, dass sich wohl jeder in ganz Deptford noch lange daran erinnern würde. Erst spät gelang es Jack, seine ihm Angetraute dazu zu bewegen, die Hochzeitsfeier zu verlassen und sich mit ihm ins Haus seiner Eltern, das nun auch das ihre war, zu begeben. Begleitet wurde das Brautpaar von einer johlenden Menge, die allerlei frivole Anspielungen und auch Gesten machte und lauthals forderte, dass der Bräutigam seine Frau gefälligst über die Schwelle zu tragen habe.

Jack ließ sich nicht lange bitten, hob die federleichte Marie-Claire hoch, die sofort ihre langen, schlanken Arme um seinen Nacken schlang und sich an seine Brust schmiegte, allerdings nicht, ohne ihrem Mann zuvor einen zarten Kuss auf die Wange gehaucht zu haben. Ein wenig graute ihr vor der Hochzeitsnacht, aber die weise Frau in Greenwich hatte ihr versichert, dass schon alles gut gehen würde, wenn sie sich nur ganz exakt an ihre Anweisungen hielte.

Marie-Claire hatte ihre Jungfräulichkeit bereits vor einer ganzen Weile an John Evelyn, den Vater ihrer besten Freundin Mary, verloren. Der weltgewandte Mann, der zuvor in Frankreich gelebt und dort die Tochter des englischen Botschafters geheiratet hatte, war nach Deptford gezogen, um die ehemalige Residenz seines Schwiegervaters auf Vordermann zu bringen. Er war ein begnadeter Gartenbauer, der diese Kunst am Hofe König Louis XIV. erlernt hatte. Der Adel und das vermögende Bürgertum rissen sich geradezu um ihn, wollte doch jeder etwas vom Glanze des Sonnenkönigs abhaben, selbst wenn es nur ein kleines Stück angelegter Garten war.

Sayes Court, so hieß das Anwesen der Evelyns, war selbst von einem großen Garten umgeben, den der Gartenbaumeister nach seinen Vorstellungen gestaltet und zum Park erweitert hatte, der ihm nun als Vorzeigeobjekt und Aushängeschild diente.

In diesem hatte Marie-Claire gern mit ihrer Freundin und deren sieben Geschwistern gespielt, und später auch im Schatten der Bäume mit jungen Männern geturtelt. Dabei war sie John Evelyn aufgefallen, der sich seither um das junge Mädchen mit der Grandezza des erfahrenen Lebemannes bemüht hatte. Als er sie einmal allein in seinem Herrenhaus Sayes Court antraf, wo sie nach ihrer Freundin Mary Ausschau hielt, die allerdings mit den Geschwistern und der Mutter nach London gefahren war, gelang es ihm, die erwachende Schönheit zu verführen. Er tat dies keineswegs mit Gewalt oder gar auf die Schnelle, sondern ließ sich viel Zeit, um die Gunst der von ihm begehrten Jungfrau zu gewinnen.

Irgendwann konnte Marie-Claire dem charmanten Werben nicht mehr widerstehen. Als ihr Körper von den zärtlichen Berührungen, gehauchten Küssen und schmeichelnden Worten in Flammen stand, gab sie sich John Evelyn, der älter als ihr eigener Vater war, hin.

Und es blieb nicht bei diesem einen Mal. Der Vater ihrer Freundin gab sich alle Mühe, der nun jungen Frau alles beizubringen, was er selbst auf seinen Reisen durch Italien und Frankreich über die Liebe erfahren und gelernt hatte. Es war ihm, als könne er dadurch seine eigene Jugend zurückholen, und in ihm erwachte wieder der galante Liebhaber, der einst selbst oft genug von frivolen Damen verführt worden war.

Marie-Claire war eine interessierte und vor allem begabte Schülerin, die sich mit Vergnügen Lust bereiten ließ, aber sie auch genauso gern schenkte. Und so probierte sie das eine oder andere, was ihr Lehrmeister ihr beigebracht hatte, auch bei anderen jungen, ausgewählten Männern aus besseren Kreisen aus, auf deren Diskretion sie sich verlassen konnte. Dass sie dafür von diesen, ohne es explizit zu fordern, reich beschenkt wurde, betrachtete sie als Selbstverständlichkeit und als einen Tribut an ihre Schönheit.

John Evelyn war das durchaus nicht entgangen, und schon bald erkannte er, welch schwelendes Feuer er da entfacht hatte, fühlte sich aber auch für seine Eroberung verantwortlich. Deshalb brachte er Marie-Claire mit einer Kräuterfrau in Greenwich zusammen, die einen guten Ruf hatte und wusste, wie man eine unliebsame Schwangerschaft verhindern konnte. Nur die Jungfräulichkeit wiederherzustellen, vermochte selbst sie nicht. Doch sie wusste diesbezüglich zumindest Rat und hatte ihrer Kundin etwas mitgegeben, was diese sich vor dem Beischlaf mit ihrem Gemahl einführen sollte, der natürlich davon ausging, der Erste zu sein, dem sich seine Braut hingab.

Zwischen zwei dünnen Schichten getrockneter Blätter, die sich in der feuchten Wärme eines weiblichen Schoßes bald auflösen würden, befand sich getrocknetes Rinderblut in zwei verschiedenen Farbtönen. Mit männlichem Samen vermischt würde es nahezu seine ursprüngliche Konsistenz wiedererlangen, und kein Ehemann der Welt auf die Idee kommen, seine Gemahlin nicht entjungfert zu haben.

Marie-Claire fiel es nicht leicht, ihren Gatten derart zu hintergehen, denn sie liebte ihn aufrichtig. Doch was sollte sie tun? Ihm gestehen, dass er nicht der Erste war, dem sie ihre Gunst gewährte? Nun, am französischen Hof war das gang und gäbe, hatte ihr ihre Freundin Mary erklärt. Selbst Männer von hohem Adel fühlten sich geehrt, wenn sie eine Frau heiraten durften, der vielleicht sogar der König selbst zuvor die Unschuld genommen hatte. Aber Jack? Der würde eher jeden umbringen, der sie jemals berührt hatte, als sich an der geweckten Sinneslust seiner Gemahlin zu erfreuen. Darüber war sich die frischgebackene Ehefrau völlig im Klaren.

Deshalb blieb ihr gar nichts anderes übrig, als ihren Gatten bereits in der Hochzeitsnacht zu betrügen, und sie tat es äußerst geschickt. Marie-Claire wand sich aus Jacks Armen, kaum dass die Tür hinter ihnen ins Schloss gefallen war, küsste ihren Mann auf den Mund und flüsterte ihm »Ich muss mal« ins Ohr. Sie kannte das Haus natürlich und wusste, wo sich der Abort befand. Dort präparierte sie sich, wie es ihr die Kräuterfrau beschrieben hatte, ohne sich jedoch zu erleichtern.

Als sie wieder in den Gang zwischen den Zimmern hinaustrat, sah sie durch die offene Tür, dass ihr Gemahl in der Stube stand und Wein in zwei Pokale goss. Sie durfte sich jetzt allerdings nicht allzu lange mit Förmlichkeiten aufhalten, sonst würde sich das Blut noch vor dem Akt auflösen und zu zeitig zu sehen sein. Also packte sie Jack bei den Händen, zog ihn eng an sich heran und küsste ihn heiß und verlangend auf den Mund. Das brauchte sie nicht zu spielen, denn sie begehrte ihren Mann mit jeder Faser ihres Leibes und konnte es kaum erwarten, sich mit ihm zu vereinigen. Heute, das wusste sie, musste sie noch etwas die schüchterne Jungfrau geben, aber schon bald wollte sie ihm alle Wonnen des Paradieses schenken.

»Komm, Liebster, lass uns zu Bett gehen«, hauchte Marie-Claire. »Dort kannst du mich nun endgültig zur Frau, zu deiner Frau, machen. Ich sehne mich so sehr danach.«

Jack, der es langsam hatte angehen lassen wollen, war zwar einerseits überrascht über die Eindeutigkeit der Worte seiner Gemahlin, andererseits aber auch hocherfreut über deren Sinnlichkeit. Seine Erfahrungen beschränkten sich allerdings auch nur auf ein sehr unbefriedigendes Zusammensein mit einer Hafenhure in Portsmouth, zu der ihn seine Schiffskameraden in betrunkenem Zustand geschleppt hatten. Noch Monate später hatte er sich davor gefürchtet, sich bei ihr womöglich eine der Krankheiten geholt zu haben, von denen an Bord nur hinter vorgehaltener Hand gesprochen wurde. Aber wenn gestandene Männer beim Pinkeln in der Back vor Schmerz schrien, wusste man, was die Stunde geschlagen und dass sie sich die sogenannte Franzosenkrankheit zugezogen hatten. Er war glücklicherweise um diese und andere Erfahrungen herumgekommen. Aber gerade, weil er über keine derartigen verfügte, hatte er Sorge, heute auch wirklich seinen Mann stehen und Marie-Claire so glücklich machen zu können, wie sie es verdiente.

Doch Jacks Bedenken waren völlig unbegründet. Seine Frau hatte schon auf dem Abort ihr Hochzeitskleid aufgeschnürt und ließ es sich jetzt vor dem Bett stehend lasziv von den Schultern gleiten. Auf der Stelle erwachte die Männlichkeit ihres Gatten zum Leben und richtete sich auf. Jack konnte gar nicht so schnell aus seinen Kleidern gelangen, wie seine Frau ihm das Hemd abstreifte und sich gleich darauf, so wie Gott sie geschaffen hatte, erwartungsvoll auf dem Bett räkelte. Das war von der Zugehfrau, die schon in den Diensten von Jacks Eltern gestanden hatte, mit Rosenblättern bestreut worden. Schließlich liebte sie den Buben abgöttisch und hoffte sehr, dass er mit der Frau, von der man das eine oder andere munkeln hörte, auch wirklich glücklich wurde.

Jack war von der Sinnesfreude seiner Gemahlin zwar überrascht, genoss sie aber in vollen Zügen. Die erste Vereinigung der beiden Liebenden war allerdings nur kurz und offensichtlich für Marie-Claire etwas schmerzhaft, denn sie verzog, als Jack in sie eindrang, das Gesicht und stieß einen kleinen, spitzen Schrei aus, der sich wiederholte, als er sich nach wenigen Stößen in ihr verströmte. Es kam zusammen mit seinem Samen auch etwas Blut aus ihrer Scheide, wie Jack im Licht der Kerzen sah. Er wusste zwar, dass das so sein musste, aber es zerriss ihm trotzdem fast das Herz, der Liebe seines Lebens offenbar wehgetan zu haben.

Doch Marie-Claire schien das alles nicht weiter zu stören. Sie stand auf, präsentierte sich ihrem Gemahl ungeniert in all ihrer nackten Schönheit, säuberte sich mit Wasser und einem feuchten Leinentuch an der Waschschüssel und anschließend sogar ihren Mann, dem das hochnotpeinlich war, richtete sich doch sein Glied in der Hand seiner Frau schnell wieder zu seiner vollen Größe auf.

Genau das war Marie-Claires Absicht gewesen, die noch lange nicht genug von ihrem Gemahl hatte. Gegen dessen männliche Statur waren all ihre bisherigen Liebhaber nur armselige Würstchen gewesen, John Evelyn eingeschlossen. Sie musste ihrem Mann allerdings noch beibringen, sie so zu lieben, wie Evelyn es ihr beigebracht hatte. Und wenn man nun schon dabei war, konnte der Unterricht ja gleich, wenn auch behutsam, beginnen.

Noch zweimal schenkte sie Jack, der sich im siebenten Himmel wähnte, in dieser Nacht grenzenlose Lust und empfing sie in seinen Armen selbst. Fest nahm sie sich vor, ihm niemals untreu zu werden, auch wenn er noch so lange und weit von ihr entfernt auf den Weltmeeren herumschipperte. Allerdings musste sich an diesem Haus hier dringend etwas ändern, noch besser wäre jedoch: man gäbe es gleich ganz auf. Es war das Pendant zu dem ihrer Eltern, welches ihr schon immer klein und ärmlich vorgekommen war. Gut, kein Vergleich zu den Katen des einfachen Schiffsvolkes oder der Werftarbeiter, aber auch keiner zu dem Herrenhaus von Sayes Court. Mindestens etwas Derartiges schwebte ihr als zukünftiges Heim vor, wo man auch einmal Gesellschaften und vielleicht sogar einen Ball geben konnte. Dafür müsste sie ihrem Mann allerdings etwas auf die Sprünge helfen und ihm den Weg weisen, das war Marie-Claire durchaus bewusst. Sie hatte auch schon einen Plan, wie sie dies zuwege bringen wollte. Und wenn sie dafür ihren, sich gerade erst gegebenen Schwur notgedrungen einmal vergessen müsste, dann sollte es eben so sein.

Eine Woche später war es mit dem jungen Glück bereits vorbei. Jack Bannister musste sich an Bord der auslaufbereiten *Golden Fleece* begeben und sich, auch wenn es ihm noch so schwerfiel, aus den Armen seiner anbetungswürdigen Gemahlin losreißen, die ihm in den wenigen Tagen ihrer Flitterwochen das Paradies gezeigt hatte. Und Marie-Claire hoffte, dass, wenn ihr Gemahl hoffentlich wohlbehalten und unverletzt zu ihr zurückkehrte, sie ihm bereits die weiteren Schritte auf der Karriereleiter geebnet hätte.

2. KAPITEL
GOLDEN FLEECE, 1681

Als Jack Bannister das Fallreep der *Golden Fleece* betrat, ließ der Bootsmann Seite pfeifen, um ihn willkommen zu heißen. Das war eher ungewöhnlich und für den Ersten Offizier ein Zeichen dafür, dass sich der Captain nicht an Bord befand und er Zeit hatte, die schmucke und nach den modernsten Erkenntnissen der Schiffsbaukunst entworfene Galeone zu besichtigen, um sich mit ihr vertraut zu machen. Schließlich würde sie nunmehr für lange Zeit seine Heimat sein. Je besser er sie kannte – und nicht nur ihre Vorzüge, sondern auch ihre Schwächen –, desto effektiver konnte er sie später führen, wenn sein Vorgesetzter, wie Jack hoffte, ihm freie Hand ließ. Schließlich war er als dessen Stellvertreter gleichzeitig der Navigator und bestimmte zusammen mit dem Steuermann den Kurs, den man segeln würde.

Die meisten Handelsschiffskapitäne hielten sich bezüglich der Schiffsführung zurück, bestimmten nur das absolut Notwendigste und verbrachten ansonsten die Zeit in ihrer meist luxuriös ausgestatteten Kabine oder auf dem Achterdeck. Sie traten nur in Erscheinung, wenn es unabdingbar war oder sich die Offiziere auf ihre Autorität berufen mussten. Ihre große Stunde kam erst, wenn es galt, die Handelsware – seien es Sklaven, Elfenbein, Zucker oder auch Rum – zu erwerben. Da ein Kapitän am Gewinn der Reise maßgeblich beteiligt war, übernahm er auch das Feilschen in den allermeisten Fällen höchstselbst, prüfte die Ware und suchte sie aus, denn bekanntermaßen lag der Gewinn im Einkauf, wie die cleveren Kaufleute der Hanse schon vor mehreren Hundert Jahren gewusst hatten.

An Bord salutierte Jack der Wache, als wäre er bei der Royal Navy, und begrüßte dann den Bootsmann freundlich mit einem kräftigen Händedruck, der von kleiner, aber stämmiger Statur war und das Bindeglied zwischen den Offizieren und der Mannschaft darstellte. Ihn sich gewogen zu machen, hatte oberste Priorität für jeden Ersten, denn vergrätzte man diese wichtige Person, wurde die Führung eines Schiffes zu einer sehr, sehr schwierigen Angelegenheit. Jack bat den Bootsmann, seine Seekiste an Bord zu holen und in sein Quartier schaffen zu lassen und ihm dann die *Golden Fleece* zu zeigen, doch der wiegelte mit dem Argument ab, so kurz vor dem Auslaufen zu viel Arbeit zu haben, und rief stattdessen einen jungen Midshipman herbei, wie man die Kadetten oder Fähnriche auf Handelsschiffen nannte. Sie standen in der Rangordnung zwischen den Unteroffizieren und den Offizieren, waren meist blutjung, weder Fisch noch Fleisch, und hatten oft einen schweren Stand an Bord, da sie um ihre Anerkennung kämpfen und sich beweisen mussten. Oft stammten sie aus begüterten Familien, die ihnen den Ausbildungsplatz erkauft hatten, nicht selten, um auf diese Weise unliebsame Angehörige loszuwerden und sich ihrer zu entledigen.

Jack konnte sich noch gut an seine Zeit als Fähnrich erinnern, die er allerdings auf einem Kriegsschiff verbracht hatte, wo es noch rauer zuging als bei der Handelsflotte. Viele seiner Kameraden hatten, nachdem sie in den Offiziersrang aufgerückt waren, nun ihrerseits ihr Mütchen an den ihnen unterstellten jungen Leuten gekühlt, doch ihm war ein solches Verhalten völlig fremd. Aufgrund seiner ungewöhnlichen Körpergröße und Stärke hatte man ihn weitestgehend in Ruhe gelassen, und er war sowohl von der Mannschaft als auch von seinen Vorgesetzten respektiert worden. Vor allem, weil er eine rasche Auffassungsgabe besaß, alles lernen wollte, was für das Seemannshandwerk wichtig und nötig war, nie seekrank wurde und immer zu den Ersten gehörte, die auch bei stürmischen

Winden aufenterten, wenn es Segel zu setzen oder zu bergen galt. Jetzt war es seine Aufgabe, die Midshipmen in Nautik und Navigation zu unterrichten und sie auf die Lieutenantsprüfung vorzubereiten, die sie vor einem Gremium von Kapitänen abzulegen hatten, wenn ihr eigener sie als reif dafür erachtete. Manche schafften den Sprung zum Offizier nie oder erst nach vielen Jahren und mehreren Anläufen, andere dagegen, die protegiert oder einfach für die Seefahrt geboren waren wie Jack Bannister, oft schnell und auf direktem Wege.

Der junge Mann, den der Bootsmann herangewinkt hatte, machte einen sehr aufgeweckten Eindruck, stellte sich Jack als William Lewis aus Norwich vor und war sichtlich stolz, dem neuen Ersten Offizier und damit seinem zukünftigen Ausbilder die *Golden Fleece* zeigen zu dürfen.

Das Schiff war eine Vierhundert-Tonnen-Galeone neuster Bauart, die sich kaum von einem Kriegsschiff unterschied. Sie hatte ein durchgehendes Batteriedeck und führte dreißig Geschütze, wenn auch eher kleinere Kaliber. Das ging natürlich zulasten des Frachtraums und erforderte eine größere Besatzung als sonst auf Kauffahrern üblich, was wiederum die Kosten für Heuer und Proviant in die Höhe trieb, andererseits aber auch mehr Sicherheit gegen die Wegnahme des Schiffes durch Piraten oder feindliche Mächte bot.

An Fock- und Großmast führte die *Golden Fleece* jeweils drei Segel. Dazu kamen noch die Blinde am Bugspriet, zwei Klüver und am Besanmast zusätzlich zum Lateiner ein großes Kreuzmarssegel. So getakelt, konnte das Schiff nahezu jedem Gegner davonlaufen oder, je nachdem, ihn mit den Geschützen niederkämpfen. Allerdings immer vorausgesetzt, es wurde gut geführt.

Viele Handelsherren gingen allerdings einen anderen Weg und legten mehr Wert auf Ladekapazität als auf schwere Kanonen und auf eine Takelage, die von nur wenigen Männern bedient werden konnte. Diese Schiffe waren allerdings langsam und gegen Angriffe nur unzureichend geschützt. Sie schlossen sich deshalb zu Konvois von oft mehr als fünfzig Schiffen zusammen, die von angemieteten Kriegsgaleonen oder Fregatten begleitet und eskortiert wurden. Der Nachteil war, dass sich die Geschwindigkeit der Reise immer nach dem langsamsten Kauffahrer richten musste und die Begleitschiffe auch nicht überall sein konnten, zog sich der Konvoi weit auseinander. Deshalb kam es vor, dass Piraten Nachzügler enterten oder sich besonders verlockende Beute manchmal des Nachts mitten aus dem Geleitzug herauspickten. In jedem Hafen musste außerdem gewartet werden, bis auch der letzte Kauffahrer seine Ware gelöscht und neue Fracht übernommen hatte. Mehr als eine Reise pro Jahr in die Levante oder nach Westafrika konnten solche Handelsschiffe kaum unternehmen, und segelten sie nach Westindien oder gar Südamerika, um von dort begehrte Handelsgüter nach Europa zu holen, waren sie meist zwei Jahre oder noch länger unterwegs.

Die Royal African Company verfolgte deshalb eine andere Strategie. Ihre schnellen, gut ausgerüsteten und bewaffneten Schiffe segelten allein und nicht im Konvoi und waren deshalb in der Lage, die berühmte Dreiecksroute in einem Jahr zurückzulegen. Diese führte von England zur Sklavenküste in Westafrika, wo das in Westindien begehrte schwarze Elfenbein – meist junge, kräftige Männer, aber auch Frauen und Kinder – an Bord genommen wurde. Waren die Laderäume voll mit der lebenden Ware, ging es von dort nach Westindien, wo die Sklaven, überlebten sie die Überfahrt, bis zu ihrem Tod Zwangsarbeit auf den Zuckerrohrplantagen der europäischen Pflanzer leisten mussten. Andere wiederum erwartete erbarmungslose Schufterei in den Steinbrüchen oder ein erbärmliches Dasein in den Gold- und Silberminen der Spanier in Süd- und Mittelamerika. Gehandelt wurden die geraubten und aus ihrem gewohnten Leben gewaltsam herausgerissenen Menschen auf den großen Sklavenmärkten von Havanna, Santo Domingo oder neuerdings auch Port Royal, nachdem die Engländer Jamaica vor fünfundzwanzig Jahren den Spaniern entrissen hatten.

Kaum waren die Sklaven von Bord, wurden die Schiffe gründlich gereinigt und die Laderäume mit Zucker, Rum, Gewürzen und wertvollen Hölzern gefüllt, alles Waren, auf die man in der Alten Welt sehnlichst wartete. Die Schiffe der Company schafften die Route in einer wesentlich kürzeren Zeit als die Konkurrenz, was den Gewinn ihrer Eigner nahezu verdoppelte, da für die im Konvoi langsam dahinsegelnden Handelsschiffe schließlich auch zusätzliche Kosten für den Begleitschutz anfielen und für ihre Mannschaften länger Heuer gezahlt werden musste.

John Crispe, Nicholas Crispes Vater, hatte das Verfahren entwickelt und war als Erster vom Geleitwesen, das ihm wenig effektiv erschien, abgerückt. Sein Sohn hatte die neue Strategie dann perfektioniert und Schiffe bauen lassen, die in der Lage waren, schnell und sicher zu segeln und den Profit der Company zu mehren, was ganz im Sinne des stets klammen Schirmherrn der Gesellschaft, des Herzogs von York, war.

»Worauf warten Sie, Mr Lewis?«, rief Jack Bannister dem jungen Midshipman zu. »Haben Sie nicht gehört, was der Bootsmann gesagt hat? Auf geht's! Zeigen Sie mir das Schiff. Ich denke, Sie sollten es kennen.«

»Aye, aye, Sir«, salutierte der Angesprochene, der bisher an der gegenüberliegenden Reling gelehnt hatte und nun angelaufen kam. »Was wollen Sie denn zuerst sehen?«

»Die Bilge natürlich, damit ich weiß, wie viel Wasser der Kahn bei ruhiger See aufnimmt«, gab Jack Bescheid. »Bei Rauwasser wird es dann noch einmal ganz anders aussehen, das ist klar. Wie viele Lenzpumpen gibt es denn an Bord?«

Der neue Erste Offizier konnte es sich nicht verkneifen, den Kadetten gleich einmal zu prüfen, aber der war auf Draht.

»Insgesamt sechs, Sir«, antwortete er wie aus der Pistole geschossen. »Zwei in der Back, zwei auf der Kuhl und zwei im Heck. Damit haben wir zwei mehr als die meisten anderen Schiffe und sollten überkommenden Wassers schnell Herr werden.«

»Das werden wir sehen, wenn wir sie überprüfen, junger Mann«, meinte Jack leutselig. »Ihre Anzahl ist längst nicht so entscheidend wie gutes Funktionieren. Und ganz wichtig sind vor allem die Männer, die die Pumpen bedienen. Sie müssen so gut geschult sein wie eine Rudermannschaft, im gleichen Takt arbeiten und den Rhythmus halten. Aber das werden wir alles üben, sobald wir auf See sind. Wie viele Midshipmen gibt es denn außer Ihnen an Bord, und wie alt sind diese?«

»Da wären außer mir noch Thomas Corker und John Cornelius«, bekam er zur Antwort. »Der Erstgenannte ist vierzehn Jahre alt und stammt aus Southwark. Seine Eltern sind unlängst gestorben, und ich denke, seine Verwandtschaft wollte ihn einfach loswerden. Und John ist schon fünfzehn und damit ein Jahr älter als ich. Er will so schnell wie möglich Offizier werden und hadert mit jedem Tag seines Daseins als Midshipman.«

»Und was ist mit dir, William?«, wollte Jack Bannister wissen und ging hier unter vier Augen zu einer vertraulichen Anrede über, denn der Junge war ihm sofort sympathisch gewesen. »Willst du das nicht auch?«

»Doch, Sir, natürlich!« William Lewis nahm sich gegenüber seinem Vorgesetzten keine Freiheiten heraus. »Aber meine Eltern sind nicht sehr wohlhabend und können mir kein Offizierspatent kaufen. Deshalb muss ich warten, bis man mich zur Lieutenantsprüfung zulässt, und bei unserem Captain kann das dauern.«

Jack hob fragend eine Augenbraue in die Höhe, aber der junge Mann zog es vor, keine weiteren Bemerkungen bezüglich des Herrn über Leben und Tod an Bord von sich zu geben, was eindeutig für ihn und seinen Verstand sprach. Der Erste

Offizier würde also allein herausfinden müssen, ob womöglich etwas bei der Schiffsführung im Argen lag. Im Moment war es aber vorrangig für ihn, das Schiff genau zu untersuchen, um dem Captain gegenüber bereits eine erste Einschätzung abgeben zu können, wenn dieser an Bord erschien.

Nach der Bilge waren die Laderäume an der Reihe. Jack schüttelte es jedes Mal, wenn er sie inspizieren musste, denn schließlich waren sie dafür vorgesehen, lebende Fracht über einen großen Ozean zu transportieren. Überall hingen Ketten, mit denen die Sklaven gefesselt werden würden, und in das Holz waren eiserne Ösen eingelassen, durch die man sie zog, um jede Bewegung zu verhindern. Die ebenholzfarbene menschliche Ladung würde während der gesamten Reise dicht an dicht in vier, an der breitesten Stelle des Schiffes sogar in fünf Reihen auf den bloßen Planken liegen müssen. Es gab keinen Platz zum Stehen, kaum zum Sitzen, und nur wenn das Wetter gut und der Captain bester Laune war, durften sie täglich für eine Stunde auf die Kuhl, um sich dort zu ergehen. Dann waren von der Back und dem Achterdeck Geschütze und Drehbassen, geladen mit gehacktem Blei, auf sie gerichtet, und die Mannschaft stand mit geladenen Musketen und blanken Entermessern bereit, um notfalls jeden Widerstand auf der Stelle zu brechen. Die *Golden Fleece* konnte bis zu zweihundertfünfzig der bemitleidenswerten Menschen an Bord nehmen, von denen aber meist nur zwei Drittel die Überfahrt überlebten. Doch das war von Anfang an einkalkuliert und ein von der Company vorgesehener Geschäftsverlust.

Weiter ging es zum darüberliegenden Batteriedeck mit den Kanonen, wo sich auch die Mannschaftsunterkünfte befanden. Die Seeleute spannten ihre Hängematten zwischen den Spanten und Stützbalken und ließen sich zum Essen und in der Freiwache auf ihren Seekisten nieder. Waren bei schlechtem Wetter die Geschützpforten geschlossen, herrschte schnell stickige Luft in ihrem Quartier. Aber das war noch gar nichts gegen das, was die lebende Handelsware in den Decks darunter zu ertragen hatte, wo während der gesamten Seereise kaum ein Luftzug hingelangte, der die stinkenden Gerüche von menschlichen Ausscheidungen, Schweiß und Krankheiten vertrieb.

Jack Bannister fiel auf, dass die Matrosen, denen er auf seiner Inspektion begegnete, wenn überhaupt nur mürrisch grüßten und einen eher gelangweilten und uninteressierten Eindruck machten. Er, der an die Disziplin auf Kriegsschiffen gewöhnt war, wo das Nichtsalutieren vor einem Offizier eine sofortige Prügelstrafe nach sich zog, nahm diese lasche Dienstauffassung missbilligend zur Kenntnis. Hier würden wohl, war man erst einmal auf See, viel Segeldrill und Geschützexerzieren nötig sein, um aus dem verlotterten Haufen eine Mannschaft zu formen, auf die man sich bei Wind und Wetter und, wenn nötig, auch im Gefecht verlassen konnte.

Jetzt, noch am Kai vertäut, hielt er sich aber mit Kritik zurück, denn schnell konnte es geschehen, dass ein gescholtener Seemann noch im letzten Moment desertierte. Der Dienst auf einem Handelsschiff war zwar abwechslungsreicher als der bei der Kriegsmarine, es wurde eine bessere Heuer gezahlt und die Disziplin nicht ganz so erbarmungslos durchgesetzt wie auf einem königlichen Linienschiff oder einer Fregatte, nichtsdestotrotz aber hart und entbehrungsreich. Deshalb kam es darauf an, die Seeleute zumindest im Hafen bei Laune zu halten, was diesen durchaus bewusst war, konnten sie sich hier doch Freiheiten erlauben, die sie sich auf hoher See niemals herausnehmen würden, wollten sie nicht mit der neunschwänzigen Katze oder gar einem Tau um den Hals Bekanntschaft machen.

Vom Geschützdeck ging es zur Back, wo die meisten Vorräte und die Küche untergebracht waren, und durch das Bugschott weiter zum Bugspriet. Jack warf hier ebenso einen Blick auf das Rigg wie auf die Galionsfigur, die einen Widder mit goldenem Fell in Anlehnung an die griechische Mythologie und die Sage von den Argonauten darstellte und der die Galeone ihren

Namen verdankte. Genauso wie die Letztgenannten mit ihrem Schiff *Argo* ausgezogen waren, um reiche Beute – das goldene Fell des göttlichen Widders Chrysomallos – in ihre Heimat zu bringen, sollte auch die *Golden Fleece* den Reichtum der Company und ihrer Gesellschafter mehren.

Jack enterte am Fockmast bis zum Topp auf, immer dicht gefolgt von William Lewis, der sich keine Blöße geben wollte, und ließ von hier oben seinen Blick über das ganze Schiff schweifen. Es war ein prachtvoller Anblick, der sich ihm bot, und er hoffte aus ganzem Herzen, diese Galeone einmal als Captain befehligen zu dürfen. Dann, das schwor er sich, würde er das Schiff allerdings selbst führen und diese ehrenvolle Aufgabe keinem anderen überlassen. Zur Not wollte er einen Zahlmeister an Bord nehmen, der sich um den Ein- und Verkauf der Handelswaren kümmern konnte. Denn seine Aufgabe, so sah es Jack Bannister zumindest, sollte hauptsächlich darin bestehen, die besten Segelrouten zu finden und dem Wind die größtmögliche Geschwindigkeit abzutrotzen. Das war sein Leben, das war seine Welt, wenn er schon keine Fregatte befehligen und ins Gefecht führen durfte. Und nicht der Sklavenhandel, den er verabscheute und liebend gern anderen überlassen wollte. Oder auch das Feilschen um günstige Preise für Rum und Zucker, die Hauptausfuhrwaren von Jamaica, wohin die Reise von Westafrika aus gehen sollte, bevor man in die Heimat zurückkehrte.

»Nun, was sagt Ihr, junger Mann?«, wollte Jack von seinem Begleiter wissen, der noch in den Wanten unter ihm hing. Denn hier ganz oben, auf dem höchsten Eselshaupt des Fockmastes, war nur für eine Person Platz. »Schlägt nicht auch Euer Herz höher, wenn Ihr über dieses schöne Schiff schauen dürft? Ich bin sicher, es wird auch auf hoher See seinen Mann stehen und uns nie im Stich lassen, wenn wir pfleglich mit ihm umgehen und darauf hören, was es uns zu sagen hat. Oder wisst Ihr vielleicht gar nicht, dass solche Segler wie dieser hier sprechen können? Gerade in dunkler Nacht, bei hohen Wellen und stürmischen Winden haben sie uns viel zu erzählen. Man muss nur versuchen, ihre Sprache zu verstehen, und ihnen lauschen, dann werden sie einem zum guten Freund, auf den man sich jederzeit verlassen kann.«

Welch schöne, poetischen Worte, dachte der junge Midshipman. *Nun, vielleicht versteht Ihr tatsächlich, was die* Golden Fleece *zu Euch sagt. Ich will es zumindest hoffen. Denn der Captain tut es ganz sicher nicht. Vom Segelhandwerk hat der so viel Ahnung wie ein Bäckermeister. Warum die Company ausgerechnet ihm dieses Schiff anvertraut hat, wird mir ewig ein Rätsel bleiben. Aber alles muss ich ja auch nicht verstehen. Ich hoffe von Herzen, dass Johnson Euch, wie auf der Reise zuvor, als dem Ersten Offizier die Schiffsführung überlässt. Dann werden wir vielleicht alle glücklich die Heimat wiedersehen. Ansonsten …*

William Lewis wollte den Gedanken gar nicht zu Ende spinnen und noch weniger seine Meinung über den Captain gegenüber dem Neuen zum Ausdruck bringen. Was es mit dem Suffkopp Johnson auf sich hatte, würde der Erste sicher schon selber schnell genug herausfinden. Aber er hatte recht, die *Golden Fleece* war ein traumhaft schönes Schiff, und unter der richtigen Führung würde es sicher ein Vergnügen sein, auf ihr zu fernen Ufern zu segeln. Doch das durfte er natürlich nicht laut sagen, und so übte er sich in Diplomatie.

»Selbstverständlich, Sir«, lautete deshalb auch seine Antwort. »Ich bin sehr glücklich, auf der *Golden Fleece* und unter Euch dienen zu dürfen. Zum Wohle der Company, wie uns immer wieder gesagt wird. Weil sie uns Lohn und Brot gibt und eine Karriere auf See ermöglicht, wenn wir ihr nur immer treu dienen. Ist es nicht so, Sir?«

»Habt Ihr es nicht eine Spur kleiner, Mr Lewis?«, knurrte Jack, dem solch auswendig gelernten Antworten gar nicht behagten. »Ihr bringt gerade meine bisher gute Meinung von

Euch ins Wanken. Wo sind eigentlich Eure Kameraden und die beiden anderen Offiziere? Bisher habe ich keinen von ihnen entdecken können.«

»Nun, Sir, wenn der Captain das Schiff verlässt, dann folgen sie ihm gern nach«, antwortete Lewis vorsichtig. »Ich denke, Corker und Cornelius werden von ihren Familien Abschied nehmen und sich dann zu den Lieutenants gesellen. Sie haben ja das Glück, hier in der Nähe beheimatet zu sein. Und Mr Mission, der Zweite, und Mr Hornigold, der Dritte Offizier, haben sich in die Taverne da drüben begeben, um den letzten Abend an Land zu verbringen. Captain Johnson hingegen wird wohl bald an Bord zu erwarten sein, da er die Nacht vor dem Auslaufen immer an Bord verbringt, um – so sagt man jedenfalls – dem Gezeter seiner Frau zu entgehen.«

Jack Bannister lachte leise vor sich hin.

»Seht Ihr, es geht doch, junger Mann«, meinte er dann schmunzelnd. »Ein paar Informationen dürft Ihr bei aller Loyalität Eurem Ersten schon geben. Ich tratsche sie auch nicht weiter, versprochen. Und nun lasst uns abentern. Ich will mir noch das Ober- und Achterdeck ansehen und dann mein Quartier in Augenschein nehmen. Wisst Ihr, ob meine Kajüte vorbereitet ist?«

»Ich fürchte, Sir, Ihr werdet Euch Eure Unterkunft mit den beiden anderen Offizieren teilen müssen«, antwortete Lewis verlegen. »Der Captain beansprucht die ganze, große Heckkabine für sich allein. Er meint, das stände ihm nach all den Jahren im Dienst der Company zu. Deshalb, das glaube ich zumindest, hat auch Euer Vorgänger das Schiff verlassen. Manchmal, nun ja, wie soll ich sagen, ist unser Captain schon etwas eigen.«

Jack Bannister hätte als Erstem Offizier ebenso wie dem Captain eine Kajüte im Heck mit Fenstern im Spiegel zugestanden, wenn auch eine kleinere. Das war ein ungeschriebenes Gesetz auf Handelsschiffen und Brauch bei der Kriegsflotte, denn wie sollte der Stellvertreter des Kommandanten sonst seinen zahlreichen Verpflichtungen nachkommen, Kartenstudium betreiben und Besprechungen, die oft unter vier Augen geführt werden mussten, abhalten?

Nun, ob das mit dem Quartier auf Dauer so bliebe, würde sich zeigen, doch zumindest vorerst konnte Jack daran nichts ändern und auch nicht gleich zu Beginn der Reise Streit mit seinem Vorgesetzten provozieren. Aber das ging ja schon einmal gut los! Er wollte sich aber zumindest gegenüber einem Midshipman, der erfahrungsgemäß wesentlich schlechter untergebracht war als die Offiziere, seinen Ärger nicht anmerken lassen und machte sich deshalb ohne Kommentar auf, über die Wanten wieder das Deck zu erreichen, während William Lewis an einem Tau gewandt nach unten glitt und damit die Planken deutlich eher unter seinen Füßen spürte.

Früher, gestand sich Jack ein, und ein leises Lächeln spielte dabei um seine Lippen, hätte er das auch getan, aber jetzt als Offizier musste er seine Würde wahren und durfte nicht in der Takelage herumturnen wie die Affen, die manchmal vor der Küste Afrikas an Bord kamen.

Über die Kuhl ging es zum Ober- und dann weiter zum Achterdeck, wo sich die Quartiere der Offiziere, aber auch des Schiffszimmermanns, des Steuermanns, des Takelmeisters und des Bootsmannes befanden. Durch die Messe, die der hier untergebrachten Schiffsführung vorbehalten war, ging es zu der achteraus liegenden Kapitänskajüte, die sich über die ganze Breite des Schiffes erstreckte, wo sich auch eine Kammer für Jack hätte befinden sollen. Doch das sah der Captain, der offensichtlich viel Raum für sich beanspruchte und sehr um sein persönliches Wohlergehen besorgt war, anscheinend anders.

Vom Achterdeck führte eine kurze, steile Treppe hoch zur Poop, die Jack sich ganz besonders intensiv ansah, würde sich hier doch sein vorrangiger Arbeitsbereich befinden. Von diesem höchsten Deck aus war das ganze Schiff bis vor zur Back gut zu überblicken, und die Mannschaft konnte bei allen Verrichtungen kontrolliert und angeleitet werden. Zwei Vierpfünder auf jeder Seite standen an der Reling, die bei Bedarf auch schnell nach vorn ausgerichtet werden konnten, und der Besanmast mit seiner Rute und dem Kreuzmarssegel überragte alles. Bei Bedarf konnte Jack schnell bis zu dessen Mastkorb aufentern, um einen noch besseren Überblick zu bekommen, falls sich das einmal als nötig erweisen sollte.

Gerade wog Jack die Stärken und Schwächen der *Golden Fleece,* die er bei seiner kurzen Inspektion festgestellt hatte, gegeneinander ab – wobei die Ersteren eindeutig überwogen –, als er den Bootsmann erneut Seite pfeifen hörte. Der Captain kam an Bord, und Jack eilte die Treppe von der Poop zum Achterdeck hinunter, um seinen neuen Vorgesetzten zu begrüßen und sich ihm vorzustellen. Er nahm vor dem Zugang zu der Kapitänskajüte Aufstellung und war gespannt, mit wem er gleich Bekanntschaft machen würde. Jack musste nicht lange warten, denn das Klopfen eines Gehstocks auf den Schiffsplanken kam immer näher, und dann tauchte auch Charles Johnson, gefolgt von seinem Diener, höchstselbst auf.

Der Captain hatte die fünfzig wohl schon seit einigen Jahren überschritten, und der Stock aus Ebenholz mit dem silbernen Knauf war offenbar nicht nur zur Zierde da, denn er stützte sich schwer darauf. Der Kommandant der *Golden Fleece* trug einen reich mit Gold- und Silberfäden bestickten blauen Gehrock, unter dem die Spitzenmanschetten eines weißen Seidenhemdes hervorschauten. Aus dem gleichen Material bestanden die Halsbinde und auch die Strümpfe, die an die gelbe Kniehose anschlossen. Die Schuhe aus feinstem schwarzem Leder waren mit großen silbernen Schnallen versehen, und hohe Absätze sollten wohl den kleinen Wuchs des Kommandanten kaschieren, waren aber nicht besonders gut geeignet für einen festen Stand auf Schiffsplanken. Den Kopf zierte ein mächtiger, gleich dem Gehrock überreich bestickter Dreispitz, dessen Ränder noch dazu mit Straußenfedern geschmückt waren. Aber das Gewaltigste an dem eher kleinen Captain war seine riesige Allongeperücke. Braune, schwere Locken, offenbar aus echtem Menschenhaar gefertigt, fielen ihm vorn weit über die Brust und hinten fast bis an den breiten Gürtel hinab.

Ob er die wohl auch unter afrikanischer Sonne und in der Hitze der Karibik trägt?, fragte sich Jack sofort, dem die Kopfhaut schon heiß wurde, wenn er nur daran dachte. Er salutierte vor dem Captain, besann sich dann aber darauf, dass er hier ja nicht an Bord eines Kriegsschiffes war, und verbeugte sich noch zusätzlich, um jeder Form Genüge zu tun.

»Jack Bannister meldet sich an Bord, Sir«, stellte er sich vor, nachdem er sich wieder aufgerichtet hatte. »Jederzeit zu Euren Diensten!«

»Soso«, murmelte der Herr der *Golden Fleece* kaum verständlich. Dann, etwas verständlicher: »Das wollen wir in Eurem eigenen Interesse auch sehr hoffen, Mr Bannister. Ich muss mich jetzt etwas ausruhen, erwarte Euch aber in genau einer Stunde in meiner Kajüte. Wenn Ihr so gütig sein wollt, mich jetzt zu entschuldigen, ich bin wirklich sehr erschöpft.«

Wovon?, fragte sich Jack überrascht. Der Captain war mit der Kutsche vorgefahren, und sein Haus befand sich bekanntermaßen kaum zwei Meilen von den Kais der Company entfernt am Rande des Parks von Sayes Court. Es konnte Johnson nicht viel Anstrengung gekostet haben, hierherzugelangen. Aber wenn ihm das schon zu viel war, ließ das auf keine gute Konstitution des Befehlshabers schließen, und Jack richtete sich schon einmal darauf ein, den Großteil der anfallenden Arbeiten verrichten zu müssen, auch wenn er dafür wohl kaum Dank ernten würde. Denn das, was er bisher gesehen und gehört hatte, ließ darauf schließen, dass der Captain nur an seinem persönlichen Wohlergehen interessiert war.

Die Zeit, bis er zum Rapport befohlen war, nutzte Jack, um sich sein eigenes Quartier anzusehen. Es war mehr als spartanisch, im Vergleich zu den Mannschaftsunterkünften allerdings luxuriös eingerichtet. Drei schmale Kojen, zwei davon übereinander, waren an die Wände geschraubt, ein kleiner Tisch stand in der Mitte und drei Schemel ohne Lehnen drum herum. Der Raum war so knapp bemessen, dass Jacks Seekiste neben denen der beiden anderen Offiziere kaum noch Platz fand. Nun, sie würden die Kajüte wohl kaum je zu dritt benutzen, da einer von ihnen immer auf Wache war, aber auch so war es derart beengt, dass Jack geneigt war, seinem letzten Schiff beinahe eine Träne nachzuweinen. Dort hatte er, wie allgemein üblich, eine eigene Heckkajüte innegehabt. Der Captain war zwar ein Scheusal gewesen, aber ob sein jetziger besser war, eher fraglich.

Vielleicht komme ich bei diesem Kommandanten sogar vom Regen in die Traufe, sinnierte Jack, nahm sich aber fest vor, diesmal jeden Befehl widerspruchslos auszuführen, um seine Karriere bei der Company nicht erneut zu gefährden. Schließlich hatte er jetzt Familie und wollte Marie-Claire auf keinen Fall enttäuschen und womöglich mittellos dastehen, sollte er nach dieser Reise keine erneute Heuer erhalten, weil er wieder einmal sein vorlautes Mundwerk nicht hatte halten können.

Pünktlich begab sich Jack zur befohlenen Audienz und hoffte, Klarheit darüber zu erlangen, wie sich der Captain die zukünftige Zusammenarbeit mit seinem Ersten Offizier vorstellte und die Aufgaben verteilt werden sollten. Auf sein Klopfen hin wurde die Tür von innen aufgerissen, denn der Bootsmann befand sich in der Kapitänskajüte, was Jack überraschte, war er doch von einem vertraulichen Vieraugengespräch zwischen Johnson und ihm ausgegangen. Der saß an einem großen Tisch vor den sechs bleiverglasten Heckfenstern und schien derart in einige Dokumente vertieft zu sein, dass er von seinem Besucher gar keine Notiz nahm und ihm vor allem auch keinen Platz anbot. So hatte Jack allerdings Gelegenheit, während er darauf wartete, angesprochen zu werden, sich ausgiebig in der prachtvoll ausgestatteten Kajüte umzusehen.

In den sich über die Seitenbeplankung hinauswölbenden Seitentaschen befanden sich normalerweise die Schlafkojen des Captains und auf der anderen Seite, getrennt durch eine bei drohendem Gefecht schnell herausnehmbare Seitenwand, die seines Stellvertreters. Doch da der Befehlshaber auf diesem Schiff den gesamten Raum für sich beanspruchte, war die zweite Seitentasche zu einer Art Kleiderschrank umfunktioniert worden, sodass Jack einen Blick auf die umfangreiche Garderobe seines Kommandeurs werfen konnte. Beide Seitentaschen wurden durch kleine Fenster erhellt und konnten zum Raum hin von dicken Vorhängen verdeckt werden. Unter den ebenfalls von gerafften Gardinen aus schwerem Brokatstoff eingerahmten Heckfenstern befand sich über die ganze Breite des Schiffes eine fest verschraubte, komfortable Polsterbank, und um den Tisch standen sechs bequem aussehende Scherensessel. Rechts und links neben der Eingangstür gab es vom Boden bis zur Decke reichende Schränke, und nahe eines großen Seitenfensters ein Schreibpult. Außerdem standen noch zwei schwere Truhen im Raum, wovon eine mit mehreren, kompliziert aussehenden Schlössern versehen war. An den Wänden hingen maritime Gemälde, offenbar von niederländischen Malern geschaffen, und in der Mitte zwischen den Heckfenstern ein Porträt des Königs. Nahezu die gesamte Kajüte war mit wertvollen, orientalischen Teppichen ausgelegt. Was Jack allerdings vermisste, waren nautische Instrumente und auch Waffen, die bisher noch jede Kapitänskajüte geziert hatten, die er kannte. Aber Johnson hielt offenbar weder von dem einen noch von dem anderen etwas, und so hatte er sie anscheinend aus seiner Unterkunft verbannt.

Über dem Tisch pendelte eine schmiedeeiserne Lampe, die von der Größe her schon entfernt an einen Kronleuchter erinnerte, und außerdem gab es noch mehrere, teils hüfthohe Kerzenständer. An Licht würde es dem Captain also sicherlich nicht mangeln, während sich in der Kajüte seiner Offiziere nur ein einziger kleiner, dreiarmiger Leuchter befand. Wie er in einer nächtlichen Freiwache mit dieser Funzel den Kurs berechnen und in eine Karte einzeichnen sollte, hatte Jack sich schon während der Inspektion seiner Unterkunft gefragt.

Als er mit der Musterung der Kapitänskajüte im Groben fertig war und sich aus Langeweile bereits kleineren Details und den Gemälden zuwenden wollte, geruhte Johnson endlich zur Kenntnis zu nehmen, dass sein Erster Offizier anwesend war. Er schob das Pergament, in dem er gelesen hatte, zur Seite und seufzte so vernehmlich, als hätte er soeben eine schwere und kräftezehrende Arbeit beendet. Jack nahm an, dass er jetzt wohl aufgefordert werden würde, Platz zu nehmen, und der Bootsmann wieder an seine Arbeit ging, hatte sich aber in beidem getäuscht.

»Mr Bannister«, begann der Captain mit heiserer, leiser Stimme zu sprechen, »ich will keinen Hehl daraus machen, dass ich nicht sehr erfreut bin, mit Euch segeln zu müssen. War Euer Vorgänger mit seinen Ansprüchen und ständigen Vorschlägen, die teilweise an Subordination grenzten, schon eine Plage, so hört man über Euch noch viel schlimmere Dinge. Ich habe Euch nur an Bord genommen, weil es der ausdrückliche Wunsch unseres Patrons Nicholas Crispe war, dem ich mich nicht widersetzen konnte.

Aber ein paar Dinge will ich von Anfang an klarstellen und habe deshalb Bootsmann Daniel North gebeten, bei unserem Gespräch als Zeuge anwesend zu sein. Der Herr auf diesem Schiff bin ich! Mein Wille steht über allem! Habt Ihr das verstanden? Verstoßt Ihr nur einmal, ein einziges Mal gegen einen meiner Befehle, lasse ich Euch – ob Offizier oder nicht – vor der versammelten Mannschaft auspeitschen. Im Wiederholungsfalle baumelt Ihr von der Fockrah. Sollte ich mich dafür vor der Company zu verantworten haben, werde ich das nach unserer Rückkehr mit Freuden tun. Ihr allerdings weilt dann nicht mehr unter den Lebenden, und Eure junge Gemahlin, von deren Schönheit man ja wahre Wunderdinge hört, wird Witwe sein. Ich hoffe, ich habe mich klar und unmissverständlich ausgedrückt, Mr Bannister!«

Johnsons Stimme war von Wort zu Wort schärfer und auch lauter geworden, sodass er zum Schluss fast gebrüllt hatte. Jack konnte nicht verhehlen, dass es ihm bei den ausgestoßenen Drohungen kalt den Rücken heruntergelaufen war, und er glaubte Johnson aufs Wort, dass er diese auch wahr machen würde.

»Selbstverständlich, Sir«, antwortete er deshalb auch unverzüglich. »Ich denke nicht, dass Ihr je an meiner Loyalität Euch und der Company gegenüber werdet zweifeln müssen. Euer Wunsch wird mir stets Befehl und Euer Befehl Gesetz sein. Darauf könnt Ihr Euch immer und jederzeit verlassen.«

»Nun, dann ist es ja gut«, meinte Johnson ohne den geringsten versöhnlichen Unterton in der Stimme und auch ohne die Spur eines Lächelns. »Ich überlasse Euch die Schiffsführung nahezu zur Gänze. Bringt uns so schnell wie möglich an die Sklavenküste nach Westafrika und belästigt mich nur im allergrößten Notfall mit den Details. Ihr seid dieser Aufgabe doch gewachsen, oder etwa nicht?«

»Ich denke schon, Sir«, gab Jack sich zuversichtlich und versuchte, seine Freude zu verbergen. »Auf meiner vorherigen Reise für die Company befuhr ich bereits die Dreiecksroute und war auf der letzten Fahrt auch verantwortlich für die Navigation.«

»Ihr sollt nicht denken, Ihr sollt handeln, Mr Bannister«, wurde Jack trotz seiner Unterwürfigkeit und Zustimmung angefahren. »Das Denken an Bord, soweit notwendig, übernehme ich. Je weniger Ihr mich dabei stört, desto besser. Nichtsdestotrotz will ich über alle Vorgänge an Bord informiert werden. Zweimal am Tag, morgens und abends, werdet

Ihr mir Bericht erstatten. Ebenso bei Kurs- oder Wetterwechsel, wenn Land in Sicht kommt oder wir anderen Schiffen begegnen. Ist das verstanden worden?«

Will der denn während der gesamten Reise überhaupt nie an Deck kommen?, fragte sich Jack verwundert. Doch ihm konnte das nur recht sein, und so nickte er eifrig.

»Jawohl, Sir, ich habe verstanden«, lautete deshalb auch seine Antwort. »Darf ich fragen, welche Meldungen Ihr konkret von mir erwartet und wie detailreich sie sein sollen?«

»Ihr berichtet über alle Vorgänge an Bord, ausnahmslos. Ich will wissen, wer sich Verfehlungen zuschulden hat kommen lassen, wie es um den Proviant und das Wasser steht, wie wir vorankommen, welche Manöver Ihr segelt, einfach alles. Selbst das, was Euch belanglos erscheint, kann für mich von großer Wichtigkeit sein. Also lasst nichts aus, wenn Ihr Euch nicht mein Wohlwollen verscherzen wollt. Und nun macht Euch an die Arbeit. Morgen Vormittag, wenn die Ebbe einsetzt, laufen wir aus.«

Das war Jack bekannt, aber das Schiff seeklar zu machen, Aufgabe des Zweiten und Dritten Offiziers sowie des Bootsmanns. Gewöhnlich kam der Erste erst kurz vor dem Captain an Bord, und dieser stets unmittelbar vor dem Ablegen. Doch hier auf der *Golden Fleece* schien alles anders zu sein, und so beschloss Jack, sich lieber nicht einfach zu verdrücken, sobald er seine Inspektion beendet hatte, um, wie es bei seinem Rang üblich war, die letzte Nacht an Land und in den Armen seiner Frau zu verbringen, sondern sich dazu die Erlaubnis einzuholen, auch wenn er fest davon ausging, sie zu erhalten.

»Sir, gestattet Ihr, wenn die anderen Offiziere an Bord kommen, dass ich das Schiff verlasse?«, erkundigte er sich deshalb vorsorglich und fügte noch hinzu: »Ich würde auch bereits im ersten Morgengrauen zurück sein, um noch einmal alles vor dem Ablegen zu überprüfen.«

»Nein, das gestatte ich ganz und gar nicht, Mr Bannister«, musste Jack sich daraufhin anfahren lassen. »Ihre Offizierskameraden, die im Gegensatz zu Euch bereits mit mir gesegelt sind und mein uneingeschränktes Vertrauen besitzen, haben von mir Landurlaub erhalten. Euch hingegen kenne ich nicht, und deshalb werdet Ihr an Bord bleiben und Euren Aufgaben nachkommen. Was einem Captain recht ist, kann seinem Stellvertreter doch nur billig sein. Oder seht Ihr das etwa anders?«

»Nein … nein, Sir.« Jetzt kam Jack regelrecht ins Stottern, denn mit allem hatte er gerechnet, nur nicht damit, diese Nacht ohne Marie-Claire in einer engen, spartanischen Kajüte, womöglich zusammen mit zwei stinkbesoffenen Lieutenants, zubringen zu müssen. Das war gegen jeden Brauch und absolut unüblich, ja regelrecht schikanös. Aber vielleicht bezweckte Johnson ja genau das, nämlich gleich zu Beginn der Reise seinen Ersten so zu schurigeln und zu provozieren, dass dieser die Nerven verlor und der Captain wahr machen konnte, was er angedroht hatte. Nun, die Gelegenheit wollte Jack ihm nicht geben, denn er hatte sich fest vorgenommen, gesund, in einem Stück und vor allem lebend zu seiner Frau zurückzukehren.

»Wie Ihr wünscht, Sir«, lautete deshalb seine Antwort, auch wenn es ihm noch so schwerfiel. »Wäre das dann alles?«

»Ihr dürft Euch zurückziehen und an die Arbeit gehen«, gestattete Johnson seinem Ersten, und aus seinem Mund klang das wie die Gewährung einer großen Gnade. Aber Jack war heilfroh, dieser bedrückenden Atmosphäre endlich entkommen zu können, und dem Bootsmann schien es nicht anders zu ergehen. North hatte die ganze Zeit über kein einziges Wort gesprochen, verbeugte sich knapp vor dem Captain, der ihn mit einer unwirschen Handbewegung entließ, und folgte Jack auf dem Fuße. Kaum hatten beide das Oberdeck erreicht, legte er vertraulich seine Hand auf dessen Arm und sprach ihn an.

»Ihr müsst den Captain so nehmen, wie er ist, Sir«, meinte er leise. »Außer bei Eurem Rapport werdet Ihr ihn, wenn alles gut geht, erst wieder an der afrikanischen Küste zu Gesicht bekommen. Und das ist nicht die schlechteste Lösung, denn er ist an Bord ständig seekrank und deshalb unerträglich. Was denkt Ihr, was sein Kajütenjunge und sein Diener zu ertragen haben! Die Schiffsführung liegt dafür ganz in Eurer Hand. Wenn ich Euch dabei behilflich sein kann, dann lasst es mich nur wissen.«

»Danke, Mr North, darauf komme ich gern bei Bedarf zurück«, antwortete Jack erleichtert, der schon geglaubt hatte, allein einer verschworenen, ihn ablehnenden Gemeinschaft gegenüberzustehen. »Wenn Ihr die Freundlichkeit hättet, Midshipman Lewis zu mir zu schicken. Er darf doch das Schiff verlassen, oder etwa auch nicht?«

»Bis zum Morgengrauen, genauso wie seine Kameraden. Aber wohin sollte er gehen? Er hat keine Verwandtschaft in der Nähe, und für Rum und Huren fehlt dem Jungen das Geld. Er schickt jeden Penny zu seiner Mutter, die in sehr ärmlichen Verhältnissen lebt, seit ihr Mann auf See geblieben ist.«

So wie mein Vater auch, dachte Jack bei sich, und der junge Lewis wurde ihm immer sympathischer.

»Ich brauche ihn als Boten, denn meine Frau erwartet mich natürlich zu einem letzten Abendessen und einer Abschiedsnacht zurück«, erklärte der Erste seinem Bootsmann und hoffte auf dessen Vertrauenswürdigkeit.

»Ich verstehe, Sir«, entgegnete North und grinste leicht anzüglich, aber nicht bösartig. »Ich schicke den Jungen gleich zu Ihnen. Und dann kümmere ich mich um die letzten Vorbereitungen zum Auslaufen. Ihre beiden Offizierskameraden werden da keine große Hilfe sein, sondern im Morgengrauen eher stockbesoffen an Deck taumeln, wie ich sie kenne.«

»Lassen Sie mal, North, wir beide schaffen das schon«, entgegnete Jack. »Ich helfe Ihnen, sobald ich einen kurzen Brief geschrieben habe.«

Der Bootsmann nickte dankbar, denn die Autorität des Ersten Offiziers hinter sich zu haben, konnte nie schaden. Jack schrieb schnell ein paar Zeilen an Marie-Claire, in denen er zu erklären versuchte, warum er nicht wie gedacht Abschied von ihr nehmen konnte. Seine Frau würde das zutiefst betrüben, dessen war Jack sich sicher. Doch was sollte er tun? Alle Schuld auf den Captain abwälzen ging auch nicht an, und so begründete er sein Wegbleiben mit unaufschiebbaren Aufgaben, die sich plötzlich ergeben hatten, und hoffte auf ihr Verständnis.

Jack siegelte den Brief, beschrieb dem jungen Midshipman den Weg zu seinem Haus, trug ihm auf, seiner Frau die herzlichsten Grüße auszurichten, und stürzte sich dann in die Arbeit. Als Lewis zurückkam, berichtete er, dass Marie-Claire sehr bedrückt gewirkt hatte. Er brachte zwar keine Zeilen von ihr mit, dafür aber ein seidenes Taschentuch, das nach ihr duftete und das Jack die ganze Reise über unter seinem Kopfkissen aufbewahren wollte.

Wie von North vorausgesagt, trudelten die beiden Lieutenants nahezu volltrunken im Morgengrauen ein, und die Midshipmen folgten ihnen auf dem Fuße. Offenbar hatten sie alle zusammen gezecht, und keiner von ihnen konnte seinen Dienst versehen. Jack knirschte wütend mit den Zähnen und wusste jetzt schon, dass das für die Betreffenden nicht folgenlos bleiben würde. Doch er war durchaus in der Lage, zusammen mit dem Bootsmann, dem Lotsen und einer gut eingespielten Mannschaft auch ohne sie das Schiff in das Fahrwasser der Themse hinauszubringen. Dort entfaltete die *Golden Fleece* ihre Segel gleich den Schwingen eines Vogels und machte sich auf ihre weite Reise.

Unter den Frauen am Kai, die ihren entschwindenden Männern nachwinkten, stand auch Marie-Claire. Jack, dem das Herz unendlich schwer war und der ein Stück in die Takelage aufgeentert war, sah das blonde Haar seiner Frau noch lange im Wind wehen. Er schickte ihr in Gedanken tausend Küsse und schwenkte seinen Hut, solange er sie noch am Ufer erkennen konnte. Eigentlich war Marie-Claire für ihn noch ganz nah, aber andererseits doch schon unerreichbar weit weg.

3. KAPITEL
ATLANTIK, 1681

Kaum war der Lotse, nachdem die *Golden Fleece* die unberechenbaren Sandbänke an der Mündung des Medway in das Ästuar der Themse passiert hatte, von Bord gegangen und das freie Fahrwasser gewonnen, verließ Jack Bannister die Poop, von der er bisher seine Befehle gegeben hatte, um sich mit seinen beiden Offizierskameraden zu beschäftigen. Die Midshipmen würde er sich später zur Brust nehmen, und um die Matrosen, die es ebenfalls erst kurz vor dem Auslaufen und nicht im nüchternen Zustand auf das Schiff geschafft hatten, wollte sich der Bootsmann kümmern.

Wie Jack es sich gedacht hatte, lagen die beiden Lieutenants noch in ihren Kojen und schnarchten vernehmlich vor sich hin. Wollte er während der Reise nicht nur die Arbeit des Captains zusätzlich zu seinen Pflichten als Erster Offizier verrichten, sondern auch noch die Aufgabenbereiche und womöglich Wachen seiner beiden Mitbewohner übernehmen, musste er auf der Stelle etwas an deren Verhalten ändern und sich Respekt verschaffen.

Daniel North ließ diejenigen Matrosen, die nicht ganz nüchtern waren, das Deck schrubben, und Jack hatte sich im Vorbeigehen einen Eimer mit Schmutzwasser geschnappt. Einen Schwall daraus bekam nun jeder der beiden Lieutenants ab, was sie auf der Stelle auffahren und wütend protestieren ließ.

»Was erlaubt Ihr Euch?«, brüllte der Ältere der beiden Offiziere Jack an und schüttelte sich wie ein nasser Hund. »Das wird Folgen für Euch haben, das verspreche ich Euch! Wer seid Ihr überhaupt, und was macht Ihr in unserer Kajüte?«

»Wer ich bin?«, donnerte Jack zurück. »Euer Vorgesetzter,

Sir! Und Ihr kommt auf der Stelle auf die Beine und übernehmt die Wache, wie es Eure Aufgabe ist. Das wäre schon vor einem halben Glasen fällig gewesen, doch da war ich noch zu beschäftigt, die *Golden Fleece* durch die Sandbänke zu navigieren, um Euch zu holen. Aber jetzt schert Euch an Deck, bevor ich ungemütlich werde!«

»Später«, gähnte der Mann, in dem Jack den Zweiten Offizier Benjamin Mission vermutete, denn er war ihm ja bisher nicht vorgestellt worden, und streckte sich wieder aus. Es wäre natürlich die Aufgabe des Captains gewesen, seinen neuen Ersten Offizier mit der restlichen Schiffsführung bekannt zu machen, doch dieser ließ offenbar lieber den Dingen an Bord seinen Lauf und hielt sich aus allem heraus. »Ich muss mich erst einmal ausschlafen. North und der Steuermann schaffen das auch allein.«

Im Eimer war noch gut die Hälfte des Wassers, doch nicht mehr lange, denn jetzt ergoss sich auch noch der gesamte Restinhalt über Mission, der daraufhin wie von der Tarantel gestochen in die Höhe fuhr. Er holte tief Luft und wollte zu einem wütenden Protest ansetzen, aber als er auf den Beinen stand, bemerkte er, dass der Mann vor ihm ihn fast um Haupteslänge überragte und auch dessen Schultermaß das seine weit übertraf.

Doch es sollte noch schlimmer kommen, denn der Hüne packte ihn an der Halsbinde, hob ihn offenbar mühelos empor, drehte sich mit ihm gemeinsam um die eigene Achse und warf ihn dann einfach auf den Gang vor der Lieutenants-Unterkunft hinaus. Benjamin Mission stürzte zu Boden und rappelte sich nur mühsam wieder auf. Kaum auf die Knie gelangt, hörte er schon den Mann, der sich als sein Vorgesetzter bezeichnet hatte und in dem er nicht zu Unrecht den neuen Ersten Offizier der *Golden Fleece* vermutete, brüllen:

»Auf die Poop, Sir, auf der Stelle! Und beten Sie, dass der Seewind Sie nüchtern macht, bevor ich Sie das nächste Mal sehe. Sonst werfe ich Sie womöglich eigenhändig mit einer

Leine um die Hüften über Bord und lasse Sie eine Weile dem Schiff hinterherschwimmen! Gnade Ihnen Gott, Sie sind noch ein einziges Mal während der gesamten Reise betrunken, oder ich rieche auch nur den Hauch einer Fahne, dann haben Sie die Wache. Tun Sie Ihre Pflicht, aber auf der Stelle, sonst lernen Sie mich kennen! Von nun an weht hier an Bord ein anderer Wind, das verspreche ich Ihnen, und der offenbar eingerissene Schlendrian hört auf. Also, worauf warten Sie? Rauf aufs Deck, und kontrollieren Sie als Erstes, ob die Segel gut angebrasst sind und nicht womöglich killen. Ich höre nämlich die Leinwand knattern. Sie nicht auch?«

Benjamin Mission war für sein eigenes Dafürhalten auf der Stelle stocknüchtern geworden, obwohl ihm seine Beine und auch seine Stimme noch nicht zur Gänze gehorchen wollten. Deshalb stotterte er auch leicht, als er den Befehl, wie es dem Brauch entsprach, bestätigte.

»Jawohl, Sir! Aye, aye! Ich übernehme die Wache und kümmere mich um den Segelpress. Welcher Kurs liegt an?«

»Ost bei Südost. Halten Sie sich mindestens fünf Meilen nördlich von Foreness Point, um nicht auf die dortigen Untiefen aufzulaufen. Und bevor Sie den Kurs nach Süden ändern, um in den Kanal einzulaufen, lassen Sie mich rufen.«

»Aye, aye, Sir«, bestätigte Mission noch einmal und lugte vorsichtig an seinem Ersten Offizier vorbei in die Kajüte hinein. Seine Kleidung war zwar nass und auch verschmutzt, doch das mochte noch angehen. Aber ein wichtiges Stück seines Outfits fehlte, ohne das er besser nicht an Deck erschien: sein Hut. Bevor er allerdings diesbezüglich ein Wort verlieren konnte, wurde ihm der Dreispitz von seinem Kameraden Hornigold durch die Tür gereicht, der die Misere seines Zechkumpans erkannt hatte und sich jetzt schon vor dem Donnerwetter fürchtete, das wohl gleich über ihm niedergehen würde.

Doch zu seiner großen Erleichterung hielt sich sein Vorgesetzter, der soeben noch so rabiat aufgetreten war, eher zurück und musterte ihn nur mit herabgezogenen Mundwinkeln von oben bis unten.

»Ich nehme an, ich habe das Vergnügen mit James Hornigold, dem Dritten Offizier dieses schönen Schiffes?«, hörte er dann den Mann, der ihm gerade wie ein Todesengel vorkam, sarkastisch fragen.

»Aye, Sir, aye«, beeilte sich der Angesprochene zu antworten. »Stets zu Diensten, Sir.«

»Nun, das werden wir ja sehen«, gab Jack zurück, und ein kleines Lächeln begann, um seine Mundwinkel zu spielen. Der junge Lieutenant da vor ihm war vielleicht sechzehn, höchstens siebzehn Jahre alt und schlotterte vor Angst. Seine Gesichtsfarbe wechselte zwischen Kalkweiß und Meergrün hin und her, denn ganz offensichtlich war ihm von dem nächtlichen Zechgelage speiübel. Jack kannte das und hatte deshalb auch Mitleid mit dem jungen Mann. Auch ihm hatten ältere Kameraden einzureden versucht, dass hemmungslose Sauferei vor dem Auslaufen des Schiffes einfach dazugehörte, worauf er sich auch einmal daran beteiligt hatte. Aber wirklich nur ein einziges Mal, denn er hatte am nächsten Morgen gedacht, sterben zu müssen, und sein damaliger Vorgesetzter war wie Gottes Zorn über ihn gekommen. Nun, heute war dies seine Aufgabe, aber sein Mütchen an dem jungen Offizier kühlen wollte er nicht. Stattdessen reichte er ihm den Eimer und schlug einen väterlichen Ton an.

»Hier, kotzt Euch aus«, meinte er dann begütigend. »Und dann seht zu, dass Ihr bis zum Beginn Eurer Wache in dreieinhalb Stunden nüchtern seid. Steckt Euren Kopf ein paarmal in kaltes Wasser, das hilft. Bevor Ihr an Deck kommt, macht hier sauber. Und holt dafür keinen Schiffsjungen, sonst zerreißt man sich in der Back nur das Maul darüber, wie es bei den Offizieren zugeht. Tut es selbst, hört Ihr? Das ist ein Befehl!«

»Aye, aye, Sir«, bemühte sich der junge Lieutenant, erneut zu bestätigen. Das konnte ja heiter werden mit diesem Pedanten als Vorgesetzten. Andererseits überkam Hornigold das Gefühl, dass er vielleicht von dem neuen Ersten viel lernen konnte. Und das war letztlich nicht das Schlechteste, denn er hatte sich schließlich vorgenommen, die Karriereleiter hinaufzuklettern und es einmal bis zum Captain zu bringen, um später ein Schiff wie die *Golden Fleece* zu befehligen.

Jack Bannister ließ keinen einzigen Tag unnütz verstreichen. Kaum war die offene See gewonnen, wurde klar Schiff gemacht, und der unter den uninteressierten Offizieren und dem völlig desinteressierten Captain eingerissene Schlendrian hatte ein Ende. Unterstützung bekam der Erste Offizier, der überall zugleich zu sein schien und offenbar kaum Schlaf brauchte, von Bootsmann North, William Lewis und James Hornigold. Der jüngste Midshipman, Thomas Corker, bemühte sich zwar ebenfalls, wurde aber aufgrund seines Alters und noch kindlichen Aussehens von der Mannschaft nicht ganz für voll genommen, obwohl Jack ihm den Rücken stärkte, wo er nur konnte. Mission und Cornelius, der älteste Midshipman, hingegen verhielten sich eher zurückhaltend, ja versuchten sogar teilweise, Jacks Befehle und Anweisungen ins Lächerliche zu ziehen, wähnten sie sich unbeobachtet.

Als die Kreidefelsen von Dover an Steuerbord auftauchten und an Backbord die französische Küste zu sehen war, ließ Jack das erste Mal zum Geschützexerzieren pfeifen. Was er zu sehen bekam, bestätigte seine schlimmsten Befürchtungen. Die Freiwache entwickelte die Geschwindigkeit von Landschildkröten, um aus ihren Hängematten heraus und an Bord zu kommen, die Hälfte der Schiffsjungen wusste noch nicht einmal, wo das Pulvermagazin war, und an den Kanonen herrschte ein derartiges Durcheinander, weil kaum jemand seine Aufgabe kannte, dass es fast eine Viertelstunde dauerte, bis sie ausgerannt waren.

Jack konnte nur den Kopf schütteln und nahm sich vor, das umgehend zu ändern. Doch dazu musste die Moral der

Mannschaft deutlich besser werden, und um das zu erreichen, gab es nur zwei Wege. Entweder, man prügelte in die Männer hinein, was man von ihnen wollte, wovon der Erste überhaupt nichts hielt. Oder aber, man gewann die Herzen der Seeleute, indem man ihnen klarmachte, dass es in ihrem ureigensten Interesse lag, mehr Engagement bei der Verteidigung des Schiffes zu zeigen, wollten sie England jemals wiedersehen. Und damit gedachte Jack, gleich einmal anzufangen, als die Übungen beendet und die Geschütze nach einer gefühlten Ewigkeit wieder festgezurrt und die Luken geschlossen waren. Er ließ alle Seeleute, gleich welchen Ranges, auf der Kuhl zusammenrufen und begann vom Oberdeck aus, zu ihnen zu sprechen.

»Männer«, wandte er sich an die versammelte Mannschaft, »was ihr hier soeben abgeliefert habt, war keine mittlere, sondern eine große, ausgewachsene Katastrophe! Ist euch denn nicht bewusst, dass euer aller Wohl und Weh davon abhängt, das Schiff in kürzester Zeit gefechtsklar zu machen und damit dem Feind zu signalisieren, dass ihr bereit seid, euer Leben so teuer wie möglich zu verkaufen? Habt ihr überhaupt eine Ahnung, was euch blüht, wird die *Golden Fleece* womöglich von Feinden aufgebracht? Nicht mehr lange, und wir liegen querab von Saint-Malo und Brest, den übelsten Piratennestern am Kanal. Im Moment herrscht zwar auf dem Papier Frieden zwischen England und Frankreich, aber wer sagt euch denn, dass sich die Korsaren des angeblichen Sonnenkönigs auch daran halten? Bringen sie die *Golden Fleece* auf, findet ihr euch schneller auf den Ruderbänken seiner Galeeren wieder, als ihr Amen sagen könnt, und niemand in England hört je wieder von euch.

Aber dieses Schicksal wäre noch ein gnädiges im Vergleich zu dem, das euch erwartet, wird unser Schiff von Barbaresken geentert. Die Piraten aus Algier, Tunis und Tripolis jagen ihre Beute zwar vornehmlich im Mittelmeer, plündern aber auch die Küsten Spaniens und Portugals am Atlantik und scheuen sich nicht einmal davor, Menschen in Cornwall und Irland zu rauben. Fallen wir in ihre Hände, endet jeder von uns, der überlebt, auf einem maurischen Sklavenmarkt. Die Glücklichen von euch werden dann nur kastriert und fristen fortan ein Dasein als Haremswächter, die weniger Gesegneten enden jedoch als Sklaven in den Wüsten der Sahara, wo es kaum etwas zu essen, geschweige denn zu trinken für sie geben wird. Oder in Ketten als Rudersklaven auf ihren Raubschiffen, wo es zwar genug Wasser, allerdings nur salziges gibt und ihr langsam, aber sicher in euren eigenen Exkrementen verrecken werdet. Und glaubt mir, eine maurische Peitsche schneidet nicht weniger tief ins Fleisch als die, die wir für die Schwarzen an Bord haben.

Aber gelingt es uns, diese gefährlichen Piratengewässer mit Gottes Hilfe heil hinter uns zu bringen, ist die Gefahr noch lange nicht vorbei. An der afrikanischen Küste, wo wir unsere lebende Fracht aufnehmen wollen, haben Holländer und Portugiesen seit Langem ihre Stützpunkte und Forts errichtet. Sie schätzen die englische Konkurrenz ganz und gar nicht, und falls es ihnen gelingen sollte, die *Golden Fleece* aufzubringen, wird kein Hahn nach uns krähen. Sie verhökern euch dann an genau die Häuptlinge, denen wir wiederum ihre Stammesgenossen abkaufen, oft genug aber auch stehlen, um sie nach Westindien zu verschiffen. Was glaubt ihr, wie lange ihr als Gefangene eines solchen Negerkönigs überlebt? Vielleicht landet ihr ja auch in seinem Kochtopf, solange ihr noch gut genährt seid. Das wäre dann wenigstens ein schneller und nicht überaus qualvoller Tod.«

Jack wusste zwar nicht, ob es unter den Stämmen an der Westküste Afrikas Kannibalen gab, aber es konnte ja nicht schaden, ein bisschen dicker aufzutragen, um Angst und Schrecken zu verbreiten. Und dass etliche der Seeleute bei dem Gedanken daran, geröstet und gekocht zu werden, erbleichten, war sogar von seiner Position aus zu sehen.

»Denkt ihr womöglich, die Gefahr wäre vorbei, haben wir

mit einem Laderaum voller Sklaven die Küste erst einmal verlassen«, fuhr er fort, bevor jemand Fragen stellen konnte, »dann irrt ihr euch gewaltig. Oh nein, ganz im Gegenteil! Denn gelingt es uns, den Atlantik zu überqueren, ohne dass die Schwarzen es schaffen, sich zu befreien und uns alle über Bord zu werfen, kommen wir in die wohl gefährlichsten Gewässer unseres Erdballs. Die karibische See wimmelt nur so von Piraten aus aller Herren Länder, die sich niemandem untertan fühlen und rauben, morden und plündern, wie es ihnen gefällt. Die Schwarzen und den Rest unserer Ladung nehmen sie als Beute, und oftmals lassen sie jedes Besatzungsmitglied eines ihnen feindlich gesinnten Landes über die Klinge springen. Und mit fast jeder europäischen Nation hat England in den letzten Jahren Krieg geführt, vergesst das besser nicht. Franzosen, Spanier, Holländer haben einen unbändigen Hass auf uns, und unser Schicksal wäre ein schreckliches, fielen wir in die Hände der Piraten aus diesen Ländern.

Wenn ihr euch also weiterhin wie die Schnecken bei dem Befehl: ›Klar Schiff zum Gefecht!‹ über Deck bewegen wollt, dann springt besser jetzt gleich über Bord. Denn eure Chance, die Küste Englands schwimmend zu erreichen, ist ungleich größer, als zu überleben, wenn es uns nicht gemeinsam gelingt, all die von mir geschilderten Gefahren abzuwehren!«

Totenstille herrschte an Deck, nachdem Jack geendet hatte, denn noch nie zuvor war den Seeleuten so drastisch vor Augen geführt worden, welche Gefahren sie auf ihrer Reise erwarteten. Im Gegenteil, um sie zu gewinnen, waren die Mühsale und Risiken der Handelsfahrt von den Werbern der Company stets kleingeredet und ihnen stattdessen paradiesische Zustände an Bord und gigantische Gewinne für jeden Einzelnen versprochen worden. Jetzt wirkten selbst die härtesten Männer, die sonst immer eine große Lippe riskierten und mit ihren Heldentaten auf fernen Meeren prahlten, verzagt, und einer von ihnen meldete sich verlegen zu Wort.

»Aber Sir, wenn das alles so furchtbar ist, was sollen wir denn dagegen tun?«, wollte er von Jack wissen. »Verzeiht mir meine Worte, aber wenn man Euch so reden hört, könnte man denken, wir sind jetzt schon alle verloren und dem Tode geweiht.«

Jack hatte gehofft, dass eine solche Frage aus der Mannschaft kommen würde, denn so konnte er darauf antworten, ohne sie selbst zu stellen.

»Das sind wir eben nicht!«, versuchte er, den Männern nun Mut zu machen, nachdem er ihnen die Hölle gezeigt hatte. »Aber es liegt an jedem Einzelnen von uns, ob wir lebend in die Heimat und zu den Menschen, die wir lieben, zurückkehren können. Die Company hat uns ein wunderbares Schiff gegeben. Es ist nahezu neu und hat keine Muscheln am Rumpf, die die Fahrt verlangsamen. Die *Golden Fleece* liegt gut am Wind, wenn man sie vernünftig segelt, und ist mit dreißig Kanonen sehr stark armiert. Handwaffen wie Musketen, Pistolen und Entermesser gibt es in großer Zahl in der Waffenkammer, und auch Pulver und Kugeln sind ausreichend vorhanden. Wir haben also eine gute Chance, uns unserer Feinde zu erwehren. Nutzen wir sie! Wir müssen nur schneller segeln, besser schießen und härter kämpfen als sie. Wer hindert uns daran, es zu tun? Wir werden es gemeinsam üben, jeden Tag, jede Nacht! Und ich verspreche euch, dass wir dann keinen Gegner auf den Meeren zu fürchten haben!«

Jetzt brandete Jubel auf, und Jack gedachte, sich die umgeschlagene Stimmung auf der Stelle zunutze zu machen.

»Lasst uns die verunglückte Übung von soeben noch einmal wiederholen!«, rief er den Männern auf der Kuhl deshalb zu. »Mr Mission wird zukünftig den Oberbefehl auf dem Kanonendeck innehaben. Wir können immer nur eine Breitseite gefechtsklar machen, für beide fehlen uns die Männer. Doch das ist nicht weiter schlimm, denn uns werden kaum zwei Gegner in die Zange nehmen. Deshalb wird ab sofort Mr Corker die ersten fünf Geschützmannschaften befehligen und anleiten, Mr Cornelius die fünf mittschiffs und Mr Lewis die im Heck. Mr Hornigold und Bootsmann North behalten derweil die Segelmanöver im Auge. Ich will an jeder Kanone bis zum Ende der Reise stets die gleichen Männer sehen. Diejenige Geschützbedienung, die als Erste gefechtsklar meldet, bekommt immer eine Extraration Rum. Und heute gilt das für alle, wenn ihr die Zeit von vorhin um fünf Minuten unterbietet. Meine Herren Offiziere – auf Ihre Plätze! Bootsmann, lasst alle Mann und Schiff klar zum Gefecht pfeifen. Auf geht's, ich nehme die Zeit!«

Das Signal war noch nicht ganz verhallt, da begann ein Rennen und Eilen an Bord der *Golden Fleece*, wie es das Schiff noch nicht erlebt hatte. Es gab keinen einzigen Seemann, der von Jacks Ansprache nicht berührt worden war, und jeder bemühte sich auf einmal, sein Bestes zu geben. Tatsächlich schafften es die Männer, die Geschütze diesmal in nahezu der Hälfte der Zeit auszurennen, doch Jack reichte das noch lange nicht. Er wollte wie auf einem Kriegsschiff auf das Minimum von drei Minuten kommen und nahm sich vor, die Mannschaften so lange zu drillen, bis er sein Ziel erreicht hatte. Doch für heute ließ er es gut sein und den versprochenen Rum ausschenken, nachdem er die Männer zuvor für ihre Leistung gelobt hatte, was ihm die uneingeschränkte Sympathie der Seeleute einbrachte.

Die Übungen wurden nahezu täglich, manchmal aber auch nachts, wiederholt, und wer murrte und sie als unnütze Schikane bezeichnete, bekam von seinen Kameraden die Frage gestellt, ob er lieber auf einem Sklavenmarkt an der maurischen Küste oder im Kochtopf eines schwarzen Häuptlings landen wollte. Als einmal ein verlassenes Fischerboot gesichtet wurde, ließ Jack sogar scharf darauf schießen. Das Ergebnis war allerdings derart haarsträubend, dass er beschloss, im Ernstfall einen Gegner besser bis auf Steinwurfweite herankommen zu lassen.

Parallel zum Geschützexerzieren wurden auch bei raumem, achterlichem Wind die Rahen umgebrasst, gegen die Brise gekreuzt und andere Segelmanöver ausgeführt, die der Mannschaft alles abverlangten. Doch nur so ließ sich das Schiff selbst im Gefecht hart an den Wind bringen und konnten unter Beschuss Segel geborgen oder gesetzt werden, um die Geschwindigkeit zu verändern, ganz wie es die Situation erforderte. Die Freiwachen mussten jeden zweiten Tag mit den Entermessern gegeneinander kämpfen, wobei den Männern Hiebe und Stiche von den Offizieren vorexerziert wurden, damit es nicht zu einem wilden, unkontrollierten Hauen und Stechen kam und man sich womöglich gegenseitig verletzte.

Im Kanal blieb die *Golden Fleece* von französischen Kaperern verschont, aber auf der Höhe von Gibraltar tauchten plötzlich schräg gestellte Segel auf, wie sie die kleinen, aber schnellen Schiffe der Barbaresken führten. Schon wollte sich Panik unter der Besatzung breitmachen, als Jack, der gerade in der Kajüte die Route berechnet hatte, an Deck erschien und auf die Poop enterte. Er hatte eine Trommel aufgetrieben, die ein Schiffsjunge jetzt jedes Mal zusätzlich rühren musste, wenn Schiff klar zum Gefecht gepfiffen wurde. So auch diesmal, und der Klang schallte bis zu den beiden Barbaresken-Schiffen hinüber.

Als jetzt auf der angenommenen leichten Beute auch noch an Backbord in Windeseile fünfzehn Geschütze ausgerannt, die englische Gefechtsflagge mit dem Georgskreuz im Topp gesetzt und die Segel umgebrasst wurden, um offenbar selbst zum Angriff überzugehen, wurde es den erfolgsgewohnten maurischen Piraten zu heikel. Sie drehten ab und suchten das Weite, denn es warteten mit Sicherheit leichter zu enternde Prisen auf sie.

An Bord der *Golden Fleece* hingegen herrschte großer Jubel. Jack hätte es nur ungern auf eine tatsächliche Auseinandersetzung mit den kampfgewohnten Barbaresken ankommen lassen, aber allein schon die exakt und schnell ausgeführten Manöver, das Zeigen der Bronzezähne und der Bluff eines vermeintlichen Angriffs hatten genügt, um sie in die Flucht zu schlagen.

Hat sich der harte Drill also jetzt schon bezahlt gemacht?, sinnierte Jack vor sich hin, als die beiden feindlichen Schiffe abdrehten, und hoffte, dass die Mannschaft es ebenso sah wie er. Doch darüber brauchte er sich keine Sorgen zu machen, denn die Männer feierten ihren Triumph und dass sie einem grausamen Schicksal in maurischer Sklaverei entgangen waren, in ihren Quartieren mit der Zusatzration Rum, die auf seinen Befehl hin ausgegeben worden war, und ließen ihren Ersten hochleben.

Auch wenn er sich nie an Deck sehen ließ, so entging Charles Johnson doch nichts, was an Bord vor sich ging. Besonders missfiel ihm, wie angesehen sein Erster Offizier, dem er die Schiffsführung übertragen hatte, mittlerweile bei der Mannschaft war, wie ihm seine Zuträger berichteten. Immer wieder versuchte er deshalb, Jack bei dessen Rapporten zu entlocken, ob nicht doch einer der Seeleute gegen die Disziplin verstoßen oder seine Arbeiten nicht ordnungsgemäß ausgeführt hatte. Dann wäre eine Bestrafung fällig gewesen, und nichts entzweite die Männer vor dem Mast mehr von den Offizieren als Auspeitschungen oder eventuell sogar das Kielholen eines ihrer Kameraden, das fällig wurde, schlief einer von ihnen auf Wache ein. In diesem Fall mussten alle Männer an Deck antreten, und der Delinquent wurde an einem Seil unter dem Schiff durchgezogen. Gnädige Kapitäne führten diese Art der Bestrafung querschiffs durch und ermöglichten dem Verurteilten dabei zu schwimmen, sodass er sich von den am Rumpf angewachsenen, scharfschaligen Muscheln fernhalten konnte, die ihm ansonsten das Fleisch vom Körper schnitten. Grausame dagegen befahlen, die Vollstreckung längsschiffs durchzuführen, was fast immer zum Tod durch Ertrinken führte.

Doch sosehr Johnson auch drängte, Jack Bannister ließ sich nie dazu hinreißen, ein Mitglied der Mannschaft anzuschwärzen, auch wenn er sich durchaus manchmal über den einen oder anderen geärgert hatte. Doch sein größtes Problem waren nicht die einfachen Seeleute, sondern der Zweite Offizier Mission, in dem er auch einen der Denunzianten vermutete, und der Midshipman Cornelius, der sich durch grenzenlose Faulheit und Inkompetenz auszeichnete und trotzdem davon ausging, nach dieser Reise das Lieutenantspatent zu bekommen. Notfalls würde seine Verwandtschaft es ihm eben kaufen, wenn er die Prüfung nicht bestand. Jack taten heute schon die Seeleute leid, die einmal unter ihm leiden müssten. Aber sich über seine Offizierskameraden gegenüber dem Captain zu beschweren, ging auf gar keinen Fall an, und so musste der Erste allein mit den beiden unwilligen und aufmüpfigen Schiffsgenossen klarkommen. Vor allem auch, weil er nicht zu Unrecht davon ausging, dass Johnson ihm sowieso nicht hilfreich beigestanden hätte.

Der übte sich bei den Rapporten, zu denen Jack zweimal täglich antreten musste, größtenteils im Schweigen. Nur manchmal stellte er eine kurze Frage, die sein Erster ebenso knapp beantworten musste. An den Manövern, die dieser ausführen ließ, übte der Captain keine Kritik, beschwerte sich nur einmal darüber, dass das Getrappel ihn bei seinen Arbeiten stören würde.

Was für Arbeiten?, hatte Jack sich danach gefragt, dem langsam aufging, was das eigenartige Verhalten seines Vorgesetzten zu bedeuten hatte. Der Mann hatte einfach Angst, vor allem und jedem! Er verkroch sich in seine Kajüte wie ein Kaninchen in seinen Bau und hoffte, dass der Fuchs – in seinem Fall ein imaginärer Feind – ihn dort nicht finden würde. In allen Besatzungsmitgliedern, sowohl in der Mannschaft als auch in den Offizieren und Unteroffizieren, sah er Gegner, die ihm schaden wollten. Deshalb speiste er auch stets allein und lud niemals, wie es sonst auf allen Schiffen gang und gäbe war, auf denen Jack bisher gefahren war, Gäste an seine Tafel.

Jack ging davon aus, dass sich dieses Verhalten bei Charles Johnson erst mit der Zeit herausgebildet hatte, denn sonst wäre er nicht in seine jetzige Position aufgestiegen. Ob man bei der Company davon wusste?

Wohl kaum, sinnierte Jack, denn sonst hätte man dem Captain wohl niemals dieses nahezu nagelneue Schiff anvertraut, dessen Bau und Ausrüstung ein Vermögen verschlungen haben mussten. Vielleicht war Johnson einmal ein guter und schneidiger Offizier gewesen, doch jetzt scheute er jedwede Auseinandersetzung, sei es mit Worten oder gar mit Taten. Wie Midshipman Lewis angedeutet hatte, fürchtete er sich ja sogar vor seiner eigenen Frau.

Dass es solche Männer gab, davon hatte Jack schon gerüchteweise gehört, es aber bisher immer für ein Märchen gehalten. Doch nun – anders konnte er es sich einfach nicht erklären – hatte er einen solchen Fall vor sich, obwohl Johnson es verstand, sein Problem geschickt zu kaschieren und vor seiner Umgebung zu verbergen. Daher gab er den Unnahbaren, delegierte alle Aufgaben, so weit als möglich, und verbarrikadierte sich in seiner Kajüte wie in einer Festung. Jack war nur gespannt darauf, wie es werden würde, erreichten sie die afrikanische Küste oder gerieten womöglich tatsächlich in ernste Gefahr durch feindliche Schiffe oder Piraten. Als er Johnson von den Barbaresken berichtet hatte, war ihm aufgefallen, wie angespannt dieser auf einmal gewirkt hatte. Und das, obwohl der Captain wie immer mit dem Rücken zum Licht gesessen hatte, sodass sein Gesicht und vor allem sein Mienenspiel kaum zu sehen waren. Johnsons Hände, die meist eine Feder hielten, als müsse er etwas notieren, hatten zu zittern begonnen, und die Atmung war flach geworden. Einem anderen wäre das vielleicht entgangen, doch Jack hatte bei den zweimal am Tag angeordneten Berichterstattungen, bei denen er immer stehen musste und niemals Platz nehmen durfte, über die Zeit hinweg ausreichend Gelegenheit gehabt, den Captain in all seinen Facetten und Verhaltensmustern zu studieren. Und mittlerweile war er sich darüber im Klaren, woran er mit ihm war. Was ihn allerdings keineswegs beruhigte, denn ängstliche Menschen konnten äußerst gefährlich werden, fühlten sie sich bedroht oder in die Enge getrieben.

Johnson konnte nicht dulden, dass seine Schwäche aufgedeckt wurde, denn dies würde das Aus für seine Karriere bei der Company bedeuten und es ihm gleichzeitig unmöglich machen, eine andere Anstellung zu bekommen. Er musste sie also vor aller Welt verbergen, auch wenn es ihm noch so schwerfiel, denn über das Stadium, wo er noch dagegen hätte ankämpfen können, war er längst hinaus. Nun, wo sie den Golf von Guinea und die Küste Westafrikas bald erreichen würden, war Jack außerordentlich gespannt darauf, wie der Captain sich dort verhalten würde.

4. KAPITEL
WESTAFRIKA, 1681

Die sogenannte Sklavenküste Afrikas, von der aus die so heiß begehrte menschliche Ware in die Kolonien der Neuen Welt verschifft wurde, verlief ungefähr ab dem Punkt, wo die Küstenlinie des Kontinents scharf nach Osten schwenkte, bis in etwa zu der Stelle, wo sie fast rechtwinklig wieder nach Süden führte. Sie war mehrere Hundert Seemeilen lang und bildete in ihrem Verlauf bis zu jenem Punkt, in der sie wieder Richtung Süden verlief, die Nordküste einer riesigen Bucht, die Golf von Guinea genannt wurde. Die Portugiesen hatten hier als Erste Stützpunkte errichtet, Spanier und Holländer waren ihnen gefolgt, und von den Engländern, wenn auch nicht sehr konsequent, waren ebenfalls Versuche unternommen worden, hier Fuß zu fassen. Selbst der Kurfürst von Brandenburg streckte seine Fühler nach den Reichtümern Afrikas aus und hatte eine Expedition in den Golf geschickt, die ausloten sollte, ob es sich lohnen würde, ein Fort zur Sicherung der eigenen Handelsinteressen zu errichten.

Jacks vorherige Kapitäne hatten schon dort, wo die große Wüste Sahara endete und Mangrovenwälder sich bis an den Ozean erstreckten, damit begonnen, das schwarze Elfenbein der Sklavenküste – so nannten die Seeleute die Menschenfracht – von arabischen Händlern oder Stammeshäuptlingen zu kaufen. Oft mussten jedoch verschiedene Liegeplätze angelaufen werden, bis die Laderäume endlich voll waren. Doch hatte man genügend Sklaven an Bord, wurde sofort nach Westen abgedreht, um so schnell wie möglich über den Atlantik in die Karibik zu segeln.

Charles Johnson hingegen ließ die *Golden Fleece* die ganze

Küste entlang nach Osten segeln, vorbei an den zahlreichen, bekannten afrikanischen Königreichen wie Akan, Yoruba und Dahomey, deren Herrscher schon seit hundert Jahren mit den Europäern Handel trieben und für diese auf dem Hochland im Landesinneren das begehrte schwarze Elfenbein einfingen, um die lebende Ware dann gegen Güter wie Eisen, Tuche, aber auch Musketen, Pulver, Kugeln und Säbel einzutauschen.

Jack hatte unter einem seiner früheren Kapitäne, der in der großen Lagune von Lagos vor Anker gegangen war und das Schiff in den flachen Gewässern um ein Haar auf Grund gesetzt hätte, an einer Expedition ins Landesinnere von Dahomey teilgenommen. Zuvor hatte er angenommen, es in Afrika nur mit primitiven Wilden zu tun zu haben, sein Weltbild aber gründlich ändern müssen, als er die Hauptstadt des Königreiches zu sehen bekam.

Die Stadt, Abomey genannt, war von einer sieben Meilen langen Lehmmauer umgeben, durch die sechs Tore führten und der ein breiter und bis zu fünfzehn Yards tiefer Graben vorgelagert war, auf dessen Grund Akazienbüsche mit langen, starken Dornen wuchsen. Innerhalb der Mauern befanden sich gleich mehrere durch Felder getrennte Dörfer und zwei beeindruckende Königspaläste, die vielleicht nicht an Whitehall heranreichten, nichtsdestotrotz aber die Europäer staunen ließen.

Außerdem gab es in der Mitte des ummauerten Areals einen Markt und einen großen Platz mit Kasernen, auf dem die unzähligen Krieger, die das Königreich schützten, ihre Waffenübungen abhielten. Am meisten hatte Jack damals allerdings der bereits seit 1645 regierende – so war es von portugiesischen Missionaren berichtet worden – König Aho Houegbadja beeindruckt, der sehr weise regieren sollte. Wenn er Hof hielt, saß er in Leopardenfelle gehüllt auf einem Thron aus menschlichen Schädeln, umgeben von Priestern, die den gefürchteten Voodoo-Kult praktizierten. Ihnen war es angeblich möglich,

Feinde, auch wenn diese weit entfernt waren, mit einem Fluch zu belegen, an dem sie elendiglich zugrunde gingen.

Die Leibgarde des Königs rang allen, die die disziplinierten, groß gewachsenen und muskulösen Krieger mit ihren Speeren, Keulen, Schilden und Umhängen aus Löwenfell sahen, großen Respekt ab. Niemand aus der englischen Delegation verspürte auch nur das geringste Bedürfnis, sich mit ihnen anzulegen. So verliefen die Verhandlungen äußerst friedlich, und als man sich handelseinig geworden war, schied man in bestem Einvernehmen voneinander.

Wenn Jack gedacht hatte, dass wie auf seiner vorherigen Reise hier in Dahomey Sklaven aufgenommen werden würden, so sah er sich zu seiner nicht geringen Überraschung getäuscht. Die Fahrt der *Golden Fleece* führte an dem Königreich und selbst noch am Delta des gewaltigen Flusses Niger vorbei, wobei man sich immer weit draußen auf dem Meer und außerhalb der Sichtweite der an der Küste befindlichen Faktoreien hielt. Am Ende der nach Osten verlaufenden Küstenlinie segelten sie dann sogar noch ein ganzes Stück weiter nach Süden. Erst in der Mündung eines großen Flusses, des Sanaga, wie Jack später erfuhr, und gegenüber der von den Portugiesen nach ihrem Entdecker Fernando Póo benannten Insel, die aber unbesiedelt war und die *Golden Fleece* von See aus vor neugierigen Blicken schützte, wurde der Anker geworfen.

Die ganze, weite Fahrt hatte in Jacks Augen nur unnötige Zeit gekostet, und später aus dem tiefen Golf gegen die Westwinde aufzukreuzen, würde noch einmal viel Kraft und Mühe erfordern. Doch ihm war mittlerweile klar, warum man bis ans äußerste Ende der Küste gesegelt war, an der man Sklaven erwerben konnte. Hier gab es keine Stützpunkte und Faktoreien anderer Nationen mehr, und die Gefahr der Entdeckung war deshalb recht gering. Charles Johnson, der sorgsam darauf bedacht war, jedweder Konfrontation aus dem Wege zu gehen, kam das natürlich sehr gelegen. Außerdem hatte er auf seinen vorherigen Reisen zu dem König des hier ansässigen Volkes der Bakoko, die zur Stammesfamilie der Bantu gehörten, gute Handelsbeziehungen geknüpft.

Kaum war der Anker gefallen, umringten zahlreiche kleine Boote, meist Einbäume, die *Golden Fleece* und boten Früchte, Hühner, kleine, lebende Schweine, Zicklein und Handelswaren wie Muschelketten und Schnitzereien feil. Einige der Schwarzen versuchten sogar, an Bord zu gelangen, was Jack zu unterbinden befahl, der dringend auf eine Weisung des Captains wartete, wie man sich verhalten sollte.

Endlich, nach einer gefühlten Ewigkeit, erschien auch Johnson in einem prächtig bestickten Rock mit Gehstock, wallender Perücke und Dreispitz an Deck. Jack, der wie alle anderen an Bord unter der afrikanischen Sonne schwitzte und litt, fragte sich, wie der Mann diese Hitze in seiner Kleidung aus schwerem Brokat, Samt und Seide nur aushielt, ohne tot umzufallen. Johnson hingegen schien nicht einmal zu transpirieren und ließ seinen Blick nahezu selig und genießerisch über den nahen Küstenurwald streifen, aus dem exotische Geräusche zu ihnen herüberschallten. Affen brüllten, Vögel gaben alle möglichen Arten von Gezwitscher von sich, Trommeln schallten über die See, und Jack glaubte sogar in weiter Entfernung einen Elefanten trompeten zu hören.

Als der Captain sich sattgesehen hatte, begann er ein Palaver mit einem der Insassen in der größten, etwa zwanzig Yard langen und von zehn Ruderern vorangetriebenen Piroge, die nur ein paar Yards an Backbord der *Golden Fleece* lag. Das Boot war aus der Flussmündung gekommen, und am Heck saß ein in ein Zebrafell gehüllter Schwarzer, der sich seiner Würde sehr bewusst war und darauf gewartet hatte, angesprochen zu werden. Jetzt, nachdem dieser Part vonseiten Johnsons erfüllt worden war, machte sich ein breites Grinsen auf seinem Gesicht breit, bevor er antwortete. Offenbar beherrschte der Captain den hier gesprochenen Dialekt der Bantu nahezu perfekt, denn auf Rede folgte Gegenrede, und ein Dolmetscher war nicht nötig.

Als Johnson erfahren hatte, was der Bootsführer von ihm wollte, wandte er sich an seinen Ersten Offizier und gab endlich eindeutige Befehle.

»Mr Bannister, König Sophonie, mit dem ich auf einer meiner vorherigen Reisen Freundschaft geschlossen habe, verlangt ein Ankergeld von uns, damit wir hier vor seiner Küste liegen und Handel treiben dürfen. Das ist so üblich, aber es war mir möglich, seinen Abgesandten etwas herunterzuhandeln, denn die Forderung des Königs kann man nur als unverschämt bezeichnen. Lasst ein Fass Rum, vier Eisenbarren und zwei Musketen mit etwas Pulver nebst Kugeln in die Piroge laden. Ich werde mich dann unverzüglich an Land und zu König Sophonie begeben, um ihm unsere Wünsche vorzutragen und so viele Neger zu kaufen, wie unsere Laderäume fassen. Mr Mission und Mr Cornelius werden mich begleiten. Ersterer wird dafür sorgen, dass Frischwasser, Proviant und Feuerholz an Bord gelangen, und später den Transport der an die Küste gebrachten Sklaven auf unser Schiff organisieren. Dafür wird ein Pendelverkehr mit unserem Kutter und dem größten Beiboot eingerichtet. Ihr selbst verbleibt mit Mr Hornigold, Mr Lewis und Mr Corker an Bord und bereitet zusammen mit der Mannschaft alles für die Übernahme des schwarzen Elfenbeins vor. Wisst Ihr, was Ihr zu tun habt?«

»Aye, Sir«, antwortete Jack, nicht gerade darüber erfreut, dass es ihm offenbar verwehrt bleiben sollte, Land zu betreten. Aber damit erging es ihm wie dem Großteil der Besatzung, und deshalb wollte er nicht klagen. »Ich war auch auf meinen letzten Reisen mit dieser Aufgabe betraut.«

»Dann ist es ja gut, und ich brauche Euch keine weiteren Anweisungen zu geben.« Der Captain wirkte geradezu erleichtert, und zum ersten Mal glaubte Jack, so etwas wie Zufriedenheit bei seinem Vorgesetzten zu spüren. »Macht den Käfig vor allem fest genug, denn bei der letzten Verladung haben etliche der Schwarzen versucht, über Bord zu springen, weil ihre Weiber vom Ufer aus nach ihnen gerufen haben. Ich werde zwar von Sophonie verlangen, dass er das diesmal mit seinen Kriegern unterbindet, aber man kann ja nie wissen. Ich denke, dass ich so in etwa zwei bis drei Wochen weg sein werde. Bis dahin habt Ihr das Kommando an Bord. Achtet darauf, dass keine Schwarzen auf das Schiff kommen, denn sie stehlen wie die Raben. Zur Not lasst auf sie schießen, der König versteht das. Und nun veranlasst, dass meine Gig zu Wasser gelassen und bemannt wird. Wir wollen doch keine weitere Zeit verlieren. Ich hoffe, dass ich mich auf Euch verlassen kann!«

Die letzten Worte des Captains klangen nicht wie eine Frage, sondern eher wie eine Feststellung, und Jack sparte sich eine Antwort oder Versicherung. Er salutierte nur schweigend, doch damit war alles gesagt, denn er wusste genau, was er zu tun hatte.

Als Erstes wurde das Ankergeld dem Gesandten Seiner Majestät übergeben. Die Piroge nahm danach schnell Kurs auf die Flussmündung und war schon bald unter den bis an das Ufer heranreichenden Mangroven verschwunden. Wie viel von dem Rum letztlich bei Sophonie ankommen würde, war fraglich, aber fehlte in den Augen des Königs zu viel, konnte es durchaus passieren, dass sich seine Abgesandten in Ketten und bald darauf im Laderaum der *Golden Fleece* wiederfanden. Normalerweise verkauften die westafrikanischen Könige und Häuptlinge nicht ihre eigenen Stammesangehörigen, doch Ausnahmen bestätigten wie immer die Regel.

Charles Johnson würde sich jetzt in die flussaufwärts gelegene Hauptstadt Edéa des Königreiches begeben und Sophonie ein Gastgeschenk überreichen. Bevor diese Kumie genannte

Gabe nicht übergeben worden war, ließ sich kein Händler blicken und wurden keine Geschäfte getätigt. Der Captain hatte zu diesem Zweck zehn Ballen verschiedenfarbiges Tuch, ein paar Entermesser von guter Qualität – darauf verstanden sich die Schwarzen durchaus – und einen Zierdegen mit vergoldetem Korb nebst noch einigen kleineren Fässern Rum in sein Boot verladen lassen.

Hatte das Kumie dann den Besitzer gewechselt, begannen die eigentlichen Verhandlungen. Dazu wurden den Gästen vonseiten des Königs etliche Bedienstete wie Dolmetscher und Läufer zur Seite gegeben, die die Verbindung zu den Händlern herstellten. Diese residierten weiter im Landesinneren und kauften von Stammeshäuptlingen, die auf dem Hochland von Adamaua lebten, Sklaven an. Dabei handelte es sich meist um Kriegsgefangene, die einem Nachbarvolk bei einem Überfall in die Hände gefallen waren. Aber auch gezielte Raubzüge waren zwischen den Stämmen an der Tagesordnung, und wenn der Preis entsprechend hoch war, verkaufte solch ein Stammesfürst auch schon einmal die Angehörigen seines eigenen Volkes.

Jack hatte sogar von Fällen gehört, bei denen sich während großer Dürren und Hungersnöte ganze Familien freiwillig in die Sklaverei begaben, weil sie keine andere Überlebenschance mehr für sich sahen. Er bezweifelte aber, dass die jedweder Hoffnung beraubten Menschen wirklich wussten, was sie da taten.

Der Captain würde, sobald er das Einverständnis des Königs eingeholt hatte, mit den Händlern über den Preis für die menschliche Ware feilschen, die auf verschlungenen Dschungelpfaden und mit Pirogen auf dem Fluss in die Hauptstadt Sophonies gebracht wurde. Auf dem Marsch litten die Menschen unendliche Qualen, und dies nicht nur wegen den Peitschen- und Stockhieben ihrer Aufseher und der königlichen Krieger. Sie wurden entweder mit Fußketten aneinandergeschmiedet, die ihnen die Knöchel wund rieben, oder bekamen Halseisen angelegt. So mussten sie sich durch den Urwald schleppen, ohne sich der unzähligen Moskitos erwehren zu können, die die Kolonnen in dichten Schwärmen begleiteten. Ihre Peiniger hatten sich dagegen mit Palmöl eingerieben, das die blutsaugenden Biester abschreckte.

Viele der geraubten Schwarzen stürzten aus Schwäche über Wurzeln, wurden von Schlangen gebissen oder starben schon auf dem Marsch vor Entkräftung. Aber das scherte die Händler wenig, denn es gab schier unendlich viele Menschen im Inneren Afrikas, die man an die nimmersatten Weißen verkaufen konnte. Mittlerweile erbeuteten Häuptlinge aus dem Sudan ihre lebende Ware sogar in Ostafrika und brachten sie dann an die Küsten auf der anderen Seite des Kontinents.

Auch die Sklaven, die nun über den Fluss angeliefert wurden, hatten es nicht viel besser getroffen. Man verschnürte sie wie Warenballen und packte sie dicht an dicht in die Pirogen, sodass sie sich überhaupt nicht bewegen konnten und schon einmal einen Vorgeschmack darauf bekamen, was sie an Bord des Sklavenschiffes erwartete.

In diesem erbärmlichen Zustand präsentierten die Händler dem Käufer ihre Ware natürlich nicht. Bevor man die geraubten Menschen zur Musterung brachte, ließ man ihnen ein paar Tage Ruhe, fütterte sie heraus, wusch sie gründlich und rieb sie mit Öl oder Fett ein, damit vor allem ihre Muskeln schön glänzten. Dann wurden sie völlig nackt – Männer wie Frauen – dem Kaufinteressenten vorgeführt. Der untersuchte sie sorgfältig auf Krankheiten, prüfte die Zähne und führte meist eine Lungenprobe durch, bei der die Gefangenen laut und anhaltend schreien mussten. Erst danach begann das Feilschen, das sich über Stunden, Tage und, wurde über eine große Anzahl von Sklaven verhandelt, auch Wochen hinziehen konnte.

War man sich endlich einig geworden, kamen die verkauften Schwarzen in einen abgesperrten Bezirk innerhalb der Mauern der Stadt und wurden wieder angekettet. Ab diesem Zeitpunkt übernahmen die Bootsleute von der *Golden Fleece* ihre Bewachung, und der Captain schickte nach der Ware in den Laderäumen des Schiffes, um seine Einkäufe zu bezahlen. Wäre sie vorher an Land gebracht worden, hätte sich sicherlich ein Großteil davon in Luft aufgelöst und König Sophonie nur die Schultern gezuckt, wäre er darauf angesprochen worden.

Früher, als der Sklavenhandel an der westafrikanischen Küste begann, hatte man noch Glasperlen, billiges Tuch, Handspiegel und rostige Waffen als Tauschgegenstände anbieten können. Doch diese Zeiten waren lange vorbei. Jetzt verlangten die Händler Branntwein oder Rum, meist rote Stoffe von guter Qualität, Gewehre und Pistolen nebst Schießpulver und Kugeln, Eisenbarren und in Europa gefertigten Schmuck. Mit Geld hingegen konnten sie nichts anfangen, denn ihre Währung waren nach wie vor Muscheln und Muschelketten und nicht Gold oder Silber, dessen Wert sie nicht einschätzen konnten.

Waren alle Geschäfte getätigt, wurden die Schwarzen an die Küste gebracht und verladen. Dafür gab es einen regen Pendelverkehr zwischen dem Sklavenschiff und dem Ufer, und dieser war der nahezu gefährlichste Part des ganzen Unternehmens. Denn oft versuchten die verzweifelten Menschen noch in letzter Sekunde zu fliehen, wenn sie sahen, was sie erwartete, oder brachten sich selbst um, indem sie sich ins Meer warfen, wo die Haie schon warteten, nur um die Heimat nicht verlassen zu müssen. Auch Stammesangehörige oder Familienmitglieder, die sich zuvor im Dschungel verborgen hatten, fielen manchmal über die Wachmannschaften her, um ihre Angehörigen zu befreien. Dagegen halfen die Musketen der Seeleute unter dem Kommando von Lieutenant Mission, der dazu abkommandiert worden war, und Sophonies Krieger. Aber dafür, dass sich niemand von der *Golden Fleece* in die See stürzen konnte, um seinem Schicksal zu entgehen, hatte Jack zu sorgen.

Neben der Aufnahme von Proviant, der vor allem aus frischen Früchten, lebenden Schweinen und Geflügel, Frischwasser und Feuerholz bestand, war es die Aufgabe des Ersten Offiziers, das Schiff auf die Aufnahme der Sklaven und deren Transport vorzubereiten. Jack wusste, was er diesbezüglich zu tun hatte, und auch wenn er es nicht gern tat, so erfüllte er doch seine Aufgabe mit dem ihm eigenen Verantwortungsbewusstsein. Schließlich hing auch sein Leben und das der gesamten Besatzung davon ab, dass die Gefangenen sich nicht befreien und unbeabsichtigt an Deck gelangen konnten, um sich auf ihre Peiniger zu stürzen.

Solche Fälle hatte es bereits gegeben, und es war zu blutigen Massakern an Bord gekommen, wie unter anderem die Überlebenden einer spanischen Mannschaft berichtet hatten. Den Sklaven war es eines Nachts nicht nur gelungen, sich von ihren Ketten zu befreien, sondern nach schwerem Kampf auch noch das Vorschiff einzunehmen. Die Besatzung hatte allerdings mithilfe der hier aufgestellten Kanonen das Heck halten können. Doch waren so natürlich keine Segelmanöver mehr möglich gewesen, und als endlich Land in Sicht kam, hatte der Kapitän befohlen, das Schiff auflaufen zu lassen. Daraufhin waren die Sklaven ins Wasser gesprungen, um sich an Land zu retten, und waren auf Nimmerwiedersehen im Urwald verschwunden. Die Spanier hingegen hatten das leckgeschlagene Schiff aufgeben müssen, sich ins Beiboot begeben und versucht, Hispaniola zu erreichen. Nur wenige überlebten die Fahrt über die karibische See, und was sie berichteten, machte alle Sklavenhändler und ihre Mannschaften nachdenklich. Denn wie viele der auf den Meeren verschollenen Schiffe vielleicht schon zuvor auf diese Weise verloren gegangen, anstatt, wie bisher angenommen, im Sturm gesunken waren, wollte lieber keiner von ihnen genau wissen.

Eine solche Rebellion an Bord galt es, unter allen Umständen zu verhindern, weshalb das Schiff nun auch so vorbereitet werden musste, dass niemand über Bord springen konnte, denn schließlich war die Ware ja teuer bezahlt worden. Zu diesem Zweck rief Jack die beiden an Bord verbliebenen Midshipmen und den Dritten Offizier zu sich, um ihnen Befehle zu erteilen.

»Mr Hornigold, lasst die Rahen von Groß- und Fockmast sowie die Bramstengen an Deck fieren und verlascht sie in neun Fuß Höhe über dem Schiff. Mr Corker, Ihr lasst in gleicher Weise starke Rundhölzer aufrecht entlang der Reling befestigen. Bootsmann North wird Euch dabei behilflich sein. Nur mittschiffs an Steuerbord lasst eine ein Yard breite Lücke, an der wir die Schwarzen in Empfang nehmen und nach unten weiterreichen können. Ihr, Mr Lewis, begebt Euch mit einem Dutzend Männer auf die uns gegenüberliegende Insel und schneidet dort zehn Fuß lange, gerade und kräftige Bambusstangen zu. Es müssen so viele sein, dass wir über dem an Bord durch die Rahen und Rundhölzer geschaffenen Rahmen ein Gitterwerk errichten können, dessen Öffnungen nicht weiter als einen Fuß auseinanderstehen. Darüber legen wir dann als Sonnenschutz Segeltuch. Hat jeder verstanden, was er zu tun hat? Wenn es keine Fragen mehr gibt, dann los, an die Arbeit, es gibt schließlich viel zu tun, bis der Captain wieder an Bord kommt.«

»Mit Verlaub, Mr Bannister«, meldete sich Hornigold zu Wort, »sollten wir nicht auch daran denken, die Geschütze auf der Back, dem Oberdeck und der Poop so in Stellung zu bringen, dass sie auf die Gräting der Kuhl zeigen, und sie mit gehacktem Blei laden? Schließlich bringt nichts aufmüpfige Nigger besser zur Räson, als wenn wir einen Vierpfünder auf sie abfeuern und die anderen Gefangenen sehen, wie sich ihre Freunde in ihrem eigenen Blut wälzen.«

Genauso wie der Captain, sprach auch der Dritte Offizier äußerst verächtlich von den Menschen, die ihrer Heimat entrissen und hier an Bord genommen werden sollten, um den Rest ihres Lebens in der Sklaverei zu fristen. Jack stieß das böse auf, und er war schon dabei, Hornigold die passende Antwort zu geben, als sich überraschend der jüngste Midshipman mit sich vor Zorn überschlagender Stimme an den Lieutenant wandte.

»Auch wenn Gott den bedauernswerten Menschen, die wir an Bord nehmen werden, eine andere Hautfarbe als die unsere gegeben hat, so sind sie doch wie wir seine Geschöpfe, denen wir mit Respekt zu begegnen haben! Anderenfalls wird der Herr uns am Tag des Jüngsten Gerichts dafür ganz sicher zur Rechenschaft ziehen! Es ist eine Sache, die Schwarzen ihrem Heidentum zu entreißen und sie in christliche Länder zu verbringen, wo sie die Heilsbotschaft empfangen können und damit vor der ewigen Verdamnis gerettet werden. Eine ganz andere aber, sie willkürlich oder nur zur Abschreckung zu töten. Pfui, schämt Euch, Mr Hornigold, auch nur daran zu denken!«

Der derart Angesprochene lief blutrot an, und Jack machte sich schon bereit, ihn daran zu hindern, sich auf den Midshipman zu stürzen. Er warf seinem Offizierskameraden einen warnenden Blick zu, den dieser offenbar auch richtig verstand, denn er öffnete die geballten Fäuste wieder und beschränkte sich auf eine verbale Erwiderung.

»Was erdreistet Ihr Euch?«, fuhr der Lieutenant den Jungen an. »Hier geht es nicht um Eure Befindlichkeiten oder Frömmelei, sondern um unser aller Überleben. Denkt Ihr, dass die Nigger davor zurückschrecken, Euch in Stücke zu reißen, bekommen sie dazu die Gelegenheit, nur weil Ihr sie als Geschöpfe Gottes anseht? Ihr wärt dann genauso fällig wie wir alle, können sie sich befreien, denn sie sind schließlich in einer erdrückenden Überzahl. Deshalb, das habe ich auf einem anderen Schiff selbst miterlebt, bringt man am besten gleich am Anfang ein paar von ihnen um und lässt es die anderen mit ansehen. Die werden es sich daraufhin gut überlegen aufzumucken und sich eher in ihr Schicksal fügen.«

»Auf diesem Schiff werden keine Menschen grundlos getötet, auch nicht zur Abschreckung«, fuhr Jack den Lieutenant an. »Das merkt Euch besser, Mr Hornigold, oder wir geraten ganz übel aneinander. Wenn Ihr die Schwarzen, die wir bald an Bord nehmen werden, schon nicht als Gottes Geschöpfe ansehen könnt, dann betrachtet sie wenigstens als Ware, für die die Company viel Geld bezahlt hat und die besser so vollständig wie möglich und unversehrt im Westindien ankommen sollte. Denn genau darin besteht unsere Aufgabe. Es ist unsere Pflicht, den Profit der Gesellschaft zu mehren und ihn nicht dadurch zu schmälern, dass wir Teile des uns anvertrauten schwarzen Elfenbeins durch unsachgemäße Behandlung verlieren. Habt Ihr das jetzt verstanden, Mr Hornigold, oder muss ich es Euch noch etwas nachdrücklicher einbläuen?«

Der Gescholtene nickte nur mit verbissener Miene, denn er sah wenig Sinn darin, sich in Abwesenheit des Captains, der schließlich das letzte Wort in dieser Angelegenheit haben würde, mit seinem Vorgesetzten anzulegen. Aber in seinen Augen war das Thema noch lange nicht erledigt, auch wenn er, zumindest für den Moment, schwieg. Anders als Thomas Corker, der sich nun an Jack wandte und diesen mit Vorwürfen zu überhäufen begann.

»Ihr seid auch nicht besser als Mr Hornigold, Sir«, fauchte der junge Midshipman wütend. »Er nennt die bemitleidenswerten Menschen verächtlich Nigger und will gleich ein paar von ihnen umbringen. Ihr bezeichnet sie als schwarzes Elfenbein und seht in ihnen nichts anderes als eine Handelsware. Aber es sind Menschen, Sir, Menschen! Wir entreißen sie ihren Familien, ihrer Heimat, und bringen sie in ein fernes, ihnen unbekanntes Land, wo nichts als Not und Pein auf sie wartet. Ich bin mir sicher, dass Gott der Herr uns alle eines Tages dafür strafen wird!«

Das konnte Jack so nicht stehen lassen, und deshalb musste er sich nun zu seinem Leidwesen den jungen Midshipman vornehmen.

»Jetzt hört mir einmal genau zu, Mr Corker«, begann er mit

ruhiger, aber eindringlicher Stimme auf den aufgebrachten Jüngling einzusprechen. »Das hier ist ein Sklavenschiff, und das habt Ihr gewusst, als Ihr angeheuert habt. Also kommt Eure Reue reichlich spät. Und wenn ich sie selbst auch nicht gutheiße, so gibt es die Sklaverei doch wahrscheinlich schon so lange, wie Menschen die Erde bevölkern. Es ist noch gar nicht so lange her, da wurden auch in Europa und selbst in England Sklaven gehandelt. Heute sprechen wir von Hörigen oder Leibeigenen, aber das ist auch nicht groß etwas anderes.

Und denkt Ihr vielleicht, nur Schwarze kommen in die Sklaverei und werden verschleppt? Was glaubt Ihr, was Euch geblüht hätte, wären wir querab von der Straße von Gibraltar den Barbaresken in die Hände gefallen? Vielleicht hätte man für Euch Lösegeld verlangt, aber vorausgesetzt, Eure Familie hätte es bezahlen können, wärt Ihr erst nach vielen Jahren der Zwangsarbeit freigekommen. Wahrscheinlicher aber wäre es gewesen, dass Ihr auf einem der Sklavenmärkte von Tunis, Algier oder Tripolis aufgrund Eurer Jugend und Eures Milchgesichts als Lustknabe verkauft worden wärt. Und wenn Euer Herr irgendwann Eurer überdrüssig würde, verschwändet Ihr in einem Steinbruch oder dürftet für den Rest Eures nicht mehr langen Lebens Festungsmauern bauen und Gräben ausheben.

Als das Schiff, auf dem ich zuvor gefahren bin, an der Küste des Senegals anlegte, haben die dortigen arabischen Sklavenhändler uns Spanier und sogar Italiener zum Kauf angeboten! Der Captain hatte so viel Anstand, sie nicht zu nehmen, aber er konnte sie auch nicht loskaufen, und so verblieben sie in den Händen der Araber, was sicher kein leichtes Schicksal für sie bedeutet hat.

Ihr seht also, es trifft nicht nur die Menschen, die wir hier an Bord nehmen, sondern es schwebt so gut wie über jedem, der sich auf die See hinausbegibt, das Damoklesschwert der Sklaverei. Ich weiß, dass auf den Plantagen in Westindien neben Schwarzen auch Weiße schuften. Engländer bei den Holländern, Spanier bei den Franzosen und auf Jamaica Angehörige mehrerer Nationen, gegen die England Krieg geführt hat. Piraten haben die Mannschaften der von ihnen aufgebrachten Schiffe in Port Royal ganz offiziell an Pflanzer verkauft, die Bedarf an Arbeitskräften hatten.

Das mag in Euren Augen – und auch in den meinen – alles nicht richtig und auch nicht gottgefällig sein, aber weder Ihr noch ich werden etwas daran ändern können. Und solange Ihr in den Diensten der Company steht, deren Heuer bezieht und deren Kost zu Euch nehmt, werdet Ihr dafür sorgen, dass die Interessen der Gesellschaft gewahrt werden. Wenn Ihr den armen Teufeln an Bord das Leben so leicht wie möglich machen wollt, bitte. Das trägt im Gegensatz zu dem, was Mr Hornigold hier vorgetragen hat, nämlich durchaus dazu bei, den Gewinn derer zu mehren, die uns ausgeschickt haben. Je mehr Afrikaner wir nach Westindien bringen und dort gut verkaufen, desto höher der Profit der Gesellschaft. Und nebenbei gesagt, auch Euer und unser aller Anteil. Das merkt auch Ihr Euch gut, meine Herren«, mit diesen Worten wandte sich Jack an alle Umstehenden, »denn ich möchte es nicht noch einmal wiederholen müssen. Und nun an die Arbeit, die ich Euch aufgetragen habe. Es gibt schließlich viel zu tun, und hier, unweit des Äquators, geht die Sonne schnell unter.«

Die lange, wenn auch ruhige Ansprache des Ersten Offiziers der *Golden Fleece* hatte den Männern zu denken gegeben, und so trollten sie sich, um die ihnen aufgetragenen Aufgaben zu erfüllen. Schon bald hallten Kommandos über das Deck, hörte man Seeleute fluchen, das Quietschen der umgebrassten Rahen und Hammerschläge.

Jack sah, wie ein Boot unter dem Kommando von William Lewis ablegte und auf die Insel Póo zuhielt. Sie wurde von zwei Vulkankegeln überragt, deren Hänge mit ausgedehnten Bambuswäldern bedeckt waren. Bereits vor Sonnenuntergang kam das Boot mit geschlagenen Stangen zurück, und als die

Nacht heraufzog, hatte der Käfig an Bord bereits begonnen, Gestalt anzunehmen.

Jack hatte alles genau so gemeint, wie er es zu seinen Untergebenen gesagt hatte. Er sah sich als loyalen und pflichtbewussten Angestellten der Company, die ihm Lohn und Brot gab, und wollte alles dafür tun, in ihrer Hierarchie aufzusteigen. Dazu gehörte zunächst einmal, seinen Aufgaben als Erster Offizier gewissenhaft nachzukommen, auch wenn dies für ihn bedeutete, sein Herz gegen vieles hart zu machen, was er tun musste. Ihn dauerten die Menschen durchaus, die in die Sklaverei verschleppt wurden, und lieber hätte er mit anderen Waren wie zum Beispiel richtigem Elfenbein gehandelt als mit menschlicher Fracht. Aber da diesen bedauernswerten Geschöpfen nun einmal das Hauptinteresse seiner Auftraggeber galt, blieb ihm nichts anderes übrig, als deren Wünsche zu erfüllen. Zumindest so lange, wie er kein anderes Kommando, am besten auf einem Kriegsschiff, bekam.

Denn wie sollte er sonst Marie-Claire das Leben bieten, auf das sie in seinen Augen einen Anspruch hatte? Ihr galten seine ersten Gedanken am Morgen, seine letzten vor dem Einschlafen, und auch zwischendurch erschien ihm immer wieder ihr von ihm angebetetes Antlitz vor seinem geistigen Auge. Für sie ertrug er diesen unausstehlichen Captain ohne Widerworte, fuhr auf einem Sklavenschiff, biss sich die Lippen wund, wenn er Befehle befolgen musste, die seinem Empfinden und Dafürhalten zuwiderliefen und noch dazu von schlechter Seemannschaft zeugten, und ärgerte sich auf engstem Raum mit Männern herum, die ihm nicht übermäßig sympathisch waren, obwohl ihm von Rechts wegen ein eigenes Quartier zugestanden hätte.

Wäre ich nicht verheiratet, dachte Jack, *dann wäre ich sicher auch nicht an Bord der Golden Fleece, mag sie auch noch so ein schönes Schiff sein.* Lieber wäre er als Zweiter oder auch Dritter Offizier auf einem Ostindienfahrer oder auch auf einer Navy

Sloop im Ärmelkanal gefahren, als sich auf einem Sklavenschiff zu verdingen. Doch nur hier sah er gegenwärtig eine Chance aufzusteigen, eventuell auch ein eigenes Kommando zu bekommen, und damit seiner Frau den Platz in der Gesellschaft zu verschaffen, der ihr nicht nur aufgrund ihrer Schönheit zustand. Und wenn er dafür auch Dinge tun musste, die ihm zuwider waren, dann sollte es eben so sein. Auf alle Fälle wollte er nach Möglichkeit heil und gesund und mit den Taschen voller Heuer und einem beträchtlichen Verkaufsanteil zu Marie-Claire zurückkehren, um wieder in ihre strahlenden Augen blicken zu können.

Dass andere Menschen dafür leiden mussten, war Jack durchaus bewusst, aber nach seinem Dafürhalten nicht zu ändern. Soweit es in seinem Ermessen lag, würde er versuchen, deren Schicksal zu erleichtern, notfalls aber auch hart durchgreifen, sollte es erforderlich sein. Es galt, so viele Sklaven wie möglich auf die Westindischen Inseln zu bringen, wo die lebende Ware sehnsüchtig erwartet und hoch bezahlt wurde, um danach mit Laderäumen voller Zucker und Rum nach England zurückzukehren. Und wenn der Profit in den Augen der Gesellschafter der Company hoch genug ausfiele und man seinen Anteil an dessen Zustandekommen wertschätzte, dann winkte vielleicht sogar das heiß ersehnte, eigene Kommando. Dafür war Jack bereit, alles, aber auch wirklich alles Menschenmögliche zu tun. Denn nur dann konnte er seiner Meinung nach Marie-Claire guten Gewissens in ihre blauen Augen schauen, auch wenn er dafür oft genug gegen seine eigenen moralischen Grundsätze verstoßen musste.

Am nächsten Tag gingen die Arbeiten an dem sich über das ganze Deck erstreckenden Käfig weiter. Gleichzeitig wurden die Wasserfässer geschrubbt, an deren Innenseiten sich bereits grüne Algen gebildet und ihr Inhalt bei der Ankunft an der westafrikanischen Küste schon wie Jauche gestunken hatte.

Erst wenn sie gründlich gereinigt worden waren, konnte man sie mit Frischwasser für die lange Überfahrt nach Westindien befüllen. Alle, die bereits einmal auf der Dreiecksroute gesegelt waren, wussten, dass das Wasser auf der Fahrt streng rationiert wurde, denn schließlich musste es nicht nur für die Mannschaft, sondern auch für die kostbare Fracht reichen, wollte man nicht nur Leichen am Ziel ausladen.

Auch ausreichend Proviant musste von den Eingeborenen erworben und an Bord genommen werden. Schweine wurden geschlachtet und ihr Fleisch gepökelt, andere in der Back in Koben untergebracht, damit man auch über Frischfleisch während der Reise verfügte. Hühner kamen in enge Weidenkäfige, und so viele Früchte wie nur möglich wurden in und neben der Kombüse gelagert. Die Einschiffung überwachte von Land aus Lieutenant Mission, der nur darauf wartete, dass endlich die ersten Sklaven eintrafen.

Jack wurmte es, dass ihm verboten worden war, Land zu betreten. Gern hätte er sich zumindest einmal die Füße vertreten und in Süßwasser gebadet, doch der Befehl des Captains, dass er an Bord zu bleiben hatte, war unmissverständlich gewesen. Aber das galt nicht bei Eintritt eines Notfalls, und der kam schneller als gedacht.

Kaum war William Lewis eines Morgens zur Insel übergesetzt, kam bereits wenig später das Boot ohne Ladung zurück, und der Maat am Steuer gestikulierte schon von Weitem wie wild, sodass Jack an die Reling eilte, um zu erfahren, was denn, um Himmels willen, los wäre.

»Sir, ein fremdes Schiff nähert sich von Westen her der Insel!«, rief der Bootsführer dem Ersten Offizier zu. Der schnappte sich, ohne zu zögern, sein Fernrohr, schwang sich über die Bordwand und sprang in die Jolle, die daraufhin wieder ablegte und ihn zu der Insel brachte.

Am Strand wurde Jack von dem Midshipman in Empfang genommen, der ihn auf einem von den Männern angelegten

Dschungelpfad auf den Bergrücken führte, von wo aus er das Schiff erspäht hatte.

»Habt Ihr schon gesehen, welche Flagge sie führen?«, wollte Jack von William Lewis wissen, doch der zuckte nur mit den Schultern.

»Auf alle Fälle keine spanische und auch keine holländische«, gab er zur Antwort, was Jack schon einmal beruhigte. »Es ist eine eher kleine Fregatte von vielleicht zweihundert Tonnen, bestückt mit sechzehn Kanonen. Aber seht selbst, sie kommt immer näher und dreht wohl vor der Insel bei. Die Flagge habe ich noch nie gesehen, sie ist mir völlig unbekannt.«

Jack zog das Fernrohr auseinander, kniff das linke Auge zu und blickte mit dem rechten hindurch. Eine ganze Weile musste er warten, bis der Wind das Flaggentuch aufbauschte, aber dann war er seiner Sache sicher.

»Auf die hätte ich hier am wenigsten gewettet, Mr Lewis«, meinte er dann nachdenklich. »Roter Adler mit geöffneten Schwingen und goldenem Schnabel und Krallen. Das ist das Wappen des Kurfürsten von Brandenburg. Ich habe zwar schon gehört, dass dieser mittlerweile über eine kleine Flotte verfügen soll, aber dass er sie bis hierher ausschickt, wäre mir nun wirklich nicht in den Sinn gekommen.«

»Und was machen wir nun, Sir?«, wollte Lewis wissen. »Bereiten wir uns auf einen Kampf vor?«

»Immer mit der Ruhe, junger Mann«, bekam er daraufhin zur Antwort. »Wäre die *Golden Fleece* voll bemannt, wären wir den Brandenburgern haushoch überlegen. Doch da die Hälfte der Mannschaft mit Captain Johnson an Land gegangen ist, könnten wir notfalls nur wenige Geschütze einsetzen. Trotzdem werden wir unser Schiff natürlich gefechtsklar machen, uns aber nach Möglichkeit aufs Verhandeln verlegen. Mal sehen, was sie überhaupt hier wollen. Schaut, sie werfen Anker. Bestimmt wollen sie die Insel erkunden. Uns können sie bisher kaum erspäht haben, denn die *Golden Fleece* wird von dem Bergrücken und den Bäumen verdeckt.«

»Aber wenn sie an Land kommen, sehen sie uns auf alle Fälle«, merkte Lewis an.

Jack ging darauf nicht weiter ein und stellte stattdessen eine Frage.

»Sind Eure zwei Dutzend Männer bewaffnet, Mr Lewis?«

»Mit Musketen und Entermessern, Sir«, antwortete der Midshipman und stand fast stramm. »Man weiß ja hier nie, auf wen man trifft.«

»Sehr umsichtig, Mr Lewis«, lobte Jack. »Ruft alle zusammen, aber sie sollen sich hinter den Bäumen und Sträuchern versteckt halten. Ihr selbst begebt Euch danach an Bord, berichtet Mr Hornigold und lasst das Schiff gefechtsklar machen. Aber ohne Trommeln und Pfeifen, möglichst lautlos, sagt ihm das. Ich verbleibe mit unseren Seeleuten hier und warte einmal ab, wie viele Brandenburger an Land kommen. Vielleicht können wir sie ja überwältigen. Sollten sie allerdings den Anker wieder lichten, kommen wir ebenfalls sofort an Bord, um auf alle Eventualitäten vorbereitet zu sein.«

»Aye, aye, Sir«, bestätigte Lewis seine Befehle und bemühte sich, sie auf der Stelle auszuführen, während Jack die Fregatte weiterhin im Auge behielt.

Er sollte sich nicht getäuscht haben, denn schon bald wurde ein Boot zu Wasser gelassen, mit acht Seeleuten bemannt, und zwei Offiziere stiegen ein, um sich an Land rudern zu lassen. Mittlerweile hatten sich die Seeleute der *Golden Fleece* um Jack geschart, und sorgfältig im Unterholz verborgen, harrte man nun der Dinge, die da kamen.

Kaum war das Boot unweit der Stelle, an der Jack mit seinen Männern Deckung gesucht hatte, auf den Strand aufgelaufen, sprangen die beiden Offiziere an Land und begannen, sich umzusehen. Aufmerksam musterten sie das Gelände, tauschten sich aus und schienen von dem, was sie erblickten, durchaus angetan zu sein. Beide trugen Stiefel, die ihnen bis über die Knie reichten, bauchige Hosen und weiße, weite Hemden sowie breitkrempige Hüte mit Straußenfederschmuck, die wesentlich besser gegen die afrikanische Sonne schützten als die Dreispitze, die auf der *Golden Fleece* befohlen waren.

Immer näher kamen die Fremden aus dem Flutsaum heraus auf die Bäume zu, hinter denen sich die Engländer verborgen hielten, und schon bald konnte Jack ihre Stimmen vernehmen. Zu seiner Überraschung unterhielten sie sich auf Holländisch, das er verstand und auch bruchstückhaft sprach, was eine Verständigung erleichtern würde. Er beugte sich zu zwei Maaten hinunter und flüsterte ihnen Anweisungen zu, die diese ebenso leise weitergaben. Daraufhin teilte sich die Mannschaft der *Golden Fleece*. Zwanzig Männer schlichen, gedeckt durch das dichte Unterholz und im Schutz der Mangroven näher an das mittlerweile auf den Strand gezogene Boot und seine Rudermannschaft heran, vier blieben bei Jack Bannister und warteten auf die beiden Offiziere des fremden Schiffes, die direkt auf sie zuhielten.

Als sie nur noch wenige Yards entfernt waren, erhob sich Jack aus seiner Deckung und trat zwischen den Bäumen hervor und auf den Strand hinaus.

»Gott zum Gruße!«, ließ er sich vernehmen und erschreckte die beiden Gentlemen fast zu Tode, die so in ihr Gespräch vertieft gewesen waren, dass sie ihn erst jetzt bemerkten. »Was verschlägt Euch denn an dieses Ende der Welt und noch dazu auf dieses karge Eiland?«

Die Hand des einen Mannes fuhr zu seinem Degen, während der andere eine Pistole aus seinem Gürtel zog und den Hahn spannte.

»Das würde ich besser lassen«, ließ sich daraufhin Jack erneut vernehmen und hob seine Hand, woraufhin in unmittelbarer Nähe des Bootes zwanzig Männer mit schussbereiten

Musketen aus dem Urwald hervortraten und sich auch seine vier Kameraden, ebenfalls die Waffen im Anschlag, an seiner Seite sehen ließen.

»Wohin man auf dieser Welt auch kommt«, stöhnte einer der beiden Offiziere vernehmlich, ließ aber den Degen in der Scheide, »ein Engländer ist schon da. Seid so gut und sagt uns, mit wem wir es zu tun haben. Oder besser noch, vielleicht sollte ich uns zuerst vorstellen. Wir sind die Schiffsoffiziere Jakob van der Bleke und Isaak van de Geer, stehen unter dem Kommando von Kapitän Philipp Pietersen Blonck und segeln auf Geheiß des Kurfürsten Friedrich Wilhelm von Brandenburg.«

Die beiden Offiziere nahmen ihre Hüte ab, vollführten damit eine ausgreifende Bewegung, als wären sie bei Hofe, und verbeugten sich angemessen. Angst vor der plötzlich aufgetauchten Übermacht ließen sie hingegen keine erkennen, was für ihre Kaltblütigkeit sprach.

»Und wieso sprecht Ihr dann Holländisch, wenn Ihr doch im Auftrag Brandenburgs unterwegs seid?«, wollte Jack, der immer noch misstrauisch war, wissen, bevor er sich vorstellte.

»Unser Dienstherr ist Benjamin Raule, ein Holländer wie wir. Er musste aus seiner Heimat fliehen und baut nun für den Kurfürsten eine Flotte auf. Da es Brandenburg-Preußen an Seeleuten mangelt, hat er uns und andere seiner Landsleute in den Niederlanden angeworben, damit wir helfen, seine neuen Schiffe zu bemannen und die Mannschaften auszubilden. Ist Eure Neugier nun befriedigt, und können wir vielleicht endlich erfahren, mit wem wir es zu tun haben? Seid Ihr womöglich Piraten oder Schiffbrüchige? Oder gar beides, wenn ich fragen darf? Ihr seht mir jedenfalls ganz danach aus.«

Noch lange nicht, hätte Jack auf die erste Frage erwidern können, sparte es sich aber. Stattdessen beschloss er, mit seiner Identität nicht länger hinter dem Berg zu halten, denn die *Golden Fleece* war fast doppelt so groß wie die kleine brandenburgische Fregatte und auch viel stärker armiert. Käme es zum

Gefecht zwischen den beiden Schiffen, traute er sich trotz der reduzierten Mannschaft zu, dieser holländisch-brandenburgischen Allianz Paroli bieten zu können.

»Ihr überrascht uns beim Holzeinschlag, deshalb mein wenig respektabler Aufzug, den Ihr mir bitte nachsehen wollt. Ich bin Jack Bannister, Erster Offizier der Vierhundert-Tonnen-Galeone *Golden Fleece,* die auf der anderen Seite der Insel vor Anker liegt und im Auftrag der Royal African Company segelt«, stellte er sich vor. »Unser Schiff verfügt in etwa über die doppelte Anzahl von Kanonen wie das Eure. Also kommt besser nicht auf dumme Gedanken! Wir haben keinen Streit mit Kurbrandenburg und würden es gern dabei belassen.«

»Uns geht es ebenso«, versicherte ihm der Offizier, der sich als Isaak van de Geer vorgestellt hatte, und entspannte seine Pistole. »Wir sind nur froh, nicht auf unsere Landsleute getroffen zu sein, die uns bereits ein Schiff abgenommen haben.«

»Wie das?«, wollte Jack wissen, der sich diese Zusammenhänge nicht ohne Weiteres erklären konnte.

»Nun, ursprünglich waren wir mit zwei Fregatten unterwegs, um im Auftrag des Kurfürsten an der Guineaküste zu prüfen, ob es sich lohnt, hier Handel zu treiben und vielleicht einen Stützpunkt zu errichten. Aber den großen Teil der Küstenlinie beanspruchen ja die Holländer für sich. Und wo sie nicht sind, breiten sich Spanier, Portugiesen und neuerdings sogar die Dänen und Schweden aus. Sie schätzen es gar nicht, wenn andere etwas von dem Kuchen abhaben wollen, den sie bereits unter sich aufgeteilt haben.«

Das stimmt aufs Wort, wusste Jack. Deshalb war Captain Johnson ja auch so vorsichtig gewesen und weit in den Golf hineingesegelt. Die Company hatte bis vor einigen Jahren auch Forts an der Sklavenküste unterhalten, sie aber aus Kostengründen wieder aufgegeben, weil deren Besatzungen in dem ungesunden Klima wie die Fliegen gestorben waren. Meist legte man die Befestigungen in der Nähe von Flussmündungen an, die aber hier fast immer moskitoverseuchte Lagunen bildeten, und die Luft, die über dem Brackwasser stand, war auch nicht gerade die gesündeste.

»Das heißt, die Holländer, obwohl Eure Landsleute, haben Euch angegriffen und Euch ein Schiff abgenommen?«, bohrte Jack nach.

»Nun, ganz so war es nicht«, gab Jakob van der Bleke bereitwillig Auskunft. »Ich sage Euch das nur, um Euch zu warnen. In der Nähe der großen Eingeborenenstadt Takoradi, unweit von Fort Oranje, wollten wir Frischwasser aufnehmen. Die Schwarzen halfen uns, und Kapitän Joeris Bartelsen, der Kommandeur der Zweiundzwanzig-Kanonen-Fregatte *Wappen von Brandenburg*, entlohnte sie mit einem Fass Branntwein.

Davon hörten die Holländer, die daraufhin mit mehreren Schaluppen aus ihrem Fort zu uns gerudert kamen, angeblich nur zu Besuch, um Geschenke zu überbringen. Aber kaum an Bord, beschlagnahmten sie das Schiff, nachdem sie die nichts ahnende Besatzung überrumpelt hatten. Angeblich, weil wir unzulässigen Handel mit den Eingeborenen in dem von ihnen beanspruchten Gebiet getrieben hätten. Aber auch, weil die *Wappen von Brandenburg* früher ein spanisches Schiff gewesen sei, welches unter dem Namen *Carolus Secundus* gesegelt ist. Unser Reeder Benjamin Raule hatte den Segler höchstselbst ein paar Jahre zuvor gekapert. Da sich die Holländer immer noch im Krieg mit Spanien befinden, behaupteten sie also aus gleich zwei Gründen, das Schiff beschlagnahmen zu können. So blieb uns nur noch die kleine *Morian,* die Ihr dort drüben vor Anker liegen seht, um unseren Auftrag auszuführen. Wir suchen im Prinzip eine Insel vor der Küste, die sich als Stützpunkt eignet, sind aber bisher nicht fündig geworden. Nun werden wir wohl ohne Erfolg umkehren müssen, da selbst hier, am äußersten Ende des Golfes, schon Ihr Engländer sitzt. Ihr könntet Euch wohl nicht entschließen, diese Insel eventuell Kurbrandenburg abzutreten? Gegen gutes Geld, versteht sich.«

Jack war es gar nicht unrecht, dass die Holländer in Brandenburger Diensten auf Fernando Póo einen englischen Stützpunkt vermuteten, und er gedachte deshalb auch nicht, sie über ihren Irrtum aufzuklären. Die Insel hier würde sich tatsächlich hervorragend dafür eignen, eine Faktorei oder ein Fort anzulegen. Es gab ausreichend Bäume für den Bau von Festungen und Häusern sowie für Brennholz. Und zwei Bäche mit Frischwasser hatten sie auch entdeckt. Nur lag sie etwas sehr weitab vom Schuss und, wie die Brandenburger richtig angemerkt hatten, am äußersten Ende der Sklavenküste, was den Handel stark einschränkte.

»Ich denke eher nein«, meinte Jack deshalb auch mit Nachdruck. »Es sei denn, Ihr werdet Euch mit Seiner Königlichen Hoheit, dem Duke of York, der als Schirmherr der Company fungiert, handelseinig. Doch das wird sicher auf einer anderen Ebene zu entscheiden sein. Wenn Ihr mögt, gestatten wir Euch, Eure Wasserfässer aufzufüllen. Aber haltet Euch nicht zu lange damit auf. Denn auch wir schätzen es nicht sehr, Fremde in den von uns beanspruchten Territorien zu haben, die vielleicht nur darauf aus sind, unsere Stellungen und Handelsbeziehungen auszuspionieren.«

»Nichts liegt uns ferner«, beteuerte der Offizier und seufzte vernehmlich. »Doch es ist wirklich überall das Gleiche. Der eine gönnt dem anderen keinen Platz an der Sonne. Aber trotzdem danke ich Euch für Eure Freundlichkeit, Mr Bannister. Dürfen wir Euch vielleicht auf eine kleine Erfrischung zu uns an Bord einladen? Kapitän Blonck würde sich bestimmt freuen, Euch begrüßen zu können.«

»Danke, aber nein danke«, entgegnete Jack, der gar nicht daran dachte, sich an Bord eines fremden Schiffes zu begeben, wo ihm womöglich Gefangenschaft und Entführung drohten. Sein Wissen wäre dem Kurfürsten sicher viel Gold und Ehren wert, aber er gedachte nicht, so wie die Holländer, den Dienstherrn zu wechseln. Schließlich wartete zu Hause seine Frau auf ihn, nach der er sich mit jeder Faser seines Herzens sehnte. »Captain Johnson ist abwesend, und da ich ihn vertrete, kann ich mich nicht von meinen Männern entfernen und Euch auch nicht zu uns an Bord bitten, da wir gerade sehr beschäftigt sind. Unser Fort auf der anderen Seite der Insel, für das wir das Holz schlagen«, die Lüge ging Jack leicht über die Lippen, »ist leider auch noch nicht so weit fertiggestellt, dass der Kommandant Gäste empfangen kann. Es wäre deshalb sicher am besten, wenn Ihr so bald als möglich wieder Segel setzt, damit es nicht auch hier zu einem Zwischenfall kommt, der letztlich nur Verwicklungen zwischen zwei befreundeten Nationen heraufbeschwören würde. Ich hoffe, Ihr seid mir nicht gram und seht das ebenso wie ich.«

Die beiden Holländer in Kurbrandenburger Diensten verbeugten sich erneut, allerdings mit leicht verkniffenen Gesichtern, und verabschiedeten sich dann zwar überaus höflich, wenn auch enttäuscht. Sie würden sich also wohl auf die Heimfahrt begeben müssen, ohne sichtbaren Erfolg gehabt zu haben. Aber man konnte ja unterwegs trotzdem noch einmal Ausschau nach einem unbesetzten Flecken afrikanischer Erde halten, der sich zum Anlegen eines Stützpunktes eignete.

Es setzte ein reger Pendelverkehr zwischen der *Morian* und der Insel ein, damit die Fregatte das begehrte Frischwasser an Bord nehmen konnte. Jack überwachte alles mit Argusaugen, überlegte aber gleichzeitig, ob er, zurück in England, Nicholas Crispe nicht vorschlagen sollte, hier tatsächlich einen ständigen Stützpunkt der Company zu errichten. Auf der Insel herrschte durch die ständigen Winde ein wesentlich besseres Klima als auf dem Festland, es gab Holz und Wasser, und die Besatzung war durch die breite Meerenge zum Festland vor Überraschungsangriffen durch die Eingeborenen geschützt.

Ein paar Palisaden, Wachtürme und Kanonen würden sicher ausreichen, um die Faktorei zu schützen, und man könnte das ganze Jahr über Handel treiben und Sklaven ankaufen, sodass sich die Liegezeiten der Schiffe der Company deutlich verkürzen ließen. Allerdings war auch der Weg hierher ein weiter, der das ganze Vorhaben nicht unwesentlich verteuerte. Doch darüber sollten sich die Buchhalter in den Kontoren der Gesellschaft den Kopf zerbrechen. Zu errechnen, ob sich ein Geschäft lohnte oder nicht, war schließlich deren Aufgabe und nicht die seine.

Als das letzte Beiboot der brandenburgischen Fregatte den Strand verließ und die *Morian* Segel setzte, begab sich Jack mit allen Seeleuten umgehend zurück auf die *Golden Fleece*. Das Schiff war wie befohlen in seiner Abwesenheit gefechtsklar gemacht worden, und Lieutenant Hornigold und William Lewis hatten ganze Arbeit geleistet. Jack ließ jetzt den Anker aufholen und die Marssegel sowie die Klüver setzen, damit die Galeone manövriert werden konnte. Groß- und Bramsegel hingegen blieben gerefft, damit man sich einerseits an Deck besser bewegen konnte, andererseits aber auch nicht zu viel Fahrt machte. Die *Golden Fleece* hatte bisher parallel zum Ufer gelegen, doch ihr Erster Offizier wollte sie beweglich in der See haben, um einem eventuellen Überraschungsangriff der Brandenburger zuvorkommen zu können. Dafür legte er sie jetzt querab zu der Insel und dem Festland, um gegebenenfalls mit den Breitseiten den nördlichen und auch südlichen Zugang zu der Meerenge bestreichen zu können.

Und Jack hatte gar nicht falsch vermutet, denn kaum waren alle Manöver ausgeführt worden, tauchte plötzlich hinter der Nordspitze von Fernando Póo die *Morian* auf. Doch als ihr Kapitän die große, kampfbereite englische Galeone sah, an Steuerbord und Backbord je fünfzehn Kanonen bereits ausgerannt, verzichtete er auf jedwede Experimente, dippte zum Gruß die Flagge und drehte dann ab, um die Heimreise anzutreten. Jack hingegen ließ erneut vor der Flussmündung Anker werfen und in den folgenden Tagen die *Golden Fleece* weiter auf die Übernahme der erwarteten Sklaven vorbereiten.

Es vergingen noch zwei Wochen, bis die ersten Schwarzen in dem von Lieutenant Mission am Ufer des Sanaga errichteten Lager eintrafen. Jack war heilfroh, dass er nicht dessen Aufgabe übertragen bekommen hatte. Der Zweite Offizier hatte aus Baumstämmen, die oben angespitzt worden waren, große Pferche errichten lassen, in die die Sklaven nun von ihren Bewachern getrieben wurden. Doch zuvor erhielt jeder, ganz gleich, ob Mann, Frau oder Kind, ein Brandzeichen auf die Brust. Dafür verwendete man entweder die Initialen DoY für den Duke of York als Schirmherr und Hauptgesellschafter der Company oder gleich deren Anfangsbuchstaben RAC. Die Schreie der derart gequälten Menschen waren bis auf die *Golden Fleece* zu hören, und Jack glaubte sogar, dass der Wind den Geruch verbrannten Fleisches bis zu ihm herübertrug. Die zukünftigen Besitzer würden ihre Sklaven meist auf der Schulter in gleicher Weise noch einmal mit ihren Initialen kennzeichnen, und sollten diese dann zu fliehen versuchen und aufgegriffen werden, erhielten sie ein drittes Brandmal ins Gesicht.

Nachdem die Gefangenen eingepfercht worden waren, bekamen sie allerdings genügend zu essen und zu trinken, ja man mästete sie regelrecht, damit sie auf der langen Reise über den Atlantik, auf der wie immer Schmalhans Küchenmeister sein würde, etwas zum Zusetzen hatten.

Als letztlich alle gekauften Schwarzen aus dem Landesinneren an der Küste eingetroffen waren, begann die Einschiffung. Doch dabei erlebte Jack, der ja für die Vorbereitung der *Golden Fleece* verantwortlich gewesen war, eine böse Überraschung. Captain Johnson war überraschend an Bord zurückgekehrt und hatte seinen Ersten Offizier zu sich befohlen, um ihm etwas zu eröffnen, was diesen fast aus den Stiefeln warf.

»König Sophonie war sehr entgegenkommend, und ich habe diesmal sehr günstig einkaufen können. Auf dem Hochland gab es Krieg, und die Häuptlinge der beiden verfeindeten Stämme haben ihm jeweils ihre zahlreichen Gefangenen angeboten.

Und wie immer, wenn das Angebot groß ist, fällt der Preis. Deshalb habe ich nicht nur zweihundertfünfzig Sklaven für die mir zur Verfügung gestellten Waren der Company eintauschen können, sondern sage und schreibe vierhundert. Na, was sagt Ihr? Ist das nicht ein gutes Geschäft? Der Duke of York, vor allem aber Nicholas Crispe und die anderen Gesellschafter werden sicher sehr zufrieden sein, wenn der Profit der Reise weit höher ausfällt als veranschlagt.«

»Aber Sir, wir haben doch nur Platz und Kapazität, um die zuerst von Euch genannte Zahl von Schwarzen über den Ozean zu transportieren!«, wandte Jack ganz erschrocken ein. »Hundertfünfzig zusätzliche Menschen bedeuten auch, für diese Anzahl mehr Nahrungsmittel und vor allem Wasser an Bord zu nehmen. Dafür haben wir aber weder die Fässer noch die Lagerkapazität. Und wo sollen wir denn die zusätzlichen Sklaven unterbringen? Der Platz reicht doch schon kaum für diejenigen, die wir wie geplant mitnehmen sollten! Sie müssen wie auf jeder Reise dicht an dicht liegen und können sich kaum rühren. Sollen wir die zusätzlichen Sklaven womöglich auf sie draufstapeln? Eine andere Lösung fällt mir auf die Schnelle jedenfalls nicht ein. Doch dann werden die Verluste exorbitant sein und wir vielleicht mehr Menschenleben verlieren, als wenn wir mit der ursprünglich geplanten Anzahl von hier absegeln, für die die Kapazitäten der *Golden Fleece* auch ausgelegt sind.«

»Papperlapapp!«, fuhr der Captain seinen Untergebenen an. »Seid nicht so empfindlich. Bedenkt, die Holländer transportieren auf ihren Schiffen fünfhundert bis sechshundert Sklaven in die Karibik. Wenn die Nigger nicht liegen können, dann sollen sie eben hocken. Zumindest die jungen Burschen und Mädchen. So passen zwei auf den Platz von einem, und eine Zeit lang wird das schon gehen. Dann sind wie immer sowieso etliche weggestorben, und die Schwächsten können sich hinlegen.«

Jack, der wahrlich nicht zartbesaitet war, kochte innerlich vor Wut darüber, wie hier über Menschenleben gesprochen wurde. Aber er wusste natürlich, dass für die meisten Weißen Schwarze weniger wert waren als Vieh und nur am Leben erhalten wurden, um sie gewinnbringend zu verkaufen. Die holländischen Schiffe, meist Fleuten, waren wesentlich bauchiger als die *Golden Fleece* und hatten mindestens zwei Unterdecks. Dementsprechend mehr Sklaven konnten sie transportieren. Der Bedarf an ihnen war auf den Westindischen Inseln und in den amerikanischen Kolonien riesengroß und kaum zu decken, denn nachdem die dortigen Eingeborenen ausgerottet worden waren, brauchte man auf den Plantagen dringend Arbeitskräfte, damit der begehrte Zucker, Rum, Tabak und zunehmend auch mehr Baumwolle nach Europa geliefert werden konnten. Damit ließen sich ungeheure Gewinne erwirtschaften – und an nichts anderem waren die Gesellschafter der Royal African Company interessiert.

»Und wie sollen wir die Mannschaft und die Schwarzen während der Überfahrt ernähren und mit genügend Trinkwasser versorgen?«, wollte Jack von seinem Captain wissen und ballte dabei die Hände zu Fäusten. Johnson würde mit Sicherheit nicht darben, aber wie schnell konnte es zu einer Meuterei kommen, litten die einfachen Männer vor dem Mast Hunger und vor allem Durst. »Wir brauchen nur in eine Flaute zu geraten, dann kann diese übergroße Anzahl von Menschen an Bord unser aller Tod bedeuten.«

»Dann findet die Winde gefälligst, Mr Bannister, die uns nach Westen treiben«, fuhr Johnson seinen Ersten Offizier an. »Ich denke, Ihr seid ein so ausgezeichneter Seemann! Vermeidet die Rossbreiten und segelt zuerst mit dem Südost-, danach mit dem Nordostpassat. Muss ich Euch das wirklich erklären? Wenn ja, dann kann ich Euch auch gleich ablösen lassen und das Kommando an Mr Mission übergeben. Der weiß einerseits, wie man mit Niggern umgeht, wovon ich mich an Land überzeugen konnte, und auch, wie man ein Schiff zur Zufriedenheit des Captains führt.«

Jack war nahe daran, aus der Haut zu fahren. Die Rossbreiten vermeiden! Auf den Befehl des Captains hin waren sie jetzt so nahe am Äquator, dass sie sich genau zwischen den Passaten befanden. In dieser Gegend gab es oft Windstille, und wenn diese lange anhielt, wurden immer zuerst die Rösser – sofern man diese wie die spanischen Konquistadoren mit sich führte – geschlachtet, weil man für sie kein Wasser mehr hatte. Daher der Name. Und ja, Mission war brutal gegenüber der lebenden Fracht, aber auch gegenüber der Mannschaft. Jack hatte ihn schon oft bremsen müssen, wenn er zu viel von den Männern verlangte und sie wegen der geringsten Kleinigkeit zur Bestrafung meldete. Zudem war er aber auch noch ein miserabler Seemann ohne jedes Gespür dafür, wie man ein Schiff hart an den Wind legte und wann es besser war, Segel zu bergen, statt sie zu setzen. Wenn Johnson ihm jetzt das Kommando über die *Golden Fleece* übergab, stand zu befürchten, dass man die Karibik nie erreichen würde. Also machte Jack gute Miene zum bösen Spiel und biss die Zähne zusammen, damit ihm nicht eine Antwort entschlüpfte, die er womöglich später bereute.

»Aye, aye, Sir«, antwortete er deshalb, konnte sich aber zumindest eine Bemerkung nicht verkneifen. »Ich werde mein Bestes geben, auch wenn es nicht ganz einfach wird, uns aus dem Golf freizusegeln. So weit, wie wir in ihm stecken. Wann soll denn damit begonnen werden, die Schwarzen an Bord zu nehmen?«

»Noch heute schickt Mr Mission die ersten Bootsladungen herüber. Bereitet alles für die Übernahme vor. Und dass es keinem der Schwarzen gelingt, über Bord zu springen, dafür seid Ihr mir persönlich verantwortlich! Ich hoffe sehr, Ihr habt mich diesbezüglich verstanden.«

»Wir haben keine Mühen gescheut und das Schiff so vorbereitet, dass eine Flucht kaum möglich sein wird«, gab Jack immer noch wütend zurück. Was dachte der Captain eigentlich, was sie hier in seiner Abwesenheit getrieben hatten? »Wenn es

Euch recht ist, Sir, würde ich empfehlen, die Übernahme auch des Nachts fortzusetzen. So geht es schneller, und wir verbrauchen nicht schon Wasser und Nahrung dadurch, dass wir mehrere Tage benötigen, um alle Schwarzen an Bord zu holen und zu verstauen. Wenn wir Fackeln an der Reling anbringen und ebenso am Steven der Boote, müsste es gehen.«

Johnson winkte nur ungeduldig ab.

»Macht, was Ihr denkt. Nur seht zu, dass wir hier so schnell als möglich wegkommen. Informiert mich, sobald alle Sklaven an Bord und angekettet sind und wir die Anker lichten können. Und jetzt will ich Euch nicht länger von Euren Aufgaben abhalten, Mr Bannister. Die letzten Tage waren sehr anstrengend für mich, und ich bedarf der Ruhe.«

Jack hatte eigentlich noch von den Brandenburgern berichten wollen, doch da Johnson ihn praktisch hinauswarf, sparte er sich das, verbeugte sich nur knapp und verließ dann die große, wenn auch ungastliche Kapitänskajüte.

Das erste Boot mit dem schwarzen Elfenbein hatte bereits angelegt. Um auf die *Golden Fleece* zu gelangen, mussten den Gefangenen jetzt kurzzeitig die Fesseln abgenommen werden. Einzeln kletterten sie dann an Bord, wobei stets zwei Matrosen, die mit langen Piken bewaffnet waren, darauf achteten, dass keiner von der Jakobsleiter ins Wasser sprang. Das wäre auch nur schwer möglich gewesen, weil sich direkt unter ihnen die Piroge befand und auf einen Gefangenen jeweils ein bewaffneter englischer Bootsmann kam.

An der Reling wurde jeder einzelne Sklave dann von zwei Seeleuten erwartet, die ihm sofort Handschellen anlegten. Zuvor hatten die Schwarzen durch eine enge Lücke in den aus Bambus gefertigten Käfig kriechen müssen, der zusätzlich jeden Fluchtversuch unmöglich machen sollte. Dort wurden sie weiter zu einem Niedergang und dann die Treppe hinab zum Unterdeck geschoben, wo weitere Besatzungsmitglieder auf sie warteten, die sie zu dem Platz brachten, der während der ganzen Reise für sie vorgesehen war, und sie endgültig ankettet. Durch die Eisenschellen an ihren Füßen und die auf den Bohlen fest verschraubten Ösen lief eine lange Kette, die alle Gefangenen miteinander verband und jedes Verlassen des Platzes unmöglich machte. Das alles ging nicht ohne Püffe, Stöße und Gebrüll ab, denn die Schwarzen versuchten, sich anfangs noch zu widersetzen, riefen nach ihren teilweise mit an Bord befindlichen Familienangehörigen und Freunden, doch die Engländer kannten kein Erbarmen. Frauen wurden von ihren Männern weggerissen, Mütter von ihren Kindern getrennt, und wer zu laut jammerte und schrie, bekam die Peitsche zu spüren.

Normalerweise hätten die Gefangenen sich zumindest Seite an Seite hinlegen können, doch durch die hundertfünfzig Menschen mehr an Bord war das vielen von ihnen nicht möglich. Sie würden die meiste Zeit über hocken müssen. Und dies noch dazu mit gebeugtem Rücken wegen der niedrigen Deckhöhe, was eine unglaubliche Tortur darstellte.

Zwischen den Reihen befanden sich schmale Gänge, durch die einmal am Tag die Helfer des Smutjes kamen, um das karge Essen und die Wasserrationen auszuteilen. Jack wusste, welches Wehklagen bald einsetzen würde, wenn die ersten Schwarzen vor Durst nahe daran waren, dem Wahnsinn zu verfallen oder zu verhungern. Noch dazu würde sich bald ein unglaublicher Gestank hier unten ausbreiten, der nicht nur auf Schweiß und andere Körpergerüche zurückzuführen war, denn die Gefangenen mussten ihre Notdurft an ihrem Platz verrichten und würden bald in ihren Exkrementen liegen. Von Zeit zu Zeit wurden die Decks zwar ausgespritzt, und Kot und Urin flossen dann in die Bilge. Von dort konnte man die eklige Brühe herauspumpen, sodass sie über die Speigatten in die See floss, aber das änderte kaum etwas an den infernalischen Zuständen.

Die Nacht kam in den Tropen schnell, und Fackeln wurden sowohl an Land wie auch auf dem Schiff entzündet, um den

Booten den Weg zu weisen. Trotzdem dauerte es noch einen ganzen weiteren Tag und eine Nacht, bis die letzten Sklaven verstaut waren. Nur einmal hatten zwei junge Männer versucht, von Bord zu springen, waren aber nicht durch das Gitterwerk der Bambusstangen gelangt und schnell wieder eingefangen worden. Blutig geschlagen, wurden sie zur Abschreckung an ihren Leidensgenossen vorbeigeführt und besonders eng und gebeugt angekettet. In dieser Haltung hatten sie kaum eine Chance, die Fahrt lebend zu überstehen. Aber dieser Verlust wurde in Kauf genommen, um den anderen Gefangenen die Aussichtslosigkeit jedweden Fluchtversuches oder Widerstandes vor Augen zu führen.

Jack, müde bis zum Umfallen, meldete Captain Johnson nach zweieinhalb Tagen Vollzug und ließ dann endlich die Anker lichten und Segel setzen. Glücklicherweise wehte ein leichter ablandiger Wind, der die *Golden Fleece* aus der Meerenge hinaus und in den Golf von Guinea hineinbrachte. So Gott wollte und Poseidon ihnen gnädig war, würden sie in etwa zwei Monaten die karibische See erreichen. Doch schon nach einer Woche begann, wie nicht anders zu erwarten, das Sterben an Bord des Sklavenschiffes.

5. KAPITEL
KARIBIK, 1682

Die Hurrikan-Saison auf dem Atlantik und in der karibischen See dauerte meist von Juni bis November und war bereits vorbei, als die *Golden Fleece* an der westafrikanischen Küste ablegte. Umso größer war die Gefahr, in eine der gefürchteten Flauten zu gelangen, doch Jack hatte eine Nase für Wind und konnte ihn regelrecht riechen. Diese Eigenschaft war, wenn auch selten, guten Seeleuten zu eigen, und jeder Offizier, der über diesen siebten Sinn verfügte, wurde von der Mannschaft hoch geachtet, denn er konnte lebensrettend sein.

Nur einmal, auf der Höhe von Cabo de Tres Puntas, von den Engländern Cape Three Points genannt, als sie die Zone des Südost-Passats verließen, schlief der Wind völlig ein. Doch Jack spürte, dass er nicht weit weg war, und ließ die *Golden Fleece* von den Beibooten schleppen. Die Besatzung machte sich schon auf eine tagelange Plackerei gefasst, aber bereits nach wenigen Stunden füllten sich die Segel der Galeone wieder, in die von nun an der Nordost-Passat blies.

Trotzdem kam die *Golden Fleece* nicht so gut voran, wie sie eigentlich sollte, denn sie war hoffnungslos überladen. Es waren nicht nur hundertfünfzig Sklaven mehr an Bord als geplant, sondern Jack hatte zusätzlich alles an Vorräten bunkern lassen, was nur aufzutreiben gewesen war, und jedes Gefäß an Bord, das sich auch nur entfernt dafür eignete, mit Wasser füllen lassen. So lag das Schiff deutlich tiefer im Wasser als von den Schiffsbauern vorgesehen, und der damit verbundene Geschwindigkeitsverlust war auch durch beste Seemannskunst nicht auszugleichen.

Schon nach einer Woche hatte man allerdings die erste Leiche an Bord. Es handelte sich um eine noch junge Frau, von der Jack annahm, dass sie eventuell schwanger gewesen war. Die streng rationierten Lebensmittelrationen und das wenige Wasser, das die Schwarzen bekamen, hatten für sie und das heranwachsende Leben in ihrem Leib einfach nicht ausgereicht. Thomas Corker, während dessen Wache die Frau gestorben war und der deshalb dafür verantwortlich war, dass ihr Leichnam über Bord geworfen wurde, hatte zumindest ein Gebet für sie gesprochen und Jack für den Rest des Tages böse angefunkelt, bis es diesem reichte und er sich den Midshipman zur Brust nahm.

»Mr Corker, niemand hat Euch gezwungen, auf einem Sklavenschiff anzuheuern«, fuhr er den jungen Mann an, wobei ihm keineswegs wohl in seiner Haut war und er dessen Menschlichkeit durchaus achtete. »Wenn Euch etwas nicht passt, sucht unseren Captain in seiner Kajüte auf und tragt ihm Eure Beschwerde vor. Ich habe meinerseits jedenfalls getan, was ich konnte, um zu verhindern, dass wir mehr als hundertfünfzig Menschen zu viel an Bord nehmen, für die wir weder ausreichend Platz noch Wasser und Nahrung haben. Aber wie Ihr seht, ohne Erfolg. Seither bemühe ich mich nach Kräften, ihnen ihr Schicksal zu erleichtern, was Ihr mir hoffentlich zugestehen werdet. Also spart Euch Eure bösen Blicke in meine Richtung und hebt sie Euch für jemand anderen auf. Ist das klar?«

»Aye, Sir«, gab Corker zerknirscht zurück. »Aber denkt Ihr nicht auch, dass wir schwere Sünde auf uns laden, die der Herr uns bestimmt nicht vergeben wird. Wir entführen diese Menschen aus ihrer Heimat, behandeln sie schlecht, legen sie in Ketten und lassen sie hungern und dürsten. Und dann verkaufen wir sie wie Vieh, auf dass sie bis an ihr Lebensende für ihre neuen Besitzer schuften müssen. Das kann doch niemals Gottes Wille sein!«

»Ich habe Euch schon einmal gesagt, Mr Corker, dass es den

Bauern in England auch nicht viel besser geht und dieses Damoklesschwert letztlich über jedem von uns schwebt. Wenn es Euer Gewissen zu sehr belastet, dann geht von Bord, sobald wir wieder in der Heimat sind, und heuert auf einem Fischerkahn an. Doch solange Ihr meinem Befehl untersteht, werdet Ihr nicht mit dieser Leichenbittermiene herumlaufen, weil das niemandem hilft und nur die Mannschaft kirre macht. Seht lieber zu, dass Kranke und Schwache ihre vollständigen Mahlzeiten bekommen und ihnen das wenige Essen und Trinken nicht noch von den Starken weggenommen wird. Denn eins solltet Ihr wissen: Dort unter Deck tobt der tägliche Kampf ums Überleben. Da herrscht keine Kameradschaft zwischen Gefangenen, sondern blanke Existenzangst. Ich kann es sogar verstehen, dass jeder von denen im Unterdeck nur an sich selbst denkt und um jeden Schluck Wasser, um jeden Bissen Brei kämpft. Aber es ist unsere Aufgabe, für eine gerechte Verteilung zu sorgen. Wappnet Euch also besser und macht Euer Herz hart, denn die junge Frau war zwar die Erste, die die Reise nicht überlebt hat, sie wird aber garantiert nicht die Letzte sein.«

Der Midshipman nickte betreten und ließ die Schultern hängen. Er wusste, dass der Erste Offizier, den er insgeheim schätzte und bewunderte, recht hatte und ihm gar nichts anderes übrig blieb, als dessen Befehl und Ratschlag zu folgen, so schwer es ihm auch fiel.

Und Jack sollte sich nicht geirrt haben. Täglich starben Menschen an Bord der *Golden Fleece,* die die unmenschlichen Bedingungen nicht länger aushielten – und niemand konnte etwas dagegen tun. Alle hofften nur, dass es zu keinem Seuchenausbruch kam, der große Teile der lebenden Fracht dahinraffen und auch auf die Mannschaft übergreifen konnte.

Es war gar nicht so leicht, wie viele annahmen, in die karibische See zu gelangen, denn ein dichter Riegel von Inseln, Kleine Antillen oder auch Inseln über dem Wind genannt, schirmte das Meer vom Atlantischen Ozean ab. Nur wenige für Tiefwassersegler geeignete Passagen führten zwischen ihnen hindurch und waren meist noch von Riffen und Untiefen durchzogen, sodass es äußerst schwierig war, sie zu befahren. Und auf den Inseln, zwischen denen man hindurchmusste, lauerten oft Piraten oder Korsaren, die sich von Ersteren nur dadurch unterschieden, dass sie einen Kaperbrief besaßen, ausgestellt von einem König, Fürsten oder wie im Falle der Niederlande von einer Regierung, der ihrem Handeln eine gewisse Legitimität verlieh.

Jack hätte vorzugsweise eine der nördlichen Durchfahrten wie die Dominica-, Guadeloupe- oder am liebsten die breite Anegada-Passage genutzt, denn dort auf Freibeuter zu treffen, war weniger wahrscheinlich als im Süden nahe dem Festland und den dortigen vorgelagerten Inseln unter dem Wind, von denen etliche von den Niederländern beansprucht und kolonialisiert wurden. Und diese waren ebenso wie in Westafrika gar nicht gut auf die Engländer zu sprechen, gegen die sie viele Jahre lang Krieg geführt hatten. Der zwischen den beiden Ländern geschlossene Friedensvertrag mochte zwar in Europa eine gewisse Gültigkeit besitzen, aber hier draußen auf den Ozeanen scherte sich kein Mensch darum.

Doch die von Jack präferierte Route hätte einen nicht unbeträchtlichen Umweg bedeutet, und die lebende Fracht der *Golden Fleece* war schon jetzt durch Krankheiten, Hunger und Wassermangel deutlich reduziert. Bei den Haien hatte es sich offenbar herumgesprochen, dass man sie von Bord des großen Schiffes regelmäßig fütterte, und so begleiteten die Dreiecksflossen die Galeone seit Westafrika. Täglich mussten Leichen in die See geworfen werden – oft zwei, drei oder mehr –, und jeder zusätzliche Tag auf See würde weitere Verluste an Menschenleben bedeuten.

Die Sklaven auf der *Golden Fleece* waren für die Pflanzer auf Jamaica bestimmt, und ihr Zielhafen hieß Port Royal. Um dorthin zu gelangen, führte nun einmal der kürzeste Weg zwischen den Inseln Grenada und Tobago hindurch, auch wenn man dadurch den niederländischen Antillen mit Aruba, Bonaire und Curaçao gefährlich nahe kam.

Jack und Captain Johnson waren sich diesbezüglich sogar einmal einig gewesen, wenn auch aus unterschiedlichen Motiven. Ersterer, weil er es für ein Gebot der Menschlichkeit hielt, das Leiden der Schwarzen an Bord so schnell wie möglich zu beenden. Letzterer, weil jeder weitere tote Afrikaner den Profit der Company und damit seinen eigenen schmälern würde.

Die wegen ihrer Anfangsbuchstaben ABC-Inseln genannten niederländischen Besitzungen lagen backbord querab, als der Ausguck Segel achteraus meldete. Jack schnappte sich sofort sein Fernrohr und enterte am Großmast bis zur Flaggenstenge auf, denn er wollte nach Möglichkeit selbst und vor allem rechtzeitig erkunden, wer sich da im Kielwasser der *Golden Fleece* befand und beständig näher kam. Zu seinem Leidwesen machte er nicht nur ein, sondern sogar zwei Schiffe aus, die immer mehr aufkamen, und keineswegs kleine. Eins davon sah so aus, als wäre es in England gebaut worden, das andere besaß eindeutig französische Linien. Weder die Flaggen noch die Breitseiten waren bisher zu erkennen, sodass Jack gegenwärtig noch keine Aussagen zur Nationalität und Bewaffnung treffen konnte. Trotzdem hielt er es für ratsam, den Captain zu informieren, bevor er die *Golden Fleece* gefechtsklar machen ließ.

Johnson wurde kreidebleich, als sein Erster Offizier ihm eröffnete, dass sich zwei Schiffe von achtern näherten. Wie von der Tarantel gestochen, sprang er auf und lief an eins der großen Heckfenster seiner Kajüte, um nach den Verfolgern Ausschau zu halten, die von hier aber noch nicht zu sehen waren, da sie sich unter der Kimm befanden. Um sie zu erblicken, hätte der Captain sich zumindest in den Mastkorb oberhalb der Großrah begeben müssen, doch Jack bezweifelte stark, dass Johnson sich dazu durchringen würde. Stattdessen begann dieser zu lamentieren und lief dabei wie ein aufgeschrecktes Huhn hin und her.

»Was sollen wir nur tun?«, stieß er weinerlich hervor, und Jack wurde endgültig bewusst, dass sein Vorgesetzter innerlich von Angst zerfressen war. »Das können doch in den hiesigen Gewässern nur Piraten oder Freibeuter sein. Bestimmt Holländer! Und noch dazu gleich zwei Schiffe! Wenn sie uns in die Zange nehmen, haben wir nicht den Hauch einer Chance. Besser, wir streichen sofort die Flagge, wenn sie uns dazu auffordern! Auf keinen Fall sollten wir etwas unternehmen, das sie provoziert. Oder seht Ihr eine Möglichkeit, ihnen noch irgendwie zu entkommen, Mr Bannister? Die *Golden Fleece* ist doch ein schnelles Schiff! Wenn wir nun den letzten Fetzen Leinwand setzen und so hart an den Wind gehen wie nur möglich? Meint Ihr nicht, dass wir dann ein Aufeinandertreffen so lange hinauszögern können, bis die Nacht hereinbricht, um im Schutze der Dunkelheit zu entkommen?«

»Was Ihr vorschlagt, habe ich schon veranlasst, Captain«, gab Jack seinem Vorgesetzten zu verstehen. »Ich habe sogar Leesegel setzen lassen, und das Schiff läuft, so schnell es nur kann. Aber wir liegen einfach zu tief im Wasser, um genügend Fahrt zu machen. Die beiden Fremden kommen immer mehr auf und werden spätestens in zwei, drei Stunden auf Kanonenschussweite heran sein. Dann ist es noch lange nicht Nacht, und leider auch keine Nebelbank in Sicht, in der wir uns verstecken können.«

»Um Gottes willen, was sollen wir bloß tun?«, wiederholte sich Johnson und vergrub den Kopf in beiden Händen. »So kurz vor dem Ziel! Hätten wir doch nur eine der nördlichen Passagen genommen! Ganz gleich, wie viele Nigger deshalb noch draufgegangen wären! Meint Ihr, dass wir schneller werden, wenn wir einen Teil von ihnen über Bord werfen? Besser, ein paar von ihnen zu verlieren als womöglich alle, und das Schiff noch dazu. Und die Kanonen könnt Ihr gleich noch hinterherwerfen. Sie nützen uns ja gegen zwei große Gegner doch nichts und sind nur unnützer Ballast.«

»Sir, das kann doch nicht Euer Ernst sein!« Jack war gleichzeitig entsetzt und bestürzt über die einerseits feige, andererseits menschenverachtende Reaktion seines Captains. »Wir können doch nicht Hunderte von Menschen ersäufen und uns gleichzeitig noch wehrlos machen! Lasst den Befehl Schiff klar zum Gefecht geben. Die *Golden Fleece* ist stark genug, es mit jedem Piraten aufzunehmen. Selbst die Barbaresken haben abgedreht, als wir ihnen unsere Zähne zeigten. Wir wissen ja noch nicht einmal genau, ob es sich überhaupt um Freibeuter handelt. Es können schließlich auch Kauffahrer oder Sklavenschiffe sein, so wie wir eins sind.«

»Das glaubt Ihr wohl selbst nicht, Bannister!«, fuhr der Captain seinen Ersten Offizier an. »Zwei friedliche Schiffe verfolgen ein anderes, um womöglich einen gemütlichen Plausch abzuhalten und Neuigkeiten auszutauschen? Dass ich nicht lache! Gegen einen Piraten hätten wir vielleicht eine Chance, da gebe ich Euch recht. Aber gegen zwei, die auch noch die vorteilhafte Luvposition innehaben? Niemals! Wenn wir ihnen nicht entkommen können, werden wir uns ergeben müssen, da bleibt uns gar nichts anderes übrig. Deshalb verbiete ich Euch, das Schiff gefechtsklar zu machen, habt Ihr das verstanden? Wir dürfen unsere Verfolger auf gar keinen Fall provozieren und dazu veranlassen, uns unter Beschuss zu nehmen. Stattdessen befehle ich Euch, alle kranken und schwachen Nigger über Bord zu werfen, und auch ansonsten alles, was entbehrlich ist. Vielleicht können wir auf diese Weise doch noch entkommen. Und wenn nicht, wird man uns das kaum zum Vorwurf machen. Anders sieht es allerdings aus, wenn wir gegen die fremden Schiffe kämpfen und dabei womöglich einige von ihren Seeleuten verletzen oder gar töten. Dann haben wir bestimmt keine Gnade zu erwarten und sind alle des Todes, wenn unser Schiff aufgebracht wird.«

Jack verschlug es für einen Moment glatt die Sprache. Das konnte doch alles einfach nicht wahr sein! Mit was für einem feigen Hund von Captain hatte er es hier nur zu tun? Dass sich die *Golden Fleece* kampflos ergab und vorher noch unzählige Menschen in den Tod gingen, würde er nie im Leben vor seinem Gewissen verantworten können und deshalb auch nicht mittragen. Denn er wusste genau, was im Falle einer Kapitulation mit den Unterlegenen geschah. Die Piraten würden natürlich die Ladung verkaufen und vielleicht auch das Schiff. Oder aber es ihrer eigenen Flottille einverleiben, wenn es ihnen dafür geeignet erschien.

Die Mannschaft hingegen, sofern man sie nicht umbrachte, ging in Gefangenschaft. Dann würde für jeden Einzelnen Lösegeld gefordert, und die Piraten schickten eine Nachricht an den Gouverneur von Jamaica, der ihr Verlangen nach England übermittelte. Für den einfachen Seemann betrug die Forderung, das war allgemein bekannt, zweihundert Gulden und orientierte sich damit daran, was ein gesunder Sklave mittleren Alters auf dem Markt brachte. Je höher ein Gefangener aber im Rang stand, desto höher war auch sein Preis. Wer die geforderte Summe nicht aufbringen konnte, und dazu war kaum einer von der Mannschaft in der Lage, beschloss sein Leben als Zwangsarbeiter auf einer Plantage meist weit im Landesinneren, womit eine Flucht an die Küste nahezu unmöglich war, und wurde nicht selten mit einem Schwarzen zusammengekettet, den er zuvor aus Afrika entführt hatte. Nur ausgesuchten Männern wie Schiffszimmerern, Segelmeistern und Navigatoren boten die Piraten manchmal an, sie in ihre Reihen aufzunehmen, bewachten und beobachteten sie dann anfangs aber scharf. Erst wenn sich diese Männer eines Verbrechens schuldig machten, das sie unzweifelhaft an den Galgen brachte, falls man ihrer habhaft wurde, hatten sie eine Chance, vollwertige Mannschaftsmitglieder zu werden.

Vor diesem Schicksal wollte Jack die Mannschaft der *Golden*

Fleece und auch sich selbst unter allen Umständen bewahren. Der Captain konnte vielleicht das Lösegeld aufbringen oder wurde sogar von der Company freigekauft, weil alles andere ein schlechtes Licht auf die Gesellschaft geworfen hätte. Aber um einfache Seeleute und auch Offiziere kümmerte man sich dort keinen Deut, denn die Lücken, die diese hinterließen, waren schnell wieder aufgefüllt. Und das vor allem kostengünstiger, als wenn man Gefangene freikaufte.

Jack musste sich eingestehen, dass er nicht über das Vermögen verfügte, das für ihn als Ersten Offizier wohl gefordert werden würde. Selbst wenn Marie-Claire das Haus und all ihre Habe verkaufte, würde dies nicht reichen, damit er wieder freikam. Und selbst wenn, er wäre mindestens ein Jahr, wenn nicht länger, in Gefangenschaft, danach vielleicht ein gebrochener oder kranker Mann und noch dazu völlig mittellos.

Nein, das konnte er weder seiner Frau noch sich antun, da musste eine andere Lösung her. Lieber starb er hier und heute im Kampf und verteidigte das Eigentum der Company mit seinem Leben. Fiel er dabei, dann erhielt Marie-Claire eine Rente von der Gesellschaft ausgezahlt, die ihr zumindest ein Auskommen ermöglichte, bis sie einen neuen Mann gefunden hatte, was ihr bei ihrer Schönheit und Jugend sicher nicht schwerfiel.

Diese Gedanken schossen Jack durch den Kopf, während er noch immer vor seinem Captain stand und ihn anstarrte, als hätte er gerade erst erkannt, dass dieser ein Ungeheuer war. Aber verhielt es sich nicht auch genau so, hatten ihm die letzten Worte Johnsons nicht endlich die Augen über diesen Mann geöffnet? Geahnt, was mit ihm los war, dass ihm jedwede Empathie, ja Menschlichkeit fehlte, und dass er noch dazu ängstlich, um nicht zu sagen, abgrundtief feige und nur am eigenen Wohlergehen interessiert war, hatte Jack schon lange. Doch nun war es überdeutlich geworden und Johnsons Fassade endgültig gefallen.

Als Jack die Stelle auf der *Golden Fleece* bekommen hatte, hatte er sich geschworen, nie wieder einen Befehl zu hinterfragen oder auch nur einem Vorgesetzten zu widersprechen. Doch das war nun nicht mehr möglich, und statt, wie ihm befohlen, Kranke und Schwache zu opfern, warf er lieber seine Vorsätze über Bord.

»Ist das Euer letztes Wort, Captain?«, wollte sich Jack noch einmal vergewissern. »Sollen wir uns wirklich kampflos ergeben? Was wird die Company denn dazu sagen, wenn sie einen derart großen Verlust erleidet? Fürchtet Ihr nicht die Vorwürfe, die man Euch machen wird, wenn Ihr ohne das Schiff nach England zurückkehrt?«

»Ach was!«, winkte Johnson ab. »Solche Ausfälle sind doch von Anfang an in die Kalkulation eingeplant. Auf jedem Piratenschiff befinden sich stets hundertfünfzig bis zweihundert Mann, alle kampferfahren und blutrünstig. Wir haben gerade einmal sechzig Seeleute an Bord. Da ist doch von Anfang an klar, wie so ein Kampf ausgehen würde. Das weiß auch die Familie Crispe und selbst der Duke of York. Nein, nein, sobald die beiden Schiffe in unserem Kielwasser feindliche Absichten erkennen lassen, streicht die Flagge und bergt die Segel. Nur das rettet uns allen das Leben, sage ich Euch. Habt Ihr das nun endlich verstanden? Geht jetzt und führt meine Befehle aus, bevor es dafür womöglich zu spät ist.«

Jack straffte sich und überschlug innerlich noch einmal alle Optionen, die ihm zur Verfügung standen. Aber er sah nur eine Chance, wenn auch nur eine klitzekleine, um den Verfolgern zu entkommen, und die war nur ohne Johnson zu realisieren.

»Nein, Sir, das werde ich nicht«, entgegnete er deshalb entschlossen. »Wenn Ihr zu feige seid zu kämpfen, dann werde ich das zusammen mit der Mannschaft eben ohne Euch tun müssen. Die *Golden Fleece* ergibt sich nicht, niemals! Ich enthebe Euch Eures Kommandos wegen Feigheit vor dem Feind! Mag das auch ein Begriff aus der Kriegsflotte sein, so trifft er in meinen Augen in diesem Falle ebenso zu. Ich werde Euch jetzt in Eurer Kajüte einschließen und rate Euch, Euch ruhig zu verhalten, bis alles vorbei ist. Entkommen wir den Verfolgern, wer auch immer sie sein mögen, könnt Ihr danach wieder das Kommando übernehmen und mich vor ein Gericht der Company stellen. Entern uns die Piraten, habt Ihr eine Chance, ihnen zu erklären, dass Ihr gegen den Befehl zum Widerstand und mein Gefangener wart. So oder so, Ihr habt mit dem, was jetzt kommen wird, nichts mehr zu tun.«

»Wie wagt Ihr, mit mir zu sprechen?« Johnson beugte sich weit über seinen Schreibtisch, und blanker Geifer sprühte aus seinem Mund. »Ich werde noch einen Schritt weiter gehen und lasse Euch als Zeichen unseres guten Willens an die Fockrah hängen! DAS wird unsere Verfolger besänftigen, da bin ich mir ganz sicher!«

Jack handelte blitzschnell und ohne zu zögern, denn nun stand buchstäblich alles für ihn auf dem Spiel. Er beugte sich ebenfalls vor und packte Johnson mit der linken Hand an der Halsbinde. Mit einem Ruck zog er ihn über den Schreibtisch noch näher an sich heran und schmetterte ihm seine rechte Faust gegen das Kinn. Jack legte seine ganze, über Monate aufgestaute Wut in den Schlag und traf genau den Punkt, der einen Mann fast immer ausknockte. Dem Captain ging es nicht anders. Er verdrehte die Augen, stieß einen tiefen Seufzer aus und verabschiedete sich in das Reich der Träume.

Jack hatte deshalb so rasch handeln können, weil er die Reaktion seines Vorgesetzten vorausgeahnt hatte. Jetzt stopfte er Johnson schnell dessen Taschentuch in den Mund, fixierte es mit der Halsbinde und fesselte ihm mit dem Gürtel die Arme eng an den Körper. Dann warf er ihn wie ein Bündel in einen Sessel, riss zwei Raffhalter von den Fenstervorhängen ab und band den Captain an dem Möbelstück fest. Das Ganze dauerte nur wenige Augenblicke und war nahezu geräuschlos vonstattengegangen. Dass Johnson seine Untergebenen anbrüllte, war nichts Unbekanntes, nur Kampfgeräusche sollten aus der Kapitänskajüte besser nicht nach draußen dringen.

Jack war durchaus bewusst, dass ihm diese Tat durchaus den Galgen, andererseits aber auch die Anerkennung der Company einbringen konnte, rettete er das Schiff und die Fracht. Das Risiko musste er einfach eingehen, ihm blieb nach seinem Ermessen gar keine andere Wahl. Er verließ den Raum, zog die Tür hinter sich zu und schloss sie ab. Den Schlüssel steckte er ein und wollte schon wieder an Deck eilen, als er in der Nähe des Niedergangs Johnsons Diener und den Kajütenjungen, beide verschreckt und bewegungslos, stehen sah.

»Der Captain will nicht gestört werden«, erklärte er kurz angebunden. »Er ist unpässlich. Haltet Euch vorläufig von seiner Kajüte fern, das ist sein Wunsch. Am besten, Ihr sucht Euch einen sicheren Platz, falls es zum Kampf kommen sollte. Niemand verlangt von Euch, dass Ihr Euch daran beteiligt.«

Die beiden Männer nickten nur verängstigt, und Jack war sich sicher, dass sie es niemals wagen würden, die Kapitänskajüte unaufgefordert zu betreten. Er selbst enterte, so schnell er konnte, auf die Poop, um zu sehen, inwieweit sich die Lage verändert hatte.

Die beiden Verfolger waren zwischenzeitlich deutlich aufgekommen, obwohl die *Golden Fleece* jeden Fetzen gesetzt hatte, den man an den Rahen befestigen konnte. Das Schiff, das sich achteraus Backbord befand, segelte ein paar Kabellängen vor dem zweiten, das sich an Steuerbord näherte. Jack zog sein Fernrohr auseinander und musterte ausgiebig die sich nähernden Dreimaster. Er konnte sogar schon Menschen an Bord erkennen, alles verwegene Gestalten, und zweifelte nun endgültig nicht mehr daran, dass sie es mit Piraten zu tun hatten. Und Johnson hatte recht gehabt, es waren viele, sehr viele. Ein Plan musste her, und zwar schnell, denn bald würden zumindest die Jagdgeschütze der Verfolger die *Golden Fleece* erreichen.

»Le Tigre«, las Jack laut mit dem Rohr am Auge den Namen des Schiffes vor, das der Bauweise nach wohl ein Franzose war. »Kennt jemand den Kahn oder weiß, wer ihn befehligt?«

»Das wird wohl Michiel Andrieszoon sein«, meldete sich Bootsmann Daniel North zu Wort. »Ein ganz übler holländischer Pirat! Hat das Schiff, das vor Martinique auf Reede lag, in einer Nacht-und-Nebel-Aktion erobert. In allen Schenken der Karibik erzählt man sich davon. Er soll sich mit einer Handvoll Männer in Pirogen herangeschlichen haben, dann wurden die Boote versenkt, ehe sie an Bord geklettert sind. So gab es für keinen mehr ein Zurück, und sie haben gekämpft wie die leibhaftigen Teufel. Schließlich war der große Segler der ihre, und seitdem machen sie die ganze karibische See unsicher. Bevorzugt überfallen sie Spanier und Engländer, aber auch keine andere Nation ist vor ihnen sicher.«

»Ihr seid ja bestens unterrichtet, Mr North«, musste Jack anerkennen. »Wisst Ihr vielleicht auch noch etwas über den anderen Segler zu berichten?«

»Ich bin schließlich nicht das erste Mal in dieser Gegend, Sir«, gab der Bootsmann zu bedenken. »Da hört man in den Tavernen schon so einiges. Das andere Schiff wird dann sicher die *Sankt Nikolaus* von Nicholas van Hoorn sein. Er ist ebenfalls Holländer und segelt meistens zusammen mit Andrieszoon.«

»Aber das ist doch eindeutig eine englische Takelage«, warf Jack ein. »Hat van Hoorn den Kahn womöglich auf die gleiche Weise erbeutet wie sein Kumpan den Franzmann?«

»Nein«, widersprach North. »Es heißt, das Schiff habe einmal dem Gouverneur von Dover gehört. Der hatte van Hoorn als Captain angeheuert, weil dieser sich zuvor einen Namen als unerschrockener Seemann und Kaperkapitän gegen die Spanier und Franzosen vor deren Küsten gemacht hatte. Jetzt, in Friedenszeiten, ist er jedoch brotlos geworden. Der Gouverneur beauftragte van Hoorn, Salz aus Cádiz zu holen, das die Fischer der südenglischen Küstenstädte dringend zum Haltbarmachen ihrer Fänge benötigten. Aber der Holländer nahm etliche seiner Landsleute an Bord und stahl das Schiff. Seither betreibt er ebenso wie Andrieszoon Seeraub. Und dies, wie man so hört, sehr erfolgreich.«

»Na prima, und ausgerechnet auf diese beiden müssen wir treffen!«, stieß Jack hervor und schob das Rohr zusammen, weil er glaubte, genug gesehen zu haben.

»Was sagt denn der Captain zu unserer Lage?«, wollte Mission wissen, der bisher hinter seinem vorgesetzten Offizier gestanden hatte und von einem Bein auf das andere getreten war. »Will er nicht wenigstens in dieser Situation einmal an Deck kommen und einen Blick auf die sich nähernden Schiffe werfen? Ihr werdet ihm doch sicher die Situation geschildert haben, Bannister, oder etwa nicht?«

»Natürlich habe ich das, Mr Mission. Was denkt Ihr denn? Und für Euch immer noch Mr Bannister, damit das klar ist«, wies Jack den Zweiten zurecht und in seine Schranken. »Der Captain kommt nie an Deck, das solltet Ihr doch wissen. Wir haben uns beraten, und er hat wie immer das Kommando in meine Hände gelegt.«

»Und was werden wir jetzt tun, Sir?«, wollte Hornigold wissen, der wesentlich weniger ängstlich wirkte als Mission.

»Versuchen, den Feind abzuwehren, was denn sonst?«, entgegnete Jack, der gerade seine Pläne darlegen wollte, aber von Mission unterbrochen wurde.

»Aber das ist doch der blanke Wahnsinn!«, warf der Lieutenant entsetzt ein. »Die Piraten sind uns haushoch überlegen. Zwei große, stark armierte Schiffe mit der fünffachen Anzahl von Männern gegen eines, das nur noch über eine geschwächte Mannschaft verfügt! Wir können nicht einmal alle Kanonen feuerbereit machen, weil uns dazu die Männer fehlen. Da steht doch von Anfang an fest, wie der Kampf ausgeht, wenn sie uns mit ihren Breitseiten beharken oder gar entern!«

»Dann dürfen wir es eben nicht dazu kommen lassen, Mr Mission. Weder zu dem einen noch zu dem anderen. Und jetzt reißt Euch gefälligst zusammen, Lieutenant! Die Mannschaft wird nur kämpfen, wenn die Offiziere ihr ein Vorbild an Kaltblütigkeit und Mut sind.«

Jack war kurz davor, dass ihm der Kragen platzte. Was er jetzt brauchte, war Geschlossenheit der Kommandierenden und kein Zweiter Offizier, der herumjammerte und damit die Moral an Bord untergrub.

»Passt auf, wir haben nur eine Chance, eine einzige«, fuhr er fort. »Wir müssen gegenüber den Piraten den Eindruck erwecken, dass wir uns ergeben, wenn sie uns dazu auffordern. Und das wird mit Sicherheit nicht mehr lange dauern. Aber damit das klappt, dürfen zuvor für den sich nähernden Feind keinerlei gefechtsvorbereitende Aktivitäten erkennbar sein. Das wird die Freibeuter sicherlich dazu veranlassen, ihre Geschütze nicht einzusetzen, denn die *Golden Fleece* ist eine prachtvolle Prise. Vor allem, wenn sie unzerstört in ihre Hände fällt. Andererseits darf es keinem von ihnen gelingen, zu uns an Bord zu kommen. Denn Mr Mission hat völlig recht, wir wären ihnen in diesem Fall hoffnungslos unterlegen.«

»Und was sollen wir dann tun?«, fragte William Lewis konsterniert. »Wir dürfen das Schiff nicht gefechtsklar machen, sollen aber trotzdem kämpfen. Es erschließt sich mir nicht, wie das gehen soll.«

»Ich würde es Ihnen ja gern erklären, meine Herren, wenn Sie mich nicht ständig unterbrechen würden«, fuhr Jack die versammelten Offiziere und Midshipmen auf dem Achterdeck an. »Das Ziel muss sein, unseren beiden Verfolgern zu entkommen und sie vor allem daran zu hindern, uns zu entern. Deshalb gehen wir folgendermaßen vor. Ihr, Mr Lewis, habt Euch bei unseren Übungen als guter Richtkanonier erwiesen. Deshalb bekommt Ihr von mir auch eine überaus wichtige Aufgabe übertragen. Die beiden Vierpfünder hier oben an Backbord auf der Poop sind mit Kartätschen geladen und feuerbereit, weil wir sie im Notfall gegen meuternde Schwarze einsetzen wollten. Ihr nehmt Euch ein paar Männer, duckt Euch hinter das Schanzkleid, damit man Euch nicht sieht, und richtet vorsichtig die Geschütze auf unseren nahen Verfolger aus. Und zwar auf dessen Achterdeck, auf dem sich garantiert der Captain und der Steuermann aufhalten. Wenn wir Glück haben und Ihr gut zielt, erwischen wir sie mit den Schrapnellen, und sollte noch dazu der Herr mit uns sein, zerstören die Geschosse auch das Steuerrad. Dann läuft die *Le Tigre* garantiert aus dem Wind und fällt erst einmal aus. Sobald Ihr gefeuert habt, gebe ich den Befehl Ruder hart Steuerbord.

Dann kommt es auf Euch an, Mr North. Ihr bekommt die Hälfte der Mannschaft und schickt sie in die Wanten, sobald uns die Piraten zum Beidrehen auffordern. Als Erstes holt Ihr mit den Männern die Leesegel ein. Die behindern uns bei den weiteren Manövern sowieso nur, und das Bergen wird die Verfolger beruhigen und für sie den Anschein erwecken, als befolgten wir ihre Anweisungen. Kommt mein Kommando zum Abdrehen, müssen die Rahen blitzschnell umgebrasst werden, damit wir den Wind nicht verlieren. Nur so können wir den Kurs der *Sankt Nikolaus* vor ihr kreuzen und diese uns ebenso wenig mit ihren Breitseiten beharken wie die *Le Tigre*. Alles so weit verstanden worden?«

»Aye, aye, Sir«, salutierten der Bootsmann und der Midshipman, als sich Lieutenant Hornigold zu Wort meldete.

»Und was sollen wir tun, Sir?«, fragte er mürrisch, weil er sich zurückgesetzt fühlte. »Habt Ihr für uns anderen Offiziere denn gar nichts zu tun?«

»Aber sicher doch! Nur Geduld. Ihr, Mr Mission und die beiden anderen Midshipmen, Ihr begebt Euch ins Geschützdeck und macht mit dem Rest der Mannschaft die Steuerbordgeschütze feuerbereit. Nehmt nur die letzten acht, denn für alle reichen die Männer nicht, da wir sie in der Takelage brauchen.

Ladet die Kanonen mit Kettenkugeln und Stangen, rennt sie aber nicht aus. Das dürft Ihr erst tun, wenn Ihr spürt, wie die *Golden Fleece* dreht. Dann aber, so schnell Ihr könnt. Denn darauf wird es ankommen. Wir liegen, so Gott will, zu diesem Zeitpunkt vor der *Sankt Nikolaus*, die uns aber bestenfalls mit ihren zwei Jagdgeschützen im Bug treffen kann. Ihr hingegen habt acht Kanonen zur Verfügung und freies Schussfeld auf den Fockmast. Holt so viel von seinem Rigg herunter, wie Ihr könnt. Am besten die Rahen und das stehende Gut. Das wird van Hoorn und seine Crew aufhalten und eine Weile beschäftigen. Bleibt unser Schiff hingegen unversehrt, sollten wir den Piraten auf diese Weise mit Gottes Hilfe entkommen können.«

»Ein guter Plan«, meldete sich Mission zu Wort, der es seiner Stellung schuldig zu sein glaubte, auch einmal etwas zu sagen. »Wenn wir alle unser Bestes geben, könnte er klappen. Aber falls nicht, sind wir alle des Todes, denn dann werden die Piraten keine Gnade kennen.«

»Nur nicht so verzagt, Mr Mission«, versuchte Jack, den Zweiten Offizier aufzumuntern. »Das Glück ist mit den Tüchtigen! Oder wollt Ihr lieber Euer Leben unter gleißender Sonne bei der Ernte von Zuckerrohr mit von der Peitsche zerfetztem Rücken beenden? Denn dieses Schicksal droht uns allen, fallen wir in die Hände der Holländer. Bedenkt, dass England drei Seekriege gegen die Generalstaaten geführt hat und deren Kapitäne garantiert nach Rache dürsten. Also haben wir so oder so nichts Gutes von ihnen zu erwarten. Ich jedenfalls sterbe, wenn es denn sein muss, lieber im Kampf als in Ketten. Geht es Euch nicht ebenso?«

Mission nickte verstohlen, doch ganz überzeugt war er von den Argumenten nicht, denn seine Familie würde eventuell Lösegeld für ihn bezahlen, bliebe er am Leben. Alle anderen auf der Poop hingegen stimmten Jack umso deutlicher zu, da sie nichts Derartiges zu erwarten hatten. Ihnen allen drohte letztlich das von ihrem Ersten aufgezeigte Schicksal.

Kaum waren Jacks Worte verklungen, krachte auch schon ein Schuss aus dem Buggeschütz der *Le Tigre*. Die Kugel klatschte zwar noch etliche Kabellängen hinter der *Golden Fleece* ins Meer, aber die Aufforderung zum Beidrehen war eindeutig. Gleichzeitig wurden bei beiden Verfolgern große, blutrote Flaggen am Großmast aufgezogen. Es war das Zeichen dafür, dass die Piraten alle töten würden, sollte sich die Besatzung der *Golden Fleece* nicht sofort ergeben.

Die *Le Tigre* lag etwa eine Seemeile vor der *Sankt Nikolaus* und drei Kabellängen hinter dem vermeintlichen Beuteschiff und würde dieses demzufolge auch zuerst erreichen.

Wohin soll der Engländer auch fliehen, eingekesselt, wie er ist?, fragte sich Michiel Andrieszoon und hob zum wiederholten Male das Fernrohr an sein Auge. Widerstand zu leisten, würde der blanke Wahnsinn sein. Und das hatte man dort an Bord der zu erwartenden fetten Beute offenbar auch gar nicht vor, denn es ließen sich keine Anzeichen dafür erkennen, dass man sich auf einen Kampf vorbereitete. Was waren diese Engländer nur für Feiglinge, wenn sie sich nicht wie in so vielen Seeschlachten gegen die Holländer in erdrückender Übermacht befanden!

Nun, er würde den Widder mit dem goldenen Fell schon scheren, nahm sich Andrieszoon vor und ärgerte sich nur darüber, dass er den Gewinn wohl mit van Hoorn würde teilen müssen, obwohl er diesen eigentlich gar nicht brauchte, um das Sklavenschiff aufzubringen. Denn dass es sich um ein solches handelte, konnte man sogar bis auf die *Le Tigre* riechen, so sehr waberte der Gestank der unzähligen unter Deck zusammengepferchten und in ihren Exkrementen liegenden Menschen über die See. Die Schwarzen würden ein hübsches Sümmchen auf den Sklavenmärkten der Karibik einbringen, das offenbar recht neue Schiff sowieso, und ob man die Mannschaft gleich mitverkaufte, hing lediglich davon ab, ob man für sie Lösegeld erzielen konnte oder nicht. Den niederländischen, spanischen und auch französischen Pflanzern war es schließlich gleichgültig, wer ihr Zuckerrohr schnitt und ob der gekrümmte Rücken, auf den ihre Peitschen niedersausten, schwarz oder weiß war.

Zufrieden sah der Piratenkapitän, wie auf der zu erwartenden Prise die Leesegel eingeholt und die verlängernden Spieren von den Rahen gelascht wurden. Das Schiff machte sich also zur Übergabe bereit, denn es wurde sofort langsamer, und die beiden Piraten kamen schnell dichter auf. Schon waren die Männer auf der Poop der *Golden Fleece* zu erkennen, aber ein Captain schien sich nicht darunter zu befinden, stellte Michiel Andrieszoon erstaunt fest. Nun ja, das war nicht sein Problem. Vielleicht hatte sich der Schiffer ja angstvoll in seiner Koje verkrochen. Aber aus der würde er ihn schon herauszerren, sein Mütchen an dem Engländer kühlen und aus ihm herausprügeln, ob er eventuell einmal gegen Holland in der Nordsee gekämpft hatte. Wenn ja, dann hinge er nur wenig später an der Fockrah, Lösegeld hin oder her, und seine Offiziere zur Abschreckung gleich neben ihm, denn das würde den Rest der Mannschaft garantiert gefügig machen.

Diesen Gedanken hing Michiel Andrieszoon nach, als sein Schiff kaum noch eine Kabellänge hinter der avisierten Beute lag und zwei Dinge nahezu gleichzeitig geschahen.

»Noch nicht feuern, Mr Lewis«, flüsterte Jack Bannister dem unter ihm im Schutz des Schanzkleides kauernden Midshipman zu. »Behaltet die Nerven! Kartätschen fliegen nicht so weit wie Stückkugeln, das solltet Ihr wissen. Also haltet Eure Hand mit der Lunte ruhig und folgt mit dem Richtkeil der Bewegung der *Le Tigre*. Habt Ihr das Achterdeck mit beiden Vierpfündern im Visier?«

»Aye, Sir«, bestätigte der junge Mann, der nur mühsam seine Nervosität unter Kontrolle halten konnte. Die Kaltblütigkeit seines Ersten Offiziers beeindruckte ihn immens, denn er konnte ja nicht ahnen, dass diese von Jack nur rein äußerlich zur Schau gestellt wurde. »Ich habe das erste, Gunner Samuel das zweite Geschütz ausgerichtet. Wir ändern ständig leicht die Position, sodass wir unser Ziel immer im Auge behalten, wenn wir über das Rohr spähen. Sagt nur, wann wir feuern sollen, dann werden die dort drüben ihr blaues Wunder erleben.«

»Euer Wort in Gottes Ohr, Mr Lewis«, knurrte Jack. »Ich vertraue Euch. Bedenkt, unser aller Schicksal liegt in Euren Händen. Eine schwere Bürde für einen so jungen Mann, wie Ihr es seid, ich weiß. Aber der Mensch wächst mit seinen Aufgaben. Mr North, sind die Männer klar für das Segelmanöver?«, fragte Jack dann über seine Schulter hinweg und erhielt nahezu die gleiche Antwort wie zuvor von dem Midshipman.

»Alle bereit, Sir«, bestätigte der Bootsmann. »Wir brassen auf Euren Befehl hin um. Der Wind wird keine Chance haben, uns zu entkommen. Kein Segel killt auch nur für einen Moment, dafür stehe ich mit meiner Ehre ein.«

Trotz des Ernstes der Situation musste Jack lächeln. Der soeben geleistete Schwur war North sicherlich heiliger als einer auf die Bibel.

»Steuermann bereit?«, kam seine nächste Frage, und auch hier lautete die Antwort: »Bereit, Sir. Aber ich könnte ein zweites Paar Hände gut gebrauchen, wenn ich das Rad schnell genug drehen soll.«

»Bekommt Ihr, versprochen. Ich selbst werde Euch helfen, sobald ich gesehen habe, welchen Schaden unsere Kartätschen an Bord der *Le Tigre* angerichtet haben. Mr Lewis, macht Euch bereit. Noch einen Moment warten, aber wenn die Dünung das Schiff auf den höchsten Punkt gehoben hat, dann auf mein Kommando feuern.«

Jack holte noch einmal tief Luft und spürte, wie sich die *Golden Fleece* im ewigen Gleichklang mit dem Meer auf den Kamm der Woge zubewegte. Jetzt war er erreicht, und laut schallte sein Ruf über das Deck, denn es machte keinen Sinn mehr, sich zu verstellen.

»Feuer!«, brüllte er, so laut er konnte, und gleich darauf: »Ruder hart Steuerbord! Bringt uns weg von der *Le Tigre* und vor die *Sankt Nikolaus!*«

Nahezu gleichzeitig brüllten die beiden Vierpfünder auf der Poop auf, und im gleichen Augenblick begann sich die *Golden Fleece* auch schon wie ein gehorsames Pferd fast auf der Stelle zu drehen, ohne dabei wesentlich an Fahrt zu verlieren.

Jack hatte gehofft, durch sein Rohr zu sehen, was sich auf der *Le Tigre* abspielte, aber der dichte Pulverdampf nahm ihm die Sicht.

»Verdammt!«, fluchte er, wusste aber, dass er sich nicht weiter mit Schauen aufhalten durfte, sondern dem Steuermann helfen musste. Gemeinsam griffen sie in die Speichen des Rades und ließen es so schnell herumwirbeln, dass dessen Messingverstärkungen wie eine einzige Scheibe in der Sonne blitzten.

Von Bord des getroffenen Piratenschiffes schallte wildes Gebrüll herüber, und als Jack einen Blick über die Schulter zurück riskierte, sah er, wie die *Le Tigre* aus dem Wind lief, nach Backbord abfiel und noch dazu stark krängte. Gleichzeitig hörte er die Jubelrufe von William Lewis und seiner Crew und wusste, dass der erste Teil seines Planes zwar aufgegangen, sie aber noch lange nicht außer Gefahr waren.

»Steuerbordgeschütze fertig?«, brüllte Jack in den Niedergang hinab, immer noch das Steuerrad drehend.

»Fertig und feuerbereit!«, kam die Antwort gleichzeitig von den beiden Lieutenants.

»Ausrennen und Feuern nach eigenem Ermessen!«, gab Jack lauthals zurück. »Doch gnade uns allen Gott, wenn ihr der *Sankt Nikolaus* nicht den Fockmast nehmt!«

Aber der erste Schuss kam nicht aus den Rohren der *Golden Fleece,* sondern aus dem Jagdgeschütz im Bug der querab Steuerbord segelnden *Sankt Nikolaus.* Es musste wohl ein Achtzehn- oder gar Vierundzwanzigpfünder sein, denn ein lauter Knall schallte über die See – und dann pfiff ein Geschoss genau zwischen Groß- und Besanmast der *Golden Fleece* hindurch, ohne den geringsten Schaden anzurichten. Nicht einmal eine einzige Webleine war gerissen! Die Kanoniere des Piratenschiffs waren wohl von der unerwarteten Gegenwehr der vermeintlich einfach aufzubringenden Prise derart überrascht worden, dass sie, ohne groß zu zielen, aufs Geratewohl mit ihrem Backbordgeschütz gefeuert hatten. Für die Breitseiten beider Verfolger war die *Golden Fleece* nach wie vor unerreichbar.

Nicht aber die *Sankt Nikolaus* aus Sicht der vermeintlichen Beute. Die Lukendeckel der am weitesten achtern stehenden Kanonen flogen nun auf, die Geschütze wurden ausgerannt, die Richtkanoniere nahmen kurz Maß, und schon feuerte der Schafbock mit dem goldenen Fell, der anfangs den Eindruck erweckt hatte, allzu leicht zu erlegen zu sein, und wehrte sich damit verbissen seiner Haut.

»Nachladen!«, brüllte Jack, doch das hätte er sich sparen können. Der Drill, dem er die Männer auf der langen Fahrt ausgesetzt hatte, zeigte jetzt Wirkung, denn ohne lange nachzudenken, wusste jeder von ihnen, was er zu tun hatte.

Die *Golden Fleece* lag mittlerweile querab vor der *Sankt Nikolaus* und hatte sie schon fast passiert. Welchen Schaden ihre nur halbe Breitseite angerichtet hatte, da ja nicht alle Kanonen zum Einsatz gekommen waren, konnte nur schwer ausgemacht werden, doch das Krachen und Bersten von Holz und Tauwerk war zumindest deutlich zu hören gewesen.

Jack wusste gar nicht, wo er zuerst hinschauen sollte. Achteraus lag die *Le Tigre* so weit auf ihrer Backbordseite, dass sie fast Wasser aufnahm. Hektisch rannten Seeleute hin und her und hieben mit Beilen und Entermessern auf Taue ein, damit die Segel losschlugen und ihren Press verloren. Wenn das nicht gelang, drohte das Schiff sich selbst zu versenken, aber was war da nur passiert? Und als der Wind den Pulverdampf an der Steuerbordseite der *Golden Fleece* vertrieb, sah Jack, dass der

Fockmast des Feindes auf der Höhe der Vormarsrahe gekappt und auch die Blinde mitsamt dem Bugspriet zerstört war. Die Kettenkugeln und Stangen hatten auf die kurze Distanz ganze Arbeit geleistet, die Kanoniere um ihr Leben geschossen und auch getroffen.

Lauter Jubel schallte aus der Takelage der *Golden Fleece* über die See, denn die Seeleute, die noch in den Wanten und über den Rahen hingen, sahen aus ihrer luftigen Höhe am besten, welchen immensen Schaden ihre Kameraden unter und auf Deck angerichtet hatten.

»Sir, die Vierpfünder sind wieder feuerbereit«, meldete in diesem Moment William Lewis seinem Ersten Offizier. »Soll ich noch einmal feuern lassen? Aber auf die Distanz sind Kartätschen nicht mehr sehr wirkungsvoll, und wir haben hier oben keine Vollgeschosse.«

Jack wandte sich um, zog sein Rohr auseinander und spähte zur *Le Tigre* hinüber, die immer weiter abfiel. An Bord herrschte offenbar das reinste Chaos, von ihrem Captain war nichts zu sehen, und wenn er sich nicht täuschte, gab es auch das Steuerrad nicht mehr. Das würde auch erklären, warum das Schiff so stark krängte. War die Verbindung zum Ruder zerstört und das Blatt hatte in eine andere Richtung gedreht, als das Schiff segelte, konnte selbst ein solch großer Dreimaster kentern. Vor allem, wenn niemand Befehle gab, wie das Unglück abzuwenden war.

Nun, das war nicht Jacks Problem, die Gefahr achtern aber offenbar gebannt. Anders sah es mit der *Sankt Nikolaus* aus. Die fiel zwar auch immer mehr zurück, denn sie hatte einen Großteil ihrer Segelfläche eingebüßt, und sicher waren auch viele Männer verwundet oder gar getötet worden. Wenn nicht durch die Geschosse, dann durch die hinabstürzenden Spieren und Rahen. Aber letztlich war das Schiff immer noch kampffähig, und erst wenn die *Golden Fleece* außerhalb der Reichweite seiner Kanonen war, wäre sie in Sicherheit. Jack ließ deshalb mit den Steuerbordgeschützen weiter feuern, um den Feind nicht zur Ruhe kommen zu lassen und, wenn möglich, noch weiteren Schaden anzurichten.

Schon glaubte man sich außer Gefahr, als erneut ein Buggeschütz der *Sankt Nikolaus* feuerte, jetzt von ihrer Steuerbordseite aus. Und diesmal hatten die Kanoniere besser gezielt, denn jeder an Bord spürte den Einschlag des großen Geschosses, und selbst Jack zuckte zusammen. Waren sie womöglich unter der Wasserlinie getroffen worden? Dort reichte ein einziger Treffer oftmals aus, um ein Schiff zum Sinken zu bringen. Doch halt, hatte er nicht das Klirren von zersplitterndem Glas gehört? Das konnte doch nur bedeuten, dass die Kugel in das Heck eingeschlagen war! Jack, der an Backbord stand, beugte sich über die Reling der Poop und sah, dass von der ein Deck weiter unten befindlichen Seitentasche, in der Captain Johnson gewöhnlich schlief, nur noch Splitter übrig waren. Das konnte doch letztlich nichts anderes bedeuten, als dass das Geschoss die große Heckkajüte glatt durchschlagen hatte, ging ihm sofort auf!

Großer Gott, dachte Jack, *was zum Henker ist dann aus dem Captain geworden?* Er wollte schon zum Niedergang eilen, um nachzusehen, als die *Sankt Nikolaus* erneut feuerte. Doch diesmal fiel das Geschoss ein ganzes Stück vor der *Golden Fleece* ins Meer. Man war mittlerweile außerhalb der Reichweite der Kanonen der Piraten, und die Verfolgung aufnehmen konnten diese mit ihren angeschlagenen Schiffen auch nicht mehr. Der Kampf war zu Ende und hatte offenbar auf englischer Seite kein einziges Opfer gefordert. Oder vielleicht doch?

»Kapitän van Hoorn, ahoi!«, rief Nicolas Brigaut, der Stellvertreter von Michiel Andrieszoon, über die See zu der waidwunden *Sankt Nikolaus* hinüber, die kaum eine viertel Kabellänge querab der *Le Tigre* lag und auf der man ebenso wie auf dieser damit beschäftigt war, die Schäden notdürftig zu beseitigen, die in diesem kurzen, für die Piraten aber äußerst verlustreichen Gefecht entstanden waren. In der Ferne waren die Segel der sich entfernenden *Golden Fleece* kaum noch zu erkennen, und an deren Verfolgung überhaupt nicht zu denken. Eher würde man die Werften auf den Inseln der niederländischen Antillen aufsuchen müssen, um die Schiffe wieder instand setzen zu lassen. »Kapitän Michiel Andrieszoon bittet Euch, zu ihm an Bord zu kommen, um das weitere Vorgehen abzusprechen. Er selbst ist leider verwundet und kann Euch nicht aufsuchen. Hättet Ihr vielleicht die Güte?«

»Sagt dem verdammten Hurensohn, ich komme, sobald ich es ermöglichen kann!«, brüllte van Hoorn zurück. »Aber nicht, um mich mit ihm zu beraten, sondern um ihm das Fell über die Ohren zu ziehen! Schließlich war es seine Sorglosigkeit, die uns in diese missliche Lage gebracht hat! Ein Sklavenfahrer, hat er gesagt, der wird sich nicht groß wehren! Dass ich nicht lache! Wer zum Teufel hat diesen vermaledeiten, englischen Kahn befehligt? Der wiederauferstandene Francis Drake?«

»Ich denke, niemand bereut das Vorgefallene mehr als Kapitän Andrieszoon selbst«, gab Nicolas Brigaut zurück. »Er wird vielleicht seinen linken Arm verlieren, wenn der Doktor kein Wunder wirkt. Also darf ich ihm sagen, dass Ihr ihn aufsuchen werdet?«

»Schon gut«, winkte van Hoorn ab. »Ich komme, sobald meine Gig seeklar ist. Sagt ihm das. Aber zumindest eine Flasche Rum soll er bereithalten. Wird auch ihm guttun, dem alten Halsabschneider! Dass wir uns haben so zusammenschießen lassen, ich fasse es nicht!«

Immer noch wütend vor sich hin brabbelnd, verließ der Kapitän die Reling an der Kuhl und befahl, sein Boot klarzumachen, damit er übersetzen konnte. Längsseits zu gehen, wagte er mit seinem kaum manövrierfähigen Schiff nicht, weil er nicht wusste, was dann womöglich noch von seiner arg mitgenommenen Takelage herunterkommen würde.

Als van Hoorn sich über die Reling der *Le Tigre* schwang, hörte er schon ein wütendes Gebrüll, das ganz offensichtlich aus der Kapitänskajüte kam. Er kannte das hitzige Temperament seines Landsmannes, aber wenn dieser noch so schreien konnte, konnte er nicht allzu schwer verwundet sein. Doch dass der Schiffsarzt bei der Behandlung nichts zu lachen hatte, war auch klar.

Van Hoorn stieß, ohne anzuklopfen, die Tür auf und sah Michiel Andrieszoon in einem gepolsterten Lehnstuhl sitzen, die Augen zur Decke gerichtet. Dabei stieß er unverständliche Wortfetzen aus, die sicherlich Flüche waren. Der Doktor bemühte sich um den linken Arm des Kapitäns, der blutüberströmt und schlaff herunterhing, und schüttelte dabei unaufhörlich den Kopf.

»Gott zum Gruße, Michiel«, meinte van Hoorn nachdenklich, als er das immer noch strömende Blut sah. »Euch hat es ja offenbar schlimm erwischt. Mein Schiff scheint zwar übler zugerichtet worden zu sein als das Eure, aber zumindest ist mir eine derart schwere Verletzung erspart geblieben. Wie, zum Teufel, ist es denn überhaupt dazu gekommen? Und warum seid Ihr völlig aus dem Wind gelaufen? Man sieht doch überhaupt keine Einschläge von feindlichen Geschossen bei Euch an Bord?«

»Nein!«, stieß Andrieszoon mit zusammengebissenen Zähnen hervor. »Dann schaut mal nach unserem Steuerrad. Aber bemüht Euch nicht, Ihr werdet es nämlich nicht mehr finden. Es hat sich in zahlreiche Einzelteile aufgelöst, und ein paar davon haben mir den Arm zerfetzt und stecken noch darin. Meinen Steuermann gibt es nicht mehr. Reste seines Hirns findet Ihr auf meinem Rock. So etwas habe ich wahrlich noch nicht erlebt! Statt sich wie ehrliche Christenmenschen zum Kampf zu stellen, schießen mir diese Engländer gezielt die Ruderanlage weg! Wer kommt denn auf so eine teuflische Idee, frage ich Euch? Die hatten doch in jeder Längsseite fünfzehn Kanonen, wären also sehr wohl in der Lage gewesen, sich auch vernünftig zu schlagen. Ich habe nur zehn und Ihr sogar nur acht Geschütze in einer Breitseite. Feige Hunde, diese Engländer!«

»Mag sein, aber auch sehr clevere«, gab van Hoorn zu bedenken. »Mir haben sie den Fockmast gekappt und fast die gesamte Takelage heruntergeholt. Das kann ich nur provisorisch richten lassen und muss bestimmt in eine Werft, wenn mein Schiffszimmermann es nicht hinbekommt. Ihr wahrscheinlich auch, so wie ich das sehe. Damit ist uns diese wertvolle Prise entkommen, und noch dazu völlig unbeschädigt. Obwohl, mit einem Schuss in die Kapitänskajüte haben wir ihn wohl erwischt. Aber der wird nicht viel Wirkung gezeitigt haben. Das Schiff, das konnte ich klar erkennen, hieß *Golden Fleece* und gehört der Royal African Company, wie man an dem protzigen Wappen am Heck deutlich sehen konnte. Ich möchte bloß wissen, wer es befehligt. So einen Mann könnten wir in der Bruderschaft gut gebrauchen. Gebe Gott, dass er nicht einmal an der Spitze einer Flottille steht, die der neue Gouverneur von Jamaica ausschickt, um uns zu jagen. Seit unser alter Kumpan Henry Morgan den Posten abgeben musste und dieser Pedant Thomas Lynch ihn innehat, wird es langsam ungemütlich in der karibischen See. Mit der Royal Navy ist wirklich nicht zu spaßen, und ich möchte mich nur ungern mit ihr anlegen.«

»Ja, da lobe ich mir die Spanier oder auch die Franzosen, die man meist wesentlich einfacher scheren kann als diesen goldenen Widder. Dabei hatte ich gedacht, er würde gar nicht kämpfen, weil am Ende einer Reise auf einem Sklavenschiff meist alle krank sind, auch die Mannschaft dezimiert ist und wir so deutlich in der Übermacht waren. Aber da seht Ihr es wieder einmal, so kann man sich täuschen. Aua, verdammt, das ist mein Arm und kein Stück Holz«, fuhr der Kapitän den Schiffsarzt an, der sicherheitshalber den Kopf einzog.

»Aber mehrere Stücke Holz waren darin, und soeben habe ich wohl das letzte herausholen können«, verteidigte sich der

Doktor und goss aus einer Flasche weißen Rum über den gesamten Arm, was Andrieszoon neue Schmerzensschreie ausstoßen ließ. Aber den Schiffsarzt beeindruckte das nicht weiter, er kannte schließlich seinen Kapitän. Der konnte zwar schwere Verwundungen klaglos ertragen, wenn es dann aber später an die Behandlung derselben ging, jammerte er wie ein kleines Kind.

»Habt Euch nicht so«, fuhr er ihn deshalb auch an. »Wenn der Arm nicht brandig wird, könnt Ihr ihn behalten, und ich muss ihn nicht abnehmen. Der Bruch ist glücklicherweise nicht offen. Ich werde Euch den Arm jetzt straff verbinden und dann schienen. Ihr solltet ihn vorläufig in einer Schlinge tragen und mindestens sechs Wochen ruhig halten. Habt Ihr das verstanden?«

»Sechs Wochen? Ihr seid wohl nicht bei Trost!«, fuhr der Kapitän den Arzt an. »So viel Zeit zu gesunden hat doch kein Mensch! Geht das nicht auch schneller?«

Der Arzt zuckte nur mit den Schultern.

»Doch, kein Problem. Ich gehe nur schnell in meine Kammer und hole die Knochensäge. Dann nehme ich Euch den Arm kurz unterhalb der Schulter ab und tauche den Stumpf in kochendes Pech, damit sich die Gefäße schließen. Dann seid Ihr ihn los und braucht Euch nicht mehr mit Schiene und Schlinge herumzuärgern.«

Der Doktor konnte sich diesen Ton herausnehmen, denn er wusste, dass er dringend an Bord gebraucht wurde. Er hatte in Utrecht und Amsterdam studiert und war ein Meister seines Fachs. An Bord der *Le Tigre* war er durch einen Zufall gekommen, weil das Schiff, das ihn nach Havanna zu seiner neuen Anstellung hatte bringen sollen, von den Piraten aufgebracht worden war. Da er wie sie Holländer war, taten sie ihm nichts, und er entschloss sich, freiwillig bei ihnen an Bord zu bleiben, weil er erstens nicht unerheblich an der Beute beteiligt wurde und zweitens die menschliche Anatomie und alle Arten von

Verletzungen nirgendwo so gut studieren konnte wie auf einem in ständige Kämpfe verwickelten Schiff. In seiner Kajüte schrieb er darüber ein Buch und hoffte, durch dessen Veröffentlichung einmal ein berühmter und geachteter Chirurg zu werden.

Andrieszoon knurrte nur unwillig und presste dann ein »Schon gut, ich danke Euch« zwischen den Zähnen hervor. Der Arzt trollte sich, und die beiden Kapitäne waren nun unter sich und konnten ungezwungen sprechen.

»Es wird immer schwerer, allein oder auch in einem kleinen Verband zu bestehen«, seufzte van Hoorn vernehmlich. »Sicheren Erfolg verspricht nur noch das Operieren in größeren Gruppen und der Überfall auf Städte oder ganze Landstriche. Denkt doch einmal an Henry Morgans Überfall auf Panama! Fast vierzig Kapitäne mit ihren Schiffen haben sich ihm damals angeschlossen, aber jeder einzelne Mann hatte danach die Taschen voller Gold und Edelsteine. So etwas müsste man mal wieder zuwege bringen!«

»Ja, und heute lässt sich Morgan Sir Henry nennen, weil ihn der englische König geadelt hat, ist oberster Richter von Jamaica und jagt seine ehemaligen Bundesgenossen. Es ist schon eine verrückte Welt, in der wir da leben«, warf Andrieszoon ein.

»Das hat doch bei den Inselbewohnern eine lange Tradition«, gab van Hoorn zu bedenken. »Ich habe mich vorhin schon gefragt, ob der wiederauferstandene Francis Drake diesen englischen Kahn befehligt hat. Der wurde ja auch von seiner Königin gegen alle Proteste der Spanier zum Ritter geschlagen und soll hier in der Karibik seine letzte Ruhestätte gefunden haben. Falls England in Gefahr wäre, käme er zurück, erzählt man sich. Wenn das vorhin nur mal nicht so ein Anlass war, sage ich Euch.«

»Hört mal, Ihr glaubt doch nicht etwa an Geister?«, fragte der Kapitän der *Le Tigre* ganz verblüfft. »Das hätte ich nun wirklich nicht gedacht, dass Ihr solchen Ammenmärchen auf den Leim geht.«

»Versündigt Euch nicht, Michiel«, meinte van Hoorn nachdenklich. »Meist ist an solchen Geschichten durchaus etwas Wahres dran. Aber zur Sache. Was machen wir denn nun mit unseren angeschlagenen Schiffen? Wie die begossenen Pudel nach Aruba zurücksegeln und uns zum Gespött machen, weil wir zu zweit Prügel von nur einem Engländer bezogen haben?«

»Habt Ihr vielleicht einen besseren Vorschlag?«, verlangte Michiel Andrieszoon zu wissen. »Die Ruderanlage kann nicht von meinem Zimmermann gerichtet werden, das Schiff muss also in eine Werft. Ich will nur hoffen, dass wir nicht noch in einen Sturm geraten, denn dann wären wir wahrscheinlich verloren. Und mein Arm braucht Ruhe, das habt Ihr ja gehört. Ihr könnt ja versuchen, einen anderen Schlupfwinkel zu finden, um Euren Fockmast und das Rick zu reparieren. Und danach würde ich vorschlagen, dass wir nach Tortuga segeln und uns der Bruderschaft anschließen. Der dortige französische Gouverneur verteilt großzügig Kaperbriefe und lässt alle Freibeuter in Ruhe ihre Beute verkaufen. Was meint Ihr, wollen wir uns dort treffen, wenn die Schäden an unseren Schiffen behoben sind und sie wieder präsentabel aussehen?«

»Das ist keine schlechte Idee«, stimmte van Hoorn zu. »So machen wir's. Tortuga ist ein guter Ausgangspunkt für Unternehmungen in alle Richtungen. Von dort ist es nicht weit zum Golf von Campeche und zu den Straßen von Florida und Yucatan, wo man auf reiche Beute lauern kann. Ich komme also am besten mit Euch nach Aruba, um die *Sankt Nikolaus* dort ebenfalls wiederherrichten zu lassen. Wenn wir später zu zweit vor Tortuga aufkreuzen, dürfte zudem auch unser Stellenwert bei der Bruderschaft größer sein, als wenn jeder einzeln kommt. Schlagt ein, Michiel, und lasst uns auch weiter zum beiderseitigen Nutzen Seite an Seite segeln und gemeinsam Beute machen.«

»Einverstanden, aber seid bloß vorsichtig und denkt an meinen Arm«, entgegnete der Kapitän der *Le Tigre*. Schließlich kannte er die grobe Art seines Kompagnons. Mit einem nicht zu festen Händedruck, dafür aber mit umso mehr Rum, erneuerten die beiden Piraten ihr Bündnis und schworen sich, auch künftig stets zusammenzustehen.

So schnell er konnte, eilte Jack den Niedergang hinunter und zur Kapitänskajüte. Die Männer der Besatzung, die ihm folgen wollten, wies er barsch zurück, schloss die Tür auf und zog sie gleich hinter sich wieder zu, sodass niemand hineinsehen konnte. Was er erblickte, ließ ihm das Blut in den Adern erstarren.

Die Kanonenkugel war ganz offensichtlich durch das hinterste an Steuerbord liegende Heckfenster eingedrungen, aber dadurch nicht abgelenkt worden. Eine Bahn der Verwüstung führte quer durch die Kajüte. An der Backbordseitentasche, dort, wo sich früher die Koje des Captains befunden hatte, hatte das Geschoss das Schiff wieder verlassen. An dieser Stelle klaffte nun ein großes Loch. Wäre die Kugel nur zwei Yards tiefer eingeschlagen, ging Jack auf, hätte sie das Steuer getroffen und pulverisiert. Die dann manövrierunfähig in der See treibende *Golden Fleece* wäre eine leichte Beute für die Piraten geworden.

Die Kugel hatte Johnson offenbar nicht getroffen, aber trotzdem getötet. Er befand sich noch immer festgebunden in seinem Sessel, der allerdings umgestürzt war. Doch dass der Captain sich nicht mehr unter den Lebenden befand, war offensichtlich. Sein Körper war mit Glas- und Holzsplittern, die wie Kartätschen durch die Kajüte gefetzt sein mussten, regelrecht gespickt und Blut aus unzähligen Wunden ausgetreten. Ob er verblutet, an den Verletzungen oder an der Druckwelle gestorben war, konnte Jack nicht feststellen, aber es war letztlich auch ohne Belang.

Schnell löste er die Fesseln und warf sie durch das Leck in die See. Dann nahm er den Leichnam auf und bettete ihn auf die Polsterbank unter den Heckfenstern, die zwar von Glasscherben übersät, aber ansonsten unversehrt war. Jack riss einen der Vorhänge ab und legte das Tuch über den Captain, der das einzige Opfer des Gefechts an Bord der *Golden Fleece* war. Einen Moment überlegte er, ob er die Schuld an Johnsons Ableben trug, verwarf den Gedanken aber schnell wieder. Dieser hätte die Kajüte sowieso nicht verlassen und damit seinen Tod selbst verschuldet. An jedem anderen Platz auf dem Schiff wäre er sicherer gewesen, doch das ließ sich nun nicht mehr ändern.

Nachdem Jack alle Hinweise darauf getilgt hatte, dass er den Captain niedergeschlagen und festgebunden hatte, rief er nach dessen Diener, dem Kajütenjungen und seinen beiden Offizierskameraden. Letztere brauchte er als Zeugen, damit ihm später niemand etwas vorwerfen konnte, denn wie schnell kamen Gerüchte auf, die sich nur schwer widerlegen ließen. Um dem vorzubeugen, ließ er die Lieutenants die Schäden und auch den Leichnam des Captains inspizieren, worauf Mission sofort wieder aus der Kajüte stürzte, weil er sich über die Reling übergeben musste. Hornigold war da offenbar ebenso wie Jack aus einem anderen Holz geschnitzt. Beide wickelten sie den Toten derart in den Vorhang ein, dass kein anderer mehr die zahlreichen und entstellenden Verletzungen sehen konnte, die wahrlich kein schöner Anblick waren. Dann schickte Jack nach dem Segelmacher, der den Leichnam zusätzlich in Segeltuch einnähen sollte, wie es dem Brauch entsprach. Und wie es sich für einen Seemann gehörte, der auf dem Meer ums Leben kam, würde auch Johnson eine würdevolle Seebestattung bekommen.

Die Schwarzen, die unterwegs gestorben waren, hatte man einfach so ins Meer geworfen, doch bei einem Captain ging das natürlich nicht an. Sogar die Mannschaftsmitglieder, die Hunger, Durst, Krankheiten und Entbehrungen auf der langen Passage über den Atlantischen Ozean nicht überlebt hatten, waren in Segeltuch eingenäht und mit Gewichten beschwert auf einer

Planke über Bord gegangen, während Jack jedes Mal ein kurzes Gebet gesprochen hatte. Da konnte man mit Johnson natürlich nicht anders verfahren. Eher musste die Seebestattung, seinem Rang entsprechend, noch weit würdevoller erfolgen.

Jack hatte schon überlegt, den Leichnam mit nach Jamaica zu nehmen, um ihn dort den Vertretern der Krone vorweisen zu können, den Gedanken aber rasch wieder verworfen. Unter der heißen, karibischen Sonne setzte der Verwesungsprozess im Prinzip sofort ein, und bis man Port Royal erreichte, würde der Gestank kaum noch zu ertragen und von dem Verstorbenen sowieso nicht mehr viel übrig sein.

So rief er, als der Segelmeister, der auch zwei Kanonenkugeln mit eingenäht und den letzten Stich dem Brauch gemäß durch die Nase des Toten geführt hatte, fertig war, die Mannschaft auf Deck zusammen. Als alle versammelt waren, befahl er »Hüte und Mützen ab« und hielt eine kleine Ansprache.

»Männer, ich bin stolz auf Euch, und Captain Johnson, wäre er noch am Leben, wäre es auch. Wir haben einem weit überlegenen Feind getrotzt und ihn abgewehrt. Das wird in die Ruhmesgeschichte der Company eingehen und diese sich Euch gegenüber sicherlich für Euren Mut und Eure Tatkraft erkenntlich zeigen. Jedenfalls werde ich mich mit all meiner Kraft dafür einsetzen, das verspreche ich Euch. Leider haben wir den Tod unseres geliebten Captains zu beklagen«, Jack vernahm aus den hinteren Reihen Gekicher, fuhr aber unbeirrt fort, »der todesmutig an seinem Platz ausgeharrt und das feindliche Schiff beobachtet hat, damit wir an Deck richtig handeln konnten. Leider kostete ihn diese Unverzagtheit das Leben.«

Jetzt gesellte sich zu dem Gekicher auch noch richtiges Gelächter, und Jack überlegte, ob er dem Bootsmann nicht befehlen sollte, die Männer, die sich so unziemlich benahmen, auszumachen und später zu bestrafen, verzichtete aber nach kurzem Nachdenken darauf. Was sie über den Verstorbenen dachten und dass seine Worte pure Heuchelei waren, war ihm völlig klar. Andererseits sollte man über Tote nichts Schlechtes sagen, und deshalb sprach er lieber unbeirrt weiter, um schnell zum Ende zu kommen.

»Lasst uns alle noch ein letztes, stilles Gebet für den von uns Gegangenen sprechen, dann übergeben wir seinen Leichnam dem Meer, wie es unter Seeleuten der Brauch ist.«

Einen Moment schwiegen alle an Bord und senkten die Köpfe, denn jedem von ihnen war bewusst, dass es auch ihn hätte treffen können. Selbst die aufmüpfigsten Gesellen wurden von der Feierlichkeit des Augenblicks ergriffen und gaben keinen Laut mehr von sich.

»Der Herr hat's gegeben, der Herr hat's genommen, der Name des Herrn sei gepriesen«, sagte Jack abschließend laut vernehmlich für alle und befahl dann: »Maaten, hebt an.«

Der Tote lag, beschwert mit zwei Kanonenkugeln, in Segeltuch eingenäht und bedeckt von der englischen Fahne mit dem Georgskreuz, auf einer Planke. Vier Schiffsmaaten legten diese jetzt auf die Reling, hoben sie hinten an, wobei sie die Fahne festhielten, und ließen den Leichnam langsam in die See gleiten. Die schweren Kugeln würden dafür sorgen, dass er schnell auf den Grund des Meeres hinabsank und so kein Raub für die Haie wurde.

Alle an Bord, auch und vor allem Jack, atmeten tief durch, als die Zeremonie endlich vorbei war. Doch der Erste Offizier war mit seiner Ansprache noch nicht fertig, denn es gab noch etwas zu verkünden.

»Bis wir in Jamaica sind, übernehme ich das Kommando über die *Golden Fleece*. Dort werde ich den Vertretern der Krone und dem Agenten der Company schildern, was vorgefallen ist, und an ihnen wird es letztlich liegen, ob sie mein Kommando bestätigen oder nicht. Doch bis dahin erwarte ich von jedem Mann an Bord, dass er meine Befehle befolgt, als kämen sie noch immer von Captain Johnson. Ich hoffe, dass es diesbezüglich keine Einwände und Unklarheiten gibt.«

Jack ließ seinen Blick sowohl über die Mannschaft wie auch über die Midshipmen und die Offiziere schweifen, doch niemand widersprach ihm. Wie sollten sie auch, schließlich war er der Erste Offizier und damit der Ranghöchste an Bord. Nur in den Augen von Mission glaubte er so etwas wie Missgunst zu erkennen, aber schnell schlug dieser die Lider nieder, um sich nicht zu verraten.

Ein Mann aus der Mannschaft, den Jack aber nicht ausmachen konnte, rief: »Das war doch bisher auch schon so, und wir sind nicht schlecht damit gefahren!«, worauf sofort zustimmendes Gemurmel aufkam.

»Dann ist es ja gut, und wir wollen es dabei belassen«, meinte Jack beruhigt in die Runde, denn es hätte durchaus auch Fragen zu seiner letzten Unterredung mit dem Captain geben können. Zumindest vonseiten der beiden Lieutenants. Vorerst schienen diese allerdings keine zu haben oder sie zurückzuhalten. Doch Jack wusste, dass es auf alle Fälle eine Untersuchung zu den Vorfällen an Bord und zum Tod von Captain Johnson geben würde und er erst unbelastet ein Kommando übernehmen konnte, wenn kein Vorwurf an ihm hängen blieb.

»Master North«, wandte sich Jack jetzt an den Bootsmann, »die Mannschaft hat tapfer gekämpft und sich wacker geschlagen. Deshalb eine doppelte Ration Rum für alle! Aber jeweils erst beim Antreten der Freiwache ausgeben, ist das klar? Und seht zu, dass auch die Schwarzen unter Deck heute und morgen genügend zu essen und zu trinken bekommen. Dann dürften wir Port Royal erreicht haben und können uns neu bevorraten. Wir haben schließlich die Company vor einem großen Verlust bewahrt, da kann sie sich ruhig einmal großzügig zeigen.«

Jetzt jubelten alle Männer an Deck und ließen den neuen Captain, auch wenn er es nur vorläufig war, hochleben. Ausschließlich Mission machte ein etwas verkniffenes Gesicht, während Thomas Corker auf der Stelle seine beiden Kameraden aufforderte, ihm dabei zu helfen, Jacks Befehl auszuführen und die Sklaven zu versorgen. Dieser hingegen stieg zur Poop empor und ließ seinen Blick wieder einmal über die *Golden Fleece* schweifen. Was war sie doch für ein schönes und stolzes Schiff, das noch dazu seine Feuertaufe bravourös bestanden hatte – und zum ersten Mal hatte Jack das Gefühl, dass sie sein Schiff war.

6. KAPITEL
LONDON, 1682

Nicholas Crispe hatte sich halb aufgerichtet und betrachtete die wunderschöne, junge Frau, die lang ausgestreckt und nackt, wie Gott sie geschaffen hatte, in seinem Bett lag, mit dem Blick eines Kenners und Genießers. Ihre Wangen waren vom Liebesspiel noch leicht gerötet, kleine Schweißperlen standen auf ihrer Stirn, und die kunstvolle Hochsteckfrisur, mit der sie am Abend erschienen war, hatte sich aufgelöst, sodass sich ihr honigblondes Haar auf dem Kissen und Laken ausbreitete. Vorhin, als sie seinen Schwanz noch mit ihrem Mund verwöhnt hatte, war er davon wie von einem seidenen Tuch eingehüllt gewesen. Crispe hatte nie im Leben erwartet, was diese Frau, die er anfänglich für wenig erfahren in Liebesdingen gehalten hatte, ihm für Wonnen bereiten konnte!

Nur kurze Zeit, nachdem die *Golden Fleece* ausgelaufen war, hatte er seine Frau gebeten, die Frischvermählte doch zu ihren Soireen einzuladen, die diese in regelmäßigen Abständen für die Gemahlinnen der Kapitäne gab, die sich in den Diensten der Company auf hoher See befanden. Jack Bannister war zwar erst Lieutenant, aber da er auf dem neusten Schiff der Company eine exponierte Stellung innehatte, konnte man schließlich auch einmal eine Ausnahme machen. Seine Gattin hatte nur wissend gelächelt und seinem Wunsch entsprochen.

Charlene war eine kluge Frau und wusste nur zu gut, dass ihr Mann auch abseits des ehelichen Alltages von Zeit zu Zeit seinen Vergnügungen nachgehen musste, wollte sie keinen unausstehlichen Haustyrannen um sich haben. Also gönnte sie ihm seine Liebschaften. Schließlich gab sie sich auch immer wieder einmal einem jugendlichen Galan hin, der hoffte, durch ihre Fürsprache einen gut dotierten Posten in der Company zu ergattern. Aber zumindest in dieser Beziehung war ihr Gemahl völlig unnachgiebig und hatte noch nie einen ihrer Protegés berücksichtigt. Charlene vermutete, dass er zwar von ihren Amouren wusste, sie aber so lange duldete, wie sie völlig diskret abliefen. Schließlich wollte er nicht riskieren, als Hahnrei dazustehen, was seinem Ruf schwer geschadet hätte. Und schon gar kein Duell austragen müssen, zu dem er verpflichtet gewesen wäre, um seine Ehre wiederherzustellen, würde der Name eines ihrer Liebhaber ruchbar.

Was ihn betraf, war das allerdings etwas völlig anderes. Es war durchaus üblich, dass sich ein Mann eine Mätresse hielt – oder sogar mehrere, wenn er es sich leisten konnte. Das steigerte sogar sein Ansehen in der Gesellschaft und gehörte in den Kreisen des Adels, mittlerweile aber auch des gehobenen Bürgertums, einfach zum guten Ton. König Charles hatte so viele Geliebte, dass man am Hofe schon von einer Herrschaft der Unterröcke sprach, und sein Bruder, der Duke of York und Schirmherr der Royal African Company, war wahrscheinlich der größte Schürzenjäger und Verführer im ganzen Königreich und hatte bereits ein halbes Dutzend unehelicher Kinder gezeugt.

Da durfte, das war Charlene durchaus bewusst, ihr Mann nicht zurückstehen, wollte er nicht seinen Ruf als geachteter Lebemann gefährden. Und deshalb sah sie nicht nur großzügig über seine Liebschaften hinweg, auch wenn er seine Favoritinnen in ihrem gemeinsamen Haus, ja sogar in ihrer Gegenwart empfing, sondern führte ihm auch ganz bewusst die eine oder andere Schönheit zu.

So hatte es sich auch mit Marie-Claire verhalten, der jungen Frau des Schiffsoffiziers Jack Bannister, einer wahrlich aparten Frau von ausgesuchter Schönheit, die durchaus eines Fürsten würdig war. Verwundert hatte Charlene nur, dass die Jungvermählte sich im Gegensatz zu vielen anderen Frauen gar nicht groß gegen die Avancen ihres Mannes gesträubt hatte. Sie war ihm bereits bei ihrem dritten Besuch, zwar heimlich, aber doch willig, in sein Schlafgemach gefolgt, während die übrigen anwesenden Damen weiter über die neuen Modegetränke Tee, Kaffee und Kakao und deren Vorzüge und Nachteile geplaudert hatten.

Auch Nicholas Crispe hätte mit vielem gerechnet, aber nicht mit dem, was geschah, nachdem sich die Zimmertür hinter ihm und Marie-Claire geschlossen hatte. Oftmals fingen die Frauen dann an, sich zu zieren, versuchten, sich zumindest der Form halber zu verweigern, beriefen sich auf ihren guten Ruf und die bereits verheirateten auf ihre Ehemänner. Nicht so die junge Mrs Bannister. Ohne jede Verlegenheit ließ sie sich auf dem großen Baldachinbett nieder und war von diesem Moment an ganz lockendes Weib. Crispe, der befürchtet hatte, zumindest sanfte Gewalt anwenden zu müssen, obwohl ihm das äußerst zuwider gewesen wäre, sah sich zu seiner großen Freude und Überraschung einer willigen Gespielin gegenüber, die noch dazu in der Kunst der Liebe äußerst erfahren und ganz offenbar bestrebt war, ihm die größtmögliche Befriedigung zu verschaffen. Aus dem kurzen Akt, von dem Crispe ausgegangen war, wurde eine heiße und lange Liebesnacht, die ihn an die Grenzen seiner Männlichkeit brachte. Seitdem war er dieser blonden Schönheit völlig verfallen, und wenn er einer anderen Frau beiwohnte – eigentlich nur noch aus Pflichtgefühl, oder weil er glaubte, es seinem Ruf und seiner Ehre schuldig zu sein –, dann hinterließ dies bei ihm jedes Mal einen faden Beigeschmack.

Marie-Claire hingegen achtete peinlich darauf, dass ihr Ruf keinen Schaden nahm und nichts von dem, was im Haus, oder eher dem Palast des Hauptgeschäftsführers der Company geschah, nach außen drang. Schließlich liebte sie ihren Mann aufrichtig und wollte unter keinen Umständen, dass ihm nach seiner Rückkehr irgendwelche Gerüchte zu Ohren kamen. Sie hatte noch nicht einmal das Gefühl, ihren Gemahl zu betrügen, oder redete sich das zumindest ein. Was sie tat, tat sie schließlich für ihn, um sein berufliches Fortkommen zu fördern. Natürlich auch für sich, gestand sie sich ein, denn sie wollte an der Seite eines Captains und späteren Gesellschafters der Company glänzen. Und dass sie sich dafür von Zeit zu Zeit seinem Vorgesetzten hingeben musste, war keineswegs ungewöhnlich und für sie nur ein Mittel zum Zweck. So lief es nun einmal in dem Leben, das Marie-Claire kannte, und viele Männer waren stolz darauf, wenn ihre Frauen von höhergestellten Persönlichkeiten begehrt und zu deren Mätressen wurden. Schließlich profitierten sie in den meisten Fällen ebenfalls davon, da es ihrer Karriere förderlich war und niemand sich daran stieß.

Bei ihrem Gemahl war sich Marie-Claire da allerdings nicht so sicher und wollte ihn lieber nicht mit der Tatsache konfrontieren, dass sie in seiner Abwesenheit die Geliebte von Nicholas Crispe war. Jack bekäme es glatt fertig und brächte zuerst sie und dann ihren Galan um, nur um anschließend selbst am Galgen zu enden. Deshalb hatte sie mit dem Vorgesetzten ihres Mannes, der ihr jeden Wunsch von den Augen ablas, auch ein entsprechendes Arrangement getroffen.

Es war ihr mithilfe der Liebeskünste, die ihr einst John Evelyn beigebracht hatte, gelungen, sich den erfahrenen und älteren Crispe völlig hörig zu machen. Er überhäufte sie mit Geschenken, die sie aber nur sparsam in ihr Haus bringen durfte, damit niemand aus der Nachbarschaft, oder gar ihre Eltern Verdacht schöpften. Trotzdem erleichterten sie ihr Leben, machten es angenehmer und sorgenfreier. Und hatte sie das vielleicht nicht verdient? Wie gern trug sie doch schöne Kleider aus Seide oder Brokat, wenn auch nur im Haus der Crispes, hüllte sich in exotische Düfte und setzte auch einmal eine dieser entzückenden, von Perlenschnüren durchzogenen, hoch aufgetürmten Perücken auf, die ihr nach allseitigem Bekunden so gut standen.

Jack durfte davon allerdings nie etwas erfahren, zumindest vorläufig nicht. Die Katastrophe wäre gar nicht auszudenken! Aber für sein berufliches Vorankommen wollte Marie-Claire gleich einmal etwas tun. Schließlich war sie nicht umsonst zu haben, und es wurde Zeit, Nicholas Crispe eine Rechnung zu präsentieren.

»Du denkst an das, was du mir versprochen hast?«, fragte sie mit lockender Stimme und schmiegte sich in die Hand, die begonnen hatte, ihre kleinen, aber festen Brüste zu kneten.

»Was genau meinst du?«, wollte ihr Liebhaber wissen und gähnte herzhaft. Er war nach dem ausgiebigen Liebesspiel müde und hatte keine große Lust mehr auf Diskussionen. Zweimal hatte er sich in Marie-Claire verströmt, einmal in ihren Mund und einmal in ihren Schoß, und das war für einen Mann seines Alters durchaus eine Leistung. Jetzt wollte er eigentlich nur noch schlafen und dass seine Geliebte ihn verließ. Schließlich achtete diese immer peinlich darauf, vor dem ersten Licht der Dämmerung nach Hause zu kommen, damit niemand aus ihrer Nachbarschaft mitbekam, was sie nachts so trieb. Crispe wäre das ebenfalls nicht recht gewesen, denn an einer Auseinandersetzung mit diesem unberechenbaren Adonis – oder war er eher ein Herkules? –, den sie sich zum Mann erkoren hatte, käme ihm ganz und gar nicht gelegen.

»Was ich meine? Natürlich, dass du Jack zum Captain machst, sobald er von der Reise zurückkehrt«, erinnerte Marie-Claire ihren Galan, griff nach dessen Hoden und begann, sie sanft zu massieren. »Vergiss das bitte nicht, denn ich würde es dir wirklich sehr übel nehmen.«

»Jaja, irgendein Schiff wird sich schon finden«, knurrte Crispe, einerseits gereizt, andererseits wollüstig stöhnend. »Am besten, er verdient sich erst einmal seine Sporen im Handel mit den Ländern am Kanal und der Nordsee. Da kann ich bestimmt etwas arrangieren.«

»Das ist doch nicht dein Ernst!«, empörte sich Marie-Claire, ließ Crispes Eier los und richtete sich auf ihren Ellenbogen auf. »Du hast gesagt, er bekommt die *Golden Fleece,* weil Johnson sowieso nicht mehr für den Posten taugt. Mein Mann ist doch kein Küstenschiffer!«

»Das kann ich doch nicht allein entscheiden«, versuchte sich Crispe herauszureden. »Da werden die Gesellschafter der Company gleichfalls ein Wörtchen mitreden wollen. Vielleicht auch der Duke of York, sollte er überhaupt die Zeit finden, sich mit solchen Banalitäten zu beschäftigen. Dein Mann ist doch noch viel zu jung für einen solch verantwortungsvollen Posten auf dem neusten Schiff der Company. Schlage ich ihn dafür vor, wird man gleich sonst was vermuten.«

»Ach ja?«, höhnte Crispes sonst so sanfte Geliebte. »Bist du vielleicht gar nicht so mächtig, wie du immer vorgibst? Bekommst nicht einmal eine Beförderung zum Captain durch, ohne das Einverständnis anderer dafür einholen zu müssen! Vielleicht sollte ich besser einmal mit den einflussreichen Gesellschaftern Edward Colston und John Locke schlafen. Bestimmt zeigen die sich erkenntlicher für solch eine Liebesnacht, wie ich sie dir immer wieder beschere, und halten ihre Versprechen.«

Jetzt wurde auch Nicholas Crispe zornig.

»Ein Mann verspricht einer Frau so gut wie alles, wenn er tief in ihr steckt, das solltest du wissen«, fauchte er. »Im Übrigen – sei gewiss, ich kann mir auch nehmen, was ich will, ohne vorher um Erlaubnis zu fragen!«

»Nur zu!«, gab Marie-Claire bissig zurück. »Dann vögle aber lieber besser das Astloch in einem Brett, denn das wird wahrscheinlich mehr Leidenschaft zeigen als ich, wenn du mich zwingst. Jack bekommt die *Golden Fleece,* oder du kannst dir eine andere Bettgespielin suchen, das lass dir gesagt sein, Nicholas Crispe! Mal sehen, ob du eine findest, die dir so viel Genuss verschaffen kann wie ich, und du nicht wieder reumütig zu mir zurückgekrochen kommst. Denn dann wäre der

Preis weit höher, als er es jetzt ist, ich will dich nur vorwarnen. Außerdem schadest du dir doch nur selbst, wenn du Jack die Küste hoch und runter segeln lässt. Dann ist er schließlich alle Zeit lang zu Hause, und wir können uns nicht treffen.«

Da war etwas Wahres dran, musste Crispe zugeben, der um nichts auf der Welt auf seine wundervolle Geliebte verzichten wollte, die ihm immer wieder den siebten Himmel zeigte.

»Ich werde sehn, was ich tun kann«, seufzte er ergeben und der Auseinandersetzung müde. »Aber einfach wird es nicht werden, denn ich bin nicht der Allmächtige. Jetzt hast du es geschafft, und ich bin wieder munter. Da könntest du mir eigentlich noch einmal einen blasen, bevor du gehst.«

»So einfach mache ich es dir nicht, mein Lieber«, meinte Marie-Claire, während sie sich erhob und das Bett verließ. »Denk besser einmal in Ruhe über meine Worte nach. Wenn ich deine feste Zusicherung habe, dass du Jack zum Captain auf dem Schiff machst, auf dem er bisher als Erster Offizier gedient hat, dann reden wir weiter. Bis dahin wünsche ich dir viel Spaß mit deiner Frau oder deinen anderen Geliebten im Bett.«

Während sie sprach, hatte Marie-Claire sich rasch angezogen und Crispe sie dabei regelrecht mit seinen Augen verschlungen. Er war intelligent genug, um sich einzugestehen, dass er dieser jungen Frau mit Haut und Haar verfallen war. Und deshalb fügte er sich auch seufzend in sein Schicksal und nahm sich vor, alles in seiner Macht Stehende dafür zu tun, ihr auch diesen Wunsch zu erfüllen. Und in gewisser Weise hatte sie ja recht: Je weiter Jack Bannister von London weg war, umso besser.

7. KAPITEL
JAMAICA, 1682

Jamaica, eine der vier Inseln der Großen Antillen vor der Küste Mittelamerikas, lag strategisch äußerst günstig etwas südlich zwischen Kuba und Hispaniola.

Als anno 1654 Lordprotektor Oliver Cromwell Admiral William Penn und General Robert Venables ausschickte, einen Stützpunkt in der Karibik zu erobern, versuchten beide, zuerst Hispaniola einzunehmen, scheiterten aber am energischen Widerstand der Spanier. Kuba war zu groß, um es dauerhaft zu besetzen, Puerto Rico hingegen zu klein und lag zu weitab, um als Basis für weitere Eroberungen zu dienen. Blieb nur Jamaica, und hier stießen die englischen Truppen zu ihrer Überraschung auf wenig Gegenwehr. Es gelang ihnen, die Hauptstadt Santiago de la Vega nach nur einem Tag einzunehmen, weil der Großteil der Besatzung ins Landesinnere geflohen war und sich später nach Kuba absetzte. Noch zweimal versuchten die Spanier, die Insel zurückzuerobern, scheiterten aber beide Male an zwei Dingen.

Die Engländer hatten im Süden Jamaicas eine neue Hauptstadt angelegt und stark befestigt. Port Royal, wie sie genannt wurde, lag auf einer in die karibische See hineinreichenden Landzunge, verfügte über starke Bastionen und schützte die dahinterliegende Bucht mit ihrem Hafen, der den Schiffen selbst bei Hurrikans sicheren Schutz bot. Und nicht nur das zog die Piraten und Korsaren der Karibik an wie das Licht die Motten.

In den ersten beiden Jahrzehnten nach der britischen Inbesitznahme waren die Insel und vor allem ihre neu gegründete Hauptstadt Port Royal Anlaufstelle und Stützpunkt für

Freibeuter aus aller Herren Länder geworden, denn sie wurden von den englischen Gouverneuren nicht nur geduldet, sondern auch als wertvolle militärische Stütze bei der Verteidigung der Insel gegen eventuelle spanische Rückeroberungsversuche angesehen.

Dank der Protektion der Vertreter der Krone konnten Piraten wie Henry Morgan von Jamaica aus ungehindert ihre Angriffe auf das spanische Kolonialreich planen und durchführen. Das wiederum kam dem Wohlstand der Insel zugute, da die Freibeuter nach ihrer Rückkehr hier einen großen Teil ihrer Beute verkauften und verprassten und damit zur Blüte Jamaicas nicht unerheblich beitrugen.

Doch nach dem Friedensschluss zwischen England und Spanien wollten beide Länder gemeinsam gegen das Piratenunwesen in der Karibik vorgehen. Als Henry Morgan von einem seiner Raubzüge zurückkehrte und nichts ahnend in Port Royal an Land ging, wurde er auf Befehl des neuen Gouverneurs Thomas Lynch festgenommen – sein alter Freund, Gouverneur Thomas Modyford, war zuvor abgesetzt und in Ketten gelegt worden – und wenig später zusammen mit Modyford nach England verfrachtet.

Aber dort feierte man Henry Morgan, ebenso wie Francis Drake hundert Jahre zuvor, als Volkshelden, und dem König blieb gar nichts anderes übrig, als ihn zu begnadigen und noch dazu zum Ritter zu schlagen. Danach machte Charles II. den Bock auch noch zum Gärtner, ernannte Morgan zum Vizegouverneur und obersten Richter von Jamaica und schickte ihn zurück in die Karibik, wo er in seiner neuen Position fortan gegen seine ehemaligen Piratenfreunde kämpfen oder sie zur freiwilligen Aufgabe ihres blutigen Handwerkes überreden sollte. Doch der alte Freibeuter zeichnete sich nicht gerade durch Übereifer bei der ihm übertragenen Aufgabe aus und verlustierte sich lieber mit seinen ehemaligen Spießgesellen in den Schenken und Bordellen von Port Royal. Sehr zum Unwillen von Thomas Lynch, der diesem Treiben notgedrungen und zähneknirschend zusehen musste, da er gegen den obersten Richter nur schwerlich vorgehen konnte und seine diesbezüglichen Beschwerdeschreiben in London offenbar nicht zur Kenntnis genommen wurden.

Das alles war Jack Bannister natürlich wohlbekannt, als die *Golden Fleece* zwei Tage nach dem Zusammenstoß mit den holländischen Piraten den Hafen von Port Royal anlief. Er hatte lange überlegt, wie er weiter vorgehen und vor allem die Aufgaben verteilen sollte, die nach dem Festmachen an der Mole unweigerlich auf ihn, die Offiziere und die Mannschaft zukommen würden.

Normalerweise war es die Aufgabe des Captains, dafür zu sorgen, dass die lebende Fracht ausgeladen und in die vorbereiteten, festen Unterkünfte der Company verbracht wurde, aus denen ein Entkommen nahezu unmöglich war. Dort sollten die Schwarzen aufgepäppelt und für den Verkauf vorbereitet werden. Mit dem Erlös wurde dann Rum, Zucker und Rotholz gekauft und in das zwischenzeitlich gründlich gesäuberte Schiff verladen, bevor es endlich zurück nach England ging.

Jack scheute sich aber davor, die Verantwortung für die Sklaven zu übernehmen, weil er nicht ständig deren Elend vor Augen haben wollte, das ihm schon die ganze Reise über Albträume beschert hatte. Seine Aufgabe als Erster Offizier, wenn der Captain noch gelebt hätte, wäre es gewesen, sich um das Schiff zu kümmern und es für die erneute Atlantiküberquerung vorzubereiten. Sollte er diese wichtige Aufgabe, von der das Leben aller an Bord abhängen konnte, wirklich delegieren? Jack entschloss sich nach einigem Nachdenken, kurz bevor die *Golden Fleece* festmachte, Benjamin Mission zu sich zu rufen.

»Mr Mission«, begann er das Gespräch, vor dem ihm etwas graute. »Wenn wir angelegt haben, muss ich umgehend dem

Gouverneur und dem Agenten der Company meine Aufwartung machen und ihnen berichten, was unserem Schiff widerfahren und wie der Captain zu Tode gekommen ist. Ich möchte aber nicht, dass die Schwarzen auch nur einen Moment länger als nötig zusammengepfercht unter Deck ausharren müssen. Noch dazu, wenn kein Windzug wie auf See die mörderische Hitze lindert, weil wir festliegen. Deshalb werdet Ihr dafür sorgen, dass sie so schnell als möglich von Bord kommen und in die Lagerräume der Company verbracht werden. Ich verbitte mir dabei aber jedwede Art von Grausamkeiten, ist das klar?«

»Sir, da Ihr Euch ja mehr oder weniger selbst zum Captain ernannt habt, ist es doch nun Eure Aufgabe, Euch um die Nigger und auch um deren Verkauf zu kümmern«, muckte Mission auf.

»Die ich, wie Ihr soeben vernehmen konntet, an Euch übertragen habe«, fuhr Jack ihn deshalb an. »Das ist ein Befehl, über den ich nicht zu diskutieren gedenke. Und da wir gerade dabei sind: Ihr werdet gemeinsam mit dem Agenten der Company auch den Verkauf der Schwarzen in die Wege leiten und sie auf dem Markt anbieten. Aber lasst Euch dabei nicht übers Ohr hauen, hört Ihr? Erkundigt Euch am besten vorab unter der Hand, was man gegenwärtig auf Jamaica für Sklaven bezahlt. Es ist üblich, dass ein Drittel des Preises in Zucker entrichtet wird. Lasst diesbezüglich nicht mit Euch handeln, sonst müssen wir ihn später an anderer Stelle erwerben und teuer bezahlen. Ich werde mich im Gegenzug um die Instandsetzung der *Golden Fleece* und später um den Ankauf von Rum und Rotholz kümmern. Allerdings erst, wenn ich von meinem Besuch bei Gouverneur Lynch zurück bin. Ihr könnt Euch zu Eurer Unterstützung Lieutenant Hornigold sowie die Midshipmen Corker und Cornelius und so viele Männer von der Besatzung nehmen, wie Ihr benötigt. Lewis und North lasst Ihr mir aber an Bord, die brauche ich hier. Noch Fragen?«

Mission wollte eigentlich protestieren, doch dann ging ihm auf, dass er gerade mit Aufgaben betraut wurde, die eigentlich in den Verantwortungsbereich eines Captains fielen. Er selbst hatte natürlich Ambitionen auf den Posten, und wenn er die Schwarzen gewinnbringend und mit hohem Profit für die Company veräußern konnte, würde ihn das vielleicht für die höhere Stellung qualifizieren und er auf der Karriereleiter an Bannister vorbeiziehen. Nichts könnte ihm größere Befriedigung bereiten, als dass man in London erfuhr, wie er sich nach dem Ableben von Captain Johnson erfolgreich eingebracht hatte, dafür wollte er schon sorgen.

»Keine, Sir«, erwiderte er deshalb, ohne zu zögern. »Wann soll ich mit dem Ausschiffen beginnen?«

»Sobald die Leinen festgezurrt sind und die Zöllner unsere Papiere eingesehen haben, das sagte ich doch bereits. Ich werde allerdings noch vor Euch von Bord gehen und hoffe, dass man mich im King's House, wo der Gouverneur residiert, nicht allzu lange warten lässt. Bis ich zurück bin, lasst Hornigold an Bord, er kann Euch später folgen. Ich will nicht, dass das Schiff ohne einen verantwortlichen Offizier am Kai liegt. Hier treibt sich stets allerlei zwielichtiges Gesindel herum, dem nicht zu trauen ist.«

»Aye, aye, Sir«, salutierte Mission und grinste innerlich. Bannister würde sich bestimmt von Gouverneur Thomas Lynch seine Bestallung zum Captain der *Golden Fleece* abholen wollen. Doch darüber war das letzte Wort noch nicht gesprochen, denn letztlich entschied das die Company, mit deren Vertreter auf Jamaica er die nächsten Tage und Wochen zu tun haben würde. Dass sein ungeliebter Vorgesetzter es ihm so leicht machen würde, hatte Mission sich nicht einmal in seinen kühnsten Träumen auszumalen gewagt. Jetzt noch ein paar Gerüchte über den Tod des Captains streuen, und seinem weiteren Weg nach oben konnte eigentlich nichts mehr im Wege stehen.

Jack Bannister legte seine beste Uniform an und eilte, sobald das Schiff vertäut worden war und er die Schiffspapiere den Hafenbeamten ausgehändigt hatte, zum Haus des Gouverneurs. Dessen Amtssitz wurde King's House genannt und lag auf einem Hügel über der Stadt mit fantastischer Aussicht über die gesamte Bucht von Port Royal. Er wollte sich hier pflichtgemäß melden, um dem Gouverneur vom Kampf mit den holländischen Piraten sowie vom tragischen Tod Captain Johnsons zu berichten. Außerdem hoffte er, Neuigkeiten aus England zu erfahren, und es musste geklärt werden, wer zukünftig die *Golden Fleece* befehligen sollte.

Hatte er jedoch gedacht, dass man ihn schnell vorlassen würde, weil er interessante Nachrichten überbrachte, so sah er sich bitter getäuscht. Von einem Schreiber war er kurz angehört und dann in ein Wartezimmer verwiesen worden, in dem schon mehrere Männer Platz genommen hatten, die meisten von ihnen sicher Bittsteller. Und dann hieß es warten. Beamte kamen und gingen, verschwanden durch eine Tür, hinter der Jack die Amtsräume des Gouverneurs vermutete, aber niemand beachtete ihn oder rief ihn gar hinein.

Irgendwann zollte Jacks Körper der Hitze und der Anstrengung der letzten Tage seinen Tribut, und ihm fielen die Augen zu. Wie lange er geschlafen hatte, wusste er später nicht zu sagen. Doch plötzlich wurde er kräftig an der Schulter gerüttelt, und als er aufblickte, war von der Sonne im Wartezimmer nichts mehr zu sehen. Stattdessen stand ein Lakai vor ihm und sah missbilligend auf ihn herab.

»Der sehr ehrenwerte Sir Thomas Lynch wäre jetzt bereit, Euch ein klein wenig seiner überaus kostbaren Zeit zu widmen«, meinte der Diener süffisant. »Aber vielleicht möchtet Ihr Euch ja erst einmal gründlich ausschlafen und an einem anderen Tag wiederkommen? Ob der Gouverneur Euch dann allerdings noch einmal empfangen wird, wage ich sehr zu bezweifeln.«

Jack sprang auf die Beine, strich sich das Haar glatt und stapfte hinter dem Mann her, der ihn so unsanft aus seinen Träumen, in denen er Marie-Claire in den Armen gehalten hatte, gerissen hatte. Auf dem Weg in das Arbeitszimmer des Gouverneurs überlegte er, ob er sich zur Begrüßung besser verneigen oder salutieren sollte, und entschied sich dann für Letzteres, denn Lynch war früher Soldat gewesen und mit General Robert Venables nach Jamaica gekommen. Er galt als sehr sittenstreng, was wohl an seiner Erziehung lag, war seine Mutter doch eine Tochter des Bischofs von London. Jack hatte sich den Mann größer und beeindruckender vorgestellt, doch hinter dem riesigen Schreibtisch, der mit Pergamenten und diversen Tintenfässern übersät war, hockte eine eher kleine und unscheinbare Gestalt, die so gar nicht zu dem Amt passen wollte, welches sie innehatte.

»Ihr wolltet mich sprechen?«, wurde der Erste Offizier der *Golden Fleece* ohne Begrüßung von Lynch angefahren. »Fasst Euch kurz, denn wie Ihr seht, habe ich sehr viel zu tun. Nun, junger Mann, ich bin ganz Ohr.«

Jack schluckte, doch dann fasste er sich ein Herz, denn was er zu berichten hatte, würde sicherlich auch den Gouverneur von Jamaica, der ja dafür verantwortlich war, das Piratenunwesen zu bekämpfen, interessieren.

»Sir, unser Schiff, die *Golden Fleece,* die sich im Besitz der Royal African Company befindet und Sklaven aus Westafrika nach Jamaica gebracht hat, wurde zwei Tagesreisen südöstlich von hier von zwei holländischen Piraten angegriffen. Es handelte sich wohl um die *Le Tigre* von Michiel Andrieszoon und die *Sankt Nikolaus* von Nicholas van Hoorn, die versucht haben, uns aufzubringen. Ich dachte, das solltet Ihr wissen.«

»In der Tat.« Das Interesse des Gouverneurs war auf einmal geweckt. Er lehnte sich in seinem Schreibtischsessel zurück und musterte Jack, wie es diesem vorkam, argwöhnisch.

»Und wie ist es Euch gelungen, ihnen zu entkommen, oder habt Ihr sie sogar versenkt oder erfolgreich geentert?«, fragte Lynch lauernd. »Das wäre bei diesen beiden Gegnern zwar höchst erfreulich, aber doch recht unwahrscheinlich. Ein Sklavenschiff gegen zwei der berüchtigtsten Freibeuter der Karibik! Woran bisher die mir unterstellten Fregatten der Royal Navy gescheitert sind, sollte Euch womöglich gelungen sein? Sehr fragwürdig, Eure Aussagen, meint Ihr nicht auch? Und warum, wenn die Frage gestattet ist, berichtet mir nicht Captain Johnson, der mir gut bekannt ist? Welchen Posten an Bord habt Ihr doch gleich inne, junger Mann?«

Jack war nahe davor, dass ihm der Kragen platzte. Auf keinen Fall hatte er vor, sich weiter von diesem kleinen, aber aufgeblasenen Wichtigtuer – und war er auch dreimal der Gouverneur dieser Insel – herunterputzen und seine Aussagen bezweifeln zu lassen.

»Erster Offizier der *Golden Fleece,* Jack Bannister, zu Euren Diensten, Sir«, gab er eisig zurück. »Und Captain Johnson kann Euch nicht Bericht erstatten, weil er bei dem Gefecht mit den Piraten ums Leben gekommen ist. Wir haben ihn, wie es sich für einen Seemann geziemt, ehrenvoll auf See bestattet. Und nein, wir konnten die beiden Holländer nicht aufbringen, sondern waren froh, ihnen zu entkommen. Zu diesem Zweck haben wir allerdings der *Le Tigre* die Ruderanlage und der *Sankt Nikolaus* den Fockmast zerschossen. Etwas, das Euren Fregattenkapitänen sicherlich auch gelingen würde, kämen sie nur nahe genug an die Freibeuter heran.«

Lynch sagte eine ganze Weile gar nichts. Er schien in tiefes Nachdenken versunken zu sein und tippte sich von Zeit zu Zeit mit einem Federkiel gegen das Kinn. Dann richtete er sich plötzlich auf und starrte Jack auf eine Art und Weise an, dass dieser glaubte, der Gouverneur wolle ihm bis auf den Grund seiner Seele schauen.

»Ich habe Euer Schiff im Hafen liegen sehen«, meinte Lynch

dann emotionslos. »Selbst durch mein Fernrohr konnte ich keine größeren, durch einen Kampf entstandenen Beschädigungen entdecken. Deshalb erscheint mir Eure Schilderung in ihrem Wahrheitsgehalt doch recht fragwürdig, und ich werde eine Untersuchung veranlassen, die herausfinden soll, was tatsächlich geschehen und wie Captain Johnson ums Leben gekommen ist. Wie viele weitere Opfer sind denn an Bord noch zu beklagen?«

»Keine«, presste Jack zwischen den Zähnen heraus. Wurde er hier womöglich der Lüge bezichtigt? Wenn ja, konnte er das auch einem Sir Thomas Lynch nicht durchgehen lassen! Noch ein Wort, das seine Ehre beschmutzte, und er würde ihn fordern müssen!

»Keine? Soso. Nur der Captain«, hörte er den Gouverneur sagen. »Ihr müsst schon zugeben, dass das sehr eigenartig und unwahrscheinlich klingt, Mr Bannister. Es hat nicht zufällig an Bord eine kleine Meuterei gegeben, der vielleicht ein nicht sehr beliebter Captain zum Opfer gefallen ist? Mir ist nicht unbekannt, dass Ihr Euch auch schon gegen Captain Fletcher aufgelehnt habt, als Ihr unter ihm gesegelt seid. So etwas spricht sich herum und kommt auch mir zu Ohren. Wie auch immer, die Wahrheit wird schon ans Licht kommen, dessen seid gewiss.«

»Das ist ganz in meinem Sinne, Sir«, antwortete Jack hochgradig verstimmt. »Darf ich fragen, was Ihr bezüglich der Piraten zu unternehmen gedenkt, die uns gejagt haben? Sie dürften gegenwärtig nur schwer manövrieren können und wären wahrscheinlich eine leichte Beute für Eure Fregatten. Gelänge es ihnen womöglich, die Holländer aufzubringen, würdet Ihr auch gleich eine Bestätigung für meine Aussagen erhalten.«

Lynch seufzte schwer.

»Leider stehen mir nur neun Schiffe für die ganze karibische See zur Verfügung. Davon befinden sich momentan drei zur Überholung in der Werft, und die anderen sind auf See. Nur zu gern würde ich diese verfluchten Piraten verfolgen lassen und das ganze Unwesen ein für alle Mal mit Stumpf und Stiel ausrotten, das könnt Ihr mir glauben. Doch es gibt einfach zu viele von ihnen. Sie vermehren sich wie Unkraut, und ihre Köpfe wachsen schneller nach als die der legendären Hydra, sodass es uns zu meinem Leidwesen einfach nicht gelingt, sie alle abzuschlagen.

Mein verehrter Stellvertreter und oberster Richter dieser schönen Insel, Sir Henry Morgan«, Lynch spie den Namen fast heraus und legte dabei alle Verachtung in seine Stimme, deren er fähig war, »hatte für seinen Überfall auf Panama allein sechsunddreißig Schiffe unter seiner Flagge versammelt! Muss ich noch mehr dazu sagen? Vielleicht könnt Ihr ja, sollte sich Eure Geschichte als wahr erweisen und Ihr mit gutem Leumund nach England zurückkehren, den Duke of York als Oberbefehlshaber der Flotte davon überzeugen, mir mehr Einheiten und Mannschaften zur Verfügung zu stellen. Schließlich wäre ihm ja nach Euren Worten als Schirmherr und Gesellschafter der Company ein nicht unbeträchtlicher Schaden entstanden, hättet Ihr die Freibeuter nicht abgewehrt.«

»Das werde ich gern tun, bietet sich mir dafür eine Gelegenheit«, antwortete Jack selbstbewusst. »Doch das bringt mich zu der Frage, wer denn von nun an die *Golden Fleece* kommandieren soll. Schließlich muss sie nach dem Verkauf der Sklaven für die Heimreise vorbereitet werden und hat noch eine weite und gefährliche Fahrt vor sich, die sie kaum ohne Captain absolvieren kann.«

Lynch lachte kurz und trocken auf.

»Ihr glaubt doch nicht ernsthaft, dass ich Euch zum Captain befördere, bevor nicht die von mir angeordnete Untersuchung abgeschlossen ist und sich Eure Unschuld am Tod Johnsons erwiesen hat, oder? Außerdem hat darüber letztlich die Company zu entscheiden, und als Erster Offizier seid Ihr in Abwesenheit eines Captains sowieso für das Schiff verantwortlich. Also tut Eure Pflicht, wie es sich geziemt. Über alles andere wird zu gegebener Zeit entschieden werden. Und jetzt gestatte ich Euch, Euch zu entfernen, junger Mann. Ich habe schließlich noch anderes zu tun, als mich mit Euch zu unterhalten.«

Jack war wie vor den Kopf geschlagen, bemühte sich aber, es sich nicht anmerken zu lassen. Grußlos und schnell wandte er sich um, denn er befürchtete, dass ihm seine Enttäuschung nur allzu deutlich ins Gesicht geschrieben stand. Zwei Tage lang hatte er sich als Captain der *Golden Fleece* fühlen dürfen, ein euphorisches Gefühl, das Lynch soeben mit nur wenigen Worten und seinem Misstrauen zunichtegemacht hatte.

Niedergeschlagen verließ Jack King's House, das er noch vor wenigen Stunden so hoffnungsvoll betreten hatte. Müden Schrittes lief er durch die wachsende Stadt zum Hafen und schenkte weder Fort Charles noch dem im Bau befindlichen Fort James, die beide den Zugang zu der großen Bucht von Port Royal bewachten, auch nur einen Blick. Erst als die *Golden Fleece* in dem Gewirr aus Masten und Schiffen in Sicht kam, riss er sich zusammen, weil er sich seine Niederlage nicht anmerken lassen wollte. Und schließlich war der Kampf noch nicht verloren und auch nicht entschieden, wer diese herrliche Galeone, der Jacks ganzes Sinnen und Trachten galt – Marie-Claire einmal ausgenommen –, in Zukunft befehligen würde.

Der Verkauf der Sklaven und das Ordern der Ware für die Rückfahrt dauerte fast zwei Monate, und Jack drängte auf Eile, damit die *Golden Fleece* noch vor dem Einsetzen der Hurrikan-Saison die karibischen Gewässer wieder verlassen konnte. Die Heimfahrt würde trotzdem nicht ungefährlich werden, und die Frage war nur, wer das Schiff befehligen sollte.

Gouverneur Lynch hatte Beamte geschickt, die die Schäden, die durch das Geschoss der *Sankt Nikolaus* entstanden waren, akribisch inspizierten. Erst danach durften sie von Zimmerleuten behoben und der alte Glanz des Schiffes wiederhergestellt werden. Zusätzlich wurden auch die Mannschaft und natürlich die Offiziere zu dem Gefecht und dem Tod des Captains befragt, aber jeder davon einzeln, sodass keine Absprachen möglich waren. Jack zermarterte sich den Kopf, ob die Beamten wohl etwas Bestimmtes herausfinden wollten, doch die hüllten sich in Schweigen und gaben auch auf seine Nachfrage keine Antwort.

Als endlich alle Sklaven neue Besitzer gefunden hatten und die Laderäume der *Golden Fleece* mit in England heiß begehrten Waren gefüllt waren, ließ Jack beim Agenten der Company anfragen, was denn nun bezüglich des Kommandos entschieden worden wäre und wann man endlich auslaufen dürfe. Doch der verwies auf die Order des Gouverneurs und bot nur an, eine erneute Audienz bei Lynch zu erwirken. Mit gemischten Gefühlen machte sich der Erste Offizier am Tag darauf erneut auf den Weg zu King's House und wurde diesmal zu seinem Erstaunen ohne Wartezeit sofort vorgelassen.

Thomas Lynch war allerdings nicht allein in seinem Arbeitszimmer, sondern in seiner Gesellschaft befand sich ein hochgewachsener, schlanker Mann in der Uniform eines Captains der Royal Navy, der dem Anschein nach kaum älter als Jack war und in einem Sessel Platz genommen hatte. Jack hingegen wurde, wie schon bei seinem ersten Besuch, nicht zum Sitzen aufgefordert, sondern der Gouverneur ließ ihn wie einen dummen Jungen vor seinem Schreibtisch stehen.

»Wie ich hörte, ist die *Golden Fleece* bereit zum Auslaufen«, eröffnete Lynch das Gespräch, ohne ein einziges Wort der Begrüßung. »Ich nehme an, das Schiff wird schon sehnsüchtig in London erwartet.«

»Das denke ich auch, Sir«, gab Jack mit fester Stimme zurück. »Darf ich deshalb fragen, was die Untersuchung ergeben hat und ob Ihr noch weiter an meinem Wort zweifelt? Denn schließlich ist die Entscheidung über das Kommando für die Rückreise noch offen.«

»Aber das habe ich doch nie getan«, antwortete Lynch süffisant. »An Eurem Wort gezweifelt, meine ich, Mr Bannister. Nur, es muss doch auch in Eurem Interesse liegen, dass der Tod von Captain Johnson eindeutig aufgeklärt wird. Schließlich ist es schon sehr außergewöhnlich, dass ein Captain sich während eines Gefechtes nicht an Deck befindet, sondern sich von seinem Ersten Offizier in seiner Kajüte einschließen lässt.«

Lynch lehnte sich in seinem Sessel zurück und beobachtete genau, wie Jack auf seine Worte reagierte. Doch der blieb zumindest äußerlich völlig gefasst, denn er hatte sich bereits gedacht, dass der Diener des Captains und auch der Kajütenjunge dies aussagen würden. Schließlich hatten ihn ja beide dabei beobachtet, wie er aus der Kapitänskajüte gekommen war.

»Sir, wenn Eure Beamten sich umgehört haben, wird ihnen sicher berichtet worden sein, dass Captain Johnson sich während der gesamten Fahrt nicht an Deck hat sehen lassen. Das war eine Eigenart von ihm, die ich hier nicht weiter kommentieren möchte. So auch in diesem Fall. Ich habe ihm von der Annäherung zweier zwielichtiger Schiffe berichtet, doch er hielt es, nachdem er durch sein Heckfenster mit dem Fernrohr einen Blick auf sie geworfen hatte, nicht für nötig, sich selbst weiter damit zu beschäftigen.«

Jack räusperte sich kurz nach dieser kleinen Umdeutung der Geschehnisse, fuhr dann aber beherzt fort.

»Wie bei jedem anderen Manöver während der gesamten Reise wurde ich von ihm beauftragt, das Problem zu lösen. Und ich glaube, dass ich das nach bestem Wissen und Gewissen getan habe. Dass Captain Johnson durch einen feindlichen Kanonenschuss ums Leben kam, ist unzweifelhaft außerordentlich bedauerlich, war aber offenbar unabwendbares Schicksal. Genauso gut hätte es auch die Poop treffen können. Dann stände ich heute nicht vor Ihnen, sondern der Captain, der von Glas- und Holzsplittern nur so gespickt war, als wir ihn fanden. Aber das ist Ihnen ja sicherlich von meinen beiden Offizierskameraden berichtet worden.«

»Geschenkt.« Lynch winkte nur ab. »Das war zweifelsohne ein Zufallstreffer, und daraus ist Euch kein Vorwurf zu machen. Eher höchstens Lob zu zollen für Euer besonnenes Handeln. Auch haben meine Beamten keinerlei Hinweise auf eine eventuelle Meuterei feststellen können. Bleibt für mich allerdings die Frage offen, wieso Ihr den Captain eingeschlossen habt. Darauf habe ich bisher noch keine Antwort von Euch erhalten.«

Jack zuckte nur mit den Achseln.

»Weil ich selbst keine weiß. Der Captain meinte zu mir, dass er nicht gestört werden wolle. Deshalb habe ich die Tür hinter mir fest ins Schloss gezogen. Mag sein, dass ich dabei an den Schlüssel gekommen bin und es für seinen Diener, der zehn Yards entfernt unter der Treppe zum Deck kauerte, so ausgesehen hat, als ob ich sie verschließe. Aber warum hätte ich das tun sollen? Es gab doch dafür nicht den geringsten Grund.«

»Das haben wir uns auch gefragt und sind eigentlich nur zu einem einzigen Ergebnis gekommen«, meldete sich erstmals der fremde Mann zu Wort. »Ihr wolltet kämpfen, Captain Johnson nicht. Ich weiß doch, was das für ein feiger Hund war! Schließlich kannte ich ihn persönlich. Von Fahrt zu Fahrt muss das schlimmer geworden sein! Ein Captain, der eine ganze Reise lang nie an Deck erscheint, wo gibt es denn so etwas! Sklavenhändler oder besser noch Schinder wäre wohl die bessere Bezeichnung für ihn gewesen. Gebt es zu, Bannister. Ihr habt ihn eingesperrt, um freie Hand zu haben, weil er sich ergeben wollte. Meinen Respekt dafür hättet Ihr jedenfalls.«

»Darf ich bekannt machen, Fregattenkapitän John Harris«, stellte Lynch endlich den Gast in seinem Amtszimmer vor. »Bis vor Kurzem noch Kommandant der schweren Fregatte *Ruby*, nun abberufen nach England, um ein Linienschiff zu übernehmen.«

Die beiden Seemänner neigten grüßend leicht den Kopf voreinander, und Jack war schon nahe daran, Harris recht zu geben, als er den verschlagenen Blick sah, mit dem Lynch ihn beobachtete.

»Ich habe gesagt, was ich zu sagen hatte«, meinte er deshalb an den Gouverneur gewandt, ohne auf die Worte des Navy Captains weiter einzugehen.

»Nun, das werden wir wohl hier und heute nicht abschließend klären können«, nahm Lynch den Faden wieder auf. »Sollen sich doch in London die Gesellschafter der Company weiter mit der Sache beschäftigen. Schließlich handelt es sich um deren Schiff und deren Captain. Ich habe meinen Bericht geschrieben«, Lynch tippte auf einen dicken Stapel versiegelter Papiere auf seinem Schreibtisch, »und Captain Harris wird die Güte haben, ihn mit nach England zu nehmen. Er übernimmt das Kommando auf der *Golden Fleece*. So kann ich sicher sein, dass sie auch ihr Ziel erreicht und nicht womöglich unterwegs verloren geht. Schließlich hat sich schon so manche Mannschaft nebst ihren Offizieren in diesen Gewässern dazu entschlossen, plötzlich die Seiten zu wechseln und sich lieber der Freibeuterei zu widmen, als für die karge Heuer zu schuften, die sie von ihren Dienstherren bekommt.«

»Sir!«, brauste Jack auf, doch da stand bereits Harris neben ihm und legte beruhigend die Hand auf seinen Arm.

»Beruhigt Euch, Mr Bannister«, meinte er mit fester, volltönender Stimme. »Niemand will Euch hier irgendetwas unterstellen. Oder sollte ich mich da täuschen, Sir?« Böse funkelte der Navy Captain den Gouverneur an, vor dem er nicht allzu viel Respekt zu haben schien. Lynch zuckte nur mit den Schultern und machte eine verneinende Geste, und so fuhr Harris fort: »Lasst uns auf der Reise gute Kameraden sein. Ich wollte eigentlich das Postschiff nehmen, aber als mir das Kommando über das Schiff der Royal African Company angetragen wurde, konnte ich nicht Nein sagen. So komme ich schneller nach

England und werde es dort selbstverständlich wieder abgeben. Alles Weitere liegt dann in den Händen der Gesellschafter und des Duke of York als meinem und auch Eurem Vorgesetzten. Aber eins möchte ich Euch sagen: Euer Handeln bei der Abwehr der Piraten, wie es mir geschildert wurde, hat mich sehr beeindruckt, und hätte ich es in der Hand, würde ich Euch für eine Beförderung vorschlagen und nicht wie einen Schwerverbrecher verhören lassen. Sollte man mich dazu befragen, werde ich mich entsprechend äußern. In zwei Tagen werfen wir die Leinen los und segeln zurück nach England. Ich nehme an, das Schiff ist klar zum Auslaufen?«

»Aye. Aye, Sir«, gab Jack zurück, denn mehr gab es dazu nicht zu sagen. Er hoffte nur, dass die Zusammenarbeit mit Harris auch so kameradschaftlich ablaufen würde, wie dieser es angekündigt hatte.

Als Jack das King's House verließ, war er noch niedergeschlagener als beim ersten Mal. Er hatte das Kommando über die *Golden Fleece* also nicht bekommen, sondern der Gouverneur hegte so großes Misstrauen gegen ihn, dass er das Schiff lieber einem Navy Captain anvertraute, der zurück in die Heimat berufen wurde. Sicher stand das auch in dem Bericht, den Harris bei der Company abliefern würde, was seine weiteren Karrierechancen wohl zunichtemachte. Wie sollte er das nur Marie-Claire erklären, hatte er doch so sehr gehofft, bei seiner nächsten Reise als Captain auf der Poop zu stehen und sie stolz zu machen. Jack fühlte sich gerade nicht in der Lage, sofort auf das Schiff zurückzukehren, und betrat ganz gegen seine Gewohnheit eine Hafenschenke, in der er sich zwar nicht betrinken, nichtsdestotrotz aber seinen Kummer mit einigen Krügen Bier herunterspülen wollte. Zu dem Zweck suchte er sich ein ruhiges Eckchen, aber die Einsamkeit, nach der es ihn verlangte, sollte ihm nicht vergönnt sein.

»Na, junger Mann, so allein?«, vernahm er, kaum dass er

Platz genommen hatte, eine Stimme und sah eine dralle Brünette hüftschwingend auf sich zukommen, die ihren mächtigen Busen dabei so vorteilhaft wie möglich zu präsentieren versuchte. »Lust auf ein bisschen weibliche Gesellschaft? Ich kann dir geben, was du in den letzten Wochen und vielleicht sogar Monaten sicher schmerzhaft vermisst hast. Glaub mir, zwischen meinen Brüsten hörst du die Englein singen, und wenn ich mit dir fertig bin, sind deine Eier so leer wie ein Mehlsack, nachdem ihn der Bäcker ausgeschüttelt hat.«

»Danke, aber nein danke«, versuchte Jack, die aufdringliche Hure abzuwehren, doch die zeigte sich von seinem halbherzigen Versuch, sie loszuwerden, nur wenig beeindruckt.

»Nun komm schon, du willst es doch auch«, meinte sie und versuchte sich an einem verführerischen Lächeln, das aber nur ihre fauligen Zähne sehen ließ. Unter dem Tisch griff sie Jack zwischen die Beine und versuchte, seine Männlichkeit zu fassen zu bekommen, aber der rutschte schnell ein Stück zur Seite und bereute bereits, in der Taverne eingekehrt zu sein.

Da legte sich eine schwere Hand auf die Schulter der Hure, und hinter ihr erklang eine tiefe Stimme, fast schon ein Bass.

»Lass das, Molly! Hast du nicht gehört, was unser junger Seeheld hier gesagt hat? Verzieh dich, aber ein bisschen plötzlich, und such dir ein anderes Opfer. Mit dem hier habe ich ein Hühnchen zu rupfen.«

»Schon gut, schon gut, das konnte ich ja nicht wissen«, ließ sich die dralle Brünette vernehmen und räumte tatsächlich widerspruchslos und schnell das Feld. Offenbar hatte sie großen Respekt vor dem Mann, der sich jetzt neben Jack niederließ, die Hand hob und mit den Fingern schnippte. Sofort kam der Wirt herangeeilt, verbeugte sich gleich mehrmals tief und fragte nach dem Begehr seines Gastes.

»Rum, was denn sonst?«, schnauzte der wenig gnädig. »Jedes andere Gesöff sollte auf Jamaica verboten werden. Viel Rum! Auch für diesen traurigen Seemann hier. Ich denke, er kann ihn nach seiner Unterredung mit meinem FREUND Thomas Lynch gebrauchen. Oder sollte ich mich irren, und Ihr habt King's House frohen Herzens verlassen?«

Jack hatte inzwischen Zeit gehabt, den Mann, der sich so ungeniert neben ihn gesetzt hatte und offenbar eine geachtete und allseits bekannte Persönlichkeit war, ausgiebig zu mustern. Das Wort FREUND hatte er fast im gleichen Tonfall betont wie Tage zuvor Thomas Lynch den Namen Henry Morgan, und deshalb ahnte er auch, wen er vor sich hatte. Dazu kam noch dessen charakteristisches Äußeres, für das er zumindest in der gesamten Karibik bekannt war.

Morgan war nicht übermäßig groß, aber von kräftiger Statur, die man mittlerweile durchaus auch als korpulent bezeichnen konnte. Er trug keinen Hut, und sein rötlich braunes Haar, durch das sich aber bereits graue Strähnen zogen, fiel ihm bis auf die Schultern. Den Schnurrbart hatte er gezwirbelt und die Enden nach oben eingedreht. Die Augen blitzten nach wie vor keck, oder war sein Blick eher verschlagen? Morgans Nase ähnelte einer Knolle und hatte die Farbe einer angeschnittenen Süßkartoffel, wie auch sein ganzes Gesicht gerötet und aufgedunsen wirkte, was wohl vom übermäßigen Alkoholgenuss herrührte. Seine Kleidung konnte man nur prächtig nennen, wenn sie auch etwas stutzerhaft wirkte. An einem Bandelier trug er einen schweren Degen mit edelsteinbesetztem Griff, und in der Hüftschärpe steckten zwei Pistolen, deren Kolben mit goldenen Ornamenten ausgelegt waren. Morgan gab sich also immer noch eher als Pirat denn als oberster Richter von Jamaica. Kein Wunder, dass er und der Gouverneur sich in offener Feindschaft zugetan waren.

Jack wollte sich respektvoll vor dem ehemals berühmten Freibeuter erheben, doch der drückte ihn sofort zurück auf die Bank.

»Bleibt sitzen, ich bitte Euch«, meinte er. »Seid doch nicht so förmlich, auch wenn Ihr sicher wisst, wen Ihr vor Euch habt!

Ich bin doch nur hier, um Euch zu Euren Heldentaten zu gratulieren, von denen ganz Port Royal, ach, was sage ich, ganz Jamaica spricht. Gleich zwei meiner alten Kumpane so auszutricksen, Respekt! Ganz Tortuga lacht über sie, wie ich erfahren habe. Euch hätte ich früher gern an meiner Seite gehabt, zum Beispiel beim Sturm auf Panama. Aber diese Zeiten sind wohl endgültig vorbei.«

Der alternde Morgan seufzte tief und nahm einen kräftigen Schluck von dem Rum, den der Wirt mittlerweile vor ihn hingestellt hatte.

»Hat es sich tatsächlich schon so weit herumgesprochen, was sich zwei Tagesreisen südöstlich von hier abgespielt hat?«, wollte Jack wissen, doch der Richter und stellvertretende Gouverneur, der ganz offensichtlich noch immer lieber Pirat gewesen wäre, winkte nur ab.

»Denkt Ihr, hier auf dieser kleinen Insel bleibt etwas verborgen? Eure Mannschaft hat natürlich mit dem Seegefecht herumgeprahlt, und ich habe außerdem Erkundigungen eingezogen. Ich verstehe Lynch nicht, warum er so ein Gewese um den Tod von Johnson macht! Um den ist es doch nun wirklich nicht schade! Ihr grämt Euch sicher, dass Ihr trotz Eures Erfolges nicht zum Kommandanten der *Golden Fleece* ernannt worden seid, oder? Aber ich sage Euch mal was: Harris ist ein wirklich guter Mann. Wäre ich noch ein Freibeuter, und er mir auf den Fersen, hätte ich ein echtes Problem. Ich denke, ein paar der einflussreichen Kaufleute von Port Royal, die immer noch Geschäfte mit der Bruderschaft machen, haben dafür gesorgt, dass er von hier abberufen wurde. Beobachtet ihn auf der Reise nach England ganz genau, das kann ich Euch nur raten. Von ihm könnt bestimmt sogar Ihr noch etwas lernen.«

Jack nahm sich vor, den Ratschlag zu beherzigen, so schwer es ihm auch fiel. Er trank jetzt ebenfalls einen Schluck Rum, denn seine trüben Gedanken wollten trotz der anerkennenden Worte von Henry Morgan nicht weichen. Der klopfte ihm anerkennend auf die Schulter und hatte sogar noch ein weiteres Ass im Ärmel.

»Blast nicht weiter Trübsal, Bannister«, meinte er. »England braucht solche Männer wie Euch, und irgendwann werdet Ihr als Captain auf der Poop stehen, da bin ich mir ganz sicher. Eurem Lieutenant, diesem Mission, würde ich hingegen kein Schiff anvertrauen. Ich habe einige Sklaven von ihm erworben und sie auf meine Plantage ins Landesinnere geschickt. Die werde ich aber erst einmal aufpäppeln müssen, so verwahrlost, wie die waren. Ein Menschenschinder ist dieser Mission, genauso wie Johnson einer war. Und auch Fletcher, mit dem Ihr Euch ja ebenfalls angelegt habt. Ihr seht, ich weiß über Euch Bescheid. Das sind oder waren alles Männer, die mit ihrer Mannschaft genauso umgegangen sind wie mit den Schwarzen. Das kann aber gerade in diesen Gewässern schnell dazu führen, dass so ein Captain in dunkler Nacht unbeabsichtigt über Bord fällt und sein Schiff fortan unter der roten Piratenflagge segelt. Deshalb ist Lynch in Eurem Fall auch so misstrauisch, denn Euch vergöttert die Mannschaft der *Golden Fleece* ja regelrecht und würde Euch sogar bis in die Hölle folgen, wie ich hörte. Aber ich glaube kaum, dass Ihr zu den Piraten überlaufen werdet, dafür seid Ihr irgendwie nicht der richtige Mann. Darum habe ich mir auch erlaubt, Nicholas Crispe einen Brief zu schreiben und ihm meine Sicht der Dinge darzulegen. Ich hoffe, Ihr nehmt mir das nicht übel und betrachtet dies als Einmischung in Eure privaten Angelegenheiten. Doch da ich weiß, wie gehässig Lynch sein kann, wenn er jemanden nicht mag – und Euch mag er, warum auch immer, ganz und gar nicht –, dachte ich, es sollte ein Ausgleich zu seinen Worten geschaffen werden.«

»Dafür kann ich Euch nur danken, Sir«, meinte Jack erfreut. »Aber woher kennt Ihr den geschäftsführenden Gesellschafter der Company? Habt Ihr ihn während Eures Aufenthalts in England kennengelernt?«

Morgan schmunzelte in sich hinein.

»Crispe und ich, wir sind alte Freunde, oder sagen wir besser, Geschäftspartner. Als man mich noch zu Recht einen Piraten nennen durfte, habe ich auch das eine oder andere Schiff der Company aufgebracht. Natürlich durfte ich damit nie in Port Royal aufkreuzen. Also haben wir es in einer geheimen Bucht versteckt und Nachricht nach England geschickt. Mit Crispe konnte man immer gut verhandeln, und unsere Geschäfte blieben stets unter uns und damit geheim. Der Mann ist schließlich Realist. Er schickte das geforderte Lösegeld, wir ließen das Schiff der Company weitersegeln, und alle waren glücklich und zufrieden.«

Jack konnte nur den Kopf schütteln. Dass Morgan neben Spaniern, Franzosen und Holländern sogar seine eigenen Landsleute überfallen hatte, davon war in England nach seinem Kenntnisstand nichts bekannt. Wäre es anders gewesen, hätte man ihn wohl auch kaum zum Ritter geschlagen und mit derart anspruchsvollen Aufgaben betraut. Aber zumindest hier auf Jamaica ging er ganz offen mit seiner Vergangenheit um, und niemand schien sich daran zu stören.

»Und Ihr glaubt tatsächlich, dass Nicholas Crispe, nach dem, was Ihr mir gerade anvertraut habt, etwas auf Eure Sicht der Dinge gibt?« Jack war sich nicht mehr sicher, ob er sich über Morgans Schreiben freuen oder sich eher davor fürchten sollte.

»Seid versichert, das wird er«, versuchte Morgan, ihm die Besorgnis zu nehmen, die ihm offenbar deutlich ins Gesicht geschrieben stand. »Und wenn Ihr dann vielleicht als Captain nächstes Jahr wieder Jamaica anlaufen solltet, dann besucht mich, damit wir einen Krug zusammen leeren können. Ich bin immer begierig darauf, das Neueste aus aller Welt zu erfahren und mich mit jungen, hoffnungsvollen Seeleuten zu unterhalten. Stoßt an, Bannister, auf den König!«

»Auf den König!«, gab Jack dem ehemaligen Piraten Bescheid. Lag es am Rum oder an den aufmunternden Worten von Henry Morgan? Auf einmal, so fand er, sah die Welt gar nicht mehr so düster aus, und er blickte wieder etwas zuversichtlicher in die Zukunft. Vor allem, wenn er an Marie-Claire dachte und dass er bald wieder in ihren Armen liegen würde. Dabei fiel ihm ein, dass er unbedingt noch ein Geschenk für seine Frau besorgen musste, was er doch glatt um ein Haar vergessen hätte. Deshalb verabschiedete er sich auch schnell von Henry Morgan, der aber vollends damit beschäftigt war, seinen Krug Rum zu leeren, und von Jacks plötzlichem Aufbruch kaum Notiz nahm.

8. KAPITEL
KARIBIK, 1682

Captain Harris erschien bereits einen Tag vor dem geplanten Auslauftermin der *Golden Fleece* an Bord, um sich davon zu überzeugen, dass alle Arbeiten abgeschlossen und die Fracht sorgsam verstaut worden war. Außerdem wollte er seine Kajüte inspizieren und ließ sie sich von Jack, der ihn respektvoll begrüßt hatte, zeigen. Kaum waren die beiden Männer in Johnsons ehemaligen Aufenthaltsbereich eingetreten, blickte sich Harris kurz um und sah dann seinen Begleiter fragend an.

»Wieso geht diese Kajüte über die gesamte Breite des Hecks?«, wollte er wissen. »Es gibt doch hier wie auf einer Fregatte nur eine Kabine mit Fenstern im Spiegel und Seitentaschen und nicht wie auf einem Linienschiff mehrere übereinander. Oder sollte ich mich täuschen?«

»Nein, Sir, Ihr habt durchaus recht. Unter uns befindet sich das Geschützdeck und über uns die Poop«, antwortete Jack wahrheitsgemäß. »Warum fragt Ihr?«

»Jetzt hört mal gut zu, Bannister, wir wollen doch gleich einmal etwas klären«, gab Harris zurück. »Ich bin nur wenig älter als Ihr und nur durch Zufall Captain dieses schönen Schiffes geworden. Eigentlich steht Euch der Posten zu, da habe zumindest ich keine Zweifel daran. Deshalb bin ich für Euch, wenn wir unter uns sind, John und nicht Sir. Verstanden? Vorausgesetzt natürlich, ich darf Euch Jack nennen und Ihr seid mir nicht gram, dass man mich Euch vor die Nase gesetzt hat. Eins verspreche ich Euch aber schon heute: Sind wir wieder in England, werde ich alles in meiner Macht Stehende dafür tun, dass Ihr der nächste Kommandant der *Golden Fleece* werdet. Männer wie Ihr, die gleich zwei der berüchtigtsten Piraten der

Karibik abwehren und ein Schiff derart in Schuss halten, wie Ihr es tut – davon konnte ich mich soeben mit wenigen Blicken überzeugen –, gehören als Befehlshaber auf das Achterdeck. Punkt! Aber was ich vor allem wissen wollte: Wo ist denn Eure Kabine, wenn hier nur Johnson residiert hat?«

»Wir drei Lieutenants teilen uns ein Quartier weiter vorn im Oberdeck, Si…, äh, John.« Jack, dem ganz warm ums Herz geworden war, gab bereitwillig Auskunft. »Die Heckkajüte beanspruchte der Captain für sich allein.«

»Was soll der Scheiß?«, entfuhr es Harris, der offenbar nicht viel von geschliffenen Redewendungen hielt. »Heißt das, Ihr musstet Euch eine Unterkunft mit dem Zweiten und Dritten teilen, obwohl Euch das Recht zusteht, eine eigene zu haben? Warum, zum Teufel, habt Ihr Johnson nicht schon viel eher über Bord geschmissen und seid hier eingezogen? Ich hätte es mit dem Kerl wahrscheinlich keine zwei Tage ausgehalten und es bestimmt so gemacht.«

Hättest du nicht, dachte Jack bei sich, grinste aber innerlich. Harris gefiel ihm außerordentlich, und er konnte bestimmt eine Menge von ihm lernen. Zum Beispiel unkonventionelles und dennoch bestimmendes Auftreten, an dem es ihm, das wusste er selbst, noch etwas mangelte.

»Und dann? Wärt Ihr anschließend unter die Piraten gegangen, John?«, wollte Jack wissen. »Denn nach England hättet Ihr danach nicht mehr zurückgekonnt. Ihr habt offenbar viel von den Männern, die Ihr eigentlich bekämpfen sollt.«

Jetzt war es an Harris zu grinsen, aber er tat es ganz offen.

»Da mögt Ihr gar nicht so unrecht haben, Jack. Aber man muss wie ein Freibeuter denken, um gegen sie erfolgreich zu sein. Und wenn mir der König oder auch sein Bruder als Befehlshaber der Flotte statt eines Linienschiffes einen Kaperbrief und eine schnelle Fregatte – oder auch ein Schiff wie dieses hier – geben würde, ich hätte nichts dagegen einzuwenden. Die Männer der Bruderschaft führen ein wirklich freies Leben, von dem ein königlicher Schiffsoffizier nur träumen kann. Und Ihr wisst selbst, sind sie erfolgreich, können sie zu höchsten Ehren aufsteigen. Denkt doch einmal an Drake, Hawkins, Frobisher, und wie sie alle hießen! Anfangs Piraten, wurden sie später geadelt und in den Rang von Admirälen erhoben. So wie unlängst erst Henry Morgan. Nur ein Versager sollte man besser nicht sein, sonst verliert man seinen Kopf wie einst Walter Raleigh. Aber lassen wir das für heute. Wir werden an langen Abenden auf See noch genügend Zeit haben, uns ausführlich zu unterhalten. Jetzt müssen wir hier erst einmal etwas klären.«

Harris riss die Tür der Kajüte auf und brüllte in den Gang.

»Den Schiffszimmermann zu mir, aber sofort!«

Jack war gespannt, was jetzt wohl käme, aber er sollte nicht lange darüber im Unklaren bleiben. Draußen polterten gleich darauf Schritte, es wurde kurz angeklopft, und schon stand der Schiffszimmermann in der Kajüte und salutierte, wie man es eigentlich nur bei der Navy tat.

»Das Männchen machen könnt Ihr Euch sparen, Master«, musste er sich von Harris belehren lassen. »Habt Ihr nach dem Durchschuss der Kanonenkugel die Kajüte wieder instand gesetzt oder hattet Ihr Hilfe von der Werft?«

Der Zimmermann wirkte regelrecht entrüstet, als er antwortete.

»Das habe ich mit meinem Gehilfen schon allein fertiggebracht«, verteidigte er seine Handwerkerehre. »Ist etwas nicht zu Eurer Zufriedenheit gerichtet worden, Sir?«

»Nein, nein, alles bestens«, beeilte sich Harris zu versichern. »Im Gegenteil, gute Arbeit. Aber ich habe gleich noch einen Auftrag für Euch. Ich möchte, dass Ihr die Kajüte so unterteilt, wie es auf Schiffen dieser Art üblich ist. Zieht eine Zwischenwand ein, sodass für Mr Bannister eine eigene Kabine entsteht. Er kann seine Bettstatt in der Seitentasche an Steuerbord einrichten, ich nehme die an Backbord. Sorgt dafür, dass er einen eigenen Zugang bekommt, aber lasst mir genügend

Platz für einen großen Kartentisch, den ich hier aufgestellt haben will. Danach richtet eine Offiziersmesse vor unser beider«, Harris nickte Jack zu, »Kajüte ein. Ich gedenke zukünftig, zusammen mit den Lieutenants und den Midshipmen zu speisen. So ist es der Brauch auf allen Schiffen, auf denen ich bisher gefahren bin, und ich gedenke nicht davon abzuweichen. Meint Ihr, dass Ihr das bis zum Auslaufen hinbekommt, oder soll ich darum bitten, dass man Euch ein paar Helfer von der Werft schickt?«

»Das wird nicht nötig sein, Sir«, entgegnete der Schiffszimmermann, der nicht gedachte, sich in seiner Ehre kränken zu lassen. »Es ist mir und meinem Gehilfen eine Freude, Mr Bannister endlich ein vernünftiges Quartier herrichten zu können. Auch wenn wir Tag und Nacht arbeiten müssen, morgen, bevor wir auslaufen, ist alles fertig.«

»Ich nehme Euch beim Wort, Master«, meinte Harris und klopfte dem Zimmerer auf die Schulter. Den hatte er schon auf seiner Seite, erkannte Jack, genauso wie ihn. Der Captain schien ein wahrer Menschenfänger zu sein, von dem er sich auf der Reise sicherlich eine ganze Menge würde abschauen können. Hoffentlich gäbe es nur kein böses Erwachen, waren sie erst auf hoher See.

Mit ablandigem Wind und ablaufender Flut verließ die *Golden Fleece* am nächsten Tag den Hafen von Port Royal, um die Heimreise nach England anzutreten. Harris war natürlich im Gegensatz zu Johnson an Deck, hatte aber Jack das Kommando übergeben. Der ließ zusätzlich zu Blinde, Klüver und Stagsegel auch die Mars- und Bramsegel setzen und das Schiff so vor den Wind bringen, dass diese bereits auf der Höhe von Fort Charles prall standen. Andere Schiffe liefen oft nur mit den Vorsegeln aus, aber das war Jack zu wenig anspruchsvoll. Schließlich wollte er den neuen Captain beeindrucken und nicht als übervorsichtiger Feigling vor ihm dastehen. Der nickte auch anerkennend mit dem Kopf, denn er hätte es auf der *Ruby* nicht anders gehalten.

Die *Golden Fleece* lief nach Süden, um erst einmal die offene See zu gewinnen, doch über den weiteren Kurs war noch kein Wort verloren worden. Das wollte Harris jetzt nachholen und ihn mit den anderen Offizieren besprechen, um gleich einmal zu sehen, wessen Geistes Kind sie waren. Dazu lud er die Lieutenants ebenso wie die Midshipmen in seine Kajüte ein, wo man sich um den großen Tisch herum gruppierte, auf dem eine an den Ecken beschwerte Karte der gesamten Karibik lag.

»Gentlemen«, begann Harris ganz jovial, »lassen Sie uns darüber beraten, welchen Kurs wir einschlagen wollen, um zurück nach England zu gelangen. Ich bin auf Ihre Meinungen gespannt. Mit Mr Bannister habe ich mich diesbezüglich heute Morgen schon ausgetauscht. Deshalb sind Sie jetzt an der Reihe. Was meinen Sie denn, Mr Mission?«

Mission kochte innerlich vor Wut über die ganz offensichtliche Bevorzugung seines einstigen Quartierkameraden und gab eher unwirsch Antwort, denn für ihn stand der einzuschlagende Kurs von vornherein fest. Schließlich segelten alle Englandfahrer und auch die der meisten anderen Nationen auf dieser Route. Also, was sollte das Ganze?

»Wir müssen zuerst ein Stück nach Süden segeln, um in die Zone des Nordost-Passats zu gelangen, der uns dann um Kuba herum zur Straße von Yucatán bringt. Dann können wir nach Nordwest aufkreuzen, um durch die Florida-Straße und zwischen den vorgelagerten Inseln und den Bahamas den Atlantik zu erreichen. Sobald das gelungen ist, steter Kurs Norden, bis wir zwischen dem vierzigsten und sechzigsten Breitengrad auf die Westwindzone treffen, die uns nach England zurückbringt. So halten es schließlich alle, und ich weiß nicht, was es da groß zu erörtern gibt.«

»Nun, gibt es nicht auch noch eine andere Route, die vielleicht sogar um ein ganzes Stück kürzer ist?«, wollte Harris wissen und wandte sich diesmal an die ganze Runde. Jack setzte schon an, um etwas zu sagen, doch der Captain unterband das mit einer Handbewegung.

»Man könnte natürlich auch zwischen Hispaniola und Kuba hindurchsegeln«, meldete sich William Lewis zu Wort. »Allerdings gilt die Fahrt durch die Passage du Vent, wie die Franzosen die Meerenge nennen, die bei uns Windward-Passage heißt, als äußerst gefährlich. Englische Handelsschiffe, so sagt man, sollten sie besser meiden oder nur im Konvoi passieren.«

»Warum?«, wollte Harris kurz angebunden wissen, und spätestens jetzt war jedem klar, dass man hier examiniert wurde.

»Weil auf Kuba die Spanier sitzen und an der Westküste von Hispaniola seit einiger Zeit die Franzosen«, warf Hornigold ein. »Beide Nationen sind uns nicht gerade wohlgesonnen. Und die Insel Tortuga am Ausgang der Passage ist der Piratenstützpunkt in der Karibik schlechthin. Ihr französischer Gouverneur verteilt großzügig Kaperbriefe an jeden, der einen haben will, und schert sich einen Dreck darum, dass zumindest gegenwärtig Frieden herrscht.«

»Und das ist ein Grund, einen um mehrere Hundert Meilen längeren Umweg in Kauf zu nehmen?« Ungläubig schüttelte Harris den Kopf. »Ich muss schon sagen, ich bin schwer enttäuscht! Wir haben hier ein hervorragendes Schiff unter uns. Recht neu, keine Fäulnis, kaum Muschelbesatz. Die *Golden Fleece* ist ein schneller Segler, reich bestückt mit Kanonen und versehen mit einer guten, ausgeruhten Mannschaft, die in Port Royal so weit aufgestockt wurde, dass wir jetzt mehr als Sollstärke haben. Es fehlt den Männern etwas an Schulung im Zusammenspiel, aber das lässt sich ja ändern. Wovor sollten wir uns also fürchten? Ich glaube kaum, dass gegenwärtig ein Piratenschiff in diesen Gewässern so stark ist wie unsere Galeone. Zumindest nicht, solange es nicht zu einem Enterkampf kommt. Aber das sollten wir mit unseren Geschützen verhindern können. Dieses Schiff hat ja schon einmal bewiesen, dass es sogar zwei Angreifern entkommen kann. Und noch dazu unter weit schlechteren Bedingungen als jetzt.«

»Ihr wollt Euch tatsächlich in diese gefährliche Region wagen, in der es von Feinden Englands nur so wimmelt, Captain Harris?«, fragte der Zweite Offizier lauernd nach. »Ich denke, die Segelorder der Company gibt da etwas ganz anderes vor. Nämlich nach Möglichkeit jede Gefahr zu vermeiden und lieber einen weiteren Weg zu wählen, als ein unkalkulierbares Risiko einzugehen. Ihr könnt von unseren Befehlen nichts wissen, denn Ihr wart bis jetzt bei der Royal Navy. Aber Mr Bannister kennt sie bestimmt. Oder habe ich etwa nicht recht?«

»Schon richtig, Mr Mission«, schaltete sich Jack ein. »Aber ich halte das Risiko, durch die Passe du Vent zu segeln, durchaus für vertretbar. Die Schiffe der Bruderschaft sind meist klein und nicht allzu stark bestückt, wie wir selbst erst unlängst erfahren durften. Außerdem wollen Piraten ihre Beute ja nicht versenken, sondern nach Möglichkeit unbeschädigt in ihren Besitz bringen. Ebenso wären wir jeder französischen Fregatte gewachsen. Den Spaniern sowieso. Und stoßen wir auf ein Linienschiff, setzen wir alle Segel und lassen es einfach hinter uns. Deshalb schlage ich vor, so bald als möglich auf Nordostkurs zu gehen, des Nachts zwischen Kuba und Hispaniola durchzusegeln, um den Atlantik östlich oder je nach Wind auch westlich der Turks- und Caicosinseln zu erreichen. Dadurch dürften wir fast zwei Wochen gewinnen. Das schont den Proviant und auch die Wasservorräte. Und wollen wir nicht alle schnell nach Hause? Ich jedenfalls ganz sicher.«

»Nur weil Ihr wieder in den Armen Eurer Frau liegen wollt, sollen wir riskieren, von Piraten aufgebracht oder von langjährigen Feinden versenkt zu werden?«, giftete Mission. »Ich bitte zur Kenntnis zu nehmen und im Logbuch zu vermerken, dass ich gegen den Plan bin und den Verstoß gegen die Segelorder der Company in London melden werde.«

»Zur Kenntnis genommen, Mr Mission«, gab Harris kurz angebunden zurück. »Wird selbstverständlich notiert. Nur macht Ihr Euch wahrscheinlich lächerlich, wenn wir unbeschadet, mehrere Wochen früher als angenommen, in Deptford anlegen. Aber das ist Euer Bier. Hat sonst noch jemand einen anderen Vorschlag?«

Nach der Abfuhr, die der Zweite Offizier soeben erhalten hatte, wagte niemand mehr einen Widerspruch, obwohl gerade den jüngeren Midshipmen gar nicht wohl in ihrer Haut war.

»Nun, dann ist es ja gut«, fuhr der Captain daraufhin fort. »Da ich, obwohl unverheiratet, die Ansicht von Mr Bannister teile, ist es entschieden. Mr Hornigold, Ihr habt die Wache. Lasst bis Morant Point Kurs Südost segeln und geht dann auf Nord. Morgen in aller Frühe beginnen wir mit Gefechtsübungen. Und nun will ich Sie nicht weiter aufhalten, Gentlemen. Ich denke, es gibt für jeden von uns noch viel zu tun.«

Betreten verabschiedeten sich die Offiziere und Midshipmen. Irgendwie hatten alle das Gefühl, urplötzlich von einem Handelssegler auf ein Kriegsschiff versetzt worden zu sein, und zur Royal Navy hatten sie sich schließlich nicht gemeldet. Hornigold und Lewis glaubten allerdings, sich mit der Situation durchaus anfreunden zu können, während Mission vor Wut kochte und Cornelius und Corker nicht so recht wussten, was sie von alldem halten sollten. Der Einzige, der restlos zufrieden war und sich erstmals seit vielen Monaten wohlig in der Abgeschiedenheit seiner Kajüte ausstrecken konnte und in Gedanken an Marie-Claire einschlief, war Jack Bannister.

»Klar Schiff zum Gefecht!«, hallte es über das Deck der *Golden Fleece,* und Bootsmannspfeifen weckten auch noch den letzten Schläfer, als sich im Osten der erste Schein der Dämmerung zeigte. Die Freiwache wälzte sich fluchend aus ihren Hängematten, und jedermann eilte auf seine Gefechtsposition, nicht wissend, ob es sich um einen realen Angriff oder eine

Gefechtsübung handelte. Da die Besatzung umfangreich genug war, wurden die Kanonen auf beiden Seiten des Schiffes ausgerannt, Musketen und Entermesser ausgegeben und Sand auf die Decksplanken gestreut, damit gegebenenfalls niemand im glitschigen Blut ausrutschte. Männer enterten in die Gefechtsmarsen, um von dort aus das Deck des potenziellen Angreifers unter Beschuss zu nehmen, und die Mannschaften an den Masten machten sich bereit, auf Befehl hin die Rahen umzubrassen und je nach Bedarf Segel zu setzen oder einzuholen.

Das Ganze war natürlich falscher Alarm und die von Captain Harris am Vorabend angekündigte Gefechtsübung. Er selbst stand auf der Poop, hatte eine kleine Sanduhr in der Hand, die die Minuten zählte, und maß die Zeit, die die Männer benötigten. Dabei gab es einen deutlichen Unterschied zwischen denen, die bereits die ganze Reise mitgemacht hatten und von Jack teils gnadenlos – so hatten er und sie das zumindest beiderseits empfunden – gedrillt worden waren, und denen, die sich erst seit Port Royal an Bord befanden.

Als alle ihre Positionen besetzt und eingenommen hatten, wies Harris den Bootsmann an, das Ende der Übung zu pfeifen. Die Freiwache wollte sich schon in ihre Unterkünfte trollen, als sie die kräftige Stimme des Captains zurückhielt.

»Männer, was Ihr hier abgeliefert habt, war für einen Handelssegler gar nicht soooo schlecht, aber es reicht bei Weitem nicht, wollen wir uns eines mit aller Konsequenz vorgetragenen Angriffs erwehren. Ein Piratenschiff hat mindestens die doppelte Mannschaftsstärke der *Golden Fleece,* wenn nicht sogar die dreifache. Diese Männer sind zu allem entschlossen und brennen darauf, Beute zu machen. Sie wollen auf Tortuga, in Havanna oder auch in Santo Domingo fressen, saufen und huren! Dafür brauchen sie Geld, viel Geld! Und von wem wollen sie es sich holen? Von fetten, satten Handelsschiffern! Woher sonst? Also macht Euch auf etwas gefasst, sollten wir einem solchen Feind begegnen! Er wird alles daransetzen, sich uns zu nähern und zu entern. Gelingt ihm das, haben wir nur noch eine äußerst geringe Chance, aber eigentlich schon verloren. Die Freibeuter sind alle kampferfahrener, als Ihr es je sein werdet, und uns zahlenmäßig weit überlegen. Die einzige Möglichkeit, die uns bleibt, ist, sie auf Distanz zu halten. Deshalb müssen wir schneller segeln und vor allem rascher und besser schießen als sie. Das sollte uns mit etwas Übung allerdings gelingen, denn Piraten sind in den meisten Fällen ein undisziplinierter Haufen. Dieses Schiff hier hat unter seinem letzten Kommandanten, der die alte Mannschaft gut geschult hat«, Harris blickte zu Jack und verbeugte sich leicht in seine Richtung, »schon einmal bewiesen, dass es möglich ist, sogar zwei Angreifern zu entkommen. Und darauf möchte ich gemeinsam mit Euch aufbauen. Wir werden so lange üben, bis jeder Handgriff wie im Schlaf sitzt und Ihr jede Fregattenbesatzung in den Schatten stellt! Zumindest die der Franzosen und Spanier. Mit der Royal Navy wollen wir uns lieber nicht messen.«

Bei diesen Worten grinste der Captain über das ganze Gesicht, und die Männer in den vorderen Reihen, die das sahen, fingen plötzlich an, zustimmend zu johlen. Die hinter ihnen Stehenden fielen schnell ein, und plötzlich schallte lautes Gelächter über die See. Das war absolut unüblich, denn bei Ansprachen des Kommandanten hatte sowohl auf Kriegs- als auch auf Handelsschiffen absolute Stille zu herrschen. Man lauschte den Worten ohne jede Regung, verinnerlichte sie und begab sich dann wieder schweigend an seine Arbeit. Doch Harris schien auf diese Konventionen zu pfeifen und sprach zu den Seeleuten, als wäre er einer von ihnen und nicht eine gottähnliche Gestalt, der man sich nur unterwürfig mit gezogener Mütze zu nähern hatte und die über Leben und Tod an Bord entscheiden konnte, ohne irgendjemandem darüber Rechenschaft ablegen zu müssen. Und mit seiner Art gewann er die Herzen der Männer im Sturm, auch wenn er nahezu Unglaubliches von ihnen verlangte.

»Also, alles auf Anfang! Noch einmal von vorn. Die alten Haudegen nehmen ihre neuen Kameraden bei der Hand und zeigen ihnen, was sie zu tun haben. Notfalls treten sie ihnen aber auch in den Arsch, wenn sie nicht spuren oder sich wie Schildkröten bewegen. Wir haben nicht viel Zeit, um ein kampftüchtiges Schiff zu werden, denn schon morgen segeln wir durch die Passage zwischen Hispaniola und Kuba sowie westlich an der Pirateninsel Tortuga vorbei. Ihr habt viereinhalb Minuten gebraucht, um die *Golden Fleece* gefechtsklar zu machen. Beim nächsten Mal will ich drei haben, bis der Donner einer Breitseite über die See rollt. Ja, diesmal werden wir scharf schießen! Und dann will ich zwei Minuten, bis die Geschütze wieder geladen und erneut ausgerannt sind. Meine Mannschaft auf der *Ruby* schaffte es in eineinhalb. Meint Ihr, dass Ihr es ihr gleichtun könnt?«

»Aye, Sir, das schaffen wir!«, rief ein wettergegerbter Maat und schleuderte seine Mütze in die Luft. »Und wenn wir am Abend nur noch auf allen vieren an Bord herumkriechen!«

Laut jubelnd stimmten ihm seine Kameraden zu, und keiner außer Mission murrte – und dieser nur leise –, als die Übung wiederholt wurde. Zwar wurden die geforderten drei Minuten noch nicht ganz erreicht, aber das wäre auch zu viel verlangt und blanke Illusion gewesen, was sowohl Harris als auch Jack wussten. Doch nach knapp vier konnte der Befehl zum Feuern gegeben werden, nach drei waren die Geschütze nachgeladen, und eine erneute Breitseite hätte abgegeben werden können.

Harris lobte einerseits, gab aber auch zu erkennen, dass er nicht restlos zufrieden war, was die Männer nur noch mehr anspornte. Er ließ sie sich ausruhen, und dann, als schon niemand mehr damit rechnete, das Schiff erneut klar zum Gefecht machen. Diesmal kam man der von ihm geforderten Zeit schon recht nahe, und zur Belohnung gab es eine kleine Zusatzration Rum für alle. Eine kleine deshalb, weil man bald in äußerst gefährliche Gewässer kam und jeder nüchtern auf seinem Posten zu sein hatte. Auch die Freiwache machte nur ein Auge zu und hielt das andere sogar beim Schlafen offen, denn jeder rechnete damit, bald unsanft geweckt zu werden. Im Krähennest am Großmasttopp hielt sich immer ein junger Seemann mit scharfen Augen auf, der beständig mit dem besten Rohr, das zur Verfügung stand, das Meer nach feindlichen Schiffen absuchte und alle zwei Stunden abgelöst wurde, damit er nicht ermüdete oder ihm seine Aufgabe langweilig wurde.

Mittlerweile hatte die *Golden Fleece* bereits die Tiburon-Halbinsel, den westlichsten Punkt von Hispaniola, passiert und befand sich querab des großen Golfs von Gonâve, an dessen Ufern sich die Franzosen festgesetzt hatten. Sie beabsichtigten, den Spaniern zumindest diesen Teil der Insel wegzunehmen, genauso wie es zuvor schon die Engländer mit Jamaica getan hatten, und nannten ihn deshalb bereits Saint-Domingue. Im Golf selbst lag die Île de la Gonâve, ein fast ebenso verrufener Ort wie die weiter nördlich gelegene Île de la Tortue, von den Spaniern und Engländern kurz Tortuga genannt.

Jack rührte sich nicht von der Poop und spähte von hier aus mit dem Rohr in alle Himmelsrichtungen. Er war sich sicher, dass Harris es ihm von der Back aus gleichtat. Der Captain hatte sich auf das Vorschiff begeben, weil er von hier aus am besten nach Norden hin Ausschau halten konnte und von dort die größte Gefahr drohte. Es war schließlich nicht ohne Risiko, was er wagte, denn kreuzten eine ganze Piratenflotte oder mehrere Franzosen und Spanier auf, dann wäre ihnen auch die *Golden Fleece* unterlegen.

Doch ob es die schützende Hand Gottes oder einfach nur reines Glück war, außer ein paar Fischerbooten zeigte sich kein einziges Segel auf der weiten See zwischen Kuba und Hispaniola. Völlig unbeschadet durchquerte man die gefürchtete Passe du Vent und erreichte nördlich davon den Atlantik. Erst auf der Höhe der unbewohnten Inselgruppe Inagua sichtete der Ausguck mehrere Spanier, die aber nach Osten abliefen, während die *Golden Fleece* mit gutem achterlichen Wind Kurs nach Norden nahm.

Jack lief das alles zu glatt, und deshalb stand er bereits beim ersten Morgengrauen wieder auf der Poop und spähte erneut in alle Richtungen. Und das erwies sich einmal mehr als richtig, denn im Morgendunst konnte er achteraus zwei Segler ausmachen, die zwar Kurs Westen liefen, aber auch schnell nach Norden einschwenken konnten, witterten sie reiche Beute. Sollte sich womöglich wiederholen, was sie erst unlängst in der südlichen Karibik erlebt hatten? Darauf legte Jack keinen gesteigerten Wert – und neben ihm sicher auch kein anderer an Bord. Aber es half alles nichts, das Schiff musste klar zum Gefecht gemacht werden, und diesmal war es keine Übung.

Der Bootsmannspfiff war kaum verhallt, und das Trappeln nackter Füße über die Planken hatte gerade erst begonnen, da stand Harris, nur mit einem Hemd und Kniehosen bekleidet, schon neben Jack auf der Poop und hatte sein Rohr ebenfalls am Auge. Eins beruhigte trotz der angespannten Lage den Ersten Lieutenant der *Golden Fleece* schon etwas – diesmal hatte er einen erfahrenen und engagierten Captain an seiner Seite und trug nicht allein die ganze Last der Verantwortung.

»Das hat uns gerade noch gefehlt«, knurrte Harris zwischen zusammengebissenen Zähnen. »Das größere der beiden Schiffe ist die *Hardi* von Sieur Michel de Grammont, den sie auch den General nennen, weil er seine Unternehmungen so akribisch vorbereitet, als wäre er ein Feldherr. Ein Adliger vom Hofe Louis XIV., der aber fliehen musste, weil er den Liebhaber seiner Frau getötet hat, was ich allerdings gut verstehen kann. So heißt es zumindest. Und die kleine Brigantine in seinem Gefolge gehört bestimmt Jean Tristan, mit dem de Grammont meist zusammen segelt. Wenn die beiden uns angreifen, haben wir einen echt schweren Stand.«

»Ich könnte noch die Leesegel setzen lassen«, gab John zu

bedenken. »Der Wind passt, und so bestände die Möglichkeit, ihnen zu entkommen.«

»Fraglich, denn sehen sie, dass wir vor ihnen fliehen, wittern sie garantiert leichte Beute und setzen uns nach. Und dann haben sie den gleichen Wind wie wir und noch dazu die vorteilhafte Luvposition. Lasst uns doch besser einmal einen Trick versuchen. Ihr habt ja das Schiff schon klar zum Gefecht machen lassen, und die dort drüben sicher bemerkt, wie schnell das ging. Nun setzen wir im Marstopp die englische Fahne mit dem Georgskreuz statt die der Company und hier am Heck die White Ensign, die Kriegsflagge der Royal Navy. Mal sehen, ob sie das nicht einschüchtert und ihnen Respekt abnötigt. Sie werden auf diese Entfernung hin nämlich kaum erkennen, dass wir in Wirklichkeit ein Handelsschiff sind. Wenn auch ein gut bewaffnetes. Schließlich führt die *Golden Fleece* ebenso viele Geschütze wie meine ehemalige *Ruby*. Zumindest wird es sie verunsichern und sie vielleicht dazu veranlassen, sich leichterer Beute zuzuwenden. Ihr Kurs deutet jedenfalls darauf hin, dass sie vielleicht spanische Siedlungen auf der Halbinsel Florida überfallen oder in den davorliegenden Gewässern auf die Jagd gehen wollen.«

»Euer Wort in Gottes Ohr, Captain.« Hier auf der Poop, wo auch andere zuhörten, blieb Jack bei der respektvollen Anrede. »Die *Hardi* scheint gut geführt zu sein und ist, soweit ich das erkennen kann, annähernd so gut bestückt wie wir. Dazu die Brigantine, die uns von der anderen Seite angreifen könnte, und vielleicht vierhundert Freibeuter auf beiden Schiffen gegen unsere neunzig Seeleute. Das Ergebnis wäre abzusehen.«

Jack gab schnell die entsprechenden Befehle, und schon stiegen die von Harris vorgeschlagenen Fahnen am Großmast und am Flaggenstock empor und entfalteten sich knatternd in der frischen Morgenbrise.

»Seht mal, Bannister, sie bleiben auf Kurs West und schwenken nicht auf uns ein«, hörte Jack den Captain gleich darauf erfreut sagen und konnte das Gehörte nur bestätigen, als er nun ebenfalls durch sein Rohr schaute.

»Ja, mit der Royal Navy legt sich wirklich keiner an, wenn er nicht unbedingt muss«, schmunzelte er. »Eure List hatte jedenfalls Erfolg. Jetzt dippen sie sogar zum Gruß die Flaggen.«

»Dann wollen wir es ihnen doch höflicherweise gleichtun«, meinte Harris und brüllte gleich selbst die entsprechenden Befehle. »Aber welche List?«, fragte er dann grinsend. »Schließlich bin ich ein Navy Captain, und die *Golden Fleece* wäre gar kein schlechtes Kriegsschiff, wenn man sie nur ein wenig besser ausstatten würde. Zwei schwere Jagdgeschütze in den Bug, sagen wir mal, Vierundzwanzigpfünder. Zwei oder vier ebensolche ins Heck zur Abwehr von Verfolgern. Ein paar Drehbassen auf die Reling gegen Enterkommandos – und sie bräuchte keinen Feind mehr auf den Weltmeeren zu fürchten. Natürlich nur, wenn sie auch entsprechend geführt wird. Aber da wärt Ihr genau der richtige Mann dafür, Jack. Ihr müsst ihr Captain werden, kämpft darum! Und dann macht das, was ich Euch gerade gesagt habe, der Company klar und bringt von Eurer nächsten Reise Prisen mit nach Hause. Das würde diese Pfeffersäcke sicher freuen und auch Euch den Beutel füllen. Meine Mannschaft und ich haben damit jedenfalls gutes Geld verdient. Schade, dass das nun leider ein Ende hat.«

»Aber es ist doch eine große Ehre, zum Kommandanten eines Linienschiffes berufen zu werden«, versuchte Jack, den Captain aufzubauen, der regelrecht melancholisch wirkte. »Schließlich ist es dann nicht mehr weit bis zum Rang eines Admirals, und Ihr könnt Eure Flagge als Geschwaderführer setzen.«

»Ja, schon, aber man ist auch ständig an Befehle gebunden. Und Eigeninitiative wird in der Flotte nicht so gern gesehen. Selbst als Admiral hat man immer noch einen Vorgesetzten über sich. Gott, wie ich das freie Leben vermissen werde! Wisst Ihr, manchmal habe ich sogar schon überlegt, mich einem

Mann wie de Grammont anzuschließen und mit ihm gegen alle Flaggen zu segeln. Nur selbstverständlich nicht gegen die englische, versteht sich.«

»Versteht sich«, bestätigte Jack, und beide Männer grinsten sich einvernehmlich an.

Die beiden Franzosen zogen ihres Weges gen Westen, bestimmt aufregenden Abenteuern und reicher Beute – oder aber auch einem Strick um den Hals – entgegen, und die *Golden Fleece* blieb auf ihrem Kurs nach Norden, um möglichst bald die Zone der Winde zu erreichen, die sie in die Heimat zurückbringen würden.

Als die Gefahr einer Konfrontation mit Piraten oder feindlichen Seemächten gebannt war, lud der Captain die Offiziere und Midshipmen zum gemeinsamen abendlichen Dinner, bei dem man sich ebenso wie bei dem oft danach folgenden Kartenspiel völlig ungezwungen unterhalten konnte und so gut wie jede Frage gestattet war. Besonders William Lewis erwies sich als wissbegierig, und Harris gab sich große Mühe, den Wissensdurst des jungen Mannes zu befriedigen.

»Sir, wenn Ihr mir die Frage erlaubt, wie ist es überhaupt zu dem Piratenunwesen in den karibischen Gewässern gekommen?«, wagte sich der Midshipman vor und errötete gleichzeitig bis zu den Haarspitzen ob seiner Kühnheit.

»Nun, Mr Lewis, daran sind wir Engländer nicht ganz unschuldig«, gab Harris aber bereitwillig Auskunft. »Nachdem Portugal den Weg nach Indien und Spanien den nach Amerika entdeckt hatte, einigten sich die beiden Länder auf eine Aufteilung der neu entdeckten Welt unter sich. Diese Aufteilung bestätigte ihnen wenig später der Papst im Vertrag von Tordesillas. Alle anderen Nationen sollten leer ausgehen, und man verbot ihnen sogar den Handel mit den Ländern beider Indien im Westen als auch Osten, wie es damals hieß. Das haben aber vor allem wir Engländer nicht hingenommen. Was ging und geht es uns Protestanten an, was ein katholischer Pfaffe mit seinem Siegel bestätigt?«, fragte Harris und fuhr erst fort, als alle am Tisch zustimmend nickten. »Männer wie John Hawkins – von ihm habt Ihr sicher gehört, oder? – brachten die ersten Sklaven von Afrika nach Amerika und verdienten gut daran. Genauso wie Ihr es mit diesem Schiff immer noch tut. Auch Francis Drake war anfänglich dabei, bevor er die Welt umsegelte, unendliche Reichtümer nach England brachte und von der Königin geadelt wurde.

Doch dann unterbanden die Spanier den Sklaven- und jedweden anderen Handel mit ihren Kolonien, denn sie wollten das Geschäft nur von guten Katholiken betreiben lassen. Aber mittlerweile hatten bereits zu viele Seeleute gesehen, welche ungeheuren Schätze es in der Neuen Welt gab und wie leicht man sie erbeuten konnte. Und aus Sklavenhändlern wurden Freibeuter im Auftrag Ihrer Majestät, Königin Elizabeth I., die offiziell natürlich nichts von dem wusste, was ihre Untertanen so trieben. Das ist bis heute so geblieben, nur dass noch die Franzosen, Holländer, Italiener und sogar die Brandenburger dazugestoßen sind. Die Spanier verschiffen nach wie vor ihr Gold und Silber aus den Minen in Südamerika auf dem Seeweg ins Mutterland. Und der führt nun einmal durch die Karibik, die voller kleiner Inseln und versteckter Buchten ist, in denen sich die Piraten verbergen können, bis eine der Schatzgaleonen an ihnen vorbeigesegelt kommt. Und dann schlagen sie erbarmungslos zu und werden von einem Tag auf den anderen zu reichen Männern.«

»Und es war Eure Aufgabe, das zu unterbinden?«, hakte Thomas Corker nach.

»Um Gottes willen, nein, wo denkt Ihr hin?« Harris lachte verhalten. »Die Aufgabe der Royal Navy ist es ausschließlich, englische Schiffe vor den Piraten zu schützen. Was interessieren uns die Spanier? Je weniger Gold und Silber die Iberische Halbinsel erreicht, desto besser für England. Es ist noch gar nicht lange her, da hat Henry Morgan, der sich bis heute nicht beleidigt fühlt, wenn man ihn einen Piraten nennt, nicht nur ihre Schiffe, sondern auch ihre Städte auf den Inseln und sogar auf dem Festland überfallen. Seine Eroberung von Panama auf der anderen Seite der Landenge zwischen Nord- und Südamerika am Pazifischen Ozean ist bis heute legendär.«

»Aber wurde er dafür nicht festgenommen und sollte sogar gehenkt werden?«, warf Mission missgünstig ein.

»Tja, Morgan hatte das Pech, dass England und Spanien gerade wieder einmal Frieden geschlossen hatten, als er Panama überfiel. Aber woher sollte er das wissen? Bis die Nachricht in die Karibik gelangte, war die Schlacht jedenfalls geschlagen und die Beute gemacht. Man nahm Morgan nach seiner Rückkehr zwar fest und brachte ihn zusammen mit Gouverneur Thomas Modyford, der den Raubzug nicht nur gebilligt, sondern auch mit Schiffen unterstützt hatte, nach England. Dort konnten beide aber glaubhaft machen, dass sie von dem Friedensvertrag nichts gewusst hatten, was bis heute allerdings angezweifelt wird. Doch die Beute war so immens – man spricht von einhundertfünfundsiebzig Maultierlasten Gold, Silber und Juwelen –, und der Anteil der Krone wie damals zu Zeiten von Königin Elizabeth derart groß, dass der König beide begnadigte und Morgan noch dazu zum Ritter schlug. Der spanische Botschafter soll tagelang getobt haben. Das war bei Francis Drake knapp hundert Jahre zuvor nicht anders gewesen, und nicht umsonst wird gesagt, dass Henry Morgan im übertragenen Sinne dessen Mantel trägt. Heute ist er nicht nur Vizegouverneur und oberster Richter von Jamaica, sondern auch der reichste Mann der Insel. Er besitzt mehrere große Plantagen, Rumbrennereien und Hunderte von Sklaven. Wenn man bedenkt, dass er einst als armer Mann, manche sagen sogar, als Schuldsklave, in die Karibik gekommen ist, nenne ich das einmal eine steile Karriere.«

Harris gab sich gar keine Mühe, seine Bewunderung für

Henry Morgan zu verbergen, was etliche am Tisch irritierte und Lieutenant Hornigold zu einer weiteren Frage veranlasste.

»Sir, meint Ihr nicht, dass Piraterie grundsätzlich unterbunden werden sollte? Sie gefährdet schließlich die Handelsschifffahrt aller Nationen und ist ein Grundübel auf See. Würdet Ihr, wenn Ihr seht, wie ein Holländer einen Spanier entert, ihn wirklich gewähren lassen und nicht eingreifen? Ich kann das kaum glauben.«

»Nun, man sagt, Seeraub sei das zweitälteste Gewerbe der Welt. Das älteste kennt Ihr sicher, Mr Hornigold, oder?« Der Angesprochene wurde noch röter als zuvor der junge Midshipman und nickte, um nicht noch weitere Nachfragen oder Erörterungen zu provozieren, was zu heiterem Gelächter seiner Kameraden führte, in das auch Harris einstimmte, bevor er fortfuhr. »Ich denke deshalb, dass sich die Piraterie nie ganz ausrotten lassen wird. Zumindest nicht, solange Könige, Fürsten, Kaufleute, ja ganze Länder davon profitieren.

Aber um Eure Frage zu beantworten: Nein, ich hätte nicht eingegriffen, denn ich hatte dafür keine Befehle. Wäre mein Schiff dabei zu Schaden gekommen, hätte man mich dafür verantwortlich gemacht und persönlich zur Kasse gebeten. Allerdings hat der neue Gouverneur von Jamaica, Sir Thomas Lynch, die Order dahin gehend geändert, dass die ihm unterstellten Schiffe von nun an gegen jedwede Piraterie vorgehen sollen. Aber das ist glücklicherweise nicht mehr mein Problem. Und ob er damit durchkommt?« Harris zuckte mit den Achseln. »Ich wage zu bezweifeln, dass Henry Morgan oder die Geschworenen in Port Royal einen Engländer verurteilen, der einen Spanier aufbringt. Frieden hin oder her. Dafür würde allein schon die reiche Kaufmannschaft sorgen, die nach wie vor Geschäfte mit den Freibeutern macht, und das teilweise ganz offen. Mich hat man ja im Prinzip auch weggelobt, weil ich zu erfolgreich in der Bekämpfung der Piraten war. Und dabei habe ich, wie ich Euch gerade dargelegt habe, nur Engländer geschützt!«

Jack schüttelte ungläubig den Kopf.

»Dann wird es wohl noch lange Piraterie in der Karibik geben und sie deren Fluch sein«, meinte er dann nachdenklich. »Nirgendwo auf der Welt lockt reichere Beute und sind die Bedingungen für Freibeuterei so günstig. Gouverneure, die sie unterstützen und sogar befördern. Unzählige große und kleine Eilande, auf denen man sich und auch die Beute verstecken kann. Aufstrebende Städte mit Tavernen, Bordellen und allen erdenklichen Möglichkeiten, um sein Geld auszugeben. Was will ein Pirat mehr? Außerdem kaum nennenswerte Gegner, die ihnen zusetzen. Ich denke, wir sollten wirklich der Company anraten, ihre Schiffe noch stärker zu bewaffnen, sonst wird auch sie vermehrt die Beute der Bruderschaft der See werden.«

»Nun malt mal nicht zu schwarz, Mr Bannister«, erwiderte Harris und hob sein Glas. »Die Spanier unterhalten eine Flotte von fünfzig Schiffen, die ihre Besitzungen und die Schifffahrtsrouten sichern sollen, Sie nennen sie Armada de Barlovento. Und die Engländer schützt die Royal Navy, und das, erlaube ich mir zu sagen, recht erfolgreich. Deshalb ein Hoch auf König Charles und seinen Bruder, den Duke of York, als Oberbefehlshaber der Flotte. Lang mögen sie leben!«

Alle am Tisch hoben nun ebenfalls ihr Glas und stimmten ein: »Lang mögen sie leben!«

»So, meine Herren, nun lasst uns die unerfreuliche Diskussion beenden«, meinte Harris und blickte verschmitzt in die Runde. »Wer hat Lust auf eine Partie Whist?«

Offenbar brauchte der Captain, der als hervorragender Kartenspieler bekannt war, trotz all der Prisengelder, die er eingesteckt hatte, noch etwas Kleingeld, bevor er in London an Land ging.

2. TEIL
DER CAPTAIN

1. KAPITEL

LONDON, 1682

Jack hatte sich angeboten, die *Golden Fleece* ohne Lotsen die Themse aufwärts zu navigieren, denn er kannte die Gewässer ab dem Ästuar bis zu den Kais der Company bei Deptford wie seine Westentasche. Wobei er nur noch äußerst selten eine Weste trug und es mittlerweile Harris gleichtat, der meist nur in einem weiten, weißen Hemd, Kniehosen und einfachen Schuhen an Deck erschien. Nur bei Sturm trug der Captain wie alle an Bord Ölzeug und tauschte die Schuhe gegen Schaftstiefel, was ihn fast wie einen Piraten aussehen ließ. Kein Vergleich jedenfalls zu dem steifen Johnson, was Jack als sehr angenehm, Mission jedoch, der sich nicht nur bezüglich der Kleidung strikt an die Vorgaben der Company hielt, als despektierlich und wenig passend empfand. Der Zweite war der Meinung, dass man durch sein äußeres Erscheinungsbild Respekt einflößend auf die unteren Dienstgrade und vor allem die Mannschaft wirken musste, und begriff nicht, dass man deren Achtung auch auf eine ganz andere Art gewinnen konnte und sogar musste. Hornigold und vor allem die Midshipmen hingegen wussten nicht so recht, woran sie waren, und jeder von ihnen versuchte auf seine Weise, mit der völlig veränderten Situation zurechtzukommen.

Als endlich Garrison Point in Sicht kam, wo der River Medway sich zwischen der Isle of Sheppey und der Isle of Grain in den Mündungstrichter der Themse ergoss, atmete jeder an Bord auf, denn es war eine schwere Rückreise gewesen, bedingt durch widrige Winde und orkanartige Stürme. Erst lange nachdem man die Azoren und später die Biskaya passiert hatte, klarte es auf, und im Kanal schien sogar die Sonne, offenbar um die Männer in der Heimat zu begrüßen, die vor dreihundertsechzehn Tagen England verlassen und Kurs auf Westafrika und später die Karibik genommen hatten. Unter Captain Harris war kein Einziger von ihnen dauerhaft zu Schaden gekommen, während das Kommando von Johnson fünfundzwanzig von ihnen das Leben gekostet hatte – von den vielen Sklaven ganz zu schweigen –, woran selbst der Erste Offizier trotz all seiner Bemühungen nichts hatte ändern können.

Jetzt stand Jack neben dem Steuermann und gab ihm Anweisungen, wie er den zahlreichen Sandbänken und Untiefen ausweichen sollte. Harris stand dicht hinter den beiden und beobachtete jedes Manöver aufmerksam. Auf der Höhe der königlichen Werft von Chatham, die an den Ufern des Medway lag, wandte er sich fragend an Jack.

»Wisst Ihr, was das für ein riesiges Schiff ist, das man da aufgedockt hat?«, erkundigte er sich. »So einen gewaltigen Kasten habe ich noch nie gesehen.«

Jack führte das Glas an sein rechtes Auge und spähte eine Weile hindurch, bevor er antwortete.

»Ich denke, das ist die *Royal Sovereign*«, meinte er dann. »Sie wird wohl schon wieder umgebaut. Da Ihr lange nicht in England wart, kennt Ihr das Schiff vielleicht noch unter dem Namen *Sovereign of the Seas*. Es wurde einst für den Vater unseres jetzigen Königs gebaut, leistete England auch während der Herrschaft des Parlaments gute Dienste und soll jetzt unter Charles II. vor allem dazu dienen, den Anspruch unseres Königreiches auf die Herrschaft über die Weltmeere zu unterstreichen. Deshalb auch die unzähligen, vergoldeten Schnitzereien, vorrangig am Heck, aber auch an den seitlichen Bordwänden, dem Bug und der Galion.«

»Ich habe schon von dem Schiff gehört, es aber noch nie gesehen«, meinte Harris und führte nun ebenfalls das Rohr ans Auge. »Wirklich beeindruckend, der riesige Kasten. Schwimmt der überhaupt richtig und lässt sich gut navigieren?«

»Offenbar anfangs nicht, deshalb musste die *Sovereign of the Seas* ja auch ständig in die Werft und konnte nicht, wie vorgesehen, als Flaggschiff gegen die Holländer eingesetzt werden«, gab Jack als Antwort. »Ihr Baumeister, Mr Phineas Pett, hat sich bei ihrem Bau an zahlreichen Neuerungen versucht. So führt sie über den Bramsegeln noch Royalsegel, hat drei durchgehende Batteriedecks und trägt hundertzwei Geschütze. Das Schiff galt einige Zeit als das größte der Welt. Der französische König Louis soll getobt haben, als er davon erfuhr. Er ließ prompt in Brest die *Soleil Royal* auf Kiel legen, die auf jeder Seite eine Kanone mehr in der Breitseite stehen hat als die jetzige *Royal Sovereign.* Albern, nicht wahr? Aber es wäre einmal interessant zu beobachten, was passiert, wenn die beiden Giganten der Meere aufeinandertreffen.«

»Da möchte ich dann doch lieber nicht dabei sein.« Harris wirkte recht nachdenklich, als er das sagte. »Die Seekriegstaktik der Linienschiffe sagt mir persönlich nicht so recht zu. Hintereinander in Kiellinie fahren, um dann den Gegner mit Breitseiten niederzukämpfen, wo bleibt da das seemännische Geschick? Nun ja, ich werde schließlich bald so einen Kasten befehligen müssen und mich hoffentlich mit meinem Schicksal abfinden. Aber ganz ehrlich: Lieber wäre ich weiterhin Kapitän einer schnellen und wendigen Fregatte geblieben. Da kommt es noch auf Segelkunst und die Beherrschung des Handwerks an. Bei einem Breitseitenduell der Linienschiffe ist das Überleben oft reine Glückssache. Wenn ich hingegen an der Spitze meiner Mannschaft einen holländischen oder spanischen Piraten geentert habe, der einem Engländer an die Wäsche wollte, da kam es darauf an, wie gut jeder Einzelne von uns mit dem Degen oder Entermesser umgehen konnte oder mit der Pistole schoss. Die Kanonen spielten dabei meist gar keine so große Rolle. Das wird nun aber wohl bald anders werden und die Zukunft im Seekrieg wohl solchen Kolossen wie der *Royal Sovereign* und der *Soleil Royal* gehören. Übrigens, weil wir gerade davon sprechen: Fühlt Ihr Euch jetzt mit dem Rapier sicher genug für einen Zweikampf? Schießen tut Ihr jedenfalls schon recht gut.«

»Danke für das Kompliment, aber Ihr habt Euch ja auch Tag für Tag mit mir abgeplagt«, gab Jack etwas missgestimmt zurück und ließ ganz offenbar die Dankbarkeit vermissen, die der Captain zweifellos erwartet hatte. »Sollte es tatsächlich dazu kommen, dass mich einmal jemand zu einem Duell fordert, sollte er besser zuvor einen Grabstein bestellen.«

Jack erinnerte sich nur ungern an die unzähligen Übungsstunden, in denen ihn Harris gnadenlos gefordert und geschunden hatte. Die Planken der Achterkajüte waren fast jeden Abend zur Planche geworden, auf der der Captain seinem Ersten Offizier, in dem er allerdings seinen baldigen Nachfolger sah, die Feinheiten der Fechtkunst beigebracht hatte. Jack hatte zuvor zwar gewusst, wie man einen Degen hielt, das war aber auch alles gewesen. Gegen Ende der Reise hatte er allerdings Harris, der ein Meister seines Faches in der Beherrschung so gut wie aller Handwaffen war, mehr als nur einmal die Spitze des Rapiers auf die Brust gesetzt, was diesen überaus freute, war doch jeder Lehrer mit Charakter froh, wenn sein Schüler ihn übertraf.

Auch Schießübungen hatten Jack und die anderen Offiziere mit Musketen und Pistolen abhalten und die Mannschaft den Kampf mit Entermesser und -beilen üben müssen. Und das teils bis zur völligen Erschöpfung, doch da der Captain stets mit gutem Beispiel voranging, hatte keiner zu murren gewagt. Selbst schwierige Segelmanöver liefen mittlerweile wie am Schnürchen ab, denn sowohl Jack als auch Harris waren oft die Ersten, die selbst bei rauer See und stürmischem Wind bis zum Masttopp aufenterten, wenn es nötig war. Jeder an Bord, außer vielleicht Mission, vergötterte diesen Captain, und Jack nahm sich vor, sollte er einmal ein Kommando bekommen, es ihm vielleicht nicht in allem gleichzutun, ihn sich aber auf alle Fälle zum Vorbild zu nehmen.

Die Fahrt führte weiter die Themse aufwärts, wobei die vielen Richtungsänderungen und Schleifen des Flusses das Navigieren nicht gerade einfach machten. Vorbei ging es an Greenwich mit seinem seit der Revolution verfallenen königlichen Palast, in dem die Tochter Henrys VIII., die spätere Königin Elizabeth I., geboren worden war, die als Begründerin der englischen Seemacht galt. Nachdem dann die *Golden Fleece* die Mündung des Deptford Creek passiert hatte, kamen auch schon die Anlegestellen der Royal African Company in Sicht, die nur für Schiffe in ihrem Besitz reserviert waren.

Die Nachricht vom Eintreffen des Schiffes war diesem vorausgeeilt. Reiter, die die zahlreichen Schleifen des Flusses hatten abschneiden können, waren schneller als die Galeone gewesen, und so stand eine jubelnde Menschenmenge am Kai, in der Jack auch Marie-Claire zu erkennen glaubte, was sein Herz so schnell schlagen ließ, dass er fürchtete, es würde ihm aus der Brust springen. Und ja, jetzt war er sich ganz sicher, da stand sie! Das lange, goldene Haar seiner Frau, nur bedeckt von einer leichten Haube, wehte im Wind, und sie winkte mit beiden Händen. Jetzt warf sie Jack sogar Kusshände zu, als sie sicher war, dass er sie sehen konnte, was von Harris, der die Menschen am Kai durch das Rohr musterte, nicht unbemerkt blieb.

»Eure Frau?«, erkundigte er sich bei seinem Ersten Offizier.

»Ja, sie ist es«, bestätigte dieser mit leicht belegter Stimme. »Wir haben kurz vor dem Auslaufen geheiratet, und ich habe sie seit fast einem Jahr nicht mehr gesehen.«

»Ihr seid trotzdem ein Glückspilz, Jack«, schmunzelte der Captain, dem die Verliebtheit in dessen Stimme natürlich aufgefallen war. »Mrs Bannister scheint ja eine atemberaubende Schönheit zu sein. Und Euch treu ergeben, wenn ich ihr Winken richtig deute. Passt bloß gut auf sie auf! An solchen Blumen schnuppern auch andere Männer gern.«

»Danke für die aufmunternden Worte«, knurrte Jack gereizt, denn das hatte er sich selbst schon tausend Mal gesagt. »Aber wie, bitte, soll ich das machen, auf sie aufpassen, meine ich, wenn ich monatelang auf See bin? Könnt Ihr mir das vielleicht einmal verraten?«

Harris klopfte Jack mitfühlend auf die Schulter.

»Leider nein, da fragt Ihr den völlig Falschen. Unverheiratet, wie ich bin, hatte ich bisher in so gut wie jedem karibischen Hafen eine Braut. Dieses Problem werdet Ihr wohl allein lösen müssen. Aber ich drücke Euch ganz fest die Daumen, dass es Euch gelingt. Sobald wir angelegt haben, schert Euch von Bord und schließt sie in die Arme. Den Rest hier kann ich mit Mission und Hornigold allein erledigen. Wir sehen uns dann zur Auswertung der Reise bei der Company. Man wird Euch verständigen, sobald mein Bericht vorliegt und Ihr ihn um den ersten Teil der Fahrt ergänzen müsst. Und jetzt los mit Euch, Euer Rumgetrappel ist ja kaum noch mit anzusehen!«

»Ihr meint das tatsächlich ernst, Sir?« Jack war sich unsicher, ob er wirklich als einer der Ersten das Schiff verlassen sollte, denn es gab ja gerade jetzt so unendlich viel zu tun.

»John von nun an auch offiziell, denn ich gebe das Kommando ja ab«, erwiderte Harris. »Und ja, das ist ein Befehl. Wenn Ihr ihn nicht befolgt, lasse ich Euch vom Bootsmann festnehmen und in Ketten in die Bilge werfen, bis das Schiff vollständig geleichtert ist. Also verschwindet besser, bevor ich meine Drohung wahr mache.«

Jack warf Harris noch einen dankbaren Blick zu, dann flankte er, noch bevor die Leinen richtig festgemacht worden waren, und ohne das Ausbringen einer Laufplanke abzuwarten, über die Reling auf den Kai – und wenige Lidschläge später lagen er und seine Frau sich in den Armen und tauschten Millionen von Küssen aus, wobei sie sich nicht im Geringsten von den anderen Anwesenden stören ließen. Doch lange hielt es sie nicht in der Menge, denn sie wollten nur für sich sein und nachholen, was sie seit ihrer Hochzeit und den wenigen Tagen danach versäumt hatten.

»Kommen wir nun zum nächsten und gleichzeitig letzten Tagesordnungspunkt für heute«, fuhr Nicholas Crispe fort, der die Gesellschafterversammlung der Royal African Company leitete. Wie stets war allerdings nur ein Bruchteil der Aktionäre erschienen, und vor allem die Herren von hohem Adel glänzten einmal mehr durch Abwesenheit. Andererseits erwarteten sie aber, dass stets in ihrem Interesse entschieden wurde und ein permanenter Geldfluss ihre meist trotz allem klammen Kassen füllte. Wie es allerdings dazu kam, war ihnen höchst gleichgültig, solange sie nur ihren zahlreichen Vergnügungen nachgehen und diese finanzieren konnten. »Nachdem Captain Charles Johnson auf seiner letzten Reise verstorben ist, braucht die *Golden Fleece* einen neuen Kommandanten. Wir sollten aber bei der Auswahl sorgsam vorgehen, denn schließlich ist die Galeone so etwas wie das Flaggschiff der Company. Haben die Herren vielleicht einen Vorschlag für die Besetzung des Kapitänspostens, den wir hier gemeinsam erörtern können?«

Nicholas Crispe war ein erfahrener Verhandlungsführer und dachte gar nicht daran, als Erster einen Vorschlag zu unterbreiten, der dann bestimmt – und sei es auch nur aus Prinzip – abgelehnt werden würde. Und unter gar keinen Umständen wollte er seine heißblütige Geliebte enttäuschen und sich ihren Unmut zuziehen, zählte er jetzt doch schon die Stunden, bis ihr Mann erneut auf See war und er sie wieder in den Armen halten konnte.

Sir John Banks meldete sich, genau wie Crispe es vermutet hatte, als Erster zu Wort. Aus relativ bescheidenen Verhältnissen stammend, war er zu einem der reichsten Kaufleute Londons aufgestiegen und sogar geadelt worden. Wobei er sich den Titel gewiss von dem stets klammen König gekauft hatte, da war sich jedermann am Tisch sicher. Doch da er auch im Vorstand der East India Company saß und sogar einmal zu deren Gouverneur gewählt worden war, hatte sein Wort durchaus Gewicht.

»Wir müssen die Entscheidung doch nicht sofort fällen«, warf Banks ein. »Schließlich hat das Schiff gerade erst festgemacht und wird ja wohl nicht gleich morgen wieder auslaufen. Bei der East India haben wir eine ganze Menge bewährter Kapitäne, deren Schiffe sich gerade zur Überholung in der Werft befinden und denen man ein solches Kommando, zumindest vorübergehend, übergeben könnte. Ich höre mich gern einmal um.«

»Bewährte Kapitäne, sicher, die sich aber nur in Ostindien, keinesfalls aber in Westindien und schon gar nicht in Westafrika auskennen und nicht die geringste Ahnung vom Sklavenhandel haben«, konterte Edward Colston, ein reicher Kaufmann aus Bristol, der eine eigene Flottille unterhielt, sofort. Auch das hatte Crispe vorausgesehen, denn die gegenseitige Abneigung der beiden Männer, die sich auf den Tod nicht ausstehen konnten, war legendär. »Nein, nein, wir brauchen dringend einen Mann, der sich in den Gewässern und auch in den Ländern auskennt, in denen die Royal African Company Handel treibt. Keinen auf Halbsold gesetzten Captain der East India, nur damit diese Company womöglich auch noch dessen Heuer einsparen kann.«

»Da Ihr die Geschäfte unseres Unternehmens leitet, Nicholas, habt Ihr doch sicher den besten Überblick über die Männer, die sich für den Posten eignen würden«, meldete sich John Locke, der Sekretär der königlichen Handelskammer, zu Wort. Jahre zuvor hatte er sich jedoch als Arzt einen Namen gemacht, weil von ihm die erste bekannte Leberoperation in England durchgeführt worden war. Und das noch dazu an Anthony Ashley Cooper, dem Earl of Shaftesbury, einem der bekanntesten Politiker des Landes. Wäre die Behandlung damals fehlgeschlagen, hätte Lockes Kopf sicher auf dem Richtblock gelegen. Doch da der Patient überlebte und sich seit der Entfernung einer Zyste bester Gesundheit erfreute, besaß John Locke in ihm seither einen überaus großzügigen Gönner, der ihm immer wieder zu einträglichen Posten verhalf, wie man sah.

»Nun, es gäbe da schon einige Kandidaten«, räumte Crispe auf die Nachfrage hin verhalten ein. »Doch ich wollte zuerst Vorschläge des Konsortiums hören, damit es später nicht heißt, ich hätte einem Günstling diese lukrative Stellung zugeschanzt.«

»Jetzt spannt uns nicht länger auf die Folter, Nicholas«, polterte Banks. »Sagt schon, wen Ihr im Auge habt. Der Tod von Charles Johnson hat mir allerdings auch zu denken gegeben. Verliert als Einziger bei einem Piratenüberfall sein Leben! War der Captain wirklich so heldenhaft? Ich hatte ihn jedenfalls ganz anders in Erinnerung. Zwar war er ein guter Geschäftsmann und Ein- und Verkäufer. Aber ansonsten doch eher ängstlich und nicht gerade ein Mann, der von seiner Mannschaft respektiert oder gar geliebt wurde.«

»Das ist durchaus richtig, Sir John«, stimmte Crispe dem Gesellschafter zu. »Es war auch zuvor schon darüber nachgedacht worden, Johnson nach dieser Reise abzulösen. Sein Tod ist gegenwärtig noch Gegenstand einer Untersuchung. Dazu liegt der Company ein Bericht des Gouverneurs von Jamaica vor, aber auch eine Stellungnahme von Captain Harris, der das Schiff aus der Karibik nach England überführt hat. Die beiden Schriftstücke sind allerdings recht widersprüchlich, muss ich sagen. Für meinen Vorschlag ist jedoch, wenn ich mir die Anmerkung gestatten darf, noch ein weiteres Schreiben von Bedeutung. Sir Henry Morgan empfiehlt darin, den jetzigen Ersten Offizier der *Golden Fleece* zu deren neuen Captain zu ernennen. Er meint, er habe noch nie von einem entschlossener handelndem jungen Mann gehört, dem es ohne jegliche Unterstützung vonseiten der Royal Navy gelungen ist, gleich zwei der gefürchtetsten holländischen Freibeuter der Karibik zu entkommen. Ich muss gestehen, dass mir dieser Vorschlag zu denken gegeben hat.«

»Morgan, der alte Pirat!«, warf Colston ein. »Ich dachte, er hätte sich schon längst zu Tode gesoffen. Na ja, lange kann das wohl nicht mehr dauern. Wie man hört, ist er der beste Kunde seiner eigenen Brennereien und hängt an der Flasche, seit er nicht mehr auf der Poop eines Schiffes steht. Und auf dessen Wort gebt Ihr etwas, Nicholas? Nun, ich muss schon sagen …«

Den Rest des Satzes ließ der Mann aus Bristol offen, doch jeder am Tisch wusste auch so, was er sagen wollte. Aber das rief, wie nicht anders zu erwarten, wiederum den Widerspruch anderer hervor, und darauf hatte Crispe gebaut.

»Der Mann müsste doch als Erster Offizier und Stellvertreter des Captains die *Golden Fleece* am besten kennen«, gab Tobias Rustat zu bedenken, der die University of Cambridge vertrat, die Anteile an der Company besaß und von den Gewinnen unter anderem die Bücher für ihre umfangreiche und berühmte Bibliothek finanzierte. Crispe hielt nicht sehr viel von Rustat, schätzte allerdings sein einfaches, ehrliches und loyales Wesen. »Warum wollen wir ihm nicht eine Chance geben? Dafür plädiere ich auch stets bei unseren Studenten. Diese reifen nur durch Vertrauen und die Übertragung von sie fordernden Aufgaben zu guten Männern heran.«

»So sehe ich das auch«, bekräftigte Locke die vorgetragene Meinung. »Allerdings sollte zuerst geklärt werden, wie es zum Tod von Captain Johnson gekommen ist und ob dieser Bannister daran irgendeine Mitschuld trägt. Man hört da so einige Gerüchte, auch wenn ich auf Geschwätz nicht viel gebe.«

In diesem Moment wurde die Tür des großen Raumes aufgestoßen, und herein schwebte, gefolgt von seiner Entourage Höflinge, der Duke of York.

»Lasst Euch nicht stören, Gentlemen!«, rief James, der Bruder des Königs und Schirmherr der Company, huldvoll in die Runde. »Ich höre Euch gern ein bisschen bei der Besprechung Eurer Geschäfte zu. Vorausgesetzt, Ihr langweilt mich nicht zu sehr und kommt bald zum Ende, denn ich habe mit Nicholas Crispe zu sprechen.«

Alle im Raum waren aufgesprungen, hatten sich tief vor

James verneigt und nahmen jetzt wieder Platz, wobei die Atmosphäre auf einmal angespannt und die Luft so dick war, dass man sie hätte schneiden können. Und das lag nicht nur an den Unmengen Parfüm, die der Duke und seine Höflinge aus ihren Allongeperücken und ihrer verschwenderischen, schweren Kleidung heraus verströmten. Die Neuankömmlinge ließen sich mit blasierten Gesichtern auf den Polsterstühlen nieder, die ringsum an den Wänden des Beratungszimmers standen, und gaben mit ihrer Haltung eindeutig zu verstehen, dass die anwesenden Pfeffersäcke sich gefälligst kurzfassen sollten, denn man hatte schließlich noch anderes zu tun. Zum Beispiel ein Hurenhaus aufzusuchen, auf dem Weg dahin mehrere Schenken unsicher zu machen, später beim Pferderennen zuzuschauen und am Abend ein Vermögen beim Kartenspiel zu verlieren.

»Dann machen wir es doch so, Nicholas«, fasste Colston zusammen, und da jeder von den Aktionären es jetzt auf einmal sehr eilig hatte, wieder seinen eigenen Geschäften nachzugehen, widersprach auch niemand. »Prüft, ob an den Gerüchten etwas dran ist, und wenn nicht, besetzt die vakante Kapitänsstelle mit dem Ersten Offizier. Man kann ja von Morgan sagen, was man will, aber ein guter Menschenkenner ist er immer gewesen, und ein Auge dafür, wo und wie man Gewinne einfahren kann, hat er auch.«

Alle ringsum nickten und signalisierten damit Zustimmung, sodass Nicholas Crispe, der gespannt darauf war, was der Duke of York von ihm wollte, die Versammlung für beendet erklären konnte. Jeder, der nun an dem Bruder des Königs vorbei zum Ausgang eilte, vergaß nicht, sich bis in die Waagrechte vor ihm zu verbeugen, obwohl das einigen der älteren Kaufleute keineswegs leichtfiel. Nur die Ehrenbezeugung von John Locke, einem ausgewiesenen Republikaner, der noch dazu, wie man munkelte, einer Vereinigung angehören sollte, die der königlichen Familie sehr kritisch gegenüberstand, fiel knapper aus.

Doch James geruhte, dies nicht zur Kenntnis zu nehmen, und scheuchte auch seine Entourage aus dem Raum, weil er mit Crispe unter vier Augen sprechen wollte. Er hakte sich bei dem Geschäftsführer der Company unter und spazierte mit ihm durch den großen Raum, vorbei an den bodentiefen Fenstern, durch die man in den herrlichen, das Anwesen umgebenden Park blicken konnte, wobei er ständig seinen kostbaren Gehstock herumwirbelte.

Crispe wurde von dem, was der Herzog für Duft hielt, fast schlecht, und dessen ganzes, affektiertes Gehabe war ihm zutiefst zuwider. Andererseits brauchte er aber die Gönnerschaft des königlichen Bruders und Oberbefehlshabers der Flotte, sollten die Geschäfte in ruhigen Bahnen laufen und das Privileg des Afrika- und Sklavenhandels, das die Royal African besaß, Bestand haben. Der Duke of York ließ sich seine Gunst zwar wahrlich königlich vergelten, aber ohne sie wäre die Company wohl nur ein weiteres, kleines Handelsunternehmen, das kaum eine Überlebenschance gegen solche Giganten wie die East India haben würde, wie beide Männer wussten.

»Womit kann ich dienen, Eure Königliche Hoheit?«, wollte Crispe deshalb auch wissen und hoffte, dass der Duke schnell auf den Punkt kommen würde, damit er seine Gegenwart und vor allem seinen Geruch nicht länger als unbedingt nötig ertragen musste.

»Hört zu, Nicholas«, wisperte James so leise, als wäre der Raum voller lauschender Ohren. »Als ich das letzte Mal Euren Salon verließ, sah ich eine atemberaubende Schönheit neben Eurer reizenden Gemahlin sitzen. Jung, blond, blauäugig mit einem schneeweißen, wogenden Busen. Wisst Ihr, wen ich meine?«

Crispe, dem Fürchterliches schwante, nickte verhalten.

»Ich glaube schon, Mylord. Es war die Gattin des Offiziers, von dem wir zuletzt gesprochen haben. Meine Gemahlin hat sich der jungen Frau während der Abwesenheit ihres Mannes etwas angenommen und sie in die Gesellschaft eingeführt. Ihr sprecht sicher von Mrs Marie-Claire Bannister.«

»Wie auch immer.« Der Duke winkte ungeduldig ab. »Als ich sie gesehen habe, wurde mein Schwanz auf der Stelle so hart, dass ich Nägel damit hätte einschlagen können. Ich muss sie einfach haben, versteht Ihr? Mein Bruder schickt mich allerdings schon morgen auf eine geheime Mission nach Frankreich. Er verlangt von mir, dass ich einen dauerhaften Frieden mit Louis aushandle. Wie ich das anstellen soll, hat er allerdings nicht gesagt. Deshalb nehme ich an, dass ich ein paar Monate, vielleicht sogar ein Jahr, weg sein werde. Doch wenn ich von meiner hoffentlich erfolgreichen Mission heimgekehrt bin, will ich diese junge Frau als Belohnung haben. Passt mir deshalb gut auf sie auf, und führt sie mir zu, sobald ich zurück bin. Ich kann mich doch auf Euch verlassen, Crispe?«

Der Angesprochene drehte sich zu dem königlichen Bruder um und sah in das länglich ovale Gesicht des Duke of York mit der riesigen, scharf geschnittenen und spitzen Nase, ein Erkennungsmerkmal aller aus dem Hause Stuart.

»Mylord, sie ist verheiratet!«, versuchte er, den Kelch noch abzuwenden, den Marie-Claire wohl bis zur Neige würde leeren müssen, wenn ihm das nicht gelang.

»Und?« Der Duke zeigte sich in keiner Weise beeindruckt. »Das sind meine Mätressen meist, und es ist ihren Männern eine Ehre, wenn ich das Bett mit ihren Frauen teile. Im Gegensatz zu dem kleinen Offizier handelt es sich dabei allerdings um Herzöge und Grafen.«

Crispe seufzte schwer. Ob der Duke wusste, was seine gegenwärtige Favoritin Catherine Sedley, die Countess of Dorchester, über ihn sagte und was die Spatzen in London von den Dächern pfiffen?

»Ich weiß nicht, was er an mir findet. Meine Schönheit ist es nicht, denn er muss ja sehen, dass ich keine besitze. Und mein

Verstand ist es auch nicht, denn er hat nicht genug, um den meinen zu erkennen.«

Letzterem konnte sich Crispe auf der Stelle anschließen, doch sagen durfte er das natürlich auf gar keinen Fall. Nicht einmal denken, wollte er seinen Kopf auf den Schultern behalten.

»Königliche Hoheit, mit Männern aus dem Volk ist es viel schwieriger als mit denen aus den Kreisen des Hochadels«, versuchte er zu erklären. »Sie erkennen oft die Gewährung der Gunst nicht und neigen zu unvorhergesehenen Reaktionen. Der Gemahl der jungen Frau, die Ihr begehrt, gilt als äußerst jähzornig und unbeherrscht. Ich will gar nicht wissen, wozu er sich womöglich hinreißen lässt, erfährt er von Eurem Verlangen nach seiner Frau. Wenn es überhaupt dazu kommen sollte, dass Ihr ihr beiwohnt, dann muss das in aller Diskretion und Geheimhaltung erfolgen. Ansonsten kann ich für nichts garantieren!«

»Papperlapapp, Crispe! Ich will davon gar nichts hören, versteht Ihr? Löst das Problem, wie auch immer Ihr wollt. Falls nicht, könnt Ihr mich einmal sehr ungnädig erleben! Ihr wollt doch nicht ernsthaft, dass ich Euch und vielleicht auch der Company meine Gunst entziehe? Nur, weil Ihr nicht in der Lage seid, mir einen kleinen Gefallen zu erweisen? Überlegt Euch das gut und lasst Euch besser etwas einfallen, wie Ihr meinem Wunsch nachkommen könnt. Ansonsten bin vielleicht ICH es, der für nichts garantieren kann. Es handelt sich doch nur um eine Frau, noch dazu um eine bürgerliche. Bestecht sie mit Schmuck, schönen Kleidern, was auch immer. Aber kommt auf keinen Fall auf die Idee, mir ein Holzbrett ins Bett zu legen! Wenn ich schon eine derartige Schönheit in den Armen halte, dann möchte ich auch eine willige und laszive Geliebte haben, die mit großer Leidenschaft bei der Sache ist, verstanden? Ihr habt ja noch genügend Zeit, sie darauf vorzubereiten. Doch erledigt Eure Aufgabe gut und zu meiner Zufriedenheit, rate ich Euch. Habe ich mich klar und verständlich genug für Euch ausgedrückt?«

»Völlig unmissverständlich, Mylord«, entgegnete Crispe und verbeugte sich, wobei er schon darüber nachdachte, wie er das Marie-Claire klarmachen sollte. Billig würde es mit Sicherheit nicht werden, und Schmuck und Kleider auf keinen Fall ausreichen, wie der Duke sich das vorstellte, wenn sie sich ihm hingab. Eher würde sie wohl für ihren Mann, für den sie das ausschließlich täte, einen Gesellschafterposten im Aufsichtsrat der Company fordern. Crispe kannte schließlich die Maßlosigkeit seiner Geliebten in jedweder Hinsicht. »Ich werde natürlich mein Bestes geben, damit Ihr nicht enttäuscht werdet, Königliche Hoheit.«

»Das will ich für uns beide hoffen, Mann«, meinte James, jetzt wieder leutselig, und klopfte Crispe auf die Schulter. »Ich verlasse Euch jetzt und vertraue gleichzeitig auf Euch. So wie bei den Geschäften, die Ihr ja ebenfalls zu meiner vollen Zufriedenheit führt. Also bis bald, und behaltet meinen Wunsch besser im Auge, wenn Ihr die Geschäfte der Company weiterführen wollt.«

Mit diesen Worten entschwand der Duke of York und ließ einen völlig konsternierten Hauptgeschäftsführer zurück, der sich erst einmal setzen musste, um darüber nachzudenken, wie er das, was der Bruder des Königs wollte, Marie-Claire vermitteln sollte. Und vor allem, wie man die Angelegenheit vor deren Mann verbergen konnte. Crispe war völlig klar, dass Bannister womöglich ein Massaker verübte, erfuhr er von den Liebschaften seiner Frau. Und dabei würde dieses hünenhafte Raubein sicher nicht vor Mord und Totschlag zurückschrecken. Auch nicht vor dem an einem Mitglied der königlichen Familie, selbst wenn ihn dies das Leben kostete. Das galt es natürlich unter allen Umständen zu verhindern, und deshalb musste Marie-Claires Gemahl so schnell wie möglich wieder hinaus auf See. Am besten, er segelte in weit entfernten Gewässern, wenn der Duke of York aus Frankreich zurückkehrte. An der Beförderung von Jack Bannister zum Captain der *Golden Fleece* führte damit wohl kein Weg mehr vorbei. Ganz gleich, was die Untersuchung zum Tod von Charles Johnson zutage förderte.

Marie-Claire, die auf Jack saß und ihn hingebungsvoll ritt, bog im Moment größter Ekstase ihren Rücken durch, stöhnte voller Lust und stieß mit ihrem Schoß gegen ihren Mann, der tief in ihr steckte und sich bei ihrem gemeinsamen Höhepunkt in ihr ergoss. Dann warf sie sich auf ihn, presste ihn ganz fest an sich, während ihr langes, duftendes Haar ihn umflutete, und bedeckte ihn mit unzähligen Küssen. Jacks Herz raste, und sein Atem ging schnell von der Anstrengung, denn Marie-Claire hatte ihn wieder einmal hart gefordert und bis an die Grenzen seiner männlichen Leistungsfähigkeit getrieben.

»Ich liebe dich, nur dich«, hauchte sie in sein Ohr. »Vergiss das niemals! Ich bin so überglücklich, dass du heil und gesund zu mir zurückgekehrt bist. Glaub mir, ich wäre gestorben, hätte die Kugel dich statt Johnson getroffen! Meine Gedanken waren die ganze Zeit nur bei dir. Sag, war diese Liebesnacht nicht das Warten wert? Hast du dich nach mir ebenso verzehrt wie ich mich nach dir?«

»Was hast du gesagt?«, fragte Jack, dem gerade die Augen zufielen und der schläfrig und immer noch durchströmt war von der Wonne und Wärme des Liebesspiels. »Ich habe es nicht so recht verstanden. Wiederhole es bitte noch einmal, mein Liebling. Ich lag wohl gerade schon in Morpheus' Armen.«

»Du Schuft!«, fuhr Marie-Claire ihren Mann scherzhaft an und schlug ihm leicht auf die Wange. »Liegst in den meinen und denkst an einen anderen. Noch dazu an einen Mann! Sag, habt ihr drei Lieutenants es etwa in der Enge eurer Kabine miteinander getrieben? Hast du deshalb keine Heckkajüte abbekommen, weil der Captain eure frivolen Spielchen nicht stören wollte?«

Jack rollte sich auf die Seite, stützte sich auf seinen Ellenbogen und sah grinsend auf seine Frau herab. Sie trug nichts außer den Perlen, die er ihr aus Jamaica mitgebracht und ihn ein Vermögen gekostet hatten. Er hatte lange überlegt und gerechnet, ob er sich den Schmuck überhaupt leisten konnte und sie nach seiner Rückkehr wegen seiner Maßlosigkeit zu Hause nicht Hunger leiden müssten, bis wieder Heuer gezahlt wurde. Doch dann hatte er sich doch zu dem Kauf entschlossen und überlegt, dass sie schon über die Runden kommen würden, wenn sie in diesem Fall das Collier verkauften, das Crispe seiner Frau zur Hochzeit geschenkt hatte und an dessen Anblick er sich seither stets störte.

Von Francis Drake hieß es, dass er sowohl seiner Königin wie auch seiner Frau Perlen von seinen Raubzügen aus der Karibik mitgebracht hatte. Elizabeth I. trug sie dann zum Empfang des spanischen Botschafters, was diesen, der um ihre Herkunft wusste, fast zur Weißglut brachte. Drakes Frau hingegen hatte ihre Perlen den Gerüchten nach nur im Bett angelegt, um die Königin nicht zu provozieren, die sehr eifersüchtig sein konnte. Und auch Jack genoss es überaus, Marie-Claire so geschmückt zu sehen, denn die Perlen glänzten im Licht der Kerzen verführerisch und im Wettstreit mit ihrem goldenen Haar.

»Das glaubst du doch nicht im Ernst, oder?«, fragte er seine Frau. »Habe ich dir nicht gerade eben erst bewiesen, wie sehr ich dich liebe, wie sehr ich dich begehre? Es hat keinen Augenblick während der ganzen Reise gegeben, in dem ich nicht an dich gedacht habe und daran, was wir miteinander tun würden, wenn ich erst wieder zurück bin. Marie-Claire, du bedeutest mir alles auf dieser Welt! Ich liebe jeden Zoll an dir, jedes Haar, sei es auf deinem Kopf oder in deinem Schoß. Deine Lippen, die Grübchen um deinen Mund, deine blauen Augen, die Zartheit deiner Haut, deinen Duft – und ganz besonders das hier.«

Jack umfasste mit seiner linken Hand eine Brust seiner Frau, beugte sich hinab und begann, an der Brustwarze zu saugen.

Oh, wie er es liebte, wenn diese Knospen unter den Liebkosungen seiner Lippen hart wurden! Aber noch lieber würde er es sehen, wenn ein kleines Kind an seiner Stelle wäre und aus der Mutterbrust trinken würde, während er ihm gleichzeitig über das Köpfchen strich. Nun, sie hatten in den letzten Tagen und Nächten jedenfalls eine Menge dafür getan, damit sein Wunsch, der nach Marie-Claires Bekunden auch der ihre war, in Erfüllung gehen konnte.

»Ach, das sagst du bestimmt zu all deinen Frauen«, meldete sich Marie-Claire nach einem Moment des Genießens zu Wort, entzog sich den Zärtlichkeiten ihres Mannes und gab die Schmollende.

Jack runzelte die Stirn.

»Wie meinst du das?«, fragte er dann leicht irritiert. »Glaub mir, es gibt keine andere außer dir, das schwöre ich dir bei meinem Leben. Und schon gar keinen Mann, dessen kannst du dir ganz sicher sein«, versuchte Jack sich an einem Scherz.

»Wirklich nicht? Nach allem, was man von euch Seeleuten so hört, müsstest du dann ja geradezu ein Heiliger sein. Es gehört schließlich zu eurem Lebensstil, eine Frau zu Hause zu haben – und in jedem Hafen eine weitere. Ich weiß noch nicht einmal, ob ich dir das wirklich verübeln könnte, solange mir dein Herz gehört. Meine Mutter hat es meinem Vater auch nicht nachgetragen, wie sie mir einmal erzählte, und sie führen bis heute eine lange, glückliche Ehe.«

»Sag mal, Marie-Claire, was willst du mir da unterstellen?« Jack war jetzt hellwach und setzte sich auf. »Es interessiert mich nicht, was dein Vater tut, ist er fern von zu Hause, und wie deine Mutter dazu steht. Ich kann für mich nur noch einmal wiederholen: Es gibt in meinem Leben keine andere Frau außer dir! Mein Herz, mein Körper, meine Seele gehören nur dir!«

Während Jack das sagte, keimte plötzlich ein fürchterlicher Verdacht in ihm auf. Warum hackte seine Frau plötzlich nach einer derart leidenschaftlichen Liebesnacht so auf seiner Treue herum? Auf einmal griffen Unsicherheit und auch Angst nach seinem Herzen.

»Und wie ist es mit dir, Marie-Claire?«, fragte er mit belegter Stimme. »Warst du mir denn in den Monaten meiner Abwesenheit immer treu? Schließlich bist du eine wunderschöne Frau, und Versuchungen wird es bestimmt viele gegeben haben.«

Es gab eine kurze Pause, bevor Marie-Claire antwortete, und das verunsicherte Jack noch mehr.

»Natürlich war ich das, wofür hältst du mich? Für eine Hafenhure, für eine läufige Hündin?«

Jack glaubte, dass ihm sein Herz gleich stehen bliebe, denn irgendetwas in Marie-Claires Tonfall ließ ihn stutzen.

»Schau mir in die Augen und sag mir die Wahrheit«, fuhr er seine Frau an. »Wenn du mir unterstellst, dass Seeleute in jedem Hafen eine Braut haben, muss es schließlich auch eine holde Weiblichkeit geben, die sich ihnen hingibt. Und das sind, so viel weiß sogar ich, nicht nur Huren.«

»Ach ja, und woher willst du das wissen?«, giftete Marie-Claire zurück. »Ich sage die Wahrheit! Ich bin dir so treu, wie eine liebende Frau nur treu sein kann. Das sollte dir als Antwort genügen, wenn du mich wirklich liebst, wie du behauptest.«

Jack sah seine Frau lange an und forschte in ihren Augen, ob er dort eine Spur von Verrat erkennen konnte.

»Wenn ich denken müsste, dass du mir während meiner langen Abwesenheit untreu wärst, Marie-Claire, würde mir das Herz in tausend kleine Teile zerspringen, und ich könnte nie wieder einem Menschen auf dieser Welt vertrauen«, meinte er dann. »Ich liebe dich so unendlich, das glaubst du gar nicht. Ich könnte nicht weiterleben ohne dich! Doch wenn ich annehmen müsste, dass ein anderer Mann bei dir gelegen hat, so wie ich jetzt … Dass ein anderer Mann dich …« Jack konnte es nicht aussprechen, zu schmerzlich war der Gedanke. Ihm zog sich der Magen zusammen, und er glaubte, dass er sich gleich übergeben müsste, gelang es ihm nicht, das Gefühl, das von ihm Besitz ergriffen hatte, zu unterdrücken.

Marie-Claire merkte das wohl, richtete sich rasch ebenfalls in eine sitzende Position auf und schlang ihre Arme ganz fest um ihren Mann. Sie drückte ihn an ihre Brust und begann, ihn wie ein kleines Kind zu wiegen. Ihr war bewusst, dass sie ihn ganz schnell auf andere Gedanken bringen musste, sonst konnte die Nacht, die so traumhaft begonnen hatte, noch in einer furchtbaren Katastrophe enden.

»Ich liebe dich, nur dich, das habe ich dir doch schon so oft gesagt«, meinte sie besänftigend. »Worüber streiten wir eigentlich? Niemand hat hier während deiner Abwesenheit in diesem Bett bei mir gelegen! Das schwöre ich dir gern bei meinem Leben, wenn du darauf bestehst.« Marie-Claire sprach mit dem Brustton der Überzeugung, der Jack beruhigte, denn sie würde ja gewiss keinen Meineid leisten. Hoffte er zumindest.

»Aber lass uns doch besser die aus unbegründeter Eifersucht heraus geborenen, trüben Gedanken verscheuchen und von etwas anderem sprechen«, fuhr die junge Frau fort, ganz so, als hätte es gerade keinerlei Unstimmigkeit zwischen ihnen gegeben. »Jetzt, nachdem Johnson tot ist, müssen sie dir doch seinen Posten anbieten, oder? Du kennst schließlich das Schiff am besten, dir sind die Routen nach Westafrika und in die Karibik vertraut, und du bist den Piraten davongesegelt! Was also könnte noch dagegensprechen, dich zum Captain zu befördern und dir die *Golden Fleece* anzuvertrauen?«

»Eine ganze Menge«, entgegnete Jack müde, der nur noch schlafen wollte. »Sie untersuchen noch immer Johnsons Tod, der Gouverneur von Jamaica hat, warum auch immer, keine hohe Meinung von mir, und es gibt Hunderte von Navy-Kapitänen auf Halbsold, die für das Kommando morden würden. Ich bin morgen ins Hauptbüro der Company zu Nicholas Crispe bestellt. Nach dem Gespräch werden wir bestimmt mehr wissen.«

Mit diesen Worten ließ Jack sich zurück in die Kissen gleiten und schloss die Augen. Er spürte noch, wie seine Frau ihn zärtlich auf den Mund küsste und ihren Kopf an seine Schulter bettete, dann war er auch schon eingeschlafen.

Am nächsten Morgen fand sich Jack pünktlich im Trinity House ein, ohne zu ahnen, dass seine Frau hier in seiner Abwesenheit des Öfteren zu Gast war. Ihm gegenüber hatte sie nur ein oder zwei Besuche bei Mrs Crispe erwähnt und darüber so unverfänglich gesprochen, dass ihr Mann beim besten Willen keinen Verdacht schöpfen konnte.

Ein Lakai geleitete Jack, der dem Anlass entsprechend seine besten Kleider angelegt hatte, zu den im hinteren Teil gelegenen Geschäftsräumen des Hauses, das eigentlich schon ein mittlerer Palast war, und ließ ihn in einem Vorzimmer Platz nehmen. Aus Crispes Arbeitszimmer hörte er Stimmen, konnte aber den Wortlaut nicht vernehmen. Und es wäre ihm unwürdig vorgekommen, hätte er versucht, etwas zu erlauschen. Man ließ ihn ebenso wie in Port Royal warten, doch das gehörte zum guten Ton zwischen Hoch- und Niedriggestellten und war Jack mittlerweile auch gewohnt. Seinen schriftlichen Bericht über die Zeit, in der er das Kommando über die *Golden Fleece* innegehabt hatte, hatte er schon vor Tagen verfasst und abgegeben. Jetzt war er gespannt, ob sich für die Company daraus Fragen ergeben würden und wenn ja, welche. Und natürlich, welches Schicksal ihm zugedacht war, und ob man ihm eventuell einen Vorwurf aus dem Tod von Captain Johnson machen würde.

Die Zeit schlich quälend langsam dahin, dann war im Arbeitszimmer Gelächter zu hören. Gleich darauf bimmelte eine Glocke, und wie aus dem Nichts erschien der Lakai, verschwand durch die Tür, war aber im nächsten Augenblick schon wieder zurück und bedeutete Jack einzutreten.

»Ah, Mr Bannister, schön, dass Ihr es einrichten konntet«,

hörte er Nicholas Crispe sagen, der sich leutselig gab. »Ich hoffe, Ihr musstet nicht zu lange warten und vermisst nicht schon jetzt Eure zauberhafte Gemahlin.«

Jack kam die Galle ob des gönnerhaften Tons hoch, und er wünschte sich über alle Maßen, einem solchen Schnösel, wie es Crispe in seinen Augen war, einmal die passende Antwort geben zu können. Natürlich hatte er über Gebühr warten müssen, fast zwei Stunden, und es wären ihm tausend Dinge eingefallen, die er währenddessen hätte tun können. Zum Beispiel mit Marie-Claire am Arm durch Deptford flanieren und sich an ihrer Gegenwart erfreuen, genau, wie der Geschäftsführer der Company es süffisant angemerkt hatte. Aber da dieser die Macht besaß, über sein weiteres Fortkommen zu entscheiden, und auch die Untersuchung bezüglich Charles Johnson leitete, verkniff er sich natürlich jede übergriffige Bemerkung.

»Es ist mir eine Ehre, von Euch empfangen zu werden, Sir«, erwiderte er stattdessen und verbeugte sich leicht. Er hoffte, dabei das richtige Maß zwischen devot, was er auf keinen Fall sein wollte, und höflich gefunden zu haben. Dann wandte Jack sich dem zweiten Anwesenden im Raum zu und begrüßte ihn mit den Worten: »John, sehr erfreut, Euch zu sehen.«

Harris, heute ganz offiziell in die Uniform eines Linienschiff-Captains der Royal Navy gekleidet, saß mit seinem üblichen, leicht spöttischen Lächeln auf den Lippen in einem bequemen Sessel und nickte freundlich zurück.

»Ganz meinerseits, Jack«, meinte er dann trocken und widmete sich wieder seinem Sherry.

Crispe hatte den kurzen Wortwechsel aufmerksam verfolgt, seine Schlüsse aus der freundlichen Begrüßung gezogen und daraufhin beschlossen, seine Strategie zu ändern.

»Nehmt doch Platz, Mr Bannister«, gab er sich zuckersüß und wies auf einen zweiten Sessel, der unweit seines Schreibtisches stand. »Auch einen Sherry?«

Bevor Jack mit Hinweis auf die frühe Tageszeit verneinen

konnte, klingelte Crispe schon mit dem silbernen Glöckchen, worauf der Lakai erschien und auf eine Handbewegung seines Herrn hin dem neuen Gast ein Glas einschenkte und es auf ein kleines Tischchen neben diesem stellte.

»Auf Eure glückliche Heimkehr und den Gewinn, den Ihr damit der Company beschert habt.« Crispe hob salutierend sein Glas, und die beiden anderen Männer taten es ihm gleich.

»Und natürlich auf den König und auch auf seinen Bruder, den Lord High Admiral und Schirmherr der Company«, ergänzte Harris.

»Cheers!«, sagten alle drei Männer daraufhin, hoben ihr Glas und tranken, wobei Jack nur an dem süßen Wein nippte, denn er wollte einen klaren Kopf behalten.

»Dann wollen wir doch jetzt zur Sache kommen«, begann Nicholas Crispe die Befragung. »Ihr habt einen sehr ausführlichen und guten Bericht abgeliefert, Mr Bannister, für den ich Euch danken möchte. Habt Ihr ihm eventuell noch etwas hinzuzufügen? Vielleicht Vorschläge zur weiteren Vorgehensweise der Company in Afrika oder zu den Segelrouten? Ich weiß, das wäre die Aufgabe von Captain Johnson gewesen, doch der weilt ja nun bedauerlicherweise nicht mehr unter uns. Sein Logbuch habe ich gelesen, doch es ist, nun, sagen wir einmal, sehr knapp gehalten.«

Jack war sich kurz unsicher, was er darauf antworten sollte, doch dann fasste er sich ein Herz und brachte das vor, was ihm schon lange auf dem Herzen lag.

»Sir, ich halte es für einen Fehler, bis zum Ende des Golfs von Guinea zu segeln, um dort Sklaven einzukaufen. Der Weg ist viel zu weit und kostet unnötig Zeit. Außerdem ist es schwer, sich aus dem Golf freizusegeln, und ein Teil der Vorräte und des Wassers werden dadurch schon verbraucht, bevor man überhaupt den eigentlichen Ozean erreicht. Deshalb sterben mehr Schwarze und auch Männer von der Besatzung auf der Überfahrt nach Westindien, was im anderen Falle vermeidbar wäre.«

»Nun, Captain Johnson hat immer gesagt, dass er mit König Sophonie gute Geschäfte machen und bei ihm günstig einkaufen kann«, warf Crispe ein. »Habt Ihr vielleicht einen besseren Vorschlag.«

»Bei allem Respekt vor dem Verstorbenen, Sir, aber ich glaube eher, dass die *Golden Fleece* bis zum Fluss Sanaga segeln musste, weil der Captain befürchtete, in eine Auseinandersetzung mit einer anderen Nation verwickelt zu werden«, antwortete Jack und hoffte, dabei nicht zu besserwisserisch zu klingen. »Ich denke aber, das wird sich auf die Dauer gar nicht vermeiden lassen.

Denn die Holländer, die Portugiesen und die Spanier haben sich schon an der gesamten Golfküste ausgebreitet und Stützpunkte und Faktoreien errichtet. Wir sind dort unten sogar auf Brandenburger getroffen, die genau das Gleiche zu tun im Sinn haben. Wenn England nicht abgehängt oder gar ganz aus dem Afrikahandel hinausgedrängt werden will, brauchen wir dringend ebenfalls befestigte Forts in dieser Region. Dort könnten ständige Händler neben Sklaven auch andere begehrte Waren einkaufen und die Schiffe der Company sie abholen und zu ihren jeweiligen Bestimmungsorten transportieren, ohne dass es zu langen Liegezeiten kommt.«

»Euch ist es vielleicht nicht bekannt, aber wir haben das zu einer Zeit, als mein Vater noch die Company leitete, bereits versucht«, gab Crispe zu bedenken. »Doch wir mussten die Stützpunkte wieder aufgeben, denn Weiße sterben da unten wie die Fliegen. Sie sind auf die Dauer für das Klima, die Hitze und die Moskitos einfach nicht geschaffen.«

»Sir, das ist mir durchaus bewusst, aber man hat vielleicht wie die Handelsgesellschaften aus anderen Ländern den Fehler gemacht, sich an Flussläufen auf dem Festland festzusetzen. Aber die enden meist in sumpfigen Lagunen, und dort ist, da habt Ihr völlig recht, das Klima wirklich schauderhaft und der Gesundheit nicht zuträglich. Deshalb befinden sich die meisten

Städte der Eingeborenen ja auch weit im trockenen Landesinneren. Doch dort eine Faktorei zu errichten, verbietet sich von selbst. Sie wäre zu weit vom Meer entfernt und Angriffen nahezu ungeschützt ausgesetzt.«

»Was schlagt Ihr stattdessen vor?«, schaltete sich Harris ein, beugte sich in seinem Sessel vor und sah Jack aufmerksam an.

»Einen Stützpunkt auf einer Insel vor der Küste zu errichten«, antwortete der Gefragte sofort. »Ich würde ja empfehlen, die Insel Fernando Póo gegenüber der Mündung des Sanaga zu besetzen. Aber sie liegt sehr weitab vom Schuss am Ende des Golfs. Doch ein solches Eiland müsste sich doch auch weiter westlich finden lassen. Wie dem südamerikanischen Festland sind auch der afrikanischen Küste zahlreiche Inseln vorgelagert. Und auf ihnen ist durch die ständigen Seewinde das Klima wesentlich besser als in den Lagunen der Flussmündungen. Wenn Ihr mir den Auftrag erteilen würdet, sehe ich mich gern dort unten um und nehme ein passendes Eiland für die Company in Besitz.«

»Langsam, langsam, junger Mann, so weit sind wir noch lange nicht«, wehrte Crispe ab. »Doch die Idee klingt gar nicht schlecht und scheint durchdacht zu sein. Ich frage mich nur, warum nicht schon andere vor Euch darauf gekommen sind?«

»Weil es immer ein erstes Mal gibt«, warf Harris lachend ein. »Sonst wäre doch auch ein Engländer vor Kolumbus nach Amerika gesegelt. Dass die Erde eine Kugel ist, hat man schließlich schon lange vor dem Genuesen gewusst. Aber er ist einfach losgesegelt und wird deshalb ewig unvergessen bleiben.«

Jack fand den Vergleich zwar etwas weit hergeholt, aber nicht ganz von der Hand zu weisen.

»Gut, ich werde darüber nachdenken«, stimmte Crispe zerstreut zu. »Doch jetzt zu etwas anderem. Warum habt Ihr Captain Johnson vor dem Angriff der Piraten in seiner Kajüte eingeschlossen? Und streitet es besser nicht ab, denn es gibt dafür

Zeugen, die ihre Aussage schon in Jamaica zu Protokoll gegeben und sie hier noch einmal wiederholt haben.«

Jack hatte die Frage befürchtet, aber doch kommen sehen und nächtelang darüber nachgegrübelt, wie er sie beantworten sollte. Doch jetzt, wo sie gestellt worden war, entschloss er sich schlicht und ergreifend dazu, die Wahrheit zu sagen. Und wenn es ihn den Kopf kosten sollte, aber eine Lüge würde ihn auch nicht retten.

»Sir, ich hatte auf Geheiß von Captain Johnson die ganze Reise über das Kommando über die *Golden Fleece*. Er hat sich nicht ein einziges Mal an Deck blicken lassen. Als ich ihn darüber informiert habe, dass in unserem Kielwasser zwei fremde Schiffe aufgetaucht waren, von denen man annehmen konnte, dass es sich um Freibeuter handelte, geriet er in Panik und befahl mir, die Flagge zu streichen und die *Golden Fleece* zu übergeben.«

Jack sah, wie Crispe und Harris sich verstohlene Blicke zuwarfen, was ihn nicht wirklich beruhigte, und fuhr fort.

»Ich beschwor den Captain, nicht ohne jede Gegenwehr die Flinte ins Korn zu werfen, würde der Company doch ein immenser Schaden entstehen, enterten uns die Piraten. Ein nahezu neues Schiff mit voller Ladung nebst der Besatzung, für die sie Lösegeld hätten fordern können, wäre ihnen in die Hände gefallen. Doch er ließ sich nicht umstimmen, obwohl es eine gute Chance gab, die beiden Holländer abzuwehren oder ihnen zu entkommen. Da habe ich Johnson niedergeschlagen, an seinem Stuhl festgebunden und eingeschlossen. Dass das sein Todesurteil war, konnte ich nicht ahnen und bin bereit, mich dafür zu verantworten.«

»Ihr wisst schon, dass er Euch wegen Befehlsverweigerung hätte hängen lassen können, hätte er überlebt?«, fragte Crispe lauernd.

Doch da sprang Harris auf und klopfte Jack anerkennend auf die Schulter.

»Ach was, wacker gehandelt, mein Freund«, sagte er und wandte sich dann dem Geschäftsführer zu. »Verzeiht, dass ich mich einmische, Mr Crispe, aber das war das einzig Vernünftige, was dieser Mann hier machen konnte. Ich jedenfalls hätte nicht anders gehandelt! Eine Dreißig-Kanonen-Galeone kampflos Piraten zu übergeben, ja, wo sind wir denn? Da könnte ja ebenso gut auch die Royal Navy vor ihnen die Flagge streichen! So weit kommt es noch! Man soll ja über Tote nichts Schlechtes sagen, aber Johnson war ein Feigling. Das wusste jeder, der mit ihm zu tun hatte. Geht bei der Auswahl Eurer Kapitäne besser etwas sorgfältiger vor, kann ich Euch nur raten. Wenn Ihr mich fragt, dann solltet Ihr diesen Mann hier besser belobigen, als ihm am Zeug zu flicken.

So, nun habe ich gesagt, was ich zu sagen hatte. Ihr müsst mich jetzt bitte entschuldigen, denn ich habe noch einiges zu tun, bevor ich mit meinem neuen Schiff auslaufen kann. Jack, gehabt Euch wohl und Glück auf Euren Wegen. Vielleicht kreuzen sie sich ja einmal wieder mit den meinen. Und Euch meine Verehrung, Mr Crispe.«

Harris verbeugte sich leicht, dann war er auch schon wie eine der schnell segelnden Fregatten, die er so liebte, entschwunden.

Nicholas Crispe lehnte sich in seinem Sessel zurück, tippte sich mit dem Zeigefinger der linken Hand mehrmals nachdenklich an die Wange, und als das Schweigen schier unerträglich wurde, wandte er sich an Jack, der die ganze Zeit über unruhig auf seiner Sitzgelegenheit hin und her gerutscht war.

»Nun denn, dann hätten wir also auch in dieser Angelegenheit Klarheit. Es war gut, dass Ihr, was den Tod von Johnson betrifft, nicht nach Ausflüchten gesucht habt, Mr Bannister. Über Euren Vorschlag bezüglich der Inbesitznahme einer Insel vor der afrikanischen Küste werde ich mir Gedanken machen, ihn mit den Gesellschaftern besprechen und Euch die getroffene Entscheidung wissen lassen. Euch erteile ich in der Zwischenzeit die Aufgabe, die Instandsetzung der *Golden Fleece* zu überwachen und dafür zu sorgen, dass das Schiff so schnell wie möglich wieder bereit zum Auslaufen ist. Das wäre dann alles für heute.«

Jack verstand die Worte als das, was sie waren: eine Aufforderung, sich zurückzuziehen. Zugegeben, er hatte sich mehr von dem Gespräch erhofft, aber vielleicht sollte er einfach damit zufrieden sein, dass man ihn wegen des Todes von Captain Johnson wohl nicht belangen würde. Er erhob sich, verneigte sich erneut leicht und wandte sich schon zum Gehen, als Crispe sich noch einmal zu Wort meldete.

»Ach übrigens, da wäre noch etwas«, sagte er, nahm ein Pergament von seinem Schreibtisch auf und hielt es Jack hin. »Vergesst Euer Patent nicht, Captain Bannister.«

2. KAPITEL
VERSAILLES / PARIS, 1682

Sire, mein Bruder ist etwas beunruhigt über den verstärkten Ausbau der französischen Flotte«, sprach James, der Duke of York, das dringendste Problem seiner Verhandlungen an. Denn hatte Frankreich vor zwanzig Jahren gerade einmal über zwei Kriegsschiffe verfügt, war seine Flotte nunmehr fast so groß wie die von England, ein Umstand, den man auf der anderen Seite des Kanals natürlich mit großem Misstrauen beäugte.

James war zu einer Audienz im kleinen Kreis zu Louis XIV. in dessen gewaltige, außerhalb von Paris gelegene Residenz nach Versailles geladen worden, nachdem die Gespräche, die er größtenteils in der französischen Hauptstadt mit dessen Minister Colbert geführt hatte, ins Stocken geraten waren. Louis, den man seit einiger Zeit auch den Sonnenkönig nannte, und er kannten sich aus gemeinsamen Jugendtagen, die James ebenso wie sein Bruder Charles, heute König von England, nach dem Tod ihres Vaters auf dem Schafott im Exil in Frankreich verbracht hatten.

Später diente James sogar in der französischen Armee unter den Marschällen Turenne und Condé, die beide seine militärischen Fähigkeiten gelobt hatten. Erst nach dem Tod Oliver Cromwells und der Restauration der Monarchie in England war er an der Seite seines Bruders nach England zurückgekehrt, wo er versuchte, einen ebenso sorgenfreien wie ausschweifenden und dekadenten Lebensstil zu pflegen wie Philippe, der Bruder des Königs von Frankreich, den er zu seinen Freunden zählte. Obwohl schon mit zwanzig Jahren zum Herzog von Orléans erhoben, nannte man Philippe ausschließlich »Monsieur, der Bruder des Königs«. Er logierte nicht in Versailles, sondern war in Paris im Palais Royal verblieben, wo auch James auf seine Einladung hin mit seiner Gefolgschaft Quartier genommen hatte.

Philippe wurde von seinem Bruder allerdings bewusst von jeglichen Staatsgeschäften ferngehalten, während Charles versuchte, James so weit als möglich in diese einzubeziehen, was dem zwar einerseits schmeichelte, andererseits aber auch langweilte. Lieber frönte er wie Philippe den unzähligen Vergnügungen, die die französische Hauptstadt zu bieten hatte, auch wenn er dessen gleichgeschlechtliche Neigungen nicht teilte.

In erster Ehe war Louis' Bruder mit James' Schwester Henrietta verheiratet gewesen, was den Zusammenhalt und das Bündnis zwischen England und Frankreich nochmals hatte verstärken sollen. Doch die Ehe war natürlich keineswegs glücklich und Henrietta sogar zeitweise über den Kanal zurück nach England geflüchtet. Als sie sich dann doch überreden ließ, zu ihrem Gemahl zurückzukehren, starb sie wenige Tage später plötzlich unter unsagbaren Schmerzen, und seither hielt sich das Gerücht, dass sie vergiftet worden war. James, der seine Schwester durchaus geliebt hatte, hätte dies Philippe eigentlich verübeln müssen, doch der Herzog von Orléans wies erfolgreich alle Schuld von sich. Jetzt war er auf Geheiß seines Bruders mit Elisabeth Charlotte, Prinzessin von der Pfalz, die aber gemeinhin nur Liselotte genannt wurde, verheiratet.

Philippe hatte zwar mit beiden Frauen Kinder gezeugt und damit seiner Pflicht Genüge getan, doch es ging das Gerücht um, dass er sie grundsätzlich nur von hinten bestiegen und sich dabei vorgestellt hatte, in den Hintern eines unschuldigen Jünglings hineinzustoßen. Seine wahre Leidenschaft galt nun einmal muskulösen, maskulinen Männern, da er sich selbst eher als Frau sah und sich auch oft als solche herausputzte. Er trug wie in seiner Jugend noch immer gern weibliche Kleider, schminkte sich stark, und seine Perücken ähnelten eher denen der Damen des Hofes, als dass sie der männlichen Mode entsprachen. Bei seinem Bruder Louis rief dieses Verhalten allerdings abgrundtiefe Abscheu hervor, auch wenn er Philippes Treiben keinen Einhalt gebot. Die Gründe dafür lagen allerdings ausschließlich in der Staatsräson und hatten nichts mit geschwisterlicher Liebe zu tun, denn Mitglieder der königlichen Familie galten grundsätzlich als unangreifbar.

Mit der Akzeptanz seines gegenwärtigen Gesprächspartners hatte der Sonnenkönig ähnliche Probleme, kannte er doch zumindest vom Hörensagen dessen Lebenswandel. Deshalb verstand er auch nicht, warum Charles II. seinen Bruder mit einer derart heiklen Angelegenheit wie der Erneuerung des Bündnisses zwischen Frankreich und England betraut hatte. Allerdings schienen die Engländer gern auf familiäre Diplomatie zu setzen, denn der vor mehr als zehn Jahren geschlossene Geheimvertrag von Dover, in dem sich die beiden großen Länder gegen die kleinen Niederlande verschworen hatten, war auf Betreiben von Charles' Schwester Henrietta, der damaligen Gemahlin von Philippe, als Vermittlerin zustande gekommen.

»Ich kann diese BESORGNIS nicht nachvollziehen«, gab Louis süffisant zurück und hielt sich sein parfümiertes Spitzentaschentuch vor die Nase, denn wie vielen anderen war auch ihm der Geruch, der von James ausging, nahezu unerträglich. Was verwendeten die Engländer denn nur für die Herstellung ihrer Duftessenzen? Hammeltalg und Pferdekot? »Ist es nicht das gute Recht Frankreichs, nicht nur die stärkste Macht zu Lande, sondern auch zur See zu sein? Will England uns diesen Anspruch womöglich streitig machen? Lasst Euch gesagt sein, so wie mit Spanien vor hundert Jahren kann Eure Flotte mit der unseren jedenfalls nicht umspringen. Es ist Euch ja nicht einmal in drei Kriegen zur See gelungen, das kleine Holland vernichtend zu schlagen, während wir große Teile des Landes besetzt haben.«

Du arroganter Laffe, dachte James und hatte Mühe, an sich zu halten. *Der Grund dafür war doch nur, dass uns die fran-*

zösische Unterstützung zur See eher behindert als geholfen hat. Eins ist ganz sicher: Versucht ihr Franzosen womöglich eines Tages, über den Kanal zu setzen, werden wir euch ebenso vernichten wie einst die Spanische Armada. Da er das aber nicht sagen konnte, verklausulierte er seine nachfolgenden Worte, so gut es ging.

»Nun, auch England erhebt Ansprüche auf den Weltmeeren. Wir sollten uns als befreundete und verbündete Nationen daher besser nicht allzu oft in die Quere kommen, sondern eher versuchen, unsere Einflusssphären sorgfältig gegeneinander abzugrenzen. Sowohl in Westafrika wie auch in Westindien, doch wie mir als Lord High Admiral berichtet wurde, kam es bereits zu Zusammenstößen zwischen englischen und französischen Schiffen. Das sollte aber in Eurem wie in unserem Interesse besser vermieden werden, denn wie schnell kann sich aus einem kleinen Zwischenfall ein viel größerer Konflikt ergeben? Daran sollten doch weder Frankreich noch England interessiert sein! Oder seid Ihr anderer Meinung, Sire?«

»Im Grunde genommen nicht, aber was werft Ihr meinem Land eigentlich konkret vor, Mylord? Frankreich beteiligt sich kaum am Sklavenhandel mit den Kolonien in Westindien, obwohl Minister Colbert mir dringend zurät, den schwarzen Kontinent nicht außer Acht zu lassen und dort Stützpunkte und Faktoreien zu errichten. Aber das rentiert sich einfach nicht. Erst im vergangenen Jahr haben wir die Senegalkompanie auflösen müssen, weil sie mehr als eine Million Livres Schulden angehäuft hatte. Offenbar seid ihr Engländer in Afrika erfolgreicher, oder hat die Royal African Company womöglich mit ähnlichen Schwierigkeiten zu kämpfen? Und in Nordamerika befinden sich die Gebiete von Kanada und Louisiana, die wir zu kolonialisieren beabsichtigen, nördlich und südlich von den Euren.«

»Eben, Sire, und damit könnten die von England beanspruchten Kolonien in Nordamerika bei einem Angriff von

Euch in die Zange genommen werden. Unsere Siedler fühlen sich deshalb heute schon beunruhigt und nicht mehr nur von den Spaniern bedroht. In einem anderen Teil der Welt, in Indien, kam es bereits zu Zusammenstößen mit der East India Company, aber auch in Westindien baut Frankreich seinen Einfluss immer weiter aus. Besonders anstößig ist dabei, dass Euer Gouverneur auf Tortuga jedem Piraten einen Kaperbrief ausstellt, der einen haben will. Damit stehen diese Freibeuter unter Eurem persönlichen Schutz, selbst wenn sie englische Schiffe angreifen. Und das ist nicht nur einmal vorgekommen, wie unser Gouverneur auf Jamaica klagt.«

»Ebenso wie englische Piraten immer wieder französische Schiffe aufbringen. Auch mir liegen diesbezügliche Berichte vor. Und was, wenn ich Euch als Lord High Admiral danach fragen darf, tut die Royal Navy dagegen?«

»Nun, Sire, was immer sie vermag. Aber unser Einfluss in diesen Gewässern ist begrenzt. Gouverneur Thomas Lynch stehen neun Fregatten unter dem Kommando eines Vizeadmirals zur Verfügung, um das Seeräuberunwesen zu bekämpfen. Darf ich fragen, wie viele Flotteneinheiten Ihr diesbezüglich abgestellt habt?«

Sieh an, nur neun Schiffe, dachte Louis bei sich, der sich darüber wunderte, aber auch amüsierte, wie leichtfertig sein Gast hier Staatsgeheimnisse verriet. *Nicht gerade viel für dieses große Gebiet. Und auch nicht genug, um Jamaica zu schützen, wenn die Insel beherzt angegriffen wird. Vielleicht sollten wir einfach versuchen, die Engländer von dort zu vertreiben, anstatt uns auf Hispaniola mit den Spaniern herumzuschlagen.* Er würde das einmal in Ruhe mit Colbert erörtern müssen.

»Darüber besitze ich gegenwärtig keine genaue Kenntnis«, gab der Sonnenkönig gelangweilt zurück. »Aber ich werde mich gern kundig machen, wenn Ihr darauf besteht. Oder besser noch, Ihr fragt, wenn Ihr nach Paris zurückgekehrt seid, meinen Minister. Ich will Euch für heute auch nicht weiter aufhalten, Mylord. Mein Hofstaat erwartet mich. Ich habe versprochen, vor dem Neptunbrunnen als Sonnengott zu tanzen, und muss mich dafür noch herrichten lassen. Ihr habt sicher kein Interesse, der Vorstellung beizuwohnen, oder?«

Doch bevor James antworten konnte, dass es ihm eine große Ehre wäre, fuhr Louis, der den widerwärtigen Kerl auf keinen Fall länger in seiner Nähe haben wollte als unbedingt nötig, schon fort.

»Nicht? Nun denn. Hauptmann de Forbin, der Kommandeur der 1. Kompanie meiner königlichen Musketiere, wird Euch mit einer Eskorte nach Paris in das Palais Royal zurückgeleiten. Nur, damit Ihr mir unterwegs nicht verloren geht, mein Lieber. Und mich entschuldigt jetzt bitte, ich werde sicher schon sehnsüchtig erwartet.«

James sprang auf, um sich dem Hofzeremoniell entsprechend tief zu verneigen, da war der König mit seinem engsten Gefolge auch schon durch die Tür hinausgerauscht, die sich wie von Zauberhand geöffnet und vor ihm aufgetan hatte. Der Abgesandte Englands sah sich etwas unschlüssig um, da trat ein stämmiger Mann in der Uniform der königlichen Leibgarde der Musketiere auf ihn zu.

»Wenn Ihr mir bitte folgen wollt, Monsieur?« Der Chevalier de Forbin, der dem legendären und bei der Belagerung von Maastricht gefallenen Comte Charles d'Artagnan als Hauptmann der Musketiere nachgefolgt war, deutete eine Verbeugung an, die so knapp ausfiel, dass man sie gerade noch höflich nennen konnte.

»Aber ich wollte mir eigentlich lieber den Tanz des Königs ansehen«, wagte James einen Widerspruch, der aber rüde abgebügelt wurde.

»Ich hatte den Eindruck, der König wünscht das nicht. Eure Kutsche wartet. Bedenkt, der Weg nach Paris ist kein kurzer.«

Seufzend ergab sich James in sein Schicksal und hoffte nur, dass Philippe sich ihm gegenüber gastfreundlicher als sein

Bruder zeigen würde und wieder Zerstreuungen vorbereitet hatte, die an Frivolität kaum zu übertreffen waren. Wobei, hier in Versailles ging es diesbezüglich auch nicht gerade prüde zu, wie man sich an allen Höfen Europas erzählte.

Louis war zwar mit Maria Teresa von Spanien verheiratet, was ihm einerseits Frieden mit dem Erzfeind im Süden, andererseits auch einen Thronfolger und fünf weitere Kinder eingebracht hatte. Das hinderte ihn allerdings nicht daran, neben seinen Hauptmätressen auch noch unzählige andere Affären und Liebschaften zu unterhalten, die ebenfalls zahlreiche Kinder von ihm in die Welt setzten. Wer gegenwärtig die bevorzugte Favoritin des Königs war, wusste so recht niemand zu sagen. Vielleicht immer noch Madame de Montespan, obwohl es hieß, Louis wäre ihrer überdrüssig geworden? Oder doch eher die blutjunge Marie Angélique de Scoraille mit dem flammend roten Haar? Wobei man Louis auch immer häufiger in Gesellschaft von Françoise d'Aubigné, der Gouvernante seiner Kinder, sah. Ganz gleich, alle drei teilten unzweifelhaft das Bett mit dem König, vielleicht manchmal sogar gemeinsam, wenn sie nicht Platz für andere Gespielinnen wie Tänzerinnen, Schauspielerinnen und Kurtisanen machen mussten, nach denen es den Monarchen gerade gelüstete.

Philippe sollte James nicht enttäuschen, denn er hatte zum einen ein opulentes Festmahl herrichten lassen, zum anderen auch zahlreiche Freunde und Freundinnen eingeladen. Die Gemächer seiner Gemahlin im Palais Royal befanden sich weit entfernt von den seinen, sodass Liselotte von den fast täglich stattfindenden Gelagen und Ausschweifungen nicht gestört wurde, auch wenn sie natürlich davon wusste.

Der Wein floss in Strömen, und schon bald fielen alle Hemmungen. Der Großteil der von Philippe geladenen, männlichen Gäste gehörte einer geheimen Bruderschaft an, deren Erkennungszeichen eine kleine bronzene Figur war. Sie stellte einen vermummten Soldaten dar, der mit seinen Stiefeln eine Frau in den Staub trat, ganz nach dem Motto: Da gehören die Weiber hin!

Allen war gemein, dass sie sich eher zum eigenen als zum weiblichen Geschlecht hingezogen fühlten, auch wenn die meisten von ihnen der guten Form halber verheiratet waren. Aber ihre Frauen waren nur zu bedauern. Die Beherzteren von ihnen nahmen sich selbst Liebhaber und warfen ihren Männern die Tür vor der Nase zu, gedachten diese, sie einmal und meist in volltrunkenem Zustand zu beehren. Die schwächeren und fügsamen Gemahlinnen hatten allerdings schwer unter ihren oftmals auch gewalttätigen Gatten zu leiden und ein bemitleidenswertes Schicksal.

James teilte zwar die homosexuellen Neigungen seines Gastgebers nicht, doch beobachtete er interessiert und auch amüsiert, wie hier im Bankettsaal in aller Offenheit Männer miteinander kopulierten und auch auf andere Weise Verkehr miteinander hatten. Zwischen Philippes Beinen, der seine Hosen bis auf die Knöchel heruntergezogen hatte, kniete sein Namensvetter Philippe de Lorraine, der Sohn eines der angesehensten Heerführer Frankreichs, und befriedigte seinen Gönner.

Andere aus der Bruderschaft jagten einen jungen Mann durch den Saal, einen Waffelbäcker, den sie einfach auf der Straße aufgegriffen hatten, weil er sich durch eine knabenhafte Figur und ein hübsches Gesicht auszeichnete. Jeder, der ihn mithilfe seiner Kumpane einfing, verging sich danach auf die abstoßendste Weise an dem armen Opfer, ohne auf dessen Flehen und Bitten zu hören. Irgendwann lag der bedauernswerte Jüngling regungslos in einer Ecke und rührte sich nicht mehr. James erfuhr am nächsten Tag eher zufällig, dass er wohl an den ihm zugefügten Verletzungen innerlich verblutet war, denn die Schänder hatten ihn mit allem penetriert, dessen sie habhaft geworden waren, wozu auch Gehstöcke und Schürhaken gehörten. Aber was zählte schon das Leben eines Bürgerlichen, wenn man Spaß haben konnte? Schließlich, so die einhellige Meinung aller geladenen Gäste, war man von Adel und stand damit weit über dem gemeinen Volk, das man grundsätzlich nur als Pöbel bezeichnete und verachtete.

Da Philippe wusste, dass James seine Neigungen nicht teilte, hatte er auch einige Damen eingeladen, die sich an dem Geschehen nicht störten und einen ebenso freizügigen Lebenswandel bevorzugten wie er. Zu ihnen zählte auch Charlotte de Gramont, die Fürstin von Monaco und Haushofmeisterin seiner Gemahlin. Sie wiederum liebte vorrangig Frauen, und Philippe hätte nichts dagegen gehabt – und dies der Fürstin auch zu verstehen gegeben –, wenn diese seine ihm Angetraute verführt und in die Schönheiten der lesbischen Liebe eingeführt hätte. Doch Liselotte widersetzte sich allen diesbezüglichen Avancen und ließ die Fürstin stets eiskalt abblitzen, wenn sie sich ihr frivol näherte.

Im Gefolge der Haushofmeisterin befanden sich zahlreiche Zofen und auch Kurtisanen aus den besten Bordellen von Paris, die den Anwesenden im Bankettsaal des Palais Royal nur allzu gern zu Willen waren.

Eine von ihnen saß auf dem Schoß des Duke of York. Während dieser sie hingebungsvoll vögelte, stieß sie ihm ihrerseits ihre Zunge in den Hals, sodass sie gleich doppelt miteinander verbunden waren. Aber die erfahrene Liebesdienerin wusste, dass man den Akt möglichst lange hinauszögerte, sollte er für den Mann besonders befriedigend sein, und gönnte ihrem Galan deshalb die eine oder andere Pause, in der dieser beobachten konnte, was Monsieur, der Bruder des Königs, und sein Geliebter, der Chevalier de Lorraine, der als der schönste Mann Frankreichs galt, miteinander anstellten.

»Nun, keine Lust, auch einmal einen jungen Burschen auszuprobieren, Schwager?«, wandte sich Philippe an seinen Gast. »Vielleicht ringe ich mich dann sogar dazu durch, dir für deinen ersten Versuch den Chevalier abzutreten. Natürlich nur, wenn dieser es will. Wie wär's, mein Lieber«, wandte er sich an Lorraine, »möchtest du nicht einmal meinen verehrten Gast mit deinen Künsten und erotischen Fähigkeiten beglücken?«

Philippe de Lorraine, der gerade den Mund voll hatte, konnte nicht unmittelbar antworten, und so kam James ihm zuvor.

»Nein danke, Schwager, kein Bedarf«, meinte er lachend. »Ich bleibe lieber bei den Damen und überlasse die Männer dir. Allerdings muss ich zugeben, dass eure Pariser Kurtisanen wirklich einsame Spitze sind und die Londoner Dirnen weit in den Schatten stellen. Pass nur auf, dass ich dir nicht ein paar Dutzend von ihnen entführe! Wobei, lieber nicht, denn dann wäre ich bestimmt in ihrem Etablissement Stammgast, und das würde meinen Bruder alles andere als erfreuen.«

»Genauso wie Louis Anstoß an meinem Lebenswandel nimmt, der alte Heuchler«, gab Philippe lachend zurück. »Wir sind schon geschlagen mit unseren Brüdern, nicht wahr? Aber wenn dir die Hure auf deinem Schoß schon so gut gefällt, dass du von ihr schwärmst, dann stelle ich dir morgen einmal Marie Angélique, eine Ehrendame meiner Frau, vor. Sie ist zwar geistig etwas beschränkt und war deshalb auch nur kurzfristig die Mätresse meines Herrn Bruders, der nach dem Akt geistvolle Konversation schätzt, aber ihre Schönheit übertrifft bei Weitem alles, was man bisher in Paris, in Versailles, ja, in ganz Frankreich gesehen hat. Ich wette, ihre strahlende Erscheinung mit dem feuerroten Haar wird auch dich begeistern, da bin ich mir ganz sicher.«

James war genügend Patriot, um die schwärmerische Begeisterung seines Schwagers für französische Frauen im Allgemeinen und die für Marie Angélique im Besonderen nicht unerwidert zu lassen.

»Glaub mir, Philippe, auch in England gibt es wahre Schönheiten. Unlängst erst habe ich eine gesehen, die alles, was mir bisher über den Weg gelaufen ist, glatt in den Schatten gestellt hat. Das Haar wie Seide und von der Farbe hellen Honigs, blaue Augen, eine Figur zum Niederknien, und ein Lächeln und ein Augenaufschlag, der einen um den Verstand bringen kann. Leider musste ich, kurz nachdem ich sie im Haus des Geschäftsführers der Royal African Company erblickt habe, abreisen, um diese langweiligen Verhandlungen mit deinem Bruder, beziehungsweise mit seinem arroganten und überheblichen Minister Colbert zu führen, den die Hölle verschlingen möge. Was sich Bürgerliche heutzutage alles so herausnehmen dürfen, einfach unfassbar. Du solltest einmal hören, wie dieser Emporkömmling mit mir spricht! Aber sobald ich zurück in England bin, werde ich für meine Leiden entschädigt werden, denn ich erwarte von meinem Geschäftsführer, dass er mir dieses göttliche Geschöpf zuführt. Das habe ich ihm unmissverständlich zu verstehen gegeben.«

»Du bist der Bruder des Königs, das allein dürfte doch wohl genügen und für sich sprechen«, meinte Philippe und stöhnte laut auf, da er in diesem Moment den Gipfel der Glückseligkeit erklommen hatte. »Ist sie von Adel?«, fragte er dann, nachdem sein Atem wieder ruhiger ging.

»Nein, eine Bürgerliche«, antwortete James, auf dessen Schoß zwischenzeitlich die Kurtisane ihren Ritt wieder aufgenommen hatte. »Und noch dazu verheiratet.«

»Umso besser«, erwiderte Philippe. »Dann gibt es wenigstens keine Schwierigkeiten. Und nun komm, Schwager, stoß mit mir an. Lass uns trinken und den Abend genießen, die Nacht ist schließlich noch jung.«

3. KAPITEL
LONDON, 1682

Nein habe ich gesagt!«

Aufgebracht lief Nicholas Crispe mit auf dem Rücken verschränkten Händen hinter seinem Schreibtisch auf und ab, vor dem der junge Mann stand, den er erst unlängst zum Captain des wohl besten Schiffes der Company befördert hatte, und der es ihm nun dadurch dankte, dass er eine Forderung nach der anderen stellte.

»Sir, bei allem nötigen Respekt, aber Mr Mission kann mich nicht ausstehen. Das hat er während der letzten Reise mehrfach zum Ausdruck gebracht und meine Entscheidungen nicht nur einmal sabotiert. Von der Hinterfragung so gut wie jeden Befehls ganz zu schweigen. Wenn er der Erste Offizier der *Golden Fleece* und damit mein Stellvertreter werden soll, weiß ich schon jetzt, dass Zwist und Hader an Bord herrschen werden. Das kann nicht im Interesse der Company und auch nicht im Sinn einer geordneten und effizienten Schiffsführung sein.«

»Ich will Euch einmal etwas sagen, Mr Bannister.« Crispe baute sich vor dem Angesprochenen auf, musste aber den Kopf leicht in den Nacken legen, um ihm in die Augen blicken zu können. »Captain zu sein, bedeutet nicht nur, ein Schiff navigieren zu können, sondern auch, ein Meister der Menschenführung zu sein. Wenn Ihr das nicht leisten könnt, dann seid Ihr fehl an dieser Position, und ich sollte meine Entscheidung bezüglich Eurer Ernennung besser noch einmal überdenken. Da Ihr selbst zugegeben habt, nicht viel vom An- und Verkauf von Sklaven zu verstehen, und Euch gemäß des Logbuchs daran auf der letzten Fahrt auch nicht beteiligt habt, wird Mr Mission diesen Part übernehmen. Schließlich segelt Ihr nicht zu Eurem Vergnügen, sondern um die Gewinne der Company zu mehren. Ich will darüber kein weiteres Wort mehr hören!«

Jack schluckte schwer, aber er wusste, wann er verloren hatte. Auf keinen Fall wollte er allerdings Mission neben sich in der Heckkabine haben. Diesbezüglich würde er sich etwas einfallen lassen müssen, wusste aber noch nicht, was, da er bis jetzt gehofft hatte, dass der Kelch doch noch an ihm vorübergehen würde.

»Aye, Sir«, lautete auch deshalb seine Antwort, aber es gab noch mehr zu besprechen, und er hoffte, sich in diesen Dingen besser durchsetzen zu können. »Darf ich fragen, wie Ihr bezüglich der Ernennung von William Lewis zum Dritten Offizier entschieden habt? Schließlich hat er seine Prüfung zum Lieutenant mit Bravour bestanden, während Midshipman Cornelius mit Pauken und Trompeten durch das Examen gerasselt ist.«

»Und Ihr meint, dass es kein böses Blut gibt, wenn ein jüngerer Mann in der Rangfolge an einem älteren Schiffskameraden vorbeizieht?«, fragte Crispe lauernd. »Sollen wir Lewis nicht besser auf ein anderes Schiff versetzen, damit er nicht ständig mit seinem ehemaligen Gefährten aneinandergerät, weil er diesem jetzt vorgesetzt ist?«

»Dann wäre ich eher für eine Versetzung von Cornelius«, erwiderte Jack. »Er hätte sich nur ein wenig mehr anstrengen müssen, dann wäre er heute ebenfalls Lieutenant. Aber ich brauche Lewis an Bord, wenn Mission die Geschäfte an Land erledigen soll. Auf ihn ist zu jeder Zeit Verlass, wie er oft genug bewiesen hat.«

»In Gottes Namen«, stimmte Crispe seufzend zu. »Dann macht den Jungen, wenn Euch so viel daran liegt, zu Eurem Dritten Offizier. Hornigold rückt dann zum Zweiten auf. Der Posten des Dritten Midshipman bleibt unbesetzt, da Ihr ja angeboten habt, selbst Wache zu gehen.«

Womit sich die Company die Heuer spart, und ich wette, sie fließt ohne Umwege in Eure Tasche, dachte Jack bei sich, bevor der Geschäftsführer fortfuhr.

»War's das jetzt mit den Personalfragen, und können wir nun zu den wirklich wichtigen Dingen übergehen, Captain Bannister?«

»Sehr gerne, Sir«, gab Jack zurück, der auch nicht daran interessiert war, das unerfreuliche Thema weiter zu erörtern. »Habt Ihr über meinen Vorschlag, die *Golden Fleece* stärker zu armieren, einmal nachgedacht? Er stammt eigentlich gar nicht von mir, sondern beruht auf einer Idee von Captain Harris.«

»Nicht nur das, ich habe ihn sogar mit den Gesellschaftern besprochen«, antwortete Crispe süffisant. »Und wir sind einstimmig der Überzeugung, dass die *Golden Fleece* nun wahrlich ausreichend stark mit Kanonen bestückt ist. Sie führt ja jetzt schon mehr Geschütze als eine Fregatte! Wollt Ihr womöglich ein Kriegsschiff aus ihr machen oder zu den Piraten überlaufen? Diesen Fragen musste ich mich jedenfalls stellen, als ich Euer Anliegen in der Versammlung zur Sprache brachte.«

»Darum geht es doch gar nicht«, verteidigte sich Jack. »Aber als uns die Freibeuter verfolgten, hätten wir sie uns mit ein paar gezielten Schüssen aus großkalibrigen Heckkanonen vom Leibe halten können und wären gar nicht erst in Bedrängnis geraten. Gleiches gilt für mindestens zwei Buggeschütze. Harris hatte Vierundzwanzig-Pfünder vorgeschlagen, und ich schließe mich seiner Meinung an. Dazu ein paar Drehbassen auf die Reling, und die *Golden Fleece* bräuchte keinen einzigen Piraten auf den Weltmeeren mehr zu fürchten.«

»Schluss jetzt, es ist entschieden!«, donnerte Crispe entnervt. »Ihr sollt der Company Geld einbringen und sie nicht welches kosten. Habt Ihr eine Ahnung, was solche Kanonen für Preise haben? Ganz zu schweigen von dem zusätzlichen Pulver, den Kugeln und der Bedienmannschaft.«

»Vielleicht könnte der Duke of York als Oberbefehlshaber der Royal Navy uns aushelfen?«, wagte Jack einzuwerfen.

»Seine Königliche Hoheit weilt in Paris, und wann sie zurückkehrt, ist ungewiss«, knurrte Crispe unwirsch. »Aber auch wenn der Duke in London wäre, würde ich ihn diesbezüglich bestimmt nicht kontaktieren. Ich bin doch nicht wahnsinnig und ziehe mir wegen solch einer Lächerlichkeit seinen Zorn zu. Vermeidet, wenn möglich, jedwede Konfrontation auf See und weicht, wenn es nicht anders geht, einem stärkeren Gegner aus! Ihr habt es ja schließlich schon einmal getan. Beweist mir und den Gesellschaftern, dass Ihr Euren neuen Posten zu Recht innehabt. Sonst seid Ihr ihn schneller wieder los, als Ihr Amen sagen könnt. Das verspreche ich Euch!«

»Und was ist mit einem Stützpunkt an der afrikanischen Küste?«, erkundigte sich Jack, der nur mühsam seinen Zorn unterdrücken konnte. »Ist dieser Vorschlag von mir ebenfalls vom Konsortium verworfen worden?«

»Nein, ist er nicht«, bekannte Crispe und bemühte sich, einen sachlichen Tonfall anzuschlagen, denn er merkte, dass er den Captain nicht weiter reizen durfte, wollte er nicht das gesamte Unternehmen gefährden. »Haltet auf Eurer Fahrt nach einer geeigneten Insel Ausschau, und falls Ihr eine entdecken solltet, nehmt sie im Namen der Krone in Besitz. In diesem Fall errichtet für die Company ein Fort, lasst eine kleine Besatzung zurück und schickt mir Nachricht, sobald Ihr könnt. Ich werde dann unverzüglich veranlassen, dass die Mannschaften und die Befestigungsanlagen verstärkt und Gebäude für die Unterbringung von Sklaven und Handelsgütern errichtet werden. Wir dürfen gegenüber anderen Nationen nicht ins Hintertreffen geraten, damit habt Ihr unzweifelhaft recht. Ich glaube, dass ich den Lord High Admiral, sobald er aus Paris zurück ist, davon überzeugen kann, dass er uns für den Ausbau von Stützpunkten an der westafrikanischen Küste auch die Unterstützung der Royal Navy gewährt. Aber zuerst brauchen wir ein

Fort und einen geeigneten Ankerplatz, der sich leicht verteidigen lässt. Von dort aus können wir dann weitere Unternehmungen in die Wege leiten, denn ich denke, wir sollten nach und nach die gesamte Küste des Golfs von Guinea mit einem Netz von Niederlassungen überziehen. Der Sklavenhandel ist äußerst lukrativ, und ich müsste mich sehr täuschen, sollte der Bedarf an Schwarzen auf den Westindischen Inseln nicht stetig wachsen.«

»Es gibt aber auch noch andere Waren, die Afrika zu bieten hat«, warf Jack ein, dem der Handel mit menschlicher Ware noch nie so recht behagt hatte. »Ich denke da zum Beispiel an Elfenbein und seltene Hölzer, beides hoch begehrt auf den Märkten der großen Städte in ganz Europa.«

»Jaja«, winkte der Geschäftsführer müde ab. »Wenn Ihr Platz habt, bringt etwas davon mit. Ich werde mich dann um den Verkauf kümmern. Aber solange Ihr nicht auf Gold stoßt, ist unser Hauptgeschäft nun einmal der Handel mit schwarzem Elfenbein. Ich hoffe sehr, dass wir diesbezüglich nicht gegenteiliger Meinung sind.«

»Nein, Sir, keineswegs«, gab Jack zurück, der wusste, dass es zwecklos war, darüber eine Diskussion vom Zaun zu brechen.

»Dann ist es ja gut«, meinte Crispe abschließend. »Wann denkt Ihr, dass Ihr auslaufen könnt?«

»In zwei Tagen, soweit Wind und Wetter mitspielen«, entgegnete Jack, in dessen Brust zwei Herzen schlugen. Einerseits zog es ihn hinaus auf die See und in die Weite der Ozeane, andererseits graute ihm davor, Marie-Claire erneut verlassen zu müssen, die er mehr liebte als sein Leben und die ihm in den gemeinsamen Nächten – und manchmal auch am Tage – das Paradies auf Erden gezeigt hatte.

»Dann lasst Euch nicht länger aufhalten, Captain«, beendete der Geschäftsführer der Company das Gespräch. »Ihr werdet sicher noch eine Menge zu tun haben, bevor Ihr die Leinen loswerfen könnt. Und grüßt mir Eure reizende Frau Gemahlin! Sagt ihr, dass meine Frau sich bereits darauf freut, sie wieder einmal in unserem Haus begrüßen zu können.«

Hätte Jack geahnt, was Crispes Lächeln und dessen Worte wirklich zu bedeuten hatten, wäre dessen Leben in der nächsten Sekunde beendet gewesen. Jack hätte ihn mit bloßen Händen erwürgt oder mit dem Rapier an seiner Seite in Stücke gehackt, in ganz kleine. Doch da er völlig ahnungslos war, richtete er dessen Nachricht Marie-Claire getreulich aus, nachdem sie sich ein letztes Mal vor seiner Abreise heiß und innig geliebt hatten.

4. KAPITEL
WESTAFRIKA, 1682

Kaum hatte die *Golden Fleece* den Kanal hinter sich gelassen und die offene See erreicht, begann Jack Bannister zu experimentieren. Wenn man ihm schon nicht die gewünschte Bewaffnung gab – nach einer größeren Mannschaft hatte er gar nicht erst zu fragen gewagt –, dann wollte er zumindest versuchen, das Schiff noch schneller zu machen, als es ohnehin schon war. Zu diesem Zweck beriet er sich mit dem Schiffszimmermann und dem Segelmacher und weihte auch den Bootsmann und William Lewis mit ein. Er wollte versuchen, über den Bramsegeln noch Royalsegel an allen drei Masten anzuschlagen, wie er es bei der *Royal Sovereign* gesehen hatte.

Die Arbeiten in luftiger Höhe, die verlangten, dass man eine zusätzliche Saling dort aufbaute, wo zuvor der Masttopp mit der Flaggenstange gewesen war, und eine weitere starke Stenge anlaschte, an der dann das Royalrah angeschlagen wurde, führte Jack mit Lewis und dem Zimmermann allein aus. Normalerweise wurden solche Arbeiten in der Werft erledigt, wo das Schiff ruhig lag, und waren schon dort gefährlich, aber hier draußen auf dem Ozean kam noch hinzu, dass ein raumer Wind blies und die *Golden Fleece* in der Dünung des Atlantiks beständig auf und ab glitt.

Von Deck aus beobachtete der Rest der Mannschaft, was sich in der Höhe weit über ihren Köpfen abspielte, und niemand, schon gar nicht die anderen Offiziere, hatte das Bedürfnis, bei Bedarf helfend einzugreifen. Das erwartete Jack aber gar nicht und hatte es deshalb auch nicht verlangt. Als dann die Segel angeschlagen wurden und sich im Wind blähten, gab es niemanden an Bord, der nicht jubelte – ausgenommen natürlich Lieutenant Mission, der seit dem Ablegen stets ein griesgrämiges Gesicht zur Schau trug und die personifizierte schlechte Laune war.

Die *Golden Fleece* sah mit den vier Reihen Segeln an Fock- und Großmast und den dreien am Besan übereinander wirklich majestätisch aus, doch Jack, der Bootsmann und auch William Lewis merkten schnell, dass etwas nicht stimmte. Das Schiff wurde durch die Erhöhung des Schwerpunktes instabil. Es schwankte und krängte stärker, als es durfte, und das wäre nur durch zusätzlichen Ballast auszugleichen gewesen, der aber die *Golden Fleece* schwerer gemacht und damit die zwei Knoten, die man an Geschwindigkeit bei passendem Wind durch die Royalsegel gewinnen konnte, wieder zunichtegemacht hätte. Bei rauer See wäre es außerdem durchaus möglich, dass das Schiff kenterte, holte man sie nicht schnell genug ein. Schweren Herzens wurde also die Konstruktion wieder abgebaut, und Missions Miene wechselte von Übellaunigkeit zu Häme.

Jack hatte ihn aus der Heckkajüte ebenso ausquartiert wie einst Johnson ihn, sich dafür aber eine gute Begründung einfallen lassen. Noch vor dem Auslaufen hatte er Strohballen besorgt und damit die Backbordseitentasche ausstopfen lassen. Davor wurden Schießscheiben aufgehängt, und die Offiziere und Midshipmen mussten sich hier regelmäßig im Pistolenschießen üben. Da die *Golden Fleece* im Heck knapp neun Yards in der Breite maß, war das eine durchaus akzeptable Entfernung, um einen guten Schuss anzubringen, da die Distanz im Nahkampf mit Piraten auch nicht viel weiter sein würde. Zusätzlich wurde der Boden der Kajüte wieder zur Planche wie bei John Harris, und die Schützen mussten sich zusätzlich im Degenfechten üben. So konnte niemand Jack nachsagen, dass er das gesamte Heck für sich allein beanspruchte, und trotzdem hatte er, wenn durchgelüftet worden war und sich der Pulverqualm verzogen hatte, seine Ruhe. Außerdem wurde das Ritual des gemeinsamen Essens und der anschließenden Besprechung am Kartentisch beibehalten, das vor allem die Midshipmen fürchteten, weil sie dabei jedes Mal zusätzlich examiniert wurden.

Nach dem Debakel mit den Royalsegeln schlug Bootsmann North Jack eines Tages vor, es doch einmal mit Stagsegeln zu versuchen, wie sie vor allem von Küstenschonern gefahren wurden, aber auch von Großseglern der Kriegsmarine, vor allem den schnellen Fregatten, die immer öfter zu sehen waren. Jack war sofort Feuer und Flamme und ließ den Segelmeister drei große, dreieckige Segel anfertigen, wovon zwei zwischen Fock- und Großmast und eins zwischen Groß- und Besanmast angeschlagen wurden. Als sie fertig waren und bei passendem raumem Wind aufgezogen wurden, schien die *Golden Fleece* regelrecht einen Satz nach vorn zu machen und beschleunigte auf der Stelle deutlich ihre Fahrt.

Jack ließ das Log auswerfen und konnte es fast selbst nicht fassen, als es glatte fünfzehn Knoten anzeigte. Zuvor hatte das Schiff bei achterlichem Wind zwölf bis dreizehn Knoten erreicht und war damit nahezu schon so schnell wie eine Fregatte gewesen, aber jetzt konnten sie sogar diesen Kriegsschiffen davonsegeln. Vorausgesetzt, die *Golden Fleece* wäre nicht so überladen wie bei ihrer letzten Reise. Doch dazu wollte es Jack auf gar keinen Fall kommen lassen.

In den nächsten Tagen ließ man die Stagsegel beständig stehen und beobachtete, ob sich die Segeleigenschaften und die Stabilität veränderten, doch im Vergleich zu dem Experiment mit den Royals blieb das Schiff gut auf Kurs, machte sogar einen stabileren Eindruck und krängte weniger, worüber alle an Bord hocherfreut waren. Diesmal sogar der Erste Offizier, hatte er dadurch doch auch bei stürmischer See einen besseren Stand an Deck und wurde nicht von jeder Welle durchnässt.

Jack hätte sich fast gewünscht, erneut auf Piraten aus den muslimischen Barbaresken-Staaten zu treffen, um einmal die Kampfkraft des ihm anvertrauten Schiffes in einem realen Gefecht zu erproben, doch der Ozean war wie leer gefegt. Erst auf der Höhe der Kanaren sichtete man eine holländische Fleute, deren Ziel offenbar ebenfalls der Golf von Guinea war. Doch die schien regelrecht auf der Stelle zu verharren, so schnell zog die *Golden Fleece* an ihr vorbei.

Ab Cabo Branco hatte Jack eigentlich der Küstenlinie folgen wollen, um nach einer für einen Stützpunkt geeigneten Insel Ausschau zu halten, aber eine große und über mehr als dreißig Meilen der westafrikanischen Küste vorgelagerte Sandbank wäre der *Golden Fleece* fast zum Verhängnis geworden. Als das Log kaum noch Wasser unter dem Kiel anzeigte, ließ Jack schleunigst nach Westen abdrehen, um wieder in die offene See zu gelangen.

Auf der zu den Kapverden gehörenden Insel Santo Antão, die von den Portugiesen entdeckt und beansprucht wurde, nahm man Frischwasser auf und ergänzte die Nahrungsmittel, obwohl die Fässer noch nicht gänzlich leer waren, was Lieutenant Mission mit gerunzelter Stirn zur Kenntnis nahm und ihn zu einem Eintrag in sein persönliches Logbuch veranlasste. Jack war es aber wichtig, die Besatzung gesund und bei guter Laune zu halten. Die Männer freuten sich sehr über diesen Zwischenstopp, denn nichts ist einem Seemann lieber als frisches Wasser anstatt abgestandener, grünlicher Brühe. Und dass man sich bei der Jagd auf Vögel, Niederwild und dem Ausräubern von Nestern die Füße vertreten konnte, war eine gern mitgenommene Abwechslung.

Von Santo Antão nahm die *Golden Fleece* wieder Kurs nach Osten und stieß dort auf Land, wo die riesige Wüste Sahara langsam wieder in fruchtbares Land überging. Aber an dieser Stelle saßen bereits die Franzosen, die sich auf einer der Mündung des Flusses Senegal vorgelagerten Insel eingenistet hatten.

Sie war schon vor Jahren auf Betreiben des Ministers Colbert dem König von Waalo – oder wie man vor Ort sagte, dem »Brak« – abgekauft worden, der mit seinen wilden Kriegern das Südufer des Senegal gegen die Überfälle der Mauren aus dem nördlichen Mauretanien sicherte.

Die Franzosen der Senegal-Companie hatten auf der Insel eine Ansiedlung und ein Fort errichtet und zu Ehren ihres Königs Saint-Louis benannt. Von hier aus trieben sie sowohl mit den Mauren wie auch den Schwarzen Handel, kauften Sklaven von muslimischen Händlern ebenso an wie Elfenbein und exotische Tierhäute von den Angehörigen des Volkes der Waalo.

Etwas Vergleichbares, wenn auch an einem anderen Ort, schwebte Jack ebenfalls vor, und so setzte die *Golden Fleece* nach einem kurzen Höflichkeitsbesuch ihren Weg nach Süden entlang der Küste fort, ständig auf der Suche nach einer ähnlich guten Ausgangsbasis für die Royal African Company, wie sie Fort Saint-Louis für die Franzosen darstellte. Dabei war allerdings große Vorsicht geboten, wollte man nicht auf eine der vorgelagerten Sandbänke oder Untiefen auflaufen.

Endlich erreichte man nach unzähligen Segelmanövern Cap Vert, den am weitesten westlich liegenden Punkt Afrikas, und ab hier begann das Gebiet, das für die Royal African Company interessant war.

Als der Ausguck die Mündung des Gambia-Flusses meldete, beschloss Jack zu erkunden, ob von Fort James, einem einstigen Stützpunkt der Company, noch etwas übrig war. Die Faktorei war vor vielen Jahren auf einer kleinen Insel im an dieser Stelle sehr breiten Fluss, etwa fünfundzwanzig Meilen, bevor er in den Atlantik mündete, errichtet, aber später wieder verlassen worden. Man hatte gehofft, Gold zu finden oder zumindest eintauschen zu können, aber die beiderseits des Flusses lebenden Eingeborenen hatten sich als sehr kriegerisch und feindlich gesinnt erwiesen, sodass das Vorhaben, zumindest vorübergehend, wieder aufgegeben werden musste.

Da der Captain sein Schiff in den unbekannten Gewässern nicht aufs Spiel setzen wollte, befahl er, den Kutter auszubringen. Jack hatte so wenig Vertrauen in seinen Stellvertreter, dass er diesen mit ins Boot befahl und stattdessen Hornigold das Kommando über die *Golden Fleece* anvertraute. Mission fügte sich notgedrungen, nahm sich aber vor, nach seiner Rückkehr in London ausgiebig über die Kränkungen zu berichten, die ihm während der Reise vonseiten des Kapitäns zugefügt worden waren. Schließlich hatte er einflussreiche Verwandte, und es müsste doch geradezu mit dem Teufel zugehen, wenn dieses erste Kommando von Jack Bannister als Captain der *Golden Fleece* nicht auch sein letztes wäre.

Als der Kutter nach einer raschen und durch zwei ausgebrachte Luggersegel unterstützten Fahrt die Insel Kunta Kinteh erreichte, auf der sich früher das Fort James befunden hatte, war hier keine Menschenseele mehr zu entdecken und von der Faktorei nur noch Ruinen übrig.

»Was meint Ihr, Mr Mission, warum ist der Ort verlassen worden?«, versuchte Jack, seinen Ersten Offizier in ein Gespräch zu verwickeln, doch der zuckte nur uninteressiert mit den Schultern.

»Woher soll ich das wissen?«, stellte er eine Gegenfrage, die er unmittelbar danach gleich selbst beantwortete. »Vielleicht, weil hier nichts zu holen ist. Die Suche nach Gold ist ja, soweit mir bekannt ist, abgebrochen worden. Die Flussufer wirken wie ausgestorben, und selbst wenn man mit arabischen Händlern Kontakt aufnehmen könnte, um Sklaven zu kaufen, sind deren Preise meist derart überzogen, dass sich der Erwerb kaum lohnt. Besser dürfte es allemal sein, an die eigentliche Sklavenküste zu segeln und dort vor Ort einzukaufen, so wie es Captain Johnson gemacht hat. Ich zumindest würde ihm diesbezüglich besser nacheifern, anstatt mich hier so weit weg von den Stützpunkten der anderen Nationalitäten abzuplagen. Ihr seht doch selbst, dass das offenbar nichts bringt. Oder warum sollte Fort James sonst aufgegeben worden sein?«

»Nun, noch weiter nördlich und damit entfernter von den Gebieten, die Ihr anscheinend bevorzugt, blüht jedenfalls Saint-Louis, wie wir bei unserer kurzen Visite ja unschwer erkennen konnten«, gab Jack genervt zurück. »Was meint Ihr denn, Mr Corker?«

Der junge Midshipman erschrak sich, als er so unvermittelt von seinem Captain angesprochen wurde, fasste sich aber rasch und stellte mit seiner Antwort unter Beweis, dass er eine gute Beobachtungs- und Auffassungsgabe besaß.

»Das Wasser des Gambia-Flusses ist brackig, weil er aufgrund seiner Breite, aber geringen Tiefe so langsam fließt. Gutes Trinkwasser müsste also von sauberen Nebenflüssen herangeschafft werden. Das ist allerdings äußerst mühsam und mit Gefahren verbunden. Einen Brunnen kann ich nirgends entdecken. Wahrscheinlich wäre aber auch dessen Wasser zu schlecht. Außerdem dürfte es für ein Großschiff sehr schwierig sein, bis hierher vorzudringen. Dazu ist die Mündung des Flusses zu stark versandet. Ich denke, dass Fort James aus diesem Grund aufgegeben worden ist, und es auch äußerst schwierig wäre, die Faktorei wieder zu beleben.«

»Gut geschlussfolgert, Mr Corker«, lobte der Captain sehr zum Missfallen seines Ersten Offiziers den Midshipman. »Ich sehe das ganz genauso. Zuerst dachte ich, man könnte diesen Stützpunkt hier vielleicht ausbauen und stärker befestigen. Doch jetzt, nach der Inaugenscheinnahme, glaube ich, wir sollten besser nach einem geeigneteren Standort Ausschau halten.«

Jack befahl den Männern von der Besatzung, noch durch die kleine Insel zu streifen und zu schauen, ob sich nicht doch etwas Verwertbares fand, aber als die Dämmerung nahte, brach man die Suche ergebnislos ab und kehrte zur *Golden Fleece* zurück. Dort berichteten Hornigold und Lewis übereinstimmend, dass man im Westen, allerdings weit entfernt, die Segel zweier Schiffe gesehen hatte, die nach Süden unterwegs waren.

Die Sichtung beunruhigte Jack nur wenig, denn er hielt sein Schiff für stark genug, um es mit jedem potenziellen Gegner aufzunehmen – eventuell sogar mit zweien, wenn er sie aussegeln konnte. So setzte die *Golden Fleece* ihren Weg nach Süden fort. Man kam an etlichen Inseln vorbei, doch keine davon erschien Jack wirklich geeignet für einen Stützpunkt zu sein. Entweder waren sie zu groß und ließen sich dadurch schlecht verteidigen oder zu klein, um mehrere Gebäude darauf zu errichten. Mal gab es kein Frischwasser, mal bestand die Insel ausschließlich aus moskitoverseuchten Sümpfen. Doch dann, der Captain hatte die Suche schon fast aufgeben wollen, und die Mannschaft war von dem ständigen Loggen der Wassertiefe und dem Herumnavigieren genervt, entdeckten sie einen Ort, der für ihr Vorhaben wie geschaffen schien.

Hinter einer großen Insel, die offenbar auch von Eingeborenen bewohnt war, verbarg sich zum Land hin noch eine kleinere, bewaldete mit einem Hügel in der Mitte, von dem aus man einen guten Blick über das weite Meer haben musste und über den bestimmt eine beständige Meeresbrise wehte, die schlechte Luft und Moskitos verscheuchte. Östlich der Inseln mündeten auf dem Festland gleich mehrere Flüsse in eine weite Bucht, deren Ufer allerdings nicht flach und sandig, sondern steil aufragend und felsig waren, was auf einen guten Ankergrund davor hindeutete.

Als Jack durch das Rohr auch noch entdeckte, dass es auf der kleinen Insel gleich mehrere Bachläufe gab, die von dem bewaldeten Hügel kommend ins Meer flossen, glaubte er, den perfekten Ort für die Gründung eines Forts und einer Faktorei für die Company gefunden zu haben. Er musste nun nur noch herausfinden, wer Anspruch auf dieses Eiland erhob, und mit ihm über eine Besitzübertragung verhandeln. Sicher würde man einen Weg finden, die Insel ihren bisherigen Eigentümern abzukaufen. Dabei Gewalt anzuwenden, hielt er für höchst unklug und nur das letzte Mittel der Wahl, denn er wollte eher gutnachbarschaftliche Beziehungen zu den Eingeborenen pflegen, als sie gleich am Anfang gegen sich aufzubringen. Meist waren die Stämme an der Küste kriegerisch und gut organisiert, ihr Machtbereich reichte bis weit ins Hinterland hinein, ihre Städte standen, zumindest was die Größe betraf, vielen europäischen in nichts nach, und ihre Könige herrschten oft gottgleich und nahezu absolut. Zumindest, solange sie von keinem Rivalen umgebracht wurden und dieser an ihre Stelle trat. Aber war das in der Alten Welt nicht ebenso? Hatte man nicht König Charles I. geköpft, und sich nach der Herrschaft des Lordprotektors Cromwell doch wieder auf die Monarchie besonnen und den ältesten Sohn des Hingerichteten zu Charles II. gekrönt? Warum sollte das hier in Afrika, wo verschiedene Reiche oft auf eine viel längere Tradition zurückblickten als in Europa, also anders sein?

»Meine Herren«, verkündete Jack mit dem Brustton der Überzeugung an die Offiziere gewandt, die sich neben ihm auf dem Oberdeck versammelt hatten, und ließ sein Fernrohr sinken, »wir sollten Anker werfen. Ich glaube, wir haben einen Ort gefunden, an dem ein Stützpunkt unserer Company eine gute Erfolgsaussicht haben könnte. Eine Insel, gut verborgen hinter einer größeren und dadurch von See aus kaum zu sehen, mit Frischwasser, Holz und einem Hügel, auf dem man ein die ganze Bucht beherrschendes Fort errichten kann. Lasst sie uns deshalb zu Ehren des Duke of York, dem Bruder des Königs und Schirmherrn der Gesellschaft, für die wir unterwegs sind, York Island nennen.«

5. KAPITEL
LONDON, 1683

Marie-Claire hatte zuerst überlegt, der Einladung von Nicholas Crispe keine Folge zu leisten, war dann aber doch in die Kutsche gestiegen, die sie nach Trinity House bringen sollte. Vielleicht wäre es gar nicht so schlecht, noch ein letztes Gespräch mit dem Geschäftsführer der Company zu führen, und ihm angemessen, aber bestimmt und mit Nachdruck zu sagen, dass sie das Verhältnis mit ihm als beendet ansah. Eigentlich hatte Marie-Claire es wortlos auslaufen lassen wollen, nachdem ihr ja gelungen war zu bekommen, was sie angestrebt hatte.

Der Mann, den sie abgöttisch liebte, war zum Captain befördert worden und kommandierte das beste Schiff der Gesellschaft auf den Weltmeeren. Sein Auftrag, nach einem geeigneten Stützpunkt für die Royal African Company an der westafrikanischen Küste Ausschau zu halten, zeugte von dem hohen Stellenwert, den er mittlerweile bei den Gesellschaftern genoss, und wenn er Erfolg hatte, woran sie nicht einen Moment lang zweifelte, würde seine Position zukünftig so gut wie unanfechtbar sein. Das bedeutete letztlich ein gesichertes Einkommen, Beteiligung an den Gewinnen, gesteigertes Ansehen und über kurz oder lang den Aufstieg zu einem der Aktionäre der Gesellschaft.

Marie-Claire ging davon aus, dass sie sich nach Jacks Rückkehr ein größeres und schöneres Haus in einem besseren Londoner Viertel würden kaufen können. Ihr nächstes Ziel war es, ihren eigenen kleinen Salon zu unterhalten, so wie es die Frau von Nicholas Crispe und andere Damen der höheren Gesellschaft taten, um während Jacks Abwesenheit nicht immer allein zu sein und einen angemessenen Zeitvertreib zu haben. Dann könnte sie Dichter, Musiker und Wissenschaftler empfangen, mit ihnen plaudern und ihnen lauschen, wenn sie ihre Weisheiten von sich gaben, und sich im Ruhme ihres Mannes sonnen. Wie hatte man sie doch hofiert und bewundert, als bekannt geworden war, dass ihr Gemahl gleich zwei Piraten in der Karibik abgewehrt und damit die *Golden Fleece* für die Company gerettet hatte! Ihre Freundinnen hatten sie tagelang gelöchert und jedes Detail über den Kampf erfahren wollen. Doch da Jack sich in dieser Sache sehr verschwiegen zeigte, hatte sie etliches erfinden müssen, um ihren Mann als das dastehen zu lassen, was er in ihren Augen schließlich war: ein strahlender Held, von dessen Glanz auch ein klein wenig auf sie abstrahlen sollte.

Marie-Claire sah es deshalb als unnötig an, weiterhin mit Nicholas Crispe das Bett zu teilen, sobald es diesen nach ihr gelüstete und er nach ihr schickte. Schließlich hatte sie ihr Ziel erreicht, und ihr Liebhaber, den sie gründlich satthatte, sollte sich nun nach einer neuen Gespielin umsehen. So wie sie ihm das Paradies gezeigt hatte, damit er ihr aus der Hand fraß und zu Willen war, so konnte sie ihm auch die Hölle auf Erden bereiten. Und um ihm das klarzumachen, wollte sie ein letztes Mal seinem Ruf folgen und hoffte, er würde es wie ein Mann aufnehmen und ihr nichts von einer »großen Liebe« oder Ähnlichem vorheulen. Die gehörte ausschließlich ihrem Gemahl, und das hatte Crispe wissen müssen, als er die Affäre mit ihr begann, die sie heute endgültig beenden wollte.

Der Hausherr empfing seinen Gast auf der Treppe zum Obergeschoss stehend, was den Vorteil hatte, dass er auf Marie-Claire herabsehen konnte. Etwas fürchtete er sich vor dem Gespräch, das er zu führen hatte, denn er kannte das überschäumende Temperament seiner Geliebten, und es war nicht auszuschließen, dass es sehr laut und heftig zugehen würde, wenn er ihr offerierte, was er für Pläne mit ihr hatte und was ihr bevorstand. Der Duke of York war schließlich dafür bekannt, dass er nicht gerade zimperlich mit seinen Mätressen umging und sich stets nahm, wonach ihm der Sinn stand.

Glücklicherweise war Charlene außer Haus und nur die Dienerschaft anwesend, aber die zählte schließlich nicht. Ob Küchenmagd oder Lakai, jeder, der zum Haushalt der Crispes gehörte, wusste, dass ihm die Zunge herausgerissen wurde, drang auch nur ein Wort von dem, was im Hause geschah oder gesprochen wurde, nach außen, und man machte den dafür Verantwortlichen ausfindig. Trotzdem musste man vor dem Personal wenigstens die gute Form wahren, und so fielen die Willkommensworte des Hausherrn, wenn auch leicht zweideutig, so doch nicht allzu anzüglich aus.

»Meine Liebe, wie schön, dass Ihr kommen konntet«, begrüßte der Geschäftsführer die junge Frau, die durch die zweiflügelige Tür, die ebenso wie die große Empfangshalle jedem Schloss zur Ehre gereicht hätte, eingetreten war. »Ich freue mich überaus, Euch zu sehen. Kommt doch zu mir nach oben, dort sind wir ungestört und können wie so oft, wenn Euer werter Gatte abwesend ist, unserem Gedankenaustausch frönen.«

Wobei dir der Sinn wohl eher nach dem Austausch von Körpersäften als von Gedanken steht, dachte Marie-Claire wenig respektvoll und reichte ihren Mantel und die Haube einem Diener, der wie ein Geist neben ihr aufgetaucht war und ebenso wieder verschwand.

»Aber gern doch, Mylord«, schmeichelte die junge Frau dem Geschäftsführer und raffte etwas ihre Röcke, um auf den Treppenstufen nicht zu stolpern. Sich der Koketterie ihrer Handlung durchaus bewusst, schenkte Marie-Claire ihrem Galan, den sie heute zu ihrem Ex-Liebhaber zu machen gedachte, ein bezauberndes Lächeln. Was sie ihm eröffnen wollte, würde ihn hart genug treffen, da konnte sie ihm die bittere Pille wenigstens etwas versüßen.

Nicholas Crispe hatte von seiner erhöhten Position aus der jungen Frau, die ihn nach wie vor mit ihrer unvergleichlichen Schönheit bezauberte, direkt in das Dekolleté schauen können und seufzte leicht, wollte er sich heute den Genuss, diese schneeweißen Hügel mit unzähligen Küssen zu bedecken, doch versagen. Der Anlass war einfach zu ernst, und er würde all seine Beredsamkeit aufbieten müssen, um Marie-Claire davon zu überzeugen, dass sie gar keine andere Wahl hatte, als dem Begehr des Duke of York nachzukommen und sich ihm nicht nur hinzugeben, sondern ihm auch noch die leidenschaftliche, ihn anhimmelnde Geliebte vorzuspielen. Crispe war Realist genug, um zu wissen, dass er äußerlich gegen Jack Bannister meilenweit abfiel, aber gegen James, den Bruder des Königs, war er der reinste Adonis.

Der Duke of York war zwar hochgewachsen, dabei aber bis auf seinen Schmerbauch, der fast täglich an Umfang zunahm, ausgesprochen hager. Sein Gesicht war so lang und dabei derart hässlich, dass man ihn in Spottliedern, die auf den Straßen vom Pöbel gesungen wurden, nicht nur einfach mit einem Pferd, sondern gar mit einem Ackergaul verglich. Seine riesige Nase ragte noch dazu wie das Galion eines Kriegsschiffes daraus hervor. Das alles versuchte James, mit übermäßiger Schminke, wenn nicht zu überdecken, so doch wenigstens abzumildern. Oft lag eine derart dicke, weiße Puderschicht auf seinen Zügen, dass man sich bei seinem Anblick an Porträts von Königin Elizabeth in ihren späten Jahren erinnert fühlte. Dazu kamen Rouge auf Lippen und Wangen, und auch vor der Verwendung von Schönheitspflästerchen schreckte der Lord High Admiral nicht zurück. Die Seeleute lästerten schon, dass er mehr Farbe im Gesicht hätte als die *Royal Sovereign* an ihrem gesamten Heck. Und das schmückten immerhin mehr als hundert fein geschnitzte, lebensgroße und bemalte Figuren! Außerdem neigte der alternde Duke dazu, sich über und über zu parfümieren, wobei er meist Duftwässerchen verwendete, die nicht nur bei Crispe Brechreiz auslösten. Wie sollte es da erst Marie-Claire ergehen? Ihr diese Liebschaft schmackhaft zu machen, würde ein hartes Stück Arbeit werden, und selbst wenn es ihm gelänge, sie von der Notwendigkeit zu überzeugen, wollte er anschließend lieber nicht mit ihr ins Bett gehen, denn er fürchtete in diesem Fall um die Unversehrtheit seiner Männlichkeit.

»Hier entlang, meine Teuerste«, dienerte Crispe und öffnete für seinen Gast die Tür zu seinen Privatgemächern, die mit einem großen Salon begannen, dem sich ein kleines Arbeitszimmer anschloss, und dann in einem opulenten Schlafzimmer ihren krönenden Abschluss fanden. In diesem stand nicht nur ein riesiges Himmelbett, sondern auch mehrere Sessel und Bänke mit unzähligen Kissen, denn der Geschäftsführer der Company liebte die Abwechslung und ließ sich gern auf den verschiedenen, teuren und bequemen Möbeln verwöhnen. Marie-Claire konnte sich natürlich gut daran erinnern, wie sie von ihm mehr als nur einmal auf ihnen in den unterschiedlichsten Stellungen gevögelt worden war oder kniend den vor ihr sitzenden Crispe mit dem Mund befriedigen musste. Immer, wenn es ihr möglich war, hatte sie dabei ihre Augen von ihm abgewandt und durch die bodentiefen Fenster in den herrlichen Garten mit seinen uralten Bäumen geblickt. Wenn sie dabei dann noch dazu an Jack dachte, für den sie das letztlich alles tat, kam ihr der Betrug an ihm gar nicht mehr allzu schlimm vor.

Um das ganze Haus herum lief ein Balkon, von dem aus man nicht nur den Park überschauen, sondern sogar die Themse sehen konnte. Crispe hatte sie sogar einmal darauf nehmen wollen, was sie aber glücklicherweise verhindern konnte, denn dass man sie dabei gesehen hätte, wäre so gut wie sicher gewesen. Marie-Claire hatte erwartet, dass ihr Galan sie auch heute wieder an den Ort seiner ausschweifenden Lust führen würde, doch zu ihrer Verwunderung ließ er sich bereits in seinem Salon nieder und bot ihr ebenfalls einen Platz an, und das nicht einmal in seiner Nähe.

»Einen Sherry gefällig, meine Liebe?«, fragte Crispe und versuchte damit, seine Unsicherheit zu überspielen. »Oder soll ich dir lieber einen Kaffee oder einen Kakao kommen lassen, Marie-Claire?«

»Danke, aber nein danke, Nicholas«, lehnte die Gefragte ab, die sofort bemerkt hatte, dass etwas im Busche war. »Wenn du so nett wärst und gleich zur Sache kommen würdest. Du hast mich doch sicher aus einem bestimmten Grund hierherkommen lassen, oder etwa nicht?«

»Marie-Claire, ich muss mit dir sprechen, und es fällt mir wahrlich nicht leicht«, begann Crispe die Unterhaltung, nur um von der Angesprochenen erleichtert unterbrochen zu werden.

»Mir geht es ebenso, Nicholas«, meinte die junge Frau, die nach diesen Worten annahm, dass ihr Galan sie freiwillig gehen lassen würde, weil er ihrer vielleicht ebenfalls überdrüssig geworden war und jetzt versuchte, es ihr schonend beizubringen. »Auch ich wollte mit dir sprechen, damit nichts Ungesagtes zwischen uns steht, nachdem sich die Verhältnisse jetzt geändert haben.«

Crispe runzelte die Stirn, weil er nicht so recht verstand, was Marie-Claire ihm mit ihren Worten zu verstehen geben wollte, aber er beschloss, dem gleich auf den Grund zu gehen.

»Dann du zuerst«, forderte er seine Geliebte auf, doch die wich sofort aus.

»Nein, du, Nicholas«, gab Marie-Claire schnell zurück. »Ich bin äußerst gespannt, was du mir zu sagen hast.«

»Nun gut«, seufzte der Geschäftsführer der Company und gedachte, am besten so schnell als möglich, hinter sich zu bringen, was der Schirmherr und Haupteigentümer der Gesellschaft ihm aufgetragen hatte. »Als du das letzte Mal an einer Soiree meiner Frau teilgenommen hast, hatte ich zur gleichen

Zeit eine vertrauliche, geschäftliche Unterredung mit dem Duke of York. Als er aus diesen Räumen hier die Treppe hinunterschritt, muss er dich wohl gesehen haben und ist auf der Stelle in tiefer Liebe zu dir entbrannt. Deine Schönheit, dein Liebreiz haben ihn wie bei keiner Frau zuvor, so hat er mir versichert, verzaubert, und er begehrt dich seither mit jeder Faser seines Herzens. Lange Rede, kurzer Sinn: Gegenwärtig hält sich der Bruder des Königs zu Geheimverhandlungen in Paris auf, aber sobald er zurück in England ist, wünscht er, dass du als seine zukünftige Mätresse das Bett mit ihm teilst. Ich hoffe, du bist dir der großen Ehre bewusst, die der Duke of York dir damit zuteilwerden lässt, und zeigst dich dafür erkenntlich, indem du ihm eine genauso hingebungsvolle, willige und laszive Geliebte sein wirst, wie du die meine gewesen bist.«

Für einen Moment verschlug es Marie-Claire die Sprache ob der ungeheuerlichen Zumutung, die ihr bisheriger Liebhaber gerade in schwülstige Worte gefasst hatte, aber dann brach es aus ihr heraus. Sie schnellte regelrecht aus ihrem Sessel empor und baute sich wutschnaubend vor Crispe auf, der glaubte, gleich würde ein Drache, oder besser noch ein Vulkan, Feuer speien.

»Sag mal, Nicholas, dir hat wohl jemand ins Gehirn geschissen?« Marie-Claire war unter Straßenkindern aufgewachsen und bewies mit ihrer Ausdrucksweise, dass sie deren Sprache durchaus noch beherrschte. »Glaubst du etwa, ich bin eine Hure, die du einfach weiterreichen kannst? Noch dazu an diesen größten Widerling in der gesamten königlichen Familie, der alles schwängert, was nicht schnell genug auf den Bäumen ist! Und dem es dabei scheinbar völlig gleichgültig ist, ob sich die Damen, die er zu beglücken gedenkt, wegen seines Anblicks oder wegen des Gestanks, den er verbreitet, übergeben müssen! Niemals, merke dir das gut, niemals teile ich das Bett mit dem Duke of York! Und mit dir von nun an auch nicht mehr, das lass dir gesagt sein!«

»Doch, mein Täubchen, das wirst du, und zwar willig und brav!« Crispe war ebenfalls aufgesprungen und stand nun wie ein Höllenengel vor Marie-Claire. Wer war er denn und vor allem, wen glaubte sie, vor sich zu haben, dass sie es wagte, so mit ihm zu sprechen? Hier musste gleich einmal klargestellt werden, wer das Sagen und wer zu gehorchen hatte. »Denn es verhält sich genauso, wie du selbst gesagt hast: Du bist nichts weiter als eine Hure, die willig mit mir ins Bett gestiegen ist, damit dein Mann Karriere macht. Aber soll ich dir einmal etwas sagen? Es wäre gar nicht nötig gewesen, denn die Gesellschafter hätten ihn nach seinen Heldentaten in der Karibik auch so zum Captain gemacht. Du hast dich also ganz umsonst prostituiert. Aber wenn du es nicht mehr oder weniger unaufgefordert getan hättest, wärst du trotzdem in meinem Bett gelandet. Und weißt du, warum? Weil ich die Macht dazu habe, mir zu nehmen, wonach mir der Sinn steht. Ebenso wie James, der Bruder des Königs. Wenn Männer wie wir nicht freiwillig bekommen, was wir begehren, dann nehmen wir es uns eben, notfalls auch mit Gewalt. Und wenn wir beide dich zur gleichen Zeit wollen, dann wirst du uns zu Willen sein! Hast du das verstanden? Du hast lediglich die Wahl, ob du zuvor grün und blau geschlagen oder sogar gefesselt wirst, oder ob du dich nicht besser fügst und von Anfang an die hingebungsvolle, willige Geliebte gibst. Ich rate dir, wähle lieber letzteres Schicksal. Denn im anderen Fall kann ich für nichts garantieren und dich auch nicht schützen. Es soll schon vorgekommen sein, dass der Duke ein widerspenstiges Weibsbild, oder besser das, was von ihm noch übrig war, nachdem er sein Mütchen an ihm gekühlt hatte, ihrem Mann vor die Tür werfen ließ. Mit abgeschnittenen Ohren, Nase, Brüsten und aufgeschlitzt von da unten«, Crispe deutete auf Marie-Claires Schoß, »bis zum Bauchnabel. Überlege es dir also gut, ob du dich wirklich dem Begehr des Bruders des Königs verweigern willst!«

»Glaubst du etwa, ich fürchte mich vor euch zwei aufgeblasenen Wichtigtuern?« Die junge Frau war völlig außer sich und wurde zur Furie. Die Finger ihrer rechten Hand fuhren zu Klauen gekrümmt nach vorn und packten Crispe durch die Hose hindurch bei den Eiern, um sie sofort auf das Schmerzhafteste zusammenzupressen. »Du magst es doch sonst immer so gern, wenn ich mit deinen Hoden spiele«, höhnte sie dem sich vor Schmerz windenden Mann ins Gesicht. »Soll ich sie dir vielleicht aus dem Sack reißen und an meinen Hund verfüttern? Deinem königlichen Freund könnte es ganz genauso ergehen, kommt er mir zu nahe. Richte ihm das besser von mir aus, bevor es womöglich zu spät dafür ist.«

Nicholas Crispe stöhnte vor Schmerz, aber er hätte es niemals gegen alle Widerstände zum Geschäftsführer der Royal African Company gebracht, wenn er sich nicht zu wehren gewusst hätte. Er holte mit der rechten Hand aus und verpasste Marie-Claire eine derart kräftige, schallende Ohrfeige, dass sie glaubte, die Englein singen zu hören. Dabei konnte sie noch von Glück sagen, dass ihr Galan nur mit der flachen Hand zugeschlagen und dafür nicht die Faust genommen hatte. Davor hatte sie nur die Tatsache bewahrt, dass Crispe befürchtete, sie vielleicht dauerhaft zu entstellen, wenn er ihr womöglich den Kiefer brach. Und wie hätte er dies dann dem Duke of York erklären sollen?

Der jungen Frau reichte es auch so. Sie ließ das, was sie bisher in der Hand gehalten und mit aller Kraft gedrückt hatte, los und sank wimmernd zu Boden. So hatte sie sich ihre Unterredung mit ihrem Liebhaber nicht vorgestellt, und langsam ging ihr auf, wie machtlos sie letztlich war, wenn die Waffen versagten, die sie als schöne, begehrenswerte Frau einsetzen konnte. Ihre Wange glühte und schmerzte höllisch, und sie hoffte inständig, dass keiner ihrer Zähne wackelte. Jedenfalls schmeckte sie Blut in ihrem Mund und sah mit Tränen in den Augen ängstlich zu Crispe empor, der sich neben ihr aufgebaut hatte.

»Ich will dir mal was sagen, du verkommenes Miststück«, fauchte er sie an. »Denkst du ernsthaft, du kannst dich mir widersetzen? Oder gar dem Bruder des Königs? Merkst du eigentlich gar nicht, wie lächerlich du dich machst? Was glaubst du, wie schnell dein Mann seinen Posten wieder los ist, wenn ich oder gar der Duke es wollen? Ein Wort von ihm, und Jack Bannister wird bei seiner Rückkehr noch an Bord festgenommen und wandert in den Tower. Schließlich ist der Tod von Captain Johnson noch immer nicht vollends aufgeklärt. Und dort wird dein werter Gatte dann verschimmeln, denn es kann Jahre dauern, bis man ihm den Prozess macht. Wie der dann ausgeht, mögen die Götter wissen, aber du hast bis dahin alles verloren. Dein Haus, deine Kleider, den letzten Schmuck wirst du zum Pfandleiher bringen, denn schließlich müssen die Gefangenen ihren Aufenthalt im Tower ja selbst bezahlen. Und der ist nicht billig, das kann ich dir versichern.

Du selbst kannst vielleicht bei deinen Eltern unterkriechen. Aber werden sie dich aufnehmen, wenn ruchbar wird, dass du während der Abwesenheit deines Mannes meine Geliebte warst? Und dass das bekannt wird, dafür werde ich sorgen, das verspreche ich dir. Du weißt, wie es Frauen ergeht, die fremdgegangen sind, während ihre Männer auf See die Heuer verdienen, von der sie leben? Und was denkst du, wie sich dein Mann fühlt, wenn er davon erfährt, während er in Ketten in einem feuchten, dunklen Loch sitzt?«

Die Worte prasselten wie Peitschenhiebe auf Marie-Claire ein und schmerzten sie mehr als die Ohrfeige, die sie erhalten hatte. *Was soll ich nur tun?,* durchfuhr es sie, doch sie wusste keine Lösung. Erfuhr Jack, was sie getan hatte, würde er ihr nie verzeihen und auch keinesfalls ihre Beweggründe verstehen. Er war schließlich kein Herzog oder Graf, der seine Gemahlin sogar eigenhändig bis zur Schlafzimmertür des Mannes geleitete, der über ihm stand und sie begehrte. Und sich noch geehrt fühlte, weil dieser seine Liebste begattete, auch wenn er dabei vor Eifersucht verging. Jack würde sie entweder umbringen oder im günstigsten Fall auf der Stelle verlassen. Marie-Claire wusste nicht zu sagen, was schlimmer für sie wäre. Und die Schande, von den anderen Frauen der Seeleute bespuckt und mit Abfall beworfen zu werden, wie es all den verkommenen Weibern erging, die ihre Männer betrogen, würde sie auch kaum überleben. Was blieb ihr also anderes übrig, als dem Bruder des Königs zu Willen zu sein? Doch wenn dem schon so war, dann wollte sie wenigstens die bestmöglichen Bedingungen dafür aushandeln.

»Habe ich das richtig verstanden, ich soll also die Mätresse des Duke of York werden?«, vergewisserte sie sich noch einmal. »Ist das wirklich dein Wille, Nicholas? Empfindest du denn gar nichts mehr für mich? Waren deine ganzen Liebesschwüre alles nur Lügen, und haben wir nicht wundervolle Nächte miteinander verbracht?«

Du mit mir, ich allerdings nicht mit dir, dachte die junge Frau, denn sie war nur wirklich glücklich, wenn sie in den Armen ihres Mannes lag, und hatte dem Geschäftsführer schließlich immer etwas vorgespielt, um ihr Ziel zu erreichen. Und jetzt hatte Crispe diese Illusion mit wenigen Worten grausam zerstört und das, was sie sich immer als Begründung für ihr Handeln eingeredet hatte, den Bach hinuntergespült.

»Das tut hier nichts zur Sache«, knurrte Crispe, reichte Marie-Claire aber die Hand, die sie, wenn auch zögerlich, ergriff, und half ihr auf. »Hier geht es ausschließlich ums Geschäft. Der Duke bekommt immer, was er will. Schließlich ist er der Bruder des Königs und noch dazu der Hauptgesellschafter der Company. Ein Fingerschnippen von ihm genügt, und wir sind alle erledigt. Ich eingeschlossen. Was, denkst du, zählt für den Oberbefehlshaber der Navy das Schicksal eines seiner Kapitäne? Noch dazu, wenn er nicht einmal aus dem Adel stammt?«

Marie-Claire senkte betreten den Kopf, denn die Antwort konnte sie sich selbst geben.

»Siehst du, ich wusste doch, dass du verständig bist«, meinte Crispe jetzt versöhnlich und geleitete die junge Frau zu dem Sessel, auf dem sie zuvor gesessen hatte und sich nun wieder niederließ. »Sobald der Duke aus Frankreich zurück ist, werde ich ihm zu Ehren hier in Trinity House ein großes Fest geben. Bei dieser Gelegenheit stelle ich dich ihm vor, und dann werde ich euch Gelegenheit geben, euch hier in diese Räumlichkeiten zurückzuziehen. Was du dann aus der Situation machst, meine Teure, liegt ausschließlich in deiner Hand. Gelingt es dir, den Bruder des Königs so zu bezirzen, dass er dir fortan aus der Hand frisst, könnten Reichtum und vielleicht sogar ein Titel auf dich warten. Vergrämst du ihn hingegen, kann ich für nichts garantieren. In dieser Hinsicht ist James völlig unberechenbar.«

Marie-Claire straffte sich innerlich. Jetzt kam es darauf an, das maximal Mögliche aus dieser Situation für sich selbst und vor allem für ihren Mann herauszuholen. Schließlich hatte Crispe selbst zugegeben, dass auch sein Stuhl wackelte, gäbe sie sich dem Bruder des Königs nicht willig hin.

»Nur einmal angenommen, ich füge mich«, fragte sie deshalb, »was springt dann für mich und meinen Mann dabei heraus? Und komm mir nicht mit Vergünstigungen, die der Duke eventuell gewähren könnte! Ich will deine verbindliche und schriftliche Zusicherung, dass Jack zum Gesellschafter der Company erhoben und in den Rat der Zehn aufgenommen wird, hörst du? Im anderen Fall, das schwöre ich dir, erlebt der Bruder des Königs die Hölle statt des Paradieses, und es ist mir völlig gleich, was anschließend aus mir wird. Denn selbst wenn es mich das Leben kosten sollte, sterbe ich doch in der Gewissheit, dass du mir umgehend in die ewige Verdammnis folgst, denn ich bin mir sicher, dass der Duke of York seine ganze Wut danach an dir auslassen wird.«

Du Miststück, du bekommst das wirklich fertig, dachte Crispe, und ein kalter Schauer lief ihm den Rücken hinunter. Mit wem hatte er sich da nur eingelassen? Aber gut, Marie-Claire sollte ihren Willen bekommen. Wichtig war nur, dass sie bei dem arrangierten Rendezvous mit dem Schirmherrn der Company keine Zicken machte. Was danach kam, stand in den Sternen, und natürlich würde ihr Mann trotz schriftlicher Zusage niemals Gesellschafter werden. Es sei denn, er reihte Heldentat an Heldentat und brachte der Company märchenhafte Gewinne ein. Dann, ja dann, konnte man das noch einmal überdenken. Aber Jack Bannister in den Rat der zehn wichtigsten Gesellschafter zu berufen, nur weil seine Frau mit dem Duke of York ins Bett stieg? Einfach lachhaft!

»Wenn du es wünschst, meine Liebe«, stimmte Nicholas Crispe süffisant zu. »Aber dein Mann wird noch ein paar Reisen unternehmen müssen, bevor er die Geschäfte der Company mit uns anderen Gesellschaftern zusammen ausschließlich von Land aus führen kann. Aber kommt er von seiner jetzigen Fahrt erfolgreich zurück, werde ich dafür sorgen, dass ihm bereits einige Anteile überschrieben werden, das verspreche ich dir.«

»Gut, aber das will ich schriftlich haben«, verlangte Marie-Claire. »Ich vertraue dir nämlich nicht mehr, Nicholas. Und mit dem Bruder des Königs treffe ich mich ausschließlich, wenn Jack weit weg auf See ist, nur damit das klar ist.«

»Auch das, meine Teuerste«, stimmte der Geschäftsführer zu, dachte dabei aber bei sich: *Wie naiv bist du eigentlich, Marie-Claire? Wenn es dem Duke nach dir gelüstet, dann lässt er dich holen. Bei Tag oder bei Nacht, ganz gleich. Wenn nötig, auch aus deinem Ehebett heraus. Und dein Gemahl wird nichts, aber auch gar nichts dagegen unternehmen können, will er am Leben bleiben. Hebt er auch nur einmal eine Hand gegen den Bruder des Königs oder stößt auch nur eine einzige, schwerwiegende Beleidigung oder Anschuldigung aus, ist er ein toter Mann! Das solltest du eigentlich wissen, oder was glaubst du, wo du lebst?* Doch wenn die junge Frau das alles nicht wahrhaben wollte oder die Gedanken daran verdrängte, umso besser.

»Es soll alles so geschehen, wie du es wünschst«, meinte Nicholas Crispe deshalb und lächelte diabolisch, was Marie-Claire allerdings nicht auffiel, da sie damit beschäftigt war, ihre Kleider zu ordnen, die durch ihren Sturz in Unordnung geraten waren.

6. KAPITEL
YORK ISLAND, 1683

Die *Golden Fleece* ankerte jetzt schon seit Wochen in der Lagune zwischen der Insel, die man York Island getauft hatte, und der wesentlich größeren, die von einem Stamm bewohnt wurde, dessen Angehörige sich selbst Sherbro nannten und die zu einem Volk gehörten, von dem auch das gegenüberliegende Festland beherrscht wurde. Deutlich konnte man in dessen Hinterland ein mächtiges, zerklüftetes Gebirge erkennen, das die Portugiesen, die auch an dieser Küste als Erste gewesen waren, Serra Lyoa – Löwenberge – genannt hatten.

Die Verhandlungen mit dem Häuptling und den Stammesältesten auf Sherbro über den Ankauf von York Island zogen sich in die Länge, nachdem sie recht verheißungsvoll begonnen hatten. Gegenüber dem Ankerplatz der *Golden Fleece* lag das größte Dorf der Insel, das die Eingeborenen Bonthe nannten. Ein reger Handelsaustausch fand zwischen der Besatzung und den Bewohnern statt, die vorwiegend vom Fischfang lebten, aber auch Sumpfreis anbauten. Besonders begehrt waren von den Seeleuten die exotischen Früchte des Landes, die sich die gesamte Mannschaft schmecken ließ und von denen ganze Bootsladungen, auch vom Festland, herangebracht wurden.

Jack befahl einen äußerst respektvollen Umgang mit den Einheimischen, drohte, jeden Übergriff drakonisch zu ahnden, und ließ auch die kleinste Kleinigkeit akribisch bezahlen, wobei als Währung kein Geld, sondern vorwiegend Eisenwaren wie Nägel, Werkzeuge und Tuche fungierten. Seinem Ersten Offizier passte das ganz und gar nicht, waren doch die Waren zum Ankauf von Sklaven gedacht und in Missions Augen nicht dazu da, mehr oder weniger an Nigger verschenkt zu werden.

Thomas Corker hingegen hatte von allen das beste Verhältnis zu den Eingeborenen. Sein lustiges, übersprudelndes Wesen kam bei ihnen gut an und entsprach weitgehend ihrem eigenen Temperament. Ging er an Land, war er umgehend von ganzen Scharen von Schwarzen umgeben und konnte sich vor Freunden – und auch Freundinnen – kaum retten. Ein Gutes hatte das auf alle Fälle, denn der junge Midshipman lernte in Windeseile die Sprache der Sherbro und konnte Jack schon bald als Dolmetscher dienen.

Anfangs hatte der in Bonthe residierende Häuptling den freundlichen Weißen die von ihnen begehrte Insel schon schenken wollen. Allerdings nur unter der Voraussetzung, dass seinen Stammesangehörigen weiterhin der Fischfang in den Gewässern ringsum nicht verwehrt wurde, was Jack natürlich sofort zusagte. Doch als es konkret wurde, wich der alte Mann immer wieder aus, und Thomas Corker fand eher zufällig den Grund dafür heraus. Weit im Landesinneren, noch hinter den Löwenbergen, residierte der Bai, eine Art König, der zwar zum Volk der Temne gehörte, aber auch die Oberhoheit über die Sherbro beanspruchte. Und mit diesem Naimbanna genannten Herrscher wollte sich der Häuptling besser nicht anlegen oder zumindest seine Genehmigung zur Übergabe der Insel an die Fremden einholen.

Jack bot an, sich selbst zu Naimbanna zu begeben, um mit ihm zu verhandeln und ihm Geschenke zu überbringen, doch davon riet der Häuptling dringend ab. Niemand wusste, wo sich der König in dem großen Reich, über das er herrschte, gerade aufhielt, und es konnte Monate dauern, ihn zu finden. Man reiste meist mit Kanus auf den Flüssen, von denen es in dem regenreichen Land unzählige gab, denn nur wenige Urwaldpfade führten durch den nahezu undurchdringlichen Dschungel. Der Häuptling hatte deshalb schon selbst Boten losgeschickt, die die Genehmigung zur Übergabe der Insel einholen sollten, und jetzt wartete man auf deren Rückkehr und auf die Nachricht, die sie brachten.

In der Zwischenzeit hatte Jack, und nicht nur er, noch etwas ganz anderes entdeckt. Viele Eingeborene trugen Goldschmuck, schienen ihn aber nicht übermäßig wertzuschätzen. Als er einer Sherbro-Frau ein Armband aus großen Glasperlen zeigte, streifte diese ihren schweren goldenen Reif auf der Stelle ab und freute sich wie ein kleines Kind über die in allen Farben des Regenbogens funkelnden Steine. Den hundert, nein, tausend Mal wertvolleren Goldschmuck beachtete sie gar nicht mehr, und als Jack ihn aufhob und ihr reichen wollte, winkte sie nur ab. Er könne ihn gern behalten, ließ sie dem Captain durch Thomas Corker ausrichten, er möge ihr nur sagen, was er noch zusätzlich von ihr für das herrliche Armband haben wolle.

Es stellte sich heraus, dass die Eingeborenen im Vergleich zu den Europäern gar keinen besonderen Bezug zu dem Gold hatten und vor allem seinen Wert nicht kannten. Sie bezogen Goldstaub, der von anderen Stämmen in reichem Maß aus den Flüssen und Bergen des Landes gewonnen wurde, im Austausch gegen andere Handelswaren. Den Staub verarbeiteten auf Sherbro dann geschickte Handwerker zu Schmuck und selbst zu Haushalts- und Gebrauchsgegenständen. Diese Handwerksarbeiten wollten sich die Meister bezahlen lassen und riefen dafür gegenüber den Weißen oft exorbitante Preise auf, das eigentliche Metall, das in Ziegenledersäcken und Kalebassen in ihren Werkstätten lagerte, sahen sie dagegen als weit weniger wertvoll an.

Jack drohte jedem Mitglied der Besatzung mit dem Strick, der einen Einheimischen bestahl oder um sein Gold betrog, und meinte dies durchaus ernst. Das, was die Spanier in Mittel- und Südamerika angerichtet hatten, durfte sich hier in Afrika auf gar keinen Fall wiederholen. Dazu waren die Stämme einfach zu kriegerisch und ihre Häuptlinge und Könige zu mächtig, als dass man es sich mit ihnen verderben konnte, wollte man in ihrer Nachbarschaft leben und auch weiterhin Handel mit ihnen treiben. Aber hatte Nicholas Crispe nicht bei ihrem letzten Gespräch gesagt, er solle Sklaven kaufen, es sei denn, er fände Gold?

Nun, er hatte Gold gefunden, und das nicht zu knapp. War er hier womöglich auf ein neues El Dorado gestoßen? An der gesamten Küste des nördlichen Golfes von Guinea wurde offenbar damit gehandelt, und Jack beschloss, dieses Gebiet in seinem Logbuch und den Berichten für die Company in Zukunft nur noch die Goldküste zu nennen. Den Goldstaub gegen die Waren einzutauschen, die eigentlich dem Ankauf von Sklaven dienen sollten, war wesentlich lukrativer als der Menschenhandel, was Jack, der sich damit nur aus der Not geboren beschäftigte, sehr zupassekam. Hier lag ein riesiges Potenzial brach, das ein lukrativer Geschäftszweig für die Gesellschaft zu werden versprach, und der Captain freute sich bereits auf das Gesicht von Nicholas Crispe, wenn er ihm einen solchen Ziegenledersack auf den Schreibtisch werfen und ihm berichten würde, dass er nicht nur Gold, sondern auch einen geeigneten Stützpunkt für die Royal African Company am Beginn und nicht erst am weit entfernten Ende des Golfes von Guinea gefunden und nach dem Duke of York benannt hatte.

Endlich, nach langem Warten, schickte der Häuptling von Bonthe eine Piroge zur *Golden Fleece* und ließ deren Captain an Land bitten. Die Boten waren zurück und hatten Nachricht von Naimbanna mitgebracht. Der alte Mann, der in den letzten Wochen für die Weißen nahezu zum Freund geworden war, wand sich allerdings wie ein glitschiger Fisch und wollte nicht so recht mit der Sprache herausrücken. Nicht, weil der König es ablehnte, die Insel den Engländern zu übergeben, sondern weil dem Häuptling dessen Forderungen einfach bodenlos unverschämt vorkamen. Das konnte nur daran liegen, dass Naimbanna das kleine Eiland nicht kannte und wahrscheinlich dachte, die Fremden wollten einen weitaus größeren Teil seines Reiches erwerben. Als der Häuptling sich endlich dazu durchrang, die Forderung zu präsentieren, kam heraus, dass der König die Unverschämtheit besaß, zwei Dutzend Musketen nebst Pulver und Kugeln, ebenso viele Säbel und sechs Fässer Branntwein oder Rum als Ausgleich für die Insel zu verlangen.

Als Jack zu lachen begann, dachte der Häuptling im ersten Moment, dass er oder gar Naimbanna verhöhnt würden, wofür er ob der ungeheuren Forderung sogar ein gewisses Verständnis gehabt hätte, aber Thomas Corker gelang es, ihn schnell zu besänftigen. Natürlich, so versicherte Jack den versammelten Stammesältesten, würde der König bekommen, was er verlangte, und diesem, um die freundschaftlichen Beziehungen zu ihm gleich auf eine gesunde Basis zu stellen, darüber hinaus sogar noch die begehrten roten Tuche, eiserne Werkzeuge und als persönliches Geschenk von König Charles von England eine prächtige, reich bestickte Galauniform samt einem mit Pfauenfedern geschmückten Hut übergeben. Jack war gern bereit, seinen Paraderock zu opfern, wenn man sich dadurch die Eingeborenen gewogen machen konnte und keine Feinde in der Nachbarschaft zu fürchten hatte. Auch die Bewohner von Sherbro Island gingen nicht leer aus, und so stand der Errichtung eines Stützpunktes für den Afrikahandel der Company an der Goldküste nichts mehr im Wege.

Die für beide Seiten vorteilhafte Übereinkunft wurde mit einem rauschenden Fest gefeiert, doch als sich dieses dem Höhepunkt näherte und Jack auch schon etwas mehr getrunken hatte, als er sich vorgenommen hatte, kam ein Bote von York Island mit einer beunruhigenden Nachricht. Jack hatte auf der Kuppe des Hügels einen Aussichtsturm errichten lassen, von dem man viel weiter in alle Richtungen blicken konnte als vom Masttopp der *Golden Fleece*. Auf diesem Turm hielt ständig ein Posten Ausschau, der nun etwas erspäht hatte, das er für unbedingt meldenswert erachtete. Er informierte Lieutenant Hornigold, der die Wache hatte, und dieser schickte pflichtgemäß zum Captain.

Jack ließ sich auf der Stelle zu York Island hinüberrudern, erklomm den Hügel und auch den Aussichtsturm, der einmal der Mittelpunkt des geplanten Forts werden sollte, nahm das Fernrohr, das ihm der Posten reichte, und spähte in die Richtung, die dieser ihm wies.

»Nicht schon wieder!«, stöhnte und fluchte er zugleich, als er das Rohr absetzte. Und meinte dann an den Posten gewandt: »Geben Sie Signal an Mr Mission! Alle Mann an Bord, Schiff klar zum Gefecht!«

Was der Posten und Jack erspäht hatten, waren zwei Fregatten, die sich von Süden her der Meerenge näherten, die Sherbro Island vom Festland trennte. Wenn sie ihren Kurs beibehielten, mussten sie unzweifelhaft auf York Island und letztlich auch auf die *Golden Fleece* stoßen, die dann besser nicht mit nur einem Bruchteil der Besatzung an Bord vor Anker liegen sollte. Vor allem, weil es sich, wie unschwer an den im Wind wehenden weißen Flaggen mit dem roten Adler zu erkennen war, um Brandenburger handelte, die, wie Jack wusste, ebenfalls auf der Suche nach einem geeigneten Stützpunkt an der westafrikanischen Küste waren.

Unter vorsichtigem, ständigem Loten der Wassertiefe tasteten sich die beiden Schiffe durch die von Sandbänken und Untiefen durchzogene Meerenge, nur um an deren Ende auf die gefechtsbereite *Golden Fleece* zu treffen, die den Zugang zum freien Fahrwasser blockierte. Alle Geschütze an Backbord waren ausgerannt, die Gefechtsmarsen besetzt, und die Segel wurden nur noch von Reffbändseln gehalten, sodass sie blitzschnell gesetzt werden konnten, sollte die Galeone ihren Liegeplatz verlassen müssen.

Jack, der bis zum Großmasttopp aufgeentert war, sah vornweg die ihm schon bekannte *Morian* unter stark gekürzten Segeln, der ein Schiff folgte, dessen Größe in etwa der *Golden Fleece* entsprach und bei dem er jeweils sechzehn Geschützpforten in den beiden Breitseiten zählte. Ein Name war im Moment noch nicht auszumachen, dafür aber umso deutlicher das große Banner Seiner Kurfürstlichen Durchlaucht Friedrich Wilhelm. Die beiden Fregatten zusammen, da gab sich der Captain gar keinen Illusionen hin, waren der *Golden Fleece* haushoch überlegen. Vor allem, da es sich um Kriegsschiffe handelte, die über verstärkte, gut gedrillte Besatzungen verfügten und sicher auch ein Kontingent Seesoldaten mit an Bord hatten. Er durfte es deshalb auf gar keinen Fall zu einem Enterkampf kommen lassen. Ebenso wenig allerdings auch zu einem Kanonenduell mit beiden Schiffen zugleich.

Doch die Engländer hatten einen großen Vorteil: Die kleine *Morian* blockierte in der engen Durchfahrt der nachfolgenden, großen Fregatte den Weg. Man konnte sie gegebenenfalls mit gezielten Breitseiten versenken, vor allem, da sie der *Golden Fleece* ihren verletzlichen Bug zuwandte. Kettenkugeln gegen den Fockmast und in die Riggs würden die *Morian* garantiert manövrierunfähig machen und stranden lassen. Dann käme ihr Schwesterschiff auch nicht mehr an ihr vorbei, und sollten sich die Kapitäne entschließen, ihre Mannschaften in die Boote zu schicken, und mit diesen angreifen, konnte man eins nach dem anderen unter Beschuss nehmen.

Jack ließ sich an einem Tau aufs Deck hinab, und noch bevor seine Füße die Planken berührten, rief er Lieutenant Hornigold, der die Backbordgeschütze befehligte, ein Kommando zu.

»Einen Schuss mit dem mittleren Zwölfpfünder in die Fahrrinne vor den Bug der ersten Fregatte. Das sollte von ihnen als Warnung verstanden werden und sie zum Beidrehen veranlassen. Falls nicht, lasst noch einen zweiten, wohlgezielten auf den Bugspriet oder in die Back folgen. Nehmen die Brandenburger dann nicht die Segel weg, bekommen sie eine Breitseite verpasst, dass ihnen Hören und Sehen vergeht.«

»Ihr seid Euch schon darüber im Klaren, dass Ihr damit einen Krieg zwischen England und Kurbrandenburg auslösen könntet, Captain?«, fragte Lieutenant Mission lauernd, der sich ebenfalls auf dem Oberdeck aufhielt und auf Befehle wartete. »Schließlich würden wir als Erste das Feuer auf Schiffe eröffnen, die uns nichts zuleide getan haben und vielleicht in friedlicher Absicht kommen.«

»Dann können sie uns ja einen Höflichkeitsbesuch abstatten, und wir werden sie freundlich willkommen heißen«, gab Jack bissig zurück, der die ständige Nörgelei seines Ersten Offiziers und das Infragestellen seiner Anweisungen gründlich satthatte. »Man nähert sich nicht unaufgefordert einem anderen Schiff auf Kanonenschussweite, und wenn doch, muss man mit den Konsequenzen rechnen. Ich jedenfalls werde in dieser Situation kein Risiko eingehen und uns die Brandenburger lieber vom Halse halten. Und Krieg zwischen Kurbrandenburg und England? Macht Euch nicht lächerlich! Die Royal Navy zählt mehr als fünfhundert Schiffe, Friedrich Wilhelm hat, wenn es hochkommt, gerade einmal zwei Dutzend.«

»Und doch hat er sich sowohl mit den Spaniern als auch mit den Hamburgern angelegt und sogar die Schweden das Fürchten gelehrt, indem er ihnen mithilfe seiner Marine die große, vor seinen Küsten gelegene Insel Rügen weggenommen hat«, zeigte sich Mission bestens informiert.

»Dann wollen wir einmal hoffen, dass sich das hier nicht wiederholt und sie sich an York Island die Zähne ausbeißen«, knurrte der Captain. »Ich wette nämlich einen Penny gegen einen Ziegenledersack voller Gold, dass ihnen nach nichts anderem der Sinn steht.«

Während des Disputs hatte Lieutenant Hornigold höchstselbst das Geschütz ausgerichtet, setzte jetzt die Lunte an, und als sich die Kanone krachend entlud, verfolgte jeder an Bord gespannt die Flugbahn der Kugel. Sie schlug gut hundert Yards vor der *Morian* in die See und ließ eine große Fontäne aufsteigen.

»Nicht so schüchtern, Mr Hornigold!«, rief Jack in das Geschützdeck hinunter. »Ein wenig mehr kitzeln dürft Ihr die

Brandenburger schon. Versucht es noch einmal. Zielt dichter heran, aber trefft noch nicht das Vorschiff. Sie sollen nur wissen, dass wir es könnten.«

»Aye, aye, Sir«, bestätigte der Zweite Offizier den Befehl, und gleich darauf rollte erneut Donner über die See.

Diesmal schlug das Geschoss nur circa vierzig Yards entfernt von der an führender Position segelnden Fregatte ein, und deren Kapitän verstand, dass der Spaß damit ein Ende hatte. Er ließ beidrehen und den Anker fallen, und das nachfolgende Schiff tat es ihm gleich, wie der Ausguck vom Masttopp der *Golden Fleece* freudig meldete. Da die größere Fregatte an der Ankerkette schwofte und so ihr prächtig geschmücktes Heck sehen ließ, konnte man jetzt auch den Namen lesen. Es war die *Kurprinz von Brandenburg,* ein durchaus Achtung gebietendes Schiff, das sich hier weit weg von seinen Heimatgewässern in der Ostsee befand, um den Anspruch des Kurfürsten auf Stützpunkte und Handelsbeziehungen in Westafrika zu unterstreichen.

Jack sah durch sein Rohr, wie ein reger Bootsverkehr zwischen der *Morian* und der *Kurprinz von Brandenburg* einsetzte, und dann, nachdem einige Zeit verstrichen war, hielt ein Kutter auf die *Golden Fleece* zu, der offensichtlich einen höhergestellten Offizier beförderte. Der Captain befahl, das Boot ungehindert anlegen zu lassen, und ließ Seite pfeifen, als der brandenburgische Gast das Deck betrat. Er erkannte in ihm Isaak van de Geer, den er schon auf Fernando Póo getroffen hatte, und der sich zur Begrüßung tief vor ihm verneigte.

»Sehr erfreut, Euch wiederzusehen, Mijnheer«, grüßte der Holländer in brandenburgischen Diensten freundlich. »Wie ich sehe, habt Ihr Karriere gemacht und seid jetzt der Captain dieses schönen Schiffes. Ich freue mich, dass sich unsere Wege wieder einmal kreuzen, auch wenn wir diesmal diejenigen sind, die über überlegene Kräfte verfügen. Der Kommandant unserer kleinen Expedition, Major Otto Friedrich von der

Groeben, dem die beiden Kapitäne Philipp Pietersen Blonck und Mattheus de Voß zur Seite stehen, lädt Euch zu einem kleinen Umtrunk und einem Gespräch an Bord der *Kurprinz von Brandenburg* ein und würde sich sehr freuen, nehmt Ihr seine Einladung an. Selbstverständlich sichert er Euch freies Geleit zu, aber das ist sowieso selbstverständlich.«

»Wenn Ihr das sagt, Mijnheer van de Geer«, schmunzelte der Captain. »Aber sagt, würde der Major eine Einladung an Bord der *Golden Fleece* akzeptieren? Wenn ich Eure skeptischen Gesichtszüge richtig deute, wohl eher nicht. Deshalb mache ich Euch einen anderen Vorschlag. Treffen wir uns doch nicht an Bord eines unserer Schiffe, sondern dort drüben am Strand des kleinen Eilands, das die Eingeborenen Mobur nennen. Sowohl Eure *Morian* wie auch mein Schiff könnten sie notfalls unter Feuer nehmen. Sagen wir, in etwa einer Stunde? Von jeder Seite fünf Offiziere und nicht mehr als zehn Ruderer, das sollte genügen. Falls Euer Oberkommandierender mit meinem Vorschlag einverstanden ist, dann dippt zweimal die Flagge. Wir werden dann rechtzeitig zur Stelle sein.«

»Wenn ich mir die Bemerkung erlauben darf, Ihr seid ein sehr misstrauischer Mann, Mr Bannister.« Van de Geer wechselte problemlos vom Holländischen ins Englische und zeigte damit, dass er auch diese Sprache beherrschte. »Das habe ich schon bei unserem ersten Zusammentreffen gemerkt. Ich werde gern dem Herrn Major Euren Vorschlag unterbreiten und bin sicher, dass er ihn annehmen wird. Bis dahin darf ich mich empfehlen.«

»Besser vorsichtig als tot«, meinte Jack zustimmend. »Dann bis bald, Mijnheer. Ich bin gespannt, was uns die Vertreter Kurbrandenburgs zu sagen haben.«

Isaak van de Geer bestieg wieder seinen Kutter und ließ sich zurück zur *Kurprinz* rudern. Er war noch nicht lange an Bord, da wurde dort die Flagge gedippt, woraufhin Jack die Anweisung erteilte, das große Beiboot der *Golden Fleece* zu Wasser zu lassen, und die Lieutenants Mission und Lewis sowie Midshipman Corker und Bootsmann North, alle angetan mit ihren besten Uniformen, an seine Seite befahl. Schließlich wollte man sich ja vor den Brandenburgern nicht blamieren und hatte als Vertreter Englands einen Ruf zu verlieren. Hornigold bekam das Kommando an Bord und zu seiner Unterstützung den Midshipman John Cornelius. Beide sollten vor allem die *Morian* im Auge behalten und falls Verrat drohte, sie am besten mit ein paar gut gezielten Breitseiten in der Fahrrinne versenken.

»Mr North, während ich mit diesem Major und seiner Begleitung verhandle, möchte ich, dass Ihr ein Auge auf die Seeleute werft, die den Kutter rudern. Ausbildungsstand, Disziplin, sind sie gut genährt und motiviert, oder leiden sie unter Skorbut. Wisst Ihr, was ich meine?«

»Aye, Sir, selbstverständlich.« Der erfahrene Bootsmann grinste und nickte. »Ich werde ihnen bis auf den Grund ihrer Seele schauen und Euch, sobald wir wieder unter uns sind, Bericht erstatten, Captain. Seid unbesorgt.«

»Dann ist es ja gut«, merkte Jack an, während sich das Boot dem Eiland näherte. »Ich verlasse mich auf Euer Urteil. Sie beide, Mr Lewis und Mr Corker, behalten die Begleiter des Majors im Auge. Zumindest dieser van de Geer macht auf mich den Eindruck, mit allen Wassern gewaschen zu sein. Greift einer von ihnen nach einer Waffe, seid schneller und schießt ihn nieder. Zögert keinen Moment, unser aller Leben könnte davon abhängen. Und Ihr, Mr Mission, sprecht nur, wenn ich Euch dazu auffordere. Ist das klar? Macht ein grimmiges, zu allem entschlossenes Gesicht, das reicht schon aus. Das könnt Ihr ja sonst auch bestens und schüchtert die Brandenburger damit vielleicht ein, sodass sie sich kampflos zurückziehen.«

Lieutenant Mission knirschte ob der erneuten Demütigung innerlich mit den Zähnen, zog es aber vor, sich nicht dazu zu äußern. Dass er bei diesem Captain keinen Stein im Brett hatte und auf keinen grünen Zweig kommen würde, war ihm schon lange bewusst. Aber der Tag würde kommen, dessen war er sich gewiss, an dem er Rache für all das nehmen würde, was er hatte erdulden müssen.

Fast zeitgleich liefen die Boote der Brandenburger und der Engländer auf den kleinen Strand auf, allerdings an dessen entgegengesetzten Enden. Jack sprang ohne Hilfe aus dem Kutter heraus, und da er kniehohe Stulpenstiefel trug, bekam er nicht einmal nasse Füße. Anders der Major und seine Begleiter, die sich fein herausgeputzt hatten, ohne zu bedenken, dass das brackige Wasser der Lagune Schuhe und Strümpfe ruinieren würde. *Was sind das nur für Seeleute,* dachte Jack bei sich und schüttelte unmerklich den Kopf. Er war von einem kurzen Gespräch im Stehen ausgegangen, doch die Brandenburger hatten offenbar anderes im Sinn. Einige Männer der Bootsbesatzung spannten schnell ein Sonnensegel auf, während andere Scherenstühle und einen Tisch heranschleppten, der auch noch mit feinem Silbergeschirr gedeckt wurde. Die Engländer kamen sich fast wie Bettler vor, denn keiner von ihnen hatte an etwas Vergleichbares gedacht, was Jack ausgesprochen peinlich war. Doch wer hätte schon ahnen können, dass die Brandenburger hier im Westen Afrikas gedachten, das große Hofzeremoniell zu zelebrieren?

Der Major schien geahnt zu haben, dass er seine Gesprächspartner damit verblüffen würde, denn er hatte nicht nur Stühle für sich, sondern auch für sie mitbringen lassen. Als dann auch noch Kannen mit Wein und Schalen mit Obst auf dem Tisch standen, kam er, begleitet von seiner Entourage, herangeschlendert, als wäre man nicht an einem Strand, sondern an einem fürstlichen Hofe. Sein Haupt zierte eine große, braune Allongeperücke, der Rock war – völlig unpassend für die hiesige Gegend – aus schwerem Brokatstoff, und das Plastron, ebenso aus Seide wie die Kniehosen, sorgfältig in Falten gelegt. Nur

Schuhe und Strümpfe waren durchnässt und verschmutzt, doch den Major schien das nicht weiter zu stören. Zumindest ignorierte er es ebenso geflissentlich wie seine Begleiter.

Als die beiden Gruppen, die sich langsam aufeinander zubewegt hatten, in der Nähe der Tafel aufeinandertrafen, verbeugten sich beide Seiten höflich voreinander, und der Major, der sich offenbar für den Höchstgestellten in der Runde hielt, eröffnete das Gespräch.

»Ich gebe mir die Ehre: Major Otto Friedrich von der Groeben von der Kurbrandenburgischen Marine. Zu meiner Rechten Kapitän Mattheus de Voß, Kommandant der *Kurprinz von Brandenburg,* zu meiner Linken Kapitän Philipp Pietersen Blonck von der Fregatte *Morian.* Des Weiteren darf ich vorstellen Festungsbaumeister Walter von Leugreben und Fähnrich von Selbig, der unsere Landungstruppen befehligt. Und mit wem, wenn die Frage gestattet ist, habe ich das Vergnügen?«

Jack musste sein ganzes Selbstbewusstsein aufbieten, um sich bei dieser geballten Zurschaustellung von Autorität nicht klein vorzukommen. Doch dann sagte er sich, dass der Major sicher genau das beabsichtigte und es völlig falsch wäre, dieses Spiel, das er nur verlieren konnte, mitzuspielen. Deshalb beschloss er, die Regeln zu ändern.

»Captain Jack Bannister, Kommandant der *Golden Fleece,* die im Auftrag der Royal African Company segelt, mit vier Schiffsoffizieren, deren Namen für Euch nicht von Belang sind. Es ist heiß, sodass wir uns nicht lange mit Vorreden aufhalten sollten. Sagt, was Euer Begehr ist, damit wir hier nicht länger als unbedingt nötig ausharren müssen.«

»Warum habt Ihr es denn so eilig, Captain Bannister?«, meinte der Major süffisant. »Wenn Euch die Sonne stört, lasst uns doch in den Schatten unter das aufgespannte Segel gehen und uns setzen. Wie Ihr sehen könnt, haben wir auch Erfrischungen mitgebracht, an denen wir uns laben können.«

»Besser, Ihr kommt gleich zur Sache, Major. Wir haben nämlich noch eine Menge Arbeit, die nicht warten kann«, gab Jack absichtlich wenig entgegenkommend zurück.

Der Brandenburger seufzte tief, bevor er antwortete.

»Ich hatte gehofft, dass Ihr es uns etwas leichter machen würdet, aber wie Ihr wollt. Unsere Expedition ist von Kurfürst Friedrich Wilhelm beauftragt worden, nach Plätzen für Stützpunkte an der westafrikanischen Küste Ausschau zu halten. Kapitän Blonck war zu diesem Zwecke bereits einmal in der Gegend. Mir wurde berichtet, Ihr seid vor etwa einem Jahr schon aufeinandergetroffen?«

Der letzte Satz des Majors war als Frage formuliert, auf die der Captain aber nicht weiter einzugehen gedachte.

»Nicht persönlich, sondern nur auf zwei seiner Offiziere. Damals wie heute sucht Ihr aber an der falschen Stelle, Major. Hier wie auch auf Fernando Póo sind wir bereits vor Euch angekommen. Ihr werdet Euch wohl anderswo nach einem geeigneten Stützpunkt umsehen müssen.«

»Nun, das sehe ich etwas anders, Captain Bannister.« Der Major nahm seinen Dreispitz ab und fächelte sich damit Luft zu. »Kapitän Blonck hat die Insel, die da hinter uns liegt, im vergangenen Jahr auf seiner Heimreise entdeckt und hält sie für gut geeignet, uns als Ausgangspunkt für weitere Faktoreien an der westafrikanischen Küste zu dienen. Festungsbaumeister von Leugreben hat sogar schon Pläne für ein Fort entworfen, das wir auf der Spitze des Hügels errichten wollen, welcher die Insel überragt.«

»Darf ich die Zeichnungen vielleicht einmal sehen?«, erkundigte sich Jack, den es brennend interessierte, was die Brandenburger an genau der Stelle planten, die auch er für eine Befestigungsanlage vorgesehen hatte.

»Aber gern«, zeigte sich der Major leutselig und winkte den Festungsbaumeister heran, der die Pläne aus einer großen, gewachsten Tasche holte und sie auf dem Tisch ausbreitete, nachdem sich beide Gruppen kurzerhand unter das Sonnensegel begeben hatten.

Jack trat, gefolgt von Mission, heran, und was die beiden Männer zu sehen bekamen, war wirklich beeindruckend. Vier Bastionen sollten errichtet werden, dazwischen zehn Yards hohe Mauern, und nur ein Tor, überragt von einem mächtigen Turm, würde in das Fort hineinführen. Dass die Brandenburger so willig ihre Pläne offenbarten, zeigte nur, wie sicher sie sich fühlten.

»Eine Menge Arbeit, die Ihr Euch da vorgenommen habt«, meinte der Captain anerkennend, als er das Studium der Zeichnungen abgeschlossen hatte.

»So ist es, und deshalb glaube ich kaum, dass Ihr uns davon abbringen könnt, unser Vorhaben auch an dieser Stelle zu verwirklichen«, ließ sich der Major wieder vernehmen und war sich sicher, die Engländer beeindruckt und vielleicht sogar eingeschüchtert zu haben.

»Oh doch, das denke ich schon«, gab Jack eisig zurück. »Habt Ihr die Insel damals bei Eurem Besuch gekauft oder anderweitig erworben, Kapitän?« Jack wandte sich jetzt direkt an Blonck, den Major geflissentlich ignorierend.

»Nein, natürlich nicht«, antwortete der Kommandant der *Morian* nervös. »Wer kauft schon Land von Niggern? Wir haben die Insel entdeckt und gedenken, sie nun in Besitz zu nehmen.«

»Da kommt Ihr leider zu spät, denn wir haben sie bereits König Naimbanna und auch dem dort ansässigen Stamm abgekauft. Der Vertrag ist rechtsgültig abgeschlossen und die Insel auf den Namen York Island getauft worden. Der Duke of York ist der Bruder des Königs und Schirmherr unserer Company, wie Ihr vielleicht wisst. Ihr legt Euch also mit der englischen Krone an, falls Ihr Eure Absichten nicht fallen lasst.«

»Aber, aber, meine Herren«, mischte sich der Major, jetzt allerdings sichtlich genervt, wieder ein. »Verträge mit Niggern sind doch weniger wert als ein Blatt im Wind! Wir sind hier an der afrikanischen Küste, um so viele wie möglich von ihnen zu fangen und nach Westindien zu verschiffen, wo man gutes Geld für sie bezahlt. Ist das nicht auch das Bestreben Eurer Company, Mr Bannister? Mit solchen Leuten schließt man doch keine Verträge ab! Da könnte man sich ja gleich mit Affen an einen Tisch setzen.«

»Mit dieser Einstellung werdet Ihr es hier in Afrika sicher weit bringen, Major«, höhnte der Captain. »Passt nur auf, dass sie Euch nicht ganz schnell einen Speer zwischen Eure Rippen einbringt. König Naimbanna zum Beispiel herrscht über ein weit größeres Reich, als Euer kleines Brandenburg es ist. Und er verfügt über so viele Krieger, wurde mir berichtet, dass sie nach Zehntausenden zählen. Aber das soll nicht unser Problem sein. Tut nur, nach was es Euch gelüstet. Aber nicht hier. York Island gehört der englischen Krone. Ihr würdet darum kämpfen müssen. Doch wollt Ihr wirklich eine Auseinandersetzung mit der Royal Navy riskieren? Es kann allerdings gut sein, dass es danach keine Kurbrandenburgische Marine mehr auf den Weltmeeren gibt.«

»Ihr sitzt auf einem recht hohen Ross, Captain.« Auch der Ton des Majors wurde jetzt eisig. »Passt nur auf, dass Ihr nicht von ihm herunterstürzt. Das sage ich Euch als erfahrener Kavallerist, der in vielen Schlachten gefochten hat. Wir haben zwei Schiffe, Ihr nur eines, und zusammen wesentlich mehr Geschütze als Ihr. Von der Anzahl der Besatzungen und noch dazu unserer Seesoldaten einmal ganz abgesehen. Wir können uns auch ohne Weiteres nehmen, was Ihr uns nicht freiwillig geben wollt.«

»Dass Ihr Euch da mal nicht täuscht, Major«, antwortete Jack und bemühte sich um einen überlegenen Tonfall. »Schaut Euch mal Eure Kapitäne an, die blicken gar nicht fröhlich ob Eurer Ankündigung drein. Ihr fahrt noch nicht lange zur See, nicht wahr? Nun, dann will ich Euch einmal erklären, was passieren wird, versucht Ihr, Eure Drohung wahr zu machen. Eure kleine *Morian* liegt mit dem Bug voraus zur *Golden Fleece* vor Anker. Sie könnte nur langsam und sehr vorsichtig wenden, um uns ihre Kanonen zu zeigen. Bis dahin hat sie sich aber schon mehrere Breitseiten unseres Schiffes eingefangen, ist wahrscheinlich entmastet und am Sinken. Ihr könnt ihr mit Eurem größeren Schiff nicht zu Hilfe kommen, denn dafür ist die Fahrrinne zu schmal. Und setzt Ihr Eure Besatzungen und Seesoldaten in die Boote, um zu versuchen, uns zu entern, dann veranstalten wir ein Scheibenschießen, gegen das eine Moorhuhn-Jagd in Schottland eine anstrengende Angelegenheit ist. Ihr könnt von Glück reden, wenn wir Euch gestatten, Euch unbeschadet zurückzuziehen.

Und seid doch einmal ehrlich, wollt Ihr wegen eines so kleinen Fleckens Land wirklich einen Krieg mit England vom Zaune brechen? James, der Bruder des Königs, wäre sicher überhaupt nicht amüsiert, wenn Ihr ihm eine ihm zu Ehren benannte Insel wegnehmt. Zumal er außerdem, ganz nebenbei gesagt, noch der Lord High Admiral und damit Oberbefehlshaber der Royal Navy ist. Die würde ihm sicher liebend gern dabei zur Seite stehen, seine Ehre wiederherzustellen.«

Der Major legte nachdenklich die Stirn in Falten. An dem, was er gerade zu hören bekommen hatte, war eine Menge Wahres dran, das musste er zugeben. Wenn er diese Insel, die sich so gut für einen Stützpunkt eignen würde, tatsächlich in Besitz nehmen wollte, durfte es keine englischen Überlebenden geben, die die Nachricht von seinem Übergriff in ihr Heimatland brachten. Aber wie wollte er das verhindern? Verwickelte er seinen Dienstherrn in einen bewaffneten Konflikt zur See mit der maritimen Großmacht England, wäre dieser darüber sicherlich noch weit weniger amüsiert als der Duke of York und die gerade im Entstehen begriffene Kurbrandenburgische Marine wahrscheinlich schnell Geschichte. Nun, darüber musste er in Ruhe nachdenken, aber dafür war jetzt nicht die Zeit. Das letzte Wort über diese Angelegenheit war in seinen Augen jedenfalls noch nicht gesprochen.

»Ihr habt sicher recht, Captain Bannister«, gab er sich deshalb für den Moment einsichtig. »Afrika ist so riesengroß, dass sich doch gewiss ein Plätzchen finden lässt, um dessentwillen sich unsere beiden Nationen nicht ins Gehege kommen. Es hat mich jedenfalls sehr gefreut, einen so tatkräftigen, entschlossenen und vor allem gegenüber dem Duke of York derart loyalen Mann kennengelernt zu haben. Wollen wir nicht vielleicht doch einen Schluck Wein auf unsere Auftraggeber trinken? Kommt, stoßt mit mir an, damit kein Missklang zwischen uns bleibt, wenn wir wieder davonsegeln.«

Das konnte Jack natürlich nicht ablehnen, und so füllte ein Bediensteter die Pokale mit Rheinwein, und die Mitglieder der jeweiligen Abordnungen prosteten sich zu.

»Auf den Kurfürsten von Brandenburg«, salutierte Jack höflich und kostete von dem Wein, dessen Wohlgeschmack in der Hitze gar nicht richtig zur Geltung kam.

Der Major nickte dankbar und entgegnete dann: »Auf Charles, den König von England, und seinen Bruder James, den Duke of York. Mögen sich unsere beiden Länder immer wohlgesonnen sein.«

Daraufhin hoben alle Männer noch einmal ihre Pokale, aber während Lieutenant Mission und der trinkfeste Bootsmann North sie bis zum Grund leerten, nippten Jack, William Lewis und Thomas Corker nur daran. Sehr zum Missfallen von Major von der Groeben, der bis zum Schluss gehofft hatte, eine Schwäche an seinem Gegenüber entdecken zu können.

Zurück an Bord, ließ der Captain die Gefechtsbereitschaft auf der *Golden Fleece* beibehalten und beobachtete aufmerksam das Verhalten der Brandenburger. Mithilfe von Warpankern wendete zuerst die *Kurprinz von Brandenburg* in der schmalen Fahrrinne, wobei sich die Besatzung unter ihrem Kapitän

Mattheus de Voß gar nicht ungeschickt anstellte. Aber der war schließlich auch Holländer und deshalb schmale und seichte Gewässer gewohnt. Die kleinere *Morian* schaffte es sogar unter Segeln zu halsen, wofür Jack ihrem Befehlshaber ebenfalls Respekt zollte.

Nachdem beide Schiffe die Meerenge verlassen hatten und schon fast außer Sicht waren, kam Lieutenant Mission in seiner gewohnt zur Schau gestellten lässigen Art herangeschlendert, um zu fragen, ob er die Männer jetzt endlich zur Freiwache wegtreten lassen könne. Von den Brandenburgern drohe schließlich keine Gefahr mehr, und länger als nötig müsse man die Besatzung ja nun auch nicht mit brennenden Lunten bei den Geschützen ausharren lassen.

»Auf gar keinen Fall!«, bekam der Erste Offizier daraufhin allerdings von seinem Captain zu hören und gleich darauf den Befehl, die Anker einzuholen und die *Golden Fleece* segelklar machen zu lassen. Da es Jack auffiel, dass auch die anderen Offiziere ihn fragend anschauten, von der Mannschaft ganz zu schweigen, sah er sich entgegen seiner sonstigen Gewohnheit doch dazu bemüßigt, seine Entscheidung zu begründen.

»Wir werden die Brandenburger verfolgen, denn ich bin mir so gut wie sicher, dass dieser Major seinen Plan, York Island für seinen Kurfürsten in Besitz zu nehmen, noch lange nicht aufgegeben hat. Damit, dass wir uns an seine Fersen heften, wird er aber bestimmt nicht rechnen, und wir haben somit, wenn wir es geschickt anstellen, das Überraschungsmoment auf unserer Seite.«

»Aber Sir, das sind zwei Kriegsschiffe und wir nur eine Handelsgaleone! Was können wir denn gegen diese Übermacht auf offener See ausrichten?«, wagte Thomas Corker einzuwerfen und sprach damit allen Anwesenden aus der Seele.

»Ja, die *Golden Fleece* ist eine Handelsgaleone, da habt Ihr völlig recht, Mr Corker«, stimmte Jack zu. »Aber eine, die etwas größer ist als die *Kurprinz* und ähnlich stark bewaffnet.

Dazu wahrscheinlich dank unserer Stagsegel deutlich schneller. Und mit einer hervorragend ausgebildeten und motivierten Mannschaft, die sicher weiß, dass kein Mann an Bord dieses Schiffes überleben wird, entern uns die Brandenburger. Denn das können diese sich nicht leisten, wollen sie keinen Krieg mit der Royal Navy riskieren. Und wer auf den Weltmeeren will das schon?«

Jetzt lachten alle, die die Worte des Captains gehört hatten, und blitzschnell wurden sie an die gesamte Besatzung weitergegeben, der wegen der geäußerten Anerkennung und des Lobes geschlossen die Brust schwoll.

»Aber Sir, wenn sich die beiden Fregatten zusammentun, dann sind wir ihnen schon unterlegen, oder?«, warf der noch junge Lieutenant Lewis ein, ohne allerdings dabei verzagt zu klingen. Eher kampfeslüstern und voller Vorfreude auf sein hoffentlich erstes Gefecht, hatte Jack den Eindruck.

»Dann dürfen wir es eben nicht dazu kommen lassen und müssen sie aussegeln, Mr Lewis«, entgegnete er deshalb betont gelöst. »Die Offiziere mögen erfahrene Holländer sein, aber der Großteil der Besatzung wird wohl eher aus zum Dienst gepressten Landratten als aus Seeleuten bestehen. Oder sollte ich mich irren, Mr North?«

»Beileibe nicht, Sir!« Der Angesprochene grinste über das ganze Gesicht. »Hätte unsere Bootsbesatzung eine derart schlechte Figur abgegeben wie die Brandenburger, wäre nach unserer Rückkehr hier die Hölle los gewesen. Die haben mit ihren Riemen das Wasser eher gequirlt als ordentlich gerudert. Ich will gar nicht wissen, wie die sich unter Beschuss in den Wanten und auf den Rahen anstellen.«

»Nun, wir sollten sie aber besser nicht unterschätzen«, bremste der Captain die aufkommende Euphorie. »Die Wendemanöver waren geschickt ausgeführt, und die Brandenburger sollen zumindest zu Lande gute Soldaten sein. Vergessen wir das besser nicht. Und jetzt alle Mann auf ihren Posten. Klar

Schiff zum Ankerlichten. Schauen wir einmal, ob sie wirklich abgesegelt sind oder erst noch ein paar Aufmunterungen dazu benötigen.«

Die *Golden Fleece* brachte den Kanal, der Sherbro und auch York Island vom Festland wie auch vom offenen Meer trennte und in dem Jack jede Untiefe sorgfältig hatte vermessen lassen, rasch hinter sich und schoss unter vollen Segeln aus der Meerenge regelrecht heraus. Und es war genau so, wie der Captain es sich gedacht hatte. Ein Stück vor der Küste in sicheren, tiefen Gewässern hatten die beiden Fregatten beigedreht und ihre Boote abgefiert. Ein paar davon tanzten schon auf den Wellen und waren mit Seesoldaten bemannt, andere hingen noch an den Davits. Der Major hatte ganz offensichtlich einen Angriff mit Sturmtruppen befohlen, wie es seinem Naturell als Kavallerieoffizier am ehesten entsprach. Aber hier befand man sich nicht auf einem weiten Schlachtfeld, das sich für Angriffe der Reiterei und der Infanterie anbot, sondern auf See und damit in Jack Bannisters ureigenstem Element. Er brauchte auch im Gegensatz zu den beiden erfahrenen Kapitänen der Fregatten niemanden um Erlaubnis zu fragen, sondern konnte frei darüber entscheiden, was zu tun war. Nur Erfolg musste er haben, sonst war er ebenso verloren wie der Rest seiner Mannschaft und würde Marie-Claire, zu der er seine Gedanken sogar im Angesicht größter Gefahr für einen Augenblick auf die Reise schickte, niemals wiedersehen.

Die *Morian* lag, da sie einen geringeren Tiefgang hatte als die *Kurprinz,* etwas näher zum Ufer und damit jetzt schon in Reichweite der Geschütze der rasch herankommenden *Golden Fleece*. Jedes Zaudern wäre verderblich gewesen, und deshalb waren die Befehle des Captains auch eindeutig.

»Klar bei Steuerbordgeschütze! Einzelfeuer auf die Boote. Wenn ihr sie nicht trefft, jagt sie zumindest zurück zum Mutterschiff. Dort werden wir sie schon erwischen.«

Krachend entlud sich eine Kanone nach der anderen, und schon das erste Geschütz landete – sicher mehr zufällig – einen Volltreffer. Der getroffene Kutter wurde in seine Einzelteile zerlegt und sank auf der Stelle. Jack ging davon aus, dass ein Großteil der Seesoldaten und Ruderer getötet worden waren, und wer überlebt hatte, würde wohl unweigerlich ertrinken. Den Captain rührte das Schicksal der Männer über alle Maßen, und er verfluchte sich dafür, dass er dazu gezwungen war, einen solchen Befehl zu erteilen. Aber was hätte er anderes tun sollen? In dieser Stimmung kam die Bemerkung von Lieutenant Hornigold, der in seiner Nähe stand und die Mannschaften der leichten Geschütze auf Deck befehligte, gar nicht gut bei ihm an.

»Sir, das ist reiner Mord, was wir hier tun!«, rief der Zweite Offizier, und als der Captain sich ihm zuwandte, sah er, dass sein Untergebener kreidebleich geworden war. Aber er konnte sich eine Antwort sparen, denn statt seiner fuhr Mission seinen Gefährten an und ließ dabei jede Höflichkeit außer Acht.

»Lieber sie als wir, Benjamin! Tu gefälligst deine Pflicht! Oder denkst du, die Brandenburger würden dich verschonen, fällst du in ihre Hände? Vielleicht, weil du Mitleid mit ihnen gezeigt hast? Mit Sicherheit nicht, das kann ich dir versprechen. Sie müssen jeden von uns töten, denn dringt die Kunde von dem, was hier geschehen ist, nach England, hat ihre Flotte auf See nicht mehr viel zu lachen.«

»Wohl gesprochen, Mr Mission«, sah sich Jack ganz entgegen seiner Gewohnheit veranlasst, seinen Ersten zu loben. Gleichzeitig beobachtete er, wie die anderen Kugeln meist in die See einschlugen und hohe Fontänen erzeugten, von denen die Besatzungen der Boote zwar bis auf die Haut durchnässt wurden, ansonsten aber keinen weiteren Schaden nahmen. Eilig ruderten sie zurück und hofften auf den Feuerschutz ihrer Fregatten, doch der kam zu ihrem Leidwesen nur vereinzelt. Die *Kurprinz* lag außer Schussweite auf die Engländer, und vor den Kanonen der *Morian* baumelten die Boote, die noch zu Wasser gelassen werden sollten. Das sah auch Jack, der daraufhin seine Taktik änderte.

»Mr Mission, eine volle Breitseite auf die obere Bordwand der kleinen Fregatte«, befahl er deshalb und hoffte, dass seine Stimme nicht bebte, denn es war ihm wohl bewusst, dass er mit seiner Anweisung wiederum etliche Menschen tötete. Und das bereitete ihm nun wahrlich keine Freude. »Aber jeder Kanonier soll darauf achten, nur ja nicht zu tief zu zielen, damit wir sie nicht unter der Wasserlinie treffen. Ich will die *Morian* nicht versenken, sondern den Brandenburgern nur deutlich zu verstehen geben, dass sie sich besser nicht mit uns anlegen.«

»Aye, Sir«, bestätigte der Erste, der seine Kaltblütigkeit allerdings nur vortäuschte und nahe daran war, sich in die Hosen zu machen. Etwas, das unter Beschuss sowohl bei den Mannschaften als auch den Offizieren des Öfteren vorkam, aber meist geflissentlich ignoriert wurde, da es so gut wie jedem einmal passieren konnte. Mission jedenfalls sprang den Niedergang zum Geschützdeck hinunter, um den Befehl weiterzugeben, und mehr wollte der Captain im Moment gar nicht von ihm.

Schnell waren die Geschütze nachgeladen und neu ausgerichtet, und diesmal entlud sich eine volle Breitseite, deren psychologische Wirkung niemand unterschätzte, der einmal erlebt hatte, was passierte, wenn die Schlünde von in diesem Fall fünfzehn Kanonen gleichzeitig losbrüllten. Wer konnte, warf sich an Bord der *Morian* in Deckung, aber vor den herumfliegenden, messerscharfen Holzsplittern, die einmal Boote, Davits, eine Bordwand und Reling gewesen waren, konnte man sich nur schwer schützen. Etliche Seesoldaten und Matrosen wurden getötet, noch mehr verletzt, und als Kapitän Blonck, der selbst aus einer Wunde an der Stirn blutete, brüllte, endlich das Feuer zu eröffnen und zurückzuschießen, war niemand da, der seinen Befehl befolgen konnte. Seine Männer waren allesamt damit beschäftigt, ihre verwundeten und um Hilfe schreienden Kameraden zu versorgen oder die zerstörten Schiffsteile über Bord zu werfen, damit sie nicht noch mehr Schaden anrichteten.

Jack beobachtete durch das Rohr das Chaos auf der *Morian* und entschied, dass die kleine Fregatte zumindest vorläufig genug hatte. Jetzt galt es, sich dem stärkeren Gegner zuzuwenden, und ob man mit diesem ein ähnlich leichtes Spiel haben würde, war mehr als fraglich.

»Steuermann, fünf Grad nach Steuerbord abfallen«, befahl er. »Wir segeln zwischen den beiden Schiffen durch und nehmen das Heck der *Kurprinz* unter Feuer. Mr North, klar zum Anfieren der Rahen. Los, Männer, bringt uns auf Kurs!«

Wie ein gehorsames Pferd unter einem geschulten Reiter beschrieb die *Golden Fleece* eine Viertelhalse nach Steuerbord und rauschte kaum fünfzig Yards vor der *Morian* an dieser vorbei, ohne dass von dort auf sie gefeuert wurde. Dadurch kam die Galeone aber auf Schussentfernung an die *Kurprinz von Brandenburg* heran, allerdings nicht in die Reichweite von deren Breitseiten. Stattdessen passierte die *Golden Fleece* die große Fregatte an deren Heck, doch das sollte sie nicht ungestraft tun. Die *Kurprinz* hatte nämlich links und rechts des Ruders die Waffen, die Jack gerne gehabt hätte – jeweils eine großkalibrige, weittragende Kanone. Und die entluden sich jetzt beide krachend und schickten ihre Geschosse zu dem vorwitzigen Angreifer hinüber. Allerdings traf glücklicherweise nur eins davon sein Ziel und zerstörte den auf der Nock des Bugspriets aufgesetzten Sprietmast, der daraufhin zusammen mit der Oberblinde in die See stürzte. Das Segel war sowieso nicht gesetzt gewesen, da es den freien Blick nach vorn eingeschränkt hätte, und war somit auch kein großer Verlust. Bootsmann North schickte sofort ein paar Matrosen mit Äxten auf das

Galion, die die Takelage des Vorgeschirrs durchschlagen sollten, damit es Mast und Segel in die See nachfolgte und das Schiff nicht in seiner Manövrierfähigkeit behinderte.

Bevor die beiden schweren Heckkanonen der *Kurprinz* nachgeladen werden konnten, war nun die *Golden Fleece* heran und schickte ihre gesamte Backbordbreitseite in das Heck der Fregatte. Weder der Major noch der Kapitän würden danach noch ein angemessenes Quartier besitzen, dessen war sich Jack sicher. Die *Kurprinz von Brandenburg* war ein repräsentatives Schiff, das zwei Heckkajüten mit Seitentaschen und Galerien übereinander besaß, doch davon war jetzt nicht mehr viel übrig. Stattdessen klaffte im Heck der Fregatte nun ein großes Loch, und Jack war zudem überzeugt, dass auch das Ruder etwas abbekommen hatte. Jedenfalls fiel die *Kurprinz* zur Küste hin ab und das nicht, um Boote aufzunehmen, denn diese hatten sich allesamt zur *Morian* geflüchtet, die zumindest gegenwärtig nicht unter Beschuss lag.

»Backbordbatterie nachladen!«, brüllte Jack selbst ins Geschützdeck hinunter. »Bereit machen zum Passiergefecht! Feuern erst auf mein Kommando!«

Er wartete nicht die Bestätigung seines Befehls ab, sondern wandte sich sofort an den Steuer- und Bootsmann.

»Ruder hart Backbord! Bringt uns auf Pistolenschussweite an den Brandenburger heran. Und dann wollen wir doch einmal sehen, ob wir ihm nicht eine Breitseite verpassen können, die ihn das Fürchten lehrt.«

Das Manöver, das der Captain im Sinn hatte, war neben dem Enterangriff das gefährlichste in einem Seegefecht. Allerdings auch das erfolgversprechendste, wenn es gelang, den Gegner zu überraschen, denn auf diese Entfernung hin konnten selbst schlechte Kanoniere bei hohem Wellengang nicht vorbeischießen. Und hier wiegten sich die Schiffe gerade einmal in einer sanften Dünung! Jack hoffte, dass der Brandenburger auf den raschen Kurswechsel der *Golden Fleece* nicht vorbereitet war.

Zumindest hatte er seine Geschütze an Steuerbord nicht ausgerannt, sondern nur zur Landseite hin an Backbord.

Doch entweder der Major oder der Kapitän der *Kurprinz* hatten schnell erkannt, welche Gefahr ihnen drohte, und holten das Versäumte schnellstens nach. Geschützpforte um Geschützpforte öffnete sich, und schlanke Neun- und bullige Zwölfpfünder streckten ihre Mäuler aus dem Schiffsrumpf heraus.

Jack beschloss, nicht länger zu warten, auch wenn sein Schiff noch nicht ganz querab zum Feind lag.

»Backbordgeschütze Feuer!«, brüllte er, dass man es bis vor zur Back hörte, und fünfzehn Kanonen spuckten donnernd ihre tödliche Ladung aus. Die Geschosse krachten allesamt in die Bordwand der Fregatte und richteten dort einen immensen Schaden an. Manche fuhren durch die nun geöffneten Geschützpforten in das Schiff, zerstörten die Lafetten und töteten die Bedienmannschaften. Andere zerschmetterten die Bordwand und ließen Hunderte von Splittern wie Schrapnelle durch die Luft surren oder zerfetzten das stehende Gut der Takelage. Doch die *Kurprinz von Brandenburg* ließ sich nicht lumpen und feuerte, so gut es ging, zurück. Allerdings waren ihre Kanoniere von dem plötzlichen Beschuss überrascht worden und etliche von ihnen bei dem kurzen Gefecht schon ums Leben gekommen. Trotzdem beantworteten sie, wenn auch nur vereinzelt und nicht sehr gezielt, die Breitseite, und auch auf der *Golden Fleece* waren jetzt die ersten Verluste zu beklagen.

Um ein Haar hätte es auch Jack erwischt. Eine Kugel schlug nur knapp unter ihm in die Bordwand ein, durchbohrte sie und hob durch den Druck die Planken der Poop an. Der Captain kam nur kurz ins Straucheln, doch seine Hände konnten die Reling packen und sich dort abfangen. William Lewis hingegen hatte nicht so viel Glück. Er wurde von den Beinen gerissen, verlor den Halt und stürzte an einer Stelle, wo es keine Bordwand mehr gab, über Bord.

Jack sah den jungen Offizier, der ihm ans Herz gewachsen war, fallen und glaubte, sein Herz würde stehen bleiben. Niemand konnte jetzt ein Boot aussetzen, um einen über Bord Gegangenen zu bergen. Der Tod von William Lewis würde ein Leben lang sein Gewissen belasten, das war dem Captain sofort klar. Er beugte sich über die Reling, um zu sehen, ob er den Gestürzten noch irgendwo entdecken konnte. Sollte es Lewis nämlich gelingen, sich an ein Wrackteil zu klammern und dadurch dem unweigerlichen Ertrinken zu entgehen, dann, das schwor sich Jack Bannister, würde er die *Golden Fleece* wenden und seinen Dritten Offizier aus der See fischen. Komme, was da wolle!

Doch Lewis war gar nicht ins Meer gestürzt, sondern mit seiner Jacke am Lukendeckel einer Geschützpforte hängen geblieben. Aber das gewährte ihm nur einen kurzen Aufschub vor dem unabwendbaren Schicksal, das auf ihn wartete, denn trotz des Gefechtslärms um sich herum hörte er, wie der Stoff langsam zerriss. Es konnte sich also nur noch um einige Lidschläge handeln, bis er ins Meer stürzte und ertrank, denn wie die meisten Seeleute konnte er nicht schwimmen.

Der Lieutenant strampelte mit den Beinen und ruderte mit den Armen, denn er versuchte verzweifelt, irgendwo Halt zu finden. Doch seine Bemühungen waren nicht von Erfolg gekrönt und führten nur dazu, dass der Stoff weiter riss und der Zeitpunkt, in dem ihn die See verschlingen würde, unweigerlich näher rückte. Gerade sackte er ein Stück ab und schickte ein Stoßgebet zum Himmel, um seine Seele dem Herrn zu empfehlen, da fühlte er sich am Kragen gepackt und in die Höhe gerissen. Und zwar genau in dem Moment, als die untere Rückennaht der Jacke endgültig beschlossen hatte, ab der Mitte des Kleidungsstückes zu reißen, und damit nicht länger Halt am Lukendeckel gewährte.

William Lewis glaubte im ersten Moment, Gott der Herr habe seine Gebete erhört und einen Engel geschickt, der ihn retten sollte, doch es war der höchst irdische Jack Bannister, der ihn am intakten Kragen seiner Jacke und am Hemd gepackt hatte und jetzt festhielt. Der Captain hatte rein instinktiv gehandelt, ein loses Tau, das vom Besanmast herunterhing, ergriffen und sich blitzschnell auf den Lukendeckel herabgelassen, an dem sein Lieutenant hing. Das alles geschah, während die *Golden Fleece* die feindliche Fregatte in voller Fahrt passierte und unter Beschuss lag. Der Herr musste seine Engel doch ausgesandt haben, denn keiner der beiden Männer, die nun gemeinsam um ihr Leben kämpften, wurde ernsthaft getroffen. Nur Jack verspürte einen Schlag gegen die Schulter, den er aber ignorierte. Doch lange würde er William Lewis mit einer Hand nicht halten können und sich selbst an dem Tau auch nicht. Aber da kam endlich Hilfe, und gleich mehrere Männer versuchten, den Lieutenant durch die Geschützluke in das Innere des Schiffes zu ziehen.

Als der Captain sich sicher war, dass sie ihn fest im Griff hatten und Lewis nicht mehr in die See stürzen würde, ließ er dessen Kragen los und packte nun das Seil mit beiden Händen. Noch immer baumelte er aber an der Außenwand der Galeone, und auf der *Kurprinz* hatte man dies mitbekommen. Musketen und Pistolen wurden auf ihn abgefeuert, und es war nur noch eine Frage der Zeit, bis er getroffen werden würde, auch wenn das Zielen von einem schwankenden Schiff auf ein hin und her schwingendes Ziel kein leichtes Unterfangen war. Doch auf einmal wurde er regelrecht nach oben gerissen und landete recht unsanft auf der Poop, war aber weit entfernt davon, sich über die Behandlung zu beschweren. Bootsmann North hatte mit zwei weiteren Seeleuten das Tau ruckartig eingeholt und damit den Captain gerettet, der sich nun mühsam aufrappelte. Aber er dachte nicht als Erstes an sich und auch nicht daran, sich für seine Rettung zu bedanken, sondern brüllte ins Batteriedeck hinunter.

»Habt ihr ihn? Ist Lieutenant Lewis am Leben?«

»Aye, Sir!«, antwortete dieser, wenn auch mit belegter Stimme, zu Jacks Freude selbst. »Mir fehlt nichts. Alles so weit in Ordnung mit mir.«

»Dann ist es ja gut«, gab Jack zurück und bemühte sich wieder um einen befehlsgewohnten Ton. »Bleibt gleich da, wo Ihr seid, und lasst die Batterie erneut Feuerbereitschaft herstellen. Ich denke, wir sind hier noch nicht zu Ende.«

»Mag sein, Sir«, hörte der Captain hinter sich die Stimme von Bootsmann North. »Aber Ihr solltet besser sofort einmal die Verletzung an Eurer Schulter anschauen lassen. Mit Verlaub, Ihr blutet wie ein abgestochenes Schwein und geht uns womöglich noch hops, wenn da nicht etwas dagegen getan wird.«

Erst jetzt merkte Jack, dass Blut seinen Arm herabrann. Er riss sich selbst das Hemd von der Schulter und sah, dass er offenbar einen Streifschuss abbekommen hatte. Da er aber seinen Arm uneingeschränkt, wenn auch unter Schmerzen, bewegen konnte, ging er nicht davon aus, dass ein Knochen getroffen worden war. Schon kam auch der Feldscher auf ihn zugelaufen – einen Schiffsarzt gestand die Company ebenso wie die Royal Navy nur Schiffen mit einer Besatzung von hundertzwanzig Mann und mehr zu, Sklaven wurden selbstverständlich nicht mitgezählt –, um die Wunde zu versorgen. Sie war aber offenbar wirklich nicht schwer, denn kaum hatte der heilkundige Mann, der ansonsten dem Smutje half und auch Schlachtungen vornahm, wenn man lebende Tiere an Bord hatte, einen Verband angelegt, hörte die Verletzung auf zu bluten.

Mittlerweile hatten sich die kämpfenden Schiffe so weit voneinander entfernt, dass ein Schusswechsel nicht mehr möglich war. Jack wollte schon den Befehl zur Wende geben, um erneut anzugreifen, doch bei näherer Betrachtung der Situation nahm er davon Abstand. Die beiden Kurbrandenburgischen Fregatten hatten alle verfügbaren Segel gesetzt und liefen, so schnell sie konnten, nach Süden ab. Nicht, dass die *Golden Fleece* sie nicht hätte einholen können, aber wozu? Offenbar hatten seine Kontrahenten genug und suchten nun tatsächlich nach einem weniger gefährlichen Standort für einen Stützpunkt, um ihre Flagge gleichfalls an Afrikas Küsten wehen lassen zu können.

Jahre später, in einem anderen Teil der Welt, erfuhr der Captain zufällig, dass die Brandenburger, nachdem sie auch noch von den Holländern weiter südlich vom Kap der drei Spitzen verscheucht worden waren, östlich davon am Golf von Guinea das Fort Groß Friedrichsburg gegründet hatten. Aber das interessierte ihn zu dem Zeitpunkt, als er davon Kenntnis bekam, nur noch am Rande.

Als die beiden feindlichen Schiffe außer Sicht waren, ließ der Captain wenden und nach York Island zurücksegeln. Zwei Männer der Besatzung waren tot, sieben verletzt, davon drei schwer. Zu den Leichtverwundeten zählte auch Jack, was ihn aber nicht davon abhielt, sein Schiff gründlich von der Bilge bis zum Großmasttopp zu inspizieren. Dabei gestand er sich ein, dass er sich noch nie in seinem Leben so frei und auch so sehr als Mann gefühlt hatte wie während des Seegefechts, nicht einmal in Marie-Claires Armen. Keinen Moment lang hatte er daran gedacht, dass er dabei den Tod hätte finden können. Er hatte auf der Poop gestanden, Befehle gebrüllt, den Kanonendonner gehört und Pulverdampf geschmeckt, einen seiner Offiziere gerettet und ein Schiff geführt, das seinem Willen so gefolgt war, als wären sie miteinander verwachsen gewesen. Was konnte er mehr vom Leben erwarten? Nur, dass sich solche Gefechte wohl nur selten in seiner weiteren Laufbahn als Handelskapitän wiederholen würden, denn seine Auftraggeber waren mit Sicherheit nicht daran interessiert, dass er die Schiffe der Company in einen Kampf führte.

Doch bei Gott, wie würde er das soeben Erlebte vermissen! Warum nur war er kein Fregattenkapitän wie John Harris?

Aber den hatte das Schicksal ja auch ereilt, und statt frei durch die Karibik zu segeln, musste er sich jetzt auf einem Linienschiff der Verbandsdisziplin und den Befehlen eines Admirals unterordnen. *Da habe ich es im Vergleich sogar noch besser getroffen und sollte mich besser nicht beschweren,* dachte Jack und seufzte bedeutungsschwer.

Die *Golden Fleece* hatte nur geringe Schäden davongetragen. Von keiner Kugel war sie unter der Wasserlinie getroffen worden, und Takelage und Bordwände konnten Rigger, Segelmeister und Zimmerer reparieren. Während der Rückfahrt fasste Jack einen Entschluss, und als die Galeone wieder vor York Island Anker warf, hielt der Captain eine kurze Ansprache an die Mannschaft, in der er den Mut und die Tapferkeit eines jeden Besatzungsmitgliedes lobte. Er sprach auch ein Gebet für die Gefallenen und sicherte den Verwundeten zu, dass alles Menschenmögliche für sie getan werden würde. Dann ließ er eine doppelte Ration Rum ausschenken und brachte einen Trinkspruch auf den König und die Company aus. Als die Mannschaft schließlich weggetreten war, befahl der Captain alle Offiziere in seine Kajüte.

»Gentlemen«, eröffnete Jack die Besprechung, »der Vorfall mit den Brandenburgern hat gezeigt, wie begehrt Stützpunkte an der afrikanischen Küste gegenwärtig sind. Und noch dazu ein so gut gelegener und geeigneter, wie York Island es nun einmal ist. Deshalb habe ich mich entschlossen, einen Teil der Besatzung hier zurückzulassen und selbst so schnell wie möglich nach England zurückzusegeln, um zusätzliche Mannschaften, Bauleute und Geschütze zu holen, die unabdingbar nötig sind, wollen wir die Insel auf Dauer für die Company halten.

Ihr, Mr Mission, übernehmt hier das Kommando. Ich lasse Euch die vierzig kräftigsten Männer da, mit denen Ihr Bäume roden und erste Palisadenbefestigungen anlegen könnt. Orientiert Euch dabei an den Plänen, die wir bei den Brandenburgern gesehen haben. Sie schienen mir sehr sorgfältig durchdacht zu sein. Als Stellvertreter und zur Unterstützung bekommt Ihr Mr Corker, der die Landessprache beherrscht und Euch sicherlich sehr nützlich sein wird. Des Weiteren lasse ich Euch vier Zwölfpfünder hier, die Ihr an den Ecken des zu erbauenden Forts aufstellen und mit denen Ihr die Fahrrinne in beide Richtungen bestreichen könnt. Gibt es dazu noch irgendwelche Fragen?«

»Sir, ich protestiere auf das Entschiedenste«, plusterte Mission sich auf. »Ich bin Schiffsoffizier und kein Festungsbaumeister! Übertragt den Befehl, wem auch immer Ihr wollt, aber nicht mir. Für ein solches Unterfangen bin ich der denkbar ungeeignetste Mann.«

Wo du recht hast …, dachte Jack, sprach es aber nicht aus. *Allerdings bist du auch für ein Kommando auf See ungeeignet, aber für irgendeine Aufgabe muss ich dich ja einsetzen.*

»Ihr seid von der Company beauftragt worden, die Verhandlungen und Operationen an Land zu führen«, donnerte der Captain seinen Ersten Offizier an. »Ist es nicht so, Mr Mission? Also seid Ihr auch der Mann, der hier vor Ort die Interessen der Company vertreten wird. Darüber werde ich nicht mit Euch diskutieren. Solltet Ihr Euch weiter sträuben, betrachte ich das als Befehlsverweigerung, und Euch dürfte bekannt sein, was darauf steht. Vor allem, da wir uns gegenwärtig in einer Auseinandersetzung mit einem uns überlegenen Gegner befinden.«

Mission verschlug es glatt die Sprache. Würde der Captain wirklich das Seegefecht mit den Brandenburgern zum Vorwand nehmen, um das Kriegsrecht anwenden zu können? Zuzutrauen war es diesem Hasardeur, der ein Handelsschiff in ein Gefecht mit zwei Fregatten führte, allemal. Dann würde er, Mission, bei dem geringen Stellenwert, den er bei seinem Captain besaß, wohl bald an der Fockrah hängen, wenn er sich weiter widersetzte.

»Aye, Sir, wenn das Euer Wille ist«, lenkte Mission deshalb zähneknirschend ein.

»Gut, dann wäre das auch geklärt«, meinte Jack erleichtert, der froh darüber war, dass seine Drohung mit dem Kriegsrecht gefruchtet hatte. Natürlich hätte er Mission nicht gehängt, noch nicht einmal auspeitschen lassen, aber das brauchte dieser ja nicht zu wissen. »Ich muss Euch auch noch für Euer beherztes Verhalten während des Gefechtes loben und werde das auch ins Logbuch eintragen und in meinem Bericht an die Company erwähnen. Macht Eure Arbeit hier gut, und ich bin überzeugt davon, dass man es Euch lohnen wird. Das gilt im Übrigen auch für Euch, Mr Corker. Ich verlasse mich auf Euch beide, meine Herren.«

Der Midshipman strahlte über das ganze Gesicht. Für ihn konnte es gar nichts Besseres geben, als hier bei seinen neu gewonnenen Freunden zu bleiben und unter ihnen zu leben. Gern nahm er im Gegensatz zu Lieutenant Mission die Aufgabe an, einen Stützpunkt für die Royal African Company zu errichten, und widmete sich ihr mit Feuereifer. Später wurde er zum ersten Faktor der Gesellschaft auf York Island ernannt, heiratete eine Frau aus dem Stamm der Sherbro und bekam mit ihr zwei Söhne. Noch heute führen mehrere Familien an der Küste von Sierra Leone ihre Abstammung auf Thomas Corker zurück, aber das ist eine andere Geschichte.

Zwei Tage später lichtete die *Golden Fleece* die Anker und machte sich auf die Heimfahrt. Die Reise war zwar ganz anders verlaufen als geplant, und man würde zudem viel eher zurück sein als vorgesehen. Aber auch wenn keine Sklaven gekauft und nach Westindien verschifft worden waren, um von dort Zucker und Rum nach England zurückzubringen, war sich Jack doch sehr sicher, dass die Gesellschafter die Fahrt als Gewinn verbuchen würden. Die Handelswaren waren für den Ankauf der Insel und von Gold draufgegangen, sodass man gar keine Sklaven mehr hätte erwerben können. Aber das Edelmetall ließ sich viel leichter transportieren als das schwarze Elfenbein, brauchte weder Nahrung noch Wasser und verstarb auch nicht während der Fahrt über den Atlantik. Außerdem hatte Jack es derart günstig eintauschen können, dass er sich gar nicht ausmalen wollte, wie hoch der Gewinn der Company tatsächlich war. Das würde sich erst herausstellen, wenn der Feingehalt des Goldstaubs geprüft und der Inhalt jedes Ziegenledersackes, jeder Kalebasse, gewogen worden war.

Doch wie auch immer, Jack Bannister war davon überzeugt, dass sowohl Nicholas Crispe wie auch der Duke of York äußerst zufrieden mit ihm und seiner ersten Fahrt als Captain auf der *Golden Fleece* sein konnten. Von Marie-Claire einmal ganz abgesehen, die sich bestimmt sehr über den fein gearbeiteten Goldschmuck freuen würde, den er ihr mitbrachte und von dem es in ganz England kein vergleichbares zweites Stück gab.

7. KAPITEL

LONDON, 1683

Jack hatte sich selbst ein Ziel gesetzt, nämlich, dass die verheirateten Männer an Bord das Weihnachtsfest in der Heimat zusammen mit ihren Familien verbringen konnten. Auch er wollte in die überraschten Augen seiner Frau schauen, wenn er viel eher als geplant zurück war, und vor allem den freudigen Ausdruck darin sehen, wenn er ihr sein Geschenk überreichte. Deshalb jagte er die *Golden Fleece* nur so nach Norden und ließ jeden Fetzen Leinwand setzen, den Rahen und Masten tragen konnten. Besonders gut machten sich dabei die Klüver und die Stagsegel, die jeden noch so kleinen Windhauch einfingen, während die Blinde und die Oberblinde am Bugspriet und Sprietmast so gut wie gar nichts brachten und ihr Setzen und Reffen noch dazu höchst kompliziert und gefährlich war. Ein Seemann wäre fast über Bord gegangen, als er versuchte, die Segel anzubrassen, und die Galeone genau in dem Moment in ein besonders tiefes Wellental eintauchte. Nur von seinen reaktionsschnellen Kameraden, die hinter ihm im Vorgeschirr hingen, konnte er im letzten Moment noch gehalten werden. Der Captain beschloss daraufhin, einmal mit einem erfahrenen Schiffbauer in Chatham oder Deptford zu sprechen, und wollte anregen, die beiden Blinden gänzlich wegzulassen und dafür mehrere Klüver anzuschlagen. Das würde nach seinem Dafürhalten die Manövrierfähigkeit wie auch die Schnelligkeit der *Golden Fleece* deutlich erhöhen. Ganz nebenbei wurde sie dadurch auch etwas weniger verwundbar bei Beschuss, denn wenn ein kleiner Mast und gleich zwei Rahen wegfielen, bot sich feindlichen Kugeln auch weniger Trefferfläche.

Auf der Höhe der Straße von Gibraltar sichtete man gleich

mehrere Schiffe mit Schrägrahen, also wahrscheinlich Barbaresken, die auf Beute aus waren, aber nicht weiter aufkamen und bald wieder außer Sicht gerieten. Irgendwann, das schwor sich der Captain, würde er einmal den Kampf mit ihnen suchen. Doch dazu bräuchte er eine größere Mannschaft, um auch im Enterkampf bestehen zu können. Die von den arabischen Piraten bevorzugten Schebecken oder Galeeren hatten immer auch eine große Anzahl von angeketteten Rudersklaven an Bord, meist gefangene christliche Seeleute, für die kein Lösegeld gezahlt wurde. Versenkte man die Schiffe durch gezielten Beschuss, ertranken sie unweigerlich, und welcher Kapitän wollte diese Schuld schon auf sich laden? Das tat meist nicht einmal die Royal Navy, und die Schiffe der Handelsflotten versuchten, den Barbaresken stets zu entkommen, statt sich mit ihnen anzulegen. Aber einmal den Spieß umzukehren und sie zu entern, die Gefangenen zu befreien und statt ihrer für ihre Peiniger Lösegeld zu verlangen, das würde Jack schon sehr gefallen. Fast noch mehr, als Brandenburger vor sich herzujagen, gestand er sich ein. Ob er nicht doch versuchen sollte, bei der Royal Navy unterzukommen? Vielleicht würde John Harris ja ein gutes Wort für ihn einlegen, wenn er ihn darum bat. In der Kriegsflotte könnte aus seinen Träumen eher Realität werden als bei der Royal African Company, deren Gesellschafter es gar nicht gern sahen, ließen sich ihre Kapitäne auf kriegerische Auseinandersetzungen ein. Aber dagegen sprach, dass der Posten eines Fregattenkapitäns heiß begehrt war, und nach nichts anderem stand Jack der Sinn. Ein untergeordnetes Offizierspatent wäre eine nicht hinzunehmende Verschlechterung gegenüber seiner jetzigen Stellung und würde seine Frau ganz und gar nicht glücklich machen. Und ein Linienschiff? Nein danke, da blieb er lieber bei der Company und segelte unabhängig von übellaunigen Kommandanten über die Ozeane, auch wenn er dann weder Barbaresken noch karibische Piraten jagen durfte, wollte er nicht seinen Posten verlieren.

Im Kanal blies der *Golden Fleece* starker Wind entgegen, gegen den anzukreuzen die Zeit verschlang, die man zuvor so mühsam herausgesegelt hatte. Es war deshalb wohl nicht bis zum Weihnachtsabend nach London zu schaffen, doch Jack wollte alles daransetzen, sein den Männern gegebenes Versprechen zu halten. So ging er das Risiko ein, am Abend des ersten Weihnachtsfeiertages die Themse aufwärts zu segeln, und vertraute dabei auf sein Gespür. Orientierung boten die Lichter in den Dörfern, kleinen Weilern und Städten beiderseits des Flusses, und er hoffte nur, dass die Flut hoch genug war, um das Schiff über die eine oder andere Sandbank schrammen zu lassen, die man in der Dunkelheit nicht sah und deshalb auch nicht ausloten konnte. Als dann die Kais und Liegeplätze der Company in Sicht kamen, atmeten alle an Bord erleichtert auf, auch wenn diesmal niemand zur Begrüßung gekommen war, denn die *Golden Fleece* hatte sich ja mehr oder weniger im Schutze der Nacht herangeschlichen und war deshalb auch von niemandem gesehen worden, der ihre baldige Ankunft hätte melden können.

Schon vor dem Anlegen hatte der Captain gesehen, dass Trinity House hell erleuchtet war. Offenbar feierte man dort ein großes Fest, denn selbst in dem bis an das Flussufer heranreichenden Park brannten unzählige Fackeln und Feuerkörbe. Jack seufzte, denn das bedeutete für ihn, noch am heutigen Abend seine Rückkehr zumindest kurz melden zu müssen, damit nicht womöglich am nächsten Morgen Nicholas Crispe das Schiff am Kai liegen sah, über dessen Ankunft er aber nicht informiert worden war. Schließlich wusste Jack nur zu gut, dass der Geschäftsführer der Company über alles und jedes, was die Interessen der Gesellschaft betraf, in Kenntnis gesetzt werden wollte, und dies stets unverzüglich und ohne die geringste Zeitverzögerung. Der Captain rief deshalb seine beiden Lieutenants zu sich, um ihnen Befehle zu erteilen und sie von seiner Absicht in Kenntnis zu setzen.

»Mr Hornigold, Mr Lewis, sobald das Schiff festgemacht hat, werde ich mich unverzüglich zum Sitz der Company begeben und die anwesenden Gesellschafter von unserer Rückkehr unterrichten. Ich will lieber nicht damit warten, bis morgen vielleicht Gerüchte die Runde machen und man sich fragt, was uns wohl dazu veranlasst hat, statt nach Jamaica zurück nach England zu segeln. Ihr lasst die letzten Segel bergen und sorgt dafür, dass die *Golden Fleece* gut vertäut wird. Dann dürfen die verheirateten Männer von Bord gehen und sich zu ihren Familien begeben. Die Heuer wird erst morgen bei Tage ausgezahlt. Dazu haben sie sich wieder an Bord einzufinden, und bevor es Geld gibt, wird zuvor gründlich klar Schiff gemacht. Ihr seid mir für die erste Maßnahme verantwortlich, Mr Hornigold, und geht erst nach dem letzten Seemann von Bord. Da auf Euch niemand wartet, Mr Lewis, werdet Ihr mit den Unverheirateten Wache halten. Wir können das Schiff mit all den Werten an Bord schließlich nicht unbeaufsichtigt lassen. Ich sehe zu, dass ich so schnell wie möglich wieder zurück bin, und löse Euch dann ab. Noch Fragen, Gentlemen?«

»Nein, Sir, aye«, erwiderte Hornigold, der wie ein Honigkuchenpferd strahlte. Dass er heute noch seine Familie wiedersehen würde, damit hatte er beileibe nicht gerechnet. Unter Charles Johnson hätte niemand das Schiff verlassen dürfen, bevor es nicht völlig aufgeklart gewesen und jeder Seemann bis auf die Haut untersucht worden war, ob er nicht Eigentum der Company von Bord schmuggeln wollte. Aber Jack Bannister hatte offenbar mehr Vertrauen in die Mannschaft, und wenn der eine oder andere doch eine Kleinigkeit mitgehen ließ, dann konnte man bei dem ungeheuren Gewinn, den die Reise der Gesellschaft einbringen würde, auch einmal ein Auge zudrücken. Schließlich war Weihnachten.

Auch William Lewis war seinem Captain nicht gram, den er außerdem vergötterte, seit ihm dieser das Leben gerettet hatte. Auf ihn wartete niemand mehr, nachdem seine Mutter im vergangenen Jahr gestorben war, und Jack Bannister verlangte schließlich nie mehr von seinen Untergebenen, als er selbst zu geben bereit war. Sicherlich zog es den Captain voller Sehnsucht zu seiner jungen Gemahlin. Aber statt in ihre Arme zu eilen, wie es wohl die meisten getan hätten, begab er sich zum Sitz der Company, um dort Bericht zu erstatten und die Rückkehr der *Golden Fleece* zu melden. Danach wollte er an Bord zurückkehren und ihn als Wachhabenden ablösen. Lewis nahm sich vor, seinem Captain anzubieten, die Wache für den Rest der Nacht zu übernehmen, damit dieser wenigstens ein paar Stunden mit seiner Frau verbringen konnte, bevor er sich wieder seinen zahlreichen Pflichten widmen musste, die auf jeden Kapitän warteten, der von einer Reise zurückkehrte.

Kaum waren die ersten Leinen um die Poller gelegt, sprang Jack von Bord und eilte zu Fuß in Richtung Trinity House. Er hatte sich nicht in seine Galauniform geworfen, denn er wollte ja zu keinem Bankett und auch an keinem Ball teilnehmen. Wie meist trug er seine weichen Stiefel, eine dunkle Hose und hatte sich einen ebensolchen Mantel um die Schultern gelegt. Das Haupt bedeckte ein breitkrempiger Hut, den er dem Dreispitz vorzog, und nur um seine Stellung als Kapitän zu verdeutlichen, hatte er das Bandelier mit dem Degen umgelegt. Er hoffte, Nicholas Crispe abpassen zu können, um ihm kurz die wesentlichsten Nachrichten zu übermitteln. Danach wollte er sich wieder an Bord begeben. Oder zuvor vielleicht doch noch einen kleinen Abstecher zu seinem eigenen Haus machen, um Marie-Claire wenigstens für einen kurzen Moment in die Arme zu schließen und ihre süßen Lippen auf den seinen zu spüren? Nun, das würde er sehen und es davon abhängig machen, wie sein plötzliches Auftauchen von Nicholas Crispe aufgenommen wurde, der unberechenbar sein konnte und mit dem er es sich als frischgebackener Captain lieber nicht verscherzen wollte.

Marie-Claire hatte sich vor dem Tag gefürchtet, doch nun war er gekommen. Schon den Abend zuvor hatte sie in Trinity House verbracht, allerdings in Gesellschaft von Charlene Crispe und anderen Kapitänsgattinnen, die sich wie ihr eigener Gemahl derzeit im Dienst der Company auf hoher See befanden. Es wurde heiße Schokolade und Gebäck mit exotischen Gewürzen gereicht, und später auch Wein und Braten. Von der Hausherrin war jeder der Damen, die zuvor gemeinsam die Kirche besucht und in der Heiligen Nacht für die glückliche Rückkehr ihrer Männer gebetet hatten, anschließend im Salon ein kleines Geschenk überreicht worden.

In die heitere und ausgelassene Stimmung war dann Nicholas Crispe geplatzt und hatte Marie-Claire gebeten, kurz mit ihm zu kommen, da er ihr eine wichtige Mitteilung zu machen hätte. Die junge Frau sah noch, wie die anderen Damen tuschelnd die Köpfe zusammensteckten und ihr vielsagend hinterherblickten. Sie beschloss, auf gar keinen Fall längere Zeit allein mit dem Hausherrn zu verbringen, um den Gerüchten, die über ihn und sie schon im Umlauf waren, nicht noch weitere Nahrung zu geben. Ihre Mutter hatte sie bei ihrem letzten Besuch darauf angesprochen, und auch wenn diese weit davon entfernt war, ihrer Tochter Vorwürfe zu machen, so gab sie ihr doch deutlich zu verstehen, gefälligst bei allem, was sie tat, vorsichtig und diskret zu sein. Das fehlte gerade noch, dass Marie-Claire in Verruf geriete und man mit den Fingern auf sie zeigte, denn das würde auch auf sie als Eltern zurückfallen und ihren Ruf untergraben.

Nicholas Crispe schob Marie-Claire in das Boudoir seiner Frau, wo er eine ganz besondere Weihnachtsüberraschung für sie bereithielt.

»Hier ist mein Geschenk für dich, meine Liebe«, meinte er zuckersüß und deutete auf ein wunderschönes, seidenes Kleid in Lindgrün, das ihre weiße Haut und ihr goldenes Haar perfekt zum Strahlen bringen würde. Aber die junge Frau ahnte schon, dass die Sache garantiert einen Pferdefuß hatte, und der folgte buchstäblich stante pede. »Du wirst es morgen auf dem großen Weihnachts- und Willkommensball tragen, den ich zu Ehren der Rückkehr des Duke of York aus Frankreich gebe. Sicher hast du schon davon gehört, oder?«

»Ja, aber wie stellst du dir das vor, Nicholas?«, fragte Marie-Claire entsetzt. »Ich kann in solch einem Kleid nie im Leben durch Deptford fahren, geschweige denn gehen. Mein Ansehen wäre für alle Zeiten ruiniert. Noch dazu, wenn sich herumspricht, dass ich in Abwesenheit meines Mannes allein an einem Ball in deinem Hause teilgenommen habe. Oder hast du womöglich auch meine Eltern eingeladen? Dann könnte meine Mutter zumindest als Anstandsdame fungieren.«

»Das wird nicht nötig sein«, gab der Geschäftsführer hochmütig und gleichzeitig sarkastisch zurück. »Bei allem Respekt, aber deine Eltern passen wahrlich nicht in die Runde, die sich morgen hier versammeln wird. Es kommen nur Leute aus den höchsten Gesellschaftsschichten, die, nun, sagen wir es einmal so, gewissen Vergnügungen nicht abgeneigt sind. Man könnte die Gäste meiner morgigen Soiree aber auch durchaus als lasterhaft, wenn nicht gar verkommen bezeichnen«, gestand Crispe mit seinem bekannten diabolischen Lächeln um die Lippen ein. »Also mach dich auf einiges gefasst, mein Täubchen. Der Bruder des Königs hat in Paris an zahlreichen Abendveranstaltungen teilgenommen, die sein Schwager Philippe für ihn ausgerichtet hat. Und Monsieur gilt nun mal im gesamten Abendland als der anrüchigste und dekadenteste Mann des Hochadels, den man sich nur vorstellen kann. Ich denke, unser Schirmherr wird von ihm noch einiges gelernt haben und mit neuen Eindrücken und Erfahrungen aus Frankreich zurückkehren.«

»Aber um Himmels willen, Nicholas, ich bin eine verheiratete Frau!«, schrie Marie-Claire ihren Liebhaber nahezu an. »Ich kann doch nicht an derartigen Veranstaltungen teilnehmen und meinen Mann in aller Öffentlichkeit betrügen. Hast du denn gar keine Angst, dass er dich umbringt, wenn er davon erfahren sollte? Ich kenne ihn, er ist in seiner Eifersucht völlig unberechenbar. Für mein Leben gebe ich keinen Penny, hört er auch nur ein diesbezügliches Gerücht.«

Nicholas Crispe lachte nur dämonisch.

»Du bist verheiratet, meine Liebe? Nun, das sind die anderen Teilnehmer an unserer lockeren Zusammenkunft zumeist auch. Der Duke of York auf alle Fälle. Und? Wen stört's? Du möchtest doch ganz nach oben, in die höchsten Ränge der Gesellschaft aufsteigen, wenn ich dich recht verstehe, nicht wahr? Dann will ich dir einmal ein Geheimnis verraten. Eine große Dame darf sich in diesen Kreisen auf gar keinen Fall dadurch lächerlich machen, dass sie ihren Mann liebt und ihm treu ist. Nichts ist langweiliger, und Langweiler sind die Totengräber jedweder Lustbarkeit. Aber ich verstehe schon, dass du um deinen guten Ruf besorgt bist. Deshalb wirst du dich auch nicht in deinem Zuhause für den Ball herrichten, sondern zwei Stunden vor Beginn in einfachen Kleidern hierherkommen, wie du es schließlich des Öfteren tust. Und was dann geschieht, davon wird kein Sterbenswörtchen nach außen dringen. Meine Dienerschaft ist verschwiegen, sonst verliert sie ihre Zunge. Und die hohen Herrschaften tratschen, wenn überhaupt, nur in Kreisen, zu denen ein Jack Bannister keinen Zugang hat. Bist du jetzt zufrieden, meine Teuerste? Meine Frau wird dir zwei Zofen zur Verfügung stellen, die dir helfen, dich hier anzukleiden und zurechtzumachen. Schließlich willst du doch strahlend schön sein, wenn James, der Bruder des Königs, dich beglückt. Und vergiss nicht, er erwartet eine hingebungsvolle und dabei höchst leidenschaftliche Geliebte. Spiel sie ihm vor, ich bin überzeugt, dass du das kannst. Im anderen Fall«, Crispe machte eine bedeutungsschwere Pause, »soll es schon Frauen gegeben haben, die nach einer Liebesnacht mit ihm nie wiedergesehen wurden. Du weißt, die Themse nimmt so manchen Leichnam mit ins Meer.«

Kalte Schauer waren bei diesen Worten Marie-Claires Rücken hinuntergelaufen. Nun saß sie hier, im Boudoir der Hausherrin, die heute nicht anwesend sein würde, denn derartig ausschweifende Vergnügungen gingen Charlene Crispe nun doch zu weit. Sie duldete sie zwar in ihrem Haus und war sich auch bewusst, dass ihr Gemahl sie von Zeit zu Zeit ausrichten und auch daran teilnehmen musste, doch von ihr verlangte das glücklicherweise niemand. Ein wenig bedauerte sie das junge Ding, das dieser königliche Lüstling sich ausbedungen hatte. Aber andererseits, wenn sie es geschickt anstellte, konnte Marie-Claire heute Nacht auch ihr Glück machen.

Diese sah gerade in dem großen Kristallspiegel über dem Frisiertisch der Hausherrin zu, wie die Zofe kunstvoll ihr Haar hochsteckte und mit weißen Federn schmückte, die bei jeder ihrer Kopfbewegungen wippen und die Blicke aller auf sie ziehen würden. Das Kleid, das sie sich zuvor übergestreift hatte, war ebenso wie ihre Strümpfe ein Traum aus Seide, doch derart tief dekolletiert, dass gerade noch einmal ein Spitzensaum ihre Brustwarzen verdeckte. Dazu würde sie so hochhackige Schuhe tragen, dass sie auf ihnen erst hatte laufen lernen müssen. Sie sollten ihre Haltung und ihren Gang noch graziler machen, hatte Nicholas Crispe gesagt, als er sie ihr überreichte. Marie-Claire war außerdem stärker geschminkt worden, als sie es für nötig erachtete, doch der Hausherr, der ab und zu vorbeischaute, hatte ihr versichert, dass der Duke es genau so mochte und erwartete. Schließlich sparte auch dieser nicht mit Farbe im Gesicht. Zwei mouches, kleine schwarze Schönheitspflästerchen, waren ihr aufgeklebt worden. Diese Mode kam so gut wie jede andere auch aus Frankreich, und jede Stelle, an der man sie trug, hatte eine besondere Bedeutung. Auf Anweisung von Crispe hatte die Zofe sie im linken äußeren Augenwinkel, was auf eine leidenschaftliche Frau hindeuten sollte, und auf der rechten Wange angebracht. Dort trugen Damen von Welt diesen Fleck, wenn sie Liebesabenteuern nicht abgeneigt waren.

Marie-Claire hatte erwartet, dass man auch eine Perücke für sie vorbereiten würde, und sich schon darauf gefreut, auch einmal einen solch teuren und schmückenden Kopfputz tragen zu können, wie er bei Hofe und großen Festivitäten üblich war. Doch da der Duke of York sich gerade in ihr honigblondes Haar verliebt hatte, hatte Nicholas Crispe davon Abstand genommen, es zu verdecken. Jetzt betrat er das Boudoir und betrachtete ausgiebig das Geschöpf, das auf seine Anweisungen hin geschaffen worden war. Von der jungen, natürlichen Frau, die vor noch gar nicht so langer Zeit einen seiner Schiffsoffiziere geheiratet hatte, war – zumindest wie sie sich jetzt präsentierte – nicht mehr viel übrig geblieben. Und Crispe wusste nicht zu sagen, ober er das eher bedauern oder begrüßen sollte.

»Kommt, meine Teuerste«, meinte der Geschäftsführer der Company, nachdem die Zofen noch einmal reichlich Duftwasser über Marie-Claire verstäubt hatten, und reichte ihr die Hand. Heute wollte er überaus höflich zu ihr sein, denn es gab auch für ihn viel zu gewinnen oder aber zu verlieren. »Erhebt Euch, die Gäste erwarten uns. Und soeben ist auch die Kutsche des Duke of York vorgefahren.«

Das Licht von unzähligen Kandelabern, die den Ballsaal von Trinity House erhellten, fiel auch auf die Zufahrt, als Jack auf den Eingang zuschritt. Schon von Weitem hörte er Stimmen, Gelächter, Musik und sogar das Klappern von Geschirr. Ganz offenbar wurde ein großes Fest gefeiert, wie es überall in bedeutenden Häusern und auf Adelssitzen während der Weihnachtsfeiertage üblich war und Jack deshalb auch nicht überraschte. Er hatte angenommen, dass eventuell Diener die Einladungen kontrollieren würden, und sich schon darauf vorbereitet, ihnen sein Anliegen vorzutragen und um eine kurze Unterredung mit dem Geschäftsführer der Company zu bitten. Doch von Crispes Lakaien war niemand zu sehen. Stattdessen versperrte eine halbe Kompanie der Leibwache des

Duke of York den Zugang zum Sitz der Company. Die Männer waren für ihr rüdes Verhalten berüchtigt und ihre Uniformen denen der Musketiere des französischen Königs nachempfunden. Durch ihre aus Leibern gebildete Mauer war kein Durchkommen, denn sie hatten, wie sie Jack bedeuteten, den eindeutigen Befehl, niemanden mehr ins Haus zu lassen, nachdem ihr Herr eingetroffen war. Das war nicht weiter verwunderlich, denn der höchste Gast traf gemäß der Tradition immer als Letzter ein, und das war in diesem Fall ganz offensichtlich der Bruder des Königs, der sich hier heute Abend die Ehre gab.

Jack versuchte, einen Corporal dazu zu bewegen, Nicholas Crispe wenigstens eine Botschaft zukommen zu lassen, doch genauso gut hätte er auch eine der Marmorsäulen, die den Eingang flankierten, darum bitten können. Dabei konnte er durch die geöffneten Flügeltüren sogar bis in den Ballsaal hineinblicken, in dem sich eine Vielzahl nach der neuesten Pariser Mode gekleideter Damen mit ihren Kavalieren im Tanz wiegten, Lakaien Erfrischungen anboten und eine ausgelassene Stimmung herrschte.

Jack sah ja ein, dass er für diese elegante Gesellschaft nicht passend gekleidet war und man ihn deshalb nicht einließ. Doch wenigstens seine Nachricht wollte er loswerden und reckte sich deshalb, um über die Köpfe der Gardisten hinweg in den Saal hineinzuschauen. Vielleicht konnte er Nicholas Crispe ja erspähen und ihm ein Zeichen geben. Und tatsächlich, er sah ihn auf der breiten, geschwungenen Marmortreppe stehen, die in das Obergeschoss hinaufführte. Neben ihm, eine Stufe höher, stand der Duke of York, der huldvoll in den Saal hinabwinkte, und zwischen den beiden Männern eine Frau in einem lindgrünen Seidenkleid, die sich eine mit Federn verzierte Maske aus schwarzer Spitze vor das Gesicht hielt. Der Bruder des Königs hatte seinen linken Arm um die Taille der Dame gelegt, und die rechte Hand von Crispe ruhte sogar auf ihrem Allerwertesten, fast so, als wolle er sie nachdrücklich nach oben schieben. Jetzt beugte sich der Duke of York herab, um die Frau zu küssen, doch diese drehte ihren Kopf zur Seite, sodass er ihren Mund nicht traf. Dadurch rutschten seine Lippen weiter nach unten, und statt des roten Mundes küsste er die weiße Haut ihres Dekolletés.

Doch damit nicht genug. Der Bruder des Königs stellte sein Winken ein und holte stattdessen mit seiner rechten Hand eine Brust der Dame aus ihrem Kleid heraus, die sowieso nur spärlich verdeckt gewesen war. Wie ein kleines Kind begann er, an der zartrosa Warze zu nuckeln, und dies in aller Öffentlichkeit. Aus dem Saal schallten aufmunternde Rufe und Gelächter nach oben, was die Frau dazu veranlasste, sich den Liebkosungen zu entziehen und sich, wenn auch nicht sehr energisch, zur Wehr zu setzen. Dazu senkte sie die Maske, mit der sie bisher, wie die meisten anderen anwesenden Damen, ihre Augen und die obere Gesichtspartie bedeckt hatte – und Jacks Herzschlag setzte auf der Stelle aus.

Selbst wenn er mit allem auf der Welt gerechnet hätte, so doch nicht damit, seine Frau, seine über alles geliebte Marie-Claire, jemals in einer solch verfänglichen und frivolen Situation zu sehen. Für den Moment war Jack zu keiner Regung fähig. Er fühlte sich wie gelähmt und gleichzeitig unendlich mutlos und traurig. Mit aufgerissenen Augen musste er mit ansehen, wie Crispe etwas zu dem Bruder des Königs sagte, woraufhin der Duke anzüglich grinste. Dann schritten die beiden Männer weiter die Treppen hinauf, zwischen sich die Frau, die sie sich zu ihrem Opfer erkoren hatten, und die sie mit sanfter, aber bestimmender Gewalt mit sich nahmen.

Als die drei seinen Blicken entschwunden waren, löste sich die Starre, die Jack befallen hatte, und wie ein Wahnsinniger warf er sich auf die Wachen, um sich zwischen ihnen hindurchzudrängen und seiner Frau nachzueilen, um sie zur Rede zu stellen. Bestimmt gab es für all das, was er gerade gesehen hatte, eine Erklärung. Vielleicht hatte er auch nur eine Doppelgängerin von Marie-Claire erblickt, denn wie sollte seine Frau, noch dazu in einer derart aufwendigen Garderobe, in diesen illustren Kreis gelangen? Sie gehörte schließlich ebenso wenig wie er der Gesellschaftsschicht an, in der sich Nicholas Crispe oder gar der Bruder des Königs bewegten, und die hier in Trinity House so sorglos feierte.

Die Gardisten wurden nur einen Moment lang von der heftigen Reaktion des Mannes, der seit einiger Zeit Einlass in den Ballsaal begehrte, obwohl er weder eine Einladung besaß noch für die Festivität entsprechend gekleidet war, überrascht. Dann packten sie ihn zu viert, schlugen auf ihn ein und warfen ihn die vier Treppenstufen, die zum Eingang des Saales emporführten, hinunter auf die Zufahrt, wo Jack in einer Pfütze zu liegen kam. Mühsam rappelte er sich auf, griff sich seinen Hut und humpelte davon.

Nur weg von hier, dachte er, denn er musste diesen Albtraum schnellstens hinter sich lassen, wollte er nicht vollends verrückt werden. Doch wo sollte er hin? Zurück aufs Schiff und sich den Kopf an der Kajütenwand einrennen, um das Gesehene aus ihm herauszubekommen? Oder nach Hause, denn vielleicht lag Marie-Claire ja in ihrem Bett, allein und nichts ahnend von dem, was ihr Mann sich soeben zu sehen eingebildet hatte. Aber diesen Gedanken verwarf Jack gleich wieder, denn was er jetzt als Erstes brauchte, war Klarheit und ein eindeutiger Beweis. Entweder dafür, dass er sich geirrt hatte – und nichts auf der Welt wäre ihm lieber gewesen –, oder für die erwiesene Untreue seiner Frau, die, wenn sie denn die Person gewesen war, die er zwischen Crispe und dem Duke gesehen hatte, ganz offenbar ein Doppelleben führte und ihn in seiner Abwesenheit nach Strich und Faden betrog.

Einen Moment musste Jack nachdenken, dann kam ihm eine Idee. Die Zugänge zu Trinity House im Erdgeschoss wurden zwar scharf bewacht, doch die drei hatten sich ja nach oben begeben. Dort befanden sich die Privaträume von Crispe, wie der Captain von seinen vorangegangenen Besuchen wusste. Sicher würde man sich da vergnügen, und vielleicht schaffte er es ja, ebenfalls nach oben zu gelangen. Sicher nicht über die Treppe, aber gab es nicht noch einen anderen Weg? Um das Obergeschoss lief ein Balkon, der im Sommer zumindest teilweise von den großen Platanen im Park beschattet wurde. Die Bäume hatten ihre Blätter jetzt natürlich abgeworfen, aber die starken Äste waren schließlich noch vorhanden. Vielleicht konnte er über einen von ihnen auf den Balkon des Obergeschosses gelangen und einen Blick durch die bodentiefen Fenster werfen, um zu sehen, was dort vor sich ging und ob er sich nicht vielleicht doch getäuscht hatte. Einen Versuch war es jedenfalls wert, und Jack machte sich auf die Suche nach einem Baum, der für sein Vorhaben geeignet war. Ihm kam zugute, dass das Licht aus dem Ballsaal wie auch aus dem Obergeschoss weit in den Park hinausstrahlte. Jack konnte sich geschickt im Schatten halten, sah dabei aber gut in das Haus hinein und entdeckte zu seiner Freude auch schnell eine Platane, die genau seinen Wünschen entsprach.

Den Stamm zu erklimmen und sich auf einem starken Ast auszubalancieren, der fast waagerecht in Richtung Balkon führte, war für einen Seemann, der es bei Sturm und Wellen gewohnt war, bis zur höchsten Spitze des Großmastes aufzuentern, eine leichte Übung, die er zur Not mit geschlossenen Augen absolvierte. Der Ast ragte über den Balkon hinaus bis auf das Dach des Hauses und war so stark, dass Jack bequem auf ihm entlanglaufen konnte. Er war zwar etwas glitschig von der Dezemberfeuchtigkeit, aber beileibe nicht so rutschig wie eine Rah in einer Sturmbö. Ohne Schwierigkeiten gelangte Jack auf ihm bis über den Balkon. Dort angekommen, setzte er sich auf den Ast, drehte sich, sodass er ihn gut mit beiden Händen packen konnte, und hängte sich daran. Nun schwebte er noch reichlich zwei Yard über dem Balkon und hoffte, keinen zu großen Lärm zu machen, wenn er sich auf ihn fallen ließ. Doch lautlos wie eine Katze kam er auf seinen beiden Füßen in den weichen Stiefeln zu stehen, duckte sich sofort und ließ seinen Blick schweifen.

Hinter den Fenstern, vor denen er auf den Balkon gelangt war, war alles dunkel, aber ein paar Yards weiter fiel aus einem anderen Zimmer Licht nach draußen. Vorsichtig und an die Wand gepresst schlich sich Jack vorwärts. Er nahm seinen Hut ab und sicherte seinen Degen, damit dieser nirgendwo dagegen stieß. Als er an dem erleuchteten Fenster angekommen war, schob er ganz langsam den Kopf nach vorn, um in den Raum hineinblicken zu können.

Das hätte er allerdings besser nicht getan, denn zum zweiten Mal am gleichen Abend blieb ihm das Herz stehen. Jack sah genau in das Gesicht und die blauen Augen von Marie-Claire, und diesmal hatte er keine Zweifel mehr daran, dass sie es war.

Nicht einmal fünf Yards von ihm entfernt kniete seine Frau auf einer Polsterbank und hielt sich mit beiden Händen an der Kopfseitenlehne fest. Das war auch nötig, denn hinter ihr stand der Duke of York – das linke Bein auf dem Boden, das rechte neben ihr auf dem Möbel – und stieß voller Wollust mit seiner Männlichkeit in Marie-Claire hinein. Dabei klatschte er immer wieder kräftig mit seiner flachen Hand auf ihr entblößtes Hinterteil und schien sich diebisch über die Schmerzenslaute, die er seiner Gespielin entlocken konnte, zu freuen. Jedenfalls lachte er zu Nicholas Crispe hinüber, der sich in einen Lehnstuhl geflätzt hatte und das Schauspiel genussvoll verfolgte. Eines der bodentiefen Fenster schien ein Stück offen zu stehen, denn nun konnte Jack, was seine Folter noch verstärkte, auch hören, wie seine Frau stöhnte und die beiden Männer sich über sie lustig machten.

»Ihr habt mir nicht zu viel versprochen, Nicholas«, hörte er den Duke nun sagen. »Das ist doch mal ein ausgesprochen schönes und vor allem williges Täubchen. Ich habe schon meinem Schwager Philippe in Paris von ihr vorgeschwärmt und mich die ganze Zeit über, die ich in diesem langweiligen Frankreich verbringen musste, auf sie gefreut. Kommt, macht doch mit! Die Gute hier scheint einen Stiefel zu vertragen. Es wäre doch gelacht, wenn sie uns nicht beide gleichzeitig befriedigen kann.«

»Danke für das Angebot, Eure Königliche Hoheit«, wehrte Crispe mokiert ab. »Später vielleicht, aber jetzt genießt Ihr erst einmal, was Ihr so lange begehrt habt. Ich hatte ja schon das Vergnügen, wie Ihr wisst. Deshalb ist mir auch bekannt, welche Freuden Euch Eure neue Gespielin zu schenken vermag. Kostet sie zur Gänze aus, kann ich Euch nur empfehlen. Ich weiß schließlich, dass Ihr ein wahrer Genießer seid.«

Jacks Hand verkrampfte sich um den Degengriff. Ein Stück zog er ihn aus der Scheide heraus – doch gleichzeitig schlugen seine Gedanken Purzelbäume. Was sollte er nur tun? Nach dem offenen Fenster Ausschau halten, in den Raum hineinspringen und alle drei umbringen? Das würde ihm wohl kaum gelingen, überwältigte ihn zuvor doch mit Sicherheit die garantiert vor der Tür postierte Leibwache des königlichen Schweinehundes, denn geräuschlos konnte das Ganze kaum vonstattengehen. Und wäre er wirklich dazu fähig, die Frau, die er liebte, auf diese Weise zu töten? Bei Crispe und diesem gottverfluchten Duke hätte er überhaupt keine Bedenken. Aber Marie-Claire? Sie einfach mit dem Degen aufspießen, ohne zuvor ein Wort mit ihr gewechselt zu haben? Ihr erklärt zu haben, wie sehr sie ihn verletzt, ja, ihn innerlich getötet hatte? Und würde er es überhaupt schaffen, wenigstens einen von den dreien zu erwischen, so kümmerlich, wie er bewaffnet war? Seine Pistolen lagen wohlverwahrt in seiner Kajüte. Wie hätte er denn ahnen können, welch gute Dienste sie ihm jetzt und hier hätten leisten können? Eine Kugel jedem der beiden Männer in die Stirn, dann Marie-Claire packen und mit ihr über die Balkonbrüstung springen, um in der Dunkelheit des Parks unterzutauchen, das wäre vielleicht eine Lösung gewesen.

Aber nur mit dem Degen bewaffnet in das Schlafzimmer einzudringen und sich auf diesen verkommenen Geschäftsführer und den mehr als widerwärtigen Bruder des Königs zu stürzen, würde nichts anderes als seinen eigenen Tod bedeuten. Jack erkannte das glasklar, aber wo bliebe dann seine Rache, die schon jetzt begann, ihn innerlich aufzufressen? Dass er an den Männern, die ihm seine Frau genommen hatten, und auch an dieser selbst Vergeltung üben musste, und zwar mit allen Mitteln, die ihm zur Verfügung standen, sollte es ihn nicht innerlich zerreißen, war eine Erkenntnis, die Jack soeben wie ein Blitzstrahl getroffen hatte. Aber wie konnte er vorgehen, um seine Rache zu bekommen, ohne das eigene Leben aufs Spiel zu setzen? Indem er versuchte, alle drei hier und jetzt umzubringen, und dabei wahrscheinlich selbst draufging? Doch was hätte er dann gekonnt?

Nein, er musste den Duke und Crispe anderweitig treffen. An einer Stelle, wo es sie noch viel mehr und viel länger schmerzte. Sie in ihrer Ehre verletzen und ihnen vor allem an den Geldbeutel gehen, und beides so gründlich wie nur irgend möglich. Das würde den beiden weit mehr wehtun als eine womöglich zugefügte Verwundung, die nach einiger Zeit wieder verheilt war. Und auch Marie-Claire, die es offenbar mit jedem trieb, der ihr schöne Kleider und Schmuck offerierte, während er für sie auf See sein Leben aufs Spiel setzte.

Wie hatte er sich nur so in ihr täuschen können? Jack konnte es nicht fassen! Hatte sie ihm ihre Liebe denn wirklich nur vorgespielt? Er wollte es nicht glauben, denn zu heiß und innig waren ihre Küsse gewesen, ihre Liebes- und Treueschwüre, ihr Begehren nach ihm. Doch wie sollte er das, was er gerade sah, dann deuten? Marie-Claire machte zwar keineswegs einen glücklichen Eindruck, aber nach einer Vergewaltigung sah das, was sich vor Jacks Augen abspielte, nun auch wieder nicht aus.

Marie-Claire empfand nicht das geringste Vergnügen, geschweige denn auch nur den Hauch von Lust bei dem, was sie tat. Im Gegenteil, sie kam sich unendlich beschmutzt, benutzt, gedemütigt und wie ein Stück Vieh vor, mit dem sein Besitzer tun konnte, was auch immer er wollte. Sie stöhnte immer heftiger, aber nicht vor Erregung, sondern ausschließlich vor Schmerz, was der Bruder des Königs aber ganz anders interpretierte und ihn noch einmal mehr anspornte, es seiner Gespielin möglichst kräftig zu besorgen. Wofür Marie-Claire sich hier hergab, tat sie nach ihrem eigenen Dafürhalten nur für Jack, um dessen Vorankommen in der Company zu sichern und zu beschleunigen. Trotzdem durfte er nie, niemals davon erfahren. Die junge Frau wollte sich besser gar nicht ausmalen, was ansonsten geschehen würde. Und während der Duke of York sie jetzt wie ein Besessener vögelte und gleichzeitig schlug, dachte Marie-Claire voller Inbrunst an ihren Mann und wünschte sich aus vollem Herzen, dass er es wäre, der sie so leidenschaftlich nahm. Und auf einmal glaubte sie sogar, sein Gesicht zu sehen, das sich in einem der zum Park hinausgehenden Fenster spiegelte. Aber das konnte ja nur ein Trugbild sein, das der Teufel ihr vorgaukelte. Oder war Jack womöglich tatsächlich gekommen, um sie von ihrer Pein zu befreien? Sie hoffte es so sehr und fürchtete es gleichzeitig abgrundtief.

Der, an den Marie-Claire so sehnsuchtsvoll dachte, war gerade kurz davor, sich zu übergeben. Er musste mit ansehen, wie der Duke of York – der Mann, den er noch bis vor wenigen Minuten respektvoll verehrt hatte – hingebungsvoll seine Frau begattete, die keine Gegenwehr erkennen ließ. James Stuart nahm sich mit großer Selbstverständlichkeit etwas, von dem Jack noch bis vor Kurzem felsenfest angenommen hatte, dass es ausschließlich sein Privileg wäre. Und hatte er nicht Nicholas Crispe sagen hören, dass dieser seine Frau auch schon gehabt hatte?

Wenn er alles recht bedachte, und das hatte er als Flottenoffizier und Captain schließlich schon zur Genüge tun müssen, um keine vorschnellen Entscheidungen zu treffen, dann konnte er im Moment rein gar nichts tun. Es sei denn, er wollte Selbstmord begehen, was für ihn aber keine Option war, denn dann kämen Nicholas Crispe und James Stuart ja relativ ungeschoren davon.

Im Moment wünschte sich Jack aus tiefster Seele, dass Letzterer genauso enden würde wie einst sein Vater, nämlich mit abgeschlagenem Kopf auf einer Richtstätte. Was in seiner Macht stand, damit es dazu kam, würde er von nun an als sein Lebensziel ansehen. Doch jetzt brauchte er erst einmal einen kühlen Kopf und einen Plan, wie er Vergeltung für das üben konnte, was ihm angetan wurde. Er war der Company und vor allem dem Duke of York bisher stets treu gewesen und hatte beiden loyal bis zur Selbstaufgabe gedient. Hatte er nicht sogar eine Insel nach dem Duke benannt und gegen einen weit überlegenen Gegner unter Einsatz seines Lebens um sie gekämpft? Doch damit war es nun vorbei, ein für alle Male. Er wollte die beiden Männer leiden sehen, so wie er soeben gelitten hatte und noch immer litt, das schwor er sich. Und auch Marie-Claire, mit der er fertig war. Nie wieder würde er sie berühren, nicht einmal mit seinen Fingerspitzen, so sehr ekelte er sich jetzt vor der Frau, die er einst abgöttisch geliebt hatte.

Aus Jack war alle Freude über die glückliche Heimkehr, ja jede Hoffnung auf eine Zukunft, wie er sie sich erträumt hatte, gewichen. Stattdessen wurde er von grenzenloser Wut, und schlimmer noch, von Scham durchflutet. Was musste er nur für ein kümmerlicher Wicht sein, dass sich seine Frau in seiner Abwesenheit solchen lächerlichen Gestalten wie diesem Auswurf von einem Duke und seinem willfährigen Lakaien hingab? Wie mussten alle drei ihn verachten, über ihn lachen, erfüllte er doch ihre Aufträge nach bestem Wissen und Gewissen auf den weiten Ozeanen, während sie sich miteinander vergnügten? War er womöglich schon zum Gespött von ganz Deptford geworden? Er, der Gehörnte, den seine Frau offenbar bereits betrog, kaum hatte sein Schiff die Segel gesetzt! Jack fühlte, wie seine Wangen brannten und ihm speiübel bei dem Gedanken wurde, dass das hohe Ansehen, das er für sich und vor allem für Marie-Claire angestrebt hatte, nichts, aber auch gar nichts wert war, wenn sich seine Frau so offen gleich mehreren Liebhabern hingab, während sie ihren Mann auf See wähnte. Wer hatte schon Achtung vor einem Hahnrei?

Jack wurde unsagbar wütend auf sich selbst, weil er es nicht eher bemerkt hatte. Die schönen Kleider, die Marie-Claire auf einmal besaß, die Duftwässerchen und der Schmuck. Immer hatte sie dafür eine Erklärung gehabt und er nie wirklich nachgehakt, da er die wenigen gemeinsamen Stunden der Harmonie genießen und nicht mit einer Art Verhör zerstören wollte. Und weil ihn seine Liebe zu ihr blind gemacht hatte, sein unbedingter Glaube an ihre Hingabe, musste er sich eingestehen. Dabei hätte er es zumindest ahnen können, aber er war schlimmer und törichter als jeder liebeskranke Jüngling gewesen, und diese Erkenntnis brannte sich wie ein rot glühendes Eisen in ihn ein.

Todunglücklich und mit Tränen in den Augen schwang sich Jack über die Brüstung des Balkons und ließ sich auf die Erde fallen. Mit raschen Schritten entfernte er sich von Trinity House und fiel dabei sogar den Gardisten auf. Doch da er nicht versuchte einzudringen, aus dem Ballsaal und auch aus dem Obergeschoss keine ungewöhnlichen Geräusche kamen und der Fremde in Richtung auf die Themse lief, ließen sie es dabei bewenden. Bei all den vielen Leuten im Haus würde es wohl ein einzelner Dieb kaum wagen, hier Beute zu machen.

Keine der Wachen und vor allem niemand von der ausgelassenen Gesellschaft, die nur ihren Vergnügungen frönte, ahnte, dass soeben ein Mann geboren worden war, vor dem bald die ganze bekannte Welt zittern sollte und der bereit war, selbst einem Königreich und dessen gefürchteter Flotte den Krieg zu erklären.

Jack eilte, so schnell er konnte, zurück zur *Golden Fleece*. Bereits auf dem Weg dorthin begann in seinem Kopf ein Plan zu reifen, doch dafür brauchte er Helfer und musste zumindest einen Mann ins Vertrauen ziehen. Er wusste auch schon, wen, und hoffte nur, nicht noch ein zweites Mal an einem Tag verraten zu werden. Wortlos ging er an den Männern seiner Besatzung vorbei, die glaubten, ihr Captain hätte sich in der kurzen Zeit seiner Abwesenheit in einen Geist verwandelt, so entrückt schien er dieser Welt zu sein. Jack stürzte in seine Kajüte und goss sich einen großen Becher Rum ein, den er in einem Zug herunterstürzte. Dann rief er nach William Lewis und machte sich bereit, vor diesem eine Beichte abzulegen, die in Worte zu fassen ihm unendlich schwerfiel und die nicht nur sein, sondern auch dessen Leben von Grund auf verändern würde. Vorausgesetzt, er täuschte sich nicht in dem jungen Lieutenant und wanderte spätestens morgen in den Tower. Andererseits, lebend würden ihn die Häscher nicht bekommen, dessen war sich Jack ganz sicher, und seine Qualen hätten in diesem Fall ein rasches Ende.

Als William Lewis die Kapitänskajüte betrat und gewohnheitsmäßig salutieren wollte, winkte Jack nur ab.

»Setzt Euch, Mr Lewis, ich habe mit Euch zu reden«, meinte der Captain und goss seinem Offizier ebenfalls einen Becher Rum ein.

William Lewis tat, wie ihm geheißen, und ließ sich gegenüber seinem Vorgesetzten nieder. Was er im Schein der Kerzen sah, die Jack angezündet hatte, erschreckte ihn zutiefst. Die sonst so gesunde Gesichtsfarbe des Captains war aschgrau, das Haar stand ihm wirr vom Kopf ab, so als hätte er versucht, es sich auszureißen, und die Schultern hingen wie bei einem alten Mann. Wo war der kraftstrotzende, stets gut gelaunte und entschlussfreudige Mann geblieben, der vor einer reichlichen Stunde das Schiff verlassen hatte? Aber am meisten erschreckten den Lieutenant die Augen, in die er blickte, als ihm der

Becher zugeschoben wurde. Sie wirkten leblos, und er hatte tatsächlich das Gefühl, in die eines Toten zu blicken. Was um alles in der Welt war nur geschehen, das den Captain binnen so kurzer Zeit derart verändert hatte? Was auch immer in seiner Macht stand, um ihm zu helfen, beschloss der Lieutenant in diesem Moment, würde er tun, und kostete es ihn sein Leben. Schließlich schuldete er Jack Bannister das seine, und vielleicht – ihn beschlich da so ein Gefühl – war jetzt der Moment gekommen, dieses Soll abzutragen. Und er sollte sich nicht getäuscht haben.

»William, kann ich Euch voll und ganz vertrauen?«, hörte der Lieutenant seinen Captain fragen. »Auch wenn das, was ich Euch jetzt anvertrauen möchte, Euch Kopf und Kragen und vielleicht sogar das Leben kosten könnte? Sprecht ganz freiheraus. Ich würde es Euch wahrlich nicht übel nehmen, wenn Euch meine Worte erschreckt haben sollten und Ihr besser mein Geheimnis nicht mit mir teilen wollt. Doch eins müsst Ihr wissen: Wenn Ihr mir Euer Wort gebt und es später brecht, dann töte ich Euch! Und wenn es das Letzte ist, was ich in diesem Leben tue.«

Jetzt brauchte William Lewis tatsächlich erst einmal einen Schluck Rum, und es war kein kleiner, den er aus dem ihm gereichten Becher nahm. Doch dann hatte er sich rasch wieder gefangen und konnte mit fester Stimme und im Brustton der Überzeugung antworten.

»Verfügt über mich, Captain. Euch verdanke ich meinen Rang und mein Leben. Wenn es nun an der Zeit sein sollte, meine Schulden bei Euch abzutragen, dann bin ich dazu bereit. Aber nicht notgedrungen, sondern aus frohem Herzen, das versichere ich Euch. Ich bin ganz der Eure, Sir.«

Jack schwankte noch einen Moment, ob er dem jungen Mann wirklich alles anvertrauen konnte, was er gesehen und erlebt hatte und vor allem, ob er ihn in seine Pläne einweihen sollte. Aber er hatte gar keine andere Wahl, als wenigstens einem Mann vollständig zu vertrauen.

»Gut, William, dann hört mir jetzt genau zu«, meinte der Captain mit leiser Stimme, nahm noch einen Schluck Rum und begann dann zu sprechen.

Der Morgen graute bereits, als Marie-Claire endlich nach Hause kam. Nicholas Crispe hatte ihr gnädigerweise eine Kutsche zur Verfügung gestellt, denn laufen hätte sie gar nicht mehr gekonnt. Als sie die Stube betrat, warf sie ihren Umhang über eine Stuhllehne und griff nach dem Feuerstein, um eine Öllampe zu entzünden. Sie wollte noch einen Becher Milch trinken und dann schlafen, nur schlafen. Doch plötzlich sah sie im fahlen Dämmerlicht, das durch das kleine Fenster in den Raum hereinfiel, einen Schatten.

Marie-Claire erschrak sich fast zu Tode, denn am Stirnende des Tisches saß regungslos eine Person, eingehüllt in einen Mantel und den breitkrempigen Hut tief in die Stirn gezogen. Mit zittrigen Händen schlug sie Feuer, und als der Docht endlich brannte, erkannte sie ihren geliebten Ehemann, der kein Wort von sich gab, sondern sie nur anstarrte.

»Jack!«, rief Marie-Claire voller Freude aus und wollte sich in seine Arme werfen, doch blitzschnell griff ihr Gemahl nach einer vor ihm auf dem Tisch liegenden Pistole und richtete sie auf seine Frau. Das Knacken des Hahnes, als er die Waffe spannte, klang in der Stille fast schon wie ein Schuss und ließ Marie-Claire innehalten.

»Aber was ist denn, Liebster?«, wollte sie wissen. Dann fiel es ihr wie Schuppen von den Augen, und sie sank in sich zusammen und auf einen Stuhl am anderen Ende der Tafel. Es war also kein Trugbild gewesen, kein Fantasiegebilde, das sie gesehen hatte, als der Duke of York sich mit ihr vergnügt hatte. Jack war tatsächlich dort gewesen, sie hatte ihm ins Gesicht geschaut, und er in das ihre. Marie-Claire wollte nur noch eins – auf der Stelle sterben.

»Komm mir nie wieder nahe, Marie-Claire«, hörte sie ihren

Mann sagen. »Ich würde eine Berührung durch dich nicht ertragen. Ich habe dich gesehen, wie du dir jetzt vielleicht denken kannst. Mein Herz ist in tausend kleine Stücke zersprungen, und wo es sich einst befunden hat, gibt es jetzt nur noch einen kalten, toten Stein. Ich schieße dir genau zwischen die Augen, solltest du auch nur versuchen, mich zu berühren. So sehr ekelt es mich vor dir. Schau doch nur einmal in einen Spiegel. Wo ist die junge, natürliche Frau geblieben, in die ich mich bis über beide Ohren verliebt habe? So stark geschminkt und angemalt, wie du jetzt bist! Wollen deine Liebhaber, wenn sie schon eine vorgeblich ehrbare Ehefrau vögeln, die sich ihnen wie eine Hure hingibt, dass sie auch wie eine solche aussieht?

Ich habe mein Schiff durch Wind und Wellen gejagt und jeder Gefahr getrotzt, nur um mit dir Weihnachten und ins neue Jahr hinein feiern zu können. Doch was hat mich hier zu Hause erwartet? Das, was ich mit anschauen musste, war für mich schlimmer als die furchtbarsten Foltern, die sich Teufel ausdenken können, und hat meine Liebe zu dir ausgelöscht, wie es der Guss aus einem Eimer Wasser mit einer brennenden Kerze tut. Wie konntest du nur, Marie-Claire?«

In der Stimme ihres Mannes lag so viel Verachtung, so viel Wut und vielleicht auch Hass, dass es Marie-Claire auf der Stelle speiübel wurde. Sie sprang auf, stürzte in die angrenzende Küche und übergab sich in den Spülstein. Wenn sie gehofft hatte, dass ihr Mann ihr nachkommen würde, um sie vielleicht zu trösten oder besser noch, dass dies alles nur ein böser Spuk, ein Albtraum war, der sich verflüchtigen würde, wenn sie nur die Augen aufmachte, dann sah sie sich zu ihrem Leidwesen getäuscht. Sie war da, Jack war da, und alles noch viel schlimmer, als sie es sich jemals vorgestellt hatte.

Die junge Frau goss sich etwas Wasser aus einer neben dem Spülstein stehenden Kanne in die Hände und wusch sich das Gesicht, in der Hoffnung, wenigstens einen Teil der Schminke loszuwerden, an der ihr Mann sich offenbar störte. Dann straffte sie sich und ging zurück in die Stube. Sie war sich nicht sicher, ob sie die anstehende Auseinandersetzung mit ihrem Gemahl überleben würde. Aber wollte sie das überhaupt? Was hatte ihr das Leben denn jetzt noch zu bieten, und wäre der Tod nicht vielleicht eine gnädige Erlösung?

Jack hatte sich keinen Zoll bewegt, als Marie-Claire zurückkehrte. Eigentlich hatte sie noch einmal auf ihn zugehen wollen, um ihn zu umarmen und sein Gesicht mit heißen Küssen zu bedecken. Aber als sie in die Augen ihres Mannes sah, erblickte sie darin kein Leben mehr, was sie abgrundtief erschreckte. Sein Blick war leer, und er starrte sie völlig ausdruckslos an. Deshalb nahm die junge Frau von ihrem Vorhaben Abstand und setzte sich wieder auf den Stuhl. Sie war so unsagbar müde und gleichzeitig verzweifelt, dass ihre Füße sie keinen Schritt mehr tragen wollten.

»Was glaubst du wohl?«, hob sie an zu sprechen und nahm sich vor, völlig reinen Tisch zu machen. »Was für eine törichte Frage! Wie naiv bist du eigentlich, Jack? So gut wie jede Frau würde es tun, wenn sie dadurch das Vorankommen ihres Mannes fördern kann. Denkst du, du wärst Captain geworden, wenn ich Nicholas Crispe nicht zu Willen gewesen wäre? Schon wenige Tage nach unserer Hochzeit, du warst kaum auf See, streckte er seine schmierigen Finger nach mir aus. Was hätte ich denn tun sollen? Mich dem Geschäftsführer der Company, der nach wie vor dein Leben in seiner Hand hält, verweigern? Denkst du, es hat mir Spaß gemacht, ihm zu Willen zu sein? Beileibe nicht, kann ich dir versichern.

Ich liebe nur dich, Jack, das musst du mir glauben! Ich flehe dich an! Schönheit kann auch eine Last sein, das musste ich schmerzlich erfahren, denn sie weckt das Begehren der Männer. War es nicht auch bei dir so? Hättest du mich mit schütterem Haar, schlechten, fauligen Zähnen und einer Figur gleich einer Heringstonne zur Frau genommen? Sicher nicht! Zu meinem großen Entsetzen wollte sich auch der Duke of York an mir ergötzen. Ich schwöre dir, ich habe mit allen Mitteln versucht, mich seinem Zugriff zu entziehen.

Aber Crispe hat gedroht, dich nach deiner Rückkehr wegen des noch immer nicht restlos aufgeklärten Tods von Charles Johnson in den Tower werfen und dort verrotten zu lassen. Und der Bruder des Königs hätte ihm ganz sicher dabei geholfen. Wärst du lieber dort in einer Kerkerzelle als hier in deinem Haus? Stattdessen habe ich lieber den Schierlingsbecher bis zur Neige geleert und mich diesem Widerling hingegeben. Dafür hat mir Crispe zugesichert, dass du Gesellschafter der Company wirst. Du bräuchtest bald nicht mehr hinaus auf See, könntest hier bei mir bleiben, und ich müsste mir nicht ununterbrochen Sorgen um dein Leben und deine Gesundheit machen.

Ist es also tatsächlich so schlimm, was ich getan habe? Kommt deine gekränkte Männlichkeit damit wirklich so ganz und gar nicht klar? Baroninnen tun es, Gräfinnen tun es und auch Herzoginnen. Selbst die Frauen von Handwerkern schlafen mit den Vorstehern der Zünfte, damit ihre Ehegatten in den erlauchten Kreis der Meister aufgenommen werden. Und ihre Männer fühlen sich geehrt und geschmeichelt. Nur Jack Bannister nicht, doch warum wundert mich das nicht? Nun, ich wusste es von Anfang an. Aber ich habe einfach keinen anderen Ausweg gesehen. Hasst du mich jetzt dafür? Denkst du, du hast eine Hure geheiratet, die mit jedem, der sie will, ins Bett steigt und es noch dazu gern tut? Sag doch endlich etwas, ich halte dein grausames Schweigen nicht mehr länger aus!«

Jack ließ sich noch einen Moment Zeit, bevor er antwortete, und als er es dann tat, war seine Stimme so kalt wie Gletschereis.

»Du hast dir deine Verteidigung ja schön zurechtgelegt, Marie-Claire, das muss ich schon sagen. Doch sie hinkt hinten und vorne. Für mich hast du das nicht getan, sondern ausschließlich für dich. Sei wenigstens dir selbst gegenüber ehrlich und gesteh es dir ein. Du wolltest immer ein größeres Haus, mehr

Ansehen, seidene Kleider, Schmuck, Diener, eine eigene Kutsche, was weiß ich. Mir ist daran nur wenig gelegen. Und versuche nicht, mir meine Würde zu nehmen und sie an deinen Rock zu heften. Captain bin ich geworden, weil ich den Angriff zweier Piratenschiffe auf die *Golden Fleece* erfolgreich abgewehrt habe. Nicht, weil du mit Crispe ins Bett gestiegen bist! Das bilde dir bloß nicht ein.

Jetzt habe ich eine Insel für die Company entdeckt, die sich hervorragend für einen Stützpunkt eignet, mit zwei brandenburgischen Fregatten um sie gekämpft und sie danach zu Ehren des Mannes, von dem du dich gerade hast vögeln lassen, York Island genannt. Und noch dazu Gold gefunden, viel Gold. Glaubst du wirklich, dass ich deiner, nun, sagen wir einmal Hilfe, bedarf, um meinen Weg, von dem ich noch bis vor wenigen Stunden dachte, dass es der unsere wäre, zu gehen? Bestimmt nicht!

Außerdem will ich gar nicht für längere Zeit an Land sein, ich gehöre auf See. Daraus habe ich nie einen Hehl gemacht, und du hast es gewusst, als du mir dein Jawort gabst. Bis vor wenigen Stunden habe ich dich abgöttisch geliebt, Tag und Nacht an dich gedacht, mich nach dir und deiner Liebe verzehrt. Nicht einmal in Gedanken, geschweige denn mit Taten, bin ich dir je untreu gewesen. Du hingegen hast unsere Liebe, unsere Ehe mit Füßen getreten und dich anderen Männern hingegeben, kaum war ich deinen Blicken entschwunden.

Du hast mich gefragt, ob ich dich hasse. Nein, das tue ich nicht, Marie-Claire. Das Wort ist mir für das, was ich jetzt für dich empfinde, viel zu groß. Ich verachte dich aus tiefster Seele, das tue ich. Deshalb will ich mit dir auch nicht mehr das Geringste zu tun haben. Ich werde dich verlassen, für immer. Doch zuvor habe ich noch einiges zu erledigen, und dabei darfst du mir nicht in die Quere kommen und Crispe unter keinen Umständen erfahren, dass ich von deiner Hurerei weiß.«

»So siehst du mich, Jack?« Marie-Claire war schreckensbleich geworden. »Für dich bin ich also tatsächlich eine Hure? Kannst du denn nicht zumindest versuchen, mich zu verstehen? Ich habe es doch für uns getan, für niemand anderen sonst. So glaube mir doch, Liebster! Was soll ich denn noch sagen, was tun, damit du wenigstens darüber nachdenkst, ob du mir nicht vergeben kannst?«

»Nichts, Marie-Claire«, gab Jack kalt zurück. »Mein Leben lang werde ich nämlich dein Gesicht nicht vergessen, als du mich anblicktest, während der Schwanz dieses verkommenen Stuart-Sprösslings in dir steckte. Von heute an ist Krieg zwischen ihm, der Company und mir. Und glaube mir, das meine ich todernst. Ich werde erst ruhen, wenn sie abgrundtief bereuen, dass sie sich an dem vergriffen haben, was rechtens mir gehörte. Denn ich werde ihnen von nun an das nehmen, von dem sie glauben, dass es ihnen rechtens zusteht. Ihre Schiffe, ihr Geld, ihre Ehre. Du kennst mich, wenn ich mir etwas vorgenommen habe, dann mache ich es wahr. Wir hingegen werden uns nie wiedersehen, Marie-Claire. Von nun an sind wir geschiedene Leute.«

»Wie meinst du das, Jack?«, fragte Marie-Claire fassungslos. »Wir sind doch Mann und Frau! Unser Bund fürs Leben wurde vor Gott geschlossen. Den kannst du doch nicht einfach mit ein paar Worten, in Wut gesprochen, aufkündigen.«

»Nicht ich habe das getan, sondern du«, fuhr Jack seine Frau an. »Oder was ist mit deinem Ehe- und Treuegelöbnis?«

Der Captain hörte, wie draußen eine Kutsche vorfuhr, dann sprach er weiter.

»Genug der Worte, du musst jetzt gehen. Zwei meiner Männer werden dich nach Dorset bringen. In der Grafschaft gehört mir ein kleines Cottage, das eine Tante meinen verstorbenen Eltern vererbt hat. Das dazugehörende Land ist verpachtet, aber in dem kleinen Haus wirst du dich aufhalten, bis die *Golden Fleece* wieder auslaufbereit ist und wir Segel setzen. Das

Cottage überschreibe ich dir. Du kannst, wenn du willst, zukünftig dort leben und eine ehrbare Bauersfrau werden. Oder du kehrst nach London zurück und verdingst dich in einem Hurenhaus. Wer weiß, so berechnend und talentiert, wie du bist, gehört es dir vielleicht bald. Hierher kannst du jedenfalls nicht zurück. Versuche es erst gar nicht, man würde dich nur an den Pranger stellen oder mit Stockschlägen davonjagen.«

Marie-Claire hatte die Augen schreckensstarr aufgerissen.

»Das kannst du doch nicht tun, mich so zu verstoßen! Bedeutet dir denn unsere Liebe gar nichts mehr? Und was wird aus dir, Jack? Was hast du vor, wo willst du hin?«

»Viele Fragen, Marie-Claire«, antwortete der Captain und erhob sich, denn in dem Moment betraten zwei seiner Matrosen und William Lewis die Stube. Die beiden zuverlässigen Männer aus der Besatzung sollten seine Frau in Dorset bewachen, bis sie Nachricht bekamen, dass die *Golden Fleece* ausgelaufen war. Danach würden sie sich, um einen ordentlichen Batzen Geldes reicher, zu ihren Familien begeben und nie wieder zur See fahren müssen. Der Lieutenant sollte sie begleiten und dafür Sorge tragen, dass alles so gerichtet wurde, wie der Captain sich das vorstellte.

»Und nun leb wohl, du verlorene Liebe meines Lebens«, fuhr Jack fort und merkte selbst, wie theatralisch er klang. »Die Antworten habe ich dir bereits gegeben, ich muss sie nicht wiederholen. Und was aus mir werden wird? Darüber mach dir mal keine Sorgen, aber ich bin sicher, du wirst von mir hören.«

Die beiden Männer packten Marie-Claire recht unsanft und schleiften die sich Sträubende aus dem Haus und in die Kutsche. Das Letzte, was Jack von seiner Frau hörte, war ein lang gezogener Schrei.

»Jaaaaack!«

Der Captain meldete sich gegen Mittag in Trinity House, wo Diener damit beschäftigt waren, die Spuren des Gelages und frivolen Festes vom Vorabend zu beseitigen. Nicholas Crispe wurde von seinem Kommen völlig überrascht und empfing Jack im Schlafrock. Er war etwas verunsichert, ob dieser etwas von dem mitbekommen hatte, was sich erst wenige Stunden zuvor hier abgespielt hatte. Doch der Kommandant der *Golden Fleece* gab sich völlig arglos, sodass der Geschäftsführer der Company nach dessen ersten Worten innerlich aufatmete.

Jack fiel es unendlich schwer, sich völlig gelassen zu geben, und sicherheitshalber hatte er alle seine Waffen an Bord gelassen. Er hätte nicht für sich garantieren können, wäre Crispe ihm womöglich anzüglich gekommen, wovor sich dieser aber tunlichst hütete. So führten die beiden Männer ein Gespräch miteinander, als wäre nie etwas vorgefallen, und jeder von ihnen war um größtmögliche Sachlichkeit bemüht.

»Wann seid Ihr denn angekommen, und wieso seid Ihr überhaupt schon zurück, Captain?«, wollte Crispe als Erstes wissen, nur um von der Antwort beruhigt zu werden.

»Gestern in der Nacht. Da ich aber sah, dass auf Trinity House ein großes Fest gefeiert wurde, wollte ich Euch nicht stören, obwohl meine Nachrichten eigentlich keinen Aufschub dulden. Wir haben einen ausgezeichneten Platz für einen Stützpunkt an der westafrikanischen Küste gefunden und mit Kriegsschiffen der Brandenburger darum kämpfen müssen, weil sie ihn uns wieder wegnehmen wollten. Es ist eine Insel, die wir York Island getauft haben. Orte wie diese sind dort unten gegenwärtig heiß begehrt. Ich konnte sie dem im Hinterland lebenden König im Namen der Company abkaufen und auch mit dem auf der Nachbarinsel wohnhaften Stamm der Sherbro freundschaftliche Beziehungen anknüpfen. Aber etwas noch viel Wichtigeres haben wir dort gefunden, und deshalb sollten wir von diesem Platz auch nie wieder weggehen.«

Jack warf einen der Ziegenledersäcke auf den Schreibtisch, hinter dem Crispe stand. Der Beutel platzte auf, und etwas, das wie gelber Sand aussah, ergoss sich über die auf dem Tisch liegenden Papiere. Crispe griff danach und ließ den Staub und die kleinen Körner durch seine Finger rinnen. Er brauchte nur einen kurzen Augenblick, um zu begreifen, was er da vor sich hatte.

»Gold?«, fragte er aufgeregt, und sein Blick wurde auf der Stelle gierig.

Jack nickte nur.

»Viel Gold. Die Sherbro tauschen es bei den Stämmen ein, die in den Löwenbergen leben, und fertigen daraus Schmuck und andere Gegenstände an. Das Rohmaterial ist ihnen nicht viel wert, nur ihre Handwerksarbeit lassen sie sich bezahlen. Ich denke, man könnte dort jede Menge davon einhandeln und den Goldstaub hier in England dann säubern und zu Barren gießen oder Münzen daraus prägen lassen. Vorausgesetzt, man sichert den Stützpunkt und baut die Handelsbeziehungen mit den Sherbro aus.«

»Und dann verlasst Ihr diese Insel und setzt sie damit der Gefahr aus, dass andere sie und den ganzen Landstrich in Besitz nehmen?« Crispe wirkte völlig aufgelöst, so sehr hatte ihn der Anblick des Goldes aus der Fassung gebracht.

»Das habe ich natürlich nicht getan«, wehrte sich Jack, der den Geschäftsführer jetzt genau dort hatte, wo er ihn haben wollte. »Lieutenant Mission, Midshipman Corker und vierzig Mann sind auf York Island geblieben, um Befestigungen anzulegen. Ich habe ihnen fürs Erste auch vier Kanonen der *Golden Fleece* dagelassen. Das wird aber bei Weitem nicht reichen, um den Stützpunkt zu sichern und im Bedarfsfall auch gegen starke Kräfte zu verteidigen. Die Brandenburger zum Beispiel hatten für die Insel ein Fort mit vier Bastionen geplant, das mit zwanzig Kanonen bestückt werden sollte. Ich konnte mir deren wirklich beeindruckende Pläne ansehen. Und die Faktoreien der Holländer und Franzosen sind nicht weniger stark gesichert. Deshalb habe ich Mr Mission versprochen, nach England zu segeln, um dann so schnell wie möglich mit Verstärkung und Geschützen zurückzukehren. Was wir brauchen werden, sind Männer, die bereit sind, dort unten zu leben, weil sie keine Familien mehr in England haben, und weittragende Geschütze, mit denen wir die Zufahrt zur Insel bestreichen können.«

»Sollt Ihr haben, sollt Ihr alles haben, Captain Bannister.« Nicholas Crispe war völlig aus dem Häuschen und ließ immer wieder den Goldstaub durch seine Finger rinnen. »Gleich morgen spreche ich mit dem Duke of York, damit er den Befehl gibt, dass Ihr aus dem Arsenal des Tower bekommt, was auch immer Ihr braucht. Aber sagt, wie viel von dem Gold habt Ihr denn eigentlich mitgebracht?«

»Nicht sehr viel, denn ich habe den Großteil der Handelsgüter, die wir an Bord hatten, ja gebraucht, um York Island zu erwerben«, antwortete Jack und verschwieg dabei, dass er noch in der Nacht die Hälfte des Goldes für sich und seine Pläne abgezweigt und das Logbuch entsprechend geändert hatte. »Verschenken tun die Stämme dort an der Küste nämlich nichts. Trotzdem sollten wir sie uns nicht zu Feinden machen, denn ihre Könige sind mächtig und ihre Krieger zahlreich und gefürchtet. Aber wenn ich den Feingehalt des Staubes richtig einschätze, dann dürfte der Gewinn dieser Reise den einer Sklavenfahrt in jedem Fall weit übersteigen. Ihr seht also, Mr Crispe, welche bisher ungeahnten Möglichkeiten sich der Company dort unten bieten, wenn man es nur richtig anpackt.«

Habe ich mich gerade verhört, oder hat mich Bannister gerade eben tatsächlich nur Mister und nicht Sir genannt, dachte der Geschäftsführer bei sich, dem solche Feinheiten meist nicht entgingen. Aber ganz gleich, wenn das stimmte, was der Captain da erzählte, und er war geneigt, ihm jedes einzelne Wort zu glauben, dann würde dieser sowieso bald Gesellschafter sein und damit die Schranken zwischen ihnen fallen.

»Das sehe ich auch so, und deshalb solltet Ihr so bald als

möglich wieder auslaufen«, meinte er deshalb nur. »Wann, was meint Ihr, wäre die *Golden Fleece* wieder segelklar?«

»Das hängt davon ab, wie schnell ich meine Mannschaft ergänzen und Männer an Bord nehmen kann, die auf York Island bleiben wollen. Dann müssen noch ein paar Reparaturen am Schiff durchgeführt werden, weil ich den Sprietmast loswerden und stattdessen mehrere Klüver und Stagsegel führen will. Die machen das Schiff schneller und manövrierfähiger, wie ich unterwegs feststellen konnte. Und dann müssen natürlich die Kanonen geladen und verstaut werden. Ein paar Vierundzwanzigpfünder sollten es schon sein, sonst lachen uns die anderen Nationen aus, wenn sie York Island angreifen und wir nur mit Murmeln nach ihnen schießen.«

Täusche ich mich, oder spricht der Captain viel souveräner als beim letzten Mal mit mir?, fragte sich Crispe. Aber Erfolg machte nun einmal selbstbewusst, das wusste er schließlich aus eigener Erfahrung. Nur durften die Bäume natürlich nicht in den Himmel wachsen, und den einen oder anderen Dämpfer würde er dem Captain schon noch verpassen. Und sich spätestens, wenn dieser wieder auf See war, erneut dessen Frau vornehmen. Vielleicht dann tatsächlich einmal gemeinsam mit dem Duke of York, der Gedanke hatte schon etwas.

»Das dürfte alles kein Problem sein«, meinte Crispe deshalb auch etwas gedankenverloren. »Ich werde veranlassen, dass Werftarbeiter und Bootszimmerer schon morgen kommen, um die *Golden Fleece* nach Euren Vorstellungen umzugestalten. Ich hoffe nur, Ihr wisst, was Ihr tut, und sie bohrt sich danach nicht in den Grund des Meeres. Aber ich weiß, auch die Royal Navy verwendet mittlerweile die Segel, die Ihr Euch wünscht. Allerdings nicht bei Galeonen, sondern bei Fregatten. Aber meinetwegen. Zur Übernahme der Geschütze verholt Ihr am besten vor den Tower. Dort verfügt man auch über die entsprechenden Hebegeschirre, denn ein Vierundzwanzigpfünder hat schließlich sein Gewicht. Und was haltet Ihr davon, wenn wir uns bezüglich der Männer für den Stützpunkt einmal in den Londoner Gefängnissen umsehen? Diejenigen, die dort einsitzen, haben meist nichts mehr zu verlieren, und wenn sie ihre feuchten Zellen gegen eine Begnadigung und ein Leben unter tropischer Sonne eintauschen können, werden sie bestimmt freudig einschlagen.«

Sehr viel halte ich davon, dachte Jack, denn das war genau die Sorte Männer, die er für seine Pläne brauchen konnte. Skrupellos, ohne Bindungen an die Heimat und bereit, für ein Leben in Freiheit alles zu geben, so sollte seine zukünftige Mannschaft beschaffen sein. Aber zumindest der Form halber musste er sich dagegen sträuben, denn welcher anständige Kapitän wollte schon mit Galgenstricken segeln?

»Meint Ihr wirklich, dass das klug ist, Mr Crispe?«, warf er deshalb zweifelnd ein. »Solche Männer sind doch oft durch die Haft von Krankheiten gezeichnet, kaum mehr bei Kräften und völlig unberechenbar. Ich habe da so meine Bedenken.«

»Ach was!«, wischte der Geschäftsführer zu Jacks Freude den Einwand einfach vom Tisch. »Ich werde schon dafür Sorge tragen, dass man uns keine Kranken und Siechen andreht. Andere Männer werdet Ihr außerdem in der Kürze der Zeit kaum bekommen. Wisst Ihr eigentlich, wie schwer es geworden ist, anständige Seeleute anzuheuern? Selbst die Royal Navy bekommt derzeit keine mehr und führt deshalb bereits Pressgänge durch. Da werden sogar Handwerker, Fuhrknechte und selbst brave Familienväter in Kneipen und Kaschemmen aufgegriffen und finden sich plötzlich an Bord eines Kriegsschiffes wieder, obwohl sie noch nie etwas mit der Seefahrt zu tun hatten. Die Kenntnisse bläut man ihnen dann mit einem Tauende oder der neunschwänzigen Katze ein, und ihre Freunde, Frauen und Kinder sehen sie, wenn sie Pech haben, nie wieder. Ihr werdet also nehmen müssen, was ich bekommen kann.«

»Dann soll es so sein«, gab Jack sich nach außen hin geschlagen, lachte sich aber heimlich ins Fäustchen. »Wenn alles nach

Plan verläuft, müssten wir dann in etwa zwei Wochen auslaufbereit sein.«

»Spätestens«, zeigte sich Crispe ungeduldig. »Ich schicke nachher gleich eine Eskorte, die das Gold von Bord holt, damit es in den Tresoren der Company sicher verwahrt wird. Ich denke, ich werde durchsetzen können, dass wir Münzen daraus prägen dürfen. Vielleicht sogar mit dem Wappen der Company auf einer Seite und selbstverständlich dem Konterfei des Königs auf der anderen. Die Gegend dort unten und den Golf, von wo Ihr das Gold hergeholt habt, bezeichnet man doch als Guinea, richtig? Ich glaube, wir sollten die Münzen, die aus diesem Gold geprägt werden, deshalb auch Guinee nennen. Oder was meint Ihr? Übrigens, Ihr bekommt davon natürlich den Euch zustehenden Anteil, Captain. Ich denke, vor allem Eure Frau wird sich sehr darüber freuen.«

Fast wäre es mit Jacks Beherrschung vorbei gewesen. Seine Hände ballten sich zu Fäusten, und das Knirschen seiner Zähne hätte Nicholas Crispe eigentlich hören müssen, hätte er nicht so geistesabwesend auf das Gold gestarrt.

Dass ich meinen Anteil bekomme, ist so sicher, wie am Morgen die Sonne aufgeht, dachte der Captain bei sich. *Nur wird er viel größer ausfallen, als du dir das überhaupt vorstellen kannst, du mieses, kleines Stück Scheiße. Der Tag wird kommen, an dem du es bitter bereust, meine Frau überhaupt nur angesehen zu haben, das verspreche ich dir.* Aber noch beherrschte er sich, und deshalb fiel seine Antwort auch kühl und gelassen aus.

»Dann sollten wir uns alle schnell an die Arbeit machen, denn ich glaube, es gibt viel zu tun. Und da Ihr gerade meine Gemahlin erwähntet, Mr Crispe, denke ich, dass ich auch dringend einmal zu Hause vorbeischauen sollte.«

»Tut das, Captain Bannister, tut das«, meinte der Geschäftsführer, dem der gefährliche Unterton in Jacks Stimme entgangen war, da er nach wie vor völlig fasziniert von dem gelben Staub auf seinem Schreibtisch war.

William Lewis war bald aus Dorset zurückgekehrt und fungierte jetzt als rechte Hand und Vertrauter des Captains. Als er Jack ausrichten wollte, was Marie-Claire ihm aufgetragen hatte, ihrem Mann zu sagen, winkte dieser nur ab. Er wollte es gar nicht wissen. Dieses Kapitel war für ihn abgeschlossen, von nun an richtete er sein ganzes Sinnen und Trachten nur auf das eine Ziel aus: Vergeltung an der Company, vor allem ihrem Geschäftsführer, und dem Königshaus der Stuarts zu nehmen, denn die Brüder Charles und James verschmolzen bei ihm mittlerweile zu einer Person.

Aus den Arsenalen des Towers, dem größten Zeughaus Englands, erhielt Jack vier Vierundzwanzigpfünder und zehn Zwölfpfünder, die bis auf die Kanonen, welche die auf York Island zurückgelassenen ersetzten, im Frachtraum der *Golden Fleece* verstaut wurden. Vorläufig.

Es gelang dem Captain auch, dem Zeugmeister noch vier Drehbassen und etliches an Handwaffen abzuluchsen. Aber was der knickrige Major herausrückte, reichte Jack bei Weitem nicht. Heimlich, und mit dem beiseitegeschafften Goldstaub bezahlt, wurden noch weitere Entermesser, Musketen, Pistolen und das für diese nötige Pulver und Blei an Bord geschafft. Die Waffen und die Munition kamen in Ballen und Kisten an, die wie die übrige Handelsware im Bauch der Galeone verschwanden und auf diese Weise nicht weiter auffielen.

Die Offiziere der *Golden Fleece,* außer William Lewis, der eingeweiht war, rauften sich die Haare, als sie der Männer ansichtig wurden, die Nicholas Crispe ihnen als Ausgleich für die in Afrika zurückgebliebenen Kameraden als zusätzliche Besatzung schickte. Jack musste aber zugeben, dass der Geschäftsführer der Company Wort gehalten hatte und die meisten Strafgefangenen sich noch in einem akzeptablen Gesundheitszustand befanden. Ihnen das Seemannshandwerk beizubringen, dafür war Bootsmann North genau der Richtige. Auch die Stammbesatzung der Galeone würde ihr Bestes geben, die

Neuzugänge zu integrieren, hing doch von einem guten Zusammenspiel aller an Bord bei Sturm oder auch im Gefecht das eigene Leben ab.

Jack hatte lange überlegt, ob er noch einmal zu dem kleinen Cottage nach Dorset reiten sollte, doch letztlich davon Abstand genommen. Was zu sagen gewesen war, war gesagt worden, und ein nochmaliger Anblick Marie-Claires würde die Wunde in seinem Inneren, die immer noch blutete, nur weiter aufreißen. Nein, er wollte seine Frau nicht mehr sehen, nie wieder. Zu schmerzhaft war für ihn ihr Verrat, und was sie als Begründung dafür vorgebracht hatte, konnte ihn nicht im Geringsten überzeugen. Gemeinsam hätten sie es schaffen können, sich eine geachtete Position in der Londoner Gesellschaft zu schaffen. Sie mit ihrer Schönheit, er mit seinem Wagemut und seinem entschlossenen Handeln, wann immer es darauf ankam. Aber Marie-Claire hatte offenbar zu schnell zu viel gewollt und war bereit gewesen, sich dafür zu verkaufen. Mochten andere Männer das durchaus anders sehen, er war nun einmal, wie er war, und das hatte seine Frau gewusst, als sie ihn heiratete. Nie im Leben konnte er sie mit anderen teilen, dafür war er einfach nicht geschaffen. So schwer es ihm auch fiel, auf sie zu verzichten, es musste einfach sein, wollte er überleben. Denn nie im Leben hätte er es akzeptiert, wenn beispielsweise der Duke of York nach Marie-Claire geschickt hätte, während er gerade zu Hause war. Möglich, dass er an dessen Leibwache nicht vorbeigekommen wäre, doch einen Weg hätte er gefunden, diesen verruchten königlichen Bruder umzubringen.

Natürlich hatte es sich auch bis zu Jack herumgesprochen, welche Freizügigkeit, man konnte es aber auch Sittenlosigkeit nennen, am französischen Hof herrschte und dass der englische diese weitestgehend übernommen hatte. Charles II. bemühte sich redlich, mit seinem königlichen Vetter Louis XIV. gleichzuziehen, was den Verschleiß an Mätressen betraf, und James Stuart eiferte ganz offensichtlich Philippe in Paris nach.

Ob das womöglich daran lag, dass die Stuarts dem katholischen Glauben nahestanden, dessen Priester in der Beichte ja alles verziehen, zeigte man einen winzigen Hauch von Reue, auch wenn sie nur gespielt war? Von protestantischen Höfen waren derartige widernatürliche Ausschweifungen jedenfalls nicht bekannt, zumindest nicht in dem Umfang, wie sie an den katholischen stattfanden. James Stuart bekannte sich ganz offen zum Katholizismus und war bereits konvertiert. Sein königlicher Bruder tat dies wohl nur deshalb nicht, weil die englische Staatsräson es verbot und das Parlament niemals einen Katholiken auf dem Thron akzeptiert hätte. Charles II. wusste, dass er vorsichtig sein musste, denn schließlich hatten aufgebrachte Engländer schon seinen Vater um einen Kopf kürzer gemacht, und er gedachte nicht, dessen Schicksal zu teilen. Deshalb umgaben sich die Stuarts auch mit derart starken Garden, die bereit waren, ihr Leben für sie zu geben. Es hatte bereits einen Anschlag auf das Leben des Königs und seines Bruders gegeben, als sie sich zum Pferderennen nach Newmarket begeben wollten, der nur durch einen unglücklichen Zufall gescheitert war. Jack hatte nicht viel Hoffnung, an James oder gar an Charles heranzukommen, um sie in die Hölle zu schicken. Aber fast genauso stark wie an ihrem Leben hingen die Stuarts an ihren ergaunerten Reichtümern, welche die Grundlagen ihrer Macht und ihres dekadenten Lebensstils darstellten, und ließen sie daher gleichfalls durch ihre Garden und sogar die Armee schützen, wie es jeder absolutistische Herrscher tat. Nun, an Land mochte ihnen das vielleicht gelingen, doch auf See?

Das wollen wir doch einmal sehen, dachte Jack, dem schon allein bei dem Gedanken an den Duke of York die Galle hochkam.

Nach zwei Wochen waren alle Arbeiten abgeschlossen und die *Golden Fleece* auslaufbereit. Der Captain war noch einmal zu Nicholas Crispe einbestellt worden und hatte überlegt, diesmal seine Pistolen mitzunehmen und den Geschäftsführer zuerst mit seinem Wissen zu konfrontieren und danach niederzuschießen. Doch ob er es danach noch auf sein Schiff und falls ja, darüber hinaus auch die Themse hinab in die Weiten der See schaffen würde, war mehr als fraglich. Wenn man ihn dann festnahm, wäre Crispe zwar tot, aber der Duke of York käme völlig ungeschoren davon. Und da letztlich dieser Jacks Hauptziel war, ließ er seine Pistolen, wo sie waren, und legte sogar seinen Degen ab. Sicher war schließlich sicher.

»Ich wollte Euch nur gute Reise wünschen, Captain Bannister«, wurde Jack von dem Geschäftsführer begrüßt. »Eure Entscheidung, Lieutenant Mission zum vorläufigen Verantwortlichen für die Faktorei zu ernennen, kann ich nur gutheißen. Sagt ihm aber, dass er nicht ewig auf dem Posten ausharren muss, wenn er nicht will. Ich bin bereits auf der Suche nach einem geeigneten Mann, der ihn als Vertreter der Company in Westafrika ablöst. Eure Aufgabe hingegen ist es, so viel Gold wie möglich einzutauschen, und es dann nach England zu bringen. Sollte das aber in der Menge nicht möglich sein, dann kauft für den Rest der Handelsware wie gehabt Sklaven und segelt nach Westindien. Das Prozedere ist Euch ja bekannt. Seid Ihr spätestens in einem Jahr nicht zurück, schicke ich ein weiteres Schiff nach York Island. Die Position der Insel habt Ihr uns ja sehr präzise angegeben.«

Jack hatte zuerst daran gedacht, sie zu verheimlichen oder eine falsche auf den Karten einzutragen, dann aber davon Abstand genommen. Die Männer, die er zurückgelassen hatte, wären in diesem Fall womöglich dem Tod geweiht gewesen, und damit wollte er sein Gewissen nicht belasten. Vor allem um den jungen Thomas Corker hätte es ihm aufrichtig leidgetan.

»Tut, was Ihr denkt, Mr Crispe, so wie ich tun werde, was ich für richtig halte«, antwortete Jack, und diesmal blickte der Geschäftsführer überrascht auf, denn solch einen Ton war er von seinen Untergebenen, mochten sie auch im Kapitänsrang stehen, wahrlich nicht gewohnt und durfte ihn sich auch nicht bieten lassen.

»Ihr seid Angestellter der Company, Captain Bannister«, meinte der Geschäftsführer deshalb scharf. »Vergesst das besser nie. Sie kann geben, aber auch nehmen, das solltet Ihr stets bei allem, was Ihr tut, bedenken.«

»Wie Ihr meint, Mr Crispe«, gab Jack sichtlich gelangweilt zurück, was bei dem Angesprochenen um ein Haar zu einem seiner gefürchteten Wutausbrüche geführt hätte. Doch er beherrschte sich, denn er wollte so kurz vor dem Auslaufen keinen Zwist provozieren. Aber wenn Bannister zurück war, würde über seine anmaßende Art noch zu sprechen sein. Stützpunkt in Afrika hin, Gold her, auf der Nase herumtanzen lassen durfte er sich auch von diesem Mann nicht, der nicht einmal seine eigene Frau im Griff hatte.

Bei dem Gedanken an Marie-Claire begann ein kleines Lächeln, um Crispes Lippen zu spielen. Vielleicht würde er gleich nach ihr schicken lassen, sobald die *Golden Fleece* Segel setzte, und sie beglücken, während ihr Mann noch die Themse befuhr.

»Dann will ich Euch nicht länger aufhalten, Captain Bannister«, meinte er deshalb. »Ach übrigens, meine Frau vermisst die Eure. Die beiden sind gute Freundinnen geworden. Sagt Eurer Gemahlin doch bitte, falls Ihr sie noch seht, sie möchte sich nicht so rar auf Trinity House machen.«

Nicholas Crispe ahnte nicht, wie nahe er gerade dem Tod war. Noch ein Wort, nur ein einziges, und Jack hätte alle seine Vorsätze über Bord geworfen und ihn mit bloßen Händen erwürgt. Doch noch hatte er sich unter Kontrolle und antwortete so gelassen, wie er nur konnte.

»Meine Frau befindet sich bei einer kranken Tante auf dem Lande. Ich glaube nicht, dass sie in absehbarer Zeit nach London zurückkehrt. Und nun müsst Ihr mich entschuldigen, Mr Crispe. Die Pflicht ruft.«

Jack drehte sich um und verließ grußlos und mit langen Schritten den Raum. Wenn der Geschäftsführer der Royal African Company gewusst hätte, welche Pflicht sein Captain meinte, wäre dieser nicht weit gekommen. Doch er sollte es bald erfahren.

Als die Mündung der Themse erreicht war, befahl Jack beizudrehen. Er ließ einen Hummerfischer heranwinken, kaufte ihm seinen Fang ab und bat ihn, gegen ein entsprechendes Entgelt einen mehrfach gesiegelten Brief an Nicholas Crispe auf Trinity House zu überbringen. Dann ging die *Golden Fleece* wieder unter Segel, und als der Erste Offizier den Steuermann anwies, Kurs auf den Kanal zu nehmen, widersprach ihm der Captain.

»Kurs Nord, Mr Hornigold«, hörte der Erste zu seiner Verblüffung den Kommandanten sagen und sah auch nicht, wie William Lewis hinter ihm grinste. »Der Wind im Kanal war das letzte Mal doch sehr unfreundlich. Deshalb habe ich beschlossen, dass wir diesmal um Schottland und Irland herumsegeln, um den Ozean zu gewinnen.«

Es fehlte nämlich gerade noch, hatte Jack sich ausgerechnet, dass Crispe schnell handelte, und berittene Boten zu den Häfen an der Südküste Englands schickte, damit die Kanalflotte der Royal Navy die *Golden Fleece* womöglich abfing. Im Moment war er auf ein Gefecht mit ihren Fregatten noch nicht ausreichend vorbereitet, aber das sollte sich bald ändern.

»Großer Gott!«, stöhnte der Geschäftsführer der Royal African Company erschrocken auf, als er den Brief, der von einem Hummerfischer abgeliefert worden war, zu Ende gelesen hatte. Glücklicherweise war das Schreiben von keinem seiner Sekretäre zuvor geöffnet worden, da es ausdrücklich an ihn persönlich adressiert war. »Der Mann muss wahnsinnig geworden sein! Kann er es nicht hinnehmen, wie viele andere seinesgleichen auch? Nein, ein Jack Bannister muss gleich einem ganzen

Königreich den Krieg erklären, so wie einst Francis Drake Spanien! Und mir, der Company und selbst dem Bruder des Königs, ja dem ganzen Hause Stuart, eine Kampfansage schicken«, murmelte Crispe vor sich hin.

Jetzt wurde ihm auch einiges klar. Kurz nachdem die *Golden Fleece* abgelegt hatte und hinter der ersten Themsebiegung verschwunden war, war im Haus der Bannisters Feuer ausgebrochen und es bis auf die Grundmauern niedergebrannt. Der Captain hatte wahrscheinlich selbst noch die lange, langsam brennende Lunte angesteckt, bevor er sich auf sein Schiff begeben hatte. Damit hatte er alle Brücken hinter sich abgebrochen und die letzten Verbindungen in die alte Heimat gekappt. Nicholas Crispe ging auf, dass er wohl auch Marie-Claire niemals wiedersehen würde. Vielleicht lag ihr Leichnam ja schon seit längerer Zeit auf dem Grund des Flusses, und die Fische taten sich nun an der schönen Frau gütlich.

Seine Hand, die das Schreiben hielt, begann zu zittern. Echte Furcht griff nach seinem Herzen, denn wenn er es einem Mann zutraute, seine Drohungen wahr zu machen, dann war es Jack Bannister. Und er hatte ihn noch dazu mit den dafür notwendigen Mitteln ausgestattet! Mit einem guten und schnellen Schiff, mit starken, weittragenden Kanonen und einer Mannschaft, die für die Piraterie wie geschaffen war! Wie, um alles in der Welt, hatte er nur so blind sein können? Der Duke of York als Lord High Admiral würde ihm den Kopf abreißen und den restlichen Körper seinen Hunden zum Fraß vorwerfen, wenn er davon erfuhr!

8. KAPITEL
ATLANTIK, 1684

Die *Golden Fleece* hatte ihren Kurs im Norden um die Britischen Inseln herum genommen, dann den Atlantischen Ozean erreicht und war nun auf dem Weg nach Süden. Die Azoren waren an Steuerbord, Madeira an Backbord liegen geblieben, jetzt näherte man sich den Kanarischen Inseln.

Bisher war nichts Ungewöhnliches an der Route, die der Captain eingeschlagen hatte. Viele Schiffer mieden den Kanal, sei es wegen der widrigen Wind- und Strömungsverhältnisse, sei es wegen der dort lauernden Freibeuter aus Dieppe, Saint-Malo und Brest, die sich keinen Deut um die bestehenden Friedensverträge scherten. Doch je näher man dem offiziellen Ziel der Reise kam, desto dringender stellte sich für Jack die Frage, wie er die Mannschaft auf seine Seite bringen und von seinen neuen Plänen überzeugen konnte.

Die Männer, die Crispe aus den Gefängnissen Londons zusammengesucht hatte, fügten sich bis auf wenige Ausnahmen erstaunlich gut in die Stammbesatzung ein. Manche schienen die Möglichkeit, die sich ihnen unerwartet bot, als echte Chance zu begreifen, noch einmal völlig neu anzufangen. Andere wiederum nahmen ihr Schicksal und das Leben einfach so, wie es kam. Nur einer, ein Metzgergeselle namens Patrick Garret, der im Streit einen anderen Fleischhauer erschlagen hatte, machte Bootsmann North das Leben schwer. Ständig beschwerte er sich über alles und jedes. Mal war in seinen Augen das Essen ein ungenießbarer Fraß, mal seine Rumration kleiner als die der anderen, und alle Arbeiten, zu denen er eingeteilt wurde, führte er nur äußerst widerwillig aus. Stattdessen versuchte er immer wieder, andere Besatzungsmitglieder aufzustacheln, es ihm gleichzutun, was einer Meuterei schon bedrohlich nahekam. Bei einigen wenigen hatte er damit auch Erfolg, doch bevor die Stimmung an Bord kippen konnte, sah sich der Bootsmann, der stets ganz genau wusste, was an Bord vor sich ging, dazu genötigt, den Captain zu unterrichten.

Das Letzte, was Jack jetzt allerdings brauchen konnte, war, einen Seemann bestrafen zu müssen. Ließ er ihn wegen seiner Nachlässigkeiten und der Aufwiegelei auspeitschen, konnte es durchaus sein, dass er die Mannschaft oder zumindest Teile davon gegen sich hatte, wenn es darauf ankam. Also beorderte er Garret zu sich in die Kajüte, um ihm nur in Anwesenheit von North ins Gewissen zu reden.

»Wie ich höre, gefällt es Euch nicht bei uns an Bord, Mr Garret«, sprach Jack den Mann an, der mit der Mütze in der Hand vor seinem Schreibtisch stand, und bemühte sich, diesem, auch wenn es ihm schwerfiel, respektvoll zu begegnen. Der ehemalige Metzgergeselle war fast so groß wie der Captain und hatte Muskeln so stark wie Taue, doch er wirkte schmierig und verschlagen und gab sich jetzt bewusst unterwürfig. »Wenn ich mich recht entsinne, wart Ihr zum Tode verurteilt und habt auf den Strang gewartet. Stattdessen hat man Euch das Leben geschenkt und nur von Euch verlangt, dass Ihr Eure Schuld in einer Kolonie in Afrika abtragt. Was ist so schlimm daran, die Arbeit zu verrichten, die viele andere Männer freiwillig tun? Ich kann Euch aber auch gern bei nächster Gelegenheit zurück nach England schicken. Allerdings in Ketten und mit dem Ziel, dem Henker doch noch die Gelegenheit zu geben, Euch den Hals langzuziehen. Oder man steckt Euch auf ein Schiff der Royal Navy. Da hätte man Euch für das, was Ihr Euch hier an Bord geleistet habt, schon längst kielgeholt. Ihr wisst, was das Wort zu bedeuten hat?«

Patrick Garret nickte eifrig. Er hatte nun wahrlich kein Interesse daran, an einem Tau unter einem Schiff durchgezogen zu werden, sich dabei von den scharfkantigen Muscheln am

Schiffsrumpf zerschneiden zu lassen und daran zu sterben, oder aber bei der Prozedur zu ertrinken.

»Es ist nur, weil ich die Arbeit auf See so gar nicht gewohnt bin, Captain«, versuchte sich Garret herauszureden. »Ständig ist mir schlecht, sobald ich in die Wanten muss, wird mir schwindelig, und in dieser beengten Hängematte kann ich einfach nicht schlafen. Könnt Ihr das nicht verstehen?«

Jack war kurz davor, dass ihm der Kragen platzte.

»Wenn Ihr mich ansprecht, dann lautet die Anrede Sir! Habt Ihr das jetzt endlich verstanden? Das gilt im Übrigen für jeden Eurer Vorgesetzten hier an Bord. Lasst es ihnen gegenüber besser nicht am nötigen Respekt fehlen, ich warne Euch. Und nein, ich kann Euer Gejammer nicht verstehen! So ein großer, kräftiger Kerl, wie Ihr es seid. Nun reißt Euch endlich mal am Riemen und tut Eure Arbeit wie jeder andere auch auf diesem Schiff. Das ist meine letzte Warnung an Euch. Sollten mir noch einmal Klagen über Euch zu Ohren kommen, lernt Ihr die Katze kennen, das verspreche ich Euch.«

Garret wurde blass, denn die Katze war eine Peitsche mit neun Lederschnüren, in die noch dazu Knoten eingeflochten waren. Ein Hieb damit war demzufolge so schmerzhaft wie neun Schläge, und nichts fürchteten Seeleute außer dem Kielholen mehr, als an eine Gräting gebunden zu werden und ein Dutzend Hiebe mit der Neunschwänzigen verabreicht zu bekommen.

»Und nun raus mit Euch«, fuhr Jack fort, der den Wandel der Gesichtsfarbe bei Garret durchaus bemerkt hatte. »Mr North, dieser Mann wird die nächsten drei Tage in einer seiner Freiwachen das Deck scheuern. Und passt mir auf, dass er das ordentlich erledigt, sonst mache ich meine Drohung wahr.«

»Aye, aye, Sir«, salutierte der Bootsmann und grinste über das ganze Gesicht. Er hatte doch gewusst, dass er sich auf seinen Captain verlassen konnte und dieser sich den aufmüpfigen

Kerl zur Brust nehmen würde. Jack Bannister konnte durchaus Furcht einflößend sein, wenn man ihn reizte, das wusste jeder an Bord.

Doch gerade deshalb war es kaum nötig, auf der *Golden Fleece* eine Strafe zu vollstrecken. Die Katze hatte unter seiner Ägide noch nie ihren Sack verlassen, und die schlimmsten Strafen, die er bisher verhängt hatte, waren Rumentzug und Deckscheuern gewesen. Da ging es auf anderen Schiffen ganz anders zu, wusste North, und Garret konnte sich mehr als glücklich schätzen, dass er so milde davongekommen war. Doch dass dieser das gänzlich anders sah, lag in der Natur der Sache, und bei jedem Zug mit dem Bimsstein, mit dem der ehemalige Metzgergeselle das Deck schrubbte, sann er auf Rache.

Jack zerbrach sich den Kopf, wie er es anstellen sollte, die Mannschaft davon zu überzeugen, mit ihm gemeinsam ihr ganzes ehemaliges Leben über Bord zu werfen und statt nach Westafrika nach Westindien zu segeln, um dort von Handelsschiffern zu Freibeutern zu werden. Wenn Hornigold Wache hatte und sie nicht belauschen konnte, beriet er sich mit William Lewis über diese Frage. Doch beide kamen zu keiner praktikablen Lösung, sosehr sie auch nachdachten. Jack war schon so weit, dass er die gesamte Mannschaft zusammenrufen und ihr seine Pläne offerieren wollte. Wer sich weigerte, mit ihm zu segeln, dem wollte er anbieten, ihn auf der nächsten Insel an Land zu setzen. Dass es äußerst unsinnig war, jemanden zu zwingen, ein Pirat zu werden, war ihm klar und lag auch gar nicht in seiner Absicht. Er wollte die Männer eher mit der Aussicht auf ein freies Leben und reiche Beute locken. Damit er seinen Worten Nachdruck verleihen konnte, lagen gut versteckt etliche der goldgefüllten Ziegenledersäcke in der Bilge unter Ballaststeinen, wo sie schon den Blicken der Kontrolleure der Company, die jedes Schiff nach dem Einlaufen gründlich inspizierten, entgangen waren. Doch wie so oft, wenn man nicht mehr weiterweiß, kam Jack der Zufall zu Hilfe.

Querab der Kanareninsel La Palma kreuzte überraschend eine englische Fregatte den Kurs der *Golden Fleece*. Der Kapitän der *Bellona,* einem mit sechsundzwanzig Kanonen bestückten Kriegsschiff, ließ einen Schuss vor den Bug der Handelsgaleone feuern und forderte sie gleichzeitig mit Flaggensignalen zum Beidrehen auf. Jack blieb gar nichts anderes übrig, als dem Befehl nachzukommen, denn sein Schiff war, zumindest gegenwärtig, noch nicht auf eine Auseinandersetzung mit der Royal Navy vorbereitet. Sorgen, dass die Fregatte ausgesandt worden war, um ihn zu fangen, machte er sich allerdings so gut wie keine, denn die Kunde davon, dass er vorhatte, die Seiten zu wechseln, konnte noch nicht bis hierher in die Weiten des Ozeans vorgedrungen sein. Außerdem war die *Bellona* aus Richtung Westen gekommen, wahrscheinlich aus der Karibik, was es noch unwahrscheinlicher machte. Also harrte er gelassen der Dinge, die da kommen würden, steckte sich aber sicherheitshalber zwei Pistolen in den Gürtel und hängte sich auch seinen Degen um, als er sah, dass die Fregatte ein Boot zu Wasser ließ. Die Waffen waren neu und von allererster Güte. Er hatte sie mit dem Goldschmuck bezahlt, den er eigentlich als Geschenk für Marie-Claire vorgesehen hatte.

Im Heck des Kutters saß ein Offizier, das konnte Jack eindeutig durch das Glas erkennen, doch das Beiboot wurde nur von sechs anstatt wie üblich von zehn Männern gerudert. Was das zu bedeuten hatte, würde man sicher gleich erfahren, denn schon schrammte der Kutter entlang der Bordwand der *Golden Fleece,* ein Zeichen dafür, dass er schlecht gesteuert wurde. Ein junger Lieutenant enterte auf und schwang sich gleich darauf über die Reling. Dann blieb er stehen, salutierte vorschriftsmäßig und stellte sich vor.

»Lieutenant Arthur Hendriks von Seiner Majestät Schiff *Bellona* bittet, an Bord kommen zu dürfen.«

»Erlaubnis erteilt«, antwortete Jack von der Poop herunter, wie es der guten Form entsprach. »Was führt Euch zu uns an Bord, Lieutenant, und vor allem, warum fordert uns Euer Kapitän zum Beidrehen auf? Habt Ihr vielleicht eine wichtige Nachricht für uns? Ist womöglich ein Krieg ausgebrochen, und England befindet sich mit einem anderen Land in einer Auseinandersetzung zur See?«

»Weder noch, Sir«, gab der Marineoffizier zurück. »Es ist allerdings so, dass wir Eurer Hilfe bedürfen. Doch was ich zu sagen habe, ist nicht für aller Ohren bestimmt. Vielleicht könnten wir uns in Eure Kajüte zurückziehen, damit ich meine Botschaft überbringen kann?«

In Jack machte sich ein ganz mulmiges Gefühl breit, und er wollte lieber nicht das Deck verlassen und vor allem nicht allein mit dem jungen Lieutenant reden, der zwar sehr höflich auftrat, aber trotzdem eine Arroganz ausstrahlte, wie sie vielen Navy-Offizieren innewohnte, die glaubten, dass die ganze Welt ihnen gehörte und nach ihrer Pfeife zu tanzen hatte.

»Kommt besser zu mir auf die Poop, Mr Hendriks«, antwortete Jack deshalb bestimmt. »Hier ist die Luft besser, und außerdem habe ich keine Geheimnisse vor meiner Mannschaft.«

»Wie Ihr meint, Sir«, meinte daraufhin der Lieutenant und wirkte bereits etwas angefressen, weil dieser Krämer-Kapitän nicht seinen Wünschen nachkam. Den Schutz der Royal Navy auf den Meeren wollten sie alle, doch sich ihr zu fügen, das taten die wenigsten gern. Nun, dieser hier würde es müssen, auch wenn es ihm mit Sicherheit ganz und gar nicht schmecken würde. Aber Captain Marlowe hatte ihm klare Anweisungen mitgegeben, und er gedachte, diese wortwörtlich zu befolgen.

»Was habt Ihr denn für ein Problem, Mr Hendriks?«, wollte Jack wissen, nachdem der junge Mann die Poop erklommen hatte. »Wie können wir Euch behilflich sein?«

»Sir, wir kommen von den Bahamas und müssen uns dort

eine Seuche eingefangen haben. Ein Drittel unserer Besatzung ist verstorben, ein weiteres Drittel erkrankt. Viele von ihnen werden wohl nicht überleben. Die *Bellona* ist kaum noch manövrierfähig. Deshalb benötigen wir sechzig Mann von Eurer Besatzung, um zurück nach England zu gelangen. Captain Marlowe hat mich beauftragt, die kräftigsten und gesündesten Eurer Männer auszuwählen und zu ihm an Bord zu bringen. Ihr versteht sicher unser Problem und werdet Euch nicht weigern, oder? Ansonsten müssten wir nämlich Zwangsmaßnahmen einleiten.«

Mit vielem hatte der Lieutenant gerechnet, mit heftigen Flüchen, Beschimpfungen, Aufbegehren und auch einer strikten Weigerung, die zu durchbrechen er vorbereitet war. Aber nicht auf das, was nun kam. Jack, der die Situation blitzschnell erfasst hatte und für sich zu nutzen gedachte, lachte ihm schallend ins Gesicht.

»Das ist doch wohl nicht Euer Ernst, junger Mann«, kanzelte er den Lieutenant von oben herab ab. »Ich soll Euch nahezu die Hälfte meiner Besatzung übergeben und sie damit in den wohl sicheren Tod schicken? Denn ganz gewiss wird ein Großteil von ihnen auf Eurem Schiff erkranken und sterben. Nicht in diesem Leben, und auch in keinem anderen, werde ich mich dazu hinreißen lassen! Und wenn Ihr auf Eurem Schiff eine Seuche an Bord habt, dann frage ich mich, wieso Euer Captain nicht die dafür vorgeschriebene Flaggenkombination gesetzt hat? Außerdem, haltet gefälligst Abstand von mir! Oder wollt Ihr, dass die Krankheit auch bei uns an Bord ausbricht?«

Der Lieutenant war ob der respektlosen Anrede puterrot angelaufen und holte tief Luft für eine passende Antwort, als der Krämer-Kapitän ihn noch schärfer anfuhr.

»Runter von meiner Poop, aber sofort. Ich hätte Euch nie heraufgebeten, wenn ich gewusst hätte, was Ihr uns da anschleppt. Schert Euch aufs Oberdeck, da ist mehr Platz. Und ihr, Männer«, Jack wandte sich direkt an seine Besatzung,

»haltet Abstand zu diesem Navy Lieutenant. Auf seinem Schiff wütet eine Seuche, vielleicht sogar die Pest.«

Jeder Mann wusste, was das zu bedeuten hatte. Vor kaum zwanzig Jahren war England von dieser verheerenden Seuche heimgesucht worden und Tausende und Abertausende Menschen an ihr gestorben, London fast entvölkert gewesen. Sofort wich alles, was an Bord war, so weit wie möglich vor dem Offizier zurück, der dem Befehl des Captains mehr überrascht als willig Folge geleistet hatte und nun allein auf weiter Flur stand.

»Das ist ungeheuerlich, Sir!«, brüllte er vom Oberdeck zur Poop hinauf. »Ich hatte Euch um Vertraulichkeit gebeten, und Ihr posaunt unser Problem in alle Welt hinaus. Muss ich Euch daran erinnern, dass Ihr zur Hilfeleistung verpflichtet seid? Im anderen Fall wird man Euch nach Eurer Rückkehr in England zur Verantwortung ziehen! Die Royal Navy ist berechtigt, alle Handelsschiffe anzuhalten, sie zu durchsuchen und ihren Bedarf an Seeleuten notfalls aus deren Besatzung zu rekrutieren. Von diesem Recht mache ich hiermit im Auftrag meines Captains Gebrauch. Falls Ihr Eurer Verpflichtung nicht nachkommt, werdet Ihr die Folgen zu tragen haben.«

»Die da wären?«, höhnte Jack von der Poop herunter.

»Wir werden Euer Schiff unter Beschuss nehmen, und dann die Überlebenden bergen und zu uns an Bord nehmen«, lautete die Antwort, die alle auf der *Golden Fleece* nahezu sprachlos machte. Nur Jack nicht, der genau damit gerechnet, wenn nicht sogar darauf gehofft hatte. Er hätte die Situation mit wenigen Worten entschärfen können, denn sowohl die Royal Navy wie auch die Schiffe der Royal African Company unterstanden letztlich ein und demselben Mann. Und Captain Marlowe war sicher nicht daran gelegen, sich mit dem Lord High Admiral anzulegen. Aber Jack dachte gar nicht daran, sich diese einmalige Gelegenheit entgehen zu lassen.

»Habt Ihr das gehört, Männer?«, rief er seiner Besatzung zu, die sich mittlerweile vollständig, aber in weitem Abstand zu dem Navy-Offizier an Bord versammelt hatte. »Wenn nicht sechzig von euch freiwillig auf das Pestschiff gehen oder ich diese Auswahl vornehme, wollen sie uns versenken oder zumindest zu einem Wrack schießen. Nun, ich frage einfach einmal. Wer ist bereit, sich zu opfern, und geht auf die *Bellona?* Arme hoch, wer fortan in der Royal Navy dienen will. Keiner? Ihr auch nicht, Mr Garret? Euch gefällt es doch nach Euren eigenen Worten nicht bei uns an Bord. Bitte, jetzt habt Ihr die Gelegenheit, das Schiff zu wechseln. Nicht? Nun denn, Mr Hendriks, Ihr habt wohl nicht viel Glück mit Eurer Mission. Zwingen werde ich nämlich keinen meiner Männer, mit Euch zu gehen.«

»Sir, wie ich schon sagte, was Ihr hier tut, ist eine Ungeheuerlichkeit«, plusterte sich der Lieutenant auf. »Ihr seid verpflichtet, meinen Befehlen nachzukommen. Ich fordere Euch letztmalig auf, Eure Pflicht zu tun und die gewünschte Anzahl Eurer Männer für den Dienst in der Royal Navy freizustellen. Ansonsten muss ich Euch festnehmen, und Ihr werdet in Ketten nach England zurückgebracht. Zweifelt besser nicht an der Entschlossenheit von Captain Marlowe. Er ist in einer verzweifelten Lage und deshalb zu allem entschlossen.«

»Zwei Dinge, junger Mann«, meinte Jack mit ruhiger, leiser Stimme, und so gut wie jeder an Bord wusste, jetzt wurde es gefährlich. »Erstens, Ihr seid ausgesprochen tapfer, wenn Ihr mir an Bord meines eigenen Schiffes mit einer Verhaftung droht. Das will ich neidlos anerkennen. Aber auch recht unbesonnen, was ich Eurer Jugend zugutehalten will. Und zweitens: Euer Captain tut mir aufrichtig leid. Doch ich kann ihm nicht helfen, denn ich habe eine Fürsorgepflicht für meine Männer und schicke sie nicht in den sicheren Tod. Freiwillige könnt Ihr haben, aber seht Ihr welche? Ich nicht, also seht Eure Mission hiermit als gescheitert an.«

»Gut, wenn das Euer letztes Wort ist, Captain, dann wird die *Bellona* eben das Feuer auf Euch eröffnen, sobald ich wieder an Bord bin und Bericht über Euer unkooperatives Verhalten erstattet habe«, erwiderte der Lieutenant, grüßte knapp und wandte sich dann zur Bordwand und der Jakobsleiter, um die *Golden Fleece* wieder zu verlassen und den Kutter zu besteigen, der auf ihn wartete. Doch das konnte Jack nicht zulassen.

»Mr Lewis, Mr Bellamy, haltet den Mann auf«, wies er seinen Lieutenant und seinen Midshipman an, die in der Nähe von Hendriks standen. »Wenn das so ist, dann darf er eben nicht zurück auf die *Bellona*. Er bleibt unser Gast, bis die Situation geklärt ist. Fesselt ihn am besten an den Großmast, da kann er mit ansehen, wie wir uns zu wehren wissen.

Mr Hornigold, Schiff klar zum Gefecht, aber hurtig! Mr North, die Reffs aus den Segeln und Fahrt aufnehmen. Wir setzen uns nach Süden ab. Steuerbordbatterie hört auf mein Kommando! Wir feuern nicht als Erstes, aber steigt dort drüben auch nur ein Rauchwölkchen auf, dann gebt Antwort. Eine volle Breitseite auf das Geschützdeck! Wir wollen die *Bellona* nicht versenken, aber wir lassen uns auch nicht von ihr auf den Grund des Meeres schicken. Alles klar, Männer?«

Lauter Jubel aus rauen Männerkehlen brauste auf, und noch nie hatte Jack erlebt, dass seine Befehle derart schnell befolgt worden waren.

Auf der Fregatte hatte man natürlich nicht hören können, was auf der *Golden Fleece* gesprochen worden war, doch der Captain sah durch sein Rohr, wie es seinem Lieutenant erging und dass der Handelskapitän eine Ansprache an seine Besatzung hielt. Das zustimmende Geschrei konnte wohl nur bedeuten, dass er für seine Männer eintrat und sie nicht an Bord der *Bellona* schicken wollte. Dann setzte die Galeone auch noch Segel, und nicht einmal seinen Offizier schickte man zurück. Offenbar war er gefangen genommen und an den Mast gebunden worden. Mit wem hatte man es hier eigentlich zu tun? Mit getarnten Piraten? So verhielt sich doch kein Kommandant eines Handelsschiffes gegenüber der Royal Navy!

Marlowe konnte nicht zulassen, dass sich die *Golden Fleece* entfernte, denn wenn noch weitere Männer seiner Besatzung erkrankten, würde er es nicht zurück nach England schaffen. Dabei hatte er wichtige Nachrichten vom Gouverneur der Bahamas an Bord, auf die man in Whitehall sicher sehnsüchtig wartete. Also beschloss er, die Drohung, die Lieutenant Hendriks überbracht hatte, wahr zu machen. So leid es ihm tat, er musste die Galeone manövrierunfähig schießen, damit ihrem Captain und seiner Mannschaft gar nichts anderes übrig blieb, als zu ihm an Bord zu kommen. Dass das in der Heimat Verwicklungen geben und wütende Proteste der Besitzer des Schiffes auslösen würde, war dem Captain klar, aber darum sollten sich in London Höhergestellte als er kümmern. Er hatte seine Befehle, und die gedachte er jetzt auszuführen. Noch einmal wollte er es im Guten versuchen, aber gäbe der Kapitän des Handelsschiffes dann nicht klein bei, würde er die Folgen zu tragen haben.

»Mastergunner, noch einen Schuss vor den Bug, aber wenn sie dann nicht wieder die Segel reffen, eine Breitseite in ihre Takelage«, ordnete Marlowe an.

»Sir, Euch ist bekannt, dass von unseren zwölf Kanonen an Backbord nur sieben eine Bedienmannschaft haben?«, erkundigte sich der Geschützmeister sorgenvoll. »Die da drüben haben fünfzehn Geschütze in jeder Breitseite und, wenn mich nicht alles täuscht, überwiegend sogar Zwölfpfünder. Sollten sie damit zurückschießen, bekommen wir ein ernstes Problem.«

»Macht Euch nicht lächerlich, Master Smith«, donnerte der Captain zurück. »Kein Handelsschiff legt sich mit der Royal Navy an. Das wäre ja noch schöner. Eine letzte Warnung, habe ich gesagt. Gebt Feuer!«

Die Bugkanone der *Bellona* entlud sich krachend, doch noch bevor die Kugel vor der *Golden Fleece* ins Meer schlug, kam von dort die Antwort.

Der harte Drill, dem Jack die Mannschaft unterzogen hatte, machte sich nun bezahlt. Eine Kanone war auf der Fregatte abgefeuert worden, Pulverdampf aufgestiegen, und jetzt antworteten die fünfzehn Geschütze der Steuerbordbreitseite der *Golden Fleece*. Die Männer waren mit Feuereifer dabei, sich ihrer Haut zu wehren, denn jedem war klar, dass sein Leben an einem seidenen Faden hing, gab der Captain nach und erfüllte die Begehrlichkeiten der Navy.

Nur einem an Bord widerstrebte das zutiefst – Lieutenant Hornigold. Der Erste Offizier hatte auch nicht mitgejubelt, und als er sah, wie sich die Lunten auf die Zündlöcher senkten, sogar noch »Nicht feuern!« gebrüllt.

Doch niemand hörte auf ihn, und als sich der Pulverdampf verzog und er sah, was die Breitseite der *Golden Fleece* auf der Fregatte angerichtet hatte, brach er auf einer Treppenstufe zum Oberdeck zusammen und in Schluchzen aus. Ihm war wohl als einem der wenigen an Bord klar, was der gezielte Beschuss eines königlichen Schiffes bedeutete, und dass jeder, der daran beteiligt war, von nun an ein Gesetzloser, letztlich ein Pirat war, den die Navy erbarmungslos jagen würde.

»Reißt Euch zusammen, Mann!«, fuhr Jack seinen Untergebenen an, doch dieser befand sich in einem Schockzustand und war dazu gar nicht in der Lage. »Was sollen die Männer von Euch denken, wenn sie Euch hier herumflennen sehen? Wollt Ihr denn gänzlich ihren Respekt verlieren?«

Hornigold sprang auf und wäre, so aufgebracht, wie er war, fast auf den Captain losgegangen.

»Seht doch, was Ihr angerichtet habt«, schrie er los und deutete mit dem Arm auf die Fregatte, die langsam achtern zurückblieb und nur noch ein Wrack war. Die Geschützbedienungen hatten zwar den Befehl ihres Captains befolgt, auf das gegnerische Batteriedeck gezielt und auch sehr gut getroffen, damit von dort möglichst nicht mehr auf sie geschossen werden konnte. Doch an der Bordwand waren auch die Ricks angeschlagen, die die Masten hielten, und logischerweise durch den Beschuss in Mitleidenschaft gezogen worden. Jetzt peitschten die Taue der Takelage frei umher, der Großmast hatte Schlagseite und neigte sich nach Steuerbord. Dort waren verzweifelte Männer mit Äxten dabei, das stehende Gut ebenfalls zu kappen, damit es nicht von den noch intakten Tauen nach dieser Seite gezogen wurde und über Bord ging. Die Backbordbordwand der *Bellona* existierte in Höhe des Batterie- und Schanzdecks so gut wie nicht mehr, und es musste eine Menge Verluste auf dem jetzt nicht mehr manövrierfähigen Schiff gegeben haben.

»Wir können nie wieder nach England zurück, wenn bekannt wird, was wir getan haben«, fuhr der Erste Offizier fort, seinem Captain Vorwürfe zu machen. »Man wird jeden von uns wegen des Angriffs auf ein königliches Schiff hängen, ist Euch das klar? Gott, was habt Ihr nur getan?«

»Das, was nötig war, Mr Hornigold«, antwortete Jack und war unglaublich froh über die Worte seines Lieutenants, befreiten sie ihn doch von einer großen Last. »Mir blieb keine andere Wahl, wollte ich nicht die Hälfte unserer Mannschaft dem sicheren Tod weihen.«

»Und was ist mit den Männern auf der *Bellona?*«, schrie Hornigold zurück, und langsam fand sich rings um die beiden streitenden Offiziere die ganze Besatzung ein, denn eine derartige Auseinandersetzung hatte noch keiner an Bord je erlebt. »Sie haben jetzt keine Chance mehr, England zu erreichen, und werden elend zugrunde gehen. Habt Ihr denn überhaupt kein Mitleid mit der Besatzung der Fregatte, Captain? Wir müssen doch beidrehen und ihnen helfen! Vielleicht wird man uns dann vergeben, und wir kommen mit milderen Strafen als dem Tod davon.«

»Wollt Ihr uns die Pest an Bord holen, Mr Hornigold?«, schnauzte Jack seinen Lieutenant an, obwohl er relativ sicher war, dass es sich bei der Krankheit, die an Bord der Fregatte grassierte, nicht um den Schwarzen Tod handelte, sondern eher um eine aus den Tropen stammende wie Gelbfieber oder etwas Ähnliches. Doch vor der Pest grauste sich ein jeder, und das gedachte er auszunutzen. »Nach England wird es die *Bellona* vielleicht nicht schaffen, aber La Palma liegt fast in Sichtweite. Dort können die Überlebenden in Quarantäne gehen und die Verwundeten versorgt werden. Ich denke, auf diese Lösung wird der Fregattenkapitän ebenfalls kommen. Also beruhigt Euch wieder, Mr Hornigold.«

»Wenn er denn noch lebt nach Eurem mörderischen Beschuss!«, ließ sich Arthur Hendriks vernehmen, der immer noch an den Mast gebunden war. »Ich schwöre Euch, Captain, dafür werdet Ihr hängen! Und jedes Mitglied Eurer Besatzung ebenfalls, das Eure Befehle ausgeführt und die *Bellona* beschossen hat. Dafür will ich sorgen, sobald ich wieder in England bin, so wahr mir Gott helfe!«

»Lasst uns doch diesen Schreihals einfach über Bord werfen und zurücksegeln, um der Fregatte noch ein paar Breitseiten zu verpassen, bis sie endgültig sinkt«, brüllte plötzlich Patrick Garret in die Runde. »Dann gibt es keine Zeugen, und keiner kann uns eines Verbrechens bezichtigen.«

»Wir wissen uns unserer Haut zu wehren, aber wir sind keine Mörder!«, wies Jack den ehemaligen Metzgergesellen zurecht. »Auch wenn Ihr das wohl schwerlich verstehen werdet. Doch eins ist richtig, wir haben jetzt ein Problem. Man wird uns in England kaum verzeihen, dass wir das Feuer auf eine königliche Fregatte eröffnet haben. Auch wenn wir dafür noch so gute Gründe hatten.«

Betretenes Schweigen breitete sich an Bord aus, und Jack tat so, als müsse er gründlich nachdenken. Dabei lag die Lösung ja auf der Hand, doch er wartete darauf, dass ihm jemand das

Stichwort dazu lieferte. William Lewis holte schon tief Luft, weil er zu wissen glaubte, was der Captain von ihm zu hören erwartete, doch Bootsmann North kam ihm zuvor.

»Sir, bei allem Respekt, wenn wir nicht nach England zurückkönnen, was bleibt uns dann? Warum sollen wir nach York Island segeln, nur um uns von dem nächsten Schiff, das dort auftaucht, festnehmen zu lassen? Und der von Euch dort zurückgelassene Lieutenant Mission wird dabei gern behilflich sein, so wie ich ihn kenne. Wie gesagt, bei allem Respekt. Gut, man könnte sich dort im Urwald verbergen, aber was wäre das für ein Leben? Ständig in Furcht vor Entdeckung und den Eingeborenen zu sein. Dann schon lieber der Strick!«

»Was schlagt Ihr also vor, Mr North?«, hakte Jack nach und hoffte, die richtige Antwort zu bekommen. Und der Bootsmann tat ihm prompt den Gefallen. Er straffte sich, bevor er zu sprechen anhob, aber dann tat er es mit fester Stimme.

»Sir, ich denke, wir haben nur eine Wahl. Wir haben gegen königliches Recht und Gesetz verstoßen und sind deshalb vogelfrei. Deshalb können wir uns nur denjenigen anschließen, die ebenso rechtlos und geächtet sind wie wir, den Freibeutern in Westindien. Von mir aus knüpft mich auf für das, was ich soeben vorgeschlagen habe, aber ich sehe keine andere Lösung. Oder habt Ihr eine bessere Idee? Dann, ich bitte Euch, lasst sie uns hören.«

Jack schwieg einen Moment, so als würde er angestrengt über das nachdenken, was North soeben gesagt hatte. Schließlich konnte er ihm nicht sofort und womöglich noch freudig zustimmen. Dann schüttelte er den Kopf, gab William Lewis einen Wink, den dieser sofort verstand, und erklomm schnell das Oberdeck, von dem er zu der auf der Kuhl versammelten Mannschaft sprechen wollte.

»Männer, ihr habt nichts Unrechtes getan und tapfer gekämpft. Dafür sollte euch eigentlich Lob und Anerkennung gebühren, doch ihr habt ja den Navy Lieutenant gehört. Er will dafür sorgen, dass wir alle gehängt werden, weil wir uns nicht widerstandslos in unser Schicksal gefügt haben und ich nicht zulassen wollte, dass viele von euch unverdient den Tod finden. Ich sehe ehrlich gesagt keine Möglichkeit, euch vor der angedrohten, grausamen Strafe zu bewahren. Und mich würde das gleiche Schicksal treffen. Vielleicht sogar noch vor euch, weil ich den Befehl zum Angriff gegeben habe, um euch vor der Pest zu bewahren.

Wir sind nun eine verschworene Gemeinschaft, die auf Gedeih und Verderb aufeinander angewiesen ist. Mr North hat durchaus recht, wenn er unsere jetzige Situation mit derjenigen der Freibeuter in der Karibik vergleicht. Uns steht ein gutes und schnelles Schiff zur Verfügung, das noch dazu stark armiert ist. Wir können die *Golden Fleece* nahezu unbezwingbar machen, wenn wir die Geschütze aus dem Laderaum hochholen und in unsere Batterien integrieren. Und ihr kommt noch hinzu, eine Besatzung, die ihresgleichen sucht. Männer, beherzt und zu allem entschlossen.

Warum wollen wir weiter für die Company segeln, unser Leben aufs Spiel setzen und uns mit Brosamen abspeisen lassen? Seht her«, Jack nahm William Lewis zwei goldgefüllte Ziegenledersäcke ab, die dieser geschwind aus der Bilge nach oben geholt hatte, »dieses Gold hier, das wir in Westafrika eingetauscht haben, ist ein Klacks gegen die Schätze, die in Westindien auf uns warten. Ich werde es nachher unter euch verteilen lassen, damit ihr schon einmal einen Vorgeschmack auf das bekommt, was euch erwartet, schließen wir uns den Freibeutern an. Mit Gold, Silber und Edelsteinen aus Südamerika beladene Schiffe der Spanier segeln durch die karibische See. Lasst uns ihnen auflauern und unsagbar reich werden!

Wollt ihr mir folgen und fortan ein freies, ungebundenes Leben führen, so wie es die Bruderschaft der See in Westindien schon seit vielen Jahren tut? Henry Morgan hat es getan, Francis Drake hat es getan, und beide sind wohlhabend und in den

Adelsstand erhoben worden. Lasst uns ihnen in unseren Taten nachfolgen, und eines Tages wird man vielleicht auch von uns voller Hochachtung sprechen, sodass wir wieder erhobenen Hauptes nach England zurückkehren können.«

Jack hatte einerseits seinen Männern geschmeichelt, um sie einzufangen und für seinen Vorschlag, der zum Glück von Daniel North vorgetragen worden war, zu begeistern. Andererseits aber auch belogen, denn sein Ziel waren schließlich nicht die Spanier, mit denen sich England im Übrigen zumindest gegenwärtig im Frieden befand, sondern die Schiffe der Royal African Company und der Royal Navy. Doch das konnte er natürlich nicht offen sagen, vorläufig jedenfalls nicht, sonst wäre ihm seine Mannschaft niemals gefolgt. Spanier ja, Holländer und Franzosen jederzeit, mit denen lag England immer wieder im Streit. Aber gegen die eigenen Landsleute in den Kampf ziehen? Wohl eher nicht. Dazu musste er sie erst langsam bringen, damit die Männer ihre Skrupel nach und nach verloren und jedes Schiff angriffen, das ihren Weg kreuzte.

»Ihr wollt also ein Pirat werden, Mr Bannister?«, hörte Jack von unten Lieutenant Hornigold rufen. »Warum überrascht mich das nicht? Habt Ihr Euch nicht schon oft wie einer verhalten? Aber ich will das nicht, unter keinen Umständen! Ich bin Offizier auf einem Handelsschiff und möchte es auch bleiben. Am Kampf gegen die königliche Fregatte habe ich mich nicht beteiligt. Ich werde Lieutenant Hendriks bitten, das zu bezeugen. Und, was wollt Ihr jetzt tun, Sir? Uns beide über Bord werfen? Das würde Eure Schande dann komplett machen. Ich war schon immer der Meinung, dass Ihr in Wahrheit kein Gentleman seid.«

»Mag sein, Mr Hornigold«, stimmte Jack zu. »Aber auch kein kaltblütiger Mörder. Wer denkt ebenso wie der Erste Offizier? Der möge die Hand heben, und ich schwöre bei Gott, es wird ihm nichts geschehen.«

Die eine oder andere Hand aus der Stammbesatzung hob sich zögerlich, unter ihnen auch die von Midshipman Bellamy, der sich selbst richtig einschätzte und wusste, dass er für ein Leben unter Piraten zu weich und daher nicht geeignet war. Jack konnte die Männer, die durch die Bank weg Familie hatten, durchaus verstehen. Von den neuen, den ehemaligen Strafgefangenen, meldete sich allerdings kein Einziger. Was hatten sie auch zu verlieren? Nur ihre Ketten und die Zwangsarbeit, die sie in Afrika leisten sollten. Stattdessen lockte auf einmal die Freiheit und reiche Beute, was gab es da noch zu überlegen?

»Gut, die Männer, die sich uns nicht anschließen wollen, werde ich natürlich auch nicht zwingen. Sie müssen nur noch ein kleines Stück mit uns segeln, dann setzen wir sie auf El Hierro an Land. Und Euch und Lieutenant Hendriks ebenfalls, Mr Hornigold. Ihr bekommt von mir noch dazu eine Bestätigung, dass Ihr Euch nicht an dem Gefecht beteiligt und sogar versucht habt, die Kanonade zu verhindern. Das dürfte genügen, um Euch vor einem englischen Gericht reinzuwaschen. Und den Männern, die uns verlassen wollen, bestätige ich, dass sie nur meinen Befehlen gefolgt sind, wie es die Pflicht eines jeden Besatzungsmitgliedes ist. Habe ich Euren Wünschen damit Genüge getan, Mr Hornigold?«

Der Lieutenant nickte verschämt und verschwand dann unter Deck. Jack wollte die Versammlung schon auflösen und den Steuermann anweisen, Kurs auf die westlichste Kanareninsel namens El Hierro zu nehmen, als sich noch einmal Patrick Garret lauthals zu Wort meldete.

»Habt Ihr nicht etwas vergessen, Mr Bannister?«, fragte der ehemalige Metzgergeselle lauernd.

Jack wollte sich die ungebührliche Anrede schon nachdrücklich verbitten und dachte, jetzt käme die Frage nach einer Zusatzration Rum, doch Garret hatte etwas ganz anderes im Sinn. »Wenn wir nun schon Piraten sind, dann sollten wir auch ihren Kodex befolgen. Und dieser schreibt neben der Verteilung der

Beute, dem Ausgleich für im Kampf erlittene Verletzungen und vielem Weiteren mehr auch vor, dass die Mannschaft sich ihren Kapitän und die Offiziere selbst wählt. Ihr seid von nun an nicht mehr Captain! Zumindest nicht, bevor Ihr nicht von der Mannschaft in dieser Position bestätigt worden seid! So geben es die Regeln der Bruderschaft zur See nun einmal vor, und an diese müssen wir uns jetzt halten, wenn wir wirklich als Freibeuter ernst genommen werden wollen.«

»Und wer will mir den Rang als Captain streitig machen und sich gegen mich zur Wahl stellen, Mr Garret?«, fragte Jack und wusste im gleichen Moment, dass er jetzt keine Schwäche zeigen durfte, wollte er nicht seine Stellung an Bord und vielleicht sogar sein Leben verlieren. »Ihr vielleicht? Seid Ihr denn in der Lage, ein Schiff zu navigieren und es dorthin zu steuern, wo Ihr ankommen wollt?«

Jack hörte Gelächter von der Kuhl und sah, wie Garrets Gesicht vor Wut rot anlief.

»Das ist gar nicht nötig, das kann schließlich auch ein guter Steuermann. Und ja, ich würde mich zur Wahl stellen, denn ich halte Euch für völlig ungeeignet, eine Piratencrew anzuführen. Ihr seid dafür weder hart noch skrupellos genug. Das sieht man doch schon daran, dass Ihr uns die Fregatte nicht habt versenken lassen, obwohl wir es gekonnt hätten. Und dann wollt Ihr auch noch diejenigen, die sich uns nicht anschließen wollen, an Land setzen, auf dass sie uns jederzeit verraten können. Ein Mann, der wie Ihr nicht entschlossen genug durchgreift, kann vielleicht eine Handelsgaleone führen, aber kein Piratenschiff!«

»Dass Ihr Euch da mal nicht täuscht, Mr Garret«, gab Jack eisig zurück. »Nur weil ich Euch gegenüber einmal habe Milde walten lassen, solltet Ihr nicht glauben, dass sich das bei einer erneuten Aufsässigkeit wiederholt. Das nächste Mal hängt Ihr an der Fockrah, versprochen. Ihr seid doch nichts weiter als ein Großmaul, ein unfähiger Seemann und ein brutaler Mörder. Wollt ihr wirklich so werden wie er, Männer?«, wandte sich der

Captain jetzt bewusst direkt an die Besatzung, ohne Garret dabei aber aus den Augen zu lassen. »Wenn Henry Morgan die blutrote Flagge gehisst hat, dann hieß das, dass jeder, der sich ihm ergab, am Leben blieb. Geht es nach Leuten wie diesem da«, Jack deutete mit dem Zeigefinger der linken Hand auf den ehemaligen Metzgergesellen, »dann rinnen bald Unmengen von Blut durch die Speigatten der *Golden Fleece,* und ihr verspielt jede Chance auf eine Begnadigung. Das sollte jeder wissen, der bereit ist, einem Mann wie diesem da zu folgen.«

»Du elendes Stück Dreck, von dir lasse ich mich nie wieder beleidigen«, brüllte Garret und schleuderte mit seiner rechten Hand einen bisher hinter seinem Unterarm verborgen gehaltenen Dolch auf Jack.

Doch der war darauf vorbereitet, denn er hatte aufgrund der ungewöhnlichen Handhaltung das Wurfmesser schon lange durch Garrets Finger in der Sonne blitzen sehen und bereits etwas in diese Richtung vermutet. Geschickt wich er aus, und der Dolch bohrte sich hinter ihm in den Besanmast. Mit einer fließenden Bewegung zog Jack eine seiner Pistolen aus dem Gürtel, spannte dabei den Hahn, streckte den Arm und schoss, ohne zu zögern.

Einen Moment lang blieb Garret noch aufrecht stehen, dann fiel er wie eine gefällte Eiche nach hinten zu Boden. In seiner Stirn klaffte ein großes Loch an der Stelle, wo die Pistolenkugel das Stirnbein durchschlagen hatte.

Jack reichte die abgeschossene Waffe an William Lewis, der sie sofort nachlud, und zog die nächste aus seinem Gürtel. Das Knacken des Hahnes, als er gespannt wurde, klang in der plötzlich eingetretenen Totenstille selbst wie ein Schuss.

»Noch jemand, der Captain werden will?«, ließ er sich von der Poop herunter vernehmen. »Nur zu, Männer. Meldet euch. Ich würde allerdings niemandem, dem sein Leben lieb ist, noch einmal empfehlen, meine Autorität infrage zu stellen. Und auch nicht die meiner Offiziere. Mr Lewis, Ihr seid ab sofort

Erster, und Ihr, Mr North, Zweiter Lieutenant. Mehr Befehlshaber braucht es nicht auf meinem Schiff. Merkt euch, wer die *Golden Fleece* haben will, wird mit mir um sie kämpfen müssen. Und von jetzt an kenne ich keine Gnade mehr. Also, was ist, ich hatte eine Frage gestellt? Keiner? Gut, dann werft den Kerl da über Bord und geht wieder an die Arbeit, Männer. Kurs Südwest nach El Hierro. Lasst uns dort eure Kameraden, die nicht mit uns kommen wollen, an Land setzen. Und dann segeln wir direkt in die Karibik, um als freie Männer unter freien Männern zu leben!«

Wieder brauste lauter Jubel auf und wischte die betretene Stimmung, die nach dem plötzlichen Tod von Garret geherrscht hatte, hinweg. Jack wusste, dass er die erste Schlacht gewonnen hatte, aber noch nicht den Krieg. Piratenkapitäne lebten vom täglichen Plebiszit und mussten sich ihre Führungsrolle Tag für Tag neu erkämpfen. Blieb die Beute aus, stellte sich die Mannschaft schnell gegen sie. Doch er brauchte eine Besatzung, die durch dick und dünn, durch Gefechte und Stürme mit ihm ging und zu ihm stand, und wollte alles in seiner Macht Stehende tun, dass er eine solche bekam.

Bald ankerte die *Golden Fleece* in einer versteckten Bucht vor der Westküste der Kanareninsel El Hierro. Die Boote wurden zu Wasser gelassen, damit die Männer, die nicht mit in die Karibik kommen wollten, an Land gehen konnten. Die Insel war nicht groß, sodass sie sicher schnell eine Ansiedlung erreichen würden, von der es ihnen möglich war, nach England zurückzugelangen.

Jack hatte wie versprochen Lieutenant Hornigold und auch den anderen Männern jeweils ein Schreiben ausgestellt, mit dem er ihnen bescheinigte, nicht am Kampf gegen die *Bellona* teilgenommen beziehungsweise nur widerwillig seinen Befehlen Folge geleistet zu haben. Seinem ehemaligen Ersten Offizier legte er ans Herz, sich um die Besatzungsmitglieder zu kümmern, und sie auch in der Heimat nicht ihrem Schicksal zu überlassen. Dann ließ der Captain Arthur Hendriks zu sich rufen, um mit ihm ein Vieraugengespräch zu führen.

»Mr Hendriks, ich hoffe, Ihr tragt mir das Vorgefallene nicht nach«, begann Jack die Unterredung. »Aber mir blieb keine andere Wahl, um mein Ziel zu erreichen. Ich hatte schon seit dem Ablegen in London geplant, mich den Freibeutern in der Karibik anzuschließen. Deshalb musste ich eine Situation schaffen, aus der es für die Besatzung kein Zurück mehr gibt. Ich nehme nicht an, dass Ihr das verstehen werdet, doch ich will, dass Ihr meine Beweggründe kennt.«

»Und warum wollt Ihr das tun, Sir?«, fragte der Navy Lieutenant verblüfft. »Reicht Euch Eure Stellung als Befehlshaber eines schönen, großen Handelsschiffes nicht mehr? Seid Ihr so gierig, dass Ihr immer noch mehr wollt? Mehr Gold, mehr Schätze, was weiß ich. Aber ich versichere Euch, es ist ein gefährlicher Weg, den Ihr da einschlagt, Captain. Die Royal Navy ist in der karibischen See und auch in den Gewässern um die Bahamas und an den Küsten der nordamerikanischen Kolonien stark vertreten und wird von nun an Jagd auf Euch machen.«

»Falsch, Mr Hendriks. Ich auf sie, nicht umgekehrt. Von nun an ist Krieg zwischen mir und England. Zumindest so lange, wie die Stuarts über die Insel herrschen. Ich sage Euch das, damit Ihr es weitergeben könnt. Nicht ich bin gierig, wirklich nicht. Euer Oberkommandierender ist es, der Lord High Admiral und Duke of York, James Stuart. Euer und mein ehemaliger Vorgesetzter. Er kann seine Finger nicht von Sachen lassen, die ihm nicht gehören und ihn nichts angehen. Und deshalb habe ich beschlossen, ihm darauf zu hauen, und zwar kräftig, sodass er es spürt und es ihm richtig wehtut.

Leider komme ich an den Bruder des Königs nicht direkt heran, dazu sehe ich keine reale Chance. Deshalb muss ich diesen Weg wählen und bedauerlicherweise Männer wie Euch und die Besatzung der *Bellona* leiden lassen, auch wenn mir das zutiefst zuwider ist. Aber ich habe keine andere Wahl. Macht es ruhig bekannt, von mir gibt es keine Einwände. Ich selbst werde es jedem Mann auf einem eroberten englischen Schiff sagen oder es hinüberrufen, bevor es untergeht. ›Bedankt Euch bei James Stuart, dieser Ausgeburt der Hölle, diesem Frevler und Frauenschänder! Er ist für Euer Schicksal verantwortlich, nicht ich!‹ Ihm gilt meine Wut, mein Hass, nicht dem einfachen Seemann. Und Nicholas Crispe, dem Geschäftsführer der Royal African Company, dem Stiefellecker und willfährigen Lakaien des Duke of York. Aber das ist eine andere Geschichte, die Euch nicht zu interessieren braucht.

Vielleicht, wenn der Schaden, den ich anzurichten gedenke, groß genug ist, werden sich die Offiziere der Navy und auch die Handelsherren Londons und der anderen großen Hafenstädte gegen den Bruder des Königs und eventuell sogar gegen diesen selbst stellen. Ich jedenfalls wünsche den Stuart-Söhnen von Herzen das gleiche Schicksal, das einst ihren Vater ereilt hat, und werde alles in meiner Macht Stehende dafür tun, dass sie es teilen, damit das verderbte Geschlecht der Stuarts nicht länger sein Unwesen in England treiben kann. Mätressenwirtschaft, Korruption, Rückkehr zum Katholizismus, das ist es, was sie dem Land gebracht haben. Mir ist natürlich klar, dass das, was ich mir vorgenommen habe, ein eitles Unterfangen und hoffnungsloses Unternehmen ist. Aber dennoch werde ich es nicht unversucht lassen.«

Der junge Lieutenant hatte mit offenem Mund den Ausführungen des Captains gelauscht und brauchte auch, nachdem dieser geendet hatte, noch einen Moment, um sich zu fassen.

»Ihr seid völlig wahnsinnig, Sir! Ihr könnt doch nicht ernsthaft glauben, gegen die gesamte Royal Navy zu bestehen. Nur, weil Ihr eine private Fehde mit dem Duke of York habt, erklärt Ihr einem ganzen Land den Krieg? Tragt Eure Beschwerde doch dem Parlament vor, dann wird Euch schon Gerechtigkeit zuteilwerden. Es hat sich schon mehr als einmal gegen den

König gestellt, und sein Bruder James ist dort wahrlich nicht gut angesehen. Aber das, was Ihr vorhabt, kann niemals gelingen. Es ist garantiert der falsche Weg, den Ihr einschlagt.«

Jack wiegte den Kopf hin und her.

»Mag sein, mag nicht sein, aber es ist nun einmal der meine. Und falls es Euch entgangen sein sollte: Das Parlament hat der König schon vor Jahren aufgelöst, damit keine weltliche Macht mehr in sein angebliches Gottesgnadentum eingreifen und er als absolutistischer Monarch regieren kann. Wie lange England sich das gefallen lässt, steht noch offen. Ich jedenfalls gedenke, mich am Kampf gegen die Stuarts mit allen mir zur Verfügung stehenden Mitteln zu beteiligen. Daraus mache ich überhaupt keinen Hehl. Doch nun gehabt Euch wohl, Lieutenant Hendriks. Euer Boot wartet. Aber ich wollte Euch nicht von Bord gehen lassen, ohne Euch die Gründe für mein Handeln dargelegt zu haben. Vielleicht zitiert Euch ja der Lord High Admiral zu sich, um Euch persönlich zu den Vorgängen bezüglich der königlichen Fregatte *Bellona* zu befragen. Dann dürft Ihr ihm gern ausrichten, was ich Euch gesagt habe. Nennt ihm meinen Namen, Jack Bannister. Ich bin mir sicher, er weiß genau, warum ich von nun an hinter ihm, seinem Geld und seiner Reputation her bin.«

Jack begleitete den jungen Navy-Offizier an Deck und sah den beiden Booten nach, die die Männer, die nicht bei ihm bleiben wollten, an Land brachten. Als die Schaluppen zurückgekehrt und vertäut worden waren, gab er seinem neuen Ersten Offizier und Vertrauten einen eindeutigen Befehl.

»Kurs West Südwest, Mr Lewis. Auf ihm ist viele Jahre vor uns ein Genueser namens Christoph Kolumbus von El Hierro aus nach Westindien gesegelt. Lasst es uns ihm gleichtun. Bringt uns in die Karibik!«

3. TEIL

DER FREIBEUTER

1. KAPITEL
CAYMAN ISLANDS, 1684

Ein kräftiger Wind schob die *Golden Fleece* vor sich her, und an Bord herrschte eine ausgelassene Stimmung, obwohl Jack viel von der Mannschaft verlangte und niemanden an Bord schonte. Zuallererst hatte er die Kanonen aus dem Laderaum nach oben holen lassen, was auf See und ohne das entsprechende Hebezeug keine leichte Aufgabe gewesen war. Aber da alle mit anpackten, gelang es schließlich, die Vierundzwanzigpfünder im Bug und Heck zu platzieren, wo sie einerseits vorn als Jagdgeschütze und hinten zur Abwehr etwaiger Verfolger dienen sollten. Zu diesem Zweck waren neue Geschützpforten in den Rumpf geschnitten worden, und zwar einerseits in die Back und andererseits links und rechts des Steuerruders in den Spiegel.

Die Zwölfpfünder kamen in das Batteriedeck und ersetzten die dort noch vorhandenen leichten Neunpfünder, die Jack auf die Kuhl stellen ließ. Nun hatte die *Golden Fleece* auf jeder Seite in dem durchlaufenden Deck jeweils fünfzehn Geschütze des gleichen Kalibers stehen, was es den Bedienmannschaften und auch den Pulverjungen wesentlich einfacher machte, die richtige Munition heranzuschaffen, wenn es unter Gefechtsbedingungen auf jede Sekunde ankam und allgemeine Hektik herrschte. Auf der Back und auf dem Oberdeck standen sowohl an Steuer- wie auch an Backbord noch vier Vierpfünder, die aber ebenso wie die Drehbassen nur mit Kartätschen geladen wurden, um im Bedarfsfall eine gegnerische Entermannschaft zu dezimieren.

Aus der ehemaligen Handelsgaleone war nun ein Kriegsschiff geworden, das keinen Feind zu fürchten brauchte.

Schnelle Fregatten waren weit weniger stark armiert, und Linienschiffen konnte man dank der neuen Besegelung mit Klüvern und Stagsegeln einfach davonlaufen. Immer vorausgesetzt natürlich, das Schiff wurde gut geführt und die Mannschaft wusste, was sie zu tun hatte, und war auch mit Eifer bei der Sache. Auf dem ganzen Weg in die Karibik wurden deshalb ständig Segelmanöver geübt und die Mannschaft beim Geschützexerzieren so hart rangenommen, dass einige Männer schon den Tag verfluchten, an dem sie sich entschlossen hatten, von Handelsschiffern zu Piraten zu werden.

Als Jack bereits der Meinung war, jetzt könnten sie auf jeden beliebigen Gegner treffen und ihn das Fürchten lehren, fiel einer über die *Golden Fleece* oder besser deren Besatzung her, mit dem keiner mehr gerechnet hatte und der völlig erbarmungslos und willkürlich unter den Männern wütete. Zuerst bemerkte den heimlich an Bord gekommenen Feind niemand, da er sich versteckte und nur kleine Übelkeit hervorrief. Die Besatzungsmitglieder, die sich immer häufiger übergeben mussten, wurden noch dazu wegen ihrer mangelnden Seefestigkeit verlacht. Doch dann kamen blutiger Durchfall, Mattigkeit und Abgeschlagenheit hinzu, und immer mehr Männer konnten kaum mehr ihre Hängematten verlassen. Als der Erste von ihnen verstarb, lachte keiner mehr an Bord.

Jack vermutete, dass der Lieutenant der *Bellona* die Krankheit eingeschleppt hatte, und verwünschte sich selbst dafür, gegenüber Nicholas Crispe nicht auf einem Schiffsarzt bestanden zu haben. Ein solcher hätte ihm aufgrund der angewachsenen Besatzung zugestanden, doch er war damals mit seinen Gedanken ganz woanders gewesen, und der Geschäftsführer der Company hatte ihm auch keinen aufgedrängt, denn gute Doktoren waren teuer, und schlechte richteten oft mehr Schaden als Nutzen an. Der Captain nahm sich zwar vor, so schnell als möglich einen Arzt anzuheuern, aber der Vorsatz nützte ihm und seiner Mannschaft im Moment wenig. Er ließ die Kranken an Deck bringen, wo sie wenigstens frische Luft hatten und eine leichte Brise den üblen Geruch, der von ihnen ausging, hinwegwehte. Im Unterdeck hätten sie in ihrem eigenen Gestank gelegen, was einer Genesung sicherlich nicht dienlich war. Rum wurde abgekochtem Wasser zugesetzt und ihnen als Getränk verabreicht, doch während die einen sich dank der fürsorglichen Betreuung langsam erholten, erkrankten andere.

Dann begegnete ihnen noch kurz vor der Mona-Passage, die die Inseln Hispaniola und Puerto Rico trennte und durch die Jack in die Karibik gelangen wollte, ein Schwesterschiff der *Golden Fleece,* die *Golden Horn,* auf ihrem Weg von Jamaica nach England. Doch anstatt Jagd auf die Company-Galeone machen zu können, wie Jack es sich vorgenommen hatte, musste er ihr nun ausweichen und das Weite suchen, denn er hatte nicht genügend gesunde Männer, um die Kanonen zu bedienen und gleichzeitig eine Wende fahren zu können.

Der Captain des Schwesterschiffes hatte ein Flaggensignal gesetzt und zu einem Plausch an Bord der *Golden Horn* eingeladen und wunderte sich nun, dass er nicht nur keinerlei Antwort erhielt, sondern die *Golden Fleece* regelrecht vor ihm zu fliehen schien.

Dann erwischte die Seuche auch noch Jack, der noch nie an Bord krank gewesen war, und der Beginn seiner Freibeuterkarriere schien in einem einzigen Desaster zu enden. Doch war es seine gute Konstitution oder die aufopfernde Pflege durch William Lewis, der allen Widrigkeiten trotzte und seinen Captain auf keinen Fall sterben sehen wollte? Jedenfalls war Jack nach drei Tagen, wenn auch geschwächt, wieder auf den Beinen. Aber in dem Zustand, in dem er und die gesamte Mannschaft sich befanden, konnten sie weder ein größeres Schiff angreifen noch irgendwo an Land gehen, das war allen klar. Jack beschloss deshalb, eine unbewohnte Insel anzulaufen und den Großteil der erkrankten Besatzung auszuschiffen, da die Erfahrung lehrte, dass sich die Männer auf festem Boden am schnellsten erholten, vor allem, wenn sie Frischfleisch, gutes Wasser und Früchte erhielten. Da man mittlerweile die karibische See erreicht hatte, boten sich dafür am ehesten die Cayman Islands, in der Nähe von Kuba und Jamaica gelegen, an. Sie waren nur äußerst spärlich besiedelt und hatten ihren Namen von den dort zahlreich vorkommenden Krokodilen, doch Jack hoffte eher auf eine reiche Beute bezüglich der bereits von Christoph Kolumbus beschriebenen vielen Schildkröten, die dort leben sollten und deren Fleisch äußerst schmackhaft war.

Auf dem Weg zu den Caymans gelang es ihnen dann tatsächlich noch, ihr erstes Schiff aufzubringen, auch wenn es nur eine kümmerliche, spanische Brigg war. Jack hatte dem kleinen Kahn, der auf dem Weg von Cancún an der Nordspitze der Halbinsel Yucatan nach Santiago de Cuba war, einen Schuss vor den Bug geben und gleichzeitig erstmalig die blutrote Flagge setzen lassen. Der spanische Kapitän drehte daraufhin bei, da er sich auf keinen Kampf mit der übermächtigen Kriegsgaleone einlassen konnte, ohne die vollständige Vernichtung seines Schiffes und den Tod seiner Männer zu riskieren.

Die Beute war zwar kümmerlich und bestand vorwiegend aus Lederhäuten und Holz, aber da die Brigg erst vor Kurzem das Festland verlassen hatte, war das Wasser an Bord frisch und nicht so abgestanden und faulig wie auf der *Golden Fleece* nach deren langen Reise. Jack ließ den Großteil der Fässer an Bord seines Schiffes schaffen, was den spanischen Kapitän zu geharnischten Protesten veranlasste. Schließlich befand man sich nicht im Krieg mit England, und er hielt die Galeone aufgrund der strengen Disziplin, die an Bord herrschte, nicht für ein schnödes Piratenschiff, sondern für einen Kaperer mit entsprechender königlicher Order.

Doch Jack interessierte das Gezeter wenig. Er musste alles in seiner Macht Stehende dafür tun, dass seine Männer wieder auf die Beine kamen. Deshalb schickte er eine kleine Prisenbesatzung aus Seeleuten, die die Seuche überstanden hatten, an Bord der Brigg, sperrte deren Mannschaft nebst dem Kapitän unter Deck ein und nahm, nun gefolgt von dem Spanier, wieder Kurs auf die Caymans, deren östlichste Insel, Cayman Brac genannt, sie noch am gleichen Tag erreichten.

Das Eiland war zwar nicht einmal zwei Meilen breit und gerade einmal fünfzehn Meilen lang, aber es gab auf ihm alles, was für die Genesung der Männer nötig war. Den Strand säumten unzählige Kokospalmen, deren Nüsse schmackhaftes Kokoswasser enthielten und deren Fruchtfleisch äußerst nahrhaft war. Auch kleine Bäche mit klarem Wasser waren vorhanden, die von einem Bergrücken in der Mitte der Insel herunterkamen – und Schildkröten, Unmengen von Schildkröten, genau wie es Jack gehofft hatte.

Der Captain ließ Anker werfen und befahl, sofort mit der Ausschiffung der erkrankten Männer zu beginnen. Sie wurden an den Strand gebracht und von den gesunden oder bereits wieder genesenen Kameraden Schutzhütten aus Palmenzweigen für sie errichtet, damit sie nicht in der prallen Sonne liegen mussten. Jack war mit an Land gegangen und überwachte einerseits die Arbeiten, andererseits aber auch die Jagd auf das Meeresgetier und die Versorgung der Kranken, die wie Verdurstende nach den Kokosnüssen gierten. Der Koch machte sich bald daran, über großen Feuern Kessel voller Schildkrötensuppe zu kochen, und schon bald waberte deren Duft über den Strand und ließ den Männern, die sich an Bord fast ausschließlich von Pökelfleisch und staubtrockenem Schiffszwieback hatten ernähren müssen, das Wasser im Mund zusammenlaufen.

Doch noch jemanden schien der Geruch anzuziehen, einen äußerst ungebetenen Gast. Oder war womöglich der Rauch der Feuer entdeckt worden, denn auf die Schnelle hatte man nicht nur trockenes Holz entzündet, sondern alles genommen, was an Brennmaterial zu finden gewesen war. Sei es, wie es sei, das, was da plötzlich am Horizont auftauchte, lange unbemerkt geblieben war und nun schnell näher kam, sodass es zu spät war, um sich noch an Bord zu begeben, war eine schwere englische Fregatte.

Die *Ruby,* stellte Jack erschrocken fest, das ehemalige Schiff von John Harris, als er durch sein Rohr blickte. Er hatte einen Riesenfehler begangen, indem er nicht zur offenen See hin sichern und noch dazu nasses Holz hatte verbrennen lassen! Dieses Versäumnis konnte ihn und vielleicht auch einen Teil seiner Mannschaft das Leben kosten, denn das Aufbringen der spanischen Brigg, die mit ihrer eingesperrten Mannschaft neben der *Golden Fleece* lag, war in Friedenszeiten eindeutig Piraterie. Und darauf stand der Galgen, eine durchaus gerechtfertigte Strafe, wenn man sich so unglaublich dämlich und unvorsichtig verhielt, wie er es nun einmal getan hatte, stellte der Captain zerknirscht und selbstkritisch fest.

Vielleicht will Gott einfach nicht, dass ich zum Piraten werde, sinnierte Jack, während er mit ansehen musste, wie die *Ruby* längsseits der *Golden Fleece* ging, ohne dass ein einziger Schuss fiel. Der mit nur wenigen Männern an Bord zurückgebliebene Daniel North tat das einzig Richtige in dieser Situation, er leistete keinerlei Widerstand und ergab sich dem Prisenkommando, das von der Fregatte auf die Galeone herübersprang. Und dann legten von der *Ruby* große Boote voller rot gewandeter Seesoldaten ab und hielten auf den Strand zu, um auch die Männer, die sich auf der Insel befanden, gefangen zu setzen.

Als der erste Kutter auflief, rannte Jack den Ankömmlingen entgegen und fuchtelte wie wild mit den Armen.

»Vorsicht, haltet Abstand!«, brüllte er, so laut er konnte. »Alle hier an Land sind krank! Wir haben eine Seuche an Bord, die schon den Großteil der Mannschaft der Fregatte *Bellona* dahingerafft hat. Ein Lieutenant des Schiffes, mit dem wir

Kontakt hatten, hat sie wohl bei uns eingeschleppt. Ich habe bewusst vermieden, Port Royal anzulaufen, weil wir die Pest nicht nach Jamaica bringen wollen. Habt Ihr einen Arzt an Bord, der sich um unsere Kranken kümmern kann?«

Sofort wichen die Seesoldaten wie ein Mann zurück, und ihr Befehlshaber, ein junger Fähnrich, hob abwehrend die Hände.

»Bleibt weg von uns, Sir!«, rief er Jack zu. »Haltet Distanz! Ich werde den Captain von dem Unglück unterrichten, das Euch ereilt hat. Er wird dann entscheiden, wie wir Euch helfen können. Wenn Ihr die Güte hättet, mir Euren Namen zu nennen, Sir, damit ich melden kann, mit wem wir es zu tun haben.«

Jack beschloss, einen Bluff zu versuchen. Schließlich wusste ja noch niemand außer ihm und seiner Mannschaft, dass sie die Absicht hatten, sich den Piraten der Karibik anzuschließen. Und seine von der Seuche gezeichneten Männer würde wohl kaum einer befragen.

»Ich bin Jack Bannister, Captain des Royal-African-Company-Schiffes *Golden Fleece*. Erkundigt Euch bei Vizegouverneur Henry Morgan nach mir, er ist ein guter Bekannter. Und den ehemaligen Kommandanten Eurer *Ruby*, Captain John Harris, darf ich getrost einen Freund nennen.«

Der junge Fähnrich verbeugte sich hochachtungsvoll, doch gleichzeitig befahl er den Besatzungen der anderen, mittlerweile ebenfalls auf den Strand aufgelaufenen Boote, vor Ort zu bleiben und das Lager der Kranken weiträumig zu umstellen. So ganz traute er dem Frieden nicht und wollte auf gar keinen Fall Fehler machen, die ihm später vorgehalten werden konnten und womöglich seine weitere Laufbahn gefährdeten. Er selbst sprang wieder in seinen Kutter und ließ sich zurück zu der Fregatte rudern, um seinem Vorgesetzten Bericht zu erstatten.

Der Captain der *Ruby* war ein vorsichtiger Mann, und bevor er eine Entscheidung traf, wollte er sich Gewissheit verschaffen. Er schickte auch Boote zu der spanischen Brigg, und als Jack sah, wie dort die Luken geöffnet wurden und deren

Besatzung an Deck strömte, ahnte er, dass zumindest sein Schicksal besiegelt war. Und er konnte so gar nichts dagegen tun! Warum nur hatte er keinen Ausguck auf den Toppmast der *Golden Fleece* geschickt, der das Herannahen des feindlichen Schiffes hätte melden können? So viel Leichtsinn musste einfach bestraft werden, und der Herr hatte offenbar auch keinen Moment gezögert, ihm seine Unfähigkeit vor Augen zu führen. Er hoffte nur, dass man seine Mannschaft nicht neben ihm hängen würde, wenn er schon den schweren Weg zum Galgen antreten musste. Auf alle Fälle wollte er schwören, dass er jeden einzelnen Mann seiner Besatzung gezwungen hatte, ihm zu folgen, und es keiner freiwillig getan hatte. Aber ob man ihm das abnehmen würde?

Wie auch immer, was nun folgte, lag nicht länger in seiner Hand, sondern in der des Gerichtes in Port Royal, dem zweifelsohne Gouverneur Lynch vorstand. Oder vielleicht doch Henry Morgan als oberster Richter der Kronkolonie? Wenn ja, dann gab es wenigstens noch einen Funken Hoffnung, obwohl man sich erzählte, dass dieser ehemalige Pirat besonders rigoros gegen seine einstigen Spießgesellen vorging. Zumindest gegen die wenig erfolgreichen, die ihm keine Schmiergelder bezahlen konnten. Und zu diesen, da gab sich Jack gar keinen Illusionen hin, zählte auch er, denn die bisher gemachte Beute war mehr als kümmerlich. Doch halt, da waren doch noch einige wenige gut verborgene Säcke Gold tief im Rumpf der *Golden Fleece*. Vielleicht konnte man Morgan oder die Jury damit bestechen? Aber wie sollte er an die herankommen, wenn man ihn und zumindest seine Offiziere gefangen setzte? Fragen über Fragen, die sich Jack stellte, während man anderenorts über sein Schicksal beratschlagte.

Es verging eine lange Zeit, bis der Kutter endlich wieder von der *Ruby* ablegte. Diesmal, das konnte Jack durch sein Rohr erkennen, saß ein Royal Navy Captain im Heck, und das Boot schoss regelrecht durch die See, so gut pullten die Ruderer. Es wurde durch den Schwung derart weit auf den seichten Sandstrand geschoben, dass der Kommandant aus dem Bug springen konnte, ohne nasse Füße zu bekommen.

Der Navy Captain war ein stattlicher Seemann, zwar nicht allzu groß, dafür aber breitschultrig und stämmig. Die Uniform saß, als wäre sie ihm gerade vom Schneider angepasst worden, und er trug sogar hier unter karibischer Sonne eine Perücke, wenn auch keine übertrieben große und schwere. Jack, der nur mit Hemd, Hose und Stiefeln bekleidet und noch dazu unbewaffnet war, kam sich angesichts dieser Zurschaustellung königlicher Machtbefugnis regelrecht armselig vor, als er dem Ankömmling, vor dem alle Seesoldaten respektvoll salutierten, mit flauem Gefühl im Magen entgegenschritt. Schließlich konnte ihn dieser Captain, wenn es ihm denn behagte, ohne jedes Gerichtsverfahren an die Fockrah seines Schiffes hängen, sah er den Verdacht der Piraterie bestätigt. Doch zumindest war sein Blick nicht grausam, und er stellte sich sogar höflich vor.

»Mein Name ist Captain David Marley, Kommandant der schweren königlichen Fregatte *Ruby*. Habe ich die Ehre mit Captain Jack Bannister?«

»Die Ehre ist ganz meinerseits«, erwiderte der Angesprochene und verbeugte sich so tief, wie es die Höflichkeit verlangte.

»Der Jack Bannister, der den beiden gefürchteten Piraten Michiel Andrieszoon und Nicholas van Hoorn davongesegelt ist und zuvor noch ihre beiden Schiffe zu Wracks geschossen hat?«, hakte Marley nach, und erstmals spielte ein leichtes Lächeln um Jacks Lippen, als er antwortete.

»Ebendieser, Sir«, bestätigte er. Offenbar war er seit damals in der Karibik so bekannt wie der sprichwörtliche bunte Hund.

»Ich freue mich, dass man Euch für Euer entschlossenes Handeln offenbar befördert hat«, fuhr der Navy Captain steif fort. »Doch ich frage mich allerdings, was Euch abseits der üblichen Schifffahrtsrouten der Royal African Company hierhergeführt hat und wie Ihr dazu kommt, mitten in Friedenszeiten ein spanisches Schiff aufzubringen? Sollten sich womöglich in Europa die Verhältnisse wieder einmal geändert und wir noch keine Kenntnis darüber erlangt haben? Verfügt Ihr womöglich über einen königlichen Kaperbrief, der Euer Verhalten rechtfertigen würde? Wenn ja, dann bitte ich Euch, ihn mir vorzuweisen. Ansonsten, so leid es mir tut, müsste ich Euch festnehmen und in Port Royal der Gerichtsbarkeit überstellen. Dafür habt Ihr sicher Verständnis, denn ohne die entsprechenden Vollmachten ist das, was Ihr getan habt und worüber sich der spanische Kapitän zu Recht beschwert, offene Piraterie. Also bitte, Sir, erklärt Euch, ich bin begierig, Euren Ausführungen zu lauschen.«

»Zuerst möchte ich Euch für Eure freundlichen Worte danken«, begann Jack seine Erwiderung. »Doch halten wir uns besser nicht lange mit Förmlichkeiten auf. Wie Euch vielleicht berichtet wurde und Ihr nun selbst seht, ist ein Großteil meiner Mannschaft an einer sehr ansteckenden Seuche erkrankt, die auch mich einige Tage niedergestreckt hatte. Etliche meiner Männer und große Teile der Besatzung der königlichen Fregatte *Bellona,* der wir im Atlantik begegnet sind und von der die Krankheit wohl auf uns übergesprungen ist, sind bereits an ihr gestorben. Deshalb habe ich befohlen, diese einsame und abgelegene Insel anzulaufen, damit sich die Erkrankten hier auskurieren können, und wir die Pest, oder was immer uns sonst so zusetzt, nicht in Port Royal einschleppen. Und ja, wir haben den Spanier aufgebracht. Aber nur, weil wir nach der langen Überfahrt von England kaum noch Wasser und Nahrungsmittel für unsere Kranken hatten und beides dringend benötigten. Wenn Ihr wollt, werde ich mich bei dem Kapitän der Brigg gern entschuldigen und ihn für seine Verluste und die entstandenen Unannehmlichkeiten entschädigen. Damit sollte es dann aber auch genug sein, denn schließlich hilft man sich gegenseitig auf

See, wenn jemand in Not geraten ist. Oder etwa nicht, Captain? Was mich zu der Frage bringt, ob Ihr einen Doktor an Bord habt, der nach meinen Männern sehen könnte und uns instruiert, wie man ihnen vielleicht noch besser beistehen kann.«

»Darüber wird noch zu befinden sein«, hielt sich Marley bedeckt. »Eure Aussage stimmt allerdings bedauerlicherweise nicht mit der des spanischen Kapitäns überein. Er behauptet, Ihr hättet die blutrote Piratenflagge gesetzt und ihn beschossen. Von einem Hilfeersuchen sei nie die Rede gewesen. Ich kann mir allerdings denken, was Ihr jetzt entgegnen werdet: Das alles sei ein großes Missverständnis, er hätte sich getäuscht und so weiter. Aber das will ich hier und jetzt gar nicht erörtern. Der Vorfall wird in aller Ruhe in Port Royal untersucht werden. Dort gibt es Vertreter der Krone, einen spanischen Gesandten und eine Gerichtsbarkeit. Sollen die sich mit dem Problem herumschlagen.

Deshalb nehme ich Euch unter Arrest, Captain Bannister, und Ihr werdet mich an Bord der *Ruby* begleiten. Da Ihr ja von der Krankheit genesen seid, dürfte von Euch auch keine Gefahr mehr für meine Besatzung ausgehen. So hat es mir jedenfalls mein Schiffsarzt erläutert, der sich allerdings strikt weigert, an Land zu kommen, um Eure Männer zu betreuen. Und zwingen will ich ihn nicht, dazu hat er mir und meiner Mannschaft schon zu viele gute Dienste geleistet. Er meint, Ihr hättet alles richtig gemacht, und Eure Männer wären hier auf Cayman Brac hervorragend aufgehoben, bis die Seuche abgeklungen ist. Sie hätten genügend Nahrung, frisches Wasser und gute Luft. Eine bessere Quarantänestation könne es gar nicht geben und er ihnen sowieso nicht helfen.

In vier Wochen, darauf leiste ich Euch einen heiligen Eid, werden wir zurückkommen und die Genesenen aufnehmen. Bis dahin müsste nach Einschätzung unseres Doktors die Seuche abgeklungen sein, und wer nicht an ihr gestorben ist, wäre dann gesund.«

»Ihr wollt meine Männer hier wirklich ohne jede medizinische Hilfe zurücklassen, obwohl Ihr einen Arzt an Bord habt?« Jack war völlig fassungslos, doch der Navy Captain zuckte nur bedauernd mit den Schultern.

»Was sollen wir denn Eurer Meinung nach anderes tun?«, fragte Marley und erweckte bei Jack endgültig den Eindruck, kalt wie eine Hundeschnauze zu sein. »Auch aus meiner Sicht habt Ihr völlig korrekt gehandelt. Kommen andere Männer mit den Euren in Kontakt, geben wir der Seuche nur neue Nahrung. In Port Royal hätte niemand das Schiff verlassen dürfen, und es somit wesentlich schlechtere Bedingungen für Eure Besatzung gegeben. Übergebt das Kommando an einen vertrauenswürdigen Maat, der wird schon wissen, was zu tun ist, bis wir – oder auch Ihr, sollte man Euch freisprechen – zurückkommen. Auf der *Golden Fleece* sind nur gesunde Männer, ich habe mich erkundigt. Sie müssten für ein paar einfache Segelmanöver genügen. Euer Schiff und auch der Spanier folgen uns nach Port Royal. Dort wird dann über alles Weitere entschieden.«

»Aber das könnt Ihr doch nicht tun, Sir«, flehte Jack. »Die Männer werden sterben, wenn man sich nicht um sie kümmert. Ich bitte Euch, befehlt Eurem Doktor, sie sich wenigstens einmal anzusehen. Vielleicht erkennt er ja, woran sie leiden und wie man sie heilen kann. Schließlich hat er einmal Medizin studiert und einen Eid geleistet, Kranken zu helfen, unabhängig davon, wer sie sind oder wo sie sich befinden.«

»Genug jetzt«, unterbrach der Navy Captain Jack und wurde auf einmal ruppig. »Ich habe Euch meinen Entschluss mitgeteilt und gedenke nicht, ihn zu korrigieren. Folgt Ihr uns nun freiwillig auf die *Ruby*, oder muss ich Euch in Ketten legen lassen? Mir ist es gleich, Euer Wille geschehe.«

Jack knirschte vor Wut mit den Zähnen, sah aber ein, dass ihm nichts anderes übrig blieb, als sich zu fügen. Er begab sich zu seinen Männern, wohlbewusst, dass mehrere Musketen auf seinen Rücken gerichtet waren, und erklärte ihnen die Situation. Zu seinem Erstaunen hielten sich ihre Proteste in Grenzen. Vielleicht waren viele einfach zu geschwächt, um den Ernst der Lage zu erkennen, oder hofften, unter diesen Umständen nicht als Piraten belangt zu werden. Ein alter, erfahrener Maat übernahm das Kommando und versprach, dass man sich um die Kranken fürsorglich kümmern würde.

Daraufhin versicherte Jack dem Navy Captain, dass er ihm freiwillig, und ohne Widerstand zu leisten, auf die *Ruby* folgen würde. William Lewis und Daniel North waren an Bord der *Golden Fleece,* und zusammen mit einer kleinen Besatzung mussten sie ebenso wie die Brigg der Fregatte nach Port Royal folgen, wo sie alle ein ungewisses Schicksal erwartete.

2. KAPITEL
PORT ROYAL, 1684

Seit fast zwei Wochen saß Jack nun schon in Fort Charles ein. Die Siedlung Port Royal war einst um die Festung herum entstanden und galt derzeit als reichste, aber auch verruchteste Stadt der Karibik. Und es gab sogar weit herumgekommene Kaufleute, die behaupteten, auf der ganzen Welt. Mehr als zehntausend ständige Bewohner lebten mittlerweile hier, und manche Häuser waren drei oder vier Stockwerke hoch. Alles war vorhanden, einschließlich jeder Menge Bars, Tavernen, Wirts- und Kaffeehäusern und natürlich Bordellen, wo man Frauen aller Haut- und Haarfarben für eine gewisse Zeit kaufen konnte. Aber auch eine Werft, die sogar über ein Trockendock verfügte, und Seiler, Zimmerer, Kalfaterer, Tischler, Schneider, Maurer, Metzger, Bäcker, Fischer und Gold- und Silberschmiede fanden ihr Auskommen. Schiffe aus aller Herren Länder lagen an den Kais und brachten neben Sklaven die exotischsten Waren nach Port Royal. Wenn ein Schiff aber trotz der vielen Anlegestellen keinen Platz an den Piers gefunden hatte, musste es weiter draußen auf Reede ankern und die Fracht geleichtert werden, was Bootsbesitzern reiche Einnahmen bescherte.

Mittlerweile waren noch weitere Festungen rund um die Bucht im Bau, die von der Bedeutung dieses Stützpunktes in der Karibik für die englische Krone zeugten und ihn uneinnehmbar machen sollten. Da war zum einen das sechseckige Fort James nahe Bonham's Point, das nach seiner endgültigen Fertigstellung den inneren Hafen schützen sollte und mit sechsundzwanzig Geschützen bestückt war. Die vierzehn Kanonen von Fort Carlisle, benannt nach Charles, Earl of Carlisle, dem letzten Gouverneur von Jamaica, zeigten schon jetzt drohend auf die Schiffsliegeplätze. Fort Morgan hingegen war eher eine Batterie von Geschützen in einer Reihe entlang der Küste, wohingegen Fort Rupert, das mit zweiundzwanzig Kanonen ausgestattet war, Port Royal gegen eine Landung im Osten sichern sollte. Die größte Befestigungsanlage war aber nach wie vor Fort Charles, ausgestattet mit achtunddreißig großkalibrigen Geschützen, mit denen sowohl die Einfahrt zur Bucht bestrichen wie auch sich von See her nähernde Schiffe unter Feuer genommen werden konnten.

Hierher war Jack auf Befehl von Gouverneur Thomas Lynch verbracht worden und sollte auf den Beginn seines Prozesses warten. Auch wenn man ihn nur des Nachts in eine ebenerdige Zelle und nicht in eine unterirdische Kasematte einschloss, so bestand doch kein Zweifel daran, dass er ein streng bewachter Gefangener war. Tagsüber durfte er sich im weitläufigen Innenhof und auch auf dem inneren Mauerring ergehen, von dem er einen guten, wenn auch wehmütigen Blick auf die *Golden Fleece* hatte, auf der die gelbe Quarantäneflagge gehisst worden war und die mitten in der Bucht und weit weg von anderen Schiffen vor Anker lag. Sooft er auch hinüberschaute, nie sah er ein Boot von der Galeone ab- oder an ihr anlegen. Ganz am Anfang war ein Floß, beladen mit Fässern und Säcken, in ihre Nähe geschleppt worden. Dann hatte man Seile an Deck geworfen, mit denen die Besatzung die zusammengebundenen Baumstämme mit der vertäuten Ladung, von der Jack annahm, dass es sich um Wasser und Lebensmittel handelte, an die Bordwand ziehen konnte. Seither war nichts mehr passiert, und offenbar warteten die an Bord Gefangengesetzten ebenso wie er darauf, was andere über sie entschieden.

Als Jack dem Gouverneur vorgeführt worden war, hatte dieser seine Genugtuung kaum verbergen können. Thomas Lynch hatte sich den Bericht von David Marley kaum zu Ende angehört, da befahl er auch schon, den Gefangenen nach Fort Charles zu verbringen, gut zu bewachen und die *Golden Fleece* mitsamt ihrer kleinen Mannschaft für vier Wochen unter Quarantäne zu stellen. Von dort, wo sie lag, war es ohne Boot niemandem möglich zu entfliehen, wollte er nicht von der Strömung ins offene Meer hinausgetragen oder von den Haien gefressen werden, die sich gern in der Bucht tummelten, da sie hier immer Reste von Fischfängen ergattern und damit ohne Mühe an Futter kommen konnten.

Jack hatte während seiner Spaziergänge immer zwei bewaffnete Begleiter hinter sich, die zwar nie unfreundlich zu ihm waren, aber auch keinen Zweifel daran ließen, dass sie ihm gegebenenfalls in den Rücken schießen würden, versuchte er zu entkommen. Von den Wachen erfuhr er auch, dass Henry Morgan erkrankt war und sich zur Genesung auf seinen Besitzungen im Landesinneren aufhielt. Von ihm war also wohl keine Hilfe zu erwarten, musste Jack betrübt erkennen, und machte sich daran, seine eigene Verteidigungsstrategie zu erarbeiten. Schließlich würde nicht der Gouverneur, der Jack aus einem ihm unverständlichen Grund nicht gewogen war, sondern eine Jury, bestehend aus zwölf Geschworenen, über sein Schicksal entscheiden. Er konnte nur hoffen, bei ihnen auf mehr Wohlwollen zu stoßen, denn sonst würde ihn bestimmt nichts mehr vor dem Strang retten. Mit seinem geplanten Rachefeldzug war es dann natürlich auch Essig, und zumindest Nicholas Crispe würde sich in London, wenn er davon erfuhr, ins Fäustchen lachen und die Company ihr Schiff nahezu unbeschädigt zurückerhalten.

Heute war der Tag, an dem Jack vor Gericht gestellt werden sollte. Er hatte sich am Morgen sorgfältig rasiert, seine Kleidung, soweit es ihm möglich war, gesäubert und sein langes Haar zurückgebunden, denn er wollte auf die Geschworenen keinesfalls den Eindruck eines verwahrlosten Piraten machen, damit sie nicht schon ein Urteil über ihn fällten, bevor er auch nur ein Wort gesprochen hatte. Die Verhandlung würde wie üblich unter freiem Himmel auf dem Platz vor dem King's House stattfinden und sich dort wohl halb Port Royal versammeln, um ihr beizuwohnen.

Der Weg von Fort Charles zum Gerichtssitz war nicht weit, sodass Jack ihn in Begleitung einer Eskorte von zwölf Marinesoldaten zu Fuß zurücklegen konnte. Zumindest hatte man darauf verzichtet, ihn zu fesseln oder gar in Ketten zu legen, was einen schlechten Eindruck auf die Geschworenen gemacht hätte. Als er den Platz erreichte, sah er, dass der Richtertisch auf einem Podest vor King's House und im Schatten stand, während für die Jury Stühle an der Südseite und in der Sonne aufgestellt worden waren. Jack wurde zu einem Tisch gegenüber geführt, an dem bereits ein Mann saß, eher ein kleines, unscheinbares Männchen, das er nie zuvor gesehen hatte. Als er sich näherte, sprang der Unbekannte auf und streckte ihm die Hand entgegen.

»Ich bin Raynald Gosse, Euer Anwalt, Mr Bannister. Schön, Euch endlich einmal persönlich kennenzulernen.«

»Mein Anwalt?«, fragte Jack verblüfft. »Aber ich habe Euch doch noch nie gesehen, geschweige denn mit Euch gesprochen! Wie wollt Ihr mich denn vertreten, wenn Ihr mit dem Sachverhalt gar nicht vertraut seid? Bisher bin ich davon ausgegangen, dass ich mich selbst verteidigen werde, und habe mich auch entsprechend vorbereitet.«

»Oh, das ist auf Jamaica leider nicht möglich«, musste Jack sich belehren lassen. »Gouverneur Lynch hat schon gleich nach seinem Amtsantritt angeordnet, dass Angeklagte immer von einem vom Gericht bestellten Anwalt vertreten werden und selbst zu schweigen haben. Nur so, meint er, ist eine straffe und zügige Verhandlungsführung möglich, und ich muss ihm aufgrund meiner langjährigen Erfahrung zustimmen. Wo kämen wir hin, wenn jeder Beschuldigte sich lang und breit erklären dürfte? Dann würden sich die Verhandlungen über Stunden hinziehen, und schließlich haben wir ja alle etwas Besseres zu tun, als hier unsere Zeit zu verplempern. Nicht wahr?«

Jack glaubte, nicht richtig gehört zu haben.

»Aber Ihr wisst doch gar nicht, worum es überhaupt geht!«, empörte er sich und wurde gleichzeitig blass, weil er das üble Spiel von Thomas Lynch natürlich durchschaute. Er sollte keine Gelegenheit haben, sich direkt an die Geschworenen zu wenden, um sie eventuell für sich einzunehmen. Schließlich war Port Royal über Jahrzehnte hinweg ein Treffpunkt von Piraten aller Nationen gewesen, und so gut wie jeder hier hatte Geschäfte mit den Freibeutern gemacht. Erst seit Kurzem versuchte die englische Krone, das zu unterbinden, doch Jack hatte gehofft, dass es noch Sympathisanten gab, die er vielleicht auf seine Seite ziehen könnte. Aber dieser Möglichkeit schob Lynch mit seiner Anordnung nun einen Riegel vor, und dass dieser vom Gouverneur bestellte Anwalt ihn engagiert verteidigen würde, glaubte Jack nie im Leben.

»Doch, doch«, versuchte Gosse, ihn zu beruhigen. »Ich habe alle Unterlagen der Untersuchungskommission ausgehändigt bekommen und sorgfältig studieren können. Nun, ich will ehrlich sein und Euch keine allzu großen Hoffnungen machen, Mr Bannister. Denn nach Aktenlage sieht es gar nicht gut für Euch aus. Der Vorwurf der Piraterie wird sich wohl kaum entkräften lassen. Als Euer Anwalt rate ich Euch, am besten gleich zu gestehen. Das erspart uns allen eine längere Sitzung in dieser unmenschlichen Hitze, und auch Ihr könnt schnell in Eure kühle Unterkunft zurückkehren, wo man es Euch so bequem wie möglich machen wird, bis man Euch hängt.«

Wie zur Bekräftigung nahm das Männchen seinen Dreispitz nebst Perücke ab und wischte sich mit einem Seidentüchlein den Schweiß von seinem blanken Schädel.

Jack glaubte zu träumen. Das konnte doch alles nicht wahr sein! An einen fairen Prozess, wie er ihn sich erwartet hatte, war offenbar nie gedacht worden. Das Urteil stand scheinbar bereits von Anfang an fest und war nur noch eine Formsache. Aber wenn dem so war, dann konnte er auch versuchen zu fliehen. Schließlich war er nicht gebunden, und einen Versuch war es wert. Zwar standen Marine- und auch Stadtsoldaten rund um den Platz, doch wenn es ihm gelang, eine Lücke zu finden, konnte er vielleicht im Gassengewirr von Port Royal untertauchen. Und falls ihn dabei eine Kugel niederstreckte, was machte das schon? Sein Schicksal war so oder so besiegelt.

Jack war mit seinem Gedankengang noch nicht ganz zu Ende, da kam Bewegung in die den Platz umstehende Menge, denn die ausgewählten Geschworenen waren eingetroffen und nahmen ihre Plätze ein. Kaum hatten sie sich niedergelassen, mussten sie auch schon wieder aufspringen, denn ein Gerichtsdiener erschien und verkündete mit lauter Stimme:

»Bitte erheben Sie sich für den ehrenwerten Sir Thomas Lynch, Gouverneur von Jamaica, der den Vorsitz dieser Verhandlung führen wird.«

Lynch kam regelrecht durch die Tür von King's House herausgerauscht, sodass sein Rock hinter ihm herwehte, und nahm am Richtertisch Platz, woraufhin sich auch die Geschworenen wieder niederließen. Jack, der immer noch nach einem Fluchtweg Ausschau hielt, aber noch keinen entdeckt hatte, wollte es ihnen gleichtun, wurde aber prompt von Thomas Lynch angeblafft.

»Der Angeklagte hat vor dem hohen Gericht zu stehen! Habt Ihr das Eurem Klienten nicht gesagt, Mr Gosse?«

»Ich kam noch nicht dazu, Euer Ehren«, beeilte der Angesprochene sich zu entschuldigen. »Wir haben soeben erst ein paar Worte wechseln können.«

»Nun gut, jetzt weiß er es. Hoffentlich auch, dass er vor Gericht zu schweigen hat. Bekennt sich Euer Mandant schuldig, sodass wir das Verfahren abkürzen können? Ich habe schließlich nicht den ganzen Tag Zeit, und die ehrenwerten Herren der Jury sicher auch nicht. Nun, was ist? Bei der Eindeutigkeit der Sachlage können wir uns ja wohl eine langwierige Verhandlung ersparen. Schließlich wurdet Ihr ja auf frischer Tat dabei ertappt, wie Ihr Piraterie betrieben habt, Mr Bannister!«

Jack sah keinen Ausweg mehr. Er glaubte, eine Lücke in den Reihen der den Platz umstehenden Soldaten entdeckt zu haben, und wollte schon lossprinten, als hinter ihm eine sonore, aber etwas heisere Stimme laut rief:

»Unschuldig in allen Punkten der Anklage, Euer Ehren!«

Sofort ging ein Raunen durch die Reihen, und alle Blicke wandten sich in die Richtung, aus der die Antwort auf die Frage des Gouverneurs gekommen war. Auch Jack hatte sich umgedreht und sah, wie gemächlichen Schrittes, seinen Gehstock herumwirbelnd, Henry Morgan herangeschlendert kam.

»Was soll das heißen, Sir Henry?«, musste sich der Ankömmling von Lynch anfahren lassen. »Inwieweit seid Ihr in diese Sache involviert, dass Ihr Euch hier einmischt? Ich denke kaum, dass wir Eurer bedürfen, um ein gerechtes Urteil in besagter Angelegenheit zu fällen.«

»Oh doch, Sir Thomas«, entgegnete Morgan und stolzierte wie ein Gockel mit stolzgeschwellter Brust vor dem Podest, auf dem sein Gegenspieler thronte, und den Geschworenen, die sich amüsiert zurückgelehnt hatten und gespannt der Dinge harrten, die da kommen würden, auf und ab. »Schließlich bin ich der oberste Richter der Admiralität und nicht Ihr. Und um eine Marineangelegenheit handelt es sich hier ja wohl ganz offensichtlich. Wenn ich nicht so guter Laune wäre, Euer Ehren, könnte ich also durchaus von Amtsanmaßung sprechen.«

Thomas Lynch lief krebsrot an, während rings um den Platz die ersten Zuschauer zu lachen begannen und auch die Geschworenen anfingen zu schmunzeln. Die Verhandlung versprach nun, unterhaltsam zu werden und längst nicht so langweilig, wie man ursprünglich angenommen hatte.

»Aber belassen wir es dabei, Sir Thomas«, fuhr Morgan fort.

»Ich will ja nicht kleinlich sein und überlasse Euch gern den Vorsitz, auch wenn ich schon etwas verstimmt darüber bin, dass Ihr mich nicht über die anstehende Verhandlung informiert habt.«

»Nun, mir wurde gesagt, dass Ihr erkrankt seid und Euch auf Eure Güter zurückgezogen habt«, versuchte Lynch, sich herauszureden.

»Nicht mehr, wie Ihr sehen könnt«, erwiderte Morgan und grinste über das ganze Gesicht. »Und seid gewiss, auch wenn ich auf meiner Plantage weile, erfahre ich doch, was in Port Royal vor sich geht. Und so konnte ich in Ruhe genesen und doch noch rechtzeitig hier erscheinen, um meinem jungen Freund beizustehen.«

Der ehemalige Pirat wandte sich um und direkt an den Anwalt, der Jack hätte zur Seite stehen sollen.

»Schleich dich, Gosse!«, schrie er ihn an. »Wenn sich Sir Thomas schon anmaßt, den Vorsitz meines Gerichtes zu übernehmen, kann er mir zumindest nicht verwehren, als Verteidiger zu fungieren. Du bist doch nur ein von ihm gekaufter Lakai, der seine Mandanten regelmäßig ans Messer liefert oder – noch schlimmer – an den Galgen bringt. Ich konnte dich noch nie leiden. Verschwinde, aber hurtig, bevor ich mich vergesse!«

Zur Unterstreichung seiner Worte zog Morgan eine Pistole aus seinem Gürtel und spannte den Hahn. Jack glaubte, noch nie in seinem Leben einen Mann so schnell laufen gesehen zu haben wie seinen vorgeblichen Anwalt, der auf der Stelle verschwand und sich nicht wieder blicken ließ. Jetzt brüllten die anwesenden Zuschauer vor Lachen, und Lynchs Gesichtsfarbe wechselte von Krebsrot zu Kalkweiß, denn er ahnte schon, was jetzt als Nächstes kommen würde.

»Aber wieso muss dieser junge Seeheld, der sich vor noch gar nicht so langer Zeit gerade in diesen Gewässern im Kampf gegen zwei berüchtigte holländische Piraten ausgezeichnet hat, überhaupt verteidigt werden, frage ich Euch?«, fuhr Morgan fort und wandte sich nun direkt an die Jury. »Hat er sich nicht vorbildlich um seine Mannschaft gekümmert, wie mir berichtet wurde, und Port Royal vor einer Seuche, vielleicht sogar der Pest bewahrt, indem er nicht in unseren Hafen eingelaufen ist, wie es wohl jeder andere Captain, auf Hilfe hoffend, getan hätte? Sein Schiff liegt immer noch mit der Quarantäneflagge im Topp mitten in der Bucht vor Anker. Wieso also diese Verhandlung? Was wirft man ihm eigentlich vor?«

»Dass er ein Pirat ist, der in Friedenszeiten und ohne Kaperbrief ein spanisches Schiff aufgebracht hat«, donnerte Lynch, der zwischenzeitlich aufgesprungen war, von seinem Podest herunter. »Dafür steht der Kapitän der Brigg als Zeuge ein. Fragt ihn, wenn Ihr mir nicht glaubt!«

Henry Morgan dachte gar nicht daran und winkte nur verächtlich ab.

»Seit wann ist es ein Vergehen, einen Spanier aufzubringen?«, fragte er stattdessen lachend, und selbst Jack begann langsam, das Schauspiel zu genießen. Hier bekriegten sich zwei Männer, die sich offenbar auf den Tod nicht ausstehen konnten, auf offener Bühne, und zumindest einer von ihnen hatte dabei die Zustimmung der Einwohner von Port Royal, die ihn lautstark mit Beifallsrufen unterstützten.

»Ich habe das dutzendfach getan«, gestand Morgan ein. »Und? Hier stehe ich, geadelt und zum obersten Richter dieser schönen Insel ernannt. Und da wollt Ihr diesen aufstrebenden, jungen Mann hängen, Lynch, nur weil Euch Euer Magengeschwür piesackt? Wegen einem klitzekleinen Spanier, dem noch nicht einmal ein Leid geschehen ist? Macht Euch doch nicht lächerlich! Für so ein Schandurteil werdet Ihr nie eine Jury gewinnen, zumindest nicht hier in Port Royal. Ist es nicht so, Männer?«

Es gab niemanden auf dem Platz, außer Thomas Lynch, der jetzt nicht jubelte, und sogar die Soldaten stimmten mit ein. Die Stimmung war völlig umgeschlagen, und aus »Kreuzigt ihn!« waren Hosianna-Rufe geworden. Morgan hatte natürlich recht, Spanier aufzubringen, war doch kein Verbrechen, sondern Christenpflicht! Schließlich waren die Papisten und keine rechtgläubigen Protestanten wie man selbst. Da gebot es allein schon die Religion, Frieden hin oder her. Und war Port Royal nicht erst dank der Freibeuter aufgeblüht, hatten Henry Morgan und seine Kumpane nicht spanische Schiffe geentert sowie spanische Städte überfallen und die Beute hierhergebracht, um den Reichtum aller zu mehren? Wie konnte etwas falsch sein, was noch vor Kurzem richtig gewesen war? Das waren glorreiche Zeiten gewesen, als noch keine solchen Miesepeter wie Lynch auf Jamaica das Sagen gehabt hatten! Und als sich Morgan jetzt an die Geschworenen wandte, um sie zu fragen, ob sie den Angeklagten für schuldig oder unschuldig hielten, da gab es wie zu erwarten nur eine Antwort:

»Nicht schuldig in allen Punkten der Anklage«, obwohl diese bislang gar nicht vorgetragen worden waren.

Thomas Lynch war auf seinem Sessel zusammengesunken und presste die rechte Hand auf seine linke Brust, denn er hatte unsagbare Herzschmerzen. Das konnte doch alles nicht wahr sein! Da bemühte er sich nach bestem Wissen und Gewissen, Recht und Ordnung auf Jamaica durchzusetzen, setzte dabei sogar seine Gesundheit aufs Spiel, und wie wurde es ihm gedankt? Was erlaubten sich diese Piraten eigentlich, und wieso nur kamen sie damit auch noch durch? Morgan ebenso wie dieser Bannister, der offenbar dabei war, in die Fußstapfen des Ersteren zu treten. Oh, er hatte ihn gleich durchschaut, schon als er ihn das erste Mal gesehen hatte. Das gleiche Funkeln in den Augen, das gleiche, bestimmende und selbstsichere Auftreten, den gleichen wiegenden Gang wie Henry Morgan. Wie er sie hasste, diese Männer der See, denen er sich nicht gewachsen fühlte und die ihrerseits glaubten, sich über jedes Gesetz hinwegsetzen zu können, wann immer es ihnen passte. An diesem Bannister hatte er ein Exempel statuieren wollen, das allen eine Warnung sein sollte. Doch nun hatte er nichts weiter erreicht, als sich der Lächerlichkeit preiszugeben und dass diese Piraten die Oberhand behielten. Außerdem befürchtete er, dass ihn gleich der Schlag treffen würde, so sehr schmerzte ihn mittlerweile die ganze Brust und auch der linke Arm.

Mühsam winkte Lynch zwei Diener herbei und befahl ihnen, ihn in sein Schlafgemach zu bringen und nach seinem Arzt zu schicken. Doch zuvor winkte er noch seinen Sekretär zu sich und diktierte ihm, wenn auch mit brüchiger Stimme, ein Schriftstück, in dem er anwies, dass Jack Bannister Port Royal nicht verlassen und sich auch nicht an Bord seines Schiffes begeben durfte, bis Weisung aus London eingetroffen war, wie weiter mit ihm zu verfahren sei. Und das konnte lange, sehr lange dauern, und selbst Henry Morgan würde sich daran halten müssen, wollte er nicht seines Postens verlustig gehen, denn solche Entscheidungen unterstanden nicht dessen Gerichtsbarkeit, sondern lagen ausschließlich in der Hand des Gouverneurs.

Jack bedankte sich in der Zwischenzeit überschwänglich bei Henry Morgan für dessen Beistand, doch der winkte nur lachend ab.

»Es war mir eine große Ehre, Euch hilfreich zur Seite stehen zu können, und außerdem ein Riesenspaß, es Lynch mal wieder so richtig gezeigt zu haben. Der Kerl ruiniert mir mit seinem Puritanismus noch meine ganze schöne Insel! Was hat er denn erreicht mit seinem vorgeblichen Kampf gegen die Piraterie? Gouverneur Modyford und ich hatten mit den Freibeutern aus allen Nationen eine Vereinbarung getroffen. Sie durften hier in Port Royal vor Anker gehen, ihre Beute losschlagen und sich vergnügen.

Oder was glaubt Ihr, woher es kommt, dass die Stadt so schnell so reich geworden ist, und womit der Bau der ganzen

Befestigungen bezahlt wird? Dafür mussten sie sich aber verpflichten, keine englischen Schiffe anzugreifen. Doch was tut Lynch, kaum ist Modyford weg? Jagt sie davon und verwehrt ihnen mit den Kanonen in den Forts, die sie letztlich bezahlt haben, den Zugang nach Port Royal. Ist denn so ein Schwachsinn überhaupt zu fassen? Und was hat er damit gewonnen? Meine ehemaligen Kameraden sind nach Tortuga weitergezogen, wo man sie mit offenen Armen willkommen geheißen und ihnen noch dazu Kaperbriefe ausgestellt hat. Nun ist kein englisches Schiff mehr vor den Piraten der Karibik sicher, Ihr habt es ja selbst erlebt. Der französische König kassiert trotz des Friedens mit England seinen Anteil an der Beute und lacht sich aufgrund der Dummheit, die Lynch begangen hat, ins Fäustchen. Ich sag's Euch, nur Ärger habe ich mit dem Kerl! Soll ihn doch der Teufel holen!«

Henry Morgans Wunsch ging schneller in Erfüllung, als er es sich gedacht hatte. Knapp zwei Wochen waren seit der Gerichtsverhandlung vergangen, und Jack wusste nicht mehr ein noch aus. Das Leben in Port Royal war teuer, und er hatte kein Geld. Was er besaß, lag in seiner Kabine auf der *Golden Fleece*, doch die durfte er nicht betreten und sich auch nicht aus der Stadt entfernen. Eine armselige Dachkammer in einer Hafenkaschemme musste ihm als Quartier genügen, deren Besitzer er mit dem Versprechen auf reichen Lohn, sobald er wieder solvent wäre, vertröstet hatte. Die Quarantäne der *Golden Fleece* würde ja nun bald aufgehoben werden, und Jack hoffte, dass man ihm dann zumindest seine Sachen und Besitztümer an Land brachte. Oder noch besser, ihn an Bord ließ, um die Kameraden von den Caymans abzuholen, sofern sie überlebt hatten.

Doch da hatte er wenig Hoffnung, denn dem würde Lynch wohl kaum zustimmen, musste er doch befürchten, dass Jack sich absetzte, stand er erst wieder auf dem Deck seines Schiffes.

Und das hätte er auch ganz sicher getan, denn sobald der Bescheid aus London einträfe, würde ihn das mit Sicherheit den Kopf kosten.

Jack saß müde und niedergeschlagen in der Schankstube seiner Unterkunft und hielt sich an einem Humpen Dünnbier fest, als auf einmal alle Kirchenglocken der Stadt anhaltend zu läuten begannen. Ein paar Gäste rannten vor die Tür, um zu schauen, ob irgendwo Feuer ausgebrochen war, doch da nirgendwo Rauch oder Flammenschein zu sehen war und auch keine Leute angstvoll durch die Straßen hasteten, kehrten sie bald wieder an ihre Plätze zurück und hofften, in Kürze darüber aufgeklärt zu werden, was der ganze Lärm zu bedeuten hatte.

Sie sollten es auch bald erfahren, denn auf einmal wurde die Tür aufgerissen, und Henry Morgan stand groß und mächtig im Rahmen. Diesmal ging allerdings keine joviale Freundlichkeit von dem ehemaligen Freibeuter aus, sondern er wirkte beängstigend kalt, als er sich, gefolgt von zwei Stadtsoldaten, dem Tisch von Jack Bannister näherte, der fragend aufschaute.

Morgan baute sich vor ihm auf, die Hände in die Hüften gestützt, und sah böse auf ihn herab.

»Ich habe eine gute und eine schlechte Nachricht für Euch«, meinte er dann lauernd. »Welche wollt Ihr denn zuerst hören?«

»Schlechte hatte ich in letzter Zeit genug«, knurrte Jack. »Als Ausgleich einmal eine gute wäre eine feine Sache.«

»Wie Ihr wollt«, fauchte Morgan, und Jack fragte sich, was dessen Stimmungswandel hervorgerufen hatte. »Hört Ihr die Glocken? Sie läuten, weil Thomas Lynch heute verstorben ist. Man sagt, dass er über Euren Freispruch nicht hinweggekommen ist und ihn deshalb der Schlag getroffen hat. Von seiner Seite her habt Ihr also nichts mehr zu befürchten. Aber ich bedaure das aufrichtig, weil ich seit einer Stunde weiß, dass er recht und ich unrecht hatte, als ich Euch verteidigt habe. Vor Kurzem ist nämlich ein Schiff der Royal African Company in den Hafen eingelaufen, das einen Brief meines alten Freundes Nicholas Crispe für mich an Bord hatte. Was glaubt Ihr wohl, was er mir geschrieben hat?«

Jack konnte es sich denken, zuckte aber nur mit den Schultern. Gleichzeitig begann sein Hirn, fieberhaft zu arbeiten und nach einem Ausweg zu suchen. Er hatte das alles so satt! Auf die Hilfe anderer angewiesen zu sein, anstatt sein Schicksal selbst bestimmen zu können, ständig befürchten zu müssen, wieder verhaftet zu werden, und jetzt auch noch das. Eine Lösung musste her, aber schnell, und wenn sie ihn das Leben kostete. Aber immer noch besser, im Kampf zu fallen, als am Galgen zu baumeln und den Hals langgezogen zu bekommen.

»So, Ihr wisst es nicht?«, fuhr Morgan fort. »Dann will ich es Euch sagen. Er hat mir mitgeteilt, dass Ihr die *Golden Fleece* gestohlen habt! Statt, wie Eure Order lautete, nach Westafrika zu reisen, habt Ihr ihm in Eurer Frechheit sogar noch schriftlich mitgeteilt, dass Ihr in die Karibik segelt, um Euch den Piraten anzuschließen, und fortan Jagd auf die Schiffe Eures ehemaligen Dienstherrn machen wollt. Warum auch immer, aber das tut hier gar nichts zur Sache. Entspricht das, was Crispe mir mitgeteilt hat, der Wahrheit, oder habt Ihr die Stirn, mir ins Gesicht zu lügen?«

Jack zuckte erneut mit den Schultern, gleichzeitig suchten aber seine Augen die Schankstube nach einer Fluchtmöglichkeit ab.

»Und?«, meinte er dann und gab vor, eher desinteressiert zu sein. »Das habt Ihr doch auch, wie Ihr mir selbst erzählt habt. Schiffe der Company geentert und Lösegeld dafür verlangt, meine ich. Was soll also die ganze Aufregung?«

Morgan schnappte ob der gelassenen Antwort sichtbar nach Luft.

»Das, mein Herr, waren aber gänzlich andere Zeiten, die nun endgültig vorbei sind. Niemand vergreift sich ungestraft an englischen Schiffen, solange ich oberster Richter der Admiralität auf Jamaica bin! Merkt Euch das! Euch, Mr Bannister, bringt das jedenfalls an den Galgen! Nur schade, dass Gouverneur Lynch das nicht mehr miterleben kann.«

»Und Ihr auch nicht, macht Ihr nur eine falsche Bewegung!«

Blitzschnell waren Jacks Hände nach vorn geschnellt, hatten die zwei Pistolen Morgans aus dessen Gürtel gerissen, die Hähne gespannt und drückten ihm nun deren Läufe in den dicken Bauch.

»Hört doch auf, Söhnchen, das bringt doch nichts«, versuchte ihn der überraschte Richter zu beschwichtigen, hob aber sicherheitshalber vorsichtig die Hände. Er wusste, Jack hatte schließlich nichts mehr zu verlieren, und Männer in dieser Lage waren immer gefährlich. Und dass Bannister entschlossen handeln konnte, wenn es darauf ankam, hatte er schließlich schon zur Genüge bewiesen.

»Sagt Euren beiden Begleitern, sie sollen sich trollen, aber ganz schnell, wenn Ihr weiterleben wollt«, fuhr Jack Morgan an. »Ich will die Nägel ihrer Stiefel auf dem Pflaster klappern hören, und zwar weg von dieser Schenke! Und wir gehen jetzt ganz langsam zur Tür. Ihr rückwärts und vor mir her. Habt Ihr das verstanden?«

Jacks Stimme war kalt wie Gletschereis, und Morgan brach auf der Stelle der Schweiß aus allen Poren und lief ihm den Rücken hinab. Er war beileibe kein Feigling, sonst hätte er es nie zum Anführer der Piraten in der Karibik gebracht, aber er besaß auch genügend Menschenkenntnis, um zu erkennen, wenn ein Mann zu allem entschlossen war. Und er wollte leben, jeden Tag genießen, so reich und angesehen, wie er war, und nicht in einer Hafenkneipe abgeknallt werden wie ein räudiger Hund, nur weil er eine Situation falsch eingeschätzt hatte.

»Tut, was der Mann sagt«, fuhr er deshalb die beiden Büttel an. »Verschwindet, ich komme hier schon klar. Und Ihr,

Mr Bannister, überlegt Euch Euer Handeln gut und macht es nicht noch schlimmer, als es schon ist.«

»Keine Sorge, das habe ich. Und was, bitte, soll denn noch schlimmer werden? Mein Kopf steckt doch schon in der Schlinge. Also vorwärts, zur Tür, aber lasst schön Eure Hände oben, wollt Ihr nicht zwei große Löcher in Eurem Bauch haben. Keiner hier in der Schenke rührt sich, ist das klar? Sonst, das schwöre ich bei Gott, ist Henry Morgan ein toter Mann.«

Das hatten die Männer auch gar nicht vor, die mit offenem Mund das Schauspiel verfolgten und gespannt waren, wie es ausging.

»Hört mal, Bannister, so könnt Ihr nicht mit mir umgehen«, versuchte der Richter, die Situation zu entschärfen. »Habt Ihr denn vergessen, was ich alles für Euch getan habe?«

»Ihr tut nur Dinge, die Euch auch selbst nützen oder Euch Spaß machen, Morgan«, fauchte Jack. »Vorwärts, habe ich gesagt. Macht besser keine Zicken! Lieber lasse ich mich nämlich erschießen als hängen.«

Langsam näherten sich die beiden Männer der Tür, und Morgan drückte sie mit seinem breiten Kreuz auf. Draußen ging die Dämmerung gerade in Dunkelheit über, und außer ein paar offenbar jetzt schon betrunkenen Seemännern am Ende der Straße war keine Menschenseele zu sehen. Jack fragte sich, wohin er sich jetzt wenden sollte, da sah er gegenüber der Schenke vor einem weit nobleren Boardinghouse ein angebundenes Pferd stehen. Es war ein eleganter Halbblüter, der bestimmt einem reichen Pflanzer gehörte. Sein Besitzer schien soeben angekommen zu sein und fragte wohl im Haus gerade nach einem Quartier. Sofort war Jack klar, dass sich ihm hier eine einmalige Chance bot, die er nicht ungenutzt verstreichen lassen durfte. Er steckte eine der Pistolen in seinen Gürtel und richtete die andere auf Morgans Kopf.

»Los, da rüber«, befahl er.

Mit wenigen Schritten hatten die beiden Männer die Straße überquert. Jack löste den Zügel von der Anbindestange und schwang sich, ohne die Steigbügel zu benutzen, in den Sattel. Ein fester Schenkeldruck, ein Zungenschnalzen, und schon galoppierte er tief über den Hals des Pferdes gebeugt in Richtung Osten davon. Nur dort gab es noch eine Möglichkeit, Port Royal zu verlassen und ins Hinterland zu entkommen, denn die Stadt war hier aufgrund ihrer rasch wachsenden Größe von keinem Mauerring umgeben, sondern wurde nur von den Forts geschützt.

Ein Schuss, offenbar von einem der zurückgekehrten Soldaten abgegeben, wurde auf Jack abgefeuert, und die Kugel pfiff dicht an ihm vorbei, aber er scherte sich nicht darum. Wie wild jagte er zwischen den Häuserzeilen dahin und war bereit, jeden über den Haufen zu reiten, der sich ihm in den Weg stellte. Doch glücklicherweise war das nicht nötig, da alle blitzschnell zur Seite sprangen, die ihn kommen sahen oder auch nur hörten, und schon bald hatte er die Stadt hinter sich gelassen und das freie Land gewonnen. Zwar musste er noch Fort Rupert passieren, aber er glaubte kaum, dass von dort eine Bedrohung für einen einsamen Reiter ausging.

Henry Morgan stand derweil mit in die Hüften gestützten Armen mitten auf der Straße zwischen der Kaschemme und dem Boardinghouse und schüttelte nur den Kopf, während er immer wieder vor sich hinmurmelte: »Was für ein Teufelskerl! Bei Neptun, was für ein Teufelskerl!«

Erst als Jack die Lichter von Port Royal nicht mehr sehen konnte, zügelte er sein Pferd und gönnte ihm eine Verschnaufpause. Ihm war klar, dass er zwar für den Moment entkommen war, aber spätestens beim ersten Morgengrauen begonnen werden würde, ihn zu hetzen. So verfuhr man unter anderem mit entlaufenen Sklaven und setzte dafür Bluthunde ein, die jede Spur aufnahmen und gnadenlos auf ihr blieben, bis sie ihr

Opfer gestellt hatten. Zwar hieß es, dass im Inneren Jamaicas entflohene Sklaven zusammen mit den letzten Eingeborenen lebten, aber ob er sich bis zu ihnen durchschlagen könnte und ob sie ihn dann auch aufnahmen, war mehr als fraglich.

Jack wusste, ein Plan musste her, und das schnell. Und als er so darüber nachdachte, wohin er sich wenden sollte, kam ihm auf einmal gleich einer göttlichen Eingebung ein Gedanke. Natürlich, wieso war er nicht schon eher darauf gekommen! Jack trieb sein Pferd wieder an und ritt, so schnell er konnte, bis zum Ende der u-förmigen Bucht. Port Royal lag auf deren südlichem Ufer, während das nördliche von dichten Mangrovenwäldern bedeckt war. Wenn man die Halbinsel mit ihrer Bucht, die den Hafen von Port Royal bildete, verlassen wollte, musste man sich weiter nach Osten wenden, eine wesentlich größere Bucht, eigentlich einen Meeresarm, umgehen und gelangte erst dann in das bergige Hinterland der großen Insel.

Das allerdings stellte für Jack keine Option dar. Er hatte sein Leben schon so oft aufs Spiel gesetzt, da kam es auf ein weiteres Mal jetzt auch nicht mehr an. Jack versuchte, die Hafenbucht so weit wie möglich zu umreiten, aber als durch den dichten Dschungel kein Fortkommen zu Pferd mehr möglich war, saß er ab. Er nahm dem Pferd, das ihn so treulich getragen hatte, Sattel und Zaumzeug ab, damit es damit nirgendwo hängen blieb, und jagte es mit einem Klaps auf die Kruppe davon. Jack war sicher, dass es schon seinen Weg finden würde. Er selbst kämpfte sich nun zu Fuß durch die Mangroven und musste dabei auch Wasserarme und Sümpfe durchqueren, kam aber trotz allem gut voran. Da ein heller Mond schien und auch die Sterne des Südens sich sehen ließen, verlor er sein Ziel nie aus den Augen, das so einsam und scheinbar verlassen mitten in der Bucht lag, von Port Royal genauso weit entfernt wie von dem nördlichen Ufer der Bucht.

Als Jack endlich gegenüber der *Golden Fleece* angekommen war, ruhte er sich eine Weile aus, denn er wusste, jetzt würde er all seine Kräfte brauchen. Die Entfernung bis zu der Galeone schätzte er auf etwa eineinhalb bis zwei Meilen, die zurückzulegen er sich durchaus zutraute, denn er war ein guter Schwimmer. Die Strömung, die in Richtung offenes Meer floss und von den in die Bucht mündenden Flüssen herrührte, würde ihn sogar dabei unterstützen und auf das Schiff zutreiben. Vorausgesetzt, er machte keine Haie auf sich aufmerksam, musste sein Vorhaben einfach gelingen. Und wenn nicht, starb er wenigstens wie ein Seemann im Meer und nicht mit einer Kugel im Rücken oder mit einem Strick um den Hals.

3. KAPITEL

KARIBISCHE SEE, 1684

William Lewis wälzte sich in seiner Koje hin und her. Die Luft in der Kajüte war stickig, sein Schlaf unruhig, und immer wieder wachte er auf, weil ihm so viele Dinge im Kopf herumgingen. In zwei Tagen sollte die Quarantäne aufgehoben werden, aber was kam dann? Von Captain Bannister hatten sie nichts mehr gehört und gesehen, seit er auf die *Ruby* gebracht und später an Land geschafft worden war. Lebte er überhaupt noch, oder hatte man ihn schon als Piraten gehängt? Und welches Schicksal drohte in diesem Falle der Mannschaft und letztlich auch ihm? Der Erste Offizier hatte schon darüber nachgedacht, in einer dunklen Nacht die Ankertaue zu kappen und zu versuchen, sich aus der Bucht zu schleichen und die offene See zu gewinnen, das Vorhaben dann aber als unrealisierbar verworfen. Wie sollte es die *Golden Fleece* an den waffenstarrenden Forts vorbeischaffen, ohne versenkt zu werden? Noch dazu mit einer so geringen Besatzung, dass man entweder nur die Segel oder die Kanonen bedienen konnte? Ja, wäre der Captain an Bord, der hätte bestimmt gewusst, was man tun könnte! Aber Lewis fühlte sich einfach noch zu jung und unerfahren, um solch eine schwere Entscheidung zu treffen, und der ältere North, mit dem er sich beraten hatte, war ihm auch keine Hilfe gewesen, weil er sich um eine klare Aussage herumdrückte. Und da sollte man nun den Schlaf finden, den man so nötig brauchte, um wenigstens tagsüber klar denken zu können!

Es war zum Auswachsen, und was, zum Teufel, kratzte denn da an der Bordwand entlang? Waren wieder einmal Taue schlecht aufgeschossen worden? Die Disziplin an Bord ließ in letzter Zeit sehr zu wünschen übrig. Aber war das ein Wunder? Vier Wochen Nichtstun, nur herumlungern, unter tropischer Sonne. Anfangs hatten North und er sich noch Arbeiten für die Männer ausgedacht, um sie zu beschäftigen, aber irgendwann war auch das letzte Seil gespleißt, das letzte Segel geflickt, alle Waffen blitzblank poliert und die Planken vom vielen Scheuern schon so dünn, dass man befürchten musste, ins Unterdeck durchzubrechen.

Jetzt klopfte dieses verdammte Tau auch noch gegen die Butzenscheiben! Lewis war nun endgültig wach und riss das Fenster seiner an Steuerbord gelegenen Kajüte auf, um nach der Ursache für das schlagende Geräusch zu sehen. Doch bevor er seinen Kopf hinausstecken konnte, schaute ein anderer in seine Schlafkabine hinein – und Lewis traf fast der Schlag.

»Na endlich, das wurde aber auch Zeit«, herrschte Jack seinen Ersten Offizier an. »Ihr ratzt ja, dass man Euer Schnarchen bis nach Port Royal hört! Helft mir endlich in Eure Kajüte hinein. Zwei Meilen schwimmen und das Klettern über das Heckruder und den Heckspiegel hinauf waren doch recht anstrengend.«

Zwischendurch hatte Jack sogar geglaubt, es nicht zu schaffen. So stark er auch durchzog, die Entfernung zur *Golden Fleece* schien einfach nicht abzunehmen. Doch dann hatte die Ebbe eingesetzt und das zurückweichende Wasser ihn regelrecht mitgenommen und ihm das Schwimmen erleichtert. Am Schiff angekommen, war er über das Heckruder nach oben geklettert, wobei die eisernen Beschläge als Trittstufen fungierten. Jack hatte gehofft, dass die Geschützpforten der Heckkanonen offen stünden, und er so in das Innere der Galeone gelangen konnte, sah sich aber zu seinem Leidwesen getäuscht. Also musste er weiter nach oben über den Heckspiegel klettern und dankte Gott, dass er noch nicht den Befehl gegeben hatte, das große, hier angebrachte Signet der Company abzuschlagen – ein Wappen mit einem Elefanten, auf dessen Rücken eine dem Tower von London nachempfundene Burg thronte, welches wiederum von zwei afrikanischen Kriegern flankiert wurde. Dank der Schnitzereien fand er Halt und Tritt, kletterte an seiner eigenen Kajüte vorbei, da er befürchtete, dass in ihr vielleicht Wachen untergebracht worden waren, und gelangte zu der seines Ersten Offiziers, der aber anscheinend den Schlaf der Gerechten schlief und auf sein Kratzen nicht reagierte. Erst als er gegen die Butzenscheiben klopfte und dabei nur hoffen konnte, dass das niemand anderes an Bord hörte, öffnete sich endlich das Fenster, und er konnte mithilfe des fassungslosen Lewis an diesem vorbei in das Schiff hineinschlüpfen.

»Großer Gott, Captain, wo kommt Ihr denn her?«, hauchte der Erste Offizier fassungslos, nur um sich eine patzige Antwort einzufangen.

»Nun, woher wohl? Für die Hölle bin ich wohl ein bisschen zu nass. Aber jetzt ist keine Zeit für Plaudereien. Sind Wachen an Bord?«

»Ein Corporal und fünf Marinesoldaten. Zwei halten immer Wache, einer auf der Back, einer auf dem Oberdeck. Aber meist schlafen sie, genau wie ihre Kameraden, die sich in Eurer Kajüte eingenistet haben.«

Gut, dass ich nicht versucht habe, dort einzusteigen, dachte Jack und atmete erleichtert auf, aber damit war die Gefahr noch nicht gebannt.

»Wie viele unserer Männer befinden sich an Bord, und sind welche von ihnen krank oder in letzter Zeit gestorben?«, wollte er wissen.

»Kein Einziger, und alle sind gesund«, erfuhr Jack zu seiner Freude von Lewis. »Wer von der Seuche genesen ist, erkrankt offenbar nicht noch einmal an ihr. North, mich und fünf weitere hat es gar nicht erwischt. Insgesamt sind zweiunddreißig unserer Männer an Bord.«

»Gut, das müsste reichen«, meinte Jack erleichtert. »Weckt North in seiner Kajüte an Backbord, falls er schlafen sollte.

Traut Ihr Euch zu, mit ihm zusammen die beiden Wachen an Deck zu überwältigen?«

»Sicher, ist ein Kinderspiel.«

»Nicht unvorsichtig werden, Mr Lewis«, ermahnte der Captain seinen Ersten Offizier. »Das muss völlig lautlos erfolgen, denn fällt auch nur ein Schuss, alarmiert der die Wachmannschaften in den Forts, und wir gehen durch eine Feuerhölle. Und wir wollen doch möglichst unbeschadet Port Royal verlassen, oder etwa nicht?«

»Ihr wollt auslaufen, Captain?«, fragte Lewis nach, aber eigentlich hätte er es sich denken können und bereute schon, überhaupt etwas gesagt zu haben.

»Was denn sonst?«, kam auch prompt die patzige Antwort. »Unverzüglich, sobald wir die Wachen überwältigt haben. Also, vorwärts, erledigt die beiden Soldaten auf Deck. Ich hole mir ein paar Männer und nehme mir den Corporal und seine Begleitung vor. Danach setzen wir Segel und verlassen diesen ungastlichen Ort.«

William Lewis war heilfroh, dass ihm endlich wieder jemand sagte, was er tun sollte, und sofort mit Feuereifer bei der Sache. Er tat, wie ihm geheißen, und zusammen mit Daniel North schaltete er problemlos die beiden Marinesoldaten aus, die ebenso fest schliefen wie ihre Kameraden in der Kapitänskajüte, nur nicht ganz so komfortabel. Ein Schlag mit einer Handspake auf den Hinterkopf schickte sie noch tiefer in das Land der Träume, und schnell waren sie gefesselt und geknebelt.

Jack hatte zwischenzeitlich leise die Männer im Unterdeck geweckt und einem halben Dutzend von ihnen befohlen, ihn zu seiner Kajüte zu begleiten. Ehe sichs die Schläfer dort versahen, waren sie bereits überwältigt und wie Warenballen verschnürt worden.

Das Überrumpelungsmanöver war zumindest problemloser abgelaufen, als Jack gedacht hatte, und jetzt befand sich das Schiff wieder in seiner Hand. Aber das Segelsetzen würde mit

Sicherheit nicht unbemerkt bleiben, und um in die offene See zu gelangen, musste die *Golden Fleece* an Fort James und dann auch noch an Fort Charles vorbei, während von den anderen Befestigungen aufgrund der weiten Distanz wahrscheinlich keine Gefahr drohte. Trotzdem half nur größte Eile und Schnelligkeit. Man befand sich also im Wettlauf mit den Bedienmannschaften der Batterien in den Festungen und musste ihn unbedingt gewinnen, wollte man nicht im Kugelhagel versenkt werden.

Jack sprang auf die Poop und sah die versammelten Männer auf der Kuhl stehen, die inklusive der beiden Offiziere erwartungsvoll zu ihm aufschauten und auf seine Befehle gespannt waren.

»Worauf wartet ihr?«, rief er ihnen zu. »Kappt die Ankertaue, zum Einholen ist keine Zeit mehr. Setzt Klüver, Mars- und Bramsegel. Breitfock und Großsegel erst, wenn wir gut im Wind liegen. Los jetzt, unser aller Leben hängt von eurer Schnelligkeit ab!«

So schnell wie jetzt, glaubte Jack, hatte sich seine Mannschaft noch nie bewegt. North selbst hieb mit einer Axt auf das armdicke Ankertau an Steuerbord ein, zwei Maate auf das an Backbord. Seeleute enterten so flink wie Wiesel in die Wanten, und nur wenige Lidschläge nach Jacks Befehl entfalteten sich schon die Klüver zwischen Bugspriet und Fockmast. Dann waren auch die Reffbändsel an den Rahen gelöst, und zuerst fielen die Marssegel, gleich darauf die Bramsegel. Das Ganze ging nahezu lautlos und nicht, wie sonst üblich mit Gesang, vor sich. Nur das Knattern der Leinwand im Wind konnte natürlich nicht verhindert werden, aber darauf kam es jetzt auch nicht mehr an.

Wie ein Pferd, dem man die Sporen gegeben hatte, setzte sich die *Golden Fleece* in Bewegung, und Jack dankte Gott aus vollem Herzen für die ablandige Brise, die die Segel des Schiffes blähte. Die Bucht war ein Tiefwasserhafen, und es bestand kaum Gefahr, auf eine Sandbank oder Untiefe aufzulaufen. Die drohte nur von den Kanonen der Festungen, aber die Batterien von Fort Morgan schwiegen ebenso wie die von Fort James. Dort war zwar Fackel- und Laternenschein zu erkennen, der sich bewegte, doch es fiel kein Schuss. Offenbar waren die Geschützmannschaften ebenso wie ihre Offiziere völlig überrascht worden und hatten womöglich erst einmal geweckt werden müssen. Denn die *Golden Fleece* war schon längst außer Reichweite, als sich die ersten Kanonen entluden. Die Kugeln platschten, wie nicht anders zu erwarten, hinter ihrem Ziel in die Bucht, aber das eröffnete Feuer diente natürlich noch einem ganz anderen Zweck. In Fort Charles, das an der Stelle lag, wo jedes Schiff, das die Bucht von Port Royal verließ, von West- auf Südkurs gehen musste, schlief jetzt garantiert niemand mehr.

Jack jagte die Galeone regelrecht durch die Nacht. Er wusste, dass bald der gefährlichste Moment ihrer Flucht kam, nämlich dann, wenn die Rahen zur Kursänderung umgebrasst werden mussten, noch dazu unter Beschuss, wenn sie Pech hatten. Er hatte sich die Stellung der Kanonen während seiner Spaziergänge auf den Wällen genau eingeprägt, und als sie nun gegenüber von Fort Charles waren, begann er zu zählen. Das erste Geschütz, das sie passierten, schwieg, ebenso das zweite, das dritte und so weiter. Schon begann sich Hoffnung in seinem Herzen auszubreiten, dass man auch hier unbeschadet vorbeikommen würde, da feuerte das vierzehnte, und die Kugel schlug ganz knapp vor der *Golden Fleece* in die See!

»Verdammt!«, fluchte Jack. »Jetzt gehen wir durch die Hölle! Und noch dazu müssen wir nehmen, was man uns gedenkt zu schicken, ohne unsererseits Antwort geben zu können.«

Jack stand wie meist auf der Poop, und Lewis, auf Befehle wartend, die er dann, wie es seine Aufgabe war, weitergeben würde, neben ihm. Der Erste Offizier überlegte, ob er auf den zornigen Ausruf seines Captains etwas erwidern und sich dafür vielleicht einen erneuten Anraunzer einhandeln sollte. Aber dann entschloss er sich doch, die Information, die ihm unter den Nägeln brannte, kundzutun.

»Sir, die Kanonen des Schiffes sind alle geladen. Ich habe die Geschütze gründlich reinigen und dann feuerbereit machen lassen, um die Männer zu beschäftigen. Wir haben nur niemanden, der sie bedienen kann, denn alle sind in den Wanten und auf den Rahen.«

Die Worte waren noch nicht verhallt, da feuerte das fünfzehnte Geschütz von Fort Charles, und seine Kugel schlug in die Back ein, wo sich allerdings glücklicherweise niemand aufhielt. An dreiundzwanzig Kanonen mussten sie noch vorbei, rechnete Jack aus, und so viel Glück, dies ohne weitere Treffer zu überstehen, hatten sie sicher nicht. Bestimmt würden sie sich ein paar unter der Wasserlinie oder in die Takelage einfangen, die sie zumindest manövrierunfähig machten. Und dann waren sie unrettbar verloren. Ja, wenn sie wenigstens zurückschießen könnten, um damit die Geschützbedienungen in Deckung zu zwingen, dann hätten sie vielleicht eine Chance! Aber wie sollte das gehen ohne Männer an den Kanonen? Doch Jack wäre nicht er selbst gewesen, wenn er nicht eine Lösung parat gehabt hätte.

»Lewis, nehmt Euch noch einen Mann und zieht die Geschützpforten, so schnell Ihr könnt, auf. Das schafft Ihr auch zu zweit. Steuermann, auf meinen Befehl hin ändert Ihr den Kurs von West auf Süd und lasst dabei das Schiff so weit wie möglich nach Steuerbord krängen. Habt Ihr das verstanden? Dadurch hebt sich unsere Backbordseite, und die Kanonen schießen aufwärts. Dass sich ein Schiff wehrt, damit rechnet in Fort Charles sicher niemand, denn die Festung liegt ja auf einem Hügel und kann bestenfalls mit Mörsern bombardiert werden.«

»Aber wer soll denn die Kanonen ausrennen?«, wollte Lewis wissen. »Vom Nachladen ganz zu schweigen!«

»Niemand, William«, bekam der Erste Offizier von seinem Captain zu hören. »Wir feuern nur eine Breitseite durch die geöffneten Stückpforten! Wenn mein Plan aufgeht, wird die das dort drüben so verwirren, dass sie das Zurückschießen vielleicht für einen Moment vergessen. Aber dann sind wir durch, und zusätzlich hüllt uns der Pulverdampf ein und verdeckt den Kanonieren in Fort Charles die Sicht. Los, macht, Mann! Unser aller Schicksal wird davon abhängen!«

Schon sprintete Lewis los, und als Jack hörte, wie die ersten Geschützdeckel gegen die Bordwand schlugen, brüllte er seine Befehle.

»Ruder hart Backbord! Brasst um, Männer, brasst! Lasst das Schiff krängen, bis an Steuerbord die Rahenden die See berühren. Ich will es an Backbord hochkommen sehen! Macht, Männer, macht!«

Noch war das letzte Wort nicht verklungen, da sprang Jack auch schon den Niedergang herunter ins Batteriedeck, griff sich eine glimmende Lunte und hielt sie an das Zündloch des äußersten an achtern stehenden Zwölfpfünders. Kaum hörte er das Pulver zischen, da lief er auch schon zum nächsten, doch fast hätte es ihn dabei von den Beinen geholt. Denn einerseits legte sich die *Golden Fleece* immer stärker nach Steuerbord, und andererseits schlug erneut eine Kugel in die Bordwand, aber glücklicherweise nicht unter der Wasserlinie ein.

Jack fing sich aber schnell wieder und hoffte nur, dass niemand verletzt worden war. Er lief von Geschütz zu Geschütz, und krachend entlud sich nach und nach die gesamte Breitseite der *Golden Fleece* und erwiderte damit das gegnerische Feuer. Keine Kanone war allerdings eingerichtet worden, und so schoss man mehr oder weniger ins Blaue, aber das genügte schon. Niemand hatte in der Festung damit gerechnet, überhaupt unter Beschuss zu geraten, und so war die Panik, die sich ausbreitete, umso größer. Geschützbedienungen warfen sich hinter den Mauern in Deckung, Offiziere brüllten, dass sie sofort wieder an ihre Kanonen gehen sollten, suchten aber selbst hinter Zinnen Schutz, und über allem hing eine immer dichter werdende Wolke aus Pulverdampf, die die Sicht auf das fliehende Schiff nahm und gezieltes Feuer nahezu unmöglich machte.

Darauf hatte Jack gehofft. Fort Charles war passiert, die Schäden überschaubar, keiner an Bord verletzt, der Kurswechsel vollzogen, und langsam richtete sich die *Golden Fleece* wieder auf. Tief atmete er durch, denn die Freiheit war zum Greifen nahe, da schallten Jubelrufe aus den Marsen, von den Rahen und aus den Wanten zu ihm auf die Poop, die man bestimmt bis nach Port Royal hörte. Die Mannschaft hatte ihren Captain wieder, und der Captain sein Schiff und seine Besatzung, auch wenn diese noch nicht vollständig war. Gemeinsam würden sie von nun an allen Widrigkeiten trotzen, denn nichts schweißte mehr zusammen als eine überstandene, tödliche Gefahr.

»Welchen Kurs, Sir?«, ließ sich der Steuermann vernehmen, und Jack antwortete, ohne auch nur einen Moment zu zögern.

»Süd bis Portland Point. Und dann Nordwest zu den Caymans. Wir holen unsere Männer ab.«

Henry Morgan hatte nach dem Ableben von Gouverneur Thomas Lynch dessen Amtssitz in King's House bezogen. Natürlich war er durch das Kanonenfeuer geweckt worden und, nur mit einem Morgenrock und Pantoffeln bekleidet, zu den Bastionen des unweit gelegenen Fort Charles geeilt. Dort sah er gerade noch im ersten fahlen Licht des anbrechenden Morgens die *Golden Fleece* – man konnte fast sagen, mit stolzgeschwellten Segeln – Richtung Süden entschwinden.

Bei allen Göttern der See und des Himmels, dachte der ehemalige Pirat, *wäre ich doch noch einmal jung!* Dann hätte er keinen Lidschlag lang gezögert und wäre mit diesem jungen Tausendsassa auf Kaperfahrt gegangen. Was hätte er darum gegeben, einen solchen Mann vor Maracaibo, Portobello oder

Panama an seiner Seite gehabt zu haben! Dagegen waren seine ehemaligen Kameraden die reinsten Stümper gewesen! *Stiehlt aus einem streng bewachten Hafen eine große Galeone und bringt sie heil an drei Forts mit zusammen achtundachtzig Kanonen vorbei hinaus auf die offene See!* Einfach unfassbar! War der Kerl womöglich, so wie man es einst auch von ihm gesagt hatte, mit dem Teufel im Bunde?

Wie auch immer und bei aller Sympathie, Morgan war kein Pirat mehr, sondern oberster Richter und zumindest kommissarischer Gouverneur von Jamaica, und als solcher konnte er das Vorkommnis, um es freundlich auszudrücken, natürlich nicht billigen. Der erneute Diebstahl eines Schiffes der Royal African Company, dessen Schirmherr noch dazu der Lord High Admiral und Bruder des Königs war, durfte natürlich nicht hingenommen werden. Und deshalb brüllte Morgan auch die Geschützbedienungen nebst ihren Offizieren und anschließend die Kommandanten der Forts zusammen, bevor er nach David Marley schickte und ihn umgehend zu sich befahl.

»Ist die *Ruby* auslaufbereit?«, erkundigte er sich ohne jede Vorrede bei dem Captain der schweren Fregatte.

»Wir können spätestens heute Mittag in See stechen«, bekam Morgan als Antwort. »Vorausgesetzt, man beliefert uns schnellstmöglich mit Frischwasser und lebendem Vieh.«

»Ersteres ja, Letzteres nein«, knurrte Morgan. »Ihr werdet nicht so lange auf See sein, dass Ihr übermäßig viel Proviant benötigt. Verfolgt diesen Schiffsdieb, bringt ihn zur Strecke und dann nach Port Royal zurück. Er hat nur eine Besatzung von etwa dreißig Mann, die kaum alle Segelmanöver werden ausführen, geschweige denn kämpfen können. Stellt die *Golden Fleece* und bringt sie zurück, wenn möglich, ohne größere Schäden. Dann wird Euch der Dank Eures Oberkommandierenden gewiss sein und sich bestimmt auch die Company erkenntlich zeigen.«

»Aye, aye, Sir«, erwiderte der Captain erfreut, salutierte und wandte sich bereits zum Gehen, als Morgan ihm noch etwas hinterherrief.

»Aber wenn ich Euch noch einen guten Rat geben darf, Mr Marley. Seid vorsichtig und unterschätzt diesen Jack Bannister nicht. Ich habe es gestern schon gesagt, als er mir entkommen ist, und wiederhole es auch Euch gegenüber noch einmal, damit Ihr gewarnt seid. Glaubt mir, das ist ein ausgekochtes Schlitzohr und ein wahrer Teufelskerl!«

Marley hatte natürlich das Problem, dass er ein Schiff verfolgen sollte, von dem er nicht wusste, wohin es fuhr. Aber er vermutete, dass die *Golden Fleece* wohl als Erstes nach Cayman Brac segeln würde, damit ihr Captain dort den Rest seiner Besatzung einsammeln konnte. Die Männer auf der Insel waren sicherlich entweder gestorben oder genesen, aber sie ihrem Schicksal zu überlassen, das tat kein Kapitän, der diesen Namen verdiente.

Jack wiederum ahnte, dass man ihn verfolgen würde, und so entwickelte sich die Fahrt zu den Caymans zu einem regelrechten Rennen zwischen den beiden Schiffen. Die *Ruby* war als Fregatte zwar schlanker und schnittiger gebaut als das Handelsschiff, das sie verfolgte, aber immerhin schon dreißig Jahre alt. Auch wenn sie regelmäßig in der Werft instand gesetzt wurde, so hatte doch der Zahn der Zeit an ihr genagt. Die nahezu neue *Golden Fleece* hingegen besaß zwar gedrungenere Linien, denn schließlich war es ihre Bestimmung, möglichst viele Güter von einem Ort zum anderen über die Weltmeere zu transportieren. Doch die leichte Schwerfälligkeit der Galeone hatte ihr Captain als ausgezeichneter Seemann durch die verbesserte Besegelung mehr als nur ausgeglichen, und nun durchschnitt sie die Wogen ebenso schnell wie die Fregatte, die ihr auf den Fersen war.

Für Jack stellte sich allerdings die Frage, wie er die Männer überhaupt von der Insel an Bord holen sollte, verfügte sein Schiff derzeit doch weder über Anker, die es an einer Stelle halten konnten, noch über Boote. Die waren natürlich entfernt worden, als die *Golden Fleece* mitten in der Bucht von Port Royal hatte festmachen müssen, damit niemand unerlaubt von Bord gehen konnte. Schwimmen würden wohl nicht alle von der Besatzung können, und außerdem war es nicht leicht, die Brandung zu überwinden.

Doch das Problem löste sich nahezu von allein, denn als sich die Galeone dem Strand näherte, sah man gleich mehrere Flöße auf dem Wasser treiben, von denen aus offenbar gefischt wurde. Wahrscheinlich war das Schildkrötenfleisch auf die Dauer doch zu eintönig geworden.

Als die Männer die *Golden Fleece* erkannten, schwenkten sie ihre Mützen und Hüte und jubelten ihren Kameraden an Bord zu. Jack ließ so nahe wie möglich am Ufer beidrehen, und es dauerte nicht lange, da kletterte der Maat, den er als Verantwortlichen zurückgelassen hatte, an Deck.

»Ihr glaubt gar nicht, wie froh wir sind, Euch zu sehen, Captain«, begrüßte der Seemann seinen Kommandanten. »Lange hatten wir es hier nicht mehr ausgehalten und haben schon überlegt, mit den Flößen zur Hauptinsel überzusetzen, wo es Menschen geben soll. Aber es ist eine weite Strecke über das offene Meer, und ohne Navigationsinstrumente haben wir dann doch vor dem riskanten Unterfangen zurückgeschreckt.«

»Das ist auch gut so, sonst hätten wir Euch ja nicht gefunden, Mr Taylor«, meinte Jack und klopfte dem Maat anerkennend auf die Schulter. »Was ist denn mit den Männern? Gibt es noch Kranke unter ihnen, und wie viele haben überhaupt überlebt?«

»Siebzehn sind noch gestorben, alle anderen mittlerweile gesund und auch gut bei Kräften. Wir haben im Landesinneren außer Kokosnüssen noch weitere Früchte gefunden, in den

Klippen jede Menge Vogeleier, und Fisch gibt es hier im Überfluss. Sogar Caymane konnten wir erlegen. Schmecken gar nicht schlecht, ein bisschen wie zähes Hühnchen. Hunger und Durst musste also keiner leiden.«

Während der Seemann Bericht erstattete, hatte Jack schnell durchgerechnet. Brachten sie alle von der Insel an Bord, dann waren sie einhundertzweiundzwanzig zu allem entschlossene Männer. Genug, um es mit jedem Gegner aufzunehmen!

»Das beruhigt mich über alle Maßen, Mr Taylor«, gab sich Jack erfreut. »Aber jetzt müssen wir sehen, dass wir die Besatzung so schnell wie möglich wieder auf das Schiff bekommen. Ich vermute einmal, dass wir verfolgt werden und man erraten hat, wohin wir gesegelt sind. Gut möglich, dass deshalb bald eine oder auch mehrere Fregatten hier auftauchen. Deshalb hurtig, alle Mann an Deck! Nicht, dass wir womöglich noch schnell das Weite suchen und jemanden zurücklassen müssen.«

»Da sei Gott vor!«, entfuhr es dem Maat. »Hier will mit Sicherheit keiner von uns bleiben. Wir haben vier Flöße gebaut. Ich denke, ein Dutzend Männer kann jedes tragen, also müssen wir nur zweimal hin- und herfahren.«

»Auf geht's, worauf wartet Ihr?«, stimmte Jack zu und drängte den Maat zurück zur Reling, denn ihm brannte die Zeit unter den Nägeln. »Lasst alles an Land zurück, haltet Euch nicht auf. Je schneller wir von hier verschwinden, umso besser.«

Das ließ sich der Seemann nicht zweimal sagen. Drei Männer waren außer ihm auf dem Floß gewesen, und mit ihren Behelfsrudern, die wie das wacklige Fahrzeug aus Strandgut und toten Ästen und Bäumen gefertigt waren, pullten sie so schnell wie möglich zurück ans Ufer und riefen ihren Kameraden auf den anderen Fahrzeugen zu, es ihnen gleichzutun. Schon bald kehrten die ersten Flöße zurück, und ihre Besatzung wurde voller Freude von ihren auf dem Schiff verbliebenen Kameraden begrüßt. Erneut machten sich die Wasserfahrzeuge zurück auf den Weg zum Strand, da erscholl aus dem Masttopp, den Jack diesmal nicht unbesetzt gelassen hatte, ein Ruf, der allen durch Mark und Bein fuhr.

»Segel an Backbord voraus! Schiff kommt rasch näher! Es könnte die *Ruby* sein!«

»Verdammt, so schnell«, entfuhr es dem Captain. Dann stürzte er an die Reling, hielt die Hände wie einen Trichter an den Mund und brüllte, so laut er konnte:

»Beeilt euch, Männer! Feind in Sicht! Pullt um euer Leben!«

Das musste keinem der noch Zurückgebliebenen zweimal gesagt werden. Wer glaubte, dass die wackligen Flöße überfüllt waren, und schwimmen konnte, stürzte sich in die Fluten und versuchte, auf diese Weise das Schiff zu erreichen.

Auf der *Golden Fleece* blieb man in der Zwischenzeit nicht untätig. Jedem, der an Bord kam, wurde sofort eine Aufgabe zugewiesen, doch die meisten wussten auch so, was zu tun war. Jack hatte den Befehl »Schiff klar zum Gefecht!« ausgegeben, und die Männer hasteten zu ihren Kanonen, andere enterten auf, um sofort Segel setzen zu können. Handwaffen wurden ausgegeben, die Gefechtsmarsen mit Schützen besetzt, Sand auf dem Deck ausgestreut, damit niemand ausrutschte, floss womöglich Blut über die Planken.

Jack war am Großmast bis zum Bramsegel aufgeentert und beobachtete von dort mit dem Rohr das sich rasch nähernde Schiff. Kein Zweifel, da kam die *Ruby,* mit der man schon vor über vier Wochen an gleicher Stelle zusammengetroffen war. Doch diesmal standen die Vorzeichen anders. Man hatte die Fregatte rechtzeitig kommen sehen, und endlich war auch der letzte Mann an Bord, was den Captain aufatmen ließ. Nichts wie weg, hieß deshalb die Devise, und das offene Meer gewinnen. Denn nur dort bestand die Aussicht, der *Ruby* entkommen zu können, da die hohen Kalksteinklippen, die Cayman Brac ihren Namen gegeben hatten – Brac hieß auf Gälisch

Klippe, und nach Kolumbus waren Iren als Nächste hier gewesen –, den von Norden her wehenden Wind zurückhielten.

»Alle Segel setzen!«, brüllte Jack deshalb auch, noch während er sich an einem Tau von seinem luftigen Ausguck herabließ. »Mr Lewis, bringt uns in den Wind! Steuermann, zehn Grad backbord! Die *Ruby* hat die Luvposition. Behält sie die, kann sie uns mit ihren Kanonen auf den Grund des Meeres schicken!«

Jeder an Bord wusste, was zu tun war, dafür hatte der oft gnadenlose Drill, mit dem Jack die Männer geschunden hatte, gesorgt. Doch jetzt kam ihnen genau das zugute, denn sie waren ebenso aufeinander eingespielt wie die Matrosen der Royal Navy, nur wesentlich motivierter.

Langsam gelang es der *Golden Fleece*, sich von der Küste zu entfernen, doch die Fregatte kam immer näher. Es würde wohl wieder ein Wettrennen werden, notfalls über Tage hinweg, doch in welche Himmelsrichtung sollte es führen? Captain Marley war ein erfahrener und mit allen Wassern gewaschener Seemann, der sich bestimmt nicht so schnell abschütteln ließ. Wohin konnte man also fliehen, mit der *Ruby* auf den Fersen? Noch einmal inspizierte Jack das sich nähernde Schiff gründlich durch sein Rohr, dann fasste er einen Entschluss, der ihm selbst auf den Magen schlug, was er sich aber auf gar keinen Fall anmerken lassen durfte. Er hatte dieses erbärmliche Fliehen vor einem anrückenden Gegner so unendlich satt! Was waren sie hier an Bord eigentlich, Männer oder feige Jammerlappen? Hier und jetzt, beschloss er deshalb, musste das ein Ende haben. Jack setzte das Rohr ab und trat an die Reling der Poop.

»Freunde«, rief er auf die Decks hinab, »wollen wir unser Leben lang davonlaufen, nur weil sich ein Schiff der Royal Navy zeigt? Sind wir Freibeuter oder Hasen, die die Beine unter den Arm nehmen, erspähen sie auch nur ein Barthaar des Fuchses? Lasst uns Freibeuter sein, die diesen Namen auch verdienen! Die dort drüben haben vierzig Kanonen, wir ebenso. Aber wir wissen, wofür wir kämpfen, die dort drüben führen nur Befehle aus. Zeigen wir es ihnen, greifen wir sie an!«

Einen Moment lang herrschte verblüffte Stille, denn das hatte, wie alle wussten, noch nie zuvor jemand gewagt. Einem Royal-Navy-Schiff wich jeder Pirat aus, solange er nur konnte, selbst wenn es wesentlich kleiner und schlechter bewaffnet war als das eigene. Man suchte schließlich keinen Streit mit einem Riesen. Biss man ihn in die Zehe, konnte es sein, dass seine Ohrfeige einen hinwegfegte. Doch Jack wollte das Unaussprechliche wagen, und die Mannschaft stand wie ein Mann hinter ihm, wie ihm der plötzlich einsetzende Jubel aus mehr als hundert Kehlen zeigte, der ihm zum ersten Mal seit langer Zeit wieder ein Lächeln auf die Lippen zauberte.

»Gut, wenn ihr alle der gleichen Meinung seid wie ich, dann tun wir es!«, rief der Captain seiner Besatzung zu. »Schiff klar zur Wende. Alle Mann auf ihre Posten! Ruder hart Steuerbord! Lehren wir die Royal Navy das Fürchten!«

Auf der *Ruby* hatte man natürlich die Manöver der Galeone aufmerksam verfolgt. David Marley stand, umringt von seinen Offizieren, ebenso wie Jack auf der Poop und spähte durch sein Rohr. Er war durchaus beeindruckt von den Segelleistungen der *Golden Fleece* und zollte dem Mann, der sie führte, den gehörigen Respekt. Allerdings war er davon ausgegangen, dass sie jetzt, wo ihr Captain alle seine Besatzungsmitglieder wieder aufgenommen hatte, fliehen würde, um sich in irgendeinem Piratenversteck, am ehesten wohl auf den niederländischen Antillen, zu verkriechen. Aber das wollte er unter gar keinen Umständen zulassen und sie verfolgen, bis er sie endgültig zur Strecke bringen konnte, und wenn er dafür notfalls über den ganzen Ozean bis hin nach Afrika segeln musste.

Doch stattdessen wendete das Schiff, und das trotz der schwierigen Windverhältnisse noch dazu mustergültig. Besser hätte er es mit der *Ruby* auch nicht gekonnt. Was, zum Teufel, führte dieser Bannister denn im Schilde? Wollte er sich womöglich ergeben und hoffte womöglich auf Gnade, da er ja wusste, dass jetzt Henry Morgan in Port Royal das Sagen hatte? Oder vielleicht verhandeln und freien Abzug verlangen? Marley wusste es nicht, und deshalb beging er einen folgenschweren Fehler, denn eins kam ihm gar nicht erst in den Sinn – nämlich, dass ein Royal-Navy-Schiff von einem Piraten angegriffen werden könnte.

»Einen Schuss vor den Bug«, befahl er seinem Mastergunner. »Und Flaggensignal mit der Forderung zum Beidrehen. Wollen doch mal sehen, was dieser Pirat von uns will.«

»Und wenn sie uns angreifen?«, wagte der Erste Offizier der *Ruby* einzuwerfen, um sich dafür umgehend eine gründliche Abfuhr gleich einer schallenden Ohrfeige einzufangen.

»Machen Sie sich doch nicht lächerlich, Mr Smith«, donnerte Marley. »Ist Ihnen auch nur ein einziger Fall bekannt, bei dem ein holländischer, spanischer oder französischer Pirat ein Schiff der Royal Navy angegriffen hätte? Nicht? Na also. Und da soll es ausgerechnet ein Engländer tun? Das glaube ich nicht in diesem Leben und auch in keinem anderen. Nein, nein, er hat erkannt, dass er auf die Dauer nicht entkommen kann, und will verhandeln, weil er glaubt, sich im Moment in einer gewissen Position der Stärke zu befinden, die ihm das ermöglicht. Nun, wir werden ihn eines Besseren belehren. Buggeschütz, Feuer!«

Die Kugel schlug kaum eine Kabellänge vor der *Golden Fleece* in die See, die mit vollen Segeln angerauscht kam und durch die Wende die vorteilhafte Luvposition gewonnen hatte. Das Flaggensignal der *Ruby* ignorierte Jack natürlich vollständig, stattdessen wartete er, bis die Galeone nahezu querab der Fregatte lag, und befahl dann seinerseits und so laut, dass man es sogar auf dem gegnerischen Schiff hören konnte: »Feuer!«

Die fünfzehn Zwölfpfünder der Steuerbordbatterie der *Golden Fleece* brüllten nahezu gleichzeitig auf, dazu kamen die

Neunpfünder auf den Decks, und alle schickten Tod und Verderben hinüber zu dem Royal-Navy-Schiff.

David Marley holte es ebenso von den Beinen wie seine Offiziere und den Großteil der Mannschaft, so gewaltig war der Faustschlag der Kugeln gewesen, die die Fregatte getroffen hatten. Unzählige Splitter flogen umher und verletzten zusätzlich zu den unmittelbar Getroffenen viele weitere Seeleute. Verwundete schrien, Blut spritzte über Deck, gerissene Taue peitschten durch die Luft, Spieren und Teile von Rahen krachten herunter und auf Deck, doch die Besatzung eines englischen Kriegsschiffes war durch eine Breitseite nicht so leicht zu erschüttern. Und ihr Captain, der in den Seeschlachten gegen die Holländer und Spanier gekämpft hatte, schon gar nicht.

»Dieser Hurensohn!«, fluchte Marley und rappelte sich, so schnell er konnte, auf. »Das wird er mir büßen. Jeden Einzelnen von den Piraten da drüben will ich an den Rahen der *Ruby* baumeln sehen! Mr Smith, Schadensbericht! Mr Robert, sorgen Sie dafür, dass die Verwundeten unter Deck geschafft werden und der Doktor sich um sie kümmert. Und um alles in der Welt, Mastergunner, warum haben wir nicht zurückgeschossen?«

»Sir, bei allem Respekt, weil ich keinen Befehl dazu hatte«, versuchte sich der Artilleriebefehlshaber zu rechtfertigen. »Ihr habt nur einen Schuss mit der Bugkanone angeordnet. Von Gegenfeuer war keine Rede.«

»Aber das versteht sich doch von selbst, wenn wir angegriffen werden!«, brüllte der Captain seinen Untergebenen an. »Bin ich hier denn nur von hirnlosen Idioten umgeben? Nun, Ihr werdet bald Gelegenheit bekommen, die Scharte auszuwetzen. Wir nehmen die Verfolgung auf! Sobald die Galeone in Reichweite ist, will ich, dass Ihr mit unseren Jagdgeschützen ihren Besanmast aufs Korn nehmt. Und gnade Euch Gott, Ihr versagt, Mastergunner! Dann lasse ich Euch selbst vor eine Kanone binden und einen Schuss durch Euch hindurch abfeuern.«

So aufgebracht hatte den Captain an Bord der Fregatte noch niemand erlebt, und deshalb musste der Zweite Offizier auch all seinen Mut zusammennehmen, um ihn anzusprechen.

»Sir, das wird wohl nicht nötig sein«, meinte er mit belegter Stimme und spähte dabei weiter nach achtern aus.

»Was wird nicht nötig sein?«, donnerte Marley zurück.

»Die Galeone zu verfolgen«, stotterte der Lieutenant und nässte sich dabei fast die Hosen ein. Nicht aus Angst vor einem Gefecht, sondern ausschließlich vor seinem Captain.

»Und warum nicht, wenn ich fragen darf?«, brüllte Marley noch lauter als zuvor. »Sollen wir sie womöglich wegen der paar kleinen Schäden an unserem Schiff entkommen lassen? Da habe ich in den Seeschlachten im Ärmelkanal aber viel Schlimmeres erlebt, kann ich Euch versichern. Versteht Ihr so Euren Dienst in der Royal Navy, Lieutenant?«

»Nein, nein, Sir«, versuchte der Gescholtene zu erklären. »Gewiss nicht. Ich meine doch nur, weil sie zurückkommt.«

»Sie tut was?« Ungläubig drehte sich Marley endlich zum Heck und sah etwas, das ihm das Blut in den Adern gefrieren ließ. Er war fest davon ausgegangen, dass die *Golden Fleece* nach dem für sie so günstig verlaufenen Schusswechsel schleunigst das Weite suchen würde, doch stattdessen kam sie unter vollem Segelpress angerauscht, und aus ihrem Bug stiegen fast gleichzeitig zwei Rauchwölkchen auf. Wenig später hörte man das Donnern der abgefeuerten Kanonen, und die Kugeln der beiden Vierundzwanzigpfünder, die Jack ganz vorn hatte aufstellen lassen, schlugen in das Heck der *Ruby* ein, wobei eine durch die Kapitänskajüte in das Batteriedeck jagte und dorthin Tod und Verderben brachte, während die andere das Steuerruder in seinem oberen Teil nahezu pulverisierte. Ein Zufallstreffer auf diese Entfernung, gewiss, doch die schwere Royal-Navy-Fregatte, ausgesandt, um einen Piraten zu fangen, war dadurch manövrierunfähig und nahezu ein Wrack.

David Marley war kein Mann, der schnell aufgab. Noch glaubte er, in übertragenem Sinne, das Ruder herumreißen zu können. Denn das seines Schiffes reagierte ja nicht mehr. Sollten die Piraten nur kommen und versuchen, die *Ruby* zu entern, er und seine Mannschaft würden ihnen einen heißen Empfang bereiten und den Kampf, wenn irgend möglich, auf ihr Deck tragen.

Doch so weit war es noch nicht. Da die *Golden Fleece* sich von achtern näherte, befahl er, mit den Heckkanonen auf sie zu feuern und dabei den Bugspriet oder, noch besser, den Fockmast anzuvisieren. Man konnte es allerdings nicht den Geschützbedienungen anlasten, dass sie auch diesmal nicht trafen, denn in dem Moment, wo sie die Lunten an die Zündlöcher hielten, scherte die Galeone aus dem Kielwasser der Fregatte aus.

Nach dem Passieren der *Ruby* hatte Jack einen Augenblick lang überlegt, den Kampf abzubrechen und davonzusegeln. Schließlich hatte sein Schiff der Fregatte eine volle Breitseite verpasst, ohne dass von dieser überhaupt nur zurückgeschossen worden war. Aber wäre das denn tatsächlich ein Sieg gewesen, oder nicht doch nur wieder eine Flucht vor der Royal Navy? Nein, ihn, und wenn er auf die Decks unter und vor sich blickte, auch seine Mannschaft, hatte der Vernichtungswille gepackt. Er wollte diesen Stolz der königlichen Flotte in der Karibik sinken sehen und danach dem Duke of York eine Botschaft senden, dass das erst der Anfang war und er von jetzt an Jagd auf die Schiffe machen würde, die dessen Oberkommando unterstanden. Deshalb befahl er, nachdem sie an der *Ruby* vorbeigesegelt waren, zu wenden, um ihr den Rest zu geben. Das erneute Jubelgeschrei der Männer auf dieses Kommando hin bewies ihm, dass er die richtige Entscheidung getroffen hatte und seine Besatzung ebenso dachte wie er und weder Tod noch Teufel fürchtete.

Das Glück blieb der *Golden Fleece* hold, denn die beiden Schüsse aus den Vierundzwanzigpfündern im Bug richteten auf der Fregatte verheerende Schäden an, während das eigene Schiff gerade in dem Moment ausscherte, wo deren Heckkanonen feuerten. Das hatte seinen Grund darin, dass Jack die *Ruby* an Backbord überholen wollte, um seine Steuerbordbreitseite abfeuern zu können. Ihm war allerdings klar, dass die Geschütze der Fregatte noch geladen waren, da bisher nicht mit ihnen geschossen worden war. Was aus ihnen an Kugeln kam, würde man hinzunehmen haben, aber auch daran mussten sich die Männer gewöhnen, wollten sie zukünftig erfolgreich sein und reiche Beute erringen, denn nur wenige Handelsschiffe ergaben sich kampflos.

»Steuerbordbatterie feuerbereit!«, rief er in das Batteriedeck hinunter. »Diesmal werden wir wohl nicht so glimpflich davonkommen wie beim ersten Mal, als wir sie überraschen konnten. Macht euch auf Gegenfeuer gefasst. Aber zumindest überholen wir die Fregatte auf der Seite, an der wir mit unserer Breitseite schon beachtliche Schäden angerichtet haben. Nun zielt auf die Wasserlinie! Ich will diesen Kahn sinken sehen, hört ihr?«

Zustimmendes Geschrei drang nach oben, aber Jack war mit seinen Befehlen noch nicht am Ende.

»Mr Lewis, Ihr richtet die Neunpfünder an Deck auf die Masten aus. Am besten alle auf einen, dann ist die Trefferwahrscheinlichkeit am größten. Die Auswahl überlasse ich Euch. Und Ihr, Mr North, seid mir für die Segelmanöver verantwortlich. Kann sein, dass wir noch einmal zurückkommen müssen, dann brauche ich erneut eine solch vorzügliche Wende wie die ersten beiden Male.«

»Aye, Sir, sollt Ihr haben«, grinste North, der seinen neuen Offiziersrang in vollen Zügen genoss. Bei der Company wäre er niemals so weit aufgestiegen, sondern immer ein Bootsmann geblieben. Deshalb war er seinem Captain auch überaus dankbar und wollte alles in seiner Macht Stehende dafür tun, dessen Vertrauen nie zu enttäuschen. Doch eine Frage brannte ihm unter den Nägeln, allerdings hatte er im Gegensatz zu den Lieutenants auf der *Ruby* keine Angst, sie zu stellen. »Was wird mit den Vierpfündern und Drehbassen? Sollen sie ebenfalls feuern, wenn wir in Schussweite sind?«

Einen Moment überlegte Jack, dann schüttelte er den Kopf. »Nur wenn es unbedingt nötig ist. Sie sind mit Kartätschen geladen, wir würden ein furchtbares Blutbad anrichten. Sinkt die Fregatte, können die Überlebenden immer noch in die Boote gehen. Das hier ist ein fairer Kampf. Wir sollten uns daher nicht mit mehr Blut beflecken, als unbedingt nötig ist.«

Aus dem wird nie ein richtiger Pirat, dachte North bei sich. *Aber das ist vielleicht auch gut so und wird uns alle ruhiger schlafen lassen.* Denn wenn stimmte, was man sich in den Hafenkneipen von Port Royal und anderswo in der Karibik so erzählte, dann hätten die meisten Freibeuter in diesen Gewässern – allen voran Michel de Grammont, der für seine Grausamkeit bekannt war – ganz anders gehandelt.

Die *Ruby* war aufgrund des defekten Steuers aus dem Wind gefallen, deshalb hatte die *Golden Fleece* auch so rasch aufholen können. Jetzt lagen die beiden Schiffe nahezu gleichauf, aber auf der Fregatte gab es bereits zahlreiche Tote und Verwundete, einige Geschütze waren zerstört, und man war gerade dabei, die gröbsten Schäden zu beheben, als es zum erneuten Schusswechsel kam, diesmal Breitseite gegen Breitseite. Captain Marley hatte im Gegensatz zu Jack Bannister den Befehl gegeben, die Decks und die Takelage der Galeone unter Feuer zu nehmen. Noch immer hoffte er, sie vielleicht entern und damit in Besitz nehmen zu können. In diesem Fall hätte das für ihn und auch für seine Mannschaft ein sattes Prisengeld bedeutet, und der Dank der Company wäre ihm gewiss gewesen.

Jack hingegen verfolgte ein anderes Ziel. Die Steuerbordgeschütze der *Golden Fleece* waren allesamt intakt, und als sie sich nun nahezu gleichzeitig entluden, fühlte sich das auf der

Fregatte an, als wäre ein schmächtiger Mann von einem kräftigen Boxer mit voller Kraft in den Magen geschlagen worden. Auf der Galeone ging durch das Erwiderungsfeuer zwar auch etliches zu Bruch, und man hatte die ersten Verwundeten und auch Toten zu beklagen, doch letztlich hielten sich die Schäden in Grenzen. Ganz anders auf der *Ruby,* wo ein entsetzter Bootsmann aus dem Unterdeck nach oben gestürzt kam, um jede Form vergessend zu melden, dass man gleich mehrere Treffer unterhalb der Wasserlinie erhalten hatte, durch die Wasser in das Schiff strömte.

Jetzt wurde Captain Marley erstmalig bleich und ahnte Schlimmes. Er befahl dem Schiffszimmermann, auf der Stelle nachzusehen und nach Möglichkeit die Lecks zu verschalen, doch der war rasch wieder da und schüttelte nur den Kopf.

»Sir, bei allem Respekt, da ist nichts mehr zu machen. Wir laufen voll, und das sehr schnell. Mindestens acht große Löcher, von Zwölfpfündern gerissen, das übersteht das Schiff nicht.«

Marley musste schwer schlucken, aber es kam noch schlimmer.

»Großer Gott, der Fockmast neigt sich!«, brüllte plötzlich jemand aus der Mannschaft, und jetzt sahen es die Offiziere auf der Poop und dem Oberdeck auch. Offenbar hatte er Treffer abbekommen, und nicht nur einen. Noch hielt ihn das bocksteif geteerte stehende Gut, aber wie lange? Dem Captain war auf der Stelle klar, was das bedeutete, und er wurde eiskalt.

»Die Schweinehunde wollen uns versenken«, knurrte er, nur für seinen engsten Kreis verständlich. »Und das Schlimme daran ist, es wird ihnen gelingen. Noch nie ist ein Schiff der Royal Navy in diesen Gewässern derart gedemütigt worden! Gut, ich werde mit der Schande leben müssen, aber glücklicherweise nicht lange. Mr Smith, befehlen sie die Mannschaft in die Boote. Ich will nicht, dass noch mehr gute Männer sterben müssen. Macht schnell, ein untergehendes Schiff kann viele mit in den Tod reißen. Es ist ja nicht weit bis zu den Caymans.«

»Und Ihr, Sir?«, wagte der Erste Offizier zu fragen.

»Was glaubt Ihr wohl? Denkt Ihr, ich will Henry Morgan oder gar dem Duke of York unter die Augen treten und ihnen berichten, dass das am schwersten bewaffnete Schiff der Royal Navy in der Karibik von einem Piraten versenkt worden ist? Nehmt Ihr womöglich an, ich hätte gar keine Ehre im Leib? Natürlich bleibe ich an Bord und gehe mit der *Ruby* unter, was für eine Frage! Und jetzt beeilt Euch. Schaut nur, dieser Bannister lässt schon wieder wenden. Seht zu, dass Ihr mit den Booten bereits ein Stück weg seid, wenn er unser Schiff endgültig auf den Grund des Meeres schickt.«

»Aye, Sir«, salutierte der Lieutenant und fügte dann hinzu, weil es ihm ein Bedürfnis war, »es war mir eine Ehre, unter Euch gedient zu haben.«

Was er nicht mehr sah, war, wie die Augen seines Captains daraufhin feucht wurden.

Jack ließ erneut wenden. Die Backbordgeschütze waren wieder feuerbereit, und jetzt wollte er der Fregatte den Rest geben. Doch William Lewis machte ihn darauf aufmerksam, dass das gar nicht mehr nötig war, indem er ihn völlig unprätentiös am Arm packte.

»Seht doch nur, sie gehen in die Boote!«, rief er so laut, dass es alle an Bord hören konnten. »Die *Ruby* sinkt! Sie muss mehrere Treffer unter der Wasserlinie abbekommen haben, und noch dazu neigt sich ihr Fockmast! Wir haben gesiegt, Männer! Wir haben gegen ein großes Schiff der Royal Navy gewonnen! Wer soll uns jetzt noch widerstehen?«

»Nun zügelt mal Euren jugendlichen Enthusiasmus, Mr Lewis«, holte Jack seinen Ersten Offizier lachend auf den Boden der Tatsachen zurück. »Das wollen wir uns doch mal ein bisschen genauer ansehen. Stellt ein Enterkommando zusammen, wir gehen an Bord der Fregatte. Zwei Dutzend Männer sollten genügen.«

»Captain, wenn wir längsseits gehen und die *Ruby* sinkt, kann sie unser Schiff mit in die Tiefe reißen«, gab der Zweite Offizier zu bedenken.

»Dann wird es Eure Aufgabe sein, Mr North, das zu verhindern«, erwiderte Jack ungerührt. »Bringt uns nahe genug heran, damit wir uns an Tauen hinüberschwingen können, haltet aber genügend Abstand, damit die *Golden Fleece* im Falle eines Falles nicht in Mitleidenschaft gezogen wird. Ich verlasse mich auf Euch!«

»Aye, Sir«, entgegnete der ehemalige Bootsmann und schüttelte nur den Kopf. *Du bist zwar kein blutrünstiger Pirat, aber ein Draufgänger durch und durch,* dachte er dabei. *Das bringt dich entweder einmal an den Galgen oder uns allen reiche Beute ein.*

Als die Galeone erneut gleichauf neben der sinkenden Fregatte lag, diesmal allerdings wesentlich näher als zuvor, war man zuerst vorsichtig, ob von dort nicht doch noch einmal das Feuer eröffnet werden würde. Schließlich konnte das auch eine Falle und einige Kanoniere oder Schützen zurückgelassen worden sein. Aber als alles ruhig blieb, flogen Enterhaken an langen Seilen hinüber, die sich notfalls schnell kappen ließen, aber doch eine Verbindung zwischen den beiden Schiffen herstellten.

Jack war der Erste, der sich an einem Tau hinüberschwang. Als er über dem Deck der *Ruby* war, ließ er sich fallen, aber nicht tief, höchstens zwei Yards. Sofort ging er in die Hocke, um ein so geringes Ziel wie möglich zu bieten, und zog beide Pistolen aus seinem Gürtel. Doch kein Schuss fiel, keine versteckten Marinesoldaten sprangen hervor. Offenbar waren wirklich alle in die Boote gegangen, die sich immer weiter entfernten. Nur einer nicht, und der meldete sich jetzt zu Wort.

»Willkommen an Bord, Mr Bannister!«, rief David Marley von der Poop herunter. »Wollt Ihr vielleicht mit mir gemeinsam untergehen? Liebend gerne, wenn es Euch danach gelüstet.«

»Danke, aber diesmal nicht«, konterte Jack und näherte sich langsam und vorsichtig dem Captain. »Macht lieber keinen Fehler, Marley. Ich schieße mit Sicherheit schneller als Ihr.«

»Aber ob auch besser, das wäre noch zu klären«, gab der Captain süffisant zurück. »Doch keine Sorge, ich bin an keinem Duell mit Euch interessiert. Lasst mir, wenn Ihr die Güte hättet, nur meine Ruhe. Ich gedenke, mit meinem Schiff unterzugehen, und möchte mich gern noch etwas sammeln, um meine Seele Gott zu empfehlen.«

»Nun, das kann ich leider nicht zulassen, Captain«, meinte Jack, der den Navy Captain mittlerweile erreicht hatte, und sah, dass dieser bis auf seinen Degen unbewaffnet war. »Sehr nobel von Euch, aber ich möchte, dass Ihr lebt und eine Botschaft von mir überbringt.«

»Wem denn? Gott im Himmel?«

»So weit ist es noch lange nicht.«

Jack steckte eine seiner Pistolen wieder in den Gürtel und wandte sich zu William Lewis um, der mittlerweile mit dem Rest der Entermannschaft ebenfalls das Deck erreicht hatte.

»William«, rief er vertraulich, »seht Euch auf dem Schiff um und schafft alles auf die *Golden Fleece,* was sich als Beute eignet. Unsere Männer haben sich wahrlich eine Belohnung verdient. Irgendwo in der Kapitänskajüte werdet Ihr vielleicht auch die Schiffskasse finden. Bringt ebenso alles an Karten und nautischen Instrumenten mit, was Ihr finden könnt. Aber beeilt Euch, ich weiß nicht, wie lange die *Ruby* noch schwimmt.«

»Aye, Sir«, hörte Jack nur in seinem Rücken und dann das Trappeln von nackten Füßen auf Schiffsplanken. Im nächsten Moment war er mit David Marley allein.

»Also tatsächlich ein ganz gewöhnlicher Pirat«, meinte dieser und legte so viel Verachtung in seine Stimme, wie es ihm nur möglich war.

»Genau, Sir, aber einer, der mit offenem Visier kämpft«, gab Jack davon unbeeindruckt zurück. »Deshalb werde ich auch nicht zulassen, dass Ihr sterbt, sondern Euch in Eure Gig setzen, die ja noch an den Davits hängt. Man wird Euch nach diesem Vorfall hier sicher nach England zurückrufen und ausgiebig befragen. Ich möchte, dass Ihr den Herren der Admiralität und vor allem dem Duke of York als deren Oberbefehlshaber eine Botschaft von mir überbringt.«

»Und warum sollte ich das tun?«, wollte Marley wissen und versteifte sich. »Lasst mich in Ruhe und mit meinem Schiff untergehen, wie es sich für einen Captain der Royal Navy geziemt, der von Piraten geschlagen worden ist.«

»Weil Ihr mit dieser Botschaft Eure Kameraden warnen könnt. Vielleicht bleibt einigen dann Euer Schicksal erspart. Marley, ich achte Euch. Ihr wart immer fair zu mir, und ich glaube Euch sogar, dass Ihr meine Männer von den Cayman Islands abgeholt hättet. Deshalb will ich Euch diese Chance geben, Euer Leben und das vieler anderer Seeleute zu retten. Ich habe keinen Hass auf Euch und auch nicht auf meine Landsleute, die zur See fahren, ganz gleich auf welchen Schiffen. Aber ich habe einen unbändigen Hass auf alles, was mit dem Namen Royal und mit dem Duke of York in Verbindung gebracht werden kann.

Der Royal African Company in Person von Nicholas Crispe und dem verruchten, verdorbenen, herumhurenden, katholischen Königshaus der Stuarts erkläre ich den Krieg! Ich werde nicht rasten noch ruhen, bis dieses Geschlecht aus England verjagt oder wie Charles I. geköpft worden ist. Glaubt mir, ich meine das sehr ernst. Nennt dem Duke of York meinen Namen, wenn Ihr ihm gegenübersteht. Er wird dann schon wissen, worum es geht. Und auch Nicholas Crispe, der wohl nicht mehr lange Geschäftsführer der Company sein wird, wenn ich ein Schiff der Gesellschaft nach dem anderen aufbringe und jeden Überlebenden mit der Botschaft nach Hause schicke: Das verdankt Ihr dem Bruder des Königs, diesem selbst, weil er dessen Machenschaften nicht unterbindet, und Nicholas Crispe, die allesamt der Teufel holen soll.«

David Marley wich vor dem Hass, der aus Jack Bannister herausgebrochen war, regelrecht zurück. Es gab eigentlich nur zwei Dinge auf der Welt, die einen Mann dazu veranlassen konnten, sich derart unversöhnlich zu äußern: Geld und Frauen. Vielleicht noch die Religion, aber das war in diesem Falle wohl eher unwahrscheinlich. Hatte der Duke of York womöglich die Familie dieses vor Kurzem doch noch unbescholtenen Captains ruiniert und Crispe ihm dabei geholfen? Oder sich die beiden Männer an Bannisters Frau vergriffen? Die Verweise auf die bekannte Hurerei des Duke of York deuteten zumindest darauf hin. Zuzutrauen war James Stuart beides, schließlich war er für seine Ruchlosigkeit berüchtigt. Von Nicholas Crispe hatte Marley zwar gehört, war ihm aber bisher noch nie persönlich begegnet, deshalb konnte und wollte er sich auch kein Urteil über ihn erlauben. Aber die Stuarts? Viele in England wünschten sich durchaus, dass sie ebenso endeten wie einst ihr Vater. Verdient hätten es die Brüder allemal. Es gab sogar, so ging zumindest das Gerücht, in der Heimat eine Partei, die sich genau dafür einsetzte, aber natürlich im Geheimen operieren musste. Sie nannten sich, das hatte sich sogar bis in die Karibik herumgesprochen, Whigs und wollten die Monarchie abschaffen. Aber ob ihnen das gelingen würde, sehr fraglich, und war es denn unter Oliver Cromwell in der sogenannten Republik wirklich besser gewesen? Marley wusste es nicht zu sagen und wollte sich darüber auch nicht den Kopf zerbrechen. Er war schließlich Offizier und führte Befehle aus, gleich von wem auch immer sie kamen.

»Wollt Ihr mich wirklich zwingen, am Leben zu bleiben, Mr Bannister?«, versuchte er, den Mann vor sich doch noch zu einem Zugeständnis zu bewegen. »Von Captain zu Captain, ich bitte Euch! Lasst mich mit meinem Schiff untergehen. Ihr beschmutzt sonst meine Ehre derart, dass ich mich nirgends mehr blicken lassen kann und auch nicht mehr weiterleben will.«

»Tue ich nicht«, erwiderte Jack ungerührt. »Alle Eure Männer und Offiziere in den Booten werden sehen und können später bezeugen, dass wir Euch gezwungen haben, Eure Gig zu besteigen, und damit Euren Wunsch vereitelt haben, mit der *Ruby* zu sterben. Sollte das jemand bezweifeln und ich davon hören, schicke ich einen Brief an Henry Morgan, in dem ich Zeugnis für Euch ablege. Aber nur, wenn Ihr mir im Gegenzug meine Bitte erfüllt. Macht bekannt, mit wem ich Streit habe, und mit wem nicht. Ich werde zukünftig die gleiche blutrote Flagge im Topp führen, die schon Morgan gesetzt hat, wenn er der Besatzung eines Schiffes signalisieren wollte, dass keinem ein Leid geschieht, der sich ergibt. Ebenso werden auch wir verfahren. Aber das gilt nicht für James Stuart oder Nicholas Crispe, sollten sie mir irgendwann vor den Lauf meiner Pistolen oder die Klinge meines Degens kommen.«

»Was wohl eher unwahrscheinlich ist«, merkte Marley süffisant an. »Es sei denn, Ihr kehrt nach England zurück. Aber davon ist wohl eher nicht auszugehen, Mr Bannister, oder?«

»Wer weiß, wer weiß«, meinte Jack kryptisch. »Wie sagen doch die Pfaffen: Gottes Wege sind unergründlich. Aber genug jetzt, sonst versinken wir noch beide im Meer.«

Jack wandte sich zu seinen Männern um, die sich mittlerweile wieder auf der Kuhl und dem Oberdeck versammelt hatten.

»Habt Ihr etwas gefunden, was den Namen Beute verdient?«, wollte er wissen und bekam auf die Frage grinsende Gesichter zu sehen, die ihm Antwort genug waren. Schließlich musste er seine Mannschaft bei Laune halten, wollte er, dass sie auch weiter treu zu ihm stand.

»Gut, dann lasst jetzt die Gig zu Wasser und setzt den Captain hinein. Und zwar so, dass alle in den Booten sehen können, dass er von uns gezwungen wird, am Leben zu bleiben. Das bin ich ihm schuldig. Und dann zurück auf die *Golden Fleece,* bevor uns dieser Kahn hier unter den Füßen wegsackt.«

Es dauerte nicht lange, bis die Befehle des Captains ausgeführt und alle wieder auf der Galeone waren. Jack wollte von

North, der sich zwischenzeitlich darum gekümmert hatte, wissen, wie groß ihre eigenen Verluste waren und wie es um das Schiff stand. Die Antwort machte ihm zu schaffen und beruhigte ihn nicht wirklich, aber man kämpfte eben nicht gegen ein stark armiertes Schiff der Royal Navy, ohne dass dies Folgen hatte. Und schließlich hatte neben ihm auch jeder andere an Bord dieses Gefecht gewollt.

»Sieben Tote, achtzehn Verletzte, neun davon so schwer, dass sie wohl ein Bein oder einen Arm verlieren werden«, meldete der Zweite Offizier. »Wir haben einen Mann an Bord, der einmal längere Zeit einem Schiffsarzt assistiert hat, er kümmert sich um sie. Aber wir brauchen zukünftig dringend einen Doktor an Bord, wenn wir öfter in Gefechte verwickelt werden, wovon ja wohl auszugehen ist.«

Jack nickte nur, das stand ganz weit oben auf seiner Prioritätenliste.

»Und die Schäden am Schiff?«, erkundigte sich der Captain.

»Nichts, was der Schiffszimmermann mit seinen Gehilfen und der Segelmacher nicht beheben können. Zumindest provisorisch, bis wir wieder einen Hafen anlaufen können. In einen starken Sturm sollten wir allerdings in nächster Zeit besser nicht geraten. Mehr Sorge macht mir allerdings der Verlust unserer Anker. Die müssen wir irgendwie ersetzen, sonst können wir bei Bedarf das Schiff nicht an einer Stelle halten.«

»Nun, Stürme sind zu dieser Jahreszeit in der Karibik eher selten«, meinte Jack erfreut über die exakte Berichterstattung seines Zweiten Lieutenants. Da hatte er wohl genau den richtigen Mann befördert. Zusammen mit William Lewis, auf den er sich, wie sich immer wieder zeigte, nahezu blind verlassen konnte, auch wenn der junge Mann nie viele Worte machte, würden sie ein Dreierteam bilden, das auf einem Freibeuterschiff seinesgleichen suchte. »Und die Anker besorge ich uns. Lasst neuen Kurs setzen, Mr North. Wir segeln nach Tortuga!«

4. KAPITEL
TORTUGA, 1684

Auf der Fahrt nach Tortuga bekam Jack erstmalig Probleme mit seiner Mannschaft. Nördlich von Jamaica und unweit der westlichen Landzunge von Hispaniola trafen sie auf eine spanische Galeone, deren Kapitän die Flagge streichen ließ, als die mit Kettenkugeln geladenen Jagdgeschütze der *Golden Fleece* ihm den Besanmast wegschossen. Das Schiff hatte ursprünglich Sklaven aus Afrika nach Westindien gebracht, aber in Trinidad auf Kuba nicht alle losschlagen können. Jetzt wollten die Spanier nach Santo Domingo, um auch den Rest ihrer lebenden Ladung zu löschen.

Das Schiff hatte neben den Schwarzen auch Zucker, Rum sowie Kakao an Bord, und sogar die Kasse mit dem Erlös aus den Sklavenverkäufen war gefunden worden, also alles in allem eine reiche Beute. Aber was sollte man mit den zu bemitleidenden Gefangenen machen, die sich noch an Bord befanden? Jack plädierte dafür, sie an einem unbewohnten Küstenabschnitt im Westen Hispaniolas an Land zu setzen, wo schon andere entflohene Sklaven Zuflucht gefunden hatten und in kleinen Stammesverbänden lebten. Doch ein Teil der Besatzung, die den Hals nicht voll genug bekommen konnte, verlangte, dass die Schwarzen auf einem Sklavenmarkt verkauft wurden und der Erlös in die gemeinsame Beutekasse zur späteren Verteilung kommen sollte.

Das war in Jacks Augen nicht nur unmenschlich, sondern auch hochgradig unvernünftig und noch dazu gefährlich, denn wo wollte man einen solchen Markt überhaupt finden? Die spanischen Besitzungen schieden von vornherein aus. Man konnte dort ja schlecht die Beute von einem spanischen Schiff verkaufen, ohne befürchten zu müssen, festgenommen zu werden. Port Royal war natürlich auch keine Alternative, und zu den niederländischen Antillen war es zu weit, auf Tortuga der Sklavenhandel wiederum verboten. Das hatte seinen pragmatischen Grund darin, dass der französische Gouverneur eine Überbevölkerung auf der kleinen Insel befürchtete, auf der jetzt schon großes Gedränge herrschen sollte.

Doch das alles wollten einige Besatzungsmitglieder, vorrangig diejenigen, die Nicholas Crispe aus den Londoner Gefängnissen geholt hatte, partout nicht einsehen. Glücklicherweise hatte Jack den Großteil der alten Mannschaft der *Golden Fleece* hinter sich und konnte sich deshalb am Ende durchsetzen. Aber von nun an gab es zwei Parteien an Bord, die sich gegenseitig misstrauisch beäugten, und das war für den nötigen Zusammenhalt gar nicht gut.

Letztlich wurden die Sklaven dann doch am westlichsten Zipfel Hispaniolas auf der weit in die karibische See hineinragenden Tiburon-Halbinsel an Land gebracht, die bisher nicht besiedelt worden war. Jack ließ sie mit Lebensmitteln von der spanischen Galeone versorgen und händigte ihnen auch alle Werkzeuge und etliche der Handwaffen aus, die man an Bord des Spaniers gefunden hatte. Das Klima und auch die Vegetation entsprachen in etwa dem ihrer afrikanischen Heimat, und er hoffte, dass sie unter diesen Voraussetzungen klarkommen würden. Auf alle Fälle war ein Leben in Freiheit tausendmal besser als eins in der Sklaverei, auch wenn es sicher kein Zuckerschlecken sein würde.

Von der geenterten Galeone wurden außer der Ladung auch die Anker, die Boote und was man sonst noch gebrauchen konnte, auf die *Golden Fleece* gebracht. Danach gestattete Jack, ebenfalls zum Missfallen einiger seiner Besatzungsmitglieder, den Spaniern, weiterzusegeln. Bis Santo Domingo war es nicht allzu weit, sodass sie es bestimmt schaffen würden, den Hafen der Hauptstadt von Hispaniola zu erreichen.

Jack verfolgte damit das gleiche Ziel wie hundert Jahre vor ihm der legendäre Francis Drake, von dem ebenfalls keine unnötig verübten Grausamkeiten bekannt waren. Wer sich ergab und seine Schätze herausrückte, der überlebte, was dazu geführt hatte, dass so mancher Spanier schon die Flagge strich, tauchte die markante Silhouette von Drakes Flaggschiff *Golden Hind* nur am Horizont auf. Später hatte Henry Morgan es ebenso gehalten, und Jack gedachte, in die Fußstapfen der beiden berühmten Freibeuter zu treten, auch wenn sie ihm reichlich groß vorkamen. Daran würden ihn auch ein paar blutrünstige Ex-Sträflinge nicht hindern, nahm er sich vor, und hoffte nur, die Unterstützung der Stammbesatzung seines Schiffes nicht zu verlieren.

Es war schließlich schon mehr als einmal vorgekommen, dass die unzufriedene Mannschaft eines Piratenschiffes ihren Captain kurzerhand abgesetzt und über Bord geworfen hatte. Deshalb wollte er sich auch so schnell als möglich um einen Kaperbrief bemühen, denn ein Kaperkapitän besaß gegenüber seiner Besatzung nahezu die gleichen Befugnisse wie der Kommandant eines regulären königlichen Schiffes. Er musste seine Männer zwar nach einem festgelegten Kodex an der Beute beteiligen, der einst von Henry Morgan ersonnen und von den Flibustiern und Bukaniern – so nannte man allgemein die Freibeuter der Karibik, die sich allerdings selbst als Bruderschaft der Küste oder auch der See bezeichneten – allgemein anerkannt worden war. Ebenso beanspruchte der König, der einen solchen Kaperbrief ausstellte, meist zehn Prozent des Raubgutes. Dafür bot er aber auch Schutz in seinen Häfen, gestattete den Verkauf der erbeuteten Waren und erwarb nicht selten aufgebrachte Schiffe, sogenannte Prisen, für seine eigene Marine.

Jack hoffte, auf Tortuga einen solchen Kaperbrief zu erhalten, da bekannt war, dass dessen Gouverneur Pierre-Paul Tarin de Cussy sehr großzügig damit umging und ihn jedem aushändigte, der ein seetüchtiges Schiff besaß, seinem König Louis

XIV. der guten Form halber die Treue schwor und ihm seinen Obolus entrichtete. Wobei sich niemand in der Karibik und auch sonst auf den Meeren darum zu scheren schien, dass in Europa zwischen den sonst verfeindeten Nationen gerade Frieden herrschte. Und so durften sich die Inhaber von Kaperbriefen nach wie vor darauf berufen, Seeraub im Namen des jeweils ausstellenden Herrschers und vor allem mit dessen Billigung zu betreiben. Die niederländischen Generalstaaten verfuhren ebenso wie die Monarchien, und erst nach und nach begannen einzelne Gouverneure, nicht immer mit Billigung ihrer Regierungen, gegen die lizenzierte Piraterie vorzugehen, wie zum Beispiel Thomas Lynch vor seinem Tod auf Jamaica. De Cussy gehörte allerdings nicht dazu, was der Hauptgrund dafür war, dass die *Golden Fleece* nach Tortuga segelte.

Tortuga – die Schildkröteninsel – lag vor der Nordwestküste von Hispaniola und hatte ihren Namen nicht, wie man hätte annehmen können, von dem uralten Meeresgetier, sondern aufgrund ihrer Form erhalten, da das abgerundete Gebirge, das die Insel bildete, an den gewölbten Panzer einer Meeresschildkröte erinnerte. Gleich zwei Tiefwasserhäfen an der Südostküste, die noch dazu durch Vorgebirge vor den gefürchteten Hurrikanen schützten, boten selbst großen Seglern Anlegemöglichkeiten, und auch auf einer etwas weiter draußen gelegenen Reede gab es sichere Ankergründe. Zwei Werften befanden sich in unmittelbarer Nähe der Häfen und ebenso Lagerhäuser für die erbeuteten oder auch redlich erworbenen Waren, die hier umgeschlagen wurden, sowie für alle Arten von Schiffsausrüstungen, wie Taue, Hölzer, Kugeln und Pulver. Selbst Kanonen konnten dort erworben werden.

Über allem thronte das stark befestigte und als uneinnehmbar geltende Fort de la Roche. Es war um einen steilen Felsen herum gebaut worden, und in seiner Mitte befand sich ein Hügel, von dessen Höhe die vierundzwanzig großkalibrigen

Geschütze die Küste und die Häfen bestreichen und selbst weit hinaus aufs Meer schießen konnten. Die Spanier hatten das schmerzlich erfahren müssen, als sie versuchten, mit überlegenen Kräften die Insel von den Franzosen zurückzuerobern. Gleich mehrere ihrer Schiffe, die sich unvorsichtig genähert hatten, waren von den Kanonen des Forts versenkt worden und auch eine Belagerung gescheitert. Die steile Klippe hatte nicht erklommen werden können und auch der Versuch des Aushungerns keinen Erfolg gebracht, denn hinter dem Fort gab es eine große Höhle, in der Lebensmittel kühl gelagert werden konnten und aus der noch dazu eine nie versiegende Quelle mit frischem Wasser sprudelte. Unverrichteter Dinge hatten die Spanier wieder abziehen müssen und die Franzosen seither ihren Einfluss zunehmend ausgedehnt – sogar auf das gegenüberliegende Festland – und dort eine Kolonie gegründet, die sie Saint-Domingue nannten.

Die Festung war gleichzeitig der Amtssitz des Gouverneurs, der aber auch noch ein palastartiges großes Haus an einem der schönsten Strände der Insel besaß, in dem er rauschende Feste feierte. Allerdings waren die geladenen Gäste – oft kamen auch noch ungeladene hinzu, die aber niemals weggeschickt wurden – etwas weniger mondän und vornehm wie die in den Palais von Paris, handelte es sich doch meist um berüchtigte, aber erfolgreiche Piraten und deren Gespielinnen.

De Cussy hatte, weil es einen eklatanten Frauenmangel auf Tortuga gab, an den König geschrieben und ihn gebeten, Abhilfe zu schaffen, indem er aussiedlungswillige Weiber nach Westindien schickte, die hier allesamt problemlos einen Gemahl finden würden. Doch solche zu suchen und anzuwerben, war den Beamten des Sonnenkönigs eine zu große Mühe gewesen. Stattdessen führten sie Razzien in den Bordellen von Paris und anderen großen Städten Frankreichs durch und schickten daraufhin mehr als eintausendsechshundert Huren nach Übersee, von denen mittlerweile etliche zur gesellschaftlichen Elite von

Tortuga gehörten und regelmäßig zu den Bällen und Festen des Gouverneurs geladen wurden. Es hieß, jedes zweite Gebäude auf der Insel wäre ein Hurenhaus und die anderen Tavernen und Spelunken, in denen die Piraten ihre Beute hundert Mal schneller wieder loswurden, als sie diese errungen hatten.

Der *Golden Fleece* wurde erlaubt, an einem der Kais festzumachen, aber vielleicht wollte man sie auch nur gut vertäut in Reichweite der Kanonen des Forts wissen. Jack suchte um eine Audienz bei de Cussy nach und war überrascht, dass sie ihm gleich für den nächsten Tag gewährt wurde. Er beauftragte William Lewis, sich um den Verkauf der erbeuteten Waren zu kümmern und danach das Geld nach den Regeln der Bruderschaft an die Mannschaft zu verteilen, die es garantiert in kürzester Zeit in den Spelunken und Bordellen von Basse Terre – so nannte sich die Ansiedlung zu Füßen von Fort de la Roche – durchbringen würde. *Je schneller, desto besser,* dachte sich der Captain, *denn dann werden sich die Männer umso eher an Bord zurückmelden und für eine weitere Kaperfahrt bereit sein.* Daniel North hingegen sollte sich um die Instandsetzung des Schiffes kümmern, was dieser mit Freude tat.

Jack stieg die steilen Stufen zum Fort de la Roche empor und wurde dort schon erwartet, denn ein junger Offizier in der Uniform der französischen Marine empfing ihn am Tor und führte ihn zum Sitz des Gouverneurs. War King's House in Port Royal eher schlicht gehalten, so strahlte die Residenz von de Cussy raffinierte Eleganz und einen derart überbordenden Prunk aus, dass Jack sich schier erschlagen fühlte und sich in seinem schlichten Gewand regelrecht deplatziert vorkam. Er wurde in eine Art Audienzsaal geleitet, in dem durchaus auch Louis XIV. hätte Hof halten können. Zumindest, wenn er sich in die Karibik begeben hätte, was aber eher unwahrscheinlich war.

Zu Jacks Überraschung war der Gouverneur allerdings nicht allein, sondern saß in einer Runde mit verwegen aussehenden,

Pfeife rauchenden und Kaffee, aber auch Rum – und das am frühen Morgen – trinkenden Gestalten, die heftig debattierten und sich offenbar nicht einig waren.

Ein Haushofmeister klopfte mit seinem Stab laut auf den Steinboden und meldete dann: »Monsieur Jack Bannister, Capitaine der Galeone *Golden Fleece!*«

Sofort fuhren alle Köpfe zu Jack herum, und der Mann, der bisher in der Mitte gesessen hatte, sprang auf und kam mit ausgebreiteten Armen auf ihn zu.

»Mr Bannister, welche Ehre!«, sprach er den Ankömmling in nahezu akzentfreiem Englisch an. »Wir haben uns schon gefragt, wann wir Euch endlich in unserer Mitte begrüßen können. Denn lange konnte es nach Eurem bemerkenswerten Coup in Port Royal nicht dauern, bis Ihr den Weg nach Tortuga finden würdet, dessen waren wir uns alle so gut wie sicher. Im Namen Seiner Majestät König Louis XIV. heiße ich Euch herzlich willkommen. Kommt, nehmt in unserer Runde Platz, damit ich Euch die anderen Herren vorstellen kann. Was darf ich Euch zu trinken anbieten?«

Mit allem hätte Jack gerechnet, aber nicht mit einem derart überschwänglichen Empfang, der gänzlich anders geartet war als der nach seinem Sieg über die beiden holländischen Freibeuter in Port Royal. Und seine Überraschung sollte noch wachsen, denn Michiel Andrieszoon und Nicholas van Hoorn, seine damaligen Gegner, befanden sich ebenso in der Runde wie der legendäre Sieur Michel de Grammont, und die nicht weniger bekannten Freibeuter Laurens de Graaf, Jan Willems und Jacob Evertson. Er reichte jedem die Hand, die kräftig geschüttelt wurde, und hatte nicht den Eindruck, dass ihm hier jemand gram oder über sein Auftauchen überrascht war. Nur van Hoorn konnte sich eine Bemerkung nicht verkneifen, die auf das Gefecht von vor zwei Jahren Bezug nahm.

»Ihr seid der Captain der *Golden Fleece?*«, erkundigte er sich noch einmal misstrauisch. »Ein Kahn mit diesem Namen hat mir und Michiel hier einmal übel mitgespielt. Wir hatten nicht schon einmal das Vergnügen, oder?«

Jack dachte gar nicht daran, sich herauszureden oder zu leugnen. Eine bessere Referenz, als diesen beiden berüchtigten Piraten entkommen zu sein, konnte es schließlich nicht geben.

»Ich denke doch, Monsieur.« Jack blieb beim Französischen, das er recht gut beherrschte, während er Holländisch nur radebrechte. »Auf meinen Befehl hin wurde Eurem Schiff damals der Fockmast weggeschossen. Zu jener Zeit war ich allerdings noch Erster Offizier auf der Galeone, die ich heute die Ehre habe zu befehligen, und wir standen auf unterschiedlichen Seiten.«

Van Hoorn wollte aufbrausen, doch Michiel Andrieszoon legte ihm begütigend die Hand auf den Arm.

»Lass gut sein, Nicholas«, meinte er eindringlich. »Es war sein gutes Recht, sich zu wehren, und ich zumindest trage es ihm nicht nach. Aber offenbar habt Ihr ja jetzt Eurem ehemaligen Dienstherrn die Gefolgschaft aufgekündigt und die Absicht, Euch unserer Bruderschaft anzuschließen. Oder warum wärt Ihr sonst hier? Von Eurem Coup in Port Royal spricht die ganze Karibik! Wir haben tatsächlich jeden Tag damit gerechnet, dass Ihr hier auf Tortuga mit dem geraubten Schiff eintrefft. Was hat Euch denn so lange aufgehalten?«

Das Spionagesystem der Piraten musste exzellent funktionieren, stellte Jack mit Erstaunen fest. Offenbar verfügten sie in Port Royal – und wahrscheinlich in so gut wie allen bedeutenden Häfen der Karibik – über Informanten, die sie ständig auf dem Laufenden hielten und so vor unliebsamen Überraschungen schützten.

»Der Großteil meiner Männer war auf den Cayman-Inseln zurückgeblieben, die ich zuvor angelaufen hatte, damit sie dort eine Seuche auskurieren konnten. Und dann mussten wir uns noch der schweren Fregatte *Ruby* erwehren, bevor wir Kurs auf Tortuga nehmen konnten«, fasste Jack die Ereignisse etwas vereinfachend zusammen.

»Die *Ruby* kennt hier jeder«, schaltete sich Jan Willems ein. »Das Schiff und vor allem ihr Captain sind eine echte Plage. Wie ist es Euch denn geglückt zu entkommen?«

»Indem wir die Fregatte versenkt haben«, erwiderte Jack und bemühte sich, seine Stimme so kühl wie möglich klingen zu lassen.

»Ihr habt was getan?«, schaltete sich Sieur Michel de Grammont ein, der Jack schon vom ersten Moment an unsympathisch gewesen war. Als französischer Adeliger dünkte er sich, offenbar etwas Besseres zu sein als die anderen in der Runde, und ließ das auch deutlich erkennen. »Schneidet nicht so auf, Monsieur. Die *Ruby* ist das Flaggschiff der Royal Navy in diesen Gewässern. Niemand von uns würde sich mit ihr anlegen. Mag sein, dass Ihr der Fregatte entkommen konntet, weil auch wir hier gehört haben, dass Henry Morgan sie Euch nachgeschickt hat. Aber versenkt? Dass ist wohl etwas zu viel Seemannsgarn.«

»Monsieur, ich muss doch sehr bitten!« Jack hielt sich nur zurück, weil er es nicht gleich an seinem ersten Tag auf Tortuga zu einem Eklat kommen lassen wollte. Ansonsten, da war er sich ganz sicher, hätte er den arroganten Aristokraten, der all das verkörperte, was Jack verachtete und zu bekämpfen gedachte, auf der Stelle gefordert. »Erkundigt Euch bei meinen Offizieren und der Mannschaft. Sie werden Euch alle das Gleiche sagen. Wir haben der *Ruby* drei Breitseiten verpasst und sie anschließend geentert und geplündert. Glaubt es oder nicht, mir ist es gleich. Aber nennt mich besser nicht noch einmal einen Lügner oder zweifelt mein Wort an!«

»Was untersteht Ihr Euch?«, brauste de Grammont auf und griff an seinen Degen. Doch Gouverneur de Cussy war sofort auf den Beinen und gleich darauf zwischen den beiden Streithähnen.

»Aber Messieurs, beruhigt Euch doch«, bat er mit eindringlicher, aber auch befehlsgewohnter Stimme. »Ihr solltet nicht die Aussage von Mr Bannister anzweifeln, de Grammont, und Ihr nicht so empfindlich sein, Sir. Es klang in unser aller Ohren schon sehr unwahrscheinlich, was Ihr uns da berichtet habt. Aber nun gut, wir wollen es einmal als gegeben hinnehmen, bis wir nähere Informationen haben. Von welchem Schiff kommen denn die Waren, die Ihr in die Lagerhäuser am Hafen habt bringen lassen? Sie sind doch sicher nicht englischen Ursprungs.«

»Auf dem Weg nach Tortuga haben wir noch eine spanische Galeone, die *San Antonio,* aufgebracht. Sie war mit Sklaven an Bord auf dem Weg nach Santo Domingo. Die Schwarzen haben wir freigelassen und auf der Halbinsel Tiburon an Land gesetzt, die Ware natürlich übernommen. Ich möchte Euch um die Erlaubnis bitten, Monsieur, sie hier auf Tortuga veräußern zu dürfen.«

»Gewährt«, bestätigte de Cussy mit einem zuckersüßen Lächeln, der sich bereits seinen Anteil ausrechnete, da meldete sich Laurens de Graaf zu Wort.

»Ihr gefallt mir, Bannister«, meinte er, und Jack hatte den Eindruck, dass der berühmte Freibeuter, den die Spanier den Schrecken Westindiens nannten, es ernst meinte. »Ich weiß, was es heißt, ein Sklave zu sein, denn ich war einer. Die Spanier hatten mich in meiner Heimatstadt Dordrecht gefangen genommen und auf die Kanaren gebracht, wo ich für sie auf einer Zuckerplantage schuften musste, bis es mir gelang zu fliehen und hierher in die Karibik zu kommen. Seither befreie ich ebenfalls jeden Sklaven, der meinen Weg kreuzt. Niemand sollte eines anderen Menschen Sklave sein, und kein Mensch einen anderen verkaufen dürfen. Das ist meine feste Überzeugung, auch wenn einige hier in der Runde sie nicht teilen. Doch sagt, was ist eigentlich Euer Begehr? Wollt Ihr Euch unserer Bruderschaft anschließen? Ihr habt ein starkes und schönes Schiff, das muss ich schon sagen, und wärt uns herzlich willkommen.«

»Nicht so vorschnell, de Graaf, da haben wir anderen schließlich auch noch ein Wörtchen mitzureden«, schaltete sich de Grammont ein. »Bisher wissen wir von dem Mann hier nur, dass er ein Schiff gestohlen hat und vorgibt, eine englische Fregatte versenkt zu haben, was ich, bei allem Respekt, immer noch anzweifle. Was also befähigt ihn dazu, ein Freibeuter zu sein und der Bruderschaft beizutreten?«

»Denkt doch mal nach, de Grammont«, erwiderte de Graaf gelassen. »Wir wollen die große Stadt Campeche angreifen. Da käme uns eine Vierzig-Kanonen-Galeone als Verstärkung doch gerade recht, oder? Erinnert Ihr Euch nicht an die schweren Gefechte, die wir vor Maracaibo und Vera Cruz zu bestehen hatten? Ich jedenfalls hätte nichts dagegen, wenn Mr Bannister sich uns anschlösse, und würde ihn, wie ich schon sagte, herzlich willkommen heißen.«

»Ja, weil er offenbar Eure weinerlichen Ansichten über die Sklaverei teilt, de Graaf«, stichelte de Grammont weiter, während die anderen in der Runde amüsiert den Schlagabtausch verfolgten. »Fragen wir ihn doch einmal, ob er sich überhaupt an solch einem Unternehmen gegen eine bedeutende, spanische Hafenstadt beteiligen möchte. Nun, wie steht es, Monsieur Bannister? Interessiert an reicher Beute? Wollt Ihr es nicht Eurem Landsmann Henry Morgan gleichtun, der immerhin Portobello und sogar Panama geplündert hat? Oder habt Ihr womöglich Angst, bei einem derartigen Unterfangen Euer Leben oder zumindest Euer Schiff zu riskieren? Die Spanier können harte Gegner sein und ergeben sich keineswegs immer so leicht wie offenbar die Besatzung der *San Antonio*.«

»Der wir zuvor den Besanmast weggeschossen haben«, konnte sich Jack nicht verkneifen zu erwidern. »Eigentlich steht mir der Sinn nicht nach Überfällen auf Städte. Mein Feind und Ziel ist die Royal Navy, und englische Schiffe, vorwiegend die der Royal African Company. Das hat Gründe persönlicher

Art, die ich hier nicht weiter erläutern möchte. Natürlich nehme ich auch einen Spanier mit, läuft er mir über den Weg. Schließlich will meine Mannschaft Beute. Deshalb, Eure Exzellenz, bin ich auch hier, um Euch um die Ausstellung eines Kaperbriefes zu bitten. Meint Ihr, dass Ihr mir ein solches Dokument zu den üblichen Konditionen aushändigen könnt? Ich schwöre, mich auch an alle darin festgehaltenen Bedingungen zu halten, und wäre Euch sehr verbunden.«

»Ihr wisst schon, dass sich Frankreich und England gegenwärtig im Frieden miteinander befinden und die Monarchen beider Länder sogar verwandt und verschwägert sind?«, erkundigte sich de Cussy lauernd.

»Verschwägert waren«, korrigierte Jack den Gouverneur. »Und? Herrscht nicht auch Frieden zwischen Frankreich und Spanien, und wird hier nicht gerade über die Plünderung einer großen spanischen Stadt beraten? Wo, bitte, ist da der Unterschied?«

»Wo er recht hat, hat er recht«, mischte sich nun Jacob Evertson schmunzelnd ein, der selbst schon in englischen Diensten gestanden hatte und später der Gefangennahme durch Henry Morgan entkommen war. »Nun gebt ihm schon einen Kaperbrief, de Cussy. Kassiert die Gebühr, steckt sie wie immer in Eure Tasche, und allen ist geholfen.«

»Ich muss doch sehr bitten, Monsieur«, verwahrte sich der Gouverneur gegen die Anschuldigung, trug damit aber nur zur allgemeinen Heiterkeit bei. »Aber was haltet Ihr denn davon, Euch vorerst dem Unternehmen gegen Campeche anzuschließen, Mr Bannister? Auch ich wäre daran interessiert, dass ein kräftiger Schlag gegen die Stadt geführt und reiche Beute nach Tortuga gebracht wird, an der auch König Louis partizipieren würde. In diesem Fall sähe ich mich sicher in der Lage, Euch den gewünschten Kaperbrief auszustellen. Danach könnt Ihr dann machen, was auch immer Ihr wollt. Aber falls Ihr davon Abstand nehmt ...«

Der Gouverneur beendete den Satz nicht, aber Jack wusste auch so, was er meinte.

»In Gottes Namen«, stimmte er deshalb auch gegen bessere Überzeugung zu, aber hatte er denn eine Alternative?

»Willkommen in der Bruderschaft«, meinte daraufhin de Graaf, sprang auf und umarmte Jack, als wären sie schon seit ewigen Zeiten gute Kameraden. Ihm schlossen sich die anderen in der Runde bis auf Sieur Michel de Grammont an, der deutlich Distanz hielt und sich gerade einmal zu einem Handschlag hinreißen ließ. Jack war sich ziemlich sicher, dass er und der französische Adelige noch aneinandergeraten würden.

»Sie waren tatsächlich über alles informiert, was in Port Royal vorgefallen ist, und haben uns hier schon erwartet«, meinte Jack zu William Lewis, mit dem er auf dem Oberdeck der *Golden Fleece* stand, und blickte nachdenklich zu der Festung empor, aus der er soeben zurückgekehrt war. »Den Kaperbrief habe ich nur erhalten, weil ich zugesagt habe, dass wir uns an dem Unternehmen gegen Campeche beteiligen, obwohl mir das eigentlich gar nicht in den Kram passt. Ich will gegen englische Schiffe vorgehen, keine spanischen Städte überfallen. Aber gut, Henry Morgan und auch Francis Drake haben das ebenfalls getan und sind dafür geadelt worden. So ehrenrührig kann es also nicht sein.«

»War es dieser Kaperbrief wirklich wert, dass Ihr dafür Eure Prinzipien über Bord geworfen habt, Captain?«, erkundigte sich der junge Offizier zweifelnd. »Warum brauchen wir den Brief überhaupt und führen kein Leben als freie Piraten?«

»Weil wir dann ohne jeden Schutz dastehen würden, vom Willen unserer Mannschaft abhängig wären und vor allem keinen Ort hätten, an den wir uns zurückziehen können, um unsere Beute loszuschlagen und eventuelle Schäden am Schiff reparieren zu lassen. Außerdem können wir hier in Basse Terre unsere Besatzung wieder komplettieren, wenn wir Verluste haben. Alles gute Gründe für einen Kaperbrief. Schaut doch einmal, was hier geschrieben steht.«

Jack holte das Dokument hervor und begann, es laut vorzulesen.

»Hier oben hat der Gouverneur meinen Namen, den Rang und das Schiff eingetragen. Der Kaperbrief ist also nicht übertragbar. Weiter heißt es darin:

›… dass Frankreich aufgrund des großen Schadens, den es durch die Kaperei anderer Seemächte erleiden muss, sich gezwungen sieht, den oben genannten Kapitän zu beauftragen, sein Schiff zu bewaffnen und kriegstauglich auszurüsten, es mit Mannschaften, Munition und Lebensmitteln zu versorgen und alles zu tun, was nötig ist, um Krieg zu führen gegen alle Feinde des Staates und des Königs, als da sind Holländer, Engländer und Spanier. Der genannte Kapitän soll sie mit ihren Schiffen und Waffen gefangen nehmen und mit ihnen nach Kriegsrecht verfahren, aber er ist dazu verpflichtet, persönlich und für seine Mannschaft, die Kriegsartikel und die Vorschriften meiner Marine zu achten.‹ Unterschrieben von Gouverneur Pierre-Paul Tarin de Cussy im Auftrag König Louis XIV. Was sagt Ihr nun, William?«

»Dass das König Charles, den spanischen Monarchen und auch die Regierung der Generalstaaten gar nicht freuen wird«, meinte der Erste Offizier nachdenklich. »So viel dazu, was ein Frieden in Europa in diesem Teil der Welt wert ist. Aber was steht denn noch in dem Dokument drin? Es ist doch um vieles länger als der Text, den Ihr soeben vorgelesen habt.«

»Ganz detailliert sind darin die Bestimmungen zum Erfassen der Beute, der Prozentsatz für die Krone und den Gouverneur festgelegt und auch, welchen Anteil jedes Besatzungsmitglied je nach Rang und Aufgabe an Bord zu bekommen hat. Außerdem wird bestimmt, wie ein Mann für den Verlust seiner Gliedmaßen zu entschädigen ist. Hier, seht selbst«, Jack hielt William das Dokument hin, »für den rechten Arm sechshundert Piaster oder sechs Sklaven, für ein Bein fünfhundert Piaster oder fünf Sklaven, für ein Auge hundert Piaster oder einen Sklaven. Und so geht das in einem fort bis hin zu einzelnen Fingergliedern. Wobei man unter Sklaven hier keine Afrikaner, sondern gefangen genommene Europäer versteht, die ebenso auf den Märkten gehandelt werden wie die Schwarzen. Ich hoffe nur, dass wir immer genügend Piaster, Dublonen, Dukaten, Kronen und Pfund erbeuten, denn ich will unter gar keinen Umständen erneut zum Sklavenhändler werden. Ich habe das immer gehasst und gehofft, dass dieses Kapitel endgültig für mich abgeschlossen ist.«

William Lewis schüttelte nur angewidert den Kopf.

»Ganz schön happig, diese Vorgaben, vor allem, wenn man bedenkt, dass ich für eine Kuh, die ich habe als Proviant schlachten lassen, nur zwei Piaster bezahlen musste. Aber wären wir denn nicht besser dran, wenn wir uns nicht an derartige Regeln halten müssten? Warum nicht ein ungebundenes Leben als freie Piraten führen? Ich habe mit etlichen auf den Kais und bei den Lagerhallen gesprochen. Viele tun es und pfeifen auf einen Kaperbrief.«

»Begreift Ihr es immer noch nicht? Ganz einfach, weil ich nicht die Absicht habe, die Kontrolle über das Schiff und die Ziele, die wir uns suchen, aufzugeben. Und der Kapitän eines Piratenschiffes muss sich vor jedem Auslaufen erneut seiner Mannschaft zur Wahl stellen und später auch alle Grausamkeiten dulden, die von seinen Männern verübt werden. Nein danke, William, das kommt für mich nicht infrage. So bleibt uns zwar nichts anderes übrig, als einen Teil unserer Beute abzugeben, können dafür aber die Besatzung auf die Kriegsartikel einschwören und jeden zur Verantwortung ziehen, der sich nicht daran hält. Und die *Golden Fleece* ist mein Schiff, hört Ihr? Ich habe nicht die Absicht, das zur Disposition zu stellen, dafür habe ich zu viel aufgegeben und zu hart um sie gekämpft. Daher sollte besser niemand versuchen, sie mir wegzunehmen. Niemand!«

William Lewis hatte seinen Captain selten so entschlossen reden hören und war sich sicher, dass dieser bis zum letzten Blutstropfen um dieses Schiff kämpfen würde, an dem scheinbar sein ganzes Herz hing.

Hätte Jack die Gedanken seines Ersten Offiziers lesen können, er hätte ihm völlig recht gegeben. Die Liebe seines Lebens hatte er bereits verloren, dass man ihm seine zweite auch noch nahm, würde er niemals dulden.

5. KAPITEL
ATLANTIK, 1684

Jack hatte geglaubt, dass sie umgehend nach Campeche segeln würden, sah sich in dieser Annahme aber getäuscht. Die Vorbereitungen zogen sich hin, der eine Kapitän sprang ab, andere kamen dazu, dann fehlte es an Pulver und Kugeln, oder kam zu Streitigkeiten darüber, wer die Piratenflotte befehligen sollte, und schließlich war die Hurrikan-Saison heran, in der sich größere Unternehmungen von selbst verboten. Der Captain gedachte allerdings nicht, seine Zeit nutzlos auf Tortuga zu vertrödeln und zuzusehen, wie sein Schiff verrottete. Stattdessen ließ er verlauten, dass er trotz der sich nähernden Stürme auf Kaperfahrt gehen wollte, und heuerte eine Mannschaft an.

Das gestaltete sich nicht weiter schwierig, denn Tortuga war ein teures Pflaster. Die Huren ließen sich für ihre Dienste fürstlich entlohnen, Rum war so teuer wie der beste Burgunder in Paris, und Unterkünfte wurden nur zu horrenden Preisen vermietet, obwohl es sich meist nur um verlauste Massenquartiere handelte. Wurde bekannt, dass sich ein Schiff zum Auslaufen bereit machte, und noch dazu eine derart große und stark bestückte Galeone wie die *Golden Fleece,* standen die Männer Schlange, um sich in die Stammrolle eintragen zu lassen.

Daniel North hatte die Aufgabe übertragen bekommen, die Mannschaft zusammenzustellen, und natürlich wurden die Seeleute bevorzugt, die bereits zur Stammbesatzung gehört und sich bewährt hatten. Unter denen, die um Heuer nachsuchten, befanden sich aber auch entflohene Sklaven, so schwarz wie die Nacht bei Neumond, Mischlinge aller Farbschattierungen und Bukanier und Flibustier, die die Zeit zwischen zwei Raubzügen auf See mit dem Erlegen wilder Rinder und Schweine auf Hispaniola verbrachten. Deren Fleisch räucherten und trockneten sie und verkauften es als Schiffsproviant. Hörten sie davon, dass ein Schiff auf Beutefahrt gehen wollte, setzten sie mit Booten über die Meerenge, die Tortuga von der großen Insel im Süden trennte, und verdingten sich als Seeleute, die stets gern genommen wurden, denn sie waren ein hartes und entbehrungsreiches Leben gewohnt und galten noch dazu als hervorragende Schützen.

Den Schiffsarzt allerdings heuerte Jack persönlich an. Es gab mehrere auf Tortuga, von denen etliche gegenwärtig arbeitslos waren oder sich an Land vorwiegend mit der Behandlung von Lustseuchen und den Blessuren nach Wirtshausschlägereien durchschlugen. Aber nur einer von ihnen, der Holländer Alexandre Olivier Exquemelin, besaß einen ausgezeichneten Ruf und war auch bereit, auf der *Golden Fleece* zu segeln. Er hatte unter etlichen Freibeuterkapitänen gedient, unter anderem auch Henry Morgan, und war später nach Europa zurückgekehrt, um ein Buch über die Geschichte der Piraterie in der Karibik zu verfassen, das mittlerweile in mehrere Sprachen übersetzt worden war. Doch das Leben in den calvinistischen Niederlanden langweilte ihn, und so hatte er wieder auf einem Segler mit dem Ziel Westindien angeheuert. Jetzt hoffte er auf neue Abenteuer, von denen er in einem weiteren Roman berichten wollte, und eine Passage auf der *Golden Fleece*, deren Kapitän durch den Diebstahl des Schiffes aus dem Hafen von Port Royal jetzt schon einen legendären Ruf besaß, schien ihm da genau das Richtige zu sein.

Jack hatte lange darüber nachgedacht, wo er auf die Jagd gehen sollte, und sich gegen die karibische See, die zwischen den Inseln der Großen und Kleinen Antillen und dem süd- und mittelamerikanischen Festland lag, entschieden. Stattdessen wollte er den Schiffen im Atlantik zwischen der Passage du Vent, die immer häufiger Windward-Passage genannt wurde und Kuba und Hispaniola trennte, sowie der Mona-Passage zwischen Hispaniola und Puerto Rico auflauern. Das hatte gleich mehrere Gründe. Einerseits nahm dadurch die Gefahr ab, auf Galeonen oder Fleuten voller Sklaven zu treffen. Die kamen schließlich von Westen her durch die zwischen den Kleinen Antillen gelegenen Meerengen in die karibische See und verkauften dann ihre lebende Ware auf den Inseln oder in den amerikanischen Kolonien. Jack wollte nicht noch einmal eine nahezu meuternde Mannschaft erleben, nur weil er sich weigerte, mit schwarzem Elfenbein zu handeln. Wie er in Erfahrung gebracht hatte, schreckten jedoch nicht einmal die entlaufenen Sklaven in seiner Besatzung davor zurück, ihre Leidensgenossen meistbietend zu veräußern, sahen sie sie doch ausschließlich als Beute an, die ihnen die Geldkatzen füllte.

Sollte sich doch jemand anderes die Finger an diesem schmutzigen Geschäft dreckig machen, er jedenfalls nicht! Etwas anders war es allerdings, segelten die Schiffe mit den Bäuchen voller Rum, Zucker, Kakao und anderen in Europa begehrten Handelsgütern zurück in die Heimat. Dann mussten sie durch die benannten Passagen, wollten sie nicht große Umwege auf sich nehmen. Und deshalb würde er genau dort auf Kaperfahrt gehen und hoffte dabei auch, neben Spaniern, die meist vom amerikanischen Festland kamen, auf Schiffe der Royal African Company zu treffen, deren Segelrouten ihm ja bekannt waren. Schatzschiffe würden wohl nicht dabei sein, die befuhren die Meere nur in gut geschützten Konvois, aber reiche Beute, die man zu Geld machen konnte, war auch auf den einzelnen Seglern zu erwarten, die aus der Karibik Richtung Spanien, Holland und England unterwegs waren. Nur von den Franzosen musste Jack, zumindest vorläufig, die Finger lassen, wollte er es sich nicht mit de Cussy verscherzen und damit seinen Zufluchtsort, an dem er auch die erbeuteten Waren verkaufen konnte, aufs Spiel setzen.

Kaum war die *Golden Fleece* ausgelaufen und kreuzte auf der Höhe der Isla de Mona, die der stark befahrenen Passage ihren Namen gegeben hatte, sichtete der Ausguck auch schon zwei spanische Galeonen, die offenbar im Verband segelten, um sich gegebenenfalls gegenseitig Beistand leisten zu können. Beide Schiffe waren von der Tonnage her ähnlich groß wie die *Golden Fleece* und ihr damit zu zweit eindeutig überlegen, doch Jack gedachte nicht, sich davon abschrecken zu lassen.

Die Mona-Passage strotzte nur so von ausgedehnten Sandbänken, Gezeitenströmungen und Wasserwirbeln, die von den in ihr liegenden Inseln hervorgerufen wurden. Es war daher schon nicht leicht, in diesen Gewässern zu manövrieren, wenn man Zeit und Ruhe hatte, mit einem Piraten auf den Fersen aber ein noch gefährlicheres Unterfangen. Den beiden spanischen Kapitänen war das durchaus bewusst, denn sie kannten die Durchfahrt und besaßen die neusten Seekarten. Schließlich waren die beiden großen Inseln im Westen und Osten Eigentum ihres Königs, und eigentlich sollte seine Flotte ihnen auch Schutz bieten, doch offenbar waren die Kriegsschiffe ihrer allerkatholischsten Majestät gerade anderweitig beschäftigt und sie auf sich allein gestellt – wie so oft.

Jack gedachte, sich das zunutze zu machen und die beiden Schiffe getrennt und nacheinander anzugreifen. Zuerst wandte er sich der etwas weiter südlich segelnden Galeone zu, die bereits ihre Geschütze ausgerannt hatte und ihn erwartete. Bestückt war sie ähnlich wie die *Golden Fleece*, nur ob die Kanonen auch über die gleichen Kaliber verfügten, fraglich.

Das Feuer eröffneten die beiden Buggeschütze der englischen Galeone, und ihre Kugeln rissen große Löcher in den Heckspiegel der *Nuestra Señora de Candelaria*, allerdings ohne das Ruder zu treffen. Die Heckkanonen des Spaniers antworteten prompt, doch Jack ließ, wie bereits erprobt, nach Steuerbord abfallen, und so klatschten die Geschosse, ohne Schaden anzurichten, ins Meer. Nach dem Manöver ging man auf der spanischen Galeone davon aus, dass der Kaperer sie an Steuerbord querab passieren wollte, und setzte auch noch die letzten Segel, um zu dem Schwesterschiff aufzuschließen. Dann müsste der verfluchte Engländer – an der Nationalität des Freibeuters bestand kein Zweifel, denn Jack hatte neben der blutroten Flagge am Großmasttopp auch den Union Jack am Heck setzen lassen – zwischen ihnen beiden hindurch, und man konnte ihn von zwei Seiten aus unter Beschuss nehmen. Die andere Galeone, die *San Manuel,* hielt deshalb auch auf die *Nuestra Señora de Candelaria* zu, um ihr pflichtgemäß beizustehen.

Jack dachte allerdings nicht im Traum daran, in diese Falle zu tappen. Noch einmal feuerten die Buggeschütze der *Golden Fleece,* diesmal auf die sich nähernde *San Manuel,* dann ließ der Captain das Ruder hart nach Backbord herumwerfen, um die *Nuestra Señora de Candelaria* auf der Seite zu passieren, wo niemand den Angriff erwartete. Die ganze Breitseite der *Golden Fleece* hämmerte in die Takelage und die Bordwände der spanischen Galeone und machte sie auf der Stelle manövrierunfähig. Von ihrer Seite kam nur eine traurige Antwort, denn man war von der Kanonade an Backbord völlig überrascht worden, hatte man sie doch an Steuerbord erwartet.

Schon war die *Golden Fleece* an ihrem ersten Gegner vorbei und stürzte sich auf den zweiten. Jack hatte den Geschützbedienungen angedroht, sie nicht an der Beute zu beteiligen, wenn sie nicht innerhalb von weniger als zwei Minuten nachluden und wieder feuerbereit waren, und so hatte es diesbezüglich einen Wettbewerb unter den Männern gegeben, der ihn vollumfänglich zufriedenstellte. Da die *Nuestra Señora de Candelaria* zurückgefallen war, tauchte jetzt die *San Manuel* an Steuerbord vor ihnen auf, der Jack das gleiche Schicksal wie ihrem Schwesterschiff zugedacht hatte.

»Feuern nach eigenem Ermessen!«, brüllte der Captain in das Geschützdeck hinunter, und dann an den Mastergunner gewandt: »Samuel, nehmt die Masten mit Kettenkugeln aufs

Korn! Hundert Piaster für jeden Mann der Geschützbedienung, die den Fockmast umlegt!«

Das ließen sich die Männer natürlich nicht zweimal sagen, und da keine gemeinsame Breitseite gefeuert wurde, konnte auch nachverfolgt werden, welche Crew den Treffer setzte. Es waren Flibustier, beheimatet auf der großen, Tortuga gegenüberliegenden Halbinsel, die man mittlerweile ebenso wie das Hinterland und ihr südliches Pendant Saint-Domingue nannte, da dort mehr Franzosen als Spanier lebten.

Der Fockmast der *San Manuel* kippte, und Teile der Rahen, der Mastkörbe und der Takelage krachten aufs Deck und verletzten viele Männer, doch der Kapitän der Galeone gedachte keinesfalls, sich zu ergeben. Als sein Schiff nahezu querab zur *Golden Fleece* lag, ließ er eine volle Breitseite feuern, aber seine Geschützbedienungen waren wesentlich schlechter gedrillt als die des Kaperschiffes. Die meisten Schüsse gingen ins Meer und zwischen den Masten hindurch, und nur zwei Kugeln schlugen in die Bordwand ein, wo sie aber nur geringen Schaden anrichteten. Die prompte Antwort aus den englischen Rohren zerstörte fast alle Aufbauten, tötete mehrere Seeleute und machte die *San Manuel* ebenso manövrierunfähig wie zuvor schon ihr Schwesterschiff.

Jetzt stand der Enterkampf bevor, und das konnte noch einmal haarig werden, gelang es den beiden spanischen Kapitänen womöglich, doch noch ihre Mannschaften zu vereinen. Dazu sollte es allerdings nicht kommen, denn die hilflos im Meer treibende *Nuestra Señora de Candelaria* lief auf eine unter der Meeresoberfläche verborgene Sandbank auf. Diese war zwar auf den Seekarten verzeichnet, aber da die Galeone nicht mehr dem Ruder gehorchte, konnte ihr nicht ausgewichen werden. Der plötzliche Ruck erschütterte das ganze Schiff und führte dazu, dass der Großmast aus seinem Schuh am Kiel herausbrach, die Kuhl und die Back dabei aufriss und nebst seiner gesamten Takelage über Bord ging.

Jack, der das Missgeschick natürlich gesehen hatte, strich die Galeone als Gegner von seiner Liste, um sich nun ganz der *San Manuel* zu widmen. Er ließ die *Golden Fleece* längsseits bringen, Enterhaken flogen in die Takelage, und wild schreiende, furchterregende Gestalten schwangen sich auf den Spanier hinüber und fluteten dessen Deck. Der Kampf währte nur kurz und war eigentlich keiner. Jack hatte jedem seiner Männer mit dem Strang gedroht, würde ein sich ergebener Gegner getötet oder auch nur verletzt werden. Das war zuerst auf Unverständnis bei der Mannschaft gestoßen, verfuhren Piratenkapitäne da doch ganz anders und verbreiteten durch ihre Grausamkeiten Angst und Schrecken. Doch er hatte die Männer davon überzeugen können, dass Besatzungen sich bis zum letzten Blutstropfen wehrten, sahen sie ein derartiges Schicksal und den unvermeidlichen Tod auf sich zukommen. Sprach sich allerdings herum, und dafür wollte der Captain sorgen, dass die Mannschaft der *Golden Fleece* ihre Gefangenen verschonte, war mit wesentlich weniger Widerstand zu rechnen. So hatten es Francis Drake und im Wesentlichen auch Henry Morgan gehalten und waren damit ausgesprochen gut gefahren.

Der Kapitän der *San Manuel* übergab dann auch nach kurzer, nur der Form geschuldeter Gegenwehr Jack seinen Degen, und die gesamte Besatzung streckte daraufhin die Waffen. Sie hätte sowieso keine Chance gegen die kampferprobten und zahlenmäßig weit überlegenen Freibeuter gehabt, denn viele von ihnen waren bereits gefallen oder verwundet. Jack befahl seinem Schiffsarzt, sich auch um die verletzten Spanier zu kümmern, was der Kapitän der *San Manuel* als eine äußerst noble Geste ansah, für die er sich überschwänglich bedankte. Er sträubte sich nun auch nicht mehr, Jack die Schiffskasse und die Frachtpapiere auszuhändigen, aus denen genau hervorging, was die Galeone geladen hatte.

Jack ließ alles Wertvolle auf die *Golden Fleece* umladen und danach sein Schiff querab zur *Nuestra Señora de Candelaria* verholen. Die spanische Galeone lag unrettbar auf der Sandbank fest, und Jack hütete sich, ihr zu nahe zu kommen. Deutlich sichtbar ließ er die Kanonen ausrennen und auf das havarierte Schiff ausrichten. Dann schickte er eine Entermannschaft unter dem Kommando von William Lewis in Booten hinüber, die alles an Gold und Silber bergen sollte, was sie finden konnte. Auch hier gab es keine Gegenwehr, denn dem Kapitän war klar, dass dies blanker Selbstmord gewesen wäre. Die Ladung der *Nuestra Señora de Candelaria* war allerdings unrettbar verloren. Trotzdem konnte man die Beute aus beiden Schiffen nur exorbitant nennen, und die Mannschaft ließ ihren Captain daher hochleben, als es ans Verteilen ging.

Doch Jack hatte noch nicht genug. Er hoffte immer noch, auf ein Schiff der Royal African Company zu treffen, bevor die Stürme einsetzten, und ließ deshalb Segel in Richtung auf die Windward-Passage setzen, durch die die meisten von Jamaica kommenden Schiffe – so wie auch er vor zwei Jahren – ihren Kurs nahmen. Die beiden Spanier konnten sich selbst helfen und wurden ihrem Schicksal überlassen. Zu den Ansiedlungen ihrer Landsleute auf Hispaniola und Puerto Rico war es nicht allzu weit, und zumindest mit den Booten würden sie es schaffen, sie zu erreichen, und konnten dort Kunde ablegen von einem englischen Kaperer, der wie der Teufel kämpfte, aber jeden verschonte, der sich ergab.

»Bei Neptun und allen Heiligen, die *Golden Calf!* Das hätte ich ja im Traume nicht zu hoffen gewagt! Aber die Galeone kann ein harter Brocken werden. Sie ist genauso groß wie wir und bestimmt ähnlich armiert. Als die *Golden Fleece* das erste Mal auslief, lag sie noch auf Kiel. Jetzt kommt es darauf an, was für ein Captain sie führt, und wie er und seine Mannschaft sich zu wehren wissen. Schiff klar zum Gefecht, setzt unsere Flaggen. Und lasst die Besatzung wissen, William, dass ein Schiff der Royal African Company auf der Heimfahrt aus der Karibik ein richtig guter Fang ist und reiche Beute verspricht!«

Jack war völlig aus dem Häuschen und hieb seinem Ersten Offizier so kräftig auf die Schulter, dass dieser in die Knie ging. Das war die Gelegenheit, auf die er gewartet und gehofft hatte. Unweit der Inagua-Inseln am Nordost-Ausgang der Windward-Passage war vom Ausguck im Großmasttopp ein Schiff erspäht worden, das auf Nordostkurs segelte. Sofort hatte Jack dessen Verfolgung befohlen und alle Segel setzen lassen. Schnell waren sie dank der verbesserten Besegelung näher gekommen, aber auch deshalb, weil die Galeone sich offenbar keine große Mühe gab, zu fliehen. Entweder, man ahnte an Bord die Gefahr nicht, die sich da von Süden her näherte, oder ihr Kommandant war sehr sorglos und vertraute im Ernstfall auf die Kampfkraft seines Schiffes.

Als Jack dann durch das Rohr das Wappen der Royal African Company auf dem Heckspiegel entdeckt hatte, war er nicht mehr zu halten gewesen. Allerdings konnte er sich das Verhalten des Schiffes nicht erklären. Wusste man an Bord der *Golden Calf* etwa nicht, dass die *Golden Fleece* jetzt ein Piratenschiff war und es besonders auf die Schiffe der Company abgesehen hatte? War dies von Nicholas Crispe womöglich geheim gehalten worden, damit man ihn nicht seines Postens enthob? Aber die Galeone kam doch sicherlich aus Port Royal, und dort musste es nach wie vor Stadtgespräch sein, dass er das Schiff aus dem Hafen gestohlen und eine starke englische Fregatte versenkt hatte. Wieso floh sie dann nicht? Wenn der Captain etwas von seinem Handwerk verstand, hätte er durchaus eine Chance, denn der Muschelbesatz am Rumpf seines Schiffes war sicher geringer als der seines Verfolgers. Das konnten auch die zusätzlichen Segel kaum ausgleichen, vor allem, weil sie bei dem gegenwärtigen Wind nur wenig Wirkung zeigten. Trotzdem kamen sie der *Golden Calf* immer näher, was Jack verunsicherte und an eine Falle denken ließ.

»Mr North, schickt die Männer in die Wanten und lasst die Leesegel setzen. Ich will noch mehr Fahrt haben, damit wir aufschließen, bevor womöglich die Dämmerung die Galeone verschluckt. William, Backbordgeschütze laden und ausrennen. Wenn wir feuern, muss jeder Schuss sitzen. Und bereitet die Männer darauf vor, dass wir diesmal mit einer entsprechenden Antwort zu rechnen haben. Ich glaube nie im Leben, dass sich die *Golden Calf* so leicht ergibt wie die beiden Spanier.«

»Aye, Sir«, bestätigten die beiden Offiziere ihre Befehle wie auf einem Kriegsschiff. Aber so fühlten sie sich auch auf der *Golden Fleece* unter einem Captain, der das Schiff wie eine Fregatte der Royal Navy führte und damit sehr erfolgreich war, auch wenn sein Drill nicht bei allen an Bord gleich gut ankam. Die Beute hingegen schon, und die Frage war daher, was für jeden Einzelnen letztlich mehr zählte.

Als Jack schätzte, dass sie auf Schussentfernung heran waren, befahl er dem Mastergunner, aus beiden Buggeschützen zu feuern und den Besanmast ins Visier zu nehmen. Doch die Dünung des Atlantiks und auch die Distanz zwischen den beiden Schiffen waren zu groß für gezielte Schüsse, und so schlugen die Kugeln rechts und links neben dem Ziel ins Meer, ohne Schaden anzurichten. Dem Mastergunner war das derart peinlich, dass er sich vornahm, seinem Captain heute besser nicht mehr unter die Augen zu kommen.

Doch die beiden Schüsse hatten auf der *Golden Calf* etwas ausgelöst, mit dem niemand an Bord der *Golden Fleece* – am wenigsten deren Captain – gerechnet hatte. Auf einmal war hektische Aktivität zu beobachten. Männer enterten auf und brassten die Rahen um, aber die am Fockmast querab Steuerbord und am Großmast querab Backbord. Das machte das Schiff nicht schneller, sondern deutlich langsamer und konnte es bei einer starken Sturmbö sogar zum Kentern bringen. Gleichzeitig wurden die Steuerbordgeschütze ausgerannt und feuerten gleich darauf. Aber auf was? Die *Golden Fleece* lag noch achteraus und damit außerhalb der Reichweite der Breitseite.

»Großer Gott, wer führt denn dort das Kommando?«, entfuhr es Jack. »Ein Schiffsjunge?«

»Sieht ganz danach aus, Captain«, stimmte ihm William Lewis zu, der wieder auf die Poop gekommen war, um weitere Befehle in Empfang zu nehmen. »Wenn die nicht aufpassen, zerreißt es ihnen bei diesem Segelmanöver noch das Schiff. Seht nur, wie es schlingert! Die können gar nicht mehr genau feuern und müssen aufpassen, dass ihnen nicht das Wasser durch die Geschützpforten in die Decks läuft.«

»Das macht doch alles keinen Sinn«, fluchte Jack. »Wenn wir ihnen jetzt eine Breitseite verpassen, sinkt der Kahn womöglich. Deshalb Feuerbereitschaft beibehalten, aber fertig machen zum Entern. Drehbassen und Vierpfünder besetzen. Sehen wir eine starke, kampfbereite Mannschaft auf den Decks, Feuer auf mein Kommando. Aber es würde mich auch nicht wundern, wenn dort drüben jeder kopflos hin und her rennt. Vielleicht sind ja alle Offiziere tot, und keiner an Bord weiß mehr, was er machen soll. Nun, wir werden es herausfinden. Mr North, bringt uns längsseits!«

Jacks Kajütenjunge brachte ihm seine Pistolen, die sich der Captain in den Gürtel schob, und das Bandelier mit dem Degen, das er sich überstreifte. Dann duckte er sich hinter die Reling, weil er wie alle an Bord davon ausging, dass doch jetzt zumindest geschossen werden würde. Aber nichts dergleichen geschah. Die Kanonen waren nicht wieder ausgerannt worden, keine Schützen hatten die Gefechtsmarsen besetzt, und auch sonst war an Bord der *Golden Calf* niemand zu erkennen, der sich bereit machte, den bevorstehenden Angriff abzuwehren.

»Wenn die dort drüben nicht mindestens dreihundert Marinesoldaten versteckt haben, die nur darauf warten, uns niederzumachen, verstehe ich die Welt nicht mehr«, knurrte

Jack und griff sich ein Tau, um sich wie stets als Erster auf das feindliche Schiff hinüberzuschwingen. Meist sogar noch, bevor man Bordwand an Bordwand lag.

Enterhaken mit Seilen wurden hinübergeworfen und verfingen sich in der Takelage, lange Stangen mit Haken in die Reling geschlagen, doch über allem hing eine beängstigende Stille. Jack sprang auf das um die Poop laufende Geländer, stieß sich mit beiden Beinen ab und sah aus den Augenwinkeln, wie es ihm viele aus seiner Besatzung gleichtaten. Im nächsten Moment befand er sich auf dem gegnerischen Deck, hatte beide Pistolen in den Händen – aber es gab keinen Feind. Zumindest keinen, der sich ihm und seinen Männern entgegenstellte. Nur ein paar offensichtlich verängstigte Seeleute, die sich auf der Back und an den Niedergängen zusammendrängten, unbewaffnet waren und der Dinge harrten, die da kamen.

»Verstehe das, wer will«, murmelte er vor sich hin und richtete sich aus seiner gebückten Haltung auf, als er von der Poop aus angerufen wurde.

»Ich denke, wir tragen das unter uns aus, Jack«, hörte er eine Stimme, die ihm nur allzu vertraut war. »Warum sollen zwei gute Schiffe der Company Schaden nehmen? Spielen wir doch einfach: Der Sieger bekommt alles. Steck deine Pistolen weg, zieh deinen Degen und schlage dich mit mir, wenn du Manns genug dafür bist.«

Jack blickte dorthin, von wo er angerufen worden war, und sah direkt in die blaugrauen Augen seines Schwiegervaters.

»Immer gern zu Diensten, Gilbert«, meinte er spöttisch, aber höchst überrascht, und verbeugte sich leicht. »Doch auch wenn Ihr mich tötet, gibt es keine Garantie dafür, dass meine Männer nicht doch Euer Schiff als gute Beute betrachten. Es sind kampferprobte Flibustier und Bukanier, die der Mannschaft einer Handelsgaleone nicht nur zahlenmäßig weit überlegen sind. Warum also Euer Leben aufs Spiel setzen? Euer

Schiff verliert Ihr so oder so, aber wir verschonen jeden, der sich uns ergibt.«

»Ich denke, das weißt du, Jack«, kam prompt die Antwort. »Der Kampf zwischen uns ist schließlich etwas Persönliches. Und hast du deine Männer etwa nicht so weit im Griff, dass sie deinen Befehlen unter allen Umständen folgen? Nein? Was bist du nur für ein armseliger Captain! Und auch zu feige, dich mit mir zu schlagen? Erinnere dich, ich war es, der dich als kleinen Jungen gelehrt hat, einen Degen zu halten und wie man einen Ausfall macht oder pariert. Vielleicht hast du ja noch nicht alle Übungen von damals vergessen. Oder kannst du nur noch mit einem Entermesser um dich hauen?«

Jack hatte unendlich großen Respekt vor Gilbert Magminot, der nicht nur sein Schwiegervater, sondern immer auch ein väterlicher Freund für ihn gewesen war. Deshalb nahm er sich ihm gegenüber auch keine Freiheiten bezüglich der Anrede heraus, während er sich andererseits sogar darüber freute, dass ihn der alte Captain wie in seiner Jugend ansprach. Dass ausgerechnet er ausgeschickt worden war, um den abtrünnigen Befehlshaber eines Schiffes der Royal African Company zu ergreifen oder gar zu töten, war schon ein überaus perfider Plan und konnte nur dem hinterhältigen Hirn von Nicholas Crispe entsprungen sein. Jack übergab seine beiden Pistolen William Lewis, der neben ihm stand, und zog, während sein Schwiegervater von der Poop herunterstieg, seinen Degen.

»Immer zu Diensten, Gilbert«, meinte er dann und hob grüßend die Waffe, keineswegs überzeugt davon, dass er demnächst noch lebte, denn der Mann, in dessen Tochter er sich einst unsterblich verliebt hatte, war als ausgezeichneter Fechter und furchtloser Fregattenkapitän bekannt und stets in allem Jacks Vorbild gewesen. Doch ihm auszuweichen oder gar zu kneifen, hätte ihn für alle Zeiten vor seinen Männern diskreditiert und seine Reputation unwiederbringlich zerstört. Also blieb ihm gar nichts anderes übrig, als sich seinem Schwiegervater zu stellen, auch wenn er sein Leben dafür gegeben hätte, lieber lange und ausführlich mit ihm zu reden.

Schnell war die Kuhl geräumt, und die Männer beider Besatzungen vermischten sich, als wären sie eine, und besetzten die Back und das Oberdeck, um sich den Kampf anzuschauen, von dem so viel abhing.

Gilbert Magminot nahm Jack gegenüber Aufstellung, grüßte ihn ebenfalls mit dem Degen, doch dann war der Form Genüge getan. »En garde!«, stieß er hervor und führte bereits den ersten Angriff, als Jack noch nicht einmal seine Ausgangsposition eingenommen hatte.

Der war davon allerdings wenig überrascht und reagierte blitzschnell, kannte er doch seinen Schwiegervater, der ihm beigebracht hatte, einen Angriff stets energisch und erbarmungslos zu führen und den Gegner am besten gar nicht zur Besinnung kommen zu lassen. Jack sprang zurück, wich damit der Klinge aus, parierte mit einer Quart und machte seinerseits einen Ausfall. Er war gut in Übung, trainierte regelmäßig mit William Lewis und Daniel North in seiner Kajüte, und außerdem hatte John Harris ihn damals hart rangenommen und ihm Tricks beigebracht, die wahrscheinlich nicht einmal sein einst väterlicher Freund kannte. Allerdings hatte er keineswegs die Absicht, Gilbert Magminot zu töten, das hätte er sich nie verziehen. Vielleicht gelänge es ihm, ihn zu verwunden oder kampfunfähig zu machen. Dann konnte sein Schiffsarzt ihn wieder zusammenflicken, und er bekam die Gelegenheit für ein Gespräch, auf das er so sehr brannte.

Doch vorerst musste er sich der Angriffe seines Schwiegervaters erwehren, und das war gar nicht so leicht. Magminot focht kaltblütig und überlegt, wehrte jeden Konter nahezu spielerisch ab und zeigte trotz seines Alters keinerlei Ermüdungserscheinungen. Ganz offensichtlich übte er ebenfalls regelmäßig und hatte dabei anscheinend gute Fechtpartner. Mal wich er zurück und parierte vorwiegend mit Prim und Second, dann versuchte er wieder, die Klinge seines Gegners zu binden und ihn mit einem Filostoß, einem Angriff, bei dem seine Klinge an der gegnerischen entlangglitt, zu treffen.

Bisher war es Jack immer gelungen, die Hiebe und Stöße abzuwehren, doch plötzlich spürte er einen brennenden Schmerz an seiner linken Seite und etwas Warmes und Klebriges an ihr hinablaufen. Zum Teufel, ging es ihm auf, er war getroffen worden, doch offensichtlich nicht schwer. Sofort intensivierte er seine Angriffe und gab jedwede Zurückhaltung auf. Hier ging es offenbar um sein nacktes Überleben, und sein Schwiegervater schien eine unbändige Wut auf ihn zu haben. Nun, verdenken konnte er es ihm nicht, vor allem, wenn Magminot nicht wusste, was wirklich vorgefallen war, und womöglich davon ausging, dass Jack seine Tochter verlassen hatte, um ein freies Leben als Pirat führen zu können.

Jack schlug eine Finte und ließ einen geraden Stoß folgen, den Magminot aber mit dem Korb seines Degens auffing und gleichzeitig einen Schritt auf seinen Gegner zumachte. Jetzt standen sie sich Brust an Brust und Auge in Auge gegenüber, und Jack hörte seinen Schwiegervater leise raunen.

»Verdammt, hast du denn alles vergessen, was ich dir beigebracht habe? Du schlägst dich wie ein Anfänger! Verwunde mich endlich, meine Deckung ist doch so offen wie ein Scheunentor! Ich will nichts weiter als mit dir reden, mein Junge. Aber lass es so aussehen, dass ich nach London zurückkehren kann, ohne befürchten zu müssen, dass man mich dort hängt. Also muss mein Blut fließen! Wenn ich denn also bitten dürfte!«

Jack war so überrascht, dass ihm fast der Degen aus der Hand gefallen wäre. Wollten sie also beide das Gleiche? Er stieß seinen Schwiegervater mit aller Kraft von sich, der strauchelte oder tat zumindest so, und schon war Jack über ihm und führte einen Hieb gegen dessen rechten Arm. Nicht zu stark, aber doch so, dass sich ein langer, blutiger Streifen zeigte und

Magminot seine Waffe fallen lassen musste. Sofort setzte Jack ihm die Spitze seines Degens an die Kehle und fragte mit lauter Stimme, sodass alle an Bord ihn hören konnten:

»Ergebt Ihr Euch, Captain? Ich denke, für einen alten Mann habt Ihr Euch tapfer geschlagen, doch jetzt werdet Ihr wohl kaum noch einen Degen halten können, also ist der Kampf vorbei. Seht Ihr das auch so, oder muss ich Euch womöglich die Kehle aufschlitzen?«

Gilbert Magminot bot eine reife schauspielerische Leistung und gab den Geschlagenen und Zerknirschten.

»Ich ergebe mich. Es ist sinnlos, weiterzukämpfen. Mein Schiff ist das Eure, Captain.«

Lauter Jubel brach unter den Piraten aus, während bei der Mannschaft der *Golden Calf* allseits betretene Gesichter zu sehen waren. Jack hingegen wandte sich an seine Offiziere.

»Mr North, sichtet die Ladung und was davon für uns brauchbar ist. Mr Lewis, geleitet den Captain in meine Kajüte. Unser Doktor soll sich seine Verletzung ansehen und ihn verbinden. Ich komme umgehend nach und werde ihn befragen. Also los, worauf wartet Ihr? Darauf, dass es Nacht wird?«

Jack konnte es kaum erwarten, endlich mit seinem Schwiegervater unter vier Augen zu sprechen, aber es galt, ihn unter keinen Umständen vor seiner Mannschaft zu diskreditieren und in Verruf zu bringen. Offenbar wusste niemand, dass sie beide verwandt waren, und das sollte auch so bleiben. Also hieß es, die Form zu wahren, und Jack kümmerte sich erst einmal darum, dass an Bord der *Golden Calf* niemandem etwas geschah, bevor er Gilbert Magminot folgte.

Alexandre Olivier Exquemelin war gerade damit fertig, den Arm des Verwundeten zu verbinden, als Jack die Kajüte betrat.

»Nur ein Kratzer, kaum der Rede wert«, informierte er seinen Captain. »Der Patient sollte den Arm aber ein paar Tage ruhig halten und in einer Schlinge tragen, damit die Wunde nicht wieder aufplatzt. Soll ich mir auch gleich einmal die Eure ansehen?«

»Ach was, bei mir ist nur die Haut geritzt worden«, entgegnete Jack genervt. »Es blutet schon gar nicht mehr. Lasst uns allein, Doktor, ich habe mit dem Gefangenen zu reden.«

»Nun gut, wie Ihr wollt. Schließlich seid Ihr erwachsen, auch wenn Ihr Euch kindisch benehmt. Ich empfehle mich, stehe aber gern zur Verfügung, solltet Ihr es Euch doch noch anders überlegen.«

Kaum war die Tür hinter Exquemelin ins Schloss gefallen, umarmten sich die beiden Männer so innig, als stände alles zwischen ihnen zum Besten, und Magminot knurrte verhalten:

»Über den alten Mann reden wir noch einmal, lass dir das gesagt sein. Aber später. Jetzt will ich endlich von dir wissen, wo Marie-Claire ist und was zwischen euch vorgefallen ist! Dass du sie nämlich umgebracht hast, wie Nicholas Crispe behauptet, kann ich mir beileibe nicht vorstellen. Dafür kenne ich dich schließlich zu gut und weiß, wie sehr du meine Tochter geliebt hast.«

»So, behauptet er das also?«, meinte Jack nachdenklich, denn genau das hatte er schon vermutet. Er ließ sich in einen Sessel sinken und goss zwei Becher Rum ein, von denen er einen seinem Schwiegervater reichte, der ihn dankend annahm.

»Auf den König«, meinte dieser dann, der Navy-Sitte folgend, und hob seinen Becher, doch Jack schüttelte sofort verneinend und energisch den Kopf.

»Auf den ganz bestimmt nicht, noch weniger auf den Duke of York, und schon gar nicht auf die Company«, stieß er wütend hervor und nahm einen tiefen Zug, ohne einen anderen Toast auszubringen.

Gilbert Magminot sah seinen Schwiegersohn fragend an.

»Dann erzähle mal, mein Junge. Aber zuerst will ich wissen: Lebt meine Tochter? Und wenn ja, wo ist sie? Dass sie auf dem Grund der Themse liegt, wie Crispe mir gesagt hat, weil sie von dir dort versenkt worden ist, glaube ich nämlich nie und nimmer.«

»Womit du natürlich recht hast«, erklärte Jack und sah förmlich, wie seinem Schwiegervater ein riesiger Felsbrocken vom Herzen fiel. »Marie-Claire ist in Dorset, wohin ich sie allerdings habe bringen lassen. Was hat dir denn Crispe über ihr und mein Verschwinden erzählt?«

Hier, in der Abgeschiedenheit seiner Kajüte sprach Jack mit seinem Schwiegervater trotz allen Respekts ebenso wie dieser mit ihm.

»Dir wird ja wohl sicher die Kurzfassung reichen«, meinte Magminot und wirkte das erste Mal niedergeschlagen. »Dass sie dich in deiner Abwesenheit betrogen hat, du sie deshalb umgebracht und, um dem Strang zu entgehen, die *Golden Fleece* gestohlen hast. Zumindest Letzteres scheint ja wahr zu sein, aber was ist mit dem ersten Teil?«

»Gilbert, ich will ganz offen mit dir sein. Ja, es stimmt, deine Tochter hat mich zum Hahnrei gemacht. Aber hat dir Crispe auch gesagt, mit wem sie ins Bett gestiegen ist und warum?«

»Nein, natürlich nicht. Ich habe bisher angenommen, dass es vielleicht ein einmaliger Ausrutscher gewesen ist. Schau mal, Jack. Unter uns Männern gesagt, ich bin meiner Frau auch nicht immer treu gewesen. Zu lange war ich oft von zu Hause weg, und ob Cathlen es nicht manchmal ebenso gehalten hat, will ich gar nicht wissen. Wir Seeleute, das musst du doch zugeben, muten unseren Frauen schon so einiges zu. Ständig leben sie in Sorge um uns, wenn wir Monate, wenn nicht gar Jahre von ihnen getrennt sind. Können wir es ihnen da wirklich verübeln, wenn sie einmal Trost und Vergessen in den Armen eines anderen finden? Ich würde mir nicht anmaßen, deshalb den Stab über meine Gemahlin zu brechen. Vor allem, weil sie mir immer das Gefühl gegeben hat, mich über alles zu lieben. War das bei dir und Marie-Claire nicht ebenso? Sollte ich mich wirklich so in euch getäuscht haben?«

»Wenn es nur so gewesen wäre, wie du vermutest, Gilbert!«, stöhnte Jack. »Ehrlich, ich weiß es nicht zu sagen, aber in diesem Fall hätte ich vielleicht darüber nachgedacht, ihr zu verzeihen, und wäre zumindest kein Pirat geworden. Ich jedenfalls bin meiner Frau immer treu gewesen, das kann ich dir versichern. Sowohl in Gedanken wie auch in Taten, wie die Pfaffen zu sagen pflegen. Allerdings nicht wegen deren christlichen Lehren, an die sie sich selbst am allerwenigsten halten, sondern weil ich deine Tochter über alles geliebt und nie eine andere begehrt habe. Nicht einmal, wenn ich mehr als ein Jahr von ihr getrennt war. Doch ich muss meine Frage wiederholen: War Nicholas Crispe dir gegenüber so ehrlich und hat dir gesagt, mit wem deine Tochter mich betrogen hat? Ich denke eher nicht, sonst hättest du ihm wahrscheinlich an meiner statt den Degen in den Leib gerammt.«

»Nein, hat er nicht. Nun sag schon, Jack. Was ist da wirklich vorgefallen, dass du dich dazu veranlasst gesehen hast, zu derart drastischen Mitteln zu greifen?«

»Es war Nicholas Crispe selbst, der Marie-Claire in sein Bett gelockt hat«, entfuhr es Jack, und die Wut kochte in ihm hoch. »Er versprach ihr, dass es meiner Karriere förderlich wäre, wenn sie sich ihm hingäbe. Und das nicht nur einmal, sondern als seine ständige Mätresse. Ansonsten würde ich nie ein eigenständiges Kommando bekommen. Doch selbst das hat ihm noch nicht gereicht. Der Duke of York ist anlässlich eines Besuches in Trinity House auf Marie-Claire aufmerksam geworden, und Crispe hat meine Frau – deine Tochter – einfach an ihn weitergereicht. So, jetzt weißt du, warum ich der Royal African Company und auch der Royal Navy den Krieg erklärt habe. Crispe hat es sogar schriftlich von mir bekommen. Ich habe mit angesehen, wie der Lord High Admiral meine Frau gevögelt hat, und konnte nichts dagegen tun. Nicholas Crispe saß grinsend daneben und wurde noch dazu von dem Bruder des Königs aufgefordert, doch mitzutun. Ich kann dir versichern, das ist mehr, als ein Mann ertragen kann! Zumindest einer, der noch Eier in der Hose hat!«

»Gott, Jack!« Magminot war völlig fassungslos. »Diese Schweine! Aber sie haben ihr doch sicher Gewalt angetan, oder etwa nicht?«

»Danach sah es, ehrlich gesagt, nicht aus. Auch wenn es mir schwerfällt, dir das zu sagen, aber es geschah ganz offensichtlich mit Marie-Claires Einverständnis. Sie hat es mir gegenüber auch zugegeben und behauptet, es wäre alles nur aus Liebe zu mir geschehen. Du bist ein Mann von Ehre, Gilbert. Jetzt überlege dir einmal, wie du gehandelt hättest. Und ja, ich war kurz davor, alle drei umzubringen. Hätte ich meine Pistolen dabeigehabt, wäre es wahrscheinlich auch geschehen. Aber da ich nur mit dem Degen bewaffnet war, hätte mich die Leibwache des Duke of York sicherlich überwältigt, bevor ich zum Zuge gekommen wäre. Glücklicherweise bin ich ein rational denkender Mann. Doch meine Rache muss ich haben, sonst kann ich mir selbst nicht mehr in die Augen schauen. Und deshalb habe ich diesen Weg gewählt und werde der Company und dem Herrn Lord High Admiral schaden, wo immer ich nur kann. Crispe und auch James Stuart sollen den Tag verfluchen, an dem sie sich an meiner Frau vergangen haben. Ich will sie dort packen, wo es sie am meisten schmerzt: an ihrem Geldbeutel und an ihrer Reputation. Jedem englischen Kapitän, dessen Schiff ich kapere, werde ich sagen, dass dies nur wegen des unsäglichen, verräterischen Kotzbrockens Nicholas Crispe und des verkommenen, verhurten Königshauses der Stuarts geschieht.«

Jack hatte seiner aufgestauten Wut freien Lauf gelassen, und Gilbert Magminot saß still und betreten vor ihm.

»Ich kann dich gut verstehen, mein Junge«, meinte er dann leise. »Ja, das ist mehr, als ein Mann ertragen kann, der auch nur einen Funken Ehre im Leib hat und die Achtung vor sich selbst behalten will. Ich weiß, es gibt durchaus Männer, die sich noch darüber freuen, wenn ihre Gemahlinnen die Aufmerksamkeit hoher Herren erregen und von diesen bestiegen werden. Aber du und ich, wir zählen ganz sicher nicht zu ihnen. Doch du wirst sicher auch verstehen, dass ich mich um Marie-Claire sorge. Nur deshalb habe ich das Kommando über die *Golden Calf* angenommen. Crispe meinte, ich sollte auf deiner Route segeln, dann würde ich vielleicht auf dich treffen und könnte mich an dir für den Tod meiner Tochter rächen. Ein perfider Plan, uns aufeinanderzuhetzen, findest du nicht? Er wusste nur nicht, wie gut wir uns wirklich kennen und dass ich dir nahezu grenzenlos vertraue. Wo in Dorset hält sie sich denn auf?«

»Meine Eltern haben dort ein kleines Gut geerbt, das nach ihrem Tod auf mich übergegangen ist. Den Ort schreibe ich dir nachher auf. Ich habe Marie-Claire dorthin bringen lassen, damit sie mich nicht womöglich an Crispe verrät und weil ich keinen anderen sicheren Ort für sie wusste. Bestimmt hätte sie das nicht absichtlich getan, aber vielleicht, um mich in ihren Augen zu schützen. Was ich nur nicht begreife, ist, wieso sie nicht wieder nach London zurückgekehrt ist. Mein Erster Offizier hat sie bis kurz vor unserem Auslaufen bewacht, aber danach konnte sie gehen, wohin sie wollte.«

»Und du bist dir sicher, dass er ihr nichts angetan hat?«

»Ganz sicher. Für William Lewis lege ich meine Hand ins Feuer und bin felsenfest davon überzeugt, sie mir nicht zu verbrennen.«

»Dein Wort in Gottes Ohr«, seufzte Magminot. »Sobald ich zurück in England bin, werde ich in Dorset nach ihr suchen. Jedenfalls hast du jetzt schon einmal eine große Last von meinen Schultern genommen, Jack. Ich hoffe nur, dass ich in der Heimat keine böse Überraschung erlebe. Du kannst dir wohl nicht vorstellen, Marie-Claire irgendwann einmal zu verzeihen? Vielleicht meinte sie tatsächlich, dass sie es für dich und eure Liebe tut, und sah es als Opfer an, um deine Karriere zu befördern.«

»Gilbert, an manchen Tagen verfluche ich den Moment, in dem ich gesehen habe, wie sie sich dem Duke of York hingegeben hat. Zugegeben, nicht voller Lust, vielleicht sogar mit Abscheu, aber immerhin aus freiem Willen. Wenn ich bei ihr nur den geringsten Hauch von Widerstreben hätte erblicken können, ich wäre durch die Scheibe gesprungen und hätte mein Leben für sie gegeben. Warum, zum Teufel, musste ich nur auf diesen Balkon klettern? Das habe ich mich schon unzählige Male gefragt. Ich sah direkt in Marie-Claires Augen, als James Stuart, dieser widerliche Kretin, in sie hineinstieß. Dieses Bild werde ich bis an mein Lebensende nicht aus meinem Kopf herausbringen. Er, sein Bruder und Männer wie Crispe glauben einfach, sich nehmen zu können, was immer sie begehren. Damit muss endlich einmal Schluss sein, und diesem Kampf habe ich mich verschrieben.«

»Aber Jack, dir muss doch klar sein, dass du ihn nie und nimmer gewinnen kannst!«

»Und warum nicht? Wenn die Verluste der Company ein gewisses Maß übersteigen, wird Crispe unter Druck geraten. Und dass das passiert, dafür will ich sorgen. Dann schauen wir mal, ob er immer noch so großspurig auftreten kann. Und James Stuart? Sein Vater musste schon den Kopf auf den Richtblock legen. Warum soll es den Söhnen besser ergehen? Zugegeben, allein werde ich das nicht schaffen, aber vielleicht schaufelt er sich ja sein eigenes Grab, und wenn ich ihm auf dem Weg dorthin nur ein bisschen helfen kann, dann ist mir schon gedient.«

»Nun, vielleicht kommt dieser Tag tatsächlich irgendwann einmal«, meinte Jacks Schwiegervater nachdenklich. »König Charles hat keinen leiblichen Sohn, also ist James der Thronfolger. Doch der ist katholischen Glaubens und steht damit im Widerspruch zum Parlament und dessen Beschlüssen, die keine Katholiken in Staatsämtern zulassen. Außerdem erhalten die Stuarts eine nicht unbeträchtliche Zuwendung von ihrem

Ex-Schwager Louis XIV., was nicht nur mir, sondern vielen Engländern übel aufstößt. Sind wir womöglich bald eine französische Kolonie? Aber die Zeit der Republik unter Oliver Cromwell ist auch nicht das, was ich mir unbedingt zurückwünsche. Es ist schon eine vertrackte Zeit! Doch sag mir, was für Pläne hast du denn jetzt mit der *Golden Calf*, meiner Mannschaft und mit mir? Ich habe sie dir auf einem Silbertablett serviert, obwohl ich ausgeschickt worden bin, dich zu ergreifen oder zu töten. Und denke nicht, dass mir das nicht gelungen wäre, hätte ich es darauf angelegt.«

»Das wäre sicher ein interessanter Kampf geworden«, schmunzelte Jack. »Lassen wir es besser nicht dazu kommen. Was hältst du denn von folgender Lösung: Dass ich die *Golden Calf* nicht einfach weitersegeln lassen kann, siehst du sicher ein. Zum einen würde meine Mannschaft meutern, zum anderen will ich Nicholas Crispe diesen Triumph nicht gönnen. Inagua Island befindet sich in Sichtweite. Dort gibt es Wasser, unzählige Schildkröten und Vögel noch und noch. Also alles, was man kurzfristig zum Überleben braucht. Deine Besatzung kann mit den Booten eurer Galeone an Land gehen. Und du segelst mit eurem großen Kutter nach Charlestown auf den Bahamas und holst Hilfe. Da liegen immer englische Schiffe vor Anker, die euch zurück in die Heimat bringen können.«

»Und was wird mit der *Golden Calf*? Willst du sie als Prise nehmen? Du weißt schon, dass ich nie wieder ein Kommando bekomme, wenn ich sie verliere.«

»Worüber deine Frau sicher nicht böse sein wird. Sieh es doch mal so, Gilbert. Du hättest endlich etwas von deiner Familie, könntest dich zur Ruhe setzen und das Vermögen genießen, das du in all den Jahren angehäuft hast. Erzähl mir nichts, ich weiß Bescheid. Und deine Reputation leidet auch nicht, wenn du deine Mannschaft heil und gesund nach Hause bringst. Im Gegenteil, sie werden dich als Helden feiern.«

Gilbert Magminot seufzte tief und von Herzen.

»Das habe ich nun davon, aber vielleicht hast du ja auch recht. Ich habe bereits eine ganze Weile darüber nachgedacht, kein Kommando mehr zu übernehmen. Man hat mir sogar schon einen Posten an der Kadettenschule der Navy angeboten. Doch meine Frage hast du nicht beantwortet, was wird aus der *Golden Calf?*«

Um diese Antwort hätte sich Jack gern gedrückt, denn kein Captain verlor gern sein Schiff. Doch wenn sein Schwiegervater darauf bestand …

»Es tut mir leid, aber ich brauche kein zweites Schiff. Und auf Tortuga gibt es niemanden, der sie bezahlen könnte. Deshalb, bevor sie verrottet, benutze ich sie lieber für Zielübungen meiner Mannschaft. Ich weiß nicht, ob du das verstehen kannst, aber ich will dieses Schiff der Royal African Company untergehen sehen! Das soll der erste Stich sein, den ich Nicholas Crispe versetze, viele weitere werden folgen. Er wird sich vor dem Konsortium für den Verlust von gleich zwei Galeonen der neusten Bauart verantworten müssen, und das dürfte ihm nicht leichtfallen.«

»So ein schönes Schiff!«, stöhnte Magminot auf. »Es ist ein echter Jammer! Aber eins sage ich dir, brauchen deine Geschützbedienungen mehr als drei Breitseiten, um sie zu versenken, komme ich von Inagua Island wieder herüber und knöpfe sie mir derart vor, dass sie glauben, der Gehörnte höchstselbst wäre über sie gekommen!«

Jack lachte und erhob sich, denn so schwer es ihm auch fiel, es wurde Zeit, Abschied zu nehmen. Doch seinem Schwiegervater fiel noch etwas ein, was er unbedingt loswerden wollte.

»Ich höre ja die ganze Zeit über, wie ihr umladet. Aber vergiss das Gold in der Bilge zwischen den Ballaststeinen nicht, Jack. Ich denke, du kennst das Versteck. Wir waren ja auf York Island und haben mehrere Ziegenledersäcke an Bord. Übrigens, dein ehemaliger Erster Offizier, den du dort zurückgelassen hast, hat von den Sherbro einen Speer zwischen die Rippen bekommen. Er muss sich wohl ziemlich selbstherrlich aufgeführt haben. Aber dein Midshipman Thomas Corker hat das Kommando übernommen, eine Einheimische geheiratet und ist jetzt der neue Faktor der Company. Ich muss sagen, für seine jungen Jahre macht er das gar nicht schlecht.«

»Das freut mich zu hören«, meinte Jack und lächelte. »Vielleicht hat er ja seine Berufung gefunden. Corker ist fast ein bisschen zu gut für diese Welt, und ein richtiger Seemann wäre nie aus ihm geworden. Nach dem Gold hätte ich schon noch geschaut, aber so ersparst du mir langes Suchen.« Jack hielt einen Moment inne und sammelte sich, doch dann fuhr er fort: »Und grüß Marie-Claire von mir, wenn du sie siehst, Gilbert. Sag ihr, es tut mir unendlich leid, wie alles gekommen ist. Vielleicht, irgendwann einmal, sollte ich nach England zurückkehren können, sehen wir uns sogar wieder. Doch richte ihr auch aus, dass sie nicht auf mich warten soll, denn ich denke nicht, dass ich ihr jemals vergeben werde. Zumindest kann ich mir das gegenwärtig nicht vorstellen, denn der Schmerz sitzt einfach zu tief. Findet sie einen anderen Mann, der sie wirklich liebt und glücklich machen kann, dann lasst mich für tot erklären. Euch wird gemeinsam schon eine Lösung einfallen, wie sich das bewerkstelligen lässt. Ich will ihr und ihrem weiteren, hoffentlich glücklichen Leben auf keinen Fall im Wege stehen.«

»Danke für deine Worte, mein Junge«, gab Magminot mit belegter Stimme zurück, und seine Augen schimmerten feucht. »Sie bedeuten mir sehr viel! Doch jetzt lass dich umarmen, denn wir werden uns in diesem Leben wahrscheinlich nicht wiedersehen. Obwohl, wie heißt es doch gleich: Die Hoffnung stirbt zuletzt.«

Auch Jack drückte seinen Schwiegervater fest an sich, und beide wussten, dass es wohl ein Abschied für immer sein würde. Dann gingen die beiden Kapitäne an Deck, Magminot stieg mit seiner Mannschaft in die Boote, und die *Golden Fleece* trennte sich von der *Golden Calf*. Jack stand noch lange an der Reling und sah Gilbert Magminot nach, mit dem sein altes Leben endgültig entschwand. Dann gab er den Befehl, die Galeone der verhassten Company mit gezieltem Feuer zu versenken, während die *Golden Fleece* unter vollen Segeln an ihr vorbeilief. Schon nach der ersten Breitseite nahm das Schiff Wasser auf und wäre wohl nicht mehr zu retten gewesen, nach der zweiten bekam es starke Schlagseite, und die dritte führte dazu, dass es über Bug sank. Der Kanonendonner, der über die See rollte, war wie ein letzter Abschiedsgruß an den Mann, der ihm mehr als nur ein Schwiegervater gewesen war.

Die Laderäume der *Golden Fleece* waren voller Beutegut, und Jack wollte so schnell als möglich zurück nach Tortuga, da erwischte sie das, was alle Seeleute wie die Hölle fürchteten – einer der berüchtigten Hurrikane, die sich gern über der Karibik und dem westlichen Atlantik austobten. Tagelang wurde die Galeone hin und her geworfen, versank einmal in tiefen Wellentälern, dann wieder wurde sie fast senkrecht emporgehoben, ganz so, als erklimme sie einen Bergrücken, nur um auf der anderen Seite wieder hinabzustürzen.

Jack hatte alle Rahsegel bergen lassen und navigierte nur mit den Klüvern und Stagsegeln. Er selbst war auf seinen Befehl hin am Steuerrad festgebunden worden, und Daniel North hatte es ihm gleichgetan. Gemeinsam versuchten sie, annähernd Kurs zu halten oder zumindest das Schiff gegen die Wellen zu steuern, denn wenn sie eines der haushohen Ungetüme querab träfe, würden sie unweigerlich mit Mann und Maus untergehen. Wohin sie der Sturm trieb, konnte niemand sagen, denn keine Sonne und schon gar kein Stern ließ sich blicken, um die Position zu bestimmen.

Endlich, als das Wüten des Hurrikans nachließ, beruhigte sich auch die See, und Jack, zu Tode erschöpft, schickte einen Ausguck auf den Fockmast in der Hoffnung, dass dieser etwas erspähen konnte. Doch statt einer freudigen Nachricht kam der Entsetzensschrei »Schaumkronen voraus!«.

Jeder an Bord wusste, was das zu bedeuten hatte, der Schrecken aller Seeleute schlechthin: Riffe. Sofort machte sich Panik breit, denn liefe das Schiff auf und ginge unter oder würde von den Brechern zerschlagen, waren sie alle verloren. In dem immer noch aufgewühlten Meer könnte sich kein Boot über Wasser halten, und sich schwimmend zu retten, war schon gänzlich unmöglich.

Es gehörte zu den Aufgaben eines Captains, in jedem Fall und unter allen Umständen die Nerven zu behalten und eine Lösung zu finden, und genau das tat Jack auch.

»Logleine an die Back!«, brüllte er über das ganze Schiff. »Wie viel Faden?«

Ein beherzter Maat war dem Befehl gefolgt und hatte das Log ausgeworfen, um festzustellen, wie viel Wasser man noch unter dem Kiel hatte.

»Sechs Faden über Grund und abnehmend!«, schrie er gegen die tosenden Elemente zurück, was jedem an Bord das Blut in den Adern gefrieren ließ. Noch reichte die Wassertiefe, aber was, wenn der Meeresboden steil anstieg und womöglich noch dazu felsig war? Wobei, selbst auf einer Sandbank würde die *Golden Fleece* bei diesem Wellengang zerbrechen wie ein rohes Ei.

»Holt die Segel ein und lasst fallen beide Anker!«, rief Jack, so laut er konnte, seiner Mannschaft zu. »Eilt euch, Männer, unser aller Leben hängt davon ab! Und einen Treibanker achtern ins Wasser! Er kann uns stabilisieren und ein unkontrolliertes Herumdriften um die Ankertaue verhindern.«

Sofort entstand Bewegung an Bord, denn jedermann war froh, klare Ansagen zu bekommen, die das Schiff vielleicht noch retten konnten. Männer hasteten an das Gangspill, um die Anker auszubringen. Es war nur zu hoffen, dass sie sich in den Untergrund fressen konnten und nicht über Felsen glitten.

Andere enterten auf und bargen die letzten Segel, während am Heck die Reste des zerfetzten Besansegels zwischen Rundhölzern verlascht und das Konstrukt dann an Tauen befestigt als Treibanker über Bord geworfen wurde.

Als die Manöver endlich ausgeführt worden waren – und zwar blitzschnell, obwohl es der gesamten Besatzung wie eine Ewigkeit vorgekommen war –, riss die *Golden Fleece* zwar an den Ankertauen, aber die hielten stand, und langsam kam Ruhe in das Schiff, was alle aufatmen ließ. Viele Männer sanken dort zu Boden, wo sie gerade standen, und fielen in einen todesähnlichen Schlaf. Nur wenige schafften es in ihre Hängematten, und wie Jack in seine Kajüte gekommen war, wusste er später nicht mehr zu sagen.

Am nächsten Morgen lachte die Sonne von einem nahezu wolkenlosen Himmel, der Wind war nur noch ein angenehmes laues Lüftchen, und das Meer lag so ruhig da, dass man fast glaubte, auf ihm gehen zu können. Als Jack wieder einigermaßen zu Kräften gekommen war, nahm er sich sein Rohr und enterte bis zum Gefechtsmars des Großmastes auf. Weiter hoch brauchte er gar nicht, denn schon von hier aus hatte er einen guten Überblick.

Sie lagen vor einer großen Bucht, die sich von Ost nach West weit ins Landesinnere hinein erstreckte. Jack schätzte, dass sie etwa zwanzig Meilen lang und fünf bis sechs Meilen breit war. Eingerahmt wurde sie im Süden von Festland, im Norden von einer bewaldeten Halbinsel, auf der sich ein Bergrücken erstreckte. Der Eingang zu dem Sund war schmal, und sie hatten unendliches Glück gehabt, ihn überhaupt gefunden zu haben und nicht auf die steilen, sich schnabelförmig ins Innere der Bucht erstreckenden Klippen aufgelaufen zu sein. Selbst aus der geringen Höhe ließ sich erkennen, dass sich unter der Wasseroberfläche viele Korallenriffe und Sandbänke befanden. Nur nahe der Halbinsel schien das Meer tiefer zu sein. In etwa fünf Meilen Entfernung befand sich eine größere, von zwei Hügeln und unzähligen Palmen überragte Insel, in ihrer unmittelbaren Umgebung noch mehrere kleinere. Als Jack das sah, reifte in ihm sofort ein Plan. Zurück an Deck, rief er deshalb seine Offiziere zu sich.

»Mr North, Ihr lasst klar Schiff machen, soweit das möglich ist. Ihr, Mr Lewis, sucht zehn gute Ruderer zusammen und einen Mann, der die Logleine bedienen kann. Wir wassern den Kutter und sehen uns die Bucht und vor allem diese Insel dort einmal genauer an. Wenn meine Vermutung stimmt, dann haben wir an der Nordküste von Hispaniola eine bisher wohl wenig bekannte Bucht entdeckt, die ein fabelhaftes Versteck für uns abgeben kann.«

»Vorausgesetzt, es ist überhaupt möglich, in sie einzulaufen«, meldete sich North skeptisch zu Wort. »Ich sehe überall nur Untiefen, Riffe und Sandbänke.«

»Durchaus richtig und vielleicht ein unschätzbarer Vorteil. Unsere Aufgabe wird es sein, sie genau zu kartografieren und in eine Seekarte einzutragen. Aber schaut einmal nach Nordosten und auf den Wasserstreifen zwischen der Insel und der lang gestreckten, großen Halbinsel. Tiefblau und ruhig ohne Schaumkronen. Ich wette meinen Beuteanteil an der *Golden Calf* gegen einen Silberpenny, dass sich dort schiffbares Wasser befindet. Stellt Euch einmal vor, es gelingt uns, die *Golden Fleece* hinter der Insel zu verholen. Dann ist sie vom Meer aus überhaupt nicht mehr zu sehen, und jeder Kapitän wird sich ohne eine gute Seekarte hüten, in die Bucht einzulaufen, sieht er das, was Ihr erblickt habt. Und nehmen wir einmal an, ein Kriegsschiff versucht es doch, reichen ein paar Kanonen auf den Hügeln der Insel, um es davon abzuhalten. Ein idealeres Versteck gibt es vielleicht in der gesamten Karibik nicht. Und wir haben es mehr oder weniger durch Zufall gefunden.«

Ganz überzeugt war North immer noch nicht und brummelte vor sich hin, dafür aber Lewis Feuer und Flamme. Schnell war der Kutter ausgesetzt, bemannt, und am Bug stand ein erfahrener Seemann mit der Logleine. Lewis zeichnete gewissenhaft in einer Tabelle und auf einer Karte ein, was der Maat ihm zurief, während Jack das Boot steuerte und dorthin lenkte, wo er es hinhaben wollte. Er sollte sich nicht geirrt haben, wo der Bergrücken der Halbinsel steil ins Meer abfiel, war die See grundlos. Zwischen der Insel und dem gegenüberliegenden Land gab es eine Fahrrinne von etwa einer Seemeile Breite, und auch im Norden der Insel war das Wasser tief, während sich im Westen ein traumhafter Sandstrand befand. Nur dort war es möglich anzulegen, und als der Kutter aufgelaufen war und Jack und William Lewis sich daranmachten, die Insel zu erkunden und die Hügel zu erklimmen, rissen sich die Männer der Rudermannschaft die Kleider vom Leib und tollten in dem türkisfarbenen, warmen Wasser herum wie kleine Kinder.

Jack schätzte, dass die Insel eine reichliche halbe Meile lang und eine Drittelmeile breit war. Es gab dichte tropische Vegetation, viele Kokospalmen, und an einem der Hügel entsprang sogar ein kleiner Bach aus einer Quelle. Als er und Lewis dann auch noch mehrere Höhlen entdeckten, stand Jacks Entschluss fest.

»William, einen besseren Ort, um notfalls unser Schiff zu reparieren, die Beute zu verstecken, bis wir sie veräußern können, oder auch nur, um uns zu erholen, wird schwerlich zu finden sein. Hier werden wir unser Quartier aufschlagen und bleiben, solange uns der Herrgott gewähren lässt. Oder was meint Ihr?«

»Dass wir zuerst einmal schauen sollten, wer dort drüben wohnt, und ob wir friedlich mit ihnen zusammenleben können«, meinte Lewis nachdenklich und zeigte auf die gegenüberliegende Seite der Bucht. »Ich habe viel in den Schriften des Christopher Kolumbus gelesen. Er beschreibt eine Bucht im Norden von Hispaniola, die er Golfo de las Flechas – Golf der Pfeile – genannt hat, weil er von den Eingeborenen dort massiv angegriffen wurde. Hoffentlich sind wir nicht gerade an diesem Ort gelandet, das könnte sonst ungemütlich werden.«

Jack hatte die wenigen Hütten, zwischen denen Rauch aufstieg, und die Fischerboote am Strand – einfache, aus einem einzigen Stamm gefertigte Einbäume – natürlich auch entdeckt.

»Und wennschon, wir sind schließlich keine Spanier«, meinte er nur. »Kommt, lasst uns übersetzen. Ich habe Geschenke in den Kutter laden lassen, weil ich mir schon gedacht habe, dass wir vielleicht auf Eingeborene stoßen. Wieso sollte ein derart paradiesischer Ort auch gänzlich unbesiedelt sein?«

Die Ruderer unterbrachen nur ungern ihr Planschen im Wasser und das Sonnenbaden, aber kaum hatte das Boot abgelegt, waren sie wieder die disziplinierte Mannschaft, zu der Jack sie ausgebildet hatte. Die Distanz von der Insel zum gegenüberliegenden Land war schnell zurückgelegt und ihr Kommen nicht unbemerkt geblieben. Am Strand hatten sich etliche Männer versammelt, die tatsächlich auch Bögen mit aufgelegten Pfeilen in den Händen hielten, während andere Speere schwangen.

Jack wusste, dass mit diesen Waffen nicht zu spaßen war. Bereits eine kleine von ihnen verursachte Wunde reichte oft aus, um einen Mann vom Leben zum Tode zu bringen, denn die Spitzen der Pfeile und Speere waren meist vergiftet. Deshalb ließ er den Kutter auch außerhalb der Schussweite beidrehen und erhob sich mit ausgebreiteten, waffenlosen Händen. Er rief auf Spanisch etwas zu den Dorfbewohnern hinüber, doch von dort kam nur ein für ihn unverständliches Kauderwelsch zurück.

»Sie sagen, wir sollen nicht näher kommen, sonst schießen sie«, meldete sich einer der Ruderer, ein Flibustier, zu Wort, von dem Jack wusste, dass er normalerweise auf dem Tortuga gegenüberliegenden Festland beheimatet war und dort der Jagd nachging.

»Ihr versteht sie?«, fragte Jack erstaunt nach.

»Nicht genau, aber so in etwa«, meinte der Mann. »Die Ureinwohner Hispaniolas, die Taínos, sind von den Spaniern nahezu ausgerottet worden. Aber ein paar von ihnen konnten sich tief in die Wälder hinein flüchten, und ich habe mit zwei Kameraden eine Zeit lang unter ihnen gelebt. Das hier scheinen allerdings Ciguayos, ein Unterstamm, zu sein. Ich denke aber, dass ich mich ihnen verständlich machen und für Euch übersetzen kann.«

»Pierre, Ihr seid mein Mann!« Jack strahlte über das ganze Gesicht, denn besser hätte es gar nicht kommen können. »Kommt, stellt Euch neben mich und ruft ihnen zu, dass wir in Frieden kommen und Geschenke bringen.«

Der Flibustier tat, wie ihm geheißen, und Jack hielt gleichzeitig einen Ballen roten Tuches hoch, wickelte ein paar Bahnen davon ab und ließ sie im Wind wehen. Sofort kamen nun auch ein paar Frauen und Kinder zwischen den Hütten hervor, und laute Erstaunensrufe schallten herüber. Einer der Eingeborenen schien so etwas wie ein Häuptling zu sein. Er gebot Ruhe und rief dann für Jack Unverständliches zu dem Kutter herüber, was Pierre allerdings sofort übersetzte.

»Wir sollen endlich an Land kommen, wir verscheuchen hier draußen nur die Fische«, meinte der Flibustier lächelnd, was Jack sich nicht zweimal sagen ließ. Gleich darauf lief das Boot auf den Strand, und obwohl die Männer mit Musketen, Pistolen und Entermessern bewaffnet waren, befahl der Captain ihnen, die Waffen nur ja stecken zu lassen.

Bald war eine lebhafte Unterhaltung im Gange, bei der man sich meistens mit Gesten sowie Armen und auch Beinen behalf, während Pierre dolmetschte, wenn es gar zu unverständlich war. Die Eingeborenen gehörten tatsächlich dem Stamm der Ciguayos an und waren natürlich Fischer, bauten aber auch Tabak, Maniok und Gemüse an. Stolz zeigte der Häuptling Jack einen riesigen Schädel, der nur von einem Wal stammen konnte. Er behauptete, dass einmal im Jahr davon unzählige in die

Bucht kommen würden, was der Captain aber nicht glauben wollte und für Seemannsgarn hielt, auch wenn der Ciguayo mit Sicherheit nicht wusste, was das war.

Am gegenüberliegenden Ufer der Bucht gab es noch eine Eingeborenensiedlung, erfuhr Jack auf Nachfrage, das war es dann aber auch schon in der näheren Umgebung. Ihr eigenes Dorf nannten die Ciguayos Samana, und Jack beschloss, die ganze Bucht so zu taufen. Golfo de las Flechas schien ihm bei den friedlichen Menschen, die hier lebten, doch zu kriegerisch zu sein. Die Frauen freuten sich über die Tücher, die Kinder spielten mit Glasperlen, und an die Männer wurden Messer verteilt, was deren Augen zum Leuchten brachte. Als Jack fragte, ob der Stamm auch die gegenüberliegende Insel beanspruchte, wurde das von dem Häuptling kopfschüttelnd verneint und diese zu Jacks grenzenloser Verblüffung den netten Fremden einfach geschenkt. Man schied nach mehreren Stunden geselligen Beisammenseins in bestem Einvernehmen, und als der Captain endlich befahl, zur *Golden Fleece* zurückzurudern, wurde es bereits Abend. Er war sich sicher, einen Platz gefunden zu haben, wo sie nur schwerlich entdeckt werden konnten, der es ihnen aber gleichzeitig gestattete, überraschend zuzuschlagen und das gesamte Seegebiet zwischen der Windward- und der Mona-Passage zu kontrollieren.

Am nächsten Tag wurde noch einmal der Kanal zwischen der Halbinsel und der Insel untersucht und auch Boote in den Süden und Westen der Bucht geschickt. Es stellte sich aber wie erwartet heraus, dass dieser Teil, zumindest für Tiefwassersegler, nicht zu befahren war. Damit blieb der einzige Zugang zu der Insel die schmale Fahrrinne, und Jack beschloss sofort, vom nächsten Beutezug Kanonen mitzubringen und auf den Hügeln zwei Batterien zu errichten. Vielleicht auch links und rechts des Sandstrandes, um eventuelle Anlandeversuche verhindern zu können, aber darüber wollte er noch nachdenken.

Dann war es endlich so weit. Die *Golden Fleece* glitt langsam durch die zuvor sorgfältig vermessenen und in eine Seekarte eingezeichneten Gewässer und ging hinter der Insel vor Anker. Der Grund erwies sich als äußerst passend, denn hier würde sie selbst bei schwersten Stürmen sicher und geschützt liegen. Jack ließ sich bis zum Eingang der Bucht rudern und spähte lange und aufmerksam durch das Rohr, aber von seinem Schiff war nicht das Geringste zu sehen. Die *Golden Fleece* war für jeden unauffindbar, der nicht das Gebirge erstieg oder die Bucht mit Flachbooten erkundete.

Der Besatzung wurde unter Androhung von drakonischen Strafen verboten, zu dem Fischerdorf überzusetzen, denn Jack fürchtete, dass sich seine Männer eventuell an den dort lebenden Frauen vergreifen könnten. Schließlich waren sie nicht gerade Chorknaben, aber Übergriffe dieser Art hätten das gute Verhältnis zu den Eingeborenen umgehend zerstören können. Und wie es einem ergehen konnte, wenn man sich seine Nachbarn zu Feinden machte, hatte offenbar Benjamin Mission auf York Island erfahren müssen.

Es dauerte eine Zeit, bis alle Sturmschäden beseitigt waren. Ein neuer Besanmast musste gesetzt, zahlreiche Segel geflickt und Tauwerk erneuert oder zumindest gespleißt werden. Jack hetzte die Männer nicht und ließ ihnen ausgiebig Zeit, das Paradies zu genießen. Die Dorfbewohner brachten frischen Fisch, Früchte und Maniok herüber, sodass kein Mangel an Lebensmitteln herrschte, und erhielten dafür Werkzeuge, Nägel und bunte Stoffe. Letztlich das Gleiche, was auch die Eingeborenen in Westafrika bevorzugt hatten, da es ihnen das Leben erleichterte. Allerdings außer Messern keine Waffen, darauf achtete Jack streng.

Dann war leider der Tag des Abschiednehmens von der paradiesischen Insel gekommen, denn die eingegangenen Verpflichtungen riefen den Captain, sein Schiff und auch seine Mannschaft nach Tortuga zurück. Aber zuvor erlebte er noch eine Überraschung, die ihn fast von den Beinen geholt hätte. Die gesamte Besatzung war mittschiffs versammelt, und ein Maat trat vor, der im Auftrag aller zu sprechen anhob.

»Sir, gestattet mir ein Wort«, meinte er und drehte verlegen seine Mütze zwischen den Händen hin und her.

»Aber immer doch, Martin«, erwiderte Jack freundlich und war gespannt, was jetzt käme. Wollten die Männer mehr Rum, oder waren sie mit der Verteilung der Beute nicht einverstanden? Nun, er sollte es gleich erfahren, doch zuvor wollte er noch etwas klarstellen. »Aber zuvor setze deine Mütze wieder auf. Du zerreißt sie sonst noch und müsstest doch wissen, dass hier an Bord niemand vor irgendwem seine Kopfbedeckung abnehmen muss. Wir sind schließlich nicht bei der Royal Navy.«

Die Männer lachten, und das Eis war gebrochen.

»Aye, aye, Captain!«, rief daraufhin der Maat erleichtert und stülpte sich seine Mütze wieder auf das kahle Haupt. »Es ist nur so, dass wir einstimmig beschlossen haben, diese schöne Insel hier nach Euch zu benennen, und uns freuen würden, wenn Ihr dem zustimmt. Sie soll fortan und für alle Zeit Bannister Island heißen und an Euch erinnern.«

Jack wusste im ersten Moment gar nicht, was er sagen sollte, so sprachlos machte ihn der Vorschlag. *Sieh an,* dachte er, *habe ich doch zumindest in einer Sache mit dem Duke of York gleichgezogen.* Seine Stimme war deshalb auch tief bewegt, als er den Männern antwortete.

»Ich danke euch von Herzen und fühle mich überaus geehrt. Wenn ihr es so entschieden habt, dann möge es auch so sein. Bannister Island soll von nun an und in Zukunft unser aller Zufluchtsort sein!«

6. KAPITEL
CAMPECHE, 1685

Der Überfall auf die große, an der Nordseite der Halbinsel Yucatán gelegene Hafenstadt Campeche durch Freibeuter aus mehreren Nationen erschütterte ganz Westindien.

Die reiche Stadt war bereits vor hundertfünfzig Jahren unter dem Namen San Francisco de Campeche von dem spanischen Konquistadoren Francisco de Montejo gegründet und nach zahlreichen Überfällen in der Vergangenheit stark befestigt worden. Ihre Mauern hatten die Form eines Sechsecks und waren mehr als acht Yards hoch. Es führten nur zwei von Bastionen geschützte Tore in die Stadt – die Puerta del Mar, das Tor des Meeres, vom Hafen hinein, und genau gegenüberliegend auf der anderen Seite der Stadt die Puerta del Tierra, das Tor der Erde, ins Hinterland hinaus. Kanonen standen auf den Wällen und konnten sowohl aufs Meer als auch auf die Ebenen hinausschießen, die die Stadt umgaben. Sechs gradlinige Straßenzüge, die von Nord nach Süd und andererseits von West nach Ost führten, bildeten nahezu gleich große Stadtteile.

Campeche war einer der wichtigsten Ausfuhrhäfen Mexikos für Gold, Silber, Edelsteine und das begehrte Farbholz Palo de tinte. Dementsprechend oft war die Stadt bereits von Piraten, allen voran Francis Drake, heimgesucht und geplündert worden. Doch diesmal war alles anders. Einerseits herrschte Frieden in Europa, und die Großmächte saßen beieinander, um ihn dauerhaft und umfassend zu machen, denn von Osten her streckte der Sultan des Osmanischen Reiches seine Klauen Richtung Wien aus, und sollte er die Stadt tatsächlich einnehmen, war es mehr als fraglich, ob er es dabei belassen würde. Andererseits wurde der jetzige Überfall mit beispielloser

Grausamkeit ausgeführt, die sogar zu einem Zerwürfnis zwischen den Freibeutern führte.

Bevor die aus vierzehn Schiffen bestehende Piratenflotte von Tortuga aus in See stach, erfuhr Jack gleich zwei Neuigkeiten. Zu seinem Erstaunen wurde ihm von Michel de Grammont, der ihn noch dazu der Lüge bezichtigte, was um ein Haar zu einem Duell geführt hätte, wäre de Cussy nicht eingeschritten, mitgeteilt, dass die *Ruby* gar nicht gesunken war, sondern sich in Port Royal in der Werft befand. Ihr Rumpf hatte offenbar auf einer Sandbank aufgesetzt. Die Fregatte *Boneta* war auf Befehl Morgans ihrem Schwesterschiff gefolgt und hatte die auf den Cayman Islands ausgesetzte Mannschaft an Bord nehmen können. Schiffszimmerleuten gelang es, die Lecks der *Ruby* zumindest notdürftig abzudichten und sie anschließend weitgehend leer zu pumpen. Danach schleppte die eine Fregatte die andere nach Port Royal zurück, was als Fahrt der Schande in die Annalen der Geschichte Jamaicas einging. Die *Ruby* wurde in das Dock verholt und sollte auf Befehl des neuen Gouverneurs Hender Molesworth zu einem Zweidecker umgerüstet werden, damit man auch stark armierten Piratenschiffen fortan Paroli bieten konnte.

Die zweite Neuigkeit war noch brisanter als die erste. König Charles II. war, wie es hieß, unter entsetzlichen Qualen, nach einer Harnvergiftung erst fünfundfünfzigjährig verschieden. Er hatte zwar unzählige Nachkommen – davon allein siebzehn, die er anerkannt hatte – von wohl Hunderten von Mätressen aus allen gesellschaftlichen Schichten, aber keinen einzigen legitimen Sohn, der ihm hätte nachfolgen können. Also war sein Bruder als James II. zum König von England, Schottland und Irland gekrönt worden, was allerdings sowohl bei großen Teilen des Parlaments als auch des Volkes auf Widerstand stieß, denn James war bekanntermaßen Katholik, lebte ganz offen seinen Glauben und besetzte auch wichtige Ämter in der Armee und Marine mit Glaubensbrüdern. Das Amt des Lord High

Admirals behielt er selbst inne. Nun war also Jacks Erzfeind auch noch König und damit mächtiger als je zuvor, aber änderte das wirklich etwas? Jetzt stand erst einmal das Unternehmen gegen Campeche an, zu dessen Teilnahme Jack sich verpflichtet hatte, um an den begehrten Kaperbrief zu kommen. Er sollte seine Zusage noch schwer bereuen, nicht zuletzt deswegen, weil Michel de Grammont, genannt der General, zum Befehlshaber des Unternehmens gewählt worden war. Jack hatte mit drei weiteren Kapitänen gegen ihn gestimmt und stattdessen Laurens de Graaf vorgeschlagen, aber da sich selbst Nicholas van Hoorn gegen seinen Landsmann und für den Franzosen aussprach, kam er mit seiner Meinung nicht durch und hatte sich noch dazu Grammont endgültig zum Feind gemacht.

Da der Hafen der mexikanischen Stadt gut geschützt war, wollte man mit einer List versuchen, ihn einzunehmen, und gleichzeitig von Land aus in die Stadt eindringen. Am Kai lag ein englisches Schiff und auf Reede noch zwei weitere, deshalb sollte die *Golden Fleece* den ersten Angriff ausführen. Denn sie war klar als in England gebaute Galeone erkennbar, und der Hafenkommandant würde sicher vermuten, dass sich ihr Kapitän zu seinen Landsleuten gesellen wollte. Der Bauch der *Golden Fleece* steckte voller Piraten, auch vielen von anderen Schiffen, die die Aufgabe hatten, das Tor zum Hafen zu stürmen. Gleichzeitig war geplant, dass Männer, die zuvor weiter weg von der Stadt unbemerkt angelandet worden waren und sich jetzt in deren Nähe hinter Buschwerk und in Gräben versteckten, Campeche von zwei Seiten angreifen sollten, sobald der erste Schuss fiel. Insgesamt waren neunhundert zu allem entschlossene Freibeuter für das Landungsunternehmen vorgesehen, und jeder ging davon aus, dass die Stadt schnell eingenommen werden würde.

Doch von Anfang an stand die als leicht angesehene Eroberung unter keinem guten Stern. Zwar schöpfte kein Spanier

Verdacht, als die *Golden Fleece* in den Hafen einlief, doch am Kai lag neben dem Engländer auch noch ein spanisches Kriegsschiff, das sich gerade zum Auslaufen bereit machte. Kaum hatte Jack gegenüber der Galeone festgemacht, stürmten die Männer aus dem Bauch seines Schiffes hervor und rannten wild schreiend und ihre Waffen schwingend auf das Stadttor zu. Doch der Hafenkommandant behielt ebenso die Nerven wie der Kapitän des Kriegsschiffes.

Das Tor war mit einem Fallgatter gesichert, das krachend herunterrasselte und den Anstürmenden den Weg in die Stadt verwehrte. Gleichzeitig erschienen mit Musketen bewaffnete Soldaten und Milizionäre auf der Mauer und eröffneten das Feuer. Gleiches tat die Besatzung der spanischen Galeone, die sich die *Golden Fleece* vornahm. Allerdings schossen die Spanier nur mit Handwaffen und den leichten Deckgeschützen, denn die Geschützpforten waren geschlossen und offenbar auch nur ein Teil der Mannschaft an Bord. Jack wusste, dass er dem auf der Stelle Einhalt gebieten musste, wollte er nicht riskieren, sein Schiff zu verlieren.

»Steuerbordgeschütze Feuer!«, schrie er in das Batteriedeck hinunter, und krachend entlud sich die Breitseite, die auf die kurze Distanz eine verheerende Wirkung hatte. Doch noch zeigte sich Bewegung auf dem Kriegsschiff, und das durfte auf keinen Fall so bleiben. »Nachladen!«, befahl Jack deshalb. »Feuer auf die Decks und die Geschützluken. Vertreibt die Spanier von Bord, damit sie uns nicht mehr gefährlich werden können!«

Das ließen sich die Kanoniere nicht zweimal sagen, denn schließlich hing ihr Leben davon ab, dass nicht zurückgeschossen wurde. Jetzt feuerten sie einzeln, aber gut gezielt, und mindestens ein Treffer löste einen Brand auf der Galeone aus. Das knochentrockene Holz des am Kai von der Sonne Mittelamerikas ausgedörrten Schiffes brannte schnell lichterloh, und diese Gefahr war gebannt. Doch jetzt feuerten die Kanonen von der

Stadtmauer, und die *Golden Fleece* konnte, am Kai liegend, nur mit den Buggeschützen antworten, die sich noch dazu schlecht auf dieses erhöhte Ziel ausrichten ließen. Kurzerhand ließ Jack ablegen, und glücklicherweise wehte ein leichter ablandiger Wind, der die Galeone in die Mitte des Hafenbeckens brachte.

»William, die Backbordgeschütze sollen die Krone der Stadtmauer aufs Korn nehmen!«, rief Jack seinem Ersten Offizier zu. »Pulverisiert sie, dann haben wir von dort nichts mehr zu befürchten. Aber schnell, einen Treffer haben sie uns schon verpasst.«

Den fünfzehn Zwölfpfündern der *Golden Fleece,* die donnernd losgingen, hatten die wenigen Kanonen auf dem Wall kaum etwas entgegenzusetzen. Die Mauern waren aus hartem Korallengestein errichtet worden, aber die Kugeln der Geschütze schlugen Brocken und scharfkantige Splitter aus ihnen heraus, die wie Kartätschen durch die Luft surrten und zahlreiche Spanier verwundeten oder sogar töteten.

Der Angriff war allerdings nicht als Kanonenduell geplant gewesen, sondern hatte den Feind überraschen sollen, damit die neunhundert an Land gesetzten Freibeuter in die Stadt eindringen konnten. Doch das war vorerst an der Reaktionsschnelligkeit des Stadtkommandanten gescheitert, aber so leicht gaben kampferprobte Piraten nicht auf. Städte zu erobern, gehörte, ebenso wie Schiffe zu entern, zu ihrem täglichen Brot. Vor allem die Besatzungen von de Graaf, van Hoorn und de Grammont waren darin geübt, hatten sie doch in den Jahren zuvor Maracaibo, Cartagena und Veracruz eingenommen. Schnell zimmerten sie aus am Hafen herumliegenden Hölzern Sturmleitern, während immer mehr Verstärkung von den mittlerweile auf Reede liegenden Schiffen der Piratenflotte eintraf.

Die Männer, die schon zuvor im Geheimen angelandet worden waren, versuchten unterdessen, die Mauern an anderen Stellen zu erklimmen, indem sie kleine, dreizackige Anker, an deren Enden lange Taue befestigt waren, über die Krone warfen und, hatten sich diese verfangen, schnell daran emporkletterten. Doch kamen sie oben an, wurden sie bereits von mit Piken, Schwertern und Hellebarden bewaffneten Milizionären erwartet oder die Seile mit Beilen durchgehauen, und sie stürzten zurück in die Tiefe.

Alle Männer in den spanischen Kolonien mussten sich einer umfangreichen militärischen Ausbildung unterziehen und wurden alljährlich bei mehrtägigen Übungen im Waffenhandwerk gedrillt. Noch gefährlicher für die Angreifer waren aber oft die Frauen der Kolonialisten, die mit dem Mut der Verzweiflung neben ihren Männern, Vätern und Söhnen kämpften, denn sie wussten, was ihnen drohte, fielen sexuell ausgehungerte, sich im Blutrausch befindende Piraten über sie her. Vor allem die jungen, schönen wurden oft zu Tode geschändet, auch wenn die Kapitäne und Befehlshaber das meist zu verhindern suchten. Allerdings nicht aus Menschenfreundlichkeit, sondern aus purem Gewinnstreben heraus, denn sonst ging ja das Lösegeld für die Frauen, auf das man schließlich aus war, verloren.

Die *Golden Fleece* war das einzige Schiff, das sich im Hafenbecken befand und somit den Angriff mit seinen Kanonen unterstützen konnte. Jack ließ von William Lewis die Neunpfünder an Deck auf das Tor zum Hafen ausrichten und es unter Beschuss nehmen. Die erste Kugel ging zu hoch und schlug in die Mauer ein, die zweite daneben, aber die dritte und die vierte zerlegten das Fallgatter und die Torflügel in ihre Einzelteile und verwandelten das Holz in herumfliegende Splitter.

Sofort stürmten die Piraten durch die Öffnung, nur um unmittelbar hinter dem Tor auf eine vorsorglich errichtete Barrikade aus umgeworfenen Wagen, hastig herbeigeschafften Möbeln und mit Stroh und Heu gefüllten Säcken zu stoßen, aus der ihnen Musketenfeuer entgegenschlug. Mit einem derart verbissenen Widerstand hatten die Angreifer nicht gerechnet und zogen sich deshalb erst einmal zurück. Das wurde auch an

Bord der *Hardi* bemerkt, und ein Flaggensignal rief alle Kapitäne zu einer Besprechung auf das Flaggschiff.

Jack allerdings gedachte, dem nicht sofort Folge zu leisten. Er hatte bemerkt, dass die auf Reede liegenden Handelsschiffe geentert worden waren, und konnte sich ausrechnen, dass seine Mannschaft an dieser Beute keinen Anteil bekommen würde. Also ging er längsseits des im Hafen liegenden englischen Schiffes, damit er es als Prise für sich und seine Besatzung beanspruchen konnte. Die wenigen Männer an Bord ergaben sich kampflos, da sie erkannt hatten, dass Gegenwehr Selbstmord gewesen wäre, und Jack ließ sie zu ihrem eigenen Schutz unter Deck einsperren. Dann schickte er noch ein Enterkommando zu zwei kleinen Spaniern hinüber, und erst, als auch diese gesichert waren, ließ er sich zur *Hardi* hinausrudern.

Seine Aktionen waren nicht unbemerkt geblieben, und schon am Fallreep wurde er wutschnaubend von Michel de Grammont in Empfang genommen.

»Was denkt Ihr Euch eigentlich?«, brüllte der General den Captain an. »Statt unsere Männer angemessen bei der Erstürmung der Stadt zu unterstützen, geht Ihr auf Beutezug! Das wird Konsequenzen für Euch haben, Bannister, das schwöre ich Euch!«

»So, und wo wart Ihr, während wir die Hauptlast des Angriffes getragen haben?«, gab Jack etwas leiser, aber nicht weniger scharf zurück. »Seht Ihr das brennende Kriegsschiff? Unser Werk! Seht Ihr die pulverisierte Mauerkrone? Von den Geschützen der *Golden Fleece* in ihre Bestandteile zerlegt! Seht Ihr das zerschossene Tor? Von den Kanonen meines Schiffes zerstört! Und was habt Ihr zu vermelden, außer ein paar Handelsschiffe gekapert zu haben? Während wir im Hafen unsere Haut zu Markte getragen und ich mein Schiff riskiert habe, habt Ihr Euch schön aus allem rausgehalten und Euch stattdessen die saftigsten Brocken geschnappt. Hütet also besser Eure Zunge, de Grammont, sonst schneide ich sie Euch ab!«

»Das ist Insubordination!«, schrie de Grammont Jack an. »Dafür lasse ich Euch hängen!«

»Wo sind wir hier, bei der Kriegsflotte?«, fragte Jack lachend. »Macht Euch nicht lächerlich, de Grammont. Wir sind Freibeuter und keine Navy-Kapitäne, die ihrem Admiral zu gehorchen haben. Was wir tun, tun wir aus freiem Willen. Ihr mögt Euch zwar General nennen lassen, aber Ihr seid keiner. Merkt Euch das ein für alle Male. Kommt mir noch einmal dumm, und ich jage Euch eine Kugel in den Kopf oder meinen Degen zwischen die Rippen. Habt Ihr das verstanden? Nun, dann ist es ja gut, und wir können zur Tagesordnung übergehen. Was gedenkt Ihr denn zu unternehmen, jetzt, da der erste Angriff abgeschlagen worden ist?«

Michel de Grammont war vor dem Ausbruch des englischen Captains immer mehr zurückgewichen und starrte diesen fassungslos an. Er hatte geglaubt, befehlen zu können, wie er es als Mann von Adel gewohnt war, war aber eines Besseren belehrt worden. Offenbar ließ sich dieser Bannister von niemandem etwas sagen, nicht einmal von ihm, und was noch schlimmer war, der Franzose sah beifälliges Nicken in der Runde der Kapitäne.

»Hört auf zu streiten, das bringt doch nichts«, versuchte de Graaf zu schlichten. »Ich hatte ja vorgeschlagen, bei Nacht oder im Morgengrauen anzugreifen, wie wir es bei Veracruz erfolgreich praktiziert haben. Aber Ihr musstet ja auf den helllichten Tag bestehen, Michel. Das haben wir jetzt davon. Und wir müssen die Stadt schnell einnehmen, sonst schickt womöglich der Vizekönig Verstärkung. Wer hat denn einen Vorschlag?«

»Vorerst möchte ich einmal anmerken, dass Ihr die Autorität des von uns allen gewählten Anführers des Unternehmens nicht infrage stellen könnt, Mr Bannister«, mischte sich van Hoorn ein und dienerte sich damit de Grammont an, dessen Stellvertreter er war. »Was glaubt Ihr eigentlich, wer Ihr seid? Wir alle hier haben schon spanische Städte geplündert, da seid Ihr noch für die Royal African Company gesegelt. Sollte das erneut vorkommen, werde auch ich dafür stimmen, dass man Euch zur Rechenschaft zieht. Aber um auf Eure Frage zurückzukommen, Laurens. Ich schlage vor, wir positionieren unsere Schiffe in Reihe und in Schussweite und feuern aus allen Rohren auf die Stadt. Dann werden sie schon die Waffen strecken und sich ergeben, davon bin ich überzeugt.«

»Und wenn nicht?«, schaltete sich Michiel Andrieszoon ein, der mit de Graaf zusammen Cartagena erobert hatte. »Halten sie stand, kommt garantiert Hilfe über das Meer aus Veracruz und über Land aus Merida. Dann geraten wir zwischen zwei Fronten und können uns nur noch zurückziehen.«

»So weit kommt es noch!«, brauste Jan Willems auf. »Sollen wir uns etwa wie ein getretener Hund jaulend auf und davon machen? Nicht mit mir! Und wenn ich mit meinen Männern allein die Stadt stürmen muss. Bannister hat doch schon gute Vorarbeit geleistet, das muss ich zugeben. Das Tor ist zerstört, die Barrikade dahinter lächerlich, auf der Mauer stehen keine intakten Kanonen mehr. Lasst uns einen neuen Sturmangriff mit unseren Geschützen decken. Dann wird es schon gelingen, in die Stadt hineinzugelangen. Wir können doch jetzt nicht vor Campeche scheitern, nachdem wir bereits viel größere und stärkere Städte erobert haben.«

Zustimmendes Gemurmel gab Willems recht, und so wurde sein Vorschlag angenommen. Die *Golden Fleece* sollte im Hafenbecken verbleiben und notfalls mit Kartätschen einen Ausfall oder Gegenangriff der Spanier verhindern, während die anderen Schiffe die Mauern unter Feuer nahmen und in die Stadt hineinschossen. Jack hoffte nur, dass dabei nicht sein Schiff getroffen wurde. De Grammont würde er es allemal zutrauen, darauf zu zielen.

Doch seine Befürchtungen waren zum Glück unbegründet. Diesmal gelang der von fast tausend beutegierigen Freibeutern vorgetragene und von mehr als hundert Schiffsgeschützen unterstützte Sturm auf Campeche. Aber als man die Stadt endlich erobert hatte, war sie fast menschenleer. Den Einwohnern war es gelungen, durch die Puerta de Tierra in das Umland zu entkommen, und selbstverständlich hatten sie alles an Wertgegenständen mitgenommen, was sie nur tragen konnten.

De Grammont ließ daraufhin alle Spanier, deren er habhaft werden konnte, in der noch im Bau befindlichen Kathedrale zusammentreiben und schickte Streifscharen in die umliegenden Dörfer. Einerseits, um sie zu plündern und Lebensmittel zu erbeuten, andererseits, um dort nach untergetauchten Städtern und ihren Schätzen zu suchen. Dabei trafen die Freibeuter aber auf bereits anrückende spanische Patrouillen aus der etwa hundert Meilen entfernten Gouverneursstadt Merida und erlitten nicht unbedeutende Verluste. Auch gerieten vor allem Männer aus de Grammonts Mannschaft, die sich allzu siegessicher gefühlt hatten, in Gefangenschaft, und als ihr Kapitän sie auslösen wollte, bekam er von dem Befehlshaber der Spanier eine Antwort, die ihn vor Wut beben ließ.

»Es steht Euch frei, zu brennen und zu morden«, ließ der Gouverneur ihm durch seine Unterhändler ausrichten. »Spanien ist reich genug, die Stadt wiederaufzubauen. Auch gibt es genügend Spanier, sie wieder zu bevölkern. Aber wir besitzen auch genügend Soldaten, Räuber zu züchtigen. Mit Banditen verhandeln wir nicht!«

Als de Grammont das hörte, schäumte er vor Wut. Zwei Monate war man nun schon in Campeche, die Beute mehr als spärlich, der Gouverneur weigerte sich, Lösegeld für die Gefangenen und die Rückgabe der Stadt zu zahlen, also mussten andere Saiten aufgezogen werden. Der General ließ fünf Spanier enthaupten und schickte die Köpfe nach Merida. Er hoffte, dass der Gouverneur jetzt endlich nachgeben würde, aber er sollte sich getäuscht haben.

Jack und auch de Graaf waren völlig aufgebracht, als sie von der Hinrichtung der Gefangenen hörten, und stürmten zum

Quartier des Befehlshabers, um ihm gehörig die Meinung zu sagen und Derartiges zukünftig zu unterbinden. Bereits vor Veracruz war de Graaf diesbezüglich mit van Hoorn zusammengeraten, der sich ähnlich verhalten hatte. Und auch diesmal stand der alte Pirat auf der Seite von de Grammont und verteidigte dessen Handlung vehement.

»Was wollt Ihr denn, Laurens?«, fragte er lauernd. »Etwa ewig hier in der Stadt bleiben? Ohne nennenswerte Beute und Euch zum Gespött der ganzen Karibik machen? Nicht mit uns, das sage ich Euch! Schon einmal seid Ihr mir in die Parade gefahren, als ich ein paar Spanier aufschlitzen wollte. Diesmal lasse ich mir das nicht verbieten. Ich habe unserem General empfohlen, von nun an täglich einen Spanier auf den Mauern zu hängen, sodass man ihn auch von Weitem baumeln sieht. Das wird diese arroganten Dons hoffentlich zur Vernunft bringen. Und jede Woche einen Stadtteil niederzubrennen, um unseren Forderungen Nachdruck zu verleihen. Darüber gedenken weder ich noch de Grammont zu diskutieren.«

»Ihr seid ein gottverdammter Narr und Mörder, van Hoorn«, fauchte de Graaf wutentbrannt. »Das Einzige, was Ihr mit derartigen Grausamkeiten erreicht, ist, dass sie auf uns alle zurückfallen. Ich bin Euch diesbezüglich schon vor Veracruz in den Arm gefallen und werde es auch hier wieder tun. Den nächsten Spanier tötet Ihr nur über meine Leiche!«

»Wenn Ihr darauf besteht«, höhnte van Hoorn, der sich der Unterstützung des Generals gewiss sein konnte. Doch noch war das letzte Wort nicht verklungen, da hatte de Graaf ihm schon seinen Handschuh ins Gesicht geschlagen.

»Ich fordere Euch!«, zischte er und wirkte dabei so gefährlich wie ein Jaguar aus den Urwäldern Yucatáns. »Stellt Ihr Euch mir, oder seid Ihr zu feige und könnt nur Wehrlose ermorden? Jetzt gleich, am Strand vor der Stadt. Pistole oder Degen, mir gleich.«

»Das lasse ich nicht zu!« De Grammont war aufgesprungen und versuchte, sich zwischen die Streithähne zu drängen, aber die standen derart dicht beieinander, dass das nur mit Gewalt möglich gewesen wäre. »Auch ich sehe das wie van Hoorn, wir müssen ein Exempel statuieren, wollen wir uns vor den Spaniern nicht zum Gespött machen. Ihr habt meinen Befehlen zu gehorchen, de Graaf! Fügt Euch endlich.«

»Einem unfähigen Schlächter wie Euch, de Grammont?«, gab der Angesprochene wütend zurück. »Niemals. Ihr könnt gern drankommen, wenn ich mit van Hoorn fertig bin. Dann tragen wir es wie Männer aus. Das ist schon lange fällig.«

De Graaf schaute de Grammont in die Augen und sah deshalb nicht, wie dieser nach einer in seiner Schärpe steckenden Pistole griff. Jack allerdings schon, und er war schneller. Bevor der General die Waffe nur einen Zoll herausziehen konnte, hatte er schon eine Mündung an der Schläfe.

»Das lasst lieber bleiben, wollt Ihr nicht auf der Stelle vor Euren Schöpfer treten«, meinte Jack süffisant. »Wenn es Euch recht ist, bin ich gern Euer Sekundant, de Graaf. Ich denke nämlich, dass diesen«, Jack legte so viel Verachtung in seine Stimme, wie er nur konnte, »General jemand im Auge behalten sollte.«

»Äußerst verbunden, Mr Bannister, sehr gerne«, erwiderte der Holländer, der inzwischen gemerkt hatte, wie nahe er dem Tod gewesen war. »Dann lasst uns nicht zögern und es austragen. Und nur damit das klar ist, de Grammont: Sollte ich nach dem Duell noch am Leben sein, wovon ich ausgehe, lichtet mein Schiff umgehend die Anker. An Massakern, wie Ihr sie plant, beteilige ich mich nicht.«

»Ich mich auch nicht«, stimmte Jack sofort zu. »So oder so, die *Golden Fleece* läuft noch heute aus. Und jetzt sollten wir den beiden Männern Gelegenheit geben, ihren Streit auszutragen, sonst wird es nämlich Nacht.«

Nicholas van Hoorn hatte ebenso wie Jack anfangs eine Laufbahn bei der Handelsflotte eingeschlagen, sich dann aber, als es ihm dort zu langweilig wurde, um einen französischen Kaperbrief bemüht. Eine Zeit lang griff er auch tatsächlich nur Spanier an, doch als diese sich zu größeren Flotten zusammenschlossen und deshalb schwer zu überfallen waren, schreckte er nicht länger davor zurück, sich gegen alle seefahrenden Nationen zu wenden. Diejenige, in deren Dienst er eigentlich stand, eingeschlossen. Er plünderte zuerst in Westafrika, zog dann in die Karibik und wurde hier zu einem der gefürchtetsten, weil grausamsten Piraten überhaupt. Zahlreiche Überfälle auf Städte und Siedlungen gingen auf sein Konto, und teils führte er seine Unternehmungen in Eigenregie, teils im Verbund mit anderen Freibeutern durch. Bekannt war van Hoorn vor allem für sein aufbrausendes Wesen, seine Sturheit, Unbeherrschtheit und Arroganz. Er war von eher gedrungener Gestalt, legte keinen großen Wert auf sein Äußeres, hatte wie Henry Morgan ein vom Saufen gerötetes Gesicht und trug einen langen Kinnbart, der an den eines Ziegenbocks erinnerte und damit sein teuflisches Wesen unterstrich.

Ganz anders Laurens de Graaf. Er war ähnlich groß gewachsen wie Jack, blond, gut aussehend und stets elegant gekleidet, ohne stutzerhaft zu wirken, und trug einen gepflegten Schnurrbart. Seine Mannschaft führte er mit eiserner Hand, und auf den von ihm befehligten Schiffen herrschte eine ähnlich kompromisslose Disziplin wie auf der *Golden Fleece*. Auf den Kanaren, wohin er von den Spaniern verschleppt worden war, hatte er geheiratet, und es hieß, dass er seiner Frau stets treu war und sich an keinerlei Ausschweifungen beteiligte. Das bedeutete aber nicht, dass er nicht erbarmungslos zuschlagen konnte, und viele Spanier sahen in ihm den Teufel in Person, denn ihnen galt seit seiner Versklavung sein ganzer Hass. Aber nur bis zu einem gewissen Punkt, nicht darüber hinaus. Unnötige Grausamkeiten waren ihm ebenso zuwider wie Jack, und Gefangene hinzurichten oder sich an Frauen oder gar Kindern zu vergehen, entsprach ganz und gar nicht seinem Naturell. Wie alle Freibeuterkapitäne segelte er meist allein, schloss sich aber auch einer Gruppe an, wenn ein größeres, bedeutendes Unternehmen wie der Angriff auf eine reiche Stadt geplant wurde. Mit van Hoorn war er dabei schon des Öfteren zusammengeraten, und in beiden hatte sich Wut auf den jeweils anderen aufgestaut, die jetzt aus ihnen herausgebrochen war wie Lava aus einem Vulkan.

Van Hoorn hatte, wie nicht anders zu erwarten, Michel de Grammont als Sekundanten gewählt, und am Strand angekommen, legten die beiden Kontrahenten alle Waffen bis auf ihre Degen ab und nahmen Aufstellung. Wie ein Lauffeuer hatte es sich unter den Piraten herumgesprochen, dass zwei ihrer Kapitäne sich duellieren würden, und wer noch auf seinen Beinen stehen konnte und nicht zu betrunken war, kam angelaufen, um diesem Schauspiel beizuwohnen.

»Wollt Ihr es Euch nicht noch einmal überlegen und Euren Streit gütlich beilegen?«, versuchte der General zu vermitteln, wie es einerseits die Aufgabe eines Sekundanten war, andererseits auch in seinem Interesse lag, denn er konnte sich denken, wozu es führte, wenn sich zwei Kommandeure hier vor aller Augen schlugen. Das würde die Moral der zusammengewürfelten Truppe unwiederbringlich untergraben und ihn vielleicht dazu zwingen, das bisher nicht sehr erfolgreiche Unternehmen endgültig abzubrechen und mit nahezu leeren Händen nach Tortuga zurückzukehren. Auch Jack machte, allerdings mehr der Form halber, einen Schlichtungsversuch, der aber ebenso wie der von de Grammont von beiden Kontrahenten zurückgewiesen wurde.

Van Hoorn griff an wie ein wilder Stier, doch de Graaf parierte geschickt. Er wich zurück und ließ seinen Gegner ein um das andere Mal ins Leere laufen, was diesen noch wütender machte, als er schon war. Der Klang der aufeinandertreffenden

Klingen schallte bis weit in die Stadt hinein, und unter den Zuschauern hatten sich zwei Lager gebildet, die ihren jeweiligen Favoriten anfeuerten. Wetten wurden abgeschlossen, dabei horrende Summen gesetzt, und dementsprechend war die Stimmung.

Jack verfolgte den Kampf kühl und emotionslos. Seine Sympathien lagen klar bei de Graaf, aber er würde auch mit dessen Niederlage leben können, denn er hatte bereits beschlossen, sich nie wieder einem solchen Unternehmen wie dem Angriff auf Campeche anzuschließen und zukünftig ausschließlich allein auf Kaperfahrt zu gehen.

Für die Zuschauer sah es so aus, als würde van Hoorn die Oberhand gewinnen, weil sein Gegner immer weiter zurückwich, während kaum einer erkannte, wie sehr sich der Angreifer dabei verausgabte. De Graaf wartete kaltblütig auf seine Chance und wusste, dass sie kommen würde. Und er sollte sich nicht getäuscht haben. Ausgemacht war, dass der Kampf nicht bis zum Tod gehen sollte, sondern nur, bis Blut floss. Van Hoorn führte einen Überkopfhieb, den de Graaf mit einer Prim parierte und sofort eine Riposte folgen ließ, die wiederum sein Gegner mit einer Quart abwehrte. Doch damit hatte de Graaf gerechnet. Er umging van Hoorns Klinge mit einer kreisförmigen Cavation, was diesen völlig überraschte und ihm die Waffe aus der Hand hebelte. Sofort trat de Graaf einen Schritt zurück und hob grüßend seinen Degen, um seinem Gegner zu signalisieren, dass er den seinen unbeschadet aufheben durfte.

Van Hoorn kochte vor Zorn, während alle Umstehenden nicht umhinkonnten, de Graaf für diese ritterliche Geste Anerkennung zu zollen. Beifallsrufe erschollen, denn er hätte die Gelegenheit auch dafür nutzen können, den Kampf zu beenden. Sein Gegner bückte sich nach seinem Degen, und kaum hatte er den Griff umfasst, führte er einen Speerstoß gegen de Graaf aus, ohne zuvor, so wie es die Duellregeln vorschrieben, wieder Aufstellung genommen zu haben.

Aber de Graaf kannte van Hoorn lange genug, um auf alles gefasst zu sein. Nahezu lässig parierte er den Angriff, nur um sofort seinen eigenen folgen zu lassen. Er wollte seinen Landsmann nicht ernsthaft verletzen, aber den Kampf, der ihn zu langweilen begann, beenden. Seinen Stich wehrte van Hoorn noch ab, doch blitzartig zog de Graaf seinen Degen zurück und führte ein Coupé, einen Stoß über die Spitze der gegnerischen Waffe hinweg, aus. Er traf van Hoorn an der Hand, und seine rasiermesserscharfe Waffe durchbohrte dessen Handrücken und trat an der Handfläche wieder aus. Schnell zog er sie zurück, und nur wer ganz genau aufgepasst hatte, hatte überhaupt mitbekommen, was geschehen war. Den Aufschrei van Hoorns hörten allerdings alle, und die Umstehenden sahen auch das Blut aus seiner Hand fließen sowie dass dieser erneut seinen Degen hatte fallen lassen. De Graaf trat zurück, hob grüßend die Waffe, und die beiden Sekundanten traten zu dem Verwundeten und untersuchten die Verletzung.

»Ich denke, die Sache ist entschieden«, meinte Jack, und de Grammont blieb nichts anderes übrig, als zuzustimmen, während van Hoorn immer noch brüllte wie ein abgestochenes Schwein.

»Nehmt Euch zusammen!«, fuhr der General seinen Stellvertreter an. »Was sollen denn Eure Leute von Euch denken? Das ist doch nur ein Kratzer, kaum der Rede wert. Soll ich Euch meinen Arzt schicken, damit er sich Eure Wunde einmal ansieht und sie verbindet?«

»Bleibt mir bloß vom Leib mit Eurem Quacksalber, Michel«, fuhr van Hoorn den gut meinenden de Grammont an. »Ich gehe jetzt an Bord meines Schiffes und behandle die Verletzung von außen und mich selbst von innen mit Rum, mit viel Rum. Und zwischen uns, de Graaf, ist das letzte Wort noch nicht gesprochen, das lasst Euch gesagt sein!«

War es doch, wie Jack später erfuhr. Die Hand von Nicholas van Hoorn wurde brandig, und da er zu spät einen Arzt kommen ließ, damit dieser sie ihm abnahm, starb er an einer Verletzung, die ihm ein verbündeter Landsmann und kein verhasster Spanier zugefügt hatte.

Noch am gleichen Tag lichteten die *Golden Fleece* und auch de Graafs *Francesca* – das Schiff hatte er nach seiner Frau benannt – die Anker und segelten zurück nach Tortuga. Michel de Grammont ließ noch das große Mahagonilager von Campeche anzünden, von wo der Brand auf die ganze Stadt übersprang, und stach dann mit dem Rest der Flotte ebenfalls in See.

In Tortuga wurden die nicht sehr erfolgreichen Freibeuter schon von Gouverneur de Cussy erwartet, der ihnen wichtige Neuigkeiten mitzuteilen hatte. König Louis XIV. machte auf Drängen der anderen europäischen Länder nun doch Ernst und untersagte strikt jedwede Kaperei und vor allem jedwede Überfälle auf Städte und Ansiedlungen in Übersee. Zwar verloren die von ihm ausgestellten Kaperbriefe offiziell nicht ihre Gültigkeit, die Freibeuter durften allerdings, so war es ausdrücklich festgelegt, nur noch Schiffe von Nationen aufbringen, mit denen sich Frankreich im Kriegszustand befand. Doch da in der Alten Welt Frieden herrschte, waren sie, wenn sie sich daran hielten, im Grunde genommen arbeitslos. Doch auch hier wusste de Cussy Rat, der nicht auf seine lukrativen Einkünfte verzichten wollte.

»Messieurs«, setzte der Gouverneur seine Ausführungen fort, nachdem sich die erste Aufregung gelegt hatte, »unsere über alles geliebte Majestät, König Louis XIV., bietet jedem von Euch an, in seiner Flotte Dienst zu tun. Oder, wer das nicht möchte, kann sich auf dem Tortuga gegenüberliegenden Teil von Hispaniola ansässig machen und bekommt dort so viel Land zur Verfügung gestellt, wie er nur haben will. Übrigens hat Seine Majestät Euch, Sieur Michel de Grammont, zum neuen Gouverneur von Saint-Domingue ernannt. Die Ernennungsurkunde liegt hier vor mir, und Ihr braucht nur noch anzunehmen und sie gegenzuzeichnen. Nun, was sagt Ihr dazu?«

»Sehr ehrenvoll«, meinte de Grammont, der sich am Ziel seiner Träume sah. »Gern komme ich den Wünschen meines Königs nach und werde mich nach Kräften bemühen, ihn nicht zu enttäuschen. Wer mir von Euch, meine Kameraden, nach Saint-Domingue folgen will, ist hiermit herzlich eingeladen, und es soll sein Schaden nicht sein.«

»Sehe ich das richtig, der König verbietet uns, unserem Handwerk nachzugehen, verschenkt aber gleichzeitig Land auf Hispaniola, das immerhin den Spaniern gehört, mit denen er Frieden geschlossen hat, und nicht ihm?«, fragte de Graaf fassungslos nach. »Und setzt gleich noch einen Gouverneur ein, der über einen Teil der Insel herrschen soll! Ist das nicht Raub in ganz großem Stil? Kann mir bitte einmal jemand erklären, wo hier der Unterschied zu dem ist, was wir im Kleinen tun?«

De Cussy zuckte nur mit den Schultern.

»Das, mein hochgeschätzter de Graaf, nennt man Politik und das Schaffen von Tatsachen. Findet Euch besser damit ab. Wie ich Euch kenne, ist aber so ein Pflanzerleben nichts für Euch, oder vielleicht doch? Eurer teuren Gemahlin würde es sicher gefallen. Wie wäre es denn im anderen Fall mit einem Patent der königlichen Marine? Nun, was sagt Ihr?«

»Danke, aber beides ist nichts für mich«, erwiderte de Graaf. »Ich bleibe lieber mein eigener Herr und will niemandes Untertan sein.«

Für diese Worte erntete der legendäre Freibeuter zustimmendes Gemurmel aus den Reihen der Kapitäne, und auch Jack konnte ihm nur zustimmen.

»Heißt das, wir können auf Tortuga auch nicht mehr unsere erbeuteten Güter umschlagen oder zum Verkauf anbieten?«, wollte Jan Willems wissen.

Die Frage zauberte ein kleines Lächeln auf de Cussys Gesicht. Der Gouverneur trat an eins der Fenster, durch das man auf den Hafen und die Reede hinausblicken konnte, und winkte den Fragesteller zu sich.

»Monsieur Willems, seht Ihr da unten irgendwelche Piratenschiffe am Kai oder vor Anker liegen?«, erkundigte sich de Cussy zuckersüß, um seine Frage gleich darauf selbst zu beantworten. »Ich nicht. Nur Handelsschiffe, die ihre Waren löschen, und indem sie diese wunderschöne Insel anlaufen, den Reichtum Frankreichs und seines Königs mehren. Was, frage ich Euch, ist daran verwerflich? Ihr werdet hier zumindest unter meiner Ägide immer herzlich willkommen sein. Zumindest, solange Ihr nicht unter einer blutroten Flagge in den Hafen einlauft und Eure Finger von französischen Kauffahrern lasst.«

»Was letztlich heißt, dass sich nichts, aber auch gar nichts ändert«, fasste de Graaf die Ausführungen de Cussys zusammen, und allen in der Runde, auch Jack, fiel ein Stein vom Herzen.

Der Gouverneur lächelte nur weiter verschmitzt und meinte in seiner gewohnt freundlichen Art, hinter der sich aber eiskalte Entschlossenheit verbarg: »Dann sind wir uns ja wieder einmal einig, Messieurs. Und nun, wenn Ihr mir die Ehre geben möchtet, ich habe mir erlaubt, anlässlich der Ernennung von Michel de Grammont zu meinem Amtsbruder einen kleinen Imbiss vorbereiten zu lassen. Selbstverständlich steht auch Rum bereit, natürlich nur vom Besten. Aber auch Portwein für die feineren Gaumen sowie Burgunder und Bordeaux. Schließlich ist Tortuga, wie es auch schon bald Saint-Domingue sein wird, ein kleines Stück Frankreich. Langt zu, Messieurs, langt zu.«

Das ließen sich die Freibeuter nicht zweimal sagen, denn auch wenn viele von ihnen um Längen reicher waren als so mancher Graf oder gar Herzog in der Alten Welt, so bekamen sie doch derartige Köstlichkeiten, wie de Cussy sie hier auftischte, nur äußerst selten geboten. Während des Essens versicherten de Graaf und Jack sich noch einmal ihrer gegenseitigen

Wertschätzung, während de Grammont ihnen böse Blicke zuwarf. Wenige Tage später sollte die *Golden Fleece* wieder in See stechen, und auch der Holländer hatte nicht vor, sich länger als nötig auf Tortuga aufzuhalten. Er wollte sich zumindest einmal ansehen, was das für Land war, das ihnen der König da anbot, und ob sich darauf nicht ein herrschaftliches Haus errichten ließe, das seiner Frau in seiner Abwesenheit als angemessenes Quartier dienen konnte.

Jack hingegen stellte derartige Überlegungen nicht an. Er hatte sein Paradies bereits gefunden, das noch dazu seinen Namen trug, dessen Lage er aber streng geheim und für sich behielt.

Die *Golden Fleece* kreuzte etwas südlich der Windward-Passage auf der Höhe des Golfes von Gonâve und lauerte auf Beute, als der Ausguck eine große Galeone von Norden herkommend meldete. Das war eher ungewöhnlich, denn die Winde bliesen hier von West nach Ost, was ein ständiges Manövrieren erforderte, schlug man diesen Kurs ein. Deshalb vermieden auch die Schiffe, die aus Europa oder auch den nordamerikanischen Kolonien kamen, diese Route und hielten sich meist an die weiter westlich oder östlich gelegenen Durchfahrten vom Atlantik in die karibische See. Auch die *Golden Fleece* hatte deshalb einige Zeit gebraucht, um ihre jetzige Position zu erreichen, und dabei ständig gegen die ungünstigen Winde kreuzen müssen. Doch als die fremde Galeone langsam näher kam und man die *Hardi* ausmachen konnte, wurde die Sache klar. Michel de Grammont war dabei, sein neues Reich in Besitz zu nehmen. Wahrscheinlich wollte er sein Hauptquartier auf der großen, im Golf gelegenen Insel aufschlagen, bis er einen besseren Platz gefunden hatte.

Die beiden Schiffe segelten auf gegenläufigem Kurs. Jack wollte schon weiträumig ausweichen lassen, als von der *Hardi* signalisiert wurde, dass de Grammont ihn zu sprechen wünschte.

Nun war das Verhältnis zwischen den beiden Männern nicht das beste, und Jack hielt es für unklug, den neuen Gouverneur von Saint-Domingue noch weiter zu reizen, indem er seinem Begehr nicht nachkam. Seufzend gab er daher Befehl, auf die *Hardi* zuzuhalten, und stellte sich erneut auf eine unerfreuliche Begegnung ein, aber schon bald kam ihm das Ganze spanisch vor. Denn de Grammont ließ nicht beidrehen, sondern lief unter vollen Segeln weiter. Die Geschützpforten der Galeone waren geöffnet, und die Kanonen ausgerannt.

Wie, zum Geier, sollte er denn dem Ersuchen des Generals nachkommen? Um ein Boot auszubringen, was die übliche Vorgehensweise war, hätten beide Schiffe die Segel reffen und beidrehen müssen. Um längsseits zu gehen, war die Geschwindigkeit viel zu groß, und es bestand zudem die Gefahr, dass sich die Takelagen beider Galeonen ineinander verhakten und Schaden nahmen.

Der will gar nicht mit mir sprechen, durchfuhr es Jack eiskalt, *der will auf uns feuern!* Hatte er de Grammont wirklich so sehr verärgert, dass dieser ihn vernichten wollte? Offenbar ja, oder aber der neue Gouverneur hatte die Absicht, seinem König gleich einmal zu beweisen, dass dieser mit ihm den richtigen Mann ausgewählt hatte und er ebenso gegen die Piratenplage vorzugehen gedachte, wie die Gouverneure von Jamaica es taten. Wie auch immer, das Ergebnis wäre für die *Golden Fleece* in beiden Fällen das gleiche, doch da Jack die Gefahr gerade noch rechtzeitig erkannt hatte, konnten sie sich wenigstens zur Wehr setzen. Zum Ausweichen war es zu spät, jetzt mussten sie kämpfen, wenn de Grammont es darauf anlegte.

»Schiff klar zum Gefecht!«, hallte der Ruf des Captains über das Deck. »Steuerbordgeschütze feuerbereit. Fällt dort drüben auch nur ein Schuss, geben wir ihm eine volle Breitseite!«

Die *Hardi* war etwas größer und auch schwerer bewaffnet als die *Golden Fleece,* doch darauf kam es nur bedingt an. Entscheidend bei einem Seegefecht war meist die Disziplin der

Mannschaft, die Feuergeschwindigkeit und natürlich die Treffergenauigkeit. Und Jack war davon überzeugt, dass es seine Besatzung in dieser Hinsicht mit jedem Schiff, das in diesen Gewässern unterwegs war, aufnehmen konnte.

Auf der *Hardi* hatte man mitbekommen, dass sich die *Golden Fleece* nicht gänzlich überraschen ließ. De Grammont befahl, das Feuer mit den Jagdgeschützen im Bug zu eröffnen, die jedes Freibeuterschiff besaß, dessen Kapitän etwas auf sich hielt. Die Kugeln rissen Löcher in die Klüver, das war es dann aber auch. Sofort feuerten die Vierundzwanzigpfünder der *Golden Fleece* zurück, und ein Geschoss knickte den Sprietmast der *Hardi,* was diese allerdings ebenfalls nicht übermäßig in ihren Segeleigenschaften beeinträchtigte.

Dann lagen die beiden Schiffe querab zueinander, und nahezu gleichzeitig entluden sich ihre Breitseiten. Teile der Takelage prasselten auf das Deck der *Golden Fleece,* gerissene Taue peitschten durch die Luft, Holzsplitter surrten umher und verletzten wie stets Männer, dann war man an der feindlichen Galeone auch schon vorbei. Jack hatte nicht den Eindruck, dass sein Schiff entscheidend getroffen worden war, brüllte aber nach einem Schadensbericht. Viel wichtiger war es jedoch zu erkunden, wie groß die Schäden und Verluste auf der *Hardi* waren, und ob sie den Kampf fortsetzen würde. Durch den dichten Pulverdampf war diesbezüglich noch nichts zu erkennen. De Grammont konnte also wenden, um dann mit dem günstigen Wind aus Südwest die Verfolgung aufzunehmen. Der *Golden Fleece* würde das Manöver gegen den Wind viel schwerer fallen, und für Jack stellte sich die Frage, ob er kämpfen oder nicht besser alle Segel setzen und fliehen sollte. Mit dem Rohr spähte er nach achtern, und langsam vertrieb die Brise den Pulverdampf. Offenbar wendete die *Hardi* tatsächlich, und de Grammont hatte die Absicht, es zu Ende zu bringen.

Jack wollte schon den Befehl geben, jeden Fetzen Leinwand zu setzen, um die Schnelligkeit seines Schiffes und seinen

Vorsprung zu nutzen, denn es brachte rein gar nichts, sich hier ein Gefecht auf Leben und Tod zu liefern, als von Süden her ein Knall über die See schallte. Er war nicht laut, aber doch deutlich zu hören gewesen – die unmittelbar darauffolgende Detonation allerdings ohrenbetäubend. Eine Stichflamme schoss aus dem Rumpf der *Hardi* empor, und auf der Stelle standen die Segel in Flammen. Aber nicht lange, denn sowohl das Heck wie auch der Bug des Schiffes senkten sich, während die Mitte nach oben kam. Die Explosion schien das Schiff regelrecht auseinandergerissen zu haben, denn man konnte gar nicht so schnell schauen, wie es unterging.

»Großer Gott, wir müssen die Pulverkammer getroffen haben!«, entfuhr es William Lewis, der neben Jack stand und vor Schreck die Luft angehalten hatte.

»Oder aber ein Gunner ist mit brennender Pfeife hineingegangen«, meinte Jack sarkastisch, um seinen eigenen Schock zu verbergen. »Wir werden es wohl nie erfahren, aber wie auch immer, für die armen Teufel dort drüben spielt es keine Rolle mehr. Lasst beidrehen, William, und den Kutter wassern. Vielleicht hat ja wider Erwarten jemand überlebt, und wir können die eine oder andere Seele noch retten.«

Doch dem war nicht so und die *Hardi* mit Mann und Maus gesunken. Die See hatte das mächtige Schiff und seinen stolzen, um nicht zu sagen, arroganten und restlich von sich überzeugten Kommandanten nebst seiner gesamten Mannschaft verschluckt, als hätte es sie allesamt nie gegeben.

Als der Kutter nach stundenlanger Suche zurückkehrte, stand North am Bug und schüttelte nur den Kopf, als Jack fragend zu ihm hinunterblickte. Damit war klar, dass niemand die Explosion überlebt hatte und nicht einmal Leichen gefunden worden waren.

»Was haben wir selbst für Schäden, William?«, erkundigte sich Jack bei seinem Ersten Offizier, der für deren Auflistung und auch Beseitigung verantwortlich war.

»Keine gravierenden«, meinte dieser nur. »Die meisten sind bereits behoben. Ein paar neue Klüver werden wir demnächst mal brauchen, unsere jetzigen bestehen nur noch aus Nähten.«

»Erinnert mich daran, dass wir von unserer nächsten Prise Segeltuch zu uns an Bord nehmen«, entgegnete Jack erfreut. »Und jetzt weg von diesem Ort des Grauens. Die *Hardi* hatte ungefähr einhundertachtzig Männer an Bord, die sieht kein Seemann gern umkommen.«

»Besser sie als wir.« William Lewis sah das pragmatisch. »Sie hätten mit uns sicherlich keine Gnade gekannt. Eure weiteren Befehle, Captain?«

»Kurs Nordost. Kreuzen wir wie gehabt zwischen hier und der Mona-Passage und jagen englische Schiffe, was sonst? In Tortuga sollten wir uns einige Zeit besser nicht blicken lassen und warten, bis Gras über die Sache gewachsen ist. Nicht, dass sich einer unserer Sailor in einer Spelunke verquatscht und wir festgenommen werden, weil wir das Schiff des neuen Gouverneurs von Saint-Domingue versenkt haben. Aber glücklicherweise haben wir ja einen Rückzugsort, an dem uns so schnell niemand aufspüren kann.«

7. KAPITEL
LONDON, 1685

Ich will jetzt endlich wissen, was zwischen Euch und diesem Bannister vorgefallen ist, Nicholas«, donnerte Sir John Banks und hieb mit der Faust auf den Tisch, dass es nur so krachte. »Fünfundzwanzig englische Schiffe hat er im letzten Jahr aufgebracht, von denen ich Kenntnis habe. Neunzehn davon gehörten der Royal African Company und sind, nachdem er sie geplündert hat, versenkt worden. Zwei weitere Schiffe befanden sich im Besitz der East India und vier in dem anderer Kaufleute, die allerdings weitersegeln durften, nachdem alles Wertvolle aus ihren Laderäumen auf die *Golden Fleece* umgeladen worden war. Und jedes Mal ließ er ausrichten, dass wir das nur Euch und dem Duke of York – oh, Verzeihung, unserem jetzigen König James II. – zu verdanken haben. Was treibt den Mann an, dass er einen solchen Hass auf Euch und unseren Schirmherrn hat?«

Die anderen Mitglieder der Gesellschafterversammlung nickten beifällig, und Crispe merkte, dass die Luft für ihn immer dünner wurde.

»Es geht das Gerücht, Ihr hättet Euch in Bannisters Abwesenheit an seiner Frau vergriffen«, meldete sich Edward Colston zu Wort. »Sollte ich herausbekommen, dass das der Wahrheit entspricht, Crispe, und wir nur deshalb auf den Ruin zusteuern, weil Ihr Euren Schwanz nicht unter Kontrolle halten könnt, dann schneide ich ihn Euch höchstpersönlich mit einem rostigen Messer ab und gebe ihn Euch zu fressen. Mir ist es todernst, glaubt mir besser.«

Alle an der Tafel wussten, dass es Colston am härtesten getroffen hatte, denn zwei der von Banks erwähnten privaten

Kauffahrer waren sein persönliches Eigentum gewesen. Und auch wenn er seine Drohung vielleicht nicht selbst wahr machen würde, so kannte er doch sicherlich in seiner Heimatstadt Bristol genügend zwielichtiges Gesindel, die dies gegen eine angemessene Belohnung für ihn erledigten. Deshalb wurde Crispe auch blass und wollte sich schon gegen die Unterstellung verwahren, als ihm unvermittelt John Locke beisprang.

»Aber Gentlemen, das bringt doch nichts«, warf er ein und versuchte, mit Worten und Gesten zu beschwichtigen. »Zugegeben, dieser Seeräuber ist zu einer echten Plage geworden. Wie mir zu Ohren gekommen ist, nennt man ihn schon den Herrn der Karibik und die *Golden Fleece* den Fluch Westindiens. Aber anstatt hier wilde Mutmaßungen darüber anzustellen, was ihn dazu getrieben hat, die Seiten zu wechseln, sollten wir lieber darüber nachdenken und beraten, wie wir ihm das Handwerk legen können. Schließlich sind wir alle hier nicht ganz unschuldig an der Situation, denn letztendlich haben wir seiner Ernennung zum Captain vor zwei Jahren zugestimmt. Oder etwa nicht, Mr Colston?«

Bevor der Angesprochene antworten konnte, fuhr Banks auf.

»Ich war immer dagegen, diesen Mann zu schnell zu befördern, wenn Ihr Euch bitte daran erinnern wollt, John. Von Anfang an hatte ich ein ungutes Gefühl wegen Bannisters nie ganz aufgeklärten Verwicklung in Captain Johnsons Tod. Und dann hat uns auch noch Gouverneur Lynch vor ihm gewarnt. Aber wir mussten ja auf einen Piraten wie Henry Morgan und diesen John Harris hören, der mittlerweile seinen Dienst in der Royal Navy quittiert hat und jetzt den Whigs angehört, die den König stürzen wollen. Haben Euch die guten Leumundszeugnisse dieser beiden Herren denn nicht misstrauisch gemacht, Nicholas? Ihr seid doch sonst so vorsichtig und hört die Mäuse husten!«

Nicholas Crispe steckte in einer Zwickmühle. Er konnte ja schließlich schlecht zugeben, dass er Jack Bannister nicht nur, aber natürlich auch deshalb zum Captain befördert hatte, um weiter mit dessen Gemahlin ins Bett steigen zu können. Wer konnte denn ahnen, dass dieser Mann derart überzogen reagierte? Und der König, damals noch Duke of York, war schließlich ebenfalls beteiligt gewesen. Deshalb auch der Hass dieses Freibeuters auf sie beide. Aber die Gesellschafter hatten schon recht, Bannister wurde zu einer ernsten Plage. Die Versicherungen weigerten sich bereits, die Schäden zu begleichen, die durch diese Überfälle entstanden, obwohl die Company horrende Prämien zahlte. Besonders auffällig daran war, dass Bannister andere englische Schiffe und auch Spanier weitersegeln ließ, wenn er sie ausgeraubt hatte. Die der Company versenkte er jedoch ohne Ausnahme, nachdem die Mannschaft in die Boote gegangen war oder er sie auf einer Insel ausgesetzt hatte. Deshalb hielt sich der Widerstand gegen ihn auch in Grenzen, denn die Besatzungen wussten, dass ihnen nichts geschah, wenn sie sich ergaben. Das hatte sich dieser Pirat offenbar von Francis Drake abgeschaut, der vor hundert Jahren ebenso gehandelt hatte. Aber wie sollte er das der Versicherungsgesellschaft erklären? Deren Vorsitzender hatte ihm unlängst zu verstehen gegeben, dass er eher ganz London gegen einen erneuten Brand versichern würde als noch einmal ein Schiff der Royal African Company, welches in die Karibik segelte oder von dort kam. Die sähe man eh nie wieder, hatte der arrogante Kerl gemeint, da könne man das Geld auch gleich in die Gosse werfen.

»Wie Ihr schon sagtet, Mr Locke, ich hatte die Berufung von Jack Bannister hier zur Disposition gestellt, und jeder in der Versammlung hat damals zugestimmt«, versuchte sich Nicholas Crispe, gegen die Vorwürfe zu verteidigen. »Auch Ihr, Sir John, wart nicht kategorisch dagegen, wenn Ihr Euch recht besinnt. Deshalb kann jetzt auch keiner einem anderen allein dafür die Schuld in die Schuhe schieben. Woher sollte ich denn wissen, dass aus dem Offizier, der sich im Dienst der Company nie etwas hat zuschulden kommen lassen, auf einmal ein gefürchteter Freibeuter wird? Morgen habe ich eine Audienz bei König James in Whitehall. Ich werde ihn bitten, dass die Royal Navy in Westindien alles in ihrer Macht Stehende tut, um diesem Piraten endlich das Handwerk zu legen. Schließlich ist das auch im Interesse Seiner Majestät, betrifft diese leidige Sache doch sowohl seine Ehre als Lord High Admiral als auch seine Einkünfte als unser Gesellschafter.«

»Womit aber immer noch nicht die Frage beantwortet worden ist, weshalb sich der Hass dieses Freibeuters, der ja sogar über einen französischen Kaperbrief verfügt, derart explizit auf Euch und den König richtet«, bohrte Edward Colston nach. »Da ist doch garantiert etwas, das Ihr uns verschweigt, Crispe. Raus damit, ich will das jetzt wissen!«

»Fragt diesen Bannister doch selbst, solltet Ihr ihn einmal treffen«, meinte der Angesprochene mit seinem bekannten, spöttischen Lächeln auf den Lippen, das ihm allerdings bald vergehen sollte. »Oder den König, wenn Ihr es wagt. Ich kann Euch darauf jedenfalls keine zufriedenstellende Antwort geben.«

»Ich denke, Ihr lügt uns hier direkt ins Gesicht, Nicholas!« Der Kaufmann aus Bristol war nicht mehr zu bremsen. »Ich stelle deshalb den Antrag, dass Ihr von der Gesellschaft beauftragt werdet, die Sache, die offenbar die Eure ist, zu bereinigen. Wie Ihr das anstellt, ist mir dabei völlig gleichgültig. Segelt von mir aus mit einem starken Schiff in die Karibik, jagt diesen Bannister und vernichtet ihn. Wie auch immer, löst das Problem, wenn Ihr noch länger Hauptgeschäftsführer der Company sein wollt. Ich gebe Euch dafür ein halbes Jahr Zeit. Sollte danach noch ein Schiff verloren gehen, an dem ich beteiligt bin, werde ich Himmel und Hölle in Bewegung setzen, damit man Euch mit Schimpf und Schande aus dem Amt und am besten auch gleich aus England hinausjagt.«

»Was untersteht Ihr Euch …!«, brauste Crispe auf, da fiel ihm aber Banks bereits ins Wort.

»Ich unterstütze den Antrag!«, rief er in die Runde. »Wer ebenfalls dafür ist, der hebe die Hand!«

Nicholas Crispe wurde regelrecht schlecht, als er sah, dass sich bis auf John Locke alle meldeten. Und dieser stimmte nicht etwa gegen den Antrag, sondern enthielt sich nur der Stimme. Damit war es entschieden, es war nun an ihm, Jack Bannister zur Strecke zu bringen. Wie er das anstellen sollte, sagte ihm allerdings keiner. Vielleicht war es ja besser, sich gleich nach Frankreich abzusetzen? Geld genug hatte er zur Seite geschafft, um den Rest seiner Tage sorgenfrei genießen zu können. Und einen gewieften Kaufmann, wie er einer war, würde man außerdem überall mit Handkuss empfangen. Doch eigentlich war Crispe kein feiger Mann, sondern in seiner Jugend ein rechter Draufgänger gewesen. Jetzt, schon etwas in die Jahre gekommen, bevorzugte er allerdings nicht mehr die körperliche Auseinandersetzung, sondern verließ sich mehr auf seine Intelligenz und das Aushecken von Plänen, die sich meist realisieren ließen, waren sie nur gut genug durchdacht. Und so vertraute der Geschäftsführer der Royal African Company darauf, dass ihm auch diesmal etwas einfallen würde und er noch lange auf dem ihm lieb gewonnenen Posten verbleiben konnte.

König James II. ließ Nicholas Crispe nicht warten, sondern empfing ihn eher ungeduldig zur anberaumten Zeit zu einer Privataudienz unter vier Augen in seinem Kabinett. Nicht einmal ein Sekretär war anwesend, was den Geschäftsführer beruhigte, da das Gespräch folglich nicht schriftlich festgehalten wurde.

»Was ist das für eine unglaubliche Schweinerei, die Ihr mir da eingebrockt habt, Crispe?«, waren die ersten Worte des Königs, die er dem Ankömmling schon zurief, bevor dieser sich aus seiner tiefen Verbeugung überhaupt aufgerichtet hatte.

»Ich verstehe nicht ganz, Majestät«, stotterte Crispe verunsichert und machte sich auf weitere Vorwürfe gefasst.

»Stellt Euch nicht dümmer, als Ihr seid!«, donnerte James daraufhin. »Der Mann dieser Hure, die Ihr mir zugeführt habt, greift jetzt in Westindien jedes englische Schiff an, das ihm vor die Geschützrohre kommt. Früher haben die Piraten die Royal Navy gefürchtet, jetzt wechselt meine Flotte offenbar sofort den Kurs, taucht der *Goldene Widder* mit seiner blutroten Flagge auch nur am Horizont auf! Wisst Ihr, dass er die *Boneta* versenkt hat, die ihn stellen wollte? Hier«, James wedelte mit einem Pergament in der Luft herum, »Gouverneur Molesworth hat mir in diesem erst gestern eingetroffenen Schreiben davon berichtet. Das war eine Sechsunddreißig-Kanonen-Fregatte! Und er schickt sie auf den Grund des Meeres! Das kann doch alles nicht wahr sein! Und dem Captain, der nicht genug Ehre im Leib hatte, um mit seinem Schiff unterzugehen, gibt er auf dem Weg nach England mit – ich zitiere Molesworth, der sich für die Worte tausend Mal entschuldigt –, dass er das Ganze nur diesem verkommenen Stuart auf dem Thron zu verdanken habe. Sie nennen den Kerl dort unten in Westindien schon den Herrn der Karibik, weil er mittlerweile als unbesiegbar gilt und andererseits Gnade übt, wie es sonst nur ein gütiger Herrscher tut, aber kein Pirat. Ist Euch das nicht auch schon zu Ohren gekommen, Crispe?«

Der Angesprochene nickte zustimmend und wollte etwas erwidern, doch da fuhr der König, aufgebracht, wie er war, bereits fort.

»Dieser Bannister beleidigt meine Ehre und die der gesamten Royal Navy, und das in einem fort. Nicht nur, dass mir die Whigs im Parlament jeden Tag mehr zusetzen und mittlerweile ganz offen wegen meines katholischen Glaubens meine Absetzung fordern, nein, jetzt haben sie auch noch Piraten auf ihrer Seite, die das Gleiche verlangen. Es würde mich daher nicht wundern, wenn sich herausstellte, dass diese Viehtreiber auch noch von diesem Freibeuter finanziert werden. Uns hingegen geht langsam das Geld aus, seit die Company nur noch

Verluste anstatt Gewinne schreibt. Wie viele Schiffe habt Ihr im letzten Jahr verloren, hm? Fünfzehn, oder waren es eher zwanzig? Von denen der anderen Kaufleute, die ständig bei mir vorstellig werden und mir in den Ohren liegen, ganz abgesehen. Nebenbei, das sind alles ebenfalls fehlende Steuereinnahmen! Ich muss schon im Parlament betteln gehen, um meine Hofhaltung aufrechterhalten zu können. Das muss ein Ende haben, Crispe, und zwar sofort! Ihr persönlich seid mir dafür verantwortlich! Habt Ihr mich verstanden?«

Es sind bisher nur neunzehn verlorene Galeonen, und wofür bezahlen wir eigentlich solche Unsummen an Steuern, wenn die hochgelobte Royal Navy nicht in der Lage ist, die Schifffahrtswege zu schützen?, fragte sich der Angesprochene, behielt den Gedankengang allerdings wohlweislich für sich. Ebenso den, dass die Whigs, die der König so abfällig Viehtreiber nannte, weil ihre Mitglieder größtenteils dem Landadel entstammten – im Gegensatz zu den Tories, deren Mitglieder vorwiegend dem Hofadel angehörten –, im Parlament nur deshalb so groß geworden waren, weil das aus Schottland stammende Königshaus der Stuarts dem anglikanischen England erneut den katholischen Glauben aufzwingen wollte. Dagegen hatten sich Land und Leute schon unter der nach wie vor viel bewunderten Königin Elizabeth I. vor hundert Jahren erfolgreich zur Wehr gesetzt. Und wer hatte damals die Spanische Armada, die ausgeschickt worden war, um den Katholizismus wieder in England einzuführen, vernichtet? Piraten, Freibeuter wie Francis Drake, John Hawkins und Martin Frobisher! Kein Wunder also, dass der papistische James deren heutige Nachfolger fürchtete.

Das alles konnte Crispe natürlich nicht sagen und dienerte sich stattdessen lieber weiter an, denn dem König in dieser Verfassung zu widersprechen, konnte ihn durchaus den Kopf kosten.

»Sehr wohl, Majestät, aber falls Ihr mir untertänigst die

Frage gestattet: Wenn es der gefürchteten Royal Navy schon nicht gelingt, diesen Piraten zu ergreifen oder ihn zu vernichten, wie soll ich es denn dann als einfacher Kaufmann schaffen? Unsere Schiffe sind der aufgerüsteten *Golden Fleece* offenbar nicht gewachsen, und die Gesellschafter der Company erwägen bereits, Westindien gar nicht mehr anzulaufen. Könntet Ihr denn nicht ein großes Kriegsschiff in die Karibik entsenden, das dieser Piratenplage ein für alle Male ein Ende bereitet?«

»Ihr jammert, dass Eure Schiffe diesem Bannister nicht widerstehen können? Wart Ihr es nicht, der mich um Kanonen aus den Arsenalen des Tower gebeten hat, damit Ihr dessen vermaledeites Schiff besser bewaffnen könnt? Und jetzt haben wir den Salat! Die stärkste Fregatte in Westindien hat dieser Bannister schon zu Klump geschossen. Ein Wunder, dass die *Ruby* überhaupt noch zu retten war. Jetzt liegt sie in Port Royal in der Werft und wird wohl erst in ein bis zwei Jahren wieder einsatzbereit sein. Dann allerdings als Zweidecker, aber so lange können wir unmöglich hinnehmen, dass weiterhin englische Schiffe aufgebracht werden. Früher überfielen unsere Freibeuter Spanier. Dagegen hatte niemand etwas, zumindest nicht in England. Aber jetzt? Wir werden doch zum Gespött der ganzen Welt!«

Nicholas Crispe straffte die Schultern und beschloss, alles auf eine Karte zu setzen.

»Majestät, gestattet Ihr mir ein offenes Wort, ohne es mir zu vergelten?«

»Sprecht, Crispe, wir sind hier ganz unter uns und haben uns stets gut verstanden.«

»Nun, mein König, die Kanonen, um die ich Euch damals gebeten habe, waren nicht für die *Golden Fleece,* sondern für die nach Euch benannte Insel vor der westafrikanischen Küste bestimmt. Dass Jack Bannister sie sich aneignen und damit sein Schiff armieren würde, um fortan als Pirat die Weltmeere unsicher zu machen, konnte zu diesem Zeitpunkt keiner ahnen. Er hat mir seine Beweggründe erst nach seinem Auslaufen in einem Brief mitgeteilt. Der Mann stand auf dem Balkon, als Ihr Euch in meinen Gemächern mit seiner Frau amüsiert habt, und hat alles mit angesehen. Wäre er damals bewaffnet gewesen, würden wir beide, und vielleicht auch seine Frau, bestimmt nicht mehr unter den Lebenden weilen. Seither rächt er sich an der Company, indem er ihre Schiffe versenkt, um mich zu treffen, und greift die Royal Navy an, was Eurer Reputation schadet. Vor allem, weil er dabei immer wieder auf Euch und mich als Schuldige verweist. Wenn das nicht unterbunden wird, wird es ewig so weitergehen und letztlich irgendwann Folgen haben. Für Euch ebenso wie für mich. Deshalb schlage ich vor, dass die Westindienflotte durch ein paar starke Schiffe verstärkt wird, die entweder diesen Piraten zur Strecke bringen oder zumindest unsere Handelsschiffe so lange schützen und begleiten, bis sie sichere Gewässer erreicht haben. Eine andere Möglichkeit sehe ich ehrlich gesagt nicht.«

»Gibt es derart eifersüchtige Ehemänner wirklich auf der Welt?«, fragte der König ungläubig nach. »Noch dazu im gemeinen Volk? Soll der Kerl doch froh und dankbar sein, dass wir beide uns überhaupt mit seiner Gemahlin abgegeben haben. Das ist doch wie ein Ritterschlag für ihn und müsste ihm eine Ehre sein! Da geht es am Hof meiner französischen Cousins doch ganz anders zu, kann ich Euch sagen. Gerade Philippe, König Louis' Bruder, ist wahrlich kein Kostverächter, und niemand, kein Herzog, kein Graf, würde es wagen, ihm einen Wunsch abzuschlagen. Weder den nach seiner Frau noch nach seiner Tochter oder auch seinem Sohn. Geschweige denn ein Gemeiner. Ich war dabei, wie ein Waffelbäckergeselle von Philippes Freunden auf der Straße aufgelesen und bei einem Gelage, nun, sagen wir einmal, zu Tode geliebt wurde. Was glaubt Ihr, was dort in Frankreich mit einem wie diesem Bannister passiert wäre, wenn er sich erdreistet hätte, seine

Gemahlin nur für sich behalten zu wollen? Und schon gar, hätten Philippe oder gar Louis ein Auge auf sie geworfen?«

Das Gleiche wie hier in London, aber dafür müsste man seiner erst einmal habhaft werden, dachte Crispe bei sich, schluckte die Erwiderung aber genau wie die vorangegangenen, die ihm auf der Zunge gelegen hatten, besser herunter. Alles zu sagen, konnte er sich auch in einem Vieraugengespräch mit dem König nicht erlauben.

»Offenbar gehört Jack Bannister zu der seltenen Spezies, die es nicht verwinden kann, wenn andere Männer, Höhergestellte als sie, sich ihren Frauen zuwenden«, erwiderte er stattdessen angemessen. »Ich habe erst unlängst durch meine Spione erfahren, dass Marie-Claire noch am Leben ist. Bis dahin hatte ich vermutet, dass sich ihre Leiche auf dem Grund der Themse befindet. Aber wenn Ihr gestattet, Majestät, möchte ich noch einmal auf unser ursprüngliches Thema zurückkommen. Was, glaubt Ihr, kann die Royal Navy unternehmen, um diesem Spuk in der Karibik endlich ein Ende zu bereiten?«

James seufzte und ließ sich dann in einem Sessel nieder, allerdings ohne seinen Gast ebenfalls zum Sitzen aufzufordern.

»Es gab schon eine diesbezügliche Anfrage im Parlament, und diese verfluchten Whigs, die der Teufel holen möge, warten nur darauf, dass ich Schwäche zeige und sie mir etwas am Zeug flicken können. Wieso fällt es ihnen so schwer zu akzeptieren, dass ich auch hier in England eine Monarchie nach französischem Vorbild einführen möchte, könnt Ihr mir das sagen? Geht es dem Land auf der anderen Seite des Kanals unter meinem Cousin Louis etwa nicht blendend? Ihr müsstet nur einmal sehen, was für ein prächtiges Schloss er sich in Versailles hat errichten lassen! Etwas Vergleichbares gibt es auf der ganzen Welt nicht, dagegen ist Whitehall eine Bauernkate. Und musste er deshalb irgendwo betteln gehen, hat ihm etwa ein Parlament Steine in den Weg gelegt? Beileibe nicht, denn er herrscht absolut und ohne dass es irgendwer wagt, gegen ihn zu opponieren. Das Parlament in Frankreich ist eine Farce und nickt nur ab, was der König will. Und Geld genug, auch mir noch Subsidien zu zahlen, hat er trotzdem. Ohne die Zuwendungen meines ehemaligen Schwagers müsste ich vielleicht sogar am Hungertuch nagen.

Warum wehrt sich das Volk hier in England nur so gegen die Allmacht eines von Gott eingesetzten und gesalbten Königs, ja wagt es sogar, ihn nach Gutdünken hinzurichten? Zwei Herrscher aus dem Geschlecht der Stuarts haben deshalb schon ihr Leben unter dem Henkerbeil verloren. Königin Maria, unsere Stammmutter, wurde auf Betreiben dieser Hure Elizabeth hingerichtet, aber selbstverständlich mit Zustimmung dieses absurden Parlaments, und mein Vater musste sein Haupt ebenfalls auf den Richtblock legen, weil er dessen Befugnisse beschneiden wollte. Das darf nie wieder geschehen, und deshalb will ich die absolute und uneingeschränkte Macht und mich vor niemandem rechtfertigen müssen, wenn ich meine Ansprüche geltend mache. Gerade Ihr müsstet das doch verstehen, Crispe. Ihr führt die Company seit Jahren ja schließlich nach den gleichen Grundsätzen.«

»Majestät, wenn Ihr gestattet, dem ist nicht ganz so, obwohl ich dies gern täte«, erwiderte der Geschäftsführer vorsichtig auf den Ausbruch des Königs, welcher ihm sein ganzes Seelenleben offenbart hatte. »Auch ich bin, zwar nicht dem Parlament, aber doch dem Konsortium der Aktionäre verpflichtet, die jede meiner Entscheidungen infrage stellen können. Selbstverständlich verstehe ich Euch, doch in England ist das eben nicht ganz so einfach wie in Frankreich. Schon König John und später seinem Sohn Henry III. wurde ein Mitspracherecht bezüglich der königlichen Erlasse, die Magna Carta, abgetrotzt und ein Parlament eingerichtet. Gegen diese honorige Versammlung kann seither kein Monarch mehr regieren, ohne einen Aufstand befürchten zu müssen. Ihr seid, wenn ich mir die Bemerkung erlauben darf, ein Schotte und habt viele Jahre in Frankreich gelebt, deshalb fällt es Euch sicher schwer, diese englische Eigenart zu verstehen, was mir selbstverständlich einleuchtet. Aber sicher nicht jedem Parlamentarier, der eifersüchtig über seine Rechte und die der Versammlung wacht, der er angehört.«

Und dein Kopf wackelt mindestens so stark wie der deines Vaters, du unbedarfter Trottel, solltest du das, was du soeben mir gegenüber geäußert hast, einmal öffentlich von dir geben, sinnierte Crispe, hütete sich aber, dies auch nur mit einem Wort anzudeuten. *Denn dann hast du nicht nur die Whigs gegen dich, die bereits jetzt deine Entmachtung und Ablösung betreiben, sondern bald auch die Tories, die dir jetzt noch den Rücken stärken. Aber damit ist es auf der Stelle vorbei, greifst du das Parlament an oder versuchst, es wie dein Vater in seinen Rechten zu beschneiden. Das hat schon einmal zu einem Bürgerkrieg geführt, und einen weiteren will kein Mensch. Deshalb verhandeln bereits auch einige Abgeordnete mit Wilhelm von Oranien und bieten ihm deinen Thron an. Womöglich weißt du davon gar nichts, du Narr, denn auf Ratgeber, die dich vor dem Streben nach zu viel absolutistischer Macht warnen, hörst du ja nicht.*

Während Nicholas Crispe dergestalt vor sich hin sinnierte, seufzte James anhaltend, als läge eine schwere Last auf seinen Schultern, die er ganz allein zu tragen hatte, was er wiederum als Aufgabe eines Königs ansah.

»Doch zurück zur Sache«, meinte der König dann und bemühte sich, mit ruhiger und fester Stimme zu sprechen, was ihm nicht leichtfiel, so aufgebracht, wie er war. »Es muss schnell etwas geschehen, damit man mir nicht noch das Versagen der Royal Navy im Parlament vorwirft. Passt auf, Crispe, ich habe da eine Idee. Schicke ich englische Schiffe nach Westindien, haben wir nichts gekonnt. Linienschiffen kann dieser Pirat aufgrund der Schnelligkeit seiner Galeone ausweichen. Bei Fregatten wäre es letztlich ein reines Glücksspiel, wer gewinnt. Und noch mehr Verluste kann sich die Royal Navy einfach nicht mehr leisten, will sie ihren mühsam errungenen Ruf nicht verlieren. Überall gärt es, ich frage mich nur, warum? Angeblich steht die Westindienflotte kurz vor einer Meuterei, und auch in unseren Kanalhäfen sieht es nicht besser aus. Kapitäne scheiden vorzeitig aus dem Dienst aus, ganze Mannschaften desertieren, und ich werde das Gefühl nicht los, dass auch dahinter die Whigs stecken.

Aber wir haben vor etlichen Jahren ein französisches Schiff aufgebracht, die *Rubis,* ein Zweidecker, der mit sechsundsechzig Kanonen bestückt ist. Das dürfte mehr als ausreichend sein, um eine Galeone zu versenken. Noch dazu, da es sich um große Kaliber handelt. Ihr werdet mit diesem Schiff in die Karibik segeln und diesem Bannister eine Falle stellen. Die *Rubis* weist eindeutig französische Linien auf, und da dieser Pirat ja über einen französischen Kaperbrief verfügt, wird er sie kaum angreifen. Lockt ihn an, und dann vernichtet ihn. Ihr bekommt von mir dafür alle Befugnisse übertragen und ein zusätzliches Detachement Marinesoldaten an Bord. Na, was sagt Ihr zu meinem Plan?«

»Aber Majestät, wie soll, wie könnte ich denn zum Erfolg dieses Unternehmens beitragen?«, wand sich Crispe wie ein Aal. »Ich bin Kaufmann und kein Soldat. Lasst das doch den Captain der *Rubis* und einen Hauptmann der Marineinfanterie erledigen! Meine Person wäre dabei in jeder Hinsicht wenig hilfreich, wenn nicht sogar störend!«

»Papperlapapp, Crispe«, entgegnete James ungehalten. »Ihr kennt diesen Bannister von Angesicht zu Angesicht. Wenn möglich, fasst ihn also lebend, damit wir ihn öffentlichkeitswirksam hängen können. Und außerdem weiß ich doch, wie verschlagen Ihr seid. Euch wird schon etwas einfallen, wie Ihr ihn in die Falle locken könnt. Meine Offiziere sind mir diesbezüglich vielleicht etwas zu unbedarft. Und diesmal darf nichts schiefgehen, hört Ihr? Sonst kommt Ihr mir besser gar nicht mehr unter die Augen. Habt Ihr das verstanden?«

»Sehr wohl, Majestät«, fügte sich Nicholas Crispe notgedrungen und verbeugte sich. Was hätte er auch anderes tun und sagen können, da doch die Gesellschafter der Company das Gleiche von ihm verlangten wie nun der König. Also würde er wohl in den sauren Apfel beißen und nach Westindien segeln müssen. Aber nicht, ohne zuvor ein paar Worte mit der Person gewechselt zu haben, die er für die Ursache all des Übels hielt.

Marie-Claire hatte sich nach Kräften gewehrt, aber gegen die beiden grobschlächtigen Kerle keine Chance gehabt. Sie waren einfach in ihr kleines Häuschen eingedrungen, hatten sie überwältigt, ihr die Arme auf dem Rücken zusammengebunden, eine Kapuze über den Kopf gezogen und sie eher in eine unweit wartende Kutsche geworfen als gesetzt. Erst als ihr Widerstand nachließ und man ein ganzes Stück von dem Dorf entfernt war, in dem sie jetzt lebte, nahm man ihr die schwarze Haube wieder ab und löste ihr auch die Fesseln. Sofort konfrontierte sie ihre Entführer mit der Frage, was man denn in Gottes Namen von ihr wolle und ob man sie nicht endlich in Ruhe lassen könne. Doch sie bekam keine Antwort, und die ganze Fahrt über herrschte eisiges Schweigen in dem Gefährt, das sich unaufhaltsam London näherte.

Vor einigen Wochen war ganz überraschend ihr Vater in Dorset aufgetaucht, und so hatte sie das erste Mal seit Langem etwas über ihren Mann erfahren und was aus ihm geworden war. Marie-Claire hätte natürlich nach London zu ihren Eltern zurückkehren können, doch sie schämte sich so abgrundtief für das, was sie getan hatte, dass dies keine Option für sie gewesen war. Schon zweimal hatte sie auf einer Felsklippe gestanden und war kurz davor gewesen, sich in den Tod zu stürzen, im letzten Moment aber immer davor zurückgeschreckt. Mit der Zeit gewöhnte sie sich an das Landleben und wollte gar kein anderes mehr führen. Da sie lesen und schreiben konnte, hatte es sich ergeben, dass sie die Dorfkinder unterrichtete, was der Pfarrer anfangs gar nicht gern sah, sich aber letztlich damit abfand, da ihm die arme Seemannswitwe – denn als solche galt die immer noch junge Frau in dem Dörfchen – leidtat und er ihr das karge Zubrot nicht verwehren wollte. Von dem, was ihr die Eltern ihrer Schüler zusteckten, von der geringen Pachtsumme und dem Ertrag ihres überschaubaren Gartens lebte Marie-Claire mehr schlecht als recht, hatte dabei aber einen Grad der inneren Ruhe und Zufriedenheit erreicht, der ihr in ihrem früheren Dasein verwehrt geblieben war.

Sie hatte bereits mehrere Heiratsanträge erhalten, auch von dem hiesigen Lord, sie aber bisher immer geschickt zurückgewiesen. Einerseits wusste sie ja nicht, ob Jack noch am Leben war, andererseits stand ihr der Sinn nun wirklich nicht nach Hochzeit. Dann hatte ihr Vater überraschend Kunde von ihrem Mann gebracht, und wie dieser sich an der Royal African Company und dem jetzigen König für das rächte, was ihm angetan worden war.

Kein Wort des Vorwurfs war über die Lippen von Gilbert Magminot gekommen. Er hatte seine Tochter nur ganz fest in die Arme geschlossen und sie gar nicht wieder loslassen wollen. Und Marie-Claire hatte sich so geborgen gefühlt wie schon seit Ewigkeiten nicht mehr. Doch das Angebot ihrer Eltern, zu ihnen nach London zurückzukehren, hatte sie abgelehnt, obwohl ihr Vater nicht mehr für die Company tätig war, mit den Whigs sympathisierte, die den König bekämpften, und am Navy College in Greenwich unterrichtete. Ihre Mutter würde sich unendlich freuen, sie wiederzusehen, hatte er ihr versichert, aber so weit war Marie-Claire noch nicht. Zu sehr graute ihr davor, all die altvertrauten Orte und Bekannten wiederzusehen, die vielleicht hinter ihrem Rücken tuschelten, und vor allem, womöglich Nicholas Crispe zu begegnen. Um das durchzustehen, fühlte sie sich noch nicht gefestigt genug und hatte ihren Vater deshalb inständig darum gebeten, niemandem zu sagen, wo sie sich aufhielt. Und nun war sie doch gefunden worden, und sie konnte sich auch schon denken, von wem.

Mehrere Tage brauchte die Kutsche bis nach London, und während dieser Zeit war Marie-Claire keinen Moment lang unbewacht. Doch zumindest vergingen sich die Männer nicht an ihr, was sie anfänglich befürchtet hatte. Als dann endlich Deptford in Sicht kam, war es nahezu eine Erlösung.

Die Kutsche hielt vor Trinity House, und die junge Frau wurde brutal am Oberarm gepackt, aus dem Gefährt gezerrt und durch die Halle, in der damals der verhängnisvolle Maskenball stattgefunden hatte, die Treppe hochgeschleift, auf der sie auf ebendiesem Ball in großer Garderobe neben dem heutigen König geglänzt hatte. Dann stieß man sie in das ihr bekannte Arbeitszimmer von Nicholas Crispe hinein und schloss hinter ihr die Tür. Die ganze Zeit über war kein einziges Wort gefallen, und auch der Mann, der ihr mit verschränkten Händen den Rücken zuwandte und aus dem bodentiefen Fenster hinaus in den Park schaute, schwieg. Das war Marie-Claire allerdings mehr als recht, gab ihr das doch die Zeit, die sie brauchte, um sich zu sammeln und auf die Auseinandersetzung mit Nicholas Crispe vorzubereiten.

Endlich drehte sich der Geschäftsführer der Royal African Company um, und die junge Frau sah, dass er Reisekleidung angelegt hatte. Dazu passten auch der eigenartige Degen, der auf dem Schreibtisch lag, und das Paar wertvoller Pistolen daneben.

»Schön, Euch nach so langer Zeit einmal wiederzusehen, meine Teuerste«, meinte Crispe in seiner gewohnt spöttischen Art. »Obwohl, unter schön verstehe ich eigentlich etwas anderes. Ihr seid braun gebrannt wie eine Bauernmagd, Euer Haar ist ausgebleicht und struppig, und wo sind die schönen Kleider und der Schmuck, den Ihr sonst immer getragen habt, wenn Ihr hier in diesem Hause zu Gast und mir zu Willen wart?«

Marie-Claire musste an sich halten, um Crispe nicht an die Gurgel zu gehen oder zumindest zu versuchen, ihm die Augen auszukratzen. Doch zumindest blieb er auf Distanz, und das gab ihr die Hoffnung, die Zusammenkunft zu überstehen, ohne ihm zu Willen sein zu müssen.

»Das wisst Ihr ganz genau, Nicholas«, fauchte die junge Frau wie eine Wildkatze kurz vor dem Sprung. »Niemand anderer als Ihr hat mich in diese Lage gebracht und aus einer ehrbaren Frau eine Hure gemacht. Ihr mit all Euren Verlockungen, all der Pracht und dem Putz habt mich verführt! Und ich dummes Schaf habe mich, zugegeben, nur zu gern verführen lassen! Anstatt zu schätzen, was ich hatte, einen Mann, der mich abgöttisch liebte, musste ich mich Euch an den Hals werfen. Ja, ich gebe es zu, es war nicht nur Eure, sondern auch meine Schuld. Aber noch nie in meinem Leben habe ich etwas mehr bereut als diese Verfehlung, für die ich unendlich gebüßt habe. Glaubt mir, ich fürchte die Hölle nicht mehr, ich habe sie bereits erlebt. Sie steckt in mir drin und peinigt mich jeden Tag, jede Minute meines Lebens. Ständig ruft mir eine Stimme zu: Was hast du nur getan, Marie-Claire? Warum warst du nur so gierig, warum konntest du nicht warten, warum warst du so ungeduldig mit deinem Mann?«

»Was für eine theatralische Rede«, entgegnete Crispe schmunzelnd und ungerührt. »Aber weshalb verwundert sie mich nicht? Nun, Ihr hattet schon immer ein gewisses Talent zur Schauspielerei, nicht wahr? Oder wollt Ihr etwa behaupten, die Orgasmen, die Ihr unserem jetzigen König vorgespielt habt, waren echt? Dafür kenne ich Euch schließlich zu gut, und wir beide wissen, was für ein Widerling er im Grunde genommen ist. Aber ich mache Euch daraus keinen Vorwurf, denn das tut letztlich wohl jede Frau, die etwas erreichen will. Für mich nehme ich allerdings in Anspruch, Euch durchaus das eine oder andere Mal auf den Gipfel der Lust geführt zu haben. Schließlich seid Ihr mehrere kleine Tode in meinen Armen gestorben, aber auch über und unter mir, oder etwa nicht? Genauso wie zuvor in denen des alten John Evelyn, der mir erst unlängst davon berichtete, wie er Euch in die Kunst der Liebe eingeführt hat. Weiß Euer Gemahl eigentlich davon, oder wie habt Ihr ihm in der Hochzeitsnacht die unberührte Jungfrau vorgespielt? Nun, ich will es besser gar nicht wissen.«

»Es geht Euch auch überhaupt nichts an, Nicholas!« Marie-Claire war nahe daran, sich auf ihren ehemaligen Liebhaber zu stürzen. »Eines aber lasst Euch gesagt sein: Ihr glaubt, Ihr habt mir Lust bereitet, und vielleicht sogar, ich hätte Euch geliebt? Was seid Ihr doch für ein einfältiger Tor! Stets und immer habe ich an meinen Mann gedacht, wenn ich mich Euch hingegeben habe. Und mir vorgestellt, er wäre es, wenn Ihr Euch in mir verströmt habt. Ihr könnt einem Jack Bannister auch nicht nur ansatzweise das Wasser reichen! Weder als Liebhaber noch als Mensch. Was ich getan habe, habe ich ausschließlich für ihn getan. Es war falsch, das weiß ich jetzt, aber nun ist es zu spät und lässt sich nicht mehr ändern. Das ist es auch, was mich schier in die Verzweiflung treibt, und liebend gern würde ich sterben, wenn ich es damit ungeschehen machen könnte.«

Crispe hatte an den Worten der jungen Frau schwer zu schlucken, hielt er sich doch für einen begnadeten Beischläfer, in der Kunst der Liebe äußerst erfahren und meist darum bemüht, nicht nur Lust zu erfahren, sondern auch zu schenken. Hatte er Marie-Claire wirklich nie zum Orgasmus gebracht, oder wollte sie ihn mit ihren Aussagen schlichtweg nur treffen und verletzen? Er versuchte, sich seine Verunsicherung nicht anmerken zu lassen, und fuhr scheinbar ungerührt fort.

»Wie auch immer, meine Liebe. Mich interessiert eigentlich viel mehr, warum Ihr nicht sofort nach London zurückgekehrt seid, nachdem Euer Mann die *Golden Fleece* gestohlen und die Seiten gewechselt hat. Ihr hättet durchaus das Potenzial dafür gehabt, meine oder sogar die offizielle Mätresse des damaligen

Duke of York zu werden. Zumindest für einige Zeit, bis sich etwas Besseres, Jüngeres gefunden hätte. Was also hat Euch in dieser gottverlassenen Gegend gehalten, Teuerste? Euer schlechtes Gewissen? Wusstet Ihr womöglich, was Euer Gemahl plante, und habt es mir verschwiegen? Ist das der Grund, warum Ihr Euch seither versteckt haltet? Wenn meine Spione nicht heimlich Eurem Vater gefolgt wären, wüsste ich bis heute nicht, wo Ihr Euch verborgen gehalten habt.«

»Ich will und muss mich nicht vor Euch rechtfertigen, Nicholas«, antwortete Marie-Claire so gefasst, wie sie nur konnte, und hoffte, kühl und vor allem unnahbar dabei zu wirken. »Nur so viel: Mein Mann hat mir keine Chance gegeben, Euch zu warnen, weil er mir misstraute. Und dazu hatte er wohl allen Grund der Welt. Er hat mich nach Dorset bringen und bewachen lassen, bis sein Schiff in See stach. Und seither lebe ich dort und bereue meine Sünden. Hätte König Henry seinerzeit nicht die Klöster aufgelöst, ich wäre in eins eingetreten. Ich habe sogar mit dem Gedanken gespielt, nach Frankreich überzusetzen, um dort den Schleier zu nehmen. Nur weg aus dieser verdorbenen Welt, war lange mein einziger Gedanke. Doch dann ist mir aufgegangen, dass ein einfaches Leben auf dem Land voller Entbehrungen auch die Seele läutern kann. Etwas, das Ihr sicherlich niemals verstehen werdet. Endlich hatte ich Ruhe und Frieden gefunden, da musstet Ihr mich aus meiner Abgeschiedenheit herausreißen und hierher verschleppen lassen! Was wollt Ihr von mir, Nicholas Crispe? Sagt es, und dann lasst mich zurückkehren. Ich bin nicht mehr die Frau, die Ihr einmal begehrt habt, wie Ihr ja selbst bereits festgestellt habt. Wollt Ihr trotzdem Euer Mütchen an mir kühlen? Dann tut es, ich werde mich nicht wehren. Aber viel Freude dürfte es Euch nicht bereiten. Oder wollt Ihr mich töten? Nur zu, tut mir den Gefallen. Ich muss gestehen, dass ich dafür zu feige war. Ihr seht, Ihr könnt mich nicht schrecken, mit nichts auf der Welt. Also, um meine Frage zu wiederholen, was wollt Ihr?«

Nicholas Crispe hatte an beides gedacht. Er hatte sich ausgemalt, Marie-Claire zuerst zu nehmen, auch gegen ihren Willen, und sie danach umzubringen. An irgendjemandem musste er schließlich seine grenzenlose Wut auslassen. Aber da sie mit beidem rechnete und es sogar zur Disposition stellte, verging ihm die Lust dazu. Warum sollte er sich an dieser Bauerndirne vergreifen und sich die Hände schmutzig machen? Offenbar lag ihr nichts mehr an dem Leben, das sie einmal geführt hatte, ja nicht einmal an ihrem jetzigen. Aber vielleicht an dem ihres Mannes, obwohl er sie verlassen hatte? Liebte sie ihn womöglich immer noch und trauerte ihm nach? Mehr als der Zeit, die sie mit ihm verbracht hatte? Mit irgendetwas musste er sie doch treffen können, sonst würde er vor Zorn verrückt werden, und Crispe glaubte auch schon zu wissen, mit was.

»Nun, nach nichts von dem, was Ihr vermutet, steht mir der Sinn, Marie-Claire«, gab sich der Geschäftsführer gelassen. »Ich wollte mich nur von Euch verabschieden, da ich eine längere Reise vor mir habe. Noch heute steche ich in See, und ein Schiff des Königs wird mich nach Westindien bringen. Dort hoffe ich, auf Euren Gemahl zu treffen, wie Ihr Euch sicher denken könnt. Soll ich ihm noch etwas von Euch ausrichten, bevor er gehenkt wird? Schließlich ist das die übliche Todesart für Piraten, wenn sie nicht mit ihrem Schiff untergehen.«

Marie-Claire stemmte beide Arme in ihre Hüften. Es war ihr völlig gleich, was mit ihr geschehen würde, aber die Worte mussten einfach aus ihr heraus. Wenn Crispe sie dafür totschlug oder seinen Männern übergab, damit diese sie so lange schändeten, bis kein Funken Leben mehr in ihr war, dann sollte es eben so sein.

»Du willst meinen Mann zur Strecke bringen, Nicholas?«, höhnte sie und vergaß jede Förmlichkeit. »Hast du dir da nicht ein bisschen viel vorgenommen, du Wicht? Was glaubst du, was Jack Bannister mit dir anstellt, kommst du auch nur in seine Nähe? Er wird dich jagen wie einen räudigen Köter, hört er davon, dass du in seiner Reichweite bist. Und ich hoffe nur, dass er dir keinen schnellen Tod beschert, sondern dich lange leiden lässt. Ich verfluche dich, Nicholas Crispe, aus tiefster Seele und ebenso den Tag, an dem du auf unserer Hochzeit aufgetaucht bist wie der Gehörnte persönlich. Ich war schwach und willig, was du sofort erkannt und ausgenutzt hast. Wie bei so vielen anderen vor und nach mir. Sobald du abgesegelt bist, werde ich Tag für Tag darum beten, dass der gerechte Gott dich einem angemessenen Schicksal zuführt.«

Der Geschäftsführer konnte nicht verhehlen, dass es ihm kalt den Rücken hinunterlief, denn niemand wurde gern verflucht. Noch dazu von einer Frau, von der er bisher angenommen hatte, dass er ihr nicht gleichgültig gewesen war. Trotzdem oder gerade deswegen gab er sich bewusst kühl und unbeeindruckt.

»Der König schickt ein Sechsundsechzig-Kanonen-Linienschiff und eine ganze Kompanie Marineinfanterie unter meinem Kommando nach Westindien. Sei versichert, wir WERDEN deinen Gemahl aufstöbern und zur Strecke bringen. Und danach kehre ich zurück und präsentiere dir seinen Kopf auf einem Silbertablett, das schwöre ich dir!«

»Dass du dich da mal nicht irrst, Nicholas«, verhöhnte Marie-Claire ihr Gegenüber. »Wer oder was bist du schon? Doch nur ein armseliger, etwas zu Geld gekommener Krämer! Und was ist mein Mann? Der Herr der Karibik, wie mir mein Vater sagte. Und mit dem willst du dich anlegen? Viel Glück! Nein, das wünsche ich dir nicht, sondern aus tiefsten Herzen meinem Mann. Und wenn du mich jetzt für meine Worte umbringst, dann werde ich aus dem Himmel oder auch aus der Hölle heraus gern zusehen, wie er mit dir abrechnet.«

Nicholas Crispe atmete schwer, und einen Moment lang war er versucht zu tun, was Marie-Claire gesagt hatte. Doch dann fing er sich und beschloss, sie lieber ihrem selbst gewählten Schicksal zu überlassen.

»Leb wohl, Marie-Claire«, meinte er deshalb mit leisem Bedauern in der Stimme. »Trotz allem habe ich die Zeit mit dir genossen und werde sicher an sie zurückdenken, wenn ich sehe, wie dein Mann mit der Schlinge um den Hals zappelt und sich selbst bepisst. Der geballten Macht der Royal Navy ist kein Pirat der Karibik gewachsen, auch er nicht. Mache dich besser mit dem Gedanken vertraut, bald Witwe zu sein. Und nun muss ich mich leider verabschieden, die Pflicht ruft. Die beiden Männer, die dich hergebracht haben, werden dich auch wieder zurückgeleiten, wenn du es wünschst. Es wird dir nichts geschehen, das versichere ich dir. Dafür bin ich zu sehr Gentleman, das solltest du eigentlich wissen.«

Nicholas Crispe nahm den Degen vom Tisch, schob ihn in das Bandelier und griff sich auch die zwei Pistolen. Dann verließ er, Marie-Claire keines weiteren Blickes würdigend, das Zimmer, und ließ die junge Frau einfach stehen, die ihr Glück kaum fassen konnte.

8. KAPITEL
WESTINDIEN, 1686

Jack lag im warmen weichen Sand von Bannister Island unter einer Palme im Schatten und las das Buch seines Schiffsarztes Alexandre Olivier Exquemelin über die Seeräuberei in den amerikanischen Gewässern, das dieser zuerst in den Niederlanden, ein Jahr später dann aber auch in England veröffentlicht hatte und das ein großer Erfolg geworden war. Henry Morgan hatte gegen seine Darstellung in dem Pamphlet, wie er es nannte, geklagt, aber nur zu Teilen vor Gericht recht bekommen. Jack amüsierte sich königlich bei der Lektüre und genoss das süße Leben und Nichtstun nach den anstrengenden Wochen auf See in vollen Zügen. Lebensmittelvorräte, Rum und auch Wein hatten sie im Überfluss erbeutet, frischen Fisch, Früchte und Tabak erhielten sie von den Ciguayos, die sie dafür reich beschenkten. Und seiner Besatzung fehlte nur etwas zu ihrem Glück, wonach Jack ganz und gar nicht der Sinn stand: Frauen. Aber er hatte die Männer vertröstet und um etwas Geduld gebeten, denn er glaubte, Tortuga schon bald wieder anlaufen zu können, wenn sich die Aufregung über das spurlose Verschwinden von Michel de Grammont gelegt hatte. Und dort würden sie, so reich, wie sie mittlerweile waren, die ungekrönten Könige in den Bordellen, Schenken und Tavernen sein und ihre Lust in vollen Zügen ausleben können.

Der Bauch der *Golden Fleece* war prall gefüllt gewesen, als sie in die Bucht von Samana eingelaufen waren. Mittlerweile stapelten sich die erbeuteten Waren in den Höhlen der Insel, und man würde wohl bald welche auf der gegenüberliegenden Halbinsel suchen müssen, da es auf dem kleinen, vorgelagerten Eiland kaum noch Platz für das Raubgut gab.

Wenn Jack den Kopf hob, sah er einen Teil seiner Männer im seichten, warmen Wasser ausgelassen herumplanschen und Schwimmübungen abhalten, zu denen er ihnen geraten hatte. Schließlich konnte jeder einmal über Bord gehen, und dann war es gut, sich so lange über Wasser halten zu können, bis Hilfe kam, anstatt wie ein Stein unterzugehen. Es dauerte schließlich eine Weile, ein Boot auszusetzen oder gar das Schiff zu wenden, um einen Mann zu bergen, weswegen viele Kapitäne erst gar keine Rettungsversuche unternahmen. Jack hatte aber einen Rudergänger, der bei einer plötzlichen Böe über die Reling gekippt war, aus dem Wasser fischen lassen, was aber nur möglich gewesen war, weil der Mann schwimmen konnte. Jetzt versuchten seine Kameraden, diese Kunst ebenfalls zu erlernen, und das ging mit viel Geschrei, Prusten, Wasserschlucken und Flüchen einher.

Der Strand war hier im Westen der Insel feinsandig und fiel sanft ins Meer ab. Im Norden, Osten und Süden hingegen gab es nur eine felsige Steilküste, an der kein Boot anlegen konnte. Deshalb hatte Jack diese einzige mögliche Landestelle auch durch Kanonen sichern lassen, die sich gut versteckt in dichtem Blattwerk auf zwei kleinen Erhebungen zu beiden Seiten des Strandes befanden und, mit Kartätschen geladen, jeden Landungsversuch ungebetener Gäste in einem Blutbad ertränken konnten. Auf den Hügeln waren bereits zwei Plätze für Batterien vorbereitet, aber noch keine Kanonen aufgestellt worden. Die letzten Schiffe, die man gekapert hatte, waren nur schwach armiert gewesen, und Jack wollte mindestens Vierundzwanzigpfünder oder besser noch stärkere Geschütze dort oben haben, um jede Annäherung feindlicher Schiffe an die Insel auch schon auf große Entfernung hin unterbinden zu können. Da er nicht die Absicht hatte, die Bewaffnung der *Golden Fleece* zu schwächen, sollten vom nächsten Beutezug unbedingt die ihm vorschwebenden Kanonen mitgebracht werden, und dann wäre Bannister Island nahezu uneinnehmbar und die sichere Zuflucht, die Jack sich wünschte.

Gerade wollte er sich wieder in seine Lektüre vertiefen, als Daniel North angerannt kam und schon von Weitem gestikulierte und etwas Unverständliches rief. Jack nahm an, dass vielleicht Feinde in Sicht waren, aber es stellte sich zu seiner Überraschung heraus, dass dem ganz und gar nicht so war. Im Gegenteil, es gab tatsächlich Ankömmlinge in der Bucht von Samana, sogar Hunderte, aber die kamen in der friedlichsten Absicht, die es überhaupt nur geben konnte.

»Wale!«, rief North Jack zu und zeigte hinaus aufs Meer. »Schaut doch nur! Unendlich viele! Mein Gott, so etwas habe ich noch nie gesehen! Ihr wisst, Captain, dass ich mal auf einem Walfänger gefahren bin und wir vor Neufundland und Grönland Jagd auf sie gemacht haben. Aber wenn wir da einen oder zwei am Tag gesehen haben, war das viel. Manchmal wochenlang auch gar keinen. Und hierher kommen sie in Massen und von selbst. Ich fasse es nicht!«

Jack war aufgesprungen und nahm das Rohr, das sein Offizier ihm reichte, und schaute hinaus auf die Bucht. Und tatsächlich, da waren sie. Schwarze Buckel tauchten immer wieder aus dem Wasser auf, um gleich darauf erneut im Meer zu verschwinden. Fontänen stiegen wie Springbrunnen in den Gärten von Whitehall in die Höhe, wenn die riesigen Meeressäuger ihre Luft durch die Blaslöcher ausstießen. Dann war auf einmal eine große, schneeweiße Fluke, die Schwanzflosse eines Wales, zu sehen, die senkrecht nach oben gestreckt in der Luft stand und wackelte, als wollte sie den Männern am Strand einen Gruß zuwinken.

Die Seeleute hatten mit ihren Schwimmversuchen innegehalten und schauten wie Jack gebannt auf die See hinaus, um sich gegenseitig immer neue Walrücken zu zeigen, die in einer Entfernung von weniger als hundert Yards langsam und majestätisch an der Insel vorbeiglitten und offenbar auf dem Weg in den hinteren Teil der Bucht waren. Plötzlich schrien die Männer auf, denn ein Wal sprang aus dem Wasser heraus hoch in die

Luft, wobei er sich um die eigene Achse drehte, nur um gleich darauf mit einem lauten Klatschen wieder auf der Meeresoberfläche aufzutreffen und abzutauchen.

»Bei allen Göttern der See, so etwas habe ich noch nie gesehen«, stieß Jack hervor. »Was um alles in der Welt wollen die hier?«

»Das sind ganz eindeutig Buckelwale«, erklärte North. »Wir haben in den nördlichen Gewässern meist Pottwale wegen ihres Walrats gejagt. Das ist eine wachs- und fetthaltige Masse in ihrem großen Schädel, aus der man ganz hell brennende Kerzen herstellen kann und die heiß begehrt ist. Außerdem war diese Art dort oben häufiger anzutreffen als Buckelwale, aber ein paar habe ich vor Neufundland schon gesehen. Vor allem, wenn sie so sprangen wie der hier eben.«

Plötzlich knallte es, als wäre ein Schuss gefallen, und die Männer, die sich mittlerweile um North und den Captain geschart hatten, um zuzuhören, zuckten zusammen und sahen sich suchend um, aber North lachte nur.

»Das werdet ihr in nächster Zeit noch öfters hören, Jungs«, meinte er dann schmunzelnd. »Buckelwale haben große und lange Brustflossen, die man Flipper nennt. Damit klatschen sie auf die Wasseroberfläche, was diesen lauten Knall ergibt, der sich wie ein Schuss anhört. Und wenn ihr in ihrer Nähe euren Kopf unter Wasser haltet, dann könnt ihr sie sogar singen hören. Ja, glaubt mir nur, es ist die Wahrheit, ich flunkere nicht! Schwimmt zu ihnen, und ihr werdet es erleben. Und keine Angst, sie tun euch nichts. Wale sind ganz friedliche Tiere. Ich habe noch nie erlebt, dass sie angreifen, allerdings schon davon gehört. Aber dabei hat es sich wohl um einen verwundeten Pottwal gehandelt, der ein Walfängerboot mit seiner Schwanzflosse zu Kleinholz verarbeitet haben soll.«

Die Männer hörten mit offenem Mund zu, und keinem fiel es ein, die Worte des Zweiten Offiziers für Seemannsgarn zu halten.

»Aber warum kommen sie auf einmal hierher, und das noch dazu in solchen Massen?«, wollte Jack wissen. »Ich habe natürlich auch schon Wale gesehen, wer von uns nicht? Aber meist einzelne, die geruhsam ihren Weg suchten und sich dabei nicht beirren ließen. Doch so etwas wie hier noch nie, muss ich gestehen. Habt Ihr eine Vermutung, was das zu bedeuten hat, Daniel?«

»Es hieß immer, die Buckelwale würden zur Paarung und um ihre Jungen zur Welt zu bringen, was man Kalben nennt, im Winter in den Süden ziehen und dort warme, flache Gewässer aufsuchen. Vielleicht haben wir durch Zufall einen solchen Ort gefunden, an dem sie sich sammeln. Wenn wir in den nächsten Tagen Jungtiere sehen, wissen wir es.«

»Dann haben die Ciguayos also die Wahrheit gesagt, als sie mir den Walschädel zeigten und von großen Mengen dieser Tiere sprachen, die jedes Jahr hierherkämen. Sie selbst können sie nicht erlegen, dafür sind ihre Einbäume zu klein. Deshalb hoffen sie immer, dass so ein Tier auf einer Sandbank strandet, und dann sind sie da. Aber Leute, das hier muss unser Geheimnis bleiben und darf niemand erfahren, hört ihr? Spricht sich herum, dass es in der Bucht von Samana im Winter Hunderte von Walen gibt, tauchen hier garantiert bald Dutzende Walfänger auf, und mit unserem schönen Zufluchtsort ist es vorbei. Auch aus dem Speck von Buckelwalen kann man jede Menge Tran für Öllampen gewinnen, und die Jagd auf sie ist in den warmen Gewässern der Karibik natürlich tausend Mal angenehmer als im eiskalten und stürmischen Nordmeer.«

North nickte zustimmend.

»Das kann man wohl sagen«, stimmte er zu. »Mich friert schon, wenn ich nur an die Plackerei vor Grönland denke, trotz der tropischen Sonne, die hier vom Himmel brennt. Stundenlang sind wir oft einem solchen Ungetüm hinterhergerudert, während eisige Brecher uns durchnässt haben. Wenn wir dann endlich nahe genug heran waren, um den Wal zu harpunieren, ist er oft abgetaucht – und weg war er. Dann hieß es in der kalten Luft warten, bis er sich wieder zeigte, und das Spiel begann von Neuem. Immer sechs bis acht Männer haben gerudert, einer stand mit der Harpune im Bug. Gelang es dann endlich, einen zu erlegen, musste er an das Fangschiff herangeschleppt werden, wo er vertäut und dann abgespeckt wurde. Wahrlich, alles kein Zuckerschlecken, kann ich euch versichern. Das hier«, North zeigte in die Bucht hinaus, wo immer noch Walrücken an Walrücken zu sehen war, »wäre für uns und jeden anderen Walfänger damals und heute das Paradies gewesen.«

»Aber damit es das unsere bleibt, gilt, was ich schon gesagt habe, Männer. Zu keinem ein Wort davon, auch wenn euch die Zunge in den Tavernen und Hurenhäusern von Tortuga locker wird. Denkt an all die Schätze in den Höhlen, die sich dann vielleicht in unserer Abwesenheit andere aneignen!«

»Aye, Captain«, stimmten die Seeleute zu, denn jeder Pirat wusste einen sicheren und geheimen Zufluchtsort mehr als zu schätzen. »Aber mal rausfahren und ein paar Wale erlegen, das dürfen wir doch schon, oder?«

»Einen«, stimmte Jack zu, der wusste, dass er seinen Männern nicht alles verbieten durfte. »Das reicht vollkommen. Alles andere wäre Verschwendung und würde nur vergammeln. Habt ihr eine Ahnung, wie so ein Ungetüm stinkt, wenn es langsam vor sich hin verwest? Ihr würdet mich anflehen auszulaufen, weil ihr das auf die Dauer nicht aushalten könntet. Außerdem, wenn das stimmt, was Mr North vermutet, kommen die Wale hierher, um sich zu lieben und ihre Jungen zu gebären. Dabei sollte man doch niemanden stören, oder? So viel Anstand besitzen wir schon, sie dabei in Ruhe zu lassen, möchte ich meinen. Auch wenn wir Freibeuter sind, so sind wir doch auch Gentlemen, habe ich nicht recht?«

Johlender Beifall belohnte Jacks Schmeichelei, und wieder einmal hatte er seine Männer mit nur wenigen Worten gewonnen und von seinem Standpunkt überzeugt. Was brachte es, unter den friedlichen Meeresriesen ein Blutbad anzurichten, außer dass man womöglich die Götter der See gegen sich aufbrachte?

Am nächsten Tag ging es mit den Booten der *Golden Fleece* hinaus in die Bucht. Ein paar Enterhaken waren zu Harpunen umgeschmiedet worden, und ein Seemann, der wie North auf einem Walfänger gefahren war und auch mit der Wurflanze umgehen konnte, stand am Bug des Kutters, während der Offizier ihn mit dem Heckruder steuerte. Acht kräftige Matrosen pullten das Boot, das pfeilschnell durch das ruhige Wasser der See schoss. Jack wollte sich das alles lieber aus der Ferne ansehen und ließ sich mit seiner Gig ebenfalls hinausrudern, aber Abstand zu den Walfängern halten.

Und da waren sie schon! Immer wieder tauchten schwarze Buckel aus der See auf, um gleich darauf – in aller Ruhe – wieder abzutauchen. Oft stießen die Wale dabei Wasser durch ihre Blaslöcher aus, welches in hohen Fontänen in die Luft stieg. Und dann sahen sie es – einen großen, breiten Rücken und daneben einen wesentlich kleineren, der offenbar mühsam versuchte, an der Seite des großen Wals zu bleiben. Hatten sie wirklich die Kinderstube der Buckelwale entdeckt? Das hier war eindeutig eine Mutter mit ihrem Jungen, daran konnte gar kein Zweifel bestehen. Und in der Nähe des Paares schwamm noch ein weiterer, großer Rücken. War das der Vater oder nur ein Begleiter, der sich an das weibliche Tier heranmachen wollte? Jack wusste es nicht zu sagen, aber es hätte ihn brennend interessiert. Irgendwann, da war er sich sicher, würden auch die Geheimnisse der Buckelwale entschlüsselt und vielleicht kluge Bücher darüber geschrieben werden, die die Menschen in seiner ehemaligen Heimat dann ebenso verschlingen würden wie das seines Schiffsarztes.

Daniel North steuerte auf einen allein schwimmenden Wal

zu, der offenbar in Spiellaune war oder auf sich aufmerksam machen wollte. Allerdings wohl eher Kühe, um sich mit ihnen zu paaren, weniger Menschen, die ihm Böses wollten. Immer wieder tauchte er auf, schlug mit seinen Flippern auf die ruhige See, dass es so knallte, als ob Musketensalven abgefeuert würden, und sprang sogar in die Luft und zeigte dabei seinen weißen Bauch, als wollte er sagen: Schaut her, bin ich nicht ein prächtiger Bursche?

Vorn im Bug des Kutters machte sich der Harpunier bereit, um seine Wurflanze, an der ein langes Seil befestigt war, zu schleudern. In einem Korb neben ihm standen noch weitere, sollte er mit dem ersten Wurf den Wal verfehlen, und meist reichte eine auch nicht aus, um ein so großes Tier zu töten. Gerade wieder tauchte das Meeresungetüm auf, da schleuderte der Mann im Bug seine Harpune. Er zielte auf die Stelle hinter dem großen, lang gestreckten Kopf, an der sich das Herz des Riesen befand. Doch der schien geahnt zu haben, was ihm blühte, denn er sprang wie schon zuvor in die Luft, sodass die Harpune unter ihm hindurchzischte. Das mochte Zufall gewesen sein, der Wasserschwall, der die Männer in dem Boot traf, als der Wal wieder auf dem Wasser aufschlug, allerdings nicht.

Jack konnte sich vorstellen, wie unangenehm so etwas im kalten Nordmeer war, hier hingegen nahmen es die Männer mit Humor und als willkommene Abkühlung. Doch der Wal war abgetaucht und kam auch nicht wieder hoch, worauf North und auch der Mann mit der Harpune gehofft hatten. Also mussten sie einen anderen suchen, und die Jagd ging weiter.

Der Captain hingegen verlor daran das Interesse. Er ließ sich auf Rufweite an den Kutter heranrudern und rief den Männern zu, sie sollten ja keine Kühe mit Kälbern harpunieren, sonst zögen sie sich bestimmt Neptuns Zorn zu. Da er wusste, wie abergläubisch Seeleute waren, ging er davon aus, dass diese Drohung sie davon abhalten würde, eine Mutter mit ihrem Neugeborenen abzuschlachten. Und North hatte bestimmt nicht die Absicht, den Wunsch seines Captains zu missachten, und würde schon dafür sorgen, dass man sich einem Bullen näherte.

Die Gig führte auch ein Luggersegel, das Jack jetzt setzen ließ. Er wollte die Gelegenheit gleich nutzen, um sich einmal das Ende der Bucht anzusehen. Die Ufer dort waren gesäumt von dichtem Mangrovenwald, durch den es kaum ein Durchkommen geben würde. Allerdings mündeten mehrere kleine Flüsse in die Bucht. Sie kamen aus den im Hinterland befindlichen Bergen und waren wohl der einzige Weg, wollte man zu diesen gelangen. Unzählige Vögel saßen auf den Bäumen und stimmten einen infernalischen Lärm an, als sich ihnen das Boot näherte. Reiher fischten in Lagunen, und auch der eine oder andere Cayman war zu sehen, der dösend im brackigen Wasser lag.

Im Norden der Bucht waren die Berge höher und reichten näher an die See heran als im Westen und Süden. Jack sah, wie im Hinterland ein Wasserfall von einer Klippe stürzte, was er zum Anlass nahm, die Gig zum Ufer zu steuern und auf dem Strand auflaufen zu lassen. Er befahl zwei seiner Männer, bei dem Boot zu bleiben, und schlug sich mit den vier anderen den Bachlauf hinauf zu dem Wasserfall durch.

Aus etwa fünfzig Yard Höhe fiel das Wasser in ein nahezu kreisrundes Becken, von wo es dann in Richtung Meer ablief. Die sprühenden Tropfen erzeugten viele kleine Regenbogen, die zusammen mit den verschiedenen Grün- und Brauntönen des Waldes ringsum und dem türkisfarbenen Wasser im Becken eine einzigartige Farbenpracht ergaben.

Die Männer waren kaum zu halten. Endlich einmal in Süßwasser zu baden und sich das ganze Salz vom Körper und aus den Kleidern zu spülen, war eine Wohltat, auf die sie ungern verzichten wollten. Jack nickte nur mit dem Kopf, da sprangen sie auch schon in das Becken, und der Captain hatte den Eindruck, dass keiner dieser hartgesottenen Piraten in diesem

Moment älter als zehn Jahre war. Aber auch er wollte sich das Vergnügen nicht versagen und schwamm ebenso wie seine Männer mit kräftigen Zügen durch das Becken und ließ sich von dem herabprasselnden Wasser Kopf, Nacken und Rücken massieren. Danach trockneten sie ihre Kleider in der warmen Sonne auf großen, glatt geschliffenen Steinen und machten sich etwas später wieder auf zum Strand und zu ihrem Boot.

Auf der Rückfahrt nach Bannister Island sah Jack, dass tatsächlich die ganze Bucht voller Wale war. Es gab so viele von ihnen, dass er die Rücken nicht mehr zählen konnte, aber er schätzte, dass sich hier Hunderte, wenn nicht gar Tausende, zusammengefunden hatten. Vielleicht kamen sie aus allen Richtungen der Windrose und allen bekannten Meeren, nur um einmal in Gesellschaft zu sein, für kurze Zeit einen Partner zu finden und ihre Jungen zur Welt zu bringen. Wer konnte das schon mit Gewissheit sagen?

Durch das Rohr sah Jack auch, dass in der Mitte der Bucht zwei Wale, bestimmt Bullen, miteinander kämpften. Ihm waren an den Rücken der Tiere schon Narben aufgefallen, die vielleicht von solchen Auseinandersetzungen um eine Kuh herrührten. Der eine Wal versuchte, den anderen zu rammen und abzudrängen, während dieser drohend das Maul aufriss.

Wie bei uns Menschen auch, dachte Jack, verlor die kämpfende Wale dann aber aus den Augen, weil sie abgetaucht waren. Vielleicht führten sie ihren Revierkampf unter Wasser fort, aber dorthin konnte er ihnen schlecht folgen, um sie weiter zu beobachten.

Dafür tauchte jetzt die majestätische Silhouette der *Golden Fleece* vor ihnen auf, und Jack ging wie immer so auch dieses Mal das Herz auf, als er sein Schiff aus einiger Entfernung sah. Die schlanken Linien, die hohen Masten, die flachen Aufbauten an Bug und Heck, das Gewirr der Takelage, wo dennoch jedes Tau seine Aufgabe hatte, bewunderte er immer wieder. Was waren das doch für Künstler, die solche Meisterwerke schufen, mit denen dann Männer wie er über alle Weltmeere segeln konnten. Allerdings war das Schiff in letzter Zeit etwas langsamer geworden, und Jack vermutete Muscheln und Seepocken, die sich unter der Wasserlinie angesiedelt hatten, als Ursache dafür. Das war typisch bei längeren Aufenthalten in tropischen Gewässern, aber für dieses Mal wollte es der Captain auf sich bewenden lassen, da sich der Bewuchs bisher nicht übermäßig auswirkte. Doch wenn sie vom nächsten Raubzug nach Bannister Island zurückkehrten, musste der Rumpf der *Golden Fleece* gründlich gesäubert und auf Schäden von Bohrwürmern untersucht werden. Das war zwar eine Heidenarbeit, wenn man kein Trockendock zur Verfügung hatte, aber es nutzte alles nichts, wollte man das Schiff nicht verlieren.

Die Galeone lag gut vertäut und geschützt vor Stürmen, rauem Seegang und vor allen neugierigen Blicken an der Nordwestseite der Insel. Der Captain hatte es sogar mehrfach überprüft und war mit der Gig bis zum Eingang der Bucht gesegelt: Niemand, der nur einmal kurz in die Bucht mit ihren gefährlichen Untiefen, Sandbänken und Korallenriffen hineinschaute, konnte sie entdecken. Nur der etwa eine Meile breite Kanal zwischen der Halbinsel und Bannister Island war schiffbar, wie viele weitere Lotungen ergeben hatten, und in ihm zu kreuzen, wäre ein gefährliches Unterfangen und unter Beschuss völlig unmöglich. Zwischen der Insel und dem südlichen Ufer der Bucht war die Entfernung zwar wesentlich größer, aber absolut kein Durchkommen für Tiefwassersegler, wie die Untersuchungen ergeben hatten. Sollte es ein größeres Schiff dennoch versuchen, würde es unweigerlich auf ein Riff auflaufen. Jack fand die Lage und die Insel an sich derart traumhaft, dass er sich vorgenommen hatte, immer wieder hierher zurückzukehren, solange ihm das möglich war. Und er war noch dazu davon überzeugt, dass der Großteil seiner Mannschaft ebenso empfand wie er.

Als sie wieder bei Bannister Island angelangt waren, war

auch die Kutterbesatzung bereits zurück. Sie hatten tatsächlich einen Wal erlegt und ihn in das seichte Wasser geschleppt, wo er auf seine Zerlegung wartete. Der Bulle war etwa fünfzehn Yards lang, und Jack schätzte sein Gewicht auf etwa fünfundzwanzig Tonnen. Von ihm konnten sich seine Männer und auch die Einwohner von Samana ernähren, bis ihnen das Walfleisch aus den Ohren herauskam.

Etliche Männer aus dem Dorf der Ciguayos waren bereits da und blickten sehnsüchtig auf das getötete Tier. Für sie bedeutete es einen ungeheuren Reichtum, war es ihnen doch möglich, restlos alles von ihm zu verwenden. Die dicke Speckschicht lieferte Tran, das Walfleisch, das in Farbe, Konsistenz und auch Geschmack dem von Rindern ähnelte, konnte auf die unterschiedlichsten Arten zubereitet werden, die Haut des Wals ließ sich gerben und wasserdichte Zelte daraus herstellen, und seine Knochen wurden zu Waffen und Werkzeugen verarbeitet.

Jack versprach den Eingeborenen, dass sie alles von dem Tier haben konnten, wonach ihnen der Sinn stand, sobald die *Golden Fleece* die Anker gelichtet hätte, was für die nächsten Tage vorgesehen war. Heute erhielten sie erst einmal so viel Walfleisch, wie ihre Einbäume tragen konnten, und hier am Strand wie auch drüben im Dorf würde es wohl ein großes Fest geben, denn die ersten Stücke brutzelten schon über Feuern, und der Geruch von frisch Gebratenem zog appetitlich über die Bucht von Samana.

Wenige Tage später verließ die *Golden Fleece* die Bucht von Samana, um wieder nördlich der Großen Antillen auf die Jagd zu gehen. Jack hoffte, auf ein versprengtes spanisches Schiff zu treffen, denn an die im Konvoi segelnde und von der Armada de Barlovento, die Engländer nannten sie Windward Fleet, geschützte Schatzflotte konnte auch er sich nicht heranwagen. Alljährlich sammelten sich die aus Veracruz, Portobello, Maracaibo und anderen an der mittelamerikanischen Küste gelegenen Häfen kommenden Schiffe, die reich mit Silber, Gold, Edelsteinen, Perlen, Gewürzen, Zucker, Tabak, Seide und anderen exotischen Waren beladen waren, im großen Hafen von Havanna, um von dort gemeinsam die Heimreise nach Spanien anzutreten. Umkreist wurde der Konvoi von Linienschiffen und Fregatten, die jeden Freibeuter abschrecken sollten. Doch von Zeit zu Zeit kam es vor, dass eine Galeone zurückblieb oder der Sturm die Flotte auseinandertrieb. Dann war solch ein Schatzschiff natürlich eine lohnende und nicht zu verachtende Beute und konnte die gesamte Besatzung vom Kapitän bis zum Schiffsjungen auf einen Schlag reich machen.

Doch diesmal hatten die Männer auf der *Golden Fleece* wenig Glück. Es war ihnen bisher nur gelungen, einen Küstensegler aufzubringen, als endlich ein großes Schiff in Sicht kam, welches nördlich der Mona-Passage in der See dümpelte.

»Was, denkt Ihr, ist das für ein Kahn?«, meinte Jack fragend zu William Lewis, der neben ihm auf der Poop stand und wie er durch das Rohr blickte.

»Franzose, Linienschiff, Zweidecker«, antwortete dieser selbstbewusst, denn er war sich seiner Sache sicher.

»Ja, natürlich«, stimmte Jack zu, »das sehe ich auch. Das Lilienbanner am Flaggenstock ist ja unübersehbar und die französische Kriegsflagge im Topp ebenfalls. Und er ist flacher und schlanker in den Linien als eine englische Kriegsgaleone oder gar ein Spanier. Mindestens dreißig Kanonen an jeder Längsseite, wenn nicht mehr. Aber die Frage ist, was macht der hier? So weit weg von Tortuga, Saint-Domingue oder auch Martinique? Und vor allem, warum lässt der Kapitän sein Schiff auf der Stelle verharren, wo doch so ein nettes Lüftchen weht? Habt Ihr dafür eine Erklärung, William?«

»Ich sehe Rauch aus dem Rumpf zwischen Fock- und Großmast aufsteigen. Vielleicht brennt er, und sie versuchen, ein Feuer zu löschen. Das wäre unter Segeln kaum möglich, denn jeder Windhauch könnte das Feuer weiter anfachen.«

»Möglich«, stimmte Jack zögernd zu. »Aber mir gefällt die Sache ganz und gar nicht. Lassen wir die Franzosen besser in Ruhe und drehen nach Westen ab. Mit einem Zweidecker, der bestimmt zweihundertfünfzig Mann an Besatzung hat, wenn nicht noch mehr, sollten wir uns besser nicht anlegen. Ich verstehe nur nicht, was ein so großer Kahn hier abseits aller französischer Schifffahrtsrouten will.«

»Jetzt signalisieren sie uns«, entfuhr es William Lewis. »Haben Feuer an Bord, sind von Piraten angegriffen worden. Brauchen Hilfe. So würde ich die Flaggenzeichen jedenfalls deuten.«

»Verdammt, das hat uns gerade noch gefehlt«, knurrte Jack. »Aber ignorieren können wir das nicht. Haben sie uns erkannt und melden, dass wir auf ihr Signal nicht reagiert, sondern uns verdrückt haben, sind wir wegen unterlassener Hilfeleistung auf See unseren Kaperbrief los und können uns in keinem französischen Hafen mehr sehen lassen, ohne zu riskieren, dass unser Schiff beschlagnahmt wird. Gut, nähern wir uns dem Linienschiff. Aber langsam und vorsichtig. Mein Bauchgefühl sagt mir, dass da etwas nicht stimmt. Welcher Freibeuter legt sich denn mit einem französischen Zweidecker an? Keine Beute, nur Ärger. Und wenn er es doch getan hat, sind zumindest keine Schäden am Rumpf oder an der Takelage erkennbar. Nur dieser mysteriöse Rauch.«

»Was befehlt Ihr also, Captain?«, wollte North wissen, der herangetreten war. »Soll ich uns längsseits bringen?«

»Damit sie uns mit einer einzigen Breitseite auf den Grund des Meeres schicken, sollte das eine Falle sein?«, schnaubte Jack. »Nein, nein, so leicht gehen wir niemandem auf den Leim. Passt auf, Männer, wir machen es folgendermaßen …«

Langsam, unter verkürzten Segeln näherte sich die *Golden Fleece* dem französischen Schiff, dessen Name *Rubis* schon klar am Heck zu erkennen war. An Bord sah man allerdings nur wenige Männer, die ständig Eimer über Bord warfen und damit Wasser aus der See schöpften, welches sie dann in den Rumpf kippten. *Haben die denn keine Pumpen an Bord?*, fragte sich Jack insgeheim, und sein Verdacht wurde nahezu zur Gewissheit, auch wenn auf dem Achterdeck ein Kapitän in französischer Marineuniform zu sehen war, der aufgeregt gestikulierte.

Der Kurs der *Golden Fleece* musste für den Offizier so aussehen, als ob sich die Galeone von Steuerbord nähern und dann längsseits gehen wollte. Genau das war auch Jacks Plan, aber er hatte ein paar Überraschungen parat, mit denen an Bord der *Rubis* sicher niemand rechnete. Sein Schiff machte immer noch Fahrt und gehorchte damit dem Ruder. Als der Bugspriet schon fast auf der Höhe des Linienschiffes war, ließ er das Ruder blitzartig herumwerfen und die Rahen umbrassen. Gehorsam wie ein gut gerittenes Pferd drehte die *Golden Fleece* nach Backbord und kam so hinter das Heck des Kriegsschiffes, ohne in den Bereich von dessen Breitseiten zu gelangen. Dieses war zwar ein Zweidecker, aber die Franzosen bauten ihre Schiffe flacher, als es Handelsgaleonen waren, und fast ohne Aufbauten. Deshalb befand sich auch die Poop der *Golden Fleece* nahezu auf der Höhe des Achterdecks des Franzosen, als Bordwand an Bordwand schrammte, wobei die zahlreichen kunstvollen Schnitzereien am Heck der *Rubis* fast ausnahmslos zu Bruch gingen. Doch das scherte Jack einen Dreck, der mit seinem gezogenen Degen auf das Schiff zeigte und lauthals »Entermannschaft voran!« rief.

Sofort flogen mehrzinkige Ankerhaken hinüber und banden die beiden Schiffe aneinander. Wilde und bis an die Zähne bewaffnete Gestalten sprangen auf den Zweidecker hinüber, aber nicht nur von Deck zu Deck, sondern auch durch die Kanonenluken der *Golden Fleece* auf die Heckgalerie des Franzosen. Dort traten sie die Galerietüren ein und zerschlugen die Scheiben, um in das Innere des Schiffes zu gelangen. Ebenso verfuhren ihre Kameraden, die durch die zwei im Heck gelegenen Geschützpforten, die zwar geöffnet, aber nicht bewacht waren, in den Bauch des Kriegsschiffes krochen und sofort ausschwärmten.

Jack schwang sich wie stets an einem Tau auf das geenterte Schiff hinüber und ließ sich dicht neben dem Kapitän auf die Decksplanken fallen, der auch schon mit wutverzerrtem Gesicht auf ihn zukam.

»Monsieur, was hat das zu bedeuten?«, beschwerte sich der Franzose, doch Jack hatte bereits erkannt, woran er war.

»Vorsicht, Männer, das ist eine Falle!«, rief er seiner Entermannschaft zu, denn er hatte aus der Luft die roten Röcke der englischen Royal Marines erspäht, die sich überall in den Niedergängen, der Back und den Unterdecks verborgen hielten und jetzt nach oben gestürmt kamen. Mit der Rechten stieß er seinen Degen dem angeblichen französischen Kapitän in den Leib, mit der Linken zog er eine seiner Pistolen und feuerte auf einen Marinesoldaten, der das Achterdeck erklimmen wollte.

Wäre die Besatzung der *Golden Fleece* unvorbereitet gewesen, hätte sie gegen die gut ausgebildeten Royal Marines keine Chance gehabt, aber irgendwie hatte Jack gewittert, was sie erwartete. Und seine Männer standen in puncto Kampfgeist und Kampferfahrung den Marinesoldaten in keiner Weise nach. Jeder Pirat war mit mindestens zwei Pistolen bewaffnet, viele davon hatten trichterförmige Mündungen und waren mit mehreren Kugeln geladen. Sofort feuerten sie auf die anstürmenden Soldaten, und diejenigen von ihnen, die es doch auf das Achterdeck schafften, wurden von Entersäbeln und Beilen empfangen. Wurfmesser zischten ebenso durch die Luft wie geschleuderte Äxte, und so wurde die erste Angriffswelle der Rotröcke relativ schnell zurückgeschlagen.

Jack wusste aber, dass die Schlacht noch keineswegs gewonnen war, denn der Anfangserfolg war nur dem Überraschungseffekt geschuldet. Niemand auf der *Rubis* hatte wohl damit gerechnet, dass der Feind über das schmale Heck kommen würde. Erwartet worden war er mittschiffs an Steuerbord, wo man die Überlegenheit der Royal Marines beim Kampf in langer Linie hätte ausspielen können. Jetzt musste ihr Befehlshaber schnell umgruppieren, und diesen Moment galt es zu nutzen.

Der Captain hatte schon vor längerer Zeit Drehbassen – leichte Hinterladergeschütze, die Kartätschen verschossen – nebst Munition in die Gefechtsmarsen aller drei Masten der *Golden Fleece* bringen lassen. Zumindest aus der Höhe des Groß- und Besanmasts konnten die Kanoniere jetzt über die Köpfe ihrer Kameraden hinweg auf die Kuhl und die Back der *Rubis* feuern, wo sich die Marinesoldaten sturmbereit machten. Neben ihnen in den Mastkörben befanden sich auch noch Flibustier mit ihren treffsicheren und weittragenden Gewehren, die Musketen weit überlegen waren. Die Aufgabe dieser Scharfschützen bestand darin, gegnerische Offiziere oder Geschützbedienungen auszuschalten, die an Deckskanonen hantierten. Sie alle schossen jetzt auf die Rotröcke, die schleunigst Deckung suchten, obwohl ihr Kommandeur, ein Major, wie Jack erkannte, auf sie einschrie und sie zu einem erneuten Angriff auf das Achterdeck, das sich in der Hand der Freibeuter befand, aufforderte. Doch die kurze Verschnaufpause gab Daniel North die Möglichkeit, die zweite Welle der Mannschaft der *Golden Fleece* herüberzubringen, nachdem die Segel gerefft und die beiden Schiffe fest miteinander vertäut worden waren.

Royal Marines waren Elitesoldaten und nicht so leicht zu erschrecken oder zum Rückzug zu zwingen. Hinter der Back und in den Niedergängen formierten sie sich neu, und auch die Besatzung der *Rubis* hatte mittlerweile zu den Waffen gegriffen. Der Major gab den Befehl zum Angriff, und wie auf dem Schlachtfeld rückten die Marinesoldaten trotz des gegnerischen Feuers vor. Unterstützt wurden sie von Schützen auf dem Deck der Back und weiteren, die jetzt auch die Mastkörbe erklommen hatten. Es wäre um ein Haar böse für die Angreifer ausgegangen, wenn die Engländer nicht von einer dritten Entermannschaft angegriffen worden wären.

Jack hatte in weiser Voraussicht die Boote zu Wasser gelassen, als sich die *Golden Fleece* der *Rubis* näherte. Das war nichts Ungewöhnliches, sondern durchaus üblich, wenn man Platz für Manöver an Deck brauchte. Doch William Lewis hatte den Befehl erhalten, sie an Backbord heranzuholen. Dann war er mit nahezu dem gesamten Rest der Besatzung durch die Geschützpforten hineingestiegen. Anschließend hatten sie die Boote um die Galeone herum zum Bug des Zweideckers gerudert, um über Ankertaue, das Vorgeschirr der Takelage und die verschwenderisch angebrachten Verzierungen am Bug des vorgeblichen Franzosen an Deck zu gelangen. Da alle zum Heck der *Rubis* geschaut hatten, war das Manöver unbemerkt geblieben, und jetzt kam mehr als eine halbe Hundertschaft Waffen schwingender Piraten angestürmt und fiel der Besatzung des Zweideckers und den Marinesoldaten in den Rücken.

Auf den Decks des Schiffes entwickelte sich nun ein wildes Handgemenge, in dem kaum noch Schüsse fielen, Entersäbel und -messer dafür umso wirksamer eingesetzt wurden. Jack hatte seinen Degen ebenfalls fallen gelassen und hieb, in der einen Hand den Säbel, in der anderen Hand eine abgeschossene Pistole wie eine Keule mit dem Griff nach vorne haltend, um sich. Schon bald erkannten die Seeleute der *Rubis,* dass der Kampf wohl verloren gehen würde, und begannen, sich ins Unterdeck abzusetzen, in der Hoffnung, später verschont zu werden. Die Royal Marines hingegen wehrten sich verzweifelt, doch sie waren nahezu umzingelt, mussten an zwei Fronten und dazu gegen eine kampferprobte Übermacht kämpfen. Trotzdem wäre das Gefecht wohl noch einige Zeit hin und her gegangen und hätte auf beiden Seiten weitere Menschenleben gefordert, wäre es William Lewis nicht gelungen, sich von hinten dem mitkämpfenden Major zu nähern, ihm den Säbel aus der Hand zu schlagen und ihm den seinen an die Kehle zu setzen.

Als die Marinesoldaten das sahen, hörten sie nach und nach auf zu kämpfen und streckten ihre Waffen, ohne dazu aufgefordert worden zu sein. Doch Jacks Mannschaft war diszipliniert und von ihrem Captain eingeschworen worden. Niemand tötete einen Unbewaffneten oder einen Mann, der sich ergab. Die Rotröcke wurden ebenso gefesselt wie die Mannschaft der *Rubis* und alle zusammen in das Unterdeck verbracht und dort eingesperrt und bewacht. Nur den Major wollte der Captain auf dem Achterdeck sehen, und William Lewis tat ihm den Gefallen und trieb den Offizier vor sich her nach oben.

Außer ein paar unbedeutenden Kratzern war Jack unverletzt geblieben, sich aber durchaus bewusst, dass auch er unter den Toten und Schwerverwundeten hätte liegen können, um die sich jetzt sein Schiffsarzt zusammen mit dem des Kriegsschiffes kümmerte, hätte das Schicksal es nicht so gut mit ihm gemeint und ihm eine im Bauch grummelnde Warnung geschickt. Oder war es der Dank Neptuns, weil man die Wale in der Bucht von Samana weitestgehend in Ruhe gelassen hatte? Er wusste es nicht zu sagen, und letztlich war es auch gleichgültig.

Die Uniform des Majors hingegen war blutverschmiert. Er hatte einen Streifschuss am linken Oberarm und einen Säbelhieb in die Seite abbekommen, der allerdings nicht sehr tief gegangen war, aber trotzdem weitergekämpft, was Jack Respekt abnötigte.

»Darf ich Euren Namen erfahren, Major?«, erkundigte er sich deshalb auch freundlich. »Ich möchte Euch gern so ansprechen, wie es die Höflichkeit gebietet.«

»Höflichkeit von einem Piraten?« Der Offizier spie aus und Jack genau vor die Füße. »Dass ich nicht lache! Ich bin Major Peter Beckford, und ich bereue zutiefst, dass es mir an jenem Tag, an dem es mir möglich gewesen wäre, nicht gelungen ist, Euch und Euer vermaledeites Schiff zu versenken.«

»Oh, Ihr kennt mich also. Aber wann, wenn ich fragen darf,

soll denn das gewesen sein?«, erkundigte sich Jack interessiert, die Beleidigung durch den Speichel, der ihn nicht getroffen hatte, völlig ignorierend.

»Natürlich kenne ich Euch. Ihr seid Jack Bannister, den man heute den Herrn der Karibik nennt. Nur wegen Euch sind wir ja hier. Ich stand auf dem Platz vor King's House, als Ihr gehenkt werden solltet. Damals sprach Henry Morgan für Euch, und so entgingt Ihr dem Strang. Doch ich hätte um ein Haar die Gelegenheit gehabt, Euch doch noch vom Leben zum Tode zu befördern. Nämlich als Ihr die *Golden Fleece* aus dem Hafen von Port Royal gestohlen habt. Ich befand mich leider auf meinem Rundgang am anderen Ende von Fort Charles, als die Geschütze plötzlich zu feuern begannen. So schnell ich konnte, bin ich zurückgeeilt, aber als ich endlich bei den Batterien der Hafenseite angelangt war, war es zu spät, und Ihr hattet mit Eurer Breitseite bereits alles vernebelt und wart entkommen.«

»Tja«, Jack zuckte mit den Achseln, »wie das Schicksal so spielt. Aber jetzt sagt mir doch einmal, wer auf die Idee gekommen ist, uns diese Falle hier mit dem französischen Kriegsschiff zu stellen? Fast wären wir in sie hineingetappt, wenn Ihr nicht ein paar entscheidende Fehler gemacht hättet.«

»Die da wären?«, fragte der Major interessiert nach.

»Na, zum Beispiel Rauch aus dem Inneren eines Schiffes nach einem Piratenüberfall, der mir an sich schon sehr unwahrscheinlich erschien. Welcher Freibeuter greift denn ohne Not ein französisches Kriegsschiff an? Ich kenne keinen. Zudem war nicht die geringste erkennbare Beschädigung, die von einer Kanonade herrühren würde, durch das Rohr zu entdecken. Da konnte einfach etwas nicht stimmen.«

Der Marineoffizier schüttelte nur den Kopf.

»Das war es also«, meinte er nur. »Dabei hatte ich dem Captain noch gesagt, dass er die Reling zerschlagen und zumindest ein paar Löcher in die Segel und die Takelage reißen soll. Aber er hat sich mit dem Hinweis darauf, dass er sein schönes Schiff nicht beschädigen will, geweigert, meine Vorschläge auszuführen. Nun, das hat er nun davon. Seine Weigerung hat er mit seinem Leben bezahlt.«

Der Major deutete auf den Mann in der französischen Kapitänsuniform, den Jack gleich als Ersten erledigt hatte.

»Ihr habt aber meine Frage noch nicht beantwortet«, hakte Jack nach. »War das Euer Plan, weil ich Euch damals in Port Royal entwischt bin? Und woher habt Ihr überhaupt ein französisches Linienschiff?«

»Aus den Beständen der Royal Navy«, gab der Offizier bereitwillig Auskunft, denn was brachte es, etwas zu verschweigen, was anhand der Logbücher sowieso ans Licht kommen würde. »König James hat die *Rubis* höchstpersönlich als Lord High Admiral in die Karibik beordert, damit sie Euch aufbringt. Und es wäre zu viel der Ehre, würde ich mir anmaßen, dass es mein Plan gewesen ist. Wohl eher der von Gouverneur Hender Molesworth und diesem Gentleman dort.«

Major Peter Beckford deutete auf einen Mann, der soeben auf das Oberdeck hinausgetreten war. Offenbar hatte er sich bisher in einer der Kajüten verborgen gehalten, nun aber eingesehen, dass man ihn so oder so finden würde und er sich deshalb auch gleich zeigen konnte. Außerdem war er kein Feigling und wusste, dass die finale Auseinandersetzung mit seinem Todfeind unmittelbar bevorstand. Und je früher er sich ihr stellte, desto eher würde es auch vorbei sein, so oder so. Er wollte endlich dieses Zittern, diese würgende Angst, die an seinen Eingeweiden nagte, loswerden, wie auch immer. Selbst wenn dies letztlich seinen Tod bedeuten sollte, nachdem sein eigentlich grandioser Plan, der ja um ein Haar funktioniert hätte, wäre dieser dämliche Captain nicht gegen jedwede Zerstörung seines Schiffes gewesen, krachend gescheitert war. Jedenfalls wollte er seine Haut so teuer wie möglich verkaufen, denn es konnte wohl jeder Mann an Bord auf Gnade hoffen – außer ihm.

Jack wandte sich auf die Geste des Majors hin um und erstarrte zur Salzsäule. Seine kühnsten Träume waren auf einmal wahr geworden! Sollte es etwa doch einen gerechten Gott geben, der ihm die Chance gab, Rache, nein, Vergeltung zu üben, nach der er sich so sehr sehnte? Er konnte es kaum glauben, doch es gab keinen Zweifel – vor ihm stand Nicholas Crispe.

»Das hätte ich im Leben nicht geglaubt, dass ich Euch noch einmal wiedersehen würde, Nicholas«, stieß Jack hervor und beugte sich über die Reling des Achterdecks. »Aber Ihr glaubt gar nicht, wie sehr ich darauf gehofft und dafür gebetet habe.«

»Für Euch immer noch Mr Crispe«, hörte Jack seinen Todfeind zu seiner Verblüffung völlig ungerührt sagen. »So viel Zeit muss sein, Mr Bannister. Wir wollen doch nicht die gebotenen Höflichkeitsformen außer Acht lassen, nicht wahr? Schließlich bin ich ein Gentleman, dem ein gemeiner Pirat und Dieb, wie Ihr es seid, Achtung zollen sollte.«

Jack lachte laut auf.

»Spielt Ihr immer noch den kühlen Geschäftsmann, den nach außen hin nichts aus der Ruhe bringen kann, Nicholas?«, erkundigte er sich amüsiert. »Ich bin mir allerdings sicher, in Euerem Inneren sieht es ganz anders aus. Hofft Ihr vielleicht auf einen schnellen Tod, indem Ihr mich provoziert? Habt Ihr womöglich gehört, mit welch ausgeklügelten Methoden Freibeuter ihre Opfer foltern, um sie zum Reden zu bringen? Glaubt mir, von ihnen könnte selbst die spanische Inquisition noch viel lernen, ich habe es vor Campeche erlebt. Aber auch wenn Ihr mich nicht für einen Gentleman haltet – ich Euch im Übrigen auch nicht –, werden wir uns doch genau wie solche schlagen. Ich will sehen, wie sich meine Klinge in Euren Leib bohrt, Nicholas. So wie Ihr jene, die Ihr immer am Mann tragt, in etwas gebohrt habt, das einmal mir gehörte.«

Kaum waren die Worte aus seinem Mund gekommen, wollte Jack sie auch schon wieder zurückholen und hätte sich am liebsten die Zunge abgebissen, weil sie ihm entfahren waren.

Keiner an Bord, außer William Lewis, wusste schließlich, warum er seit Jahren so gnadenlos Jagd auf die Schiffe der Royal African Company und der Royal Navy machte, und so sollte es auch bleiben. Ein Mann, den seine Frau zum Hahnrei gemacht hatte, wurde meist zum Gespött und verlor den Respekt seiner Männer schneller, als er denken konnte. Dazu durfte es auf gar keinen Fall kommen, und deshalb verbot sich jeder weitere Wortwechsel mit Nicholas Crispe, der grinsend zu ihm hinaufblickte und dem der Fauxpas, den Jack begangen hatte, natürlich nicht entgangen war.

»Wenn Ihr das so seht«, meinte der Geschäftsführer der Company anzüglich. »Wir hätten das aber auch in London klären können, wo ich Euch gern jederzeit zur Verfügung gestanden hätte. Dafür all der Aufwand?« Crispe machte eine weit ausholende Geste. »Wegen einer Frau?«

»Haltet Euer Maul, Crispe«, entfuhr es Jack wütend. »Sonst stopfe ich es Euch und lasse Euch einfach über Bord werfen. Dass Ihr nämlich kein Gentleman seid, habt Ihr soeben erneut bewiesen. Ich sehe einen Degen an Eurer Seite. Zieht ihn und wehrt Euch! Ich lasse die Kuhl räumen, und dann tragen wir es endlich zwischen uns aus.«

Nicholas Crispe verbeugte sich spöttisch und zog dann seinen Degen aus der Scheide. Jack wandte sich ab, um nach dem seinen Ausschau zu halten, den er im Eifer des Gefechts von sich geworfen hatte, als im Kampf ein Entersäbel angesagter gewesen war. Plötzlich fühlte er sich zur Seite gestoßen, und dann krachte ein Schuss und gleich darauf ein zweiter. Der Captain wirbelte herum und konnte gerade noch Daniel North auffangen, der neben ihm zusammenbrach. Blut färbte das weiße Hemd des treuen Kameraden an zwei Stellen rot, und Jack brüllte sofort nach dem Schiffsarzt, der auch auf der Stelle herbeigestürzt kam.

Exquemelin beugte sich über den Verwundeten und riss dessen Hemd über der Brust auf. Zum Vorschein kamen zwei schwarz geränderte Löcher, aus denen nur wenig Blut floss. Jack schöpfte schon Hoffnung, aber der Doktor legte seine Finger an die Halsschlagader von North, verharrte einen Moment still und schüttelte dann den Kopf.

»Da ist leider nichts mehr zu machen, Captain«, verkündete er dann mit belegter Stimme, denn kaum jemand an Bord der *Golden Fleece* war so beliebt gewesen wie deren Zweiter Offizier, der sich vom einfachen Deckhand nach oben gearbeitet hatte. »Daniel ist tot, doch zumindest musste er nicht leiden. Eine Kugel hat das Herz, eine die Lunge getroffen. Hätte er Euch nicht zur Seite gestoßen, lägt Ihr jetzt an seiner Stelle hier.«

»Aber wer um Himmels willen hat denn geschossen?«, fragte Jack fassungslos, denn das Geschehen hatte sich hinter seinem Rücken abgespielt.

»Der dort!« Major Beckford deutete auf Nicholas Crispe, der zwar nur seinen Degen in der Hand hielt, doch von dessen Griffstück und Knauf stieg Pulverdampf auf. »In den Griff seiner Waffe müssen zwei Pistolenläufe eingearbeitet worden sein. Ich habe schon davon gehört, dass es so etwas gibt. Büchsenmacher in London sollen solche Degen herstellen. Gesehen habe ich bis heute allerdings noch keinen einzigen.«

Jack war zu keinem Wort fähig. Er ließ Daniel North, der noch immer in seinen Armen lag, sanft auf das Deck gleiten, und Tränen der Wut und der Trauer schossen in seine Augen. Dann griff er sich seinen eigenen Degen, der unweit von ihm auf den Planken lag, und flankte gleich darauf über die Reling des Achterdecks auf die Kuhl. Den Niedergang zu benutzen, hätte ihm zu lange gedauert.

Um Nicholas Crispe war ein großer, freier Raum entstanden, denn offenbar wollte niemand mit ihm auch nur das Geringste zu tun haben. Jack kam unmittelbar vor ihm auf die Füße und musste stark an sich halten, um ihm nicht ohne jede Vorwarnung den Degen in den Leib zu rammen. Noch dazu, wo der Geschäftsführer ihn in seiner üblichen, spöttischen Art ansah und offenbar nicht die geringste Reue empfand.

»Ihr verdammter Mörder«, zischte Jack. »Dafür werdet Ihr bezahlen. Man nennt uns nicht umsonst Brüder der See oder der Küste. Ihr habt einen Mann getötet, der mir einer der liebsten war. Macht Euch bereit, vor Euren Schöpfer zu treten, denn von jetzt an gibt es keine Gnade mehr.«

»Ich, ein Mörder?«, erwiderte Crispe gepresst, dem es nur noch mühsam gelang, seine vordergründig abgeklärte Haltung zu bewahren. »Was, bitte, seid dann Ihr, Jack Bannister? Wie viele Männer sind durch oder wegen Euch gestorben, weil Euch grenzenlose Rachsucht antreibt? Ich habe einen Piraten erschossen, na und? Wären wir die Sieger des heutigen Gefechts, würde man mir dafür eine Medaille verleihen. Schade nur, dass es statt Euch nur einen Eurer Offiziere getroffen hat. Aber vielleicht kann ich Euch ihm ja nachschicken, bevor mich mein Schicksal ereilt.«

Das letzte Wort war noch nicht verklungen, da führte Crispe schon den ersten Hieb gegen Jack, der gerade noch parieren konnte. *Ich hätte eigentlich auf jede Hinterlist von diesem Mann gefasst sein müssen,* schalt er sich und ging sofort zum Gegenangriff über.

Der Degen von Nicholas Crispe verfügte zwar über zwei gut getarnt angebrachte Pistolenläufe, die kaum zu sehen waren, doch hatte man die Kugeln aus ihnen abgefeuert, war die Waffe wegen des nun fehlenden Gewichts am Griff nicht besonders gut ausbalanciert. Der Geschäftsführer hatte zwar lange bei Eòin MacLean, einem der besten Fechter Englands und Lieutenant in der Leibgarde des Duke of York, Unterricht genommen, aber immer mit einer anderen Waffe als der heutigen. Diese hier, musste er jetzt feststellen, lag nicht gut in der Hand und machte es ihm schwer, seinem Gegner standzuhalten, der unentwegt angriff. Crispe wich immer weiter zurück, bis er den Aufgang zur Back hinter sich fühlte. Stufe um Stufe flüchtete er sich die Treppe hinauf, wobei er sich mit der linken Hand am Geländer festhielt und mit der rechten den Degen führte.

Jack blieb gar nichts anderes übrig, als hinterherzusteigen, wobei es schwerer war, aufwärts als abwärts zu fechten. Er versuchte immer wieder, die Klinge seines Gegners zu binden, um sie ihm entweder aus der Hand zu hebeln oder an ihr vorbei einen Stoß zu führen. Doch Crispe verteidigte sich erstaunlich gut, durch seine Deckung war fast kein Durchkommen, und Jack dankte im Stillen John Harris für die Lektionen, die dieser ihm erteilt hatte. Ohne dessen Unterricht wäre er jetzt vielleicht sogar unterlegen und seine Schmach in diesem Fall derart unaussprechlich, dass er nur in den Tod hätte gehen können.

Crispe hatte die letzte Stufe erreicht und befand sich nun auf dem Oberdeck der Back. Auch hier wichen die Zuschauer bis an die äußerste Reling zurück, um den Kämpfenden Raum zu geben. Jack war erstaunt, über welch gute Kondition sein Gegner verfügte, denn trotz seines Alters zeigte Crispe keinerlei Ermüdungserscheinungen. Im Gegenteil, er focht höchst effektiv und überlegt, und um ein Haar wäre es ihm schon mehr als einmal gelungen, Jack zu verwunden, der mit mehr Wut als Kaltblütigkeit angriff, was keine gute Voraussetzung bei einem Degenduell war. Er konnte sich ausrechnen, dass sein Todfeind auf seine Chance wartete, doch dass er sie nicht bekam, dafür wollte er sorgen.

Die beiden Kämpfer hatten sich nahezu im Halbkreis bewegt und waren jetzt an der zweiten Treppe, die von der Back zurück auf die Kuhl führte, angelangt. Crispe blieb nun seinerseits nichts anderes übrig, als sich den Niedergang abwärts zu verteidigen, doch Jack gedachte nicht, sich auf das Spiel einzulassen. Stattdessen sprang er wie vorhin über das Deckgeländer auf das Unterdeck und erwartete seinen Gegner schon, als dieser die Stufen herabkam. Diesmal hatte er Crispe überrascht, der für einen Moment seine Deckung vernachlässigte. Das nutzte Jack gnadenlos aus und stieß zu. Doch Crispe konnte den Angriff, der sein Herz durchbohren sollte, im letzten Moment abwehren, aber nicht zur Gänze. Die Parade misslang, und der gegnerische Degen fuhr stattdessen in seinen Unterleib. Das war zwar nicht sofort tödlich, aber äußerst schmerzhaft, und Crispe ließ auch auf der Stelle seine Waffe fallen, stürzte zu Boden, schrie wie am Spieß und wand sich, als würde er von starken Krämpfen geschüttelt werden.

Jack trat einen Schritt zurück, kickte Crispes Degen aus dessen Reichweite und winkte seinen Doktor heran. Der beugte sich zu dem Verletzten hinab, nahm dessen Hände beiseite, die dieser auf seinen Leib gepresst hielt, und untersuchte die Wunde. Dann richtete er sich wieder auf und wandte sich an seinen Captain.

»Das überlebt er nicht und wird unter furchtbaren Qualen dahingehen. Ihr habt ihn oberhalb der Peniswurzel getroffen und wahrscheinlich die Blase, den Harnleiter, die Prostata und den Darm zerfetzt. Ich wüsste nicht, wie ich diese Verletzungen behandeln sollte. Da bin ich mit meinem Latein am Ende.«

Was auch immer es sein mag, was ich getroffen habe, offenbar hat eine höhere Macht meine Hand geführt, dachte Jack und konnte sich darüber nicht ärgern. Er hätte seinem früheren Vorgesetzten gern ein schnelles Ende bereitet, aber so war es ihm auch recht. Er war kein Engel, beileibe nicht, aber er hatte unendlich gelitten, wenn auch mehr seelisch als körperlich. Dass es bei Nicholas Crispe andersherum war, empfand er durchaus als angemessen und ausgleichende Gerechtigkeit.

»Könnt Ihr ihm etwas gegen die Schmerzen geben, Doktor?«, wollte Jack wissen, doch Exquemelin zuckte nur mit den Schultern.

»Was denn? Höchstens ein Stück Holz, wie wir es bei Amputationen verwenden, damit sich der Patient nicht die Zunge abbeißt. Ein Gnadenakt wäre es, dem Mann mittels einer Kugel oder einem Stich ins Herz ein rasches Ende zu bereiten.«

Doch dazu konnte Jack sich nicht durchringen, das wäre ihm wie Mord vorgekommen. Sollte Crispe doch mit dem Schiff untergehen, das ausgeschickt worden war, um ihn zu fangen. Lange würde es nicht mehr auf dem Wasser schwimmen, das hatte Jack sich geschworen.

»Dann lasst ihn liegen, Doktor. Jeder Transport dürfte ihm nur zusätzliche Schmerzen bereiten. Ich empfinde keinen Triumph, aber auch kein großes Bedauern. Und nun kümmert Euch bitte wieder um die anderen Verwundeten, sie bedürfen Eurer Fürsorge bestimmt mehr als dieser hier.«

Jack trat noch einmal dicht an Nicholas Crispe heran und stieß mit seinem Degen zu. Der glaubte, sein letzter Augenblick auf dieser Welt wäre gekommen, doch der Captain hatte nur in seine üppige Perücke gestochen und zog sie ihm jetzt vom Kopf. Zum Vorschein kam ein kahler, mit Geschwüren bedeckter Schädel. Jack hatte sich schon gedacht, dass Crispe von der Lustseuche, die man auch als französische Krankheit bezeichnete, befallen war, denn er hatte die Anzeichen auch in dessen Gesicht, nur mühsam von einer dicken Schicht Schminke überdeckt, bemerkt.

Hoffentlich hat er Marie-Claire nicht angesteckt, war der erste Gedanke, der ihn durchfuhr, als er die Symptome, die allgemein bekannt waren, nun klar und deutlich sah, denn sehr viele Männer trugen diese unseligen Perücken nur deshalb und puderten sich wie billige Huren Gesicht und Hals, ja manchmal sogar die Hände, um die Krankheitszeichen zu verdecken. Wie hatte seine Frau sich nur einem solchen Scheusal hingeben können, er würde es nie verstehen!

Der Captain wandte sich angewidert ab und winkte William Lewis zu sich.

»Durchsucht das Schiff und lasst alles Wertvolle auf die *Golden Fleece* schaffen«, befahl er seinem Offizier. »Und dann soll die Mannschaft der *Rubis* und die Royal Marines in die Boote gehen. Es ist nicht weit bis zu den Bahamas und das Wetter gut.

Der Kahn hier wird versenkt, aber nicht die französische Flagge soll auf ihm wehen, wenn er untergeht. Die holen wir ein, bringen sie nach Tortuga und sagen de Cussy, dass der Schmach der Wegnahme durch die Royal Navy gerächt ist. Der Gouverneur wird uns die Füße dafür küssen, dass er dies seinem König melden kann. Aber zurück bekommt er das Schiff nicht. Ich will es mit der Fahne der Stuarts im Topp auf den Grund des Meeres sinken sehen.«

»Ich hätte da noch einen Vorschlag«, meldete sich Lewis, etwas verschüchtert ob der gerade so entschieden bestimmenden Art seines Captains, aber dieser forderte ihn mit einer Geste auf, weiterzusprechen. »Die *Rubis* hat Schiffsmörder an Bord. Ihr wolltet doch schon immer welche für die Batterien auf Bannister Island haben. Das wäre die Gelegenheit, sie damit zu bestücken.«

Schiffsmörder, das wusste Jack natürlich, wurden weittragende Sechsunddreißigpfünder genannt, deren Kugeln jede bekannte Bordwand zerschlagen und deshalb auch große Galeonen versenken konnten. Ja, Lewis hatte recht, das war die Gelegenheit, ihre Zuflucht sicher und nahezu uneinnehmbar zu machen. Und ein zusätzlicher Triumph außerdem, lieferte doch ausgerechnet die Royal Navy das Material, mit dem man sich gegebenenfalls gegen diese verteidigen konnte. Nur gut, dass sie diesem Schiff und seinen Breitseiten nicht zu nahe gekommen waren!

»Meint Ihr, dass wir es schaffen, die Geschütze aus den Unterdecks nach oben und auf die *Golden Fleece* hinüberzubringen?«, wollte Jack wissen und hoffte sehr auf eine positive Antwort. Doch eins war ihm klar: Auch wenn sie Ja lautete, leicht würde es nicht werden.

»Ich denke schon«, erwiderte Lewis, jetzt bereits wieder selbstbewusster. »Wir schicken zuerst die Rotröcke fort, damit sie uns nicht bei den Arbeiten in den Rücken fallen können. Dann lassen wir uns von der unbewaffneten Besatzung der

Rubis helfen und bringen Hebegeschirre an den beiden Besanmasten an. So müsste es gehen, weil die Schiffe ja nahezu gleich hoch sind. Wie viele Kanonen wollt Ihr denn haben, Captain?«

»Acht wären schön, für jede Batterie vier. Aber zur Not reichen auch zwei oder drei.«

»Ihr bekommt die acht, versprochen. Lasst mich nur machen.«

Als Jack nickte, strahlte der junge Offizier über das ganze Gesicht. Er war froh und glücklich darüber, dass sein Vorschlag angenommen worden war, und überzeugt davon, seinen Captain nicht zu enttäuschen. Der hätte zwar auch ohne Weiteres selbst mit angepackt, wollte aber doch lieber dafür sorgen, dass die Soldaten ohne Gegenwehr in die Boote gingen, und sich von ihrem Major verabschieden, der ihm nicht unsympathisch war. Sie standen zwar auf verschiedenen Seiten, aber wer sagte denn, dass das immer so bleiben musste? Danach würde er sich mit den Logbüchern der *Rubis* beschäftigen und letztlich deren Sprengung vorbereiten, was er keinem anderen überlassen wollte. An Nicholas Crispe verschwendete er keinen weiteren Gedanken mehr. Daniel North hingegen wurde ebenso wie die anderen gefallenen Kameraden an Bord der *Golden Fleece* gebracht. Sie alle sollten eine angemessene Beisetzung bekommen, so wie es sich für im Kampf gefallene Freibeuter geziemte.

Es dauerte seine Zeit, bis die Geschütze hochgeholt, umgeladen und auf dem Deck der Galeone gut vertäut worden waren. Denn käme man in einen Sturm, und die schweren Rohre rissen sich los, konnten sie das Schiff ohne Weiteres zum Kentern bringen. Als alle Arbeiten erledigt waren, ging auch die Mannschaft der *Rubis* in die Boote, und die Verbindung zwischen der *Golden Fleece* und dem Kriegsschiff wurde gekappt. Als Letzter kam Jack herüber, der noch die Lunte entzündet hatte, die die Pulverfässer in der Waffenkammer des Zweideckers zur Explosion bringen sollte. Ihre Länge hatte er so bemessen, dass sein Schiff ausreichend Abstand zwischen sich und die *Rubis* bringen konnte, bevor diese in die Luft flog.

Jack stand mit William Lewis auf der Poop der *Golden Fleece* und blickte wie alle Männer an Bord zu dem Schiff hinüber, das dazu ausgeschickt worden war, ihr Schicksal zu besiegeln. An dessen Masten wehten jetzt englische Flaggen und an der höchsten Spitze das Banner der Stuarts.

»Wisst Ihr eigentlich, William, dass dieser Kahn dort unter dem Namen *Ruby* in der Stammrolle der Royal Navy geführt wird?«, erkundigte sich der Captain mehr rhetorisch bei seinem Offizier. »Der gleiche Name wie die starke Fregatte, mit der wir es schon einmal zu tun hatten. Ich habe es im Logbuch gelesen. Sie wurde im Jahr 1666, also während der Herrschaft König Charles II., den Franzosen abgenommen. Letztlich hat er sie also seinem Cousin Louis XIV. gestohlen. Einem Verwandten, mit dem er in Frieden lebte, der ihm geholfen hat, auf den englischen Thron zurückzukehren, und von dem er zeit seines Lebens Subsidien bezog. So wie es jetzt König James immer noch tut. Und uns nennt man Räuber und Diebe!«

William Lewis wollte schon etwas Zustimmendes erwidern, da gab es einen ungeheuren Knall, der die *Ruby* regelrecht in Stücke riss und Teile von ihr über hundert Yards in die Höhe schleuderte. Dieses Schiff würde nicht mehr zu bergen und instand zu setzen sein, darüber waren sich alle im Klaren, die die verheerende Explosion miterlebten. Der Zweidecker der Royal Navy und mit ihm der Geschäftsführer der Royal African Company, für die Jack einmal gesegelt war, gingen unter wie ein Stein, und als Letztes versank das Banner der Stuarts in den Fluten. Der Captain hoffte aus tiefster Seele, dass es dem ganzen verhassten Königshaus ebenso ergehen möge. Nun, nachdem Gott, oder wer auch immer, ihm Nicholas Crispe geschickt hatte, damit er Vergeltung an ihm hatte üben können, hielt er nichts mehr für unmöglich.

9. KAPITEL

TORTUGA, 1686

Als die *Golden Fleece* in die Bucht von Samana zurückkehrte, waren die Wale nicht mehr da. Die Ciguayos hatten also recht gehabt, sie kamen jedes Jahr für etwa drei Monate in die warmen, seichten Gewässer, um sich zu paaren und zu kalben, und verschwanden danach ebenso schnell wieder, wie sie gekommen waren. Jack wollte jedenfalls alles in seiner Macht Stehende dafür tun, dass sie dabei auch weiterhin ungestört blieben und nicht durch Walfänger belästigt wurden.

Die schweren Geschütze zu den vorbereiteten Plattformen auf den beiden Hügeln zu bringen, war eine endlose Plackerei. Zuerst musste ein Weg durch das dichte Unterholz freigehauen und geebnet werden, dann wurden die Kanonenrohre über behauene und geglättete Baumstämme mühsam nach oben gezogen. Dafür waren jeweils mehr als fünfzig Männer nötig, die mit zwei dicken Tauen die Kanonen bewegten. Trotzdem mussten sie nach spätestens einer Stunde abgelöst werden, sonst wären sie vor Entkräftung zusammengebrochen. Glücklicherweise ließen sich wenigstens die Lafetten auseinandernehmen und damit leichter transportieren. Auch Kugeln und Pulver wurden nach oben geschafft und in wetterfesten Unterständen gut geschützt gegen Regen und die allgemeine Luftfeuchtigkeit gelagert. Denn manchmal goss es hier im Norden von Hispaniola wie aus Kannen, und das tagelang. Wurde dann das Pulver nass, war damit kein einziger Schuss mehr möglich. Deshalb wurde es auch nicht an nur einer, sondern an mehreren unterschiedlichen Stellen aufbewahrt, der Großteil in den Höhlen, in denen man auch die Beute versteckt hatte, die nicht so leicht an den Mann gebracht werden konnte.

Manch einer von der Besatzung verfluchte den Tag, an dem er sich entschlossen hatte, ein Freibeuter zu werden, und vor allem die Flibustier trauerten ihrem geruhsamen Leben nach. Jack hörte auch Flüche, ihn betreffend, doch er ignorierte sie einfach und packte überall mit an, wo eine kräftige Hand gebraucht wurde. Als sie alle gemeinsam die Arbeit endlich beendet hatten, gab es allerdings keinen Einzigen, der nicht stolz auf das Erreichte war. Drohend zeigten nun die langen Schlünde der Sechsunddreißigpfünder hinaus auf die Bucht, und als die ersten Probeschüsse abgegeben wurden, zeigte sich, dass sie sowohl bis hin zum noch tiefen Fahrwasser am Eingang der Bucht östlich von Bannister Island als auch bis hin zu der Fahrrinne im Norden alles abdecken konnten, sodass kein Tiefwassersegler zur Insel oder zu dem Dorf der Ciguayos gelangen würde, ohne seine Versenkung zu riskieren.

Jack hatte den Männern versprochen, dass sie nach Tortuga segeln würden, damit sie dort wieder einmal unter Menschen kamen, sobald das Werk vollbracht war. Jetzt galt es, das Versprechen einzulösen, und so verließ die *Golden Fleece* die Bucht, die ihr so guten Schutz bot. Eigentlich hatte der Captain noch vorgehabt, das Schiff zuvor auf den Strand und dann auf die Seite zu legen, um den Rumpf zu säubern und notfalls instand zu setzen, dann aber davon abgesehen, weil er keine Meuterei riskieren wollte. Das Errichten der Batterien war schon anstrengend genug und die Männer lange auf See gewesen, sodass er die notwendigen Arbeiten am Schiff auf das nächste Mal verschob, wenn sie wieder vor Bannister Island ankerten. Jetzt ging es erst einmal zur Schildkröteninsel mit all den dort gebotenen Vergnügungen, die auszukosten sich die Mannschaft der mittlerweile gleichermaßen gefürchteten wie auch berüchtigten Galeone mehr als verdient hatte. Seit der Versenkung der *Hardi* war eine lange Zeit vergangen, und dieses Ereignis durch andere Kaperfahrten und vor allem die Kämpfe auf der *Ruby* aus den Köpfen der Männer verdrängt worden, sodass Jack sich wenig Sorgen machte, dass einer aus seiner Besatzung darüber in den Schenken und Bordellen berichten würde. Eher war wohl lautstarkes Prahlen bezüglich des Sieges über einen Zweidecker der Royal Navy angesagt, aber wer konnte das den Männern, die dabei Leib und Leben riskiert hatten, verdenken?

Gouverneur de Cussy war hocherfreut, als Jack ihm die Flaggen der ex *Rubis* überreichte, und versprach, ihn in seinem Bericht an den König lobend zu erwähnen, woran der Captain allerdings kein großes Interesse hatte. Ihm reichte es völlig, ungeschoren nach Tortuga segeln zu können, damit er seinen Männern dort die nötige Zerstreuung bieten konnte, da ihm ja die englischen Häfen verwehrt waren. Er überlegte, ob er die *Golden Fleece* hier in die Werft bringen sollte, verwarf dann aber den Gedanken wieder. Die Besitzer der Docks würden einen exorbitanten Lohn verlangen, und er und seine Mannschaft wären dann für Wochen, wenn nicht gar für Monate, auf der Insel gestrandet. Ein zu langer Aufenthalt an Land war niemals gut für die Moral einer Schiffsbesatzung, und außerdem würde vielen seiner Männer, die nie zu haushalten gelernt hatten, bald das Geld ausgehen. So reich sie auch beim ersten Landgang waren, so arm kamen sie doch nach einer gewissen Zeit immer wieder zurück an Bord und hofften auf neue, fürstliche Beute, für die sie bereit waren, Leib und Leben einzusetzen, nur um sie dann erneut in den Spelunken und Bordellen der Schildkröteninsel mit Trinkkumpanen und billigen Huren durchzubringen. Wobei, billig waren die Liebesdienerinnen auf Tortuga keineswegs, und etliche von ihnen auch durchaus ansehnlich. William Lewis, der im Gegensatz zu seinem Captain nicht wie ein Mönch lebte, hatte von einer Frau berichtet, die früher angeblich einmal eine Gräfin gewesen war, bis sie sich dem König verweigert hatte. Daraufhin war sie zusammen mit anderen widersetzlichen und übel beleumundeten Weibsbildern, wie de Cussy sich einmal sehr zum Missfallen von Jack ausgedrückt hatte, nach Tortuga deportiert worden. Hier sollte sie nach dem Willen des Königs in ein Bordell gesteckt werden, um vielen Männern zu Willen zu sein und nicht nur einem, nämlich ihm. Doch bald hatte ihr das Freudenhaus gehört, das sie zum nobelsten Etablissement von Tortuga machte, und keiner kam in ihr Bett, den sie dort nicht haben wollte. William Lewis hatte eine Nacht mit ihr verbringen dürfen und schwärmte in den höchsten Tönen davon, auch wenn es nie eine Wiederholung gegeben hatte.

Diese Gräfin, die sogar zu einem König Nein gesagt hatte und nun ein selbstbestimmtes Leben führte so wie er auch, hätte Jack durchaus interessiert und er sie gern einmal kennengelernt. Aber dann nahm er nach reiflicher Überlegung wieder Abstand von diesem Gedanken. Er hatte zwar seit langer Zeit bei keiner Frau mehr gelegen, doch ihm stand auch nicht der Sinn danach. Zumindest noch nicht. Auf Huren, die einem für Geld etwas vorspielten, hatte er schon gar keine Lust, und jedes weibliche Wesen verglich er in Gedanken sowieso sofort mit Marie-Claire, wobei ihm jedes Mal schmerzlich bewusst wurde, was er verloren hatte. Ob er die Gedanken an sie jemals loswerden würde? Er wusste es nicht zu sagen und hoffte, dass die Zeit vielleicht die tiefe Wunde in seinem Inneren heilen würde.

Wie es der Captain nicht anders erwartet hatte, kamen die ersten Männer nach zwei Wochen reumütig und bettelarm zurück an Bord und erkundigten sich, wann es denn endlich wieder auf Kaperfahrt ginge. Jack vertröstete sie etwas, denn es mussten erst alle ihr Geld ausgegeben haben, bevor die *Golden Fleece* wieder in See stechen konnte. Wobei, alle kamen meist nie zurück. Einige, vor allem von den Älteren, blieben für immer an Land, kauften sich von ihrem Beuteanteil vielleicht ein Häuschen, vor dem sie eine Pfeife paffend saßen und ihren Lebensabend verbrachten. Andere wiederum erwarben eine kleine Plantage und pflanzten Tabak oder Zuckerrohr oder schlossen sich den Flibustiern auf Saint-Domingue an, um einmal eine Pause vom rauen Leben auf dem Meer zu haben. Es gab auch Seeleute, die heirateten, meist eine Hure, mit der sie sich gut verstanden, und dadurch eine ehrbare Frau aus ihr machten. Oder sie schickten sie nach den Flitterwochen in das Bordell zurück und lebten von dem, was sie dort in der Waagerechten erarbeitete, um selbst keinen Finger mehr rühren zu müssen.

Der Bootsmann heuerte dann für die auf Tortuga Zurückgebliebenen andere Seeleute an, woran es keinen Mangel gab. Und unter einem so bekannten und erfolgreichen Kapitän wie Jack Bannister, der zum Verdruss anderer Schiffsführer jetzt immer häufiger Herr der Karibik genannt wurde, wollte so gut wie jeder segeln, sodass man eher die Qual der Wahl hatte.

Knapp vier Wochen, nachdem die *Golden Fleece* vor Fort de La Roche Anker geworfen hatte, lief sie wieder aus. Jack nahm Kurs auf die Windward-Passage und wollte in der Hoffnung auf reiche Beute zwischen Kuba und Hispaniola kreuzen. Schließlich nahmen fast alle Schiffe, die von Jamaica kamen, diesen Weg, und auch wenn er den Geschäftsführer der Royal African Company getötet hatte, so war er mit der Gesellschaft selbst noch lange nicht fertig, schließlich profitierte doch deren Hauptaktionär James Stuart am meisten von ihren Gewinnen. Und dass diese so gering wie möglich ausfielen und der Ruf der Royal Navy als unbesiegbare Flotte weiter Schaden nahm, dafür wollte er sorgen. Wobei, auch Schiffe anderer Nationen wurden gern genommen, und als eine schmucke spanische Brigg am Horizont auftauchte, ließ Jack alle Segel setzen und die Verfolgung aufnehmen. Doch der Kapitän des Schiffes verstand sein Handwerk, ging ebenfalls hart an den Wind, und nur langsam wurde der Abstand zwischen Jäger und Wild kleiner.

Jack schimpfte sich selbst einen Narren, dass er nicht doch darauf bestanden hatte, den Rumpf der *Golden Fleece* vor der Fahrt nach Tortuga säubern zu lassen. Das hatten sie jetzt davon, sie kamen ja kaum noch voran, so voller Muscheln und anderem die Fahrt hemmenden Bewuchs, wie ihn das Schiff nach Auffassung des Captains unter der Wasserlinie haben musste. Das war zwar nicht ganz richtig, denn die Galeone glitt immer noch schnell und schnittig durch das Wasser, aber eben nicht mehr ganz so überlegen wie zwei Jahre zuvor.

Es dauerte deshalb auch, bis die Brigg in die Reichweite der Buggeschütze kam, und ohne diese hätte sie sich sogar vielleicht in die Dunkelheit der Nacht retten und entkommen können. Doch bereits die erste Kugel aus dem Vierundzwanzigpfünder an Backbord schlug in das Heck ein, und als die aus dem Steuerbordgeschütz über das Deck pfiff und um ein Haar den Großmast getroffen hätte, gab der Kapitän, der natürlich die blutrote Flagge im Topp gesehen und die *Golden Fleece* erkannt hatte, auf. Was sollte er auch mit seinen kümmerlichen zehn kleinkalibrigen Kanonen gegen diese berühmte Galeone ausrichten, der nicht einmal Linienschiffe widerstehen konnten? Der Sieg über die *Rubis* hatte sich in Windeseile in der gesamten Karibik herumgesprochen und den Ruf des Schiffes und vor allem seines Kapitäns ins Legendenhafte getrieben. Der *Golden Fleece* konnte wahrscheinlich nur noch ein Kriegsschiff mit drei Decks voller schwerer Geschütze Paroli bieten, doch selbst diesbezüglich war man sich in Marinekreisen nicht mehr ganz sicher. Seit den Zeiten von Sir Francis Drake, Gott habe ihn selig, hatte es jedenfalls kein englischer Pirat mehr zu solch einem Ruf gebracht wie Jack Bannister. Vielleicht noch Henry Morgan, aber der hatte lieber Städte als Schiffe angegriffen und war deshalb mit dem jetzigen Herrn der Karibik kaum zu vergleichen.

Der Kapitän der Brigg ließ deshalb auch die Flagge streichen und die Segel einholen, womit er signalisierte, dass er sich ergab.

Er hoffte darauf, dass er nach der Übergabe der Schiffskasse und nachdem er alle wertvollen und leicht veräußerlichen Waren losgeworden war, weitersegeln dürfte, wie man es schon so oft gehört hatte. Dieser englische Freibeuter versenkte nur englische Schiffe, warum auch immer, hieß es in ganz Westindien.

Doch diesmal sollten sich die Spanier zu ihrem Leidwesen getäuscht sehen. Jack gefiel die schlanke und fast neue Brigg so gut, dass er beschloss, sie als zweites Schiff zu behalten. Etwas stärker bewaffnet und mit einer umfangreicheren Besatzung versehen, konnte sie zukünftig wie ein Jagdhelfer fungieren, der dem Schützen das Wild vor die Flinte trieb. Und es wurde außerdem höchste Zeit, dass William Lewis endlich sein eigenes Kommando bekam. Verdient hatte er es sich schon lange.

Als der spanische Kapitän hörte, dass sein schmuckes Schiff als Prise genommen werden sollte, fiel er vor Jack auf die Knie und flehte ihn an, sich doch ein anderes zu kapern, da sein Herz unendlich gerade an dieser Brigg hing. Jack konnte das verstehen und überlegte sogar, wie er wohl empfinden würde, sollte ihm die *Golden Fleece* womöglich eines Tages genommen werden. Sicher nicht anders als dieser Spanier, aber vielleicht kämpferischer und nicht gar so bettelnd. Doch sein Herz würde brechen, da war er sich ganz sicher. Trotzdem blieb er hart und ließ die Mannschaft mitsamt ihrem händeringenden Befehlshaber an der Nordküste Kubas in einer einsamen Bucht an Land setzen, von wo aus sie sich schnell zu einer Ansiedlung durchschlagen konnten.

Danach stand die Schiffstaufe an, was eine ernste Angelegenheit war. Die überaus abergläubischen Seeleute interpretierten viel in den Namen eines Schiffes hinein, und viele glaubten sogar, dass die *Golden Fleece* deshalb so erfolgreich war, weil sie das Wort Gold im Namen führte. Hatte nicht Francis Drakes berühmtestes Schiff, mit dem er die Welt umsegelt und unermessliche Beute nach Hause gebracht hatte, *Golden Hind* geheißen?

Die spanische Brigg war bisher als *Santa Eulalia* gesegelt, ein Name, der aber auf gar keinen Fall so bleiben konnte. Von der Besatzung kamen zahlreiche Vorschläge, gegen die aber immer wieder von anderer Seite Einspruch erhoben wurde. Doch dann hatte ein alter Maat, der zur Stammbesatzung der *Golden Fleece* gehörte und sogar bei Jacks Hochzeit dabei gewesen war, aber nichts von den späteren Vorfällen wusste, eine zündende Idee. Er schlug vor, das Schiff zu Ehren des Captains nach dessen Gemahlin Marie-Claire zu benennen, und jubelnd wurde dem von allen Seiten zugestimmt.

Jack und auch William Lewis verschlug es die Sprache, Letzterem blieb sogar die Luft weg, und fast ängstlich blickte er zu seinem Captain hinüber. Wie würde dieser wohl auf diesen Vorschlag reagieren? Mit einem Wutausbruch? Oder würde er ihn einfach mit einer Handbewegung verwerfen und die Männer auffordern, sich einen anderen Namen auszudenken?

Doch Jack schossen tausend Gedanken durch den Kopf, als er den Namen der Frau aus dem Mund seiner Männer vernahm, die er einmal über alles in der Welt geliebt hatte. Mehr als sein Leben, zumindest das, welches er jetzt führte. Warum sollte nicht wenigstens ihr Name, wenn schon nicht sie selbst und ihr Körper, wieder bei ihm sein? Und so erlebte William Lewis gleich zwei Überraschungen unmittelbar hintereinander, die ihm die Kinnlade offen stehen ließen. Zuerst stimmte der Captain dem Vorschlag der Mannschaft zu, und dann ernannte Jack Bannister ihn auch noch zum Befehlshaber der schmucken Brigg. William Lewis verstand einerseits die Welt nicht mehr, andererseits konnte er sein Glück kaum fassen.

Auf dem Weg zurück nach Bannister Island, wo die *Golden Fleece* endlich von dem unnützen Ballast an ihrem Rumpf befreit werden sollte, sichtete der Ausguck im Großmasttopp etwas nördlich der Windward-Passage und westlich von Tortuga einen großen Dreimaster. Den Schiffstyp und die Nationalität konnte er allerdings nicht zuordnen, und so enterte Jack selbst auf, um sich ein Bild zu machen.

»Das ist ein Indiaman, Jones«, erklärte der Captain dem Seemann, nachdem er lange durch das Rohr geschaut hatte. »Wahrscheinlich die Zukunft der Handelsschifffahrt. Die Holländer haben den Schiffstyp für lange Reisen nach Fernost entwickelt, und die englische East India Company hat ihn kopiert. Eine kleinere Version davon segelt auch nach Westindien, habe ich sagen hören. Und so einen Kaventsmann haben wir da vor uns. Ich schätze mal, das ist ein Siebenhundert-Tonnen-Schiff. Die Aufbauten sind flacher als bei einer Galeone, oft gibt es gar kein Bugkastell mehr. Dafür ist er hochbordiger, und obwohl schlank in den Linien, kann so ein Indiaman ungeheure Mengen an Waren transportieren. Wenn es uns gelingt, ihn einzuholen, verspricht er reiche Beute. Aber wir werden uns anstrengen müssen, denn seht nur, wie viele Segel er führt. Jeweils vier an den Masten, dazu Klüver und Stagsegel. Bisher habe ich so ein Schiff nur im Londoner Hafen liegen sehen, wollte aber schon immer einmal auf eins treffen.«

»Aber Sir, der ist fast doppelt so groß wie wir!« Der Ausguck klang etwas verzagt. »Und schaut nur, zwei Reihen Geschütze sind schon jetzt zu erkennen. Die *Ruby* konnten wir überraschen, aber ob uns das bei diesem Monstrum erneut gelingt, wage ich zu bezweifeln.«

»Macht Euch nicht ins Hemd, Jones«, gab sich der Captain zuversichtlich. »Die East und auch die West India Company sind viel zu geizig, um ihre Schiffe mit vielen Geschützen zu bestücken. Ich wette einen Silberpenny gegen eine Golddublone, dass die meisten Geschützpforten, zumindest die unteren, nur aufgemalt sind, um Leute wie uns abzuschrecken. So war es jedenfalls bei dem Indiaman in London, und ich glaube nicht, dass es sich hier anders verhält. Schwerer wird es werden, den Kahn einzuholen. Das sollte uns einiges an Segelkunst abfordern, und ich hoffe nur, dass unser Schiff nicht zu langsam dafür ist.«

Jack ließ sich aufs Deck herab und befahl, den letzten Fetzen Leinwand zu setzen. Gleichzeitig gab er Flaggensignal zur *Marie-Claire,* dass sich die Brigg an Backbord dem Indiaman nähern sollte, während er an Steuerbord blieb.

Das Schiff musste schwer geladen haben, denn langsam, aber stetig kamen die Verfolger ihm näher. Es war eindeutig ein Engländer, wie man mittlerweile deutlich erkennen konnte. Der Captain des Indiaman hatte zuerst auch mehr Segel setzen lassen, musste dann aber wohl erkannt haben, dass er nicht entkommen konnte. Er ließ nun die Kanonen ausrennen, und durch das Rohr konnte Jack auch erkennen, dass die Gefechtsmarsen besetzt wurden. Das würde ein hartes Stück Arbeit werden, dieses Schiff aufzubringen, gestand er sich ein, aber der Verlust für die West India Company dafür umso größer sein und ihr Vorsitzender garantiert bei König James vorstellig werden, um ihn zu fragen, was denn die Royal Navy gegen den Seeraub unternahm, und ihm danach mitzuteilen, wie hoch der Verlust für die Krone war.

Der Indiaman hatte tatsächlich nur die Geschützpforten des Oberdecks geöffnet, aber auch diese Kanonen reichten aus, um die *Golden Fleece* schwer zu beschädigen oder sogar zu versenken, kam sie zu nahe. Das wiederum verbot sich für die Freibeuter, wollten sie das Schiff doch erobern, um Beute zu machen. Also lagen die Vorteile ganz klar bei dem Captain des großen Handelsseglers, und wenn er über eine gute und trainierte Mannschaft verfügte, sah es düster aus. Dessen Besatzung, schätzte Jack, war bestimmt in etwa so groß wie die seines Schiffes. Kanonen hatte er vielleicht sogar mehr, fragte sich nur, welchen Kalibers. Wenn er an der Stelle des gegnerischen Captains wäre, gestand sich Jack ein, würde er auf alle Fälle kämpfen. Schließlich hatte er selbst schon bewiesen, dass man sich auch zweier Piratenschiffe erwehren konnte, wenn man nur entschlossen genug war.

Der Befehlshaber des Indiaman sah das offenbar ebenso,

denn er machte keinerlei Anzeichen beizudrehen oder die Flagge zu streichen. Doch auf einmal, Jack konnte sich absolut nicht erklären, warum, änderte er sein Verhalten grundlegend. Die Kanonen wurden zurück ins Batteriedeck geholt, die Geschützklappen verschlossen und sogar verschalt, die Seeleute schienen, soweit man das auf die Distanz erkennen konnte, die Gefechtspositionen zu verlassen, und die Segel wurden gerefft. Das Schiff drehte tatsächlich bei, und an einer Leine des Besanmastes stieg ein Flaggensignal nach oben.

»Captain wünscht, an Bord der *Golden Fleece* kommen zu dürfen«, murmelte Jack vor sich hin, als er es deutete, und seine Verblüffung wuchs ins Unermessliche.

»Signalisiert unsere Zustimmung«, wies er dann einen Maat an und befahl ebenfalls, die Segel zu bergen, die Gefechtsbereitschaft aber beizubehalten. Jack war gespannt wie ein Langbogen, was jetzt wohl passieren und wer sich da freiwillig in die Höhle des Löwen begeben würde.

Die Gig des Captains des Kauffahrers wurde zu Wasser gelassen, mit acht Ruderern bemannt, und dann kletterte der Kommandant leichtfüßig die Jakobsleiter hinab und übernahm die Pinne. Die Männer pullten zügig und im Gleichtakt, so als kämen sie von einem Kriegsschiff, was auf eine gute Ausbildung schließen ließ. Jack richtete sein Rohr auf das Heck des Bootes, aber das Gesicht des Captains wurde von einem großen, breitkrempigen Hut beschattet, sodass es nicht zu erkennen war. Er trug keine Uniform und auch keinen Paraderock, sondern nur kurze Stiefel, eine enge, dunkelblaue Hose und ein weites, weißes Hemd. Und von einem Moment zum anderen ging Jack ein Licht auf, und er wusste, wer da kam. Eigentlich hätte er es sich schon viel eher denken können, schalt er sich, doch er hatte den Mann ganz woanders auf dieser Welt vermutet.

Das Boot legte an der Bordwand der *Golden Fleece* an, die acht Ruder flogen wie eins senkrecht nach oben in die Ruheposition, Taue und auch eine Jakobsleiter wurden hinabgeworfen, und wieselflink enterte der Gast auf. An Deck angekommen, verbeugte er sich, lüftete seinen Hut und sprach den üblichen Standardsatz »Bitte an Bord kommen zu dürfen«, worauf Jack vom Oberdeck mit einem Lächeln auf den Lippen antwortete: »Erlaubnis erteilt, Captain Harris! Ich freue mich außerordentlich, Euch bei bester Gesundheit wiederzusehen. Willkommen an Bord des Schiffes, das Ihr einmal kommandiert habt.«

In der großen Heckkajüte der *Golden Fleece* umarmten sich die beiden Männer, als wären sie Brüder, die sich nach langer Zeit endlich einmal wiedersahen, und zumindest im Geiste waren sie das auch. Jack nötigte seinen Gast, in seinem komfortabelsten Sessel Platz zu nehmen, und goss ihm einen Becher spanischen Weins ein, den dieser gern entgegennahm. Ihm brannten tausend Fragen auf den Lippen, aber zuerst galt es einmal, etwas Grundsätzliches klarzustellen.

»Ihr wisst schon, dass ich Euch nicht so ohne Weiteres weitersegeln lassen kann, John?«, fragte er, und es war ihm unendlich peinlich. »Ein Freibeuterkapitän ist nur bedingt Herr seiner selbst, und meine Männer haben ein Anrecht auf Beute. Das ist eine verdammte Zwickmühle, in die Ihr mich da gebracht habt, und ich weiß im Moment noch nicht, wie wir aus ihr herauskommen können. Schließlich führe ich Krieg gegen das Königshaus der Stuarts, und deshalb stehen wir nun einmal auf verschiedenen Seiten und müssten eigentlich Todfeinde sein.«

»So, tun wir das?«, gab sich Harris gelassen. »Und dabei sitzen wir doch hier so gemütlich beim Wein und plaudern wie alte Freunde, die wir hoffentlich auch sind. Oder sollte ich mich täuschen, Jack? Ich jedenfalls habe mich sehr gefreut, die *Golden Fleece* in meinem Kielwasser zu sehen, und sofort beidrehen lassen, als ich sie erkannt habe, um mit Euch wie in alten Zeiten zu plaudern. Und ob wir wirklich auf verschiedenen Seiten stehen, wird sich erst noch herausstellen.«

»Wenn es nach mir ginge ...« Der Angesprochene zuckte der Verzweiflung nahe mit den Schultern. »Aber jetzt sagt mir erst einmal, was zum Teufel Ihr auf einem Handelsschiff treibt und noch dazu in diesen Gewässern? Ich dächte, Ihr hättet das Kommando über ein Linienschiff der Royal Navy erhalten.«

Harris drehte den Becher nachdenklich zwischen seinen Fingern hin und her, bevor er zu sprechen anhob.

»Ich habe mich immer gefragt, wieso es dem kleinen Holland in gleich mehreren Seeschlachten gelungen ist, das große und mächtige England zu schlagen oder ihm zumindest zu widerstehen. Jetzt weiß ich es. In der englischen Flotte herrscht nichts als Korruption, Vetternwirtschaft und eine bodenlose Unfähigkeit der Admiralität vor. Die Offiziersränge werden von hohen Adeligen gekauft, die zuvor oft noch nicht einmal ein Meer von Weitem gesehen haben. Oder sie erwerben sie für ihren missratenen Nachwuchs, nur damit dieser ihnen aus den Augen kommt. Denkt Ihr, ich hatte Lust, mich von so einem zum Admiral aufgestiegenen Bürschchen kommandieren zu lassen? Oder gar von einem Lord High Admiral, der an Verkommenheit wohl nur von seinen Cousins König Louis von Frankreich und dessen Bruder übertroffen wird? James presst das Land aus wie eine Zitrone, um seine aufwendige Hofhaltung im Stil des Sonnenkönigs finanzieren zu können. Die Besatzungen der Kriegsschiffe der Royal Navy bekommen kaum noch Proviant, geschweige denn Sold. So etwas wie Hunger hebt die Kampfmoral natürlich ganz besonders«, höhnte Harris, nur um sofort fortzufahren.

»Deshalb habe ich auch den Dienst in der Navy quittiert und bin zur West India Company gegangen. Dort ist zwar auch nicht alles Gold, was glänzt, aber zumindest lässt man einem Kapitän freie Hand, was die Verpflegung und Entlohnung seiner Mannschaft angeht. Und es gibt noch einen anderen Grund für den Wechsel. Die meisten Vorstandsmitglieder der East und auch der West India Company gehören der Partei der Whigs im Parlament an und betreiben – im Moment noch meist im Geheimen, aber immer häufiger auch ganz offen – die Absetzung des Königs. Und dem kann ich mich nur anschließen, denn eins ist mir klar geworden: Mit einem Stuart auf dem Thron ist England verloren. Dadurch werden wir zu nichts anderem als einem Ableger Frankreichs! Schon jetzt haben wir die höfischen Sitten und Gebräuche und die Politik unseres ehemaligen Erzfeindes übernommen. Und König James will sowohl den Katholizismus wieder einführen wie auch das Parlament auf Dauer entmachten. Ihm schwebt ein absolutistisches, uneingeschränktes Königtum von Gottes Gnaden vor, wie Louis XIV. es in seinem Land praktiziert. Und dagegen werde ich bis zu meinem letzten Blutstropfen kämpfen, das habe ich mir geschworen. Wofür sonst wären denn unsere Vorfahren im Kampf gegen die Spanische Armada im Kanal gefallen? Philipp II. wollte damals letztlich das Gleiche wie jetzt James II., und das darf unter keinen Umständen passieren. Oder was denkt Ihr, Jack? Welcher Glaube an Gott ist Euch nahe?«

»Gar keiner, John«, antwortete Jack unumwunden. »Ich denke, es gibt gar keinen gütigen Herrn im Himmel, wie es uns die Pfaffen, gleich welcher Konfession, weismachen wollen. Zumindest nicht westlich der Azoren. Wer eine Weile in der Karibik unter Piraten zugebracht hat, so wie ich, glaubt höchstens noch an die Allmacht des Teufels. Religion, ich hoffe, Euch jetzt nicht zu nahe zu treten, interessiert mich einen feuchten Kehricht. Aber alles andere, was Ihr gesagt habt, dafür umso mehr. Nur was haben diese Whigs denn vor? Wollen sie James ebenso vom Thron stoßen, vor Gericht stellen und dann hinrichten wie seinen Vater? Einen neuen Oliver Cromwell auf den Schild heben? Die Zeit der Republik war auch nicht gerade erbaulich, wenn ich mich recht erinnere und den Erzählungen meiner Eltern glauben darf.«

»Das sehe ich wie Ihr, Jack. Ich denke, dafür war und ist die Zeit noch nicht reif. An die Spitze eines Landes gehört nach wie vor ein König, zumindest vorerst. Aber einer, der mehr repräsentiert als herrscht. Das Parlament muss das Sagen haben und der König im Wesentlichen dessen Beschlüsse abnicken. Eine konstitutionelle Monarchie, keine absolute, brauchen wir in England! Deshalb habe ich mich den Whigs angeschlossen, die dafür kämpfen. Und das solltet Ihr auch tun, Jack. Nur darum bin ich hier und rede so eindringlich auf Euch ein.«

Nachdenklich lehnte sich Jack in seinem Sessel zurück und kam ins Grübeln. Sollte John Harris ihm hier womöglich einen Weg aufzeigen, wie er wieder in die normale Gesellschaft zurückkehren könnte? So wie es einst Henry Morgan gelungen war? Denn sein Leben lang wollte er kein Pirat sein, das hatte er schon lange erkannt. Er sehnte sich danach, gefahrlos durch eine normale Stadt gehen zu können, Arm in Arm mit einer Frau – vielleicht sogar wieder mit Marie-Claire, aber das würde die Zeit weisen –, und respektvoll gegrüßt zu werden. Nicht nur von Piraten, Freibeutern und anderen zwielichtigen Gestalten umgeben zu sein, die ihm auch jederzeit ein Messer in den Rücken rammen konnten, witterten sie Beute oder hatten im Suff gerade einmal das Bedürfnis, jemanden abzustechen.

»Aber wie stellt Ihr Euch das vor, John?«, wollte der Captain deshalb wissen. »James wird da niemals mitspielen und sich mit allen ihm zur Verfügung stehenden Mitteln gegen seine Entmachtung wehren. Wollt Ihr eine neue Revolution anzetteln? Mag sein, dass sie erfolgreich ist, wenn es nur stark genug im Volk brodelt. Das hatten wir schließlich schon einmal. Doch was dann? Wieder einen König köpfen? Nach Marie Stuart und James I. wäre das dann bereits der dritte, und es würde langsam zur Gewohnheit in England. Und wer sollte denn James II. auf den Thron nachfolgen? Vorausgesetzt, dass dann überhaupt noch jemand das Risiko auf sich nimmt, sich eine englische

Krone aufs Haupt setzen zu lassen. Sich immer gewärtig, dass sie ihm mitsamt dem Kopf wieder heruntergeschlagen wird.«

»Vielleicht wird das gar nicht nötig sein, und James dankt ab, wenn die Lage für ihn zu brenzlig wird«, erwiderte Harris gelassen. »Schließlich wird er das Schicksal seines Vaters vor Augen haben. Oder er flieht wieder nach Frankreich, das hat er schließlich schon einmal getan. Passt auf, Jack, ich verrate Euch jetzt ein Geheimnis. Es sind bereits Verhandlungen mit Prinz Wilhelm von Oranien im Gange. Er ist Statthalter der Niederlande und damit ein erklärter Feind Frankreichs. Aber andererseits auch mit der ältesten Tochter von König James verheiratet, wodurch er einen legitimen Anspruch auf den Thron von England besitzt, sollte dieser verwaist sein. Und er ist Calvinist, also Protestant vom Scheitel bis zur Sohle. Einen besseren Kandidaten kann es gar nicht geben.«

Jack blickte John Harris zweifelnd an.

»Ihr meint wirklich, das würde gut gehen? Zuerst müsstet Ihr James loswerden, dann Wilhelm ins Land holen und krönen. Wer sagt Euch denn, dass England mit dem neuen Herrscher nicht vom Regen in die Traufe kommt?«

»Es soll etwas anders laufen«, erklärte ihm John unter dem Siegel der Verschwiegenheit. »Die Whigs werden die allgemeine Unzufriedenheit im Lande schüren und eine Revolution vorbereiten. Wenn die Stimmung richtig aufgeheizt ist, wird Wilhelm zusammen mit einer Armee aus den Niederlanden kommend an der englischen Küste landen. Geht alles glatt, meutert zu diesem Zeitpunkt bereits die Flotte, und ihm gelingt eine reibungslose Überfahrt. Der Rest liegt in Gottes Hand. Ist sein Heer sehr groß, flieht James vielleicht in seine Heimat Schottland oder, wie schon gesagt, nach Frankreich. Wenn nicht, kommt es zur Schlacht. Und dann entscheidet ein wesentlicher Faktor über deren Ausgang. Nicht unbedingt Soldaten oder Kanonen, sondern vor allem Geld, mit dem man beides kaufen kann. Und deshalb segle ich für die West India

Company, um ihr so viel wie möglich davon zu beschaffen. Denn sie unterstützt, wie ich schon sagte, die Whigs und damit auch meine Pläne.«

Jack kam aus dem Grübeln gar nicht mehr heraus, so viele Dinge wurden ihm hier gerade avisiert.

»Aber eine Frage habt Ihr mir immer noch nicht beantwortet, John«, hakte er deshalb nach. »Wie will sich das Parlament davor schützen, dass Wilhelm nicht ebenso nach der absoluten Macht greift, wie James es tut? Das verführerische Vorbild von König Louis wird auch er vor Augen haben.«

»Darüber haben sich schon klügere Leute als wir den Kopf zerbrochen. Wilhelm muss einem Vertrag zustimmen und ihn feierlich beeiden, der die Rechte des Parlaments gegenüber dem Königtum genau festlegt. Das wird bestimmt ein umfangreiches Dokument, aber wenn er dem nicht zustimmt und sich nicht mit seiner Rolle als konstitutioneller Monarch begnügt, wird er nicht gekrönt. So einfach ist das. Und da Wilhelm ganz wild auf eine Krone ist, wie man sich hinter vorgehaltener Hand in London erzählt, wird er sich bestimmt nicht groß zieren. So eine Chance bekommt er nämlich kein zweites Mal in seinem Leben.«

»Das klingt alles zu schön, um wahr zu sein«, seufzte Jack, in dem die Hoffnung genährt wurde, dass es auch noch dem Zweiten seiner Widersacher an den Kragen gehen könnte. »Aber welche Rolle habt Ihr mir dabei zugedacht, John? Das ist mir ehrlich gesagt bisher noch nicht so richtig klar geworden.«

»Nun, Ihr tut ja schon etwas, Ihr kämpft gegen die Royal Navy, deren Oberbefehlshaber zurzeit König James als Lord High Admiral ist. Macht einfach weiter wie bisher, denn damit tut Ihr letztlich das Gleiche wie die Offiziere der Kriegsflotte, die im Geheimen gegen den König opponieren, weil sie sich von ihm ausgenutzt und grottenschlecht behandelt fühlen. Ich stehe mit ihnen in ständiger Verbindung und weiß, wie es um sie steht. Deshalb denke ich auch, dass sie gegen keine holländische Invasionsflotte kämpfen werden. Genauso wenig wie die protestantischen Offiziere im Heer, da wird James eine böse Überraschung erleben, kommt es zur Schlacht. Doch hört sofort damit auf, wenn Ihr hört, dass das Königshaus der Stuarts gestürzt worden ist. Und lasst am besten die Schiffe weitersegeln, die mehrheitlich den Whigs gehören, denn wir brauchen jeden Penny, soll unser Plan Erfolg haben.«

»Ihr seid gut«, knurrte Jack. »Woran soll ich denn bitte erkennen, dass das vor mir ein Schiff der Antikönigspartei ist und nicht eins, das den Anhängern der Stuarts gehört?«

Darüber musste auch John Harris einen Moment nachdenken, doch dann kam ihm eine Idee.

»Ich werde meinen Parteifreunden vorschlagen, dass jedes ihrer Schiffe eine hellblaue Flagge am Besan hisst, kommt Eure berüchtigte *Golden Fleece* in Sicht. Dann liegt es an Euch, wie Ihr verfahrt. Aber solltet Ihr Euch an unsere Absprache halten, bin ich mir sicher, dass ich eine Begnadigung für Euch und Eure Männer erwirken kann, ist die neue Regierung erst im Amt. Schließlich ist es üblich, dass ein neuer Herrscher eine Amnestie erlässt, und ich schwöre, dass ich mich für Euch nach besten Kräften verwenden werde. Obwohl, eigentlich müsste ich stinksauer auf Euch sein, Jack. Was Ihr mit meiner *Ruby* gemacht habt, das war wirklich nicht die feine Art. Eins sage ich Euch, hätte ich die Fregatte noch kommandiert, wärt Ihr nicht ungeschoren davongekommen.«

Jack musste lachen, und Harris stimmte ein und nahm damit dem Vorwurf die Schärfe. Die beiden Männer prosteten sich zu und erkannten einmal mehr, dass sie Seelenverwandte waren.

»Und was sind Eure weiteren Pläne, John?«, wollte Jack noch wissen. »Wollt Ihr weiter ein Handelskapitän bleiben, ein Krieger wie Ihr?«

»Ich verrate Euch noch ein Geheimnis, Jack. Sollte unser Plan gelingen, wird es unweigerlich zum Krieg mit Frankreich kommen. Louis kann niemals dulden, dass sich neben seiner absolutistischen eine andere Form der Monarchie in Europa etabliert. Und dann gilt es, die Flotte so schnell wie möglich wieder auf Vordermann zu bringen. Das wird ein hartes Stück Arbeit, das kann ich Euch versichern. Unter dem Siegel der Verschwiegenheit: Ich bin als einer der Geschwader-Kommandanten vorgesehen. Und Euch hätte ich dabei gern an meiner Seite, wenn Ihr Euch dazu durchringen könntet.«

Jetzt verschlug es Jack wirklich die Sprache, und er wünschte sich etwas Stärkeres im Becher als den spanischen Wein.

»Lasst uns darüber sprechen, wenn es so weit ist«, meinte er dann nachdenklich, stand auf und trat an eine große Truhe heran, die neben seiner Koje stand. »Ich werde nachher mit meinen Männern sprechen, und ich denke, dass ich sie dazu bringen kann, Euch weitersegeln zu lassen. Was habt Ihr eigentlich geladen?«

»Vorwiegend Hölzer aus Brasilien, Zucker und ein paar Fässer Rum. Davon gebe ich Euch gern etwas ab, wenn Ihr Bedarf dafür habt und darauf besteht.«

»Danke, aber davon haben wir nun wahrlich reichlich. Das ist sicher eine wertvolle Fracht, die Ihr da an Bord habt, aber andererseits auch kein Reichtum. Schaut mal hierher.«

Jack klappte den Deckel der Truhe auf, und John Harris, der in seinem Leben schon viel gesehen hatte, gingen die Augen über. Goldmünzen in allen bekannten Währungen, Edelsteine, liturgische Gefäße und Geschmeide füllten sie komplett aus. Jack nahm einen Lederbeutel und stopfte ihn voller Münzen.

»Nehmt die Truhe mit und verwendet den Inhalt für Eure Zwecke, John«, sagte er dann und hatte irgendwie das Gefühl, dass gerade eine große Last von seinen Schultern fiel. »Ich vertraue Euch. Wenn das Gold einen Beitrag zum Sturz von König James leisten kann, dann ist es gut angelegt. Außer diesem Beutel hier. Den bitte ich Euch, meinem Schwiegervater zu übergeben, damit er ihn an meine Frau weiterreicht. Er soll sie von mir grüßen und ihr sagen, dass mein Zorn auf sie am Abebben ist. Und vielleicht, aber nur vielleicht, sehe ich sie ja eines Tages wieder. Ihr kennt Captain Gilbert Magminot?«

»Natürlich, ich weiß auch, wo er wohnt. Ich versichere Euch, er wird den Beutel erhalten. Aber das Gold in der Truhe, habt Ihr Euch das auch gut überlegt? Damit könntet Ihr Euch sogar unter James Stuart einen Admiralsrang kaufen, und auf den Straßen von London würde man Hosianna rufen, wenn Ihr Euch zum Palast begebt, um Eure neue Würde verliehen zu bekommen.«

»Im Leben nicht! Ich wünschte nur, ich könnte James Stuart ebenso vor meinen Degen bekommen wie Nicholas Crispe. Aber das kann ich mir wohl für alles Gold der Welt nicht kaufen. Deshalb nehmt Ihr es, da weiß ich es in guten Händen. Und ich bin auch danach noch kein armer Mann, falls Ihr Euch Sorgen machen solltet. Vielleicht führe ich Euch ja eines Tages zu der Bucht, in der meine Insel liegt, und durch die dortigen Höhlen.«

Ein bisschen Prahlerei konnte Jack sich einfach nicht verkneifen, aber John Harris wusste das einzuordnen.

»Jetzt weiß ich auch, warum man Euch mittlerweile den Herrn der Karibik nennt. Ich hörte, Ihr hättet bereits mehr als zweihundert Schiffe aufgebracht. Wenn ich diesen Schatz hier sehe, bin ich geneigt, es zu glauben. Was ist nur aus dem jungen Lieutenant geworden, dem ich einst begegnet bin? Dass mehr in Euch steckte, habe ich zwar gleich erkannt. Nur dass Ihr kurze Zeit später zum Piraten werdet, hätte ich damals nicht vermutet. Obwohl, ich selbst habe schon das eine oder andere Mal überlegt, die Fronten zu wechseln. Aber irgendwie ist es nie dazu gekommen. Ich schelte Euch nicht, Jack, sondern bewundere eher Euren Mut, denn ich bin letztlich immer davor zurückgeschreckt, diesen letzten Schritt zu gehen.«

»Das braucht Ihr nicht, John, wirklich nicht. Ich denke, jeder Mann muss irgendwann den Weg finden, der ihm vorbestimmt ist. Und dass man mich den Herrn der Karibik nennt, höre ich gar nicht gerne. Das klingt mir viel zu prahlerisch, und ich finde es außerdem unpassend. Ich bin ein Freibeuter unter vielen, nicht mehr und nicht weniger. Belassen wir es einfach dabei. Und vielleicht kann ich dieses Handwerk ja auch bald an den Nagel hängen, ich hätte nichts dagegen.«

Gemeinsam begaben sich die beiden Männer dann an Deck, wo Jack zu seiner Besatzung sprechen wollte.

»Männer, einige von Euch kennen noch John Harris, der einmal dieses Schiff hier unbeschadet aus der Karibik zurück nach England gebracht hat«, begann er und sah einige Altgediente in der Runde nicken. »Er ist ein ehrenwerter Mann, dem wir viel zu verdanken haben und der ebenso wie wir und mittlerweile viele andere in England das Königshaus der Stuarts bekämpft. Gelingt es ihm und seinen Freunden, James vom Thron zu stürzen, kann uns allen die Begnadigung winken, so wie einst Henry Morgan. Deshalb werden wir den Indiaman nicht ausplündern, sondern weitersegeln lassen. So wie zukünftig alle Schiffe, die den Anhängern der Partei gehören, die den König stürzen will. Sie werden am Besan eine hellblaue Flagge führen, an der wir sie erkennen. Doch ich will sogar noch weitergehen. Ich übergebe John Harris meinen an Bord befindlichen Anteil an der Beute, damit er ihn zum Schaden von König James verwendet. Wer es mir gleichtun will, sei herzlich dazu eingeladen. Aber ich verüble es auch niemandem, wenn er es nicht tut. Doch für mich gilt«, Jack richtete sich zu seiner vollen Größe auf und streckte die geballte Faust gen Himmel: »Tod König James und dem Geschlecht der Stuarts! Möge die Hölle sie verschlingen!«

Jack wusste, wie er seine Männer packen konnte, und jubelnd stimmten sie ihm zu. Viermal musste die Kapitänsgig zwischen der *Golden Fleece* und dem Indiaman hin- und herpendeln, bis alle Schätze hinübergeschafft worden waren, die die Besatzung der *Golden Fleece* bereit war, John Harris zu übergeben. Es war wohl ein einmaliger Vorgang in der Geschichte der Piraten der Karibik, dass ein potenzielles Beuteschiff weit reicher als zuvor weitersegelte, und er sollte sich auch nicht wiederholen. Dann umarmten sich zum Abschied zwei Männer, die sich in gegenseitiger Hochachtung zugetan waren und hofften, sich eines Tages unter glücklicheren Umständen wiederzusehen.

Jack schaute dem sich entfernenden Schiff noch lange nach, bevor er Kurs auf Bannister Island nehmen ließ. Vielleicht stellte die Aussicht, die ihm John Harris offeriert hatte, ja tatsächlich die Chance dar, noch einmal ein neues Leben anzufangen. Eventuell als Fregattenkapitän in einer neuen Royal Navy, zum Beispiel im Kampf gegen die Barbaresken im Mittelmeer, träumte er. Das konnte er sich gut vorstellen, denn es war eine anspruchsvolle Aufgabe für wagemutige Männer, und noch dazu nicht so weit von England weg, sodass er regelmäßig würde nach Hause segeln können. Ob zu Marie-Claire, das konnte er noch nicht sagen, das würde die Zeit weisen. Doch Jack ertappte sich dabei, dass seine Gedanken immer öfter zu seiner Frau auf die Reise gingen.

10. KAPITEL
PORT ROYAL, 1686

Ja, Captain, was gibt es denn noch?«, fragte Gouverneur Hender Molesworth genervt, weil der Fregattenkapitän sich immer noch nicht zurückzog, obwohl er ihm doch wohl mit einer Handbewegung eindeutig zu verstehen gegeben hatte, dass die Audienz beendet war.

»Verzeiht, Sir, aber unter den Piraten, die wir aufgebracht haben, befindet sich ein Mann, der behauptet zu wissen, wo sich der geheime Zufluchtsort von diesem Jack Bannister befindet«, meldete sich Captain Spragg, Kommandant der schweren Fregatte *Falcon,* noch einmal zu Wort. »Wenn wir ihm Begnadigung zusichern, will er ihn uns verraten und alles sagen, was wir wissen müssen, um in die versteckte Bucht einlaufen zu können. Das wäre vielleicht die Gelegenheit, diesen Kerl zu schnappen, hinter dem wir schon so lange her sind, weil er England so viel Schaden zufügt.«

»Ist das so?« Molesworth war auf einmal die Aufmerksamkeit selbst. Sollte es tatsächlich endlich möglich sein, diesen Verbrecher, der die Royal Navy in der Karibik zum Gespött gemacht und der englischen Handelsschifffahrt immense Verluste beschert hatte, aufzuspüren und festzunehmen? Bisher waren alle diesbezüglichen Versuche misslungen. Entweder Jack Bannister hatte sich mit seinem schnellen, vermaledeiten Schiff einfach aus dem Staub gemacht, sah er sich einer Übermacht gegenüber. Oder einzeln segelnde Fregatten waren von der *Golden Fleece* niedergekämpft worden, besaßen sie die Kühnheit, sich ihr zu nähern. Die *Boneta* lag auf dem Grund des Meeres, wenn er aus dem Fenster schaute, sah er das Wrack der *Ruby* in der Werft, und sogar einen von Seiner königlichen

Majestät James II. höchstselbst entsandten Zweidecker hatte dieser unsägliche Pirat versenkt. Dem Gouverneur war auf der Stelle klar – gelänge es, unter seiner Ägide diesem Freibeuter, den sie mittlerweile in jeder Schenke zwischen Maracaibo und Martinique den Herrn der Karibik nannten, das Handwerk zu legen, dann könnte ihm das goldene Sporen und einen Adelstitel einbringen. Dementsprechend groß war sein Interesse, und er fuhr den Captain zornig an. »Warum ist der Kerl dann nicht hier und erzählt uns, was er weiß?«

»Mit Eurer gütigen Erlaubnis, er wartet bereits draußen vor der Tür in Begleitung von zwei Marinesoldaten«, entgegnete der Captain und konnte sich nur mit Mühe ein Grinsen verkneifen, denn genau diese Reaktion seines Vorgesetzten hatte er vorausgesehen.

»Dann herein mit ihm, worauf wartet Ihr noch?«, schnauzte Molesworth, aber das brachte Spragg nicht aus der Ruhe. Er schlenderte mehr, als dass er rasch zu der großen, zweiflügligen Tür ging, öffnete sie und winkte den Wachen, den Gefangenen hereinzubringen.

Der Mann war früher auf der *Golden Fleece* gesegelt, dann in Tortuga von Bord gegangen, hatte in einem Bordell Quartier genommen und in den Armen von Huren und im Suff die Abfahrt der Galeone verpasst. Als sein Geld alle war, musste er sich notgedrungen auf einem anderen Freibeuterschiff verdingen, das prompt von der *Falcon* aufgebracht worden war. Jetzt wartete er hier in Port Royal darauf, ebenso wie seine Kameraden gehenkt zu werden, denn Hender Molesworth war berüchtigt dafür, mit Piraten kurzen Prozess zu machen. Dann aber war ihm eingefallen, wie er sich vielleicht doch noch vor dem Strang retten konnte, und jetzt stand er im Amtszimmer des Gouverneurs von Jamaica, flankiert von zwei bärbeißigen Royal Marines, und drehte nervös seine Mütze zwischen den Händen hin und her.

»Ihr wisst also, wo dieser Jack Bannister seinen Zufluchtsort hat, wenn er sich nicht gerade auf hoher See oder in diesem Piratennest Tortuga aufhält?«, begehrte Molesworth zu wissen, und bemühte sich, seine Stimme nicht so unwirsch und beißend klingen zu lassen wie sonst. »Kann man ihn dort leicht überwältigen? Ich hörte, sein Versteck soll sich in einer Bucht befinden. Kennt Ihr den Seeweg dorthin, und könnt Ihr ihn uns auf einer Karte zeigen?«

Der Seemann atmete schwer, doch dann fasste er sich ein Herz, und es sprudelte nur so aus ihm heraus.

»Mit Verlaub, Eure Exzellenz, ich sage Euch gern alles, was ich weiß. Aber zuvor verlange ich eine schriftliche Zusicherung, dass ich nicht gehängt, sondern nach meiner Aussage umgehend freigelassen werde. Ansonsten erfahrt Ihr von mir kein Wort. Selbst unter der Folter, das schwöre ich, werde ich schweigen.«

»Kerl, was erdreistest du dich?«, fuhr Molesworth auf, hatte sich aber schnell wieder unter Kontrolle. »Eigentlich sollte ich dich auf die Streckbank legen lassen, dann werden wir ja sehen, wie lange du deinen Schwur halten kannst. Aber gut, sag mir, wie du heißt, und ich stelle dir eine Begnadigung aus. Sie wird allerdings erst wirksam, wenn wir Jack Bannister gefunden und gefangen oder ihn mitsamt seinem Schiff auf den Grund des Meeres geschickt haben. Das verstehst du doch sicher, oder? Ansonsten könntest du uns hier ja sonst etwas erzählen, nur um als freier Mann meinen Amtssitz zu verlassen.«

»Ich bin Will Roberts, sehr zu Diensten, Sir«, stellte sich der Gefangene vor und dienerte tief. »Und ja, das leuchtet mir ein. Ihr müsst wissen, ich war Toppgast auf der *Golden Fleece* und dabei, als wir nach einem fürchterlichen Sturm durch Zufall den Zugang zu einer Bucht im Norden von Hispaniola fanden. Stellt mir ein Schreiben aus, auf dem Ihr mir zusichert, dass ich freigelassen werde, wenn Ihr nach meinen Angaben die Bucht von Samana und die darin liegende Insel Bannister Island gefunden habt, und ich zeige sie Euch gern auf einer Karte.«

»Die Bucht von Samana und Bannister Island, nie gehört«, meinte Captain Spragg skeptisch, während Molesworth hinter seinen Schreibtisch trat und ein paar Zeilen auf ein Papier schrieb. Er reichte es dem Seemann, der einen erfreuten Blick darauf warf und es dann in sein schmutziges Hemd schob. Der Gouverneur, der das beobachtet hatte, lächelte verhalten, sagte aber nichts dazu. Stattdessen wies er auf eine große Wandkarte, auf der die Großen Antillen sorgfältig eingezeichnet waren, und reichte dem Seemann einen schmalen Stock.

»Dann los, zeigt uns einmal, wo sich diese Bucht befinden soll«, befahl Molesworth. »Auf der Karte sehe ich jedenfalls keine.«

»Und doch soll sie schon Christoph Columbus entdeckt haben, hörte ich unseren Ersten Offizier sagen, der sehr belesen ist«, verteidigte sich Roberts. »Vielleicht sind Eure Karten nur nicht so genau. Aber sie ist eigentlich nicht schwer zu finden. Schaut«, der Seemann zeigte mit dem Stock auf die Karte zwischen Hispaniola und Puerto Rico, »wenn Ihr durch die Mona-Passage segelt und Euch dann an der Nordküste von Hispaniola immer westlich haltet, müsst Ihr unweigerlich auf die Bucht stoßen. Samana haben wir sie nach dem Dorf benannt, das sich darin befindet. Die Bucht zieht sich sackartig in das Landesinnere von Ost nach West hinein. Auf der sie nördlich begrenzenden Halbinsel gibt es einen Gebirgszug, von dem eine Landzunge nach Süden abgeht und so den Eingang zur Bucht leicht verdeckt. Man muss schon genau aufpassen, um nicht an ihr vorbeizusegeln. Die meisten Schiffe halten auch weitab vom Land, damit sie nicht mit den vorgelagerten Riffen kollidieren. Mitten in der Bucht liegt eine Insel, die von der gesamten Mannschaft einhellig unserem Captain zu Ehren Bannister Island getauft wurde. Doch gebt acht, die Bucht ist voller Untiefen und Sandbänke. Wenn ein Schiff so unvorsichtig ist und unter vollen Segeln, oder ohne zu loten, einläuft, wird es unweigerlich stranden und von den Brechern zerschlagen werden. Nur zwischen der Insel und dem Steilufer der Halbinsel gibt es einen schiffbaren Kanal. Ansonsten habt Ihr keine Chance, Euch der Insel zu nähern. Die *Golden Fleece* liegt meist gut versteckt hinter Bannister Island vor Anker. Man kann sie vom Eingang der Bucht aus nicht sehen. Ich hörte den Captain sagen, dass sie unbedingt kielgeholt werden muss, da der Rumpf von Muscheln und Seepocken befallen ist. Wenn Ihr Glück habt, liegt die Galeone vielleicht am Strand und auf der Seite, wenn Ihr dort ankommt. Dann hättet Ihr besonders leichtes Spiel.«

»Kommt man an die Insel bis auf Kanonenschussweite heran, ohne in den Kanal einlaufen zu müssen?«, wollte Spragg wissen, der sich natürlich vorrangig für die seemännische Vorgehensweise dieses Unternehmens interessierte.

»Ich denke schon«, erwiderte Roberts. »Aber das hängt natürlich vom Kaliber und der Reichweite der Geschütze ab. Doch da kenne ich mich wenig aus, ich war schließlich kein Gunner.«

»Hm«, murmelte Molesworth nachdenklich. »Das klingt fast zu schön, um wahr zu sein. Treffen wir die Piraten dort an, sitzen sie wie die Maus in der Falle, und wir brauchen nur noch die Klappe zu schließen. Das müsste doch zu schaffen sein, oder was meint Ihr, Spragg?«

»Ich denke schon, Sir«, erwiderte der Captain selbstsicher. »Aber wie wir das Unternehmen aufziehen, sollten wir vielleicht nicht vor fremden Ohren diskutieren.«

»Wo Ihr recht habt …«, stimmte der Gouverneur zu und befahl dann den beiden Wachen, den Gefangenen abzuführen. Als sich der Pirat außerhalb des Raumes befand und die Tür hinter ihm geschlossen worden war, wandte sich Molesworth sofort an den Navy Captain.

»Meint Ihr, dass Ihr die Bucht nach der gegebenen Beschreibung finden werdet?«, fragte er hoffnungsvoll.

»Wenn der Mann nicht gelogen hat, dürfte es nicht allzu

schwierig sein«, meinte Spragg zuversichtlich, und der Gouverneur sah schon den Himmel offenstehen.

»Das denke ich nicht«, erwiderte er sofort. »Dazu hängt er viel zu sehr an seinem Leben. Habt Ihr gesehen, wie schnell er mein Schreiben an sich genommen und an seinem Körper verborgen hat?«

»Was habt Ihr ihm denn versichert?«

»Gar nichts, darauf standen nur die ersten zwei Zeilen eines Liedtextes«, grinste Molesworth. »Natürlich hängt der Kerl morgen mit den anderen, was denn sonst? Es war mir doch klar, dass er gar nicht lesen kann. So weit kommt es noch, dass wir uns von diesem Piratenpack erpressen lassen. Aber zurück zu diesem Bannister. Passt auf, Spragg, ich gebe Euch zu Eurer *Falcon* noch die *Drake* und Major Beckford mit hundertfünfzig Royal Marines dazu. Der brennt nur so vor Rache nach seiner Schmach auf der *Rubis*. Dann verfügt Ihr über zwei Schiffe mit zusammen mehr als sechzig Geschützen und ausreichend Männer, um dieses Piratennest auszuräuchern. Glaubt Ihr, dass Ihr der Aufgabe gewachsen seid und sie meistern könnt?«

Der Captain sah seine Beförderung schon in greifbarer Nähe.

»Ich wüsste nichts, was dagegenspräche, Sir«, meinte er dann höchst erfreut darüber, dass ihm offenbar auch das Kommando über diesen höchst ehrenvollen Auftrag übergeben werden sollte. »Das ist eine Übermacht, der selbst dieser vorgebliche Herr der Karibik nicht gewachsen sein dürfte. Wenn er uns lebend in die Hände fällt, sollen wir ihn dann nach Port Royal bringen oder gleich an Ort und Stelle aufhängen?«

»Verfahrt, wie Ihr wollt, Spragg, nur findet und ergreift oder tötet ihn«, meinte der Gouverneur eindringlich. »Keine Gnade, hört Ihr? Ganz gleich, was womöglich Henry Morgan sagt. Wobei, der säuft sich offenbar auf seiner Plantage langsam zu Tode, in Port Royal hat man ihn schon lange nicht mehr gesehen. Soll mir nur recht sein. Mit dieser Piratenplage muss endlich Schluss sein. Also, wann könnt Ihr auslaufen?«

»Sobald ich weiß, wie es um die *Drake* steht, und Major Beckford seine Truppen eingeschifft hat. Sie nennen sich zwar Marinesoldaten, werden aber meist schon seekrank, wenn sie ein Ruderboot im Hafen besteigen müssen. Ich kenne die Brüder doch! Kotzen einem immer das ganze Schiff voll. Aber ich denke, in drei, vier Tagen müsste alles bereit sein, und so Gott will, kann ich Euch in spätestens zwei Monaten Vollzug melden.«

»Ich werde den Herrn um seinen Beistand gegen das gottlose Pack bitten«, sicherte Molesworth dem Captain zu. »Doch ich glaube, es wird mehr in Eurer als in seiner Hand liegen, Spragg. Verlasst Euch besser auf Eure Kanonen und Beckfords Royal Marines. Für Landeunternehmen sind die nämlich bestens geeignet und gut gedrillt. Ich wünsche Euch jedenfalls alles erdenklich Gute für Eure Mission, und solltet Ihr in Port Royal einlaufen und Jack Bannister baumelt von der Fockrah eines Eurer Schiffe, wird es Euer Schaden nicht sein, das versichere ich Euch.«

Dem Captain schwoll die Brust ob des ihm entgegengebrachten Vertrauens, und er konnte nicht erkennen, wie und warum dieser Plan misslingen sollte. Zwei große Schiffe, ein ganzes Bataillon Marinesoldaten, was sollten ein paar Piraten dagegen schon ausrichten können?

Etwas hatte Will Roberts ihm und dem Gouverneur allerdings verschwiegen, und das nicht einmal absichtlich. Er hatte die Plackerei mit den Kanonen regelrecht aus seinem Gedächtnis verdrängt und auch nicht für erwähnenswert gehalten, sondern sah, wie viele seiner Kameraden, die Errichtung der Geschützstellungen auf der Insel als einen persönlichen Spleen seines ehemaligen Captains an. Und selbst wenn er ein Wort darüber verloren hätte, was sollten schon acht Kanonen gegen die mehr als sechzig auf den beiden Fregatten ausrichten?

11. KAPITEL
BANNISTER ISLAND, 1686

Die *Golden Fleece* war geleichtert und anschließend alle Rahen mittschiffs gebrasst worden. Anschließend hatte die *Marie-Claire* mit ihrem geringeren Tiefgang die Galeone so nah an den schmalen Strand im Norden von Bannister Island herangezogen, bis sie sanft auflief. Danach waren der gesamte Ballast und auch die Kanonen nach Backbord geschafft worden, sodass sich das Schiff bereits nach dieser Seite neigte. Nun kamen starke Taljen um die Mastköpfe, die um die dicksten und am tiefsten verwurzelten Bäume auf dem Steilufer oberhalb des Strandes geschlungen wurden. Als alle Mann mit anpackten und kräftig zogen, kippte die *Golden Fleece* immer mehr nach Backbord, und der Rumpf an Steuerbord kam aus dem Wasser heraus und wurde zugänglich. Ganze Muschelkolonien hatten sich an ihm festgesetzt und sowohl die Fahrt wie auch die Manövrierfähigkeit des Schiffes eingeschränkt. Sie galt es nun in mühevoller Handarbeit abzukratzen und die darunterliegenden Stellen mit Baumharz und Holzteer neu zu versiegeln. Glücklicherweise fand Jack aber kaum Spuren des gefürchteten Schiffsbohrwurms, eigentlich auch eine Muschelart, die aber das Aussehen eines Wurms hatte und ihr kleines Gehäuse dazu benutzte, sich durch Planken und selbst Spanten und Balken zu bohren, die dann unrettbar zerstört wurden und ersetzt werden mussten.

Der Captain schätzte, dass es etwa zwei Wochen brauchen würde, um die Backbordseite gründlich zu reinigen. Danach sollte die *Golden Fleece* wiederaufgerichtet, umgedreht und die Prozedur an Steuerbord wiederholt werden. Die Arbeit machte niemandem Spaß, war anstrengend und langwierig, aber nötig, wollte man erneut eine der schnellsten Galeonen in den westindischen Gewässern haben, mit der die Jagd auf Beuteschiffe einerseits Erfolg versprechend war und mit der man andererseits überlegenen Kriegsschiffen entkommen konnte.

Während ein Teil der Mannschaft ständig schrubbte und schabte und sich an den scharfkantigen Schalen der Muscheln blutige Hände holte, ging der andere in den Wäldern der gegenüberliegenden Halbinsel auf die Jagd oder fuhr zum Fischen hinaus in die Bucht, damit man ständig frische Nahrungsmittel hatte, wobei alle zwei Tage die Aufgaben gewechselt wurden. Die Männer achteten selbst darauf, dass sich keiner vor den unangenehmeren Arbeiten drückte. Meist wurde dann am Abend Feuer entfacht, an denen man die Ausbeute briet und ausgiebig mit Wein und Rum herunterspülte, wobei Jack allerdings streng darauf achtete, dass sich niemand über Gebühr betrank und im Suff womöglich einen Streit vom Zaune brach, was in den Tavernen und Wirtshäusern von Tortuga, Port Royal und anderen Hafenstädten durchaus an der Tagesordnung war, er auf seiner Insel, wo auf Dauer keiner dem anderen ausweichen konnte, aber ganz und gar nicht gebrauchen konnte. Ebenso wenig wie Reibereien, die beim Glücksspiel unausweichlich auftraten, weshalb auch dieses strengstens untersagt war. Wer trotzdem mit Würfeln oder Spielkarten erwischt wurde, dem blühten saftige Strafen. Meist mussten die Betreffenden dann zusätzliche, höchst unbeliebte Tätigkeiten verrichten, denn niemand erhob eine Peitsche gegen einen Freibeuter, wollte er nicht das eigene Leben riskieren, und die Todesstrafe wurde nur bei den schwerwiegendsten Verbrechen wie Feigheit vor dem Feind oder Verrat vollstreckt, und das Urteil musste immer einstimmig gesprochen werden.

Der Rumpf an der Backbordseite der *Golden Fleece* war mittlerweile weitestgehend sauber und abgedichtet. Am nächsten Tag sollte sie nach Steuerbord umgelegt werden, und Jack traf mit einigen Männern bereits alle Vorbereitungen, als der

Kutter, der zum Fischen ausgeschickt worden war, in aller Eile zurückkam. Ein Maat stand im Bug und gestikulierte wie wild, woraufhin dem Captain sofort klar war, dass etwas Bedeutsames passiert sein musste.

»Ein Schiff läuft in die Bucht ein!«, brüllte der Seemann schon von Weitem gegen Wind und Wellen an. »Es könnte sein, dass ihm sogar ein zweites folgt. Petersen hier meint, weitere Segel ausgemacht zu haben. Aber wir wollten uns nicht weiter mit Beobachtungen aufhalten, sondern Euch so schnell wie möglich benachrichtigen, Captain.«

»Gut gemacht, Miller!«, rief Jack dem Überbringer der Hiobsbotschaft zu und eilte zu seiner Hütte, die er sich mithilfe des Schiffszimmermannes unweit des Strandes gebaut hatte, um sein Fernrohr zu holen und gleich danach den Hügel zu erklimmen. Von hier oben und noch besser von einem zwischen zwei Bäumen errichteten Ausguck hatte man einen weiten Blick über die Bucht, und der Captain fragte sich, warum der Mann, der hier ständig Wache hielt, noch keinen Alarm geschlagen hatte. Aber den traf keine Schuld, denn ein Vorgebirge verdeckte ihm die Sicht auf den Zugang zur Bucht, und nur die Kutterbesatzung, die weit draußen ihre Netze ausgeworfen hatte, hatte weit hinaus aufs Meer schauen können. Der Captain kam gerade rechtzeitig, um zu sehen, wie sich ganz langsam und vorsichtig zuerst ein Bugspriet an dem südlichen Kap des Vorgebirges vorbei in sein Sichtfeld schob, dem nach und nach ein ganzes Schiff folgte und bald darauf noch ein weiteres.

»Großer Gott, zwei englische Fregatten!«, stieß William Lewis, der mittlerweile ebenfalls auf der Hügelkuppe angelangt war, entsetzt aus. »Wie haben sie uns nur gefunden?«

»Vorausgesetzt, dass sie überhaupt nach uns gesucht haben«, knurrte Jack. »Es könnte natürlich auch purer Zufall sein, wobei ich das für wenig wahrscheinlich halte. Aber jetzt haben sie uns, denn die *Golden Fleece* dürfte dort, wo sie jetzt liegt, nicht zu übersehen sein. Verdammt, sonst befand sie sich immer genauso gut versteckt hinter der Insel wie jetzt die *Marie-Claire!* Aber dort gab es einfach keine Möglichkeit, sie umzulegen, und ich hielt das Risiko für vertretbar. Das haben wir jetzt davon! Hätte ich sie doch nur in Tortuga in die Werft gegeben.«

»Um sich Vorwürfe zu machen, ist es jetzt zu spät«, meinte der junge Captain der Brigg ganz kühl, so wie es sich für einen Kommandanten geziemte. »Ich denke nicht, dass sie uns einen Freundschaftsbesuch abstatten wollen. Entweder haben sie die Bucht und damit uns tatsächlich zufällig entdeckt, oder wir sind verraten worden, was mir ebenso wie Euch wahrscheinlicher erscheint. Von wem auch immer.«

»Damit habe ich schon lange gerechnet und deshalb ja auch die Geschützstellungen anlegen lassen. Dieses ganze Gerede vom Herrn der Karibik war sicher nicht sehr hilfreich und hat bestimmt Neider auf den Plan gerufen. Vielleicht hat einer unserer abgängigen Seeleute seinem neuen Kapitän unser Versteck verraten und der es nach Port Royal weitergegeben, um sich leidige Konkurrenz vom Hals zu schaffen. Aber es ist müßig und reine Zeitverschwendung, darüber zu spekulieren. Wir müssen sofort alle unsere Männer zusammenholen und Verteidigungspositionen beziehen. Leicht werden wir es der Royal Navy jedenfalls nicht machen. Da sind wir schon mit ganz anderen Gegnern fertiggeworden.«

Aber ob uns das auch diesmal gelingen wird?, fragte sich William Lewis, sprach es aber nicht aus, weil er fürchtete, dann verzagt zu klingen, und sich diese Blöße auf gar keinen Fall geben wollte. Stattdessen bot er an, sich wieder nach unten zum Strand zu begeben und die besten Kanoniere nach oben zu schicken, damit die Geschützstellungen besetzt werden konnten. Jack stimmte zu, obwohl er nicht als Erster das Feuer eröffnen, sondern so lange wie möglich nicht preisgeben wollte, was die potenziellen Angreifer erwartete, kamen sie Bannister Island zu nahe.

Captain Spragg hatte den Captain der *Drake,* Thomas Mist, und Major Peter Beckford zu sich gebeten, um mit ihnen den Angriffsplan zu besprechen. Beide Fregatten lagen in Kiellinie gut verankert im tiefen Wasser am Eingang der Bucht und konnten auf diese Weise jede Flucht der *Golden Fleece* hinaus auf das offene Meer verhindern. Doch damit war es längst nicht getan, denn man wollte die Freibeuter schließlich fangen oder notfalls auch töten, und das war nur möglich, wenn man sie direkt angriff, denn es war kaum zu erwarten, dass sie sich freiwillig ergaben.

»Gentlemen, da nun eindeutig feststeht, dass dieser Pirat in Port Royal nicht gelogen hat, und wir die von ihm beschriebene Bucht gefunden haben, gilt es jetzt zu besprechen, wie wir weiter vorgehen wollen. Das Schiff, das dort an der Nordseite der Insel liegt und gerade gekielholt wird, ist unzweifelhaft diese berüchtigte Piratengaleone. Durch mein Rohr habe ich sogar den Widder mit dem goldenen Fell an ihrem Bug erkannt. Besser konnten wir es gar nicht treffen. Ich nehme an, dass die Piraten sich auf der Insel verschanzen werden, und nehme Vorschläge entgegen, wie wir sie dort am besten überwältigen oder gefangen nehmen können.«

»Sir, vielleicht sollten wir ein Boot mit einem Parlamentär zu ihnen schicken und eine ehrenvolle Kapitulation anbieten«, meldete sich der Captain der *Drake* zu Wort. »Das würde uns viel Zeit und auch Menschenleben sparen. Sie müssen doch einsehen, dass ihre Lage aussichtslos ist und es besser wäre, sich zu ergeben, als in einem hoffnungslosen Kampf zu fallen.«

»Glaubt mir, Mr Mist, die strecken ums Verrecken nicht die Waffen und wehren sich bis zum letzten Blutstropfen«, entgegnete der Major der Royal Marines. »Ich habe diesen Jack Bannister und seine Männer kämpfen sehen! Die wahren Teufel, kann ich Euch versichern. Und was haben sie denn zu verlieren, wenn sie sich uns widersetzen? Seit Gouverneur Molesworth derart rigoros gegen die Piraten vorgeht, weiß doch jeder von ihnen, dass er am Strick baumelt, werden wir seiner habhaft. Ich persönlich halte diese Vorgehensweise zwar nicht für besonders zielführend, wenn man dieser Plage Herr werden will, aber mich fragt ja niemand. Die Franzosen machen es klüger, sie bieten ihren Gefangenen die Begnadigung an, wenn sie fortan in ihrer Kriegsflotte dienen, und die Kapitäne erhalten großzügige Landsitze in ihren Kolonien, wo sie wie die Fürsten im alten Europa residieren. Seht Euch doch Henry Morgan an, mit ihm ist man ähnlich verfahren. Und heute lässt er Jagd auf seine ehemaligen Gefährten machen und ist ein gesetzestreuer Bürger geworden.«

»Der es im Geheimen immer noch mit seinen Saufkumpanen von damals hält und diesen Jack Bannister hat entkommen lassen«, schaltete sich Spragg ein. »Aber um über die Politik von Gouverneur Molesworth und der Krone zu debattieren, sind wir nicht hier und steht uns als Untergebenen und treuen Untertanen Seiner Majestät, König James II., auch nicht zu. Also, wie gehen wir vor? Ich bitte um Vorschläge, Gentlemen. Den von Captain Mist sehe ich ebenfalls als nicht sehr zielführend an.«

Der Gescholtene war noch jung, nicht lange in seiner Position und nahe daran, ob der erhaltenen Abfuhr einen Schmollmund zu ziehen. Doch es war sicher klüger, einen weiteren, besseren Vorschlag zu präsentieren und sich damit ins rechte Licht zu setzen.

»Wenn wir nicht verhandeln wollen, dann sollten wir sie gleich unsere geballte Kampfkraft spüren lassen. Wir können versuchen, unsere Schiffe weiter an die Insel heranzubringen, und sie dann mit Feuer aus unseren Geschützen belegen. Außerdem können wir auf diese Weise verhindern, dass sich die Piraten von der Insel auf das Festland absetzen und sich in die Wälder flüchten. Wenn sich nach dem Beschuss auf dem Eiland dann kaum noch etwas rührt, kann Major Beckford mit seinen Royal Marines landen und aufsammeln, was auf Bannister Island noch am Leben ist.«

»Der Vorschlag ist in Teilen gar nicht schlecht«, stimmte Spragg zu. »Nur denke ich, dass wir wenig Erfolg haben werden, wenn wir auf Felsen feuern. Die Insel ist dicht bewaldet, sodass wir die Piraten wohl kaum zu Gesicht bekommen werden. Es ist ja nicht anzunehmen, dass sie am Strand ein Sonnenbad nehmen, während wir uns nähern. Aber ihren Fluchtweg blockieren, das können wir schon. Und dann wird es auf Euch ankommen, Major. Denkt Ihr, dass Ihr mit Euren Männern auf der Insel landen und die Freibeuter zu Paaren treiben könnt?«

»Stellt Euch das nicht so leicht vor, Captain«, meinte der Angesprochene nachdenklich. »Greifen wir am Tag an, sind wir in unseren Booten die beste Zielscheibe, die man sich denken kann. Und gerade die Flibustier sind verdammt gute Schützen! Außerdem sehe ich zumindest von hier aus keine einzige Stelle, die sich für ein Landemanöver eignet. Teilweise steigen die Klippen senkrecht aus dem Meer bis zu einer geschätzten Höhe von fast zwanzig Yards auf, und dort, wo sich hinter ihnen zumindest ein schmaler Streifen Strand befindet, sieht es nicht viel anders aus. Wie sollen wir denn da hochkommen? Meine Männer haben schließlich keine Flügel! Jede Festungsmauer ist leichter zu erklimmen als solche ständig feuchten, brüchigen und steilen Felsen. Und wenn dann oben auf der Kante ein paar Piraten stehen, brauchen die nicht einmal Musketen. Steine reichen vollkommen, um jeden Versuch zu verhindern, die Klippen zu erklimmen.«

»Ich habe von Euch schon etwas mehr Unternehmungsgeist erwartet, Major«, fuhr der Captain den Kommandeur der Royal Marines an. »Wofür haben wir Euch und Eure Männer überhaupt mitgenommen, wenn Ihr nicht kämpfen wollt?«

»Sir, ich muss doch sehr bitten!«, brauste der Major auf. »Wir Royal Marines fürchten weder Tod noch Teufel! Aber es muss schon eine reelle Chance bestehen, überhaupt an Land zu kommen, wenn wir angreifen sollen. Alles andere wäre nur ein sinnloses Opfer.«

»Der Gefangene in Port Royal hat ausgesagt, dass sich am Westende der Insel ein breiter, sanft abfallender Sandstrand befindet, dem keine Klippen vorgelagert sind. Das wäre doch ein idealer Landungspunkt für Eure Boote, oder etwa nicht?«

»Durchaus, wenn dem so ist. Aber das müsste zuvor aufgeklärt werden. Entweder indem wir mit den Schiffen näher an die Insel herankommen und sie dann zur Gänze überblicken können, oder durch eine Umrundung mit einem Kutter. Gibt es diesen Strand, würde ich allerdings empfehlen, des Nachts anzugreifen. Dann sehen uns die Piraten nicht kommen, und das Überraschungsmoment ist auf unserer Seite. Außerdem möchte ich dem zustimmen, was Captain Mist vorgeschlagen hat. Wir werden zwar nicht viele Männer treffen, wenn wir die Insel unter Feuer nehmen, aber man darf dabei nicht außer Acht lassen, dass eine Dauerkanonade bei denen, die ihr ausgesetzt sind, ohne sich dagegen wehren zu können, eine zermürbende und sogar zersetzende Wirkung erzielen kann. Und wer weiß, vielleicht treffen wir ja auch ein paar Hütten, oder Männer werden durch herumfliegende Gesteinssplitter verletzt. Das kann deren Kampfmoral zusätzlich untergraben und durchaus zu einem leichteren Sieg beitragen.«

»Einverstanden, dann gehen wir so vor«, stimmte Spragg zu. »Am besten ist es, wir lassen die Fregatten von den Booten in den Kanal zwischen Insel und Festland hineinschleppen. Ihn auszuloten und dann vorsichtig aufzukreuzen, würde zu viel Zeit kosten. Dabei können wir auch die zusätzlichen Kutter, die für Euer Landeunternehmen vorgesehen sind, gut einsetzen und Eure Männer sich nützlich machen. Ein Boot schicken wir allerdings, wie Ihr vorgeschlagen habt, um die Insel herum, damit diese aus der Ferne kartografiert und Stellen ausfindig gemacht werden, an denen eine Landung möglich ist.«

»Und was machen wir mit dem Schiff, das da auf der Seite liegt?«, wollte Mist wissen. »Ein, zwei Breitseiten, wenn wir in Reichweite sind, und der Kahn schwimmt nie wieder.«

»Seid Ihr noch bei Trost?«, fuhr Spragg den Captain der *Drake* an, der ihm unterstellt war. »Das ist das gegenwärtig wohl berühmteste und gleichzeitig berüchtigtste Schiff in der gesamten Karibik und eine Trophäe, wie man sie sich nicht besser wünschen kann. Es muss uns gelingen, die *Golden Fleece* als Prise nach Port Royal zurückzubringen, von wo sie dieser Bannister einst gestohlen hat. Und an ihren Rahen lassen wir ihre Besatzung baumeln, wenn wir einlaufen, damit sich endlich herumspricht, wie es denen ergeht, die sich mit der Royal Navy anlegen.«

Ein bisschen sehr optimistisch, die beiden Jungs von der Navy, dachte der erfahrene und im Dienst ergraute Major der Royal Marines. *Aber ich wette meinen Monatssold gegen eine Flasche Rum, dass diese Piraten die eine oder andere Überraschung auf Lager haben werden, mit der wir garantiert nicht rechnen. Dieser Bannister ist mit allen Wassern gewaschen und wird sich mit Sicherheit nicht so leicht geschlagen geben, wie diese beiden Gentlemen meinen.*

»Genauso habe ich mir das gedacht«, murmelte Jack vor sich hin, der auf dem Ausguck saß und durch sein Rohr spähte. »Ich hätte es schließlich auch nicht anders gemacht. Aber kommt nur, meine Freunde, nur noch ein kleines Stückchen, dann werdet Ihr Euer blaues Wunder erleben.«

Sechs Boote zogen sowohl die *Drake,* die an vorderster Stelle platziert worden war, wie auch die *Falcon* in den Kanal hinein, der den einzigen schiffbaren Zugang zur Bucht von Samana bildete. Sie waren mit Seeleuten und Royal Marines bemannt, die man an ihren leuchtend roten Uniformröcken leicht erkennen konnte, und die Ruderer mussten sich stark ins Zeug legen, um die Fregatten hinter sich herzuschleppen. Aber andererseits war es auch kein ungewöhnliches Unterfangen, dass Boote wesentlich größere Schiffe zogen. Geriet ein Segler zum Beispiel in eine anhaltende Flaute, blieb oft nichts anderes übrig, als ihn mit Muskelkraft aus der Windstille zu schleppen, und die Besatzung musste dann oft tage-, ja, wochenlang pullen, bis Wind aufkam.

»Sollen wir ihnen mal eine verpassen, Captain?«, rief der Mastergunner von der Geschützbatterie, der es vor Ungeduld kaum noch aushielt, zu Jack hoch. »Sie sind schon in Reichweite unserer Sechsunddreißigpfünder. Ich bin mir sicher, die haben dort unten nichts Vergleichbares an Bord. Solche Kanonen gehören schließlich nicht zur Ausrüstung von Fregatten. Und zu uns nach oben schießen können sie sowieso nicht.«

»Ein ganz klein wenig Geduld noch, Samuel!«, rief Jack zurück. »Lasst sie noch das Cap dort drüben auf der Halbinsel passieren. Befindet sich das erste Schiff erst einmal in der Enge dahinter, wird es für beide schwieriger zu manövrieren. Und dann ist es wie Moorenten schießen, nur viel leichter.«

Die Männer an der Batterie lachten, und genau das hatte Jack erreichen wollen. Er befand sich auf dem südöstlichen, William Lewis auf dem nordwestlichen Hügel. Gemeinsam konnten sie die Navy-Schiffe ins Kreuzfeuer nehmen, doch damit das gelang, mussten diese noch etwas näher an die zweite Geschützstellung heran. Zwischen den Kanonen hatten die Männer kleine Gruben ausgehoben, in denen nahezu rauchlose Holzkohlenfeuer brannten. Kugeln lagen bereit, um darin zum Glühen gebracht zu werden, was jede Schiffsbesatzung fürchtete wie die Pest. Jack hatte vor, damit das Feuer zu eröffnen, was die garantiert ausbrechende Panik auf den Fregatten noch verstärken würde, kamen diese rot glühenden und einen Schweif hinter sich herziehenden Geschosse angeflogen. Der Umgang mit Feuerkugeln bedurfte allerdings großer Erfahrung, denn wurde zum Beispiel die Pulverladung nicht gut abgedämmt, konnte sie vorzeitig explodieren und das ganze Geschütz seiner Bedienmannschaft um die Ohren fliegen. Doch Jack verließ sich da ganz auf seinen Mastergunner, der ein sehr umsichtiger Mann war und sein Handwerk verstand.

Vom Ausguck am nordwestlichen Hügel wurde eine rote Fahne geschwenkt, was bedeutete, dass dort nun auch die *Drake* in Reichweite war.

Ausgerechnet die Drake müssen sie schicken, dachte Jack bei sich. Benannt war die Fregatte nach dem berühmtesten und erfolgreichsten Freibeuter, den Westindien je gesehen hatte, Sir Francis Drake. Vor Portobello ruhte der Mann, der maßgeblich am Sieg über die Spanische Armada beteiligt gewesen war und ungeheure Reichtümer nach England gebracht hatte, in einem Sarg aus Blei auf dem Meeresgrund, hieß es. Auf seiner letzten Kaperfahrt war er einer heimtückischen Krankheit erlegen, hatte aber selbst noch im Todeskampf versprochen zurückzukehren, sollte seine geliebte Heimat jemals wieder in Gefahr sein.

Dann wäre doch jetzt genau der richtige Zeitpunkt, Francis. Schließlich führt das Geschlecht der Stuarts unser Land gerade in den Abgrund und steht für all das, was du damals bekämpft hast, führte Jack den Gedankengang weiter und befahl dann mit fester und keinen Widerspruch duldender Stimme: »Feuer!«

Jeder der Gunner wusste genau, was sein Ziel war, und nahezu gleichzeitig entluden sich die jeweils vier Sechsunddreißigpfünder auf den beiden Stellungen, die von den Seeleuten auch Schiffsmörder genannt wurden.

Captain Spragg sah die Gefahr als Erster kommen. Er hatte ständig sein Rohr am Auge und suchte sorgfältig die Insel ab, der sie sich langsam näherten. Ihm dauerte das alles viel zu lange, doch was sollte er tun? Mehr Männer konnte er nicht in die Boote schicken, denn jeder verfügbare Riemen war bereits bemannt. Gerade glaubte er, Rauch auf einem der Hügel aufsteigen zu sehen, da hörte er auch schon das Donnergrollen schwerer Geschütze und sah sogar die Kugeln heranrasen, die einen Feuerschweif hinter sich herzogen. Spragg glaubte, dass sein Herz gleich stehen bleiben würde, denn er wusste genau, was das zu bedeuten hatte. Diese verfluchten Piraten hatten ihn in eine Falle gelockt, und er ahnungsloser Narr war prompt in sie hineingetappt!

Der Mastergunner hatte alle vier Geschütze selbst eingerichtet, und die Bedienmannschaften mussten mit den Rohren nur noch den Schiffsbewegungen folgen, bis der Befehl zum Feuern kam. Samuel Smith war ein wahrer Künstler, und es hieß, er könne mit einer Kanonenkugel sogar einen Spatzen von einem Dach schießen, wenn dieser nicht davonflatterte. Und das tat die *Falcon* nicht, die unter ihm geruhsam ihre Bahn zog. Von einer festen Position mit einem guten, weittragenden Geschütz auf solch ein Ziel zu feuern, sah Smith fast als unter seiner Würde an. Aber wenn der Captain das so wollte, sollte er auch bekommen, was er sich wünschte.

Drei Geschosse schlugen in den Rumpf der *Falcon* ein, wovon zwei glühende Kugeln waren, und das vierte verfehlte die Fregatte nur ganz knapp. Captain Spragg spürte die Einschläge und die Erschütterungen, und ihm war, als wären alle drei Treffer direkt in seinem Magen gelandet. Er krümmte sich zusammen, und von einem Moment auf den anderen wurde ihm speiübel. Doch er wusste, dass jetzt alle Blicke auf ihm ruhten und er sich ganz schnell fangen musste. Dann kam auch schon der Ruf »Feuer im Schiff!«, den er so sehr gefürchtet hatte, doch jetzt galt es, umsichtig und entschlossen zu handeln, um wenigstens noch das Schlimmste abzuwenden.

»An die Pumpen, Männer, löscht das Feuer!«, rief er den verbliebenen Seeleuten an Bord zu. »Lasst nicht zu, dass unser Schiff in Brand gerät. Und setzt die Segel, wir müssen aus dem Schussfeld raus, sonst versenkt uns dieses heimtückische Piratenpack. Ruder hart Steuerbord, bringt uns weg von dieser verdammten Insel und näher an das Festland heran. Dort müsste das Wasser ebenfalls tief sein, und wenn nicht, dann ist es auch nicht schlimmer, als wenn wir im Kugelhagel untergehen.«

Kaum waren die letzten Worte Spraggs verklungen, schlugen die nächsten Geschosse ein. Diesmal waren keine Feuerkugeln mehr dabei, das wäre zu aufwendig und langwierig gewesen. Doch dafür trafen alle vier Kugeln, eine davon den Fockmast kurz über dem Backdeck. Er verharrte noch einen Moment, nur noch gehalten von dem stehenden Gut, doch das starke Holz war durch den Volltreffer zu zwei Dritteln zersplittert, was auch die Takelage nicht ausgleichen konnte. Langsam neigte sich der Mast nach Backbord, um dann immer schneller umzuknicken und, die Rahen und die Wanten mit sich reißend, ins Meer zu stürzen.

Spragg war erneut einem Schlaganfall nahe, aber sein Erster Offizier handelte entschlossen. Er schickte jeden Mann, der nicht an den Pumpen gebraucht wurde, nach vorn, um das Tauwerk zu kappen, weil der schwere Mast sonst das Schiff zum Kentern bringen konnte. Er selbst packte auch mit an, warf dabei aber einen Blick auf die *Drake*, die sich ja vor der *Falcon* befand. Die etwas kleinere Fregatte schien es ebenso schwer getroffen zu haben wie ihr Schwesterschiff, auch wenn ihr bisher kein Mast fehlte.

Noch nicht, dachte der Erste bei sich, und hieb dann ebenso verzweifelt wie die Männer an seiner Seite auf die Taljen und Taue ein.

Unterdessen ging der mörderische Beschuss weiter, und Spragg, der wieder zu sich gekommen war, erkannte, dass ihm sein Schiff unter den Füßen weggeschossen würde, wenn er nicht schnellstens etwas unternahm. Er sah, wie die *Drake* im Feuer wendete, indem sie von den Booten, in denen die Ruderer um ihr Leben pullten, herumgezogen wurde. Gleiches musste auch mit der *Falcon* geschehen, sollte sie nicht hier an Ort und Stelle untergehen. Der Captain eilte deshalb ebenfalls nach vorn, kletterte über die Reste des Fockmastes und schrie den Männern in den Booten zu, die Fregatte herum und aus dem Feuer herauszuziehen. Er konnte nur hoffen, dass das schnell genug ging und sein Schiff noch schwamm, wenn das Manöver ausgeführt worden war.

»Feuer einstellen!«, rief Jack der Geschützbedienung zu. »Spart besser die Munition, wir werden sie vielleicht noch brauchen. Wir wollen die Schiffe ja nicht versenken, sonst haben wir nur die Überlebenden auf dem Hals. Ich denke, die haben vorerst genug. Aber ausgestanden ist das noch nicht, dafür kenne ich die Royal Navy zu gut. Solange die Schiffe in der Bucht sind, müssen wir auf einen erneuten Angriff gefasst sein. Erst wenn wir diesen ebenfalls zurückschlagen und sie große Verluste erleiden, besteht die Chance, dass sie sich zurückziehen. Ihr habt gut gekämpft, Männer. Jetzt haltet weiter Ausschau und gebt mir sofort Bescheid, sobald sich etwas tut. Ich will mich mit Captain Lewis beraten und alles vorbereiten, damit wir auch einen Landungsversuch abwehren können, mit dem ich fest rechne.«

Jack kletterte von seinem Ausguck herunter und eilte an den Strand, wo ihn sein Freund bereits erwartete. Beide spähten den sich langsam entfernenden Fregatten hinterher und sahen, wie nun auch der Besanmast der *Drake* über Bord ging. Er hatte offenbar ebenfalls einen Treffer abbekommen, sich jedoch länger in seiner Position gehalten, weil er nicht so groß und mächtig war wie der Fockmast der *Falcon,* und die Takelage ihn dadurch besser hatte stützen können.

»Meint Ihr, dass sie sich geschlagen geben und abziehen?«, fragte Lewis, klang dabei aber skeptisch.

»Nie im Leben«, knurrte Jack. »Der Tanz geht jetzt erst richtig los. Gut, wir hätten das Feuer noch länger aufrechterhalten und auch die Boote ins Visier nehmen können. Aber es widerstrebt mir zutiefst, womöglich ein paar Hundert Männer in den Tod zu schicken, die nur den Befehlen ihrer Vorgesetzten folgen, wenn es nicht unbedingt nötig ist. Doch wir sollten besser darauf gefasst sein, dass sie wiederkommen. Ich habe einen Kutter gesehen, der die Insel umkreist hat. Bestimmt, um eine Stelle auszumachen, die sich für ein Landeunternehmen eignet. Ich habe gesehen, dass sie jede Menge Royal Marines an Bord haben, die sie wohl als Nächstes gegen uns schicken werden. Darauf sollten wir uns gut vorbereiten, William, damit sie uns nicht überraschen.«

»Ist schon geschehen, Captain«, erwiderte William Lewis, der in Jack weiterhin seinen Vorgesetzten sah und sich ihm keineswegs gleichberechtigt fühlte. »Alle Aufträge sind ausgeführt und die Männer eingewiesen worden, so wie Ihr es befohlen habt. Außerdem habe ich mir selbst auch noch etwas einfallen lassen. Wollt Ihr das Kommando selbst übernehmen, oder soll ich das für Euch tun?«

»Es ist bei Euch in guten Händen, William. Ich vertraue Euch«, meinte Jack und klopfte seinem Freund auf die Schulter. »Wir machen es wie besprochen. Ich bleibe mit einer Gruppe Männer auf dem Hügel, damit wir notfalls überall schnell eingreifen können, wo Not am Manne ist. Glaubt mir, das ist noch lange nicht überstanden. Die Royal Marines haben immer ein paar Überraschungen auf Lager und sind eine Truppe, die man auf gar keinen Fall unterschätzen darf, will man nicht plötzlich in der Hölle wieder zu sich kommen.«

»Vorausgesetzt, wir irren uns nicht und sie kommen tatsächlich.« Der frischgebackene Captain der *Marie-Claire* war noch nicht restlos überzeugt.

»Seid versichert, William, das werden sie. So sicher, wie am Morgen die Sonne aufgeht.«

Captain Spragg tobte wie ein Berserker, auch wenn das ganz und gar nichts brachte. Kaum hatten die Schiffe das tiefe Fahrwasser an Eingang der Bucht erreicht, befahl er, sie so zu positionieren, dass die Insel gegenüber den Längsseiten seiner Fregatten lag. Und während ein Teil seiner Männer noch dabei war, die Feuer zu löschen, und andere, die entstandenen Verwüstungen wenigstens notdürftig zu beheben, rollten bereits die ersten Breitseiten über die See, und Geschosse wurden auf Bannister Island abgefeuert. Doch diese richteten keinerlei Schäden an, denn sie schlugen alle an der östlichen Schmalseite der Insel ein, wo sich keine Menschenseele aufhielt. Mit Ausnahme der Kanoniere auf dem darüberliegenden Hügel, den sie aber wegen seiner Höhenlage nicht erreichen konnten. Jack überlegte schon, die Kanonade erwidern zu lassen, nahm aber nach kurzem Nachdenken zumindest vorläufig davon Abstand. Sollten die Navy-Schiffe doch ihre Munition vergeuden und auf Korallenfelsen schießen, er wollte sie nicht davon abhalten. Und so rollte Breitseite auf Breitseite über die See, während die Piraten auf der anderen Seite der Insel, ungesehen und gut geschützt, Fleisch brieten oder die köstliche Fischsuppe genossen, die der Smutje in einem großen Kessel nach Rezepten aus seiner südfranzösischen Heimat zubereitet hatte, sich im weichen Sand aalten und zur Abkühlung ab und zu ins Meer sprangen. Nur Alkohol war strengstens untersagt, und da ein jeder den Sinn hinter diesem Befehl verstand, wurde er auch klaglos akzeptiert.

Major Beckford hatte zu der Kutterbesatzung gehört, die die Insel nahezu umrundet und das Desaster der Fregatten natürlich mit angesehen hatte. Jetzt war er zurückgekehrt, und während er an Bord der *Falcon* kletterte, konnte er nur den Kopf über die unsinnige Munitionsverschwendung schütteln. Zwar hatte auch er befürwortet, Bannister Island zu beschießen, doch zu jenem Zeitpunkt war er noch davon ausgegangen, dass sie näher herankommen würden und die nördliche Längsseite der Insel unter Feuer nehmen konnten. Er eilte auf das Achterdeck, wo Spragg mit auf dem Rücken verschränkten Armen stand und mit zusammengekniffenen Augen zu den Felswänden hinüberstarrte, so als wollte er sie durch bloße Willenskraft dazu bringen, ins Meer zu stürzen.

»Eure Sechzehnpfünder werden gegen die Korallenklippen wenig ausrichten«, meinte der Major sarkastisch, als er neben dem Captain angelangt war. »Es ist völlig unsinnig, was Ihr da praktiziert, wenn ich mir die Bemerkung erlauben darf.«

»Nein, dürft Ihr nicht!«, fuhr Spragg den Kommandeur der Royal Marines an. »Was sollen wir denn Eurer geschätzten Meinung nach sonst tun? Vielleicht gar nichts, während man sich dort drüben die Bäuche vor Lachen hält? Am liebsten würde ich meinen Männern befehlen, in die Boote zu gehen und die Insel im Sturm zu erobern. Ich hoffe doch sehr, dass Eure Marinesoldaten sich daran beteiligen und in der ersten Linie kämpfen werden.«

»Ganz sicher, aber nicht bei Tageslicht. Wir haben Neumond, die Nacht wird dunkel. Beste Voraussetzungen für einen Überraschungsangriff. Und dafür habe ich im Westen der Insel auch eine passende Stelle ausmachen können. Dort ist der Strand breit genug, sodass wir mit allen Kuttern gleichzeitig auflaufen und unsere Überlegenheit voll ausspielen können. Dahinter steigt das Land sanft an, und es gibt nur weit auseinanderstehende Palmen, ideal für eine Schützenlinie. Haben wir erst einmal auf der Insel Fuß gefasst, kämmen wir sie von West nach Ost durch. Und einen möglichen Ausgangspunkt für einen weiteren Angriff habe ich auch. So können wir die Piraten von zwei Seiten unter Feuer nehmen, was uns wohl den Sieg bescheren sollte.«

»Gut, dann machen wir es so«, stimmte der Captain zu und klang schon etwas versöhnlicher. »Doch zuvor will ich versuchen, ob wir nicht zumindest diese verfluchte Batterie dort oben auf dem Hügel ausschalten können.«

»Mit Euren Breitseiten?« Der Major war skeptisch. »Völlig ausgeschlossen. Die Kanonen schaffen den Winkel nicht, ohne dass Ihr das Schiff stark nach backbord krängen lasst. Und dazu würde ich bei den vorhandenen Schäden am Rumpf auf gar keinen Fall raten.«

»Das lasst mal meine Sorge sein, Major. Davon verstehe ich mehr als Ihr, denn Ihr seid schließlich kein Seemann. Aber keine Sorge, wir lassen die *Falcon* aufrecht. Ich will es mit den Sakern versuchen.«

Saker, benannt nach den großen Würgfalken, die gern zur Greifvogeljagd verwendet wurden, waren kleinkalibrige, aber langrohrige Kanonen, die ihre Geschosse über weite Distanzen ins Ziel bringen konnten. Die Fregatte führte davon zwei als Jagdgeschütze im Bug, und die ließ Spragg jetzt aufs Achterdeck bringen. Die Kugeln der Saker konnten zwar keine Bordwände aus Eichenbohlen durchschlagen, wohl aber das schwache Spiegelheck eines Schiffes oder dessen Ruderanlage zerstören und auch in der Takelage beachtliche Schäden anrichten. Ihre Lafetten ließen, wenn sie auf Deck standen und nicht durch Kanonenluken feuern mussten, einen Rohrwinkel von fünfundvierzig Grad zu, und sie schossen ihre fünfpfündige Kugel bis zu zwei Meilen weit. Mit diesen Geschützen wollte Spragg jetzt versuchen, die Batterien der Piraten auf den Hügeln unter Feuer zu nehmen. Das Problem war nur, dass diese nicht zu sehen waren, denn Jack hatte sie gut mit Sträuchern und Blattwerk tarnen lassen. Es musste also auf gut Glück auf die Kuppen gefeuert werden, was nicht sehr erfolgversprechend war. Und doch sollte es überraschenderweise gelingen, aber der kurzfristige Erfolg hätte fast zum Totalverlust der Navy-Fregatten geführt.

Die ersten Schüsse der Saker waren zu kurz, die nächsten zu weit, aber dann traf tatsächlich eine Kugel die Lafette eines der Sechsunddreißigpfünder und warf dabei sogar die Kanone um. Von den herumfliegenden Holzsplittern wurden zwei Männer verletzt, allerdings nicht schwer. Doch einen hatte es böse erwischt, denn er hatte hinter dem getroffenen Geschütz gestanden, und es war zum Teil auf ihn gefallen und hatte ihm den Unterkörper zerquetscht. Jack, der herbeigeeilt kam, sah, dass dem Kanonier nicht mehr zu helfen war. Dem Captain blieb nur noch, ihm die Augen zuzudrücken, und er spürte die Blicke der anderen Männer auf sich ruhen, als er sich aufrichtete.

»Gut, sie haben es nicht anders gewollt«, knurrte er wie ein hungriger Wolf, bevor er in den Schafspferch einfiel. »Ich hätte sie entkommen lassen, aber jetzt ist meine Geduld erschöpft. Nehmt die Fregatten unter Feuer! Versucht, sie nicht unter der Wasserlinie zu treffen, sonst gehen die Überlebenden hier irgendwo an Land, und wir werden sie gar nicht wieder los. Aber von ihren Masten, der Takelage und den Aufbauten braucht nichts übrig zu bleiben. Sollen sie doch nach Port Royal zurückrudern, wenn sie den Kampf unbedingt auf die Spitze treiben müssen!«

Nichts taten die Kanoniere lieber als das, was ihnen ihr Captain befohlen hatte. Sie wollten ihren toten Kameraden rächen und der Royal Navy eine Abreibung verpassen, an die diese noch lange denken sollte. Nur schade, dass sie die Fregatten nicht auf den Grund des Meeres schicken durften. Aber die Gründe, die ihr Anführer dafür vorgebracht hatte, leuchteten ihnen ein. Wenn ein Schiff sank, ging der Großteil der Besatzung meist rechtzeitig in die Boote. Und wütende und nach Rache dürstende Männer der Royal Navy, ob Seeleute oder Marinesoldaten, auf der benachbarten Halbinsel, wollte keiner der Freibeuter haben. Sie konnten einem das Leben auf Bannister Island zur Hölle machen, indem sie immer wieder vom Festland zur Insel übersetzten und Überfälle verübten. Man würde dann keine Nacht mehr ruhig schlafen können, bis die *Golden Fleece* wieder auslief, und an diesem Szenario war niemand interessiert.

Über die *Falcon* und die *Drake* brach die Hölle herein. Hatten sie schon im Feuer gestanden, als sie versucht hatten, sich Bannister Island zu nähern, so war das gar nichts gegen das, was jetzt geschah. Die Sechsunddreißigpfünder schossen Salve um Salve von ihren Höhen herab, und man nannte sie nicht umsonst Schiffsmörder. Was die kleinkalibrigen Saker nicht schafften, gelang ihnen mühelos. Bald hing die gesamte Takelage der

Fregatten in Fetzen, die Bordwände wurden wie mit gewaltigen Hämmern zerschlagen, die *Drake* verlor ihren Großmast unterhalb der Marsrahe, und unzählige Männer wurden verletzt und getötet. Der Beschuss dauerte kaum eine Stunde, da waren die beiden stolzen Kriegsschiffe der Royal Navy nur noch Wracks, die mühsam aus dem Schussbereich gezogen werden mussten.

Captain Spragg war am Boden zerstört, Captain Mist schwer verwundet, sodass alle Hoffnungen, das Unternehmen, wenn schon nicht zu einem guten, dann doch wenigstens zu einem einigermaßen erfolgreichen Ende zu bringen, nun auf Major Beckford und seinen Marinesoldaten ruhten. Diese hatten natürlich ebenfalls Verluste erlitten, aber als sich endlich die Nacht über die Bucht von Samana herabsenkte und das Feuer eingestellt wurde, gingen einhundertzwanzig Marinesoldaten in die Boote, bereit, auch dem letzten Piraten den Garaus zu machen und ihre verletzten und getöteten Kameraden zu rächen. Gnade würde niemand auf der Insel finden, und manch einer der Rotröcke malte sich schon aus, wie er seinen Säbel in einen Leib stieß oder mit seiner Muskete auf fliehende Freibeuter schoss.

Die Boote schlugen einen weiten Bogen nach Süden, um sich Bannister Island von Westen her nähern zu können. Auch in der schwärzesten Nacht ist Land immer noch dunkler als die See und ein heller Strand erkennbar. Alle Riemen waren an ihren Auflagen mit Lappen umwickelt worden, sodass sie keine Geräusche verursachten, wenn sie durchgezogen wurden, und da es sich um geschulte Ruderer handelte, patschten die Ruderblätter auch nicht auf das Wasser.

In breiter Front näherte man sich dem einladenden Strand. Dass der Sand beim Auflaufen der Kutter knirschte, war nicht zu verhindern, doch Major Beckford ging es durch Mark und Bein, als einer seiner Männer, der vom Boot aus an Land gesprungen war, plötzlich vor Schmerz aufschrie. Seeleute und auch Marinesoldaten trugen in tropischen Gewässern meist keine Schuhe, sondern liefen im Gegensatz zu ihren Offizieren barfuß. Ihre Fußsohlen waren deshalb auch mit Hornhaut überzogen, sodass ihnen kleine Steine, Äste oder Ähnliches nichts ausmachten. Anders sah es allerdings bei Glasscherben aus, mit denen der ganze Strand gespickt war.

Jack hatte alle Rumflaschen zerschlagen und die Bruchstücke an dem vermuteten Landungsabschnitt ausstreuen lassen. Der Weg an Land wurde so für die Royal Marines zu einer einzigen Tortur, und von einer leisen Annäherung konnte keine Rede mehr sein, sondern laute Flüche und Verwünschungen schallten durch die Nacht, obwohl der Major und auch die ihm untergeordneten Offiziere und Sergeanten sofort versuchten, die Ordnung wiederherzustellen und das Gebrüll zu unterbinden. Doch sie trugen schließlich auch Lederstiefel, durch deren dicke Sohlen die Glasscherben nur in Ausnahmefällen drangen.

Peter Beckford hätte sich am liebsten die Haare gerauft, doch die waren unter der großen und schweren Allongeperücke verborgen, die ihm seine Würde zu tragen gebot. Aber der Lärm, den seine Soldaten veranstalteten und der jeden Überraschungsangriff zunichtemachte, wurde gleich darauf durch das Donnern von Kanonen getoppt, die den Landungsabschnitt mit Kartätschen unter Feuer nahmen. Vier- und Neunpfünder standen links und rechts vom Strand auf kleinen Erhebungen und feuerten jetzt in die geballte Masse der Angreifer hinein. Sie waren mit gehacktem Blei, rostigen Nägeln und allem, was verletzen konnte und sich an Bord der *Golden Fleece* befunden hatte, geladen worden und richteten ein furchtbares Blutbad unter den Royal Marines an. Doch das waren tapfere Soldaten, die gelernt hatten, auch unter Beschuss standzuhalten, und als sie von ihren Offizieren und Sergeanten gegen die Geschützstellungen geschickt wurden, gingen sie auch, deren Befehlen folgend, vor und griffen mit dem Schlachtruf »Saint George!«

auf den Lippen entschlossen an. Etliche von ihnen starben noch im Feuer oder wälzten sich schwer verwundet auf dem Boden, doch dann hatten sie die Batterien erreicht. Aber von den Geschützbedienungen fehlte jede Spur, und als man die Kanonen untersuchte, waren diese vernagelt und somit unbrauchbar gemacht worden.

Der Major sammelte daraufhin seine Truppen und musste feststellen, dass mehr als ein Drittel seiner Männer gefallen und ein weiteres verwundet worden war. Trotzdem ließ er Reihen bilden, um ins Innere der Insel vorzurücken. Noch glaubte er daran, die Piraten besiegen zu können, doch er sollte eine weitere, böse Überraschung erleben.

Die verborgenen Geschützstellungen waren Jack Bannisters Idee gewesen, doch William Lewis hatte ein Stück weit hinter dem Strand eine Brustwehr aus gefällten Bäumen und mit Sand gefüllten Fässern und Säcken errichten lassen, hinter der die besten Schützen der Freibeuter, die Flibustier, standen. Jeder von ihnen hatte zwei Helfer, die ihm die Musketen luden und reichten, und so schlug Salve um Salve den Royal Marines entgegen, als sie sich der Barrikade näherten.

Peter Beckford sah seine Männer rings um sich herum fallen und war am Verzweifeln. Mit was für einem Gegner hatte er es hier nur zu tun? Diese Piraten kämpften besser und disziplinierter als alle regulären Einheiten, in denen er bisher gedient hatte. Einen letzten Versuch wollte er noch starten, denn es widerstrebte ihm zutiefst, sich geschlagen zu geben. Lieber wollte er hier auf dieser Insel sterben, als sich schmählich zurückzuziehen.

Der Major, der bisher, wie es seine Aufgabe war, die Truppe von hinten kommandiert hatte, zog seinen Säbel, brüllte, so laut er konnte: »Mir nach, Royal Marines!«, und stürmte an seinen Soldaten vorbei nach vorn. Weit kam er allerdings nicht, denn eine Musketenkugel streckte ihn nieder, und hätte ein Sergeant nicht die Geistesgegenwärtigkeit besessen, ihn noch im Sturz aufzufangen und zu den Booten zu ziehen, wäre er wohl am Strand von Bannister Island verblutet.

Der Stellvertreter des Majors, ein Hauptmann, war bereits gefallen, und so übernahm ein blutjunger Lieutenant das Kommando und befahl den sofortigen Rückzug. Doch die Piraten hatten Blut geleckt und setzten nach. Mit Entermessern und Säbeln hieben sie auf die sich absetzenden Marinesoldaten ein, und so manch einer verlor noch sein Leben, die rettenden Boote bereits in Sicht. Niemand achtete mehr auf die Glasscherben am Strand, nur weg von dieser verfluchten Insel, lautete die Devise. Mehr als hundertzwanzig Marines und Seeleute waren in der Schlacht um Bannister Island gefallen, ein Verlust, den die Royal Navy in diesem Ausmaß in den Kolonien noch nie erlitten hatte.

Den Kampf am Strand hatte William Lewis befehligt und sich damit endgültig den Respekt seiner Männer verdient. Jack hingegen, der sich mit einer Reserve in der Mitte der Insel bereithielt, beobachtete etwas, das ihn mit großer Sorge erfüllte. Er sah einen Lichtschein genau dort, wo die *Golden Fleece* auf der Seite lag. Waren dies womöglich feindliche Kräfte mit Fackeln, die sich an seinem Schiff zu schaffen machten? Wenn ja, mussten sie sofort von dort vertrieben werden, damit sie keinen Schaden anrichten konnten. Und während im Westen der Insel die Schlacht tobte, stürmte Jack, gefolgt von zwei Dutzend seiner Männer, eine schmale, steinige Rinne hinunter, die sich zwischen den beiden Hügeln befand, um an das Nordufer der Insel zu gelangen. Und richtig, selbst in der rabenschwarzen Nacht waren Bewegungen auf dem Schiffskörper zu erkennen.

Jack hatte keine Ahnung, wie viele Feinde sich auf der *Golden Fleece* befanden, nur dass sie dort nicht bleiben durften, das stand für ihn felsenfest. Doch eins durfte er auch nicht tun – mit seinen Kameraden blindwütig in eine Falle stolpern. Was, wenn der Major hier starke Kräfte versammelt hatte, um eine zweite Ausgangsbasis für die Eroberung der Insel zu schaffen? Dafür wäre die Galeone bestens geeignet, denn auch wenn sie gegenwärtig auf der Seite lag, bot sie doch Deckung und genügend Raum, um eine Angriffswelle zu formieren.

»Schlagt die Taljen durch!«, rief der Captain seinen Begleitern zu. »Dann richtet sich die *Golden Fleece* auf, und sie fliegen ins Meer. Schnell, bevor sie ins Schiffsinnere gelangen können.«

Die Männer ließen sich das nicht zweimal sagen, denn die *Golden Fleece* war ihr Zuhause, ihre Zuflucht und auch ihr Broterwerb. Ohne das Schiff waren sie gar nichts, nur noch verachtenswerte Landratten, die nichts vom freien Leben auf See wussten. Mit ihren Entermessern hieben sie auf die armdicken Taljen ein, die sowohl um die Mastköpfe der Galeone als auch um Bäume auf der Klippe geschlungen waren. Doch dabei gingen sie nicht sehr gleichmäßig vor, denn zuerst rissen die Taue, die den Großmast, dann die, die den Besan hielten. Jetzt begann sich das Schiff aufzurichten, doch der Fockmast war noch fixiert, und die Kraft, die jetzt auf ihn einwirkte, riss ihn aus dem Mastschuh am Kiel.

»Oh nein«, stöhnte der Captain auf und hätte am liebsten die Hände vor das Gesicht geschlagen, um die sich anbahnende Katastrophe nicht mit ansehen zu müssen. Wie bei der *Falcon,* dort allerdings unter Beschuss, kippte der Fockmast nach Backbord und zerstörte dabei nahezu das gesamte Vorschiff und die Back. Doch die *Golden Fleece* hatte sich aufgerichtet und schwamm, und vielleicht war sie ja noch zu retten.

Jack rannte hinunter an den Strand, warf sich ins Wasser und schwamm zu seinem Schiff, als ginge es um sein Leben. An einem Tau kletterte er an Bord, und als er sich über die Reling schwang, wäre das um ein Haar sein Ende gewesen. Ein hünenhafter Sergeant der Royal Marines stürzte sich auf ihn und hätte ihn wohl mit seinem Säbel in zwei Hälften gespalten, wenn Jack nicht auf dem rutschigen Deck ausgeglitten und gestürzt wäre. Statt ihn traf es nun einen seiner Männer, der hinter ihm hinaufgeklettert kam. Der Captain hatte als einzige Waffe ein Messer im Gürtel, das er jetzt blitzschnell zog und dem Marinesoldaten von hinten ins Herz stieß, bevor dieser sich zu ihm umwenden konnte. Ein paar weitere Marines, die offenbar durch Geschützluken in das Innere des Schiffes und jetzt an Deck gelangt waren, sahen ihren Anführer fallen und suchten daraufhin fluchtartig das Weite. Sie sprangen über Bord und versuchten schwimmend, den Kutter zu erreichen, der sie hergebracht hatte.

Der Captain erkannte schnell, dass die Gefahr vorüber war und er sich um sein Schiff kümmern konnte, ohne befürchten zu müssen, dabei umgebracht zu werden. Er hatte den Eindruck, dass sich die *Golden Fleece* in Richtung auf den Bug senkte, aber das wollte er sich auf der Stelle genauer ansehen. Jack hastete die Niedergänge bis zur Bilge hinunter, denn er hörte von dort ein Rauschen, das ihm trotz der Kühle der Nacht den Schweiß auf die Stirn trieb. Er sah zwar so gut wie nichts, aber als er am tiefsten Punkt seines Schiffes angekommen war und die letzten Stufen der Leiter hinabsprang, stand er bis zur Hüfte im Wasser, wo normalerweise höchstens eine Handbreit sein durfte.

Jack war sofort klar, was das bedeutete. Der Fockmast musste ein Leck in den Schiffsboden gerissen haben, als er aus seiner Verankerung am Kiel gebrochen war.

»Bringt mir eine Fackel oder irgendein Licht!«, schrie Jack nach oben, und es dauerte nicht lange, bis ein Mann mit einem brennenden Ast auftauchte. Der Captain leuchtete nach vorn und nach unten, und seine schlimmsten Befürchtungen wurden wahr. Das Wasser strömte durch ein riesiges Leck in das Schiff hinein. Mehrere Planken, aber auch Spanten und vielleicht sogar der Kiel waren gebrochen. Die Schlacht gegen die Royal Navy hatten sie gewonnen, doch die *Golden Fleece* war unrettbar verloren.

Als die Sonne aufging, hatten sich alle Männer am Rand der Klippe versammelt und sahen zu, wie ihr Schiff endgültig unterging. Jack war es, als risse man ihm bei lebendigem Leib das Herz aus der Brust. Bisher hatte er sich nur einmal in seinem Leben vergleichbar elend gefühlt – als er gesehen hatte, wie seine Frau von James Stuart gevögelt wurde. Zum zweiten Mal verlor er seine große Liebe und sah sie vor seinen Augen im Meer verschwinden. Der schmale Strand ging hier nicht sanft in das Meer über, sondern fiel gleich nach dem Ufer steil ab. Deshalb hatte man die Stelle ja auch gewählt, um die Galeone umzulegen und ihren Rumpf zu säubern. Und nun wurde ihr genau das zum Verhängnis. Sie legte sich nicht auf die Seite, sondern ging langsam, aber stetig unter, weil sie ganz einfach volllief. Zuerst verschwanden die Kanonenluken im Wasser, dann folgten die Kuhl, das Oberdeck, die Back und zuletzt Jacks geliebte Poop, auf der er so gern gestanden und über sein Schiff hinweg auf das Meer hinausgeschaut hatte. Nur der Groß- und der Besanmast ragten noch aus der See heraus und würden dies wohl noch eine ganze Weile lang tun, denn um sie ebenfalls im Wasser verschwinden zu lassen, dafür war die Stelle nun auch wieder nicht tief genug.

Jack und viele seiner Männer, alle durch die Bank weg hartgesottene Freibeuter, bekamen feuchte Augen. Was hatten sie nicht alles auf diesem Schiff erlebt, was nicht alles zusammen mit ihm durchgestanden! Nie hatte die *Golden Fleece* sie im Stich gelassen, weder im Gefecht noch im stärksten Sturm. Sie war der Stolz der Meere gewesen, und ihren Captain nannte man nicht zuletzt wegen ihr den Herrn der Karibik. Und nun ging sie unter, nicht versenkt durch feindliche Kugeln, sondern durch ein Missgeschick, das vermeidbar gewesen wäre. Schuld, darüber waren sich alle einig, war letztlich der Angriff der Royal Navy, aber was sollte diese Zuweisung bringen? Jetzt musste entschieden werden, wie es weitergehen sollte, doch zuvor galt es, Abschied zu nehmen von etwas, das allen mehr als nur ein guter Freund gewesen war. Und als die Decks der *Golden Fleece* von Wasser bedeckt waren, warfen Männer, die sonst nicht zögerten, fremde Schiffe zu kapern oder Städte niederzubrennen, Blumen ins Meer und weinten bittere Tränen.

Captain Spragg saß an Major Beckfords Koje, um sich mit ihm zu beraten. Dessen Schulter war verbunden, und sein Arm ruhte in einer Schlinge. Der Offizier hatte viel Blut verloren, die Kugel aber seine Schulter glatt durchschlagen, ohne ein lebenswichtiges Organ zu verletzen. Das war nun schon das zweite Mal, dass er bei dem Versuch, Jack Bannister zu ergreifen, gescheitert und noch dazu verwundet worden war. Sollte es ein drittes Mal geben, das hatte er sich selbst geschworen, musste es einfach gelingen. Vorausgesetzt, er überstand das Wundfieber und die Navy schaffte es, die beiden stark ramponierten Fregatten zurück nach Port Royal zu bringen.

»Ich weiß nicht, ob es nicht besser wäre, mir eine Kugel durch den Kopf zu jagen«, jammerte der Captain. »Solch eine Schmach hat unsere Flotte in der Karibik noch nie hinnehmen müssen! Zwei Fregatten nur noch bessere Wracks, mehr als einhundertzwanzig Männer gefallen, mindestens die gleiche Anzahl verletzt. Der Doktor ist am Rande eines Zusammenbruchs, so sehr schuftet er. Ich will gar nicht wissen, wie viele Arme und Beine er in dieser Nacht amputiert hat. Es ist eine einzige Katastrophe! Wie soll ich mich je wieder unter meinesgleichen blicken lassen? Ihr habt Euch wenigstens tapfer geschlagen und seid verwundet worden. Ich hingegen habe nicht einmal einen Kratzer abbekommen, was mir, ehrlich gesagt, mehr als peinlich ist. Aber ich schwöre, ich stand während des gesamten Beschusses auf dem Achterdeck und habe niemals Deckung gesucht! Doch was wird mir das nützen, wenn es zu einem Kriegsgerichtsverfahren kommt? Und dass der Gouverneur ein solches anstreben wird, dessen bin ich mir ganz sicher.«

»Dann sitze ich allerdings neben Euch auf der Anklagebank«, meinte Beckford und versuchte, sich stöhnend aufzurichten, was ihm aber nicht gelingen wollte, weil er einfach zu schwach dafür war. »Ich habe fast ein ganzes Bataillon Royal Marines in den Untergang geführt. Wer konnte aber auch ahnen, dass diese Piratenbande derart gut vorbereitet war? Von diesem Franzosen de Grammont hieß es, er würde seine Unternehmungen wie ein General planen. Aber nichts dergleichen hat man je von Bannister gehört. Doch wir hätten schlauer sein müssen. Die *Golden Fleece* aus dem Hafen von Port Royal zu stehlen, ist schon eine Meisterleistung gewesen, und den Titel Herr der Karibik verdient man sich auch nicht im Vorübergehen. Jetzt ist er es wirklich, denn wer wird noch gegen ihn segeln und kämpfen wollen? Hat die Royal Navy überhaupt noch Schiffe, die sie gegen ihn schicken kann?«

»Die Frage ist, ob das in nächster Zeit überhaupt nötig sein wird. Die letzte Kutterbesatzung, die zurückgekehrt ist, hat berichtet, dass die berüchtigte *Golden Fleece* schwer beschädigt worden ist. Ich hatte zwar eigentlich die Absicht, sie als Prise nach Port Royal zurückzubringen, aber so können wir wenigstens einen kleinen Erfolg verbuchen.«

»Ich habe bei meiner Rundfahrt im Nordwesten der Insel noch ein zweites Schiff etwas weiter landab liegen sehen. Eine schmucke, recht neue Brigg. Selbst wenn die *Golden Fleece* beschädigt ist, wird es wohl nicht lange dauern, bis wir wieder von Jack Bannister und seinen Raubzügen hören.«

»Großer Gott, dann sollten wir machen, dass wir von hier wegkommen. Wenn sie uns womöglich mit diesem Schiff verfolgen, werden wir ihm mit unseren lädierten Fregatten kaum entkommen können. Solche Briggs sind meist schnell und wendig. Fehlte gerade noch, dass die Piraten mit ihr versuchen, zu Ende zu bringen, was ihnen bisher noch nicht zur Gänze gelungen ist.«

»Sind denn Eure Schiffe überhaupt noch in der Lage, zu segeln?«, wollte der Major wissen. »Ich bin zwar kein Seemann, aber so viel verstehe ich von der Schifffahrt auch, dass es schwerfällt, sich ohne Masten von der Stelle zu bewegen. Bis Port Royal werdet Ihr die Fregatten kaum durch Boote schleppen lassen können. Das übersteht keine Mannschaft.«

»Nein, das ist keine Option«, stimmte Spragg zu. »Die Zimmerleute, Rigger und Segelmeister arbeiten schon an einer Notbesegelung. Wir haben noch zwei Masten, die *Drake* zwar nur noch einen, aber ein Besan lässt sich aus einer Rah herstellen. Zumindest übergangsweise. Damit sollten wir es bis nach Jamaica schaffen. Vorausgesetzt, wir kommen in keinen Sturm und werden in kein Gefecht verwickelt. Wenn allerdings auch nur eins davon eintritt, können wir alle unser Testament machen. Nichts davon würden unsere Schiffe überstehen.«

»Nun, dann lasst Euch nicht aufhalten, Captain«, seufzte der Major, der es jetzt schon leid war, ans Bett gefesselt zu sein. »Wie man bei uns Marines zu sagen pflegt: Diese Schlacht mag vielleicht verloren sein, aber der Krieg ist noch nicht zu Ende. Eines Tages bekommen wir diesen Bannister und seine ganze Bande zu fassen, und dann gnade ihnen Gott!«

Oder uns, dachte Spragg, behielt es aber für sich. Auch er sann auf Rache, doch zuvor galt es, die Überlebenden und die Schiffe, oder besser, was von ihnen übrig geblieben war, zurück nach Port Royal zu schaffen. Dort konnten dann die Werftmeister sehen, ob sie noch zu retten waren. Wie er Gouverneur Hender Molesworth unter die Augen treten sollte, war dem Captain allerdings noch immer unklar. Und auch, ob er diese Begegnung überleben würde. Aber was blieb ihm anderes übrig, als sich ihr zu stellen? Eine Kugel in den Kopf war auch keine Lösung und letztlich nur ein Zeichen von Feigheit. Wie Major Beckford schwor sich auch Captain Spragg, dass er nicht eher rasten und ruhen würde, bis Jack Bannister entweder tot oder gefangen war, wobei das Letztere wohl unweigerlich auch das Erstere nach sich ziehen würde.

Jack stand allein auf einer Klippe und sah den beiden Navy-Schiffen nach, die sich mühsam unter Notsegeln aus der Bucht schleppten. Doch nicht einmal mehr dazu war die *Golden Fleece* in der Lage. Sie ruhte nun für alle Zeiten auf dem Grund des Meeres, doch vielleicht würde sie wie die Seelen der Verstorbenen am Tag des Jüngsten Gerichts wiedererweckt werden und noch einmal stolz über die weite See segeln. Er versuchte, sich das vorzustellen und daran zu glauben, doch es wollte ihm nicht gelingen.

Dem Captain war klar, dass er letztlich alles verloren hatte, und nicht einmal das war er mehr, ein Captain. Denn was sollte der Titel ohne das dazugehörige Schiff? Und die Insel mussten sie auch aufgeben, denn sie war nun zumindest der Royal Navy bekannt. Die würde unter allen Umständen zurückkommen, mit noch stärkeren Schiffen und noch mehr Royal Marines, das war so sicher wie das Amen in der papistischen Kirche.

Jack stieg von dem Hügel hinab und ging hinunter zum Strand. Hier lagen immer noch unzählige Tote, und der gestern noch nahezu weiße, feine Sand war nun rot gefärbt von all dem Blut, das hier vergossen worden war. Die Insel hatte ihre Unschuld verloren, und was ihm einmal wie das Paradies vorgekommen war, hatte sich binnen Stunden in eine Hölle verwandelt.

William Lewis kam Jack entgegen und wollte ihm einen Becher Rum reichen, doch der lehnte dankend ab. Ihm war auch so schon schlecht genug, da brauchte er nicht noch Alkohol. Doch dass die Männer, die hier unter der Anleitung des Captains der *Marie-Claire* die Leichen vergruben, ihn benötigten, damit sie ihre Arbeit überhaupt bewältigen konnten, war ihm natürlich klar.

»Wie soll es jetzt weitergehen, Captain?«, wollte Lewis

wissen. »Wollen wir mit der Brigg die Fregatten verfolgen? Wenn wir die Sechsunddreißigpfünder von den Hügeln herunterholen und an Bord bringen, können wir sie wie die *Golden Fleece* auf den Grund des Meeres schicken. Oder wollen wir versuchen, ein größeres Schiff zu kapern, damit Ihr wieder über ein Euch angemessenes verfügt? Ich denke, auf die Dauer wird die *Marie-Claire* Euren Ansprüchen nicht genügen, denn an übermächtige Gegner könnt Ihr Euch mit ihr kaum heranwagen.«

»Die Brigg ist dein Schiff, William«, meinte Jack gelassen. »Begreif das endlich und nenne mich zukünftig Jack. Ich bin auch kein Captain mehr, denn ich habe mein Schiff verloren. Aber einen Rat möchte ich dir trotzdem geben. Die schweren Geschütze würden die *Marie-Claire* nur instabil machen. Dafür ist sie nicht geschaffen. Nimm dir die Vier- und Neunpfünder vom Strand, das reicht für sie als zusätzliche Bewaffnung. Die Batterien auf den Hügeln würde ich mitsamt den Kanonen sprengen, wenn wir die Insel verlassen. Hierher können wir nicht mehr zurückkehren, das ist dir doch klar, oder?«

»Schon, doch ein bisschen Hoffnung hatte ich noch. Aber … du bekommst natürlich die Brigg zurück, Jack.« Es fiel William Lewis nicht leicht, so vertraulich mit dem Mann zu sprechen, den er wie keinen Zweiten auf der Welt verehrte und achtete. Ihm sollte er sich jetzt gleichrangig fühlen? Nicht in diesem Leben und auch in keinem anderen! »Sie ist unter deinem Kommando aufgebracht worden, und ich habe sie nur auf deinen Befehl hin geführt. Das ist doch keine Frage!«

»Lass uns nicht streiten, William. Ich will sie nicht. Ebenso wenig, wie ich weiterhin ein solches Leben wie bisher führen möchte. Alles hat seine Zeit, und die meine als Freibeuter, denke ich, ist vorbei. All die Toten, das Morden, das Entern und Plündern, ich habe es so satt! Wie sehr ich mich nach Ruhe und Frieden sehne, kann ich dir gar nicht sagen. Hier auf dieser Insel dachte ich, ein bisschen davon gefunden zu haben, doch nun ist auch das zerstört. Vielleicht ist es der Wink des Schicksals, den ich gebraucht habe, um eine endgültige Entscheidung zu treffen. Unsere Wege werden sich trennen, William. Du wirst den deinen noch finden müssen. Der meine liegt wie ein aufgeschlagenes Buch vor mir.«

»Und wohin wird er dich führen, dieser Weg?«, fragte William erschrocken, der sich ein Leben ohne Jack Bannister an seiner Seite gar nicht vorstellen konnte.

»Zurück nach England und vielleicht sogar zurück zu meiner Frau«, antwortete Jack nachdenklich. »Wobei, Letzteres wird sich noch weisen. Und natürlich kann ich nicht von Port Royal aus nach England reisen, das ist mir selbstverständlich klar. Doch John Harris hat bei unserem letzten Zusammentreffen angedeutet, dass der Thron von James Stuart gefährlich wackelt. Und wenn er stürzt, dann will ich bereit sein. Harris wird sich für mich verwenden und eine Amnestie erwirken. Darauf werde ich warten müssen. Und deshalb habe ich noch eine Bitte an dich, William.«

»Welche auch immer, sie ist schon erfüllt, wenn es in meiner Macht steht.«

»Als wir vor Campeche lagen, habe ich von einer englischen Ansiedlung an der Moskitoküste südlich der Halbinsel von Yucatán gehört. Offenbar versuchen Siedler und die Providence Island Company, hier Kolonien ähnlich denen in Nordamerika zu gründen. Es gibt angeblich sogar schon eine Hauptstadt, Bluefields. Dort bring mich hin, ich bitte dich. Da dürfte mich keiner kennen, und ich könnte unter anderem Namen als Händler tätig sein, bis aus England die Nachricht kommt, dass ein neuer König auf dem Thron sitzt. Lange, wenn ich den Worten von John Harris Glauben schenken darf, kann das nicht mehr dauern.«

»An die Moskitoküste?« William Lewis klang echt entsetzt. »Schon der Name klingt ja grauenvoll. Das willst du dir wirklich antun, Jack?«

Der Gefragte lachte leise vor sich hin.

»Mach dir keine Sorgen, den Namen hat der Landstrich nicht von den stechenden Plagegeistern, sondern von dem Volk der Miskitos, das dort lebt. Er ist nur eine Verballhornung, schreckt aber, zugegeben, ab. Doch das ist vielleicht gar nicht so schlecht. Also, William, willst du mir diesen Wunsch erfüllen? Ich wäre dir auf ewig dafür verbunden. Und wenn du selbst das Piratenleben einmal satthaben solltest, dann komm zu mir. Ich werde immer für dich da sein, versprochen.«

William Lewis seufzte schwer.

»Ich kann mir überhaupt nicht vorstellen, ohne dich zu sein, Jack«, meinte er dann gepresst. »Aber wenn es denn wirklich dein Wille ist, dann soll er geschehen. Wann möchtest du denn aufbrechen? Hast du dafür auch schon einen Plan?«

»So bald als möglich, William. Einen einmal gefassten Entschluss sollte man stets, so schnell es nur geht, in die Tat umsetzen, sonst verwässert er sich. Doch zuvor haben wir noch Arbeit, die Toten müssen begraben, die Verwundeten versorgt werden. Wer nicht transportfähig ist, den sollten wir bei den Ciguayos in Pflege geben. Du kannst die Männer ja später dort abholen, und auch das, was die *Marie-Claire* jetzt nicht an Schätzen und Waren tragen kann. Bis dahin müssen wir es in den Höhlen an Land verstecken. Nicht auf der Insel, da wird man als Erstes danach suchen, und du solltest dich auch nie zu lange hier aufhalten. Auch kannst du nicht alle unversehrt gebliebenen Männer zu dir an Bord nehmen. Ich zerbreche mir schon die ganze Zeit den Kopf, was aus ihnen werden soll. Hier zurücklassen können wir sie auf gar keinen Fall. Das wäre ihr Todesurteil, kommt die Royal Navy zurück. Und das wird sie, davon bin ich fest überzeugt.«

»Mach dir keine Sorgen, Jack. Ich habe schon etliche Männer sagen hören, dass sie wie du das Piratenleben satthaben. Sie wollen sich lieber den Flibustiern anschließen und sich über die

Halbinsel nördlich von uns zum Atlantik durchschlagen. Wenn sie sich dann westwärts halten, bis sie auf die Jäger stoßen, die die Freibeuter auf Tortuga mit Fleisch versorgen, sind sie in Sicherheit. Einige haben auch vor, sich von ihrem Beuteanteil ein Stück Land zu kaufen und Pflanzer zu werden. In Saint-Domingue wird man sie kaum verfolgen, im Gegenteil. Und Tortuga liegt direkt vor der Haustür, falls sie es sich doch noch anders überlegen sollten.«

Jack fiel ein großer Stein vom Herzen, denn was aus den Männern werden sollte, mit denen er so lange zusammengelebt, gekämpft, gelacht und gelitten hatte, war seine größte Sorge gewesen. Und dass ausgerechnet William Lewis sie ihm von den Schultern nahm, bestätigte ihn in seiner Überzeugung, dass aus diesem ein richtig guter Captain werden würde.

Zehn Tage brauchte man, um alle Vorbereitungen für die Abreise von Bannister Island zu treffen. Die Geschütze waren vernagelt und die Stellungen gesprengt worden. Wer sich zu Land durchschlagen wollte, bekam seinen Beuteanteil in Gold ausgehändigt, das zwar schwer zu schleppen, aber zumindest nicht sperrig war. Die wertvollsten Waren wurden in den Laderäumen der Brigg verstaut und sollten nach dem Eintreffen auf Tortuga zu Geld gemacht werden. Der Rest wurde gut versteckt zurückgelassen und sollte ebenso wie die Verwundeten später abgeholt werden.

Jack beteiligte sich an den Arbeiten nur halbherzig, stand aber William Lewis immer mit gutem Rat zur Seite, wenn dieser ihn brauchte, was aber von Tag zu Tag seltener wurde. Der Captain, der keiner mehr war, nahm Abschied von seinem Schiff und stand oder saß stundenlang über der Stelle, an der die *Golden Fleece* untergegangen war. Manchmal glaubte er, sein Herz würde brechen, doch dann wiederum sagte er sich, dass das Leben schließlich weiterging und vielleicht noch viele Überraschungen für ihn bereithielt.

Als die *Marie-Claire* dann die Bucht von Samana verließ, stand er am Heck der Brigg und blickte auf die Insel zurück, die seinen Namen trug. Ihm war unendlich wehmütig zumute, und er hoffte nur, dass niemand sah, wie feucht seine Augen waren.

ENDE

HISTORISCHE ANMERKUNGEN DES AUTORS

Wie immer bei meinen Romanen wird sich der geneigte Leser jetzt sicher fragen, was in der vorliegenden Geschichte meiner Fantasie entsprungen ist und was auf Tatsachen beruht. Nun, von den Letztgenannten gibt es weit mehr, als man vielleicht denken mag, auch wenn dies noch so unwahrscheinlich klingt.

Auf Jack Bannister stieß ich eher zufällig. Einer meiner Jugendträume war es immer, einmal Buckelwale in der freien Natur zu sehen. Auf der Suche nach einem Ort, wo das möglich ist, stieß ich auf die Bucht von Samana im Norden der Dominikanischen Republik. Dorthin kommen alljährlich zwischen Januar und März Hunderte – früher sollen es Tausende gewesen sein – Buckelwale, um sich zu paaren und zu kalben. Die bekannte Meeresbiologin und Tierschützerin Kim Beddall bietet hier seit Langem sanftes Whalewatching an, und so haben wir bei ihr gebucht und Quartier in einem Hotel auf der in der Bucht liegenden Insel Cayo Levantado genommen.

Da ich ja immer sehr neugierig bin, wollte ich natürlich wissen, was das denn für eine Insel ist, auf der wir wohnen würden, und stieß auf Überraschendes. Cayo Levantado – auch bekannt als die Bacardi-Insel, da hier Werbespots für den bekannten Rum gedreht wurden – hieß früher Bannister Island, und auch ein Hotel in der Bucht und der Jachtclub von Samana führen diesen Namen. Jetzt interessierte mich natürlich brennend, um welche namensgebende Person es sich dabei handelte, und so stieß ich auf eine fast unglaubliche Geschichte, die sich kein Roman- oder Hollywooddrehbuch-Autor spannender hätte ausdenken können.

Die Beschreibungen der Walbeobachtungen im Roman basieren also auf eigenem Erleben, ebenso die Schilderungen der Bucht von Samana mit ihren schwierigen Wasserverhältnissen und der Insel, die über Jahrhunderte hinweg den Namen des berühmten Freibeuters trug. Auch die Höhlen und den beschriebenen Wasserfall gibt es, und die Schiffstypen und -namen sind historisch überliefert. Ebenso real sind die Segelmanöver und seemännischen Begriffe. Für den Roman »Der Pirat – ein Francis-Drake-Roman« hatte ich ja damals extra den Segelschein gemacht und jetzt für »Jack Bannister« meine Kenntnisse noch einmal aufgefrischt. Die Zitate aus dem Kaperbrief, den Gouverneur de Cussy für Jack ausstellt, entstammen einem Original, und die Antwort des spanischen Gouverneurs von Merida, die dieser den Piraten gab, beruht ebenfalls auf historischen Überlieferungen.

Über die frühen Jahre von Jack Bannister ist leider so gut wie nichts bekannt. Er wird sogar unter mehreren Vornamen – Jack, Joseph, John und auch George – geführt, wobei es sich aber nachweislich immer um ein und dieselbe Person handelt. Warum aus dem angesehenen und auch wohlhabenden Handelsschiffskapitän um 1684 plötzlich ein Freibeuter wurde, ist nicht nachvollziehbar. Hier muss etwas Gravierendes vorgefallen sein, denn ein solcher Schritt war sicherlich kein leichter und deshalb meine Fantasie gefragt. Ich lasse den Captain der *Ruby* darüber spekulieren, und er kommt wie ich zu dem Ergebnis, dass wohl nur Geld oder Frauen, vielleicht auch beides, als Ursache dafür infrage kommen.

Sobald Bannister aber während des sogenannten goldenen Zeitalters der Piraterie zwischen 1650–1730 in die Karibik kam, wurde sein Leben recht gut dokumentiert. Kein Wunder, war es doch überaus reich an Abenteuern, und kein anderer Freibeuter setzte der gefürchteten Royal Navy so sehr zu wie er.

Die in dem Roman geschilderten Ereignisse haben sich überwiegend genauso zugetragen wie beschrieben. Die *Golden*

Fleece wurde tatsächlich vor den Cayman-Inseln von der Fregatte *Ruby* aufgebracht und Jack Bannister in Port Royal der Prozess gemacht. Thomas Lynch wollte ihn unbedingt hängen sehen, aber die Jury sprach ihn frei, weil die Geschworenen nichts Schlechtes darin erkennen konnten, einen Spanier zu kapern. Das Urteil soll den Gouverneur derart mitgenommen haben, dass er einen Schlaganfall erlitt und zwei Wochen später verstarb. Zuvor hatte er allerdings verfügt, dass Bannister Port Royal nicht verlassen durfte, und eine neue Verhandlung anberaumt. Doch dem Gefangenen gelang es, zu entfliehen und an Bord seines Schiffes zu gelangen. Er entführte die *Golden Fleece* mit kleiner Besatzung aus dem Hafen, vorbei an den Batterien von Fort James und Fort Charles. Erst das fünfzehnte von sechsunddreißig Geschützen der Festung eröffnete das Feuer, aber Bannister brachte die Galeone heil aus dem Hafen heraus und schloss sich den Freibeutern auf Tortuga an.

Von Gouverneur Pierre-Paul Tarin de Cussy erhielt er den zuvor bereits erwähnten, von König Louis XIV. unterzeichneten französischen Kaperbrief, brachte wohl mehr als zweihundert Schiffe auf und lieferte sich auch Gefechte mit Schiffen der Royal Navy, der andere Piraten stets tunlichst aus dem Weg zu gehen versuchten. Jack Bannister war bei dem Überfall auf Campeche dabei und geriet nachweislich mit Michel de Grammont aneinander, der wenig später mit seinem Schiff spurlos von den Weltmeeren verschwand. Auch das geschilderte Duell zwischen Laurens de Graaf und Nicholas van Hoorn hat es gegeben, wenn auch vor Veracruz, ebenso ist sein Ausgang historisch belegt.

Aber richtig berühmt wurde Jack Bannister durch seinen Kampf gegen zwei schwere Fregatten der Royal Navy vor der Insel, die ihm und seinen Männern als Unterschlupf diente und die er befestigt hatte. Noch heute kann man auf den Hügeln von Cayo Levantado Reste der Geschützstellungen erkennen, wenn man genau hinschaut. Das Gefecht zog sich über zwei Tage hin, die Fregatten waren danach kaum noch schwimmfähige Wracks und mehr als einhundertzwanzig englische Seeleute und Royal Marines gefallen.

»Es war eine atemberaubende Niederlage für die Engländer und machte Bannister zur Legende. Das ist die größte Piratengeschichte aller Zeiten«, sagte Tracy Bowden, eine Schatzsucherin und Legende in dieser Branche, dem Journalisten Robert Kurson. »Etwas Vergleichbares hatte es zuvor und auch danach nie wieder gegeben.«

Allerdings ging dabei auch die *Golden Fleece,* die man zur Säuberung des Rumpfes auf die Seite gelegt hatte, verloren. Doch sie wurde 2009 von den amerikanischen Wracktauchern John Mattera und John Chatterton, die sich dafür Tracy Bowdens Recherchen bedienten, vor Cayo Levantado in nur circa sechs Metern Tiefe liegend, wiedergefunden. Man kann das Wrack der Galeone sogar beim Schnorcheln sehen, wenn man weiß, wo man suchen muss. In einem Interview sagten die beiden Entdecker dazu:

»Die Chance, die *Golden Fleece* zu finden, war unwiderstehlich. Das war eines der mysteriösesten und berühmtesten Wracks der Welt, die ganze Schatztaucher-Szene suchte danach seit Jahrzehnten.«

Musketen und andere Waffen, Gebrauchsgegenstände wie Pfeifen, Tongefäße und Kugeln, sowohl für Kanonen als auch für Handwaffen, konnten geborgen werden, aber keine erhofften Schätze. Bis heute stellt sich deshalb die Frage, wo der berühmt-berüchtigte Freibeuter sie verborgen hat. Vielleicht in den Höhlen der Halbinsel gegenüber von Cayo Levantado, die man vom Wasser aus gut sehen kann, oder doch tiefer im Hinterland? Man wird es wahrscheinlich nie erfahren, aber bis heute wird nach ihnen gesucht.

Nach der Schlacht verließ Jack Bannister mit einem Großteil seiner Crew auf einer zuvor gekaperten Prise die Insel. Die später mit noch stärkeren Kräften zurückkehrende Royal Navy fand Bannister Island völlig verlassen vor.

Die Freibeuterei in der Karibik konnte nur deshalb zu einer solch großen Blüte gelangen, weil die Monarchien in der Alten Welt im steten Kampf miteinander lagen. Die Könige von England und Frankreich waren zwar eng miteinander verwandt und verschwägert, was sie aber nicht daran hinderte, sich gegenseitig zu bekriegen, wann immer ihnen das möglich war. Und die Meere galten damals als nahezu rechtsfreier Raum, wo allein die Macht des Stärkeren regierte.

Nach dem Tod Oliver Cromwells hatte man die Söhne des hingerichteten Charles I. zurück ins Land geholt, da der Versuch, in England eine Republik zu errichten, in einer Tyrannei und blutigen Bürgerkriegen geendet hatte. Damals war die Zeit einfach noch nicht reif dafür, und es sollten mehr als hundert Jahre vergehen, bis in Nordamerika englische Kolonien ihre Unabhängigkeit vom Mutterland erklärten und beschlossen, hinfort ohne eine Monarchie auszukommen.

In England hingegen wurde aus dem Hause Stuart zuerst 1660 Charles II. zum König gekrönt, ihm folgte nach seinem Tod 1685 sein Bruder als James II. auf den Thron. Charles stand dem Katholizismus nahe und trat auf dem Sterbebett zum katholischen Glauben über, James war bereits 1668 konvertiert. Das waren keine guten Voraussetzungen, um das protestantische England zu regieren, noch dazu, wo beide Stuart-Könige danach strebten, den Absolutismus, so wie er in Frankreich unter Louis XIV. herrschte, auch in ihrem Reich einzuführen, und mehrmals versuchten, das Parlament auszuschalten, indem sie es auflösten.

Mätressenwirtschaft und unzählige Liebschaften, oft zulasten der angetrauten Ehegatten, gehörten beim Hochadel zu der Zeit, in der der Roman spielt, zur Tagesordnung. Charles hatte siebzehn bekannte uneheliche Kinder von mindestens vierzehn Geliebten, und sein Bruder James stand ihm dabei in nichts nach. Das war zwar aus damaliger Sicht nicht übermäßig anstößig, vor allem da Katholiken ihre Verfehlungen, und dazu gehörte gemäß der Zehn Gebote auch der Ehebruch, ja beichten konnten und sie ihnen dann vergeben wurden, doch die Puritaner unter den Protestanten liefen dagegen Sturm.

Nicht nur, aber auch deshalb, wurde das Königshaus der Stuarts 1688 in der Glorious Revolution vom Thron gestürzt. Die Gegner des königlichen Absolutismus in England, vorwiegend die Partei der Whigs, entschieden den seit Beginn des 17. Jahrhunderts geführten Machtkampf mit dem Stuartkönigtum endgültig zu ihren Gunsten. Sie hoben Wilhelm von Oranien, einen eingefleischten Calvinisten und damit Protestanten, auf den Thron, nachdem sie ihn zuvor die Bill of Rights, die Grundlage für das heutige parlamentarische Regierungssystem im Vereinigten Königreich, hatten unterzeichnen lassen. Seit der Revolution ist dort der König nicht mehr allein, sondern nur in Verbindung mit dem Parlament Träger der Staatssouveränität.

James II. floh nach Frankreich. Seine Versuche, die Macht zurückzuerobern, scheiterten allesamt, nicht zuletzt wegen seiner persönlichen Feigheit. Er starb vergrämt und als Büßer 1701 an einem Schlaganfall in Saint-Germain-en-Laye.

Wer sich beim Lesen des Romans gefragt hat, wieso Jack Bannister und vor ihm zum Beispiel auch Henry Morgan eine blutrote Flagge gehisst haben, wenn sie zum Angriff übergingen, dem sei gesagt, dass die immer wieder in Piratenfilmen gezeigte schwarze Fahne mit dem Totenkopf, der sogenannte Jolly Roger, erst um das Jahr 1700 aufkam und auch keineswegs einheitlich war. Mal zeigte die Fahne zusätzlich gekreuzte Knochen, oder es war ein ganzes Skelett dargestellt, dann wieder eine Hand, die ein Entermesser hält, ebenso war eine Lanze, die auf ein blutrotes Herz zielt, möglich.

Leser, denen Jack Bannister im Laufe des Romans ans Herz gewachsen ist, sollten jetzt besser nicht weiterlesen oder müssen sehr tapfer sein. Er erlebte leider den Sturz seines Widersachers auf dem Thron nicht mehr, denn die Royal Navy vergibt nie. Wer Gouverneur Hender Molesworth seinen Aufenthaltsort verraten hat, ist nicht bekannt. Doch ein Kommando der Royal Marines nahm ihn in einer Nacht-und-Nebel-Aktion an der Moskitoküste fest, und Captain Spragg, der nach Rache dürstete, ließ ihn ohne Gerichtsverfahren an den Rahen seines Schiffes aufhängen, noch bevor es wieder in Port Royal einlief.

Liebe Freunde des historischen Romans, gestatten Sie mir wie stets noch ein abschließendes Wort: Ich bitte den geneigten Leser zu bedenken, dass es sich bei dem vorliegenden Buch um einen Roman, nicht um einen historisch exakten Abriss der Geschichte handelt. Wie immer habe ich mich um größtmögliche Korrektheit und Detailtreue bemüht, Lücken in den Überlieferungen aber mit meiner Fantasie gefüllt. Natürlich weiß auch ich nicht im Detail, wie es damals genau gewesen ist. Doch gestatten Sie mir erneut, eines in Anspruch zu nehmen: alles so geschildert zu haben, wie es zumindest gewesen sein könnte. Und immer, wenn Ihnen etwas besonders unwahrscheinlich oder womöglich anstößig vorkommt – wie zum Beispiel das ausschweifende Gelage im Palais Royal in Paris, man könnte es auch durchaus eine Orgie nennen, in dessen Verlauf der junge Waffelbäcker zu Tode kommt, gehen Sie am besten davon aus, dass es sich so oder zumindest sehr ähnlich zugetragen hat, wie man historischen Quellen entnehmen kann.

Und Thomas Corker wurde tatsächlich zum ersten Faktor der Royal African Company auf York Island ernannt, heiratete eine Frau aus dem Stamm der Sherbro und bekam mit ihr zwei Söhne. Noch heute führen mehrere Familien an der Küste von Sierra Leone ihre Abstammung auf ihn zurück, aber das ist eine Geschichte, die ich vielleicht ein anderes Mal erzähle.

GLOSSAR

Achterdeck – hinter dem Großmast befindliches, meist erhöhtes Deck

Allongeperücke – langlockige und große Perücke für Herren aus Tier- oder Menschenhaar, wurde circa 1665 bis 1715 getragen

Anbrassen – die Rah stärker in Längsrichtung des Schiffes auszurichten, um höher am Wind zu segeln

Ästuar – der Flut ausgesetzte Flussmündung

Back – Aufbau auf dem Vorschiff, der sich von Bord zu Bord bis zum Vorsteven erstreckt und oben durch das Backdeck begrenzt wird

Backbord, Steuerbord – linke bzw. rechte Seite eines Schiffes

Barbaresken – muslimische Kaperfahrer, die vom 16. Jahrhundert bis zum Anfang des 19. Jahrhunderts von dem als Barbarei-Küste bezeichneten Teil der nordafrikanischen Küste aus agierten

Batteriedeck – Deck, auf dem Kanonen aufgestellt wurden

Bilge – unterster Raum auf einem Schiff, der direkt oberhalb der Schiffsplanken bzw. oberhalb des Kiels liegt

Cavation – kreisförmige Bewegung beim Fechten um die gegnerische Klinge herum

Drehbasse – leichtes Geschütz mit kurzer Reichweite, das auf einem Drehzapfen gelagert war und meist mit Hagel (grober Schrot oder auch Nägel) geladen wurde

Eselshaupt – Verbindungsteil zwischen Mast und Flaggenstenge

Faden – Längenmaß in der Schifffahrt für Tiefenangaben, ursprünglich handelt es sich dabei um die Spannweite der Arme eines ausgewachsenen Mannes, historisch sechs Fuß, etwa 1,82 Meter

Faktor – Leiter einer Niederlassung eines Handelshauses oder einer Handelskompanie

Fallreep – früher ein herabgelassenes Seil, später eine Strickleiter zum Erreichen höher gelegener Rümpfe, heute Zugangsbrücke oder Zugangstreppe zum Besteigen oder Verlassen eines Schiffes

Fleute – aus den Niederlanden stammendes dreimastiges Handelsschiff mit großer Ladefähigkeit und geringem Tiefgang

Freiwache – die Zeit zwischen zwei Wachen, in der das Besatzungsmitglied eines Schiffes von Bordaufgaben freigestellt ist

Galeone – drei- oder viermastiges Segelschiff des 16. und 17. Jahrhunderts

Gefechtsmars – ein Mastkorb, in dem Bogenschützen, Granatenwerfer und später Musketen-Schützen in Stellung gebracht wurden, die von dort auf die Mannschaft eines längsseits liegenden Schiffs schossen

Gig – leichtes, schlankes, geklinkert gebautes Ruder-Beiboot mit einer Hilfsbesegelung, das dem Captain zur Verfügung stand
Glasen – Bezeichnung für die Zeitrechnung auf See, ein Glasen entspricht einer halben Stunde
Halse – Segelmanöver, bei dem das Schiff mit dem Heck durch den Wind geht
Heuer – der Lohn eines Seemanns
Hundewache – die unbeliebte Wache auf Schiffen von Mitternacht bis vier Uhr morgens
Inch – von Henry I. 1101 eingeführte Maßeinheit, 1 Inch entsprach der Breite seines Daumens, 2,54 cm
Kabellänge – zehnter Teil einer Seemeile, entspricht 185,2 m
Killen – Seemannssprache für das Flattern eines Segels
Kimm – die auf offenem Meer sichtbare Grenzlinie zwischen Wasser und Himmel
Krähennest – Plattform und Mastkorb am Masttopp für den Ausguck, von hier wurden aber auch feindliche Decks unter Beschuss genommen
Kuhl – mittlerer Bereich des Oberdecks auf einem historischen Rahsegler
Lee – die dem Wind abgekehrte Seite des Schiffes
Luv – die dem Wind zugekehrte Seite des Schiffes
Mangroven – Bäume, die sich an das Leben im Gezeitenbereich tropischer Küstenregionen angepasst haben
Midshipmen – Offiziersanwärter als zukünftiger Marineoffizier. Sie tragen ihren Namen, weil sie in der Segelschiffszeit zwischen der Mannschaft vorschiffs und den Offizieren achtern, mittschiffs ihre Unterkunft hatten
Passatwinde – mäßig starker und sehr beständiger Wind, der in den Tropen bzw. Subtropen bis zu etwa 30 Grad geografischer Breite rund um den Erdball auftritt
Piroge – ein Einbaum, bei dem die Seitenwände durch aufgesetzte Planken erhöht wurden
Planche – Fechtbahn
Poop – das oberste, achtern gelegene Schiffsdeck
Prim, Second, Terz, Quart – Paraden beim Fechten
Prise – aufgebrachtes Schiff, Beute einer Kaperfahrt
Rah – segeltragende Rundstangen, deren beide Enden (Nocken) über den Mast hinausragen
Raumer Wind – bedeutet, dass ein Schiff mit Wind schräg von hinten (in einem Winkel von etwa 100 bis 170 Grad) segelt
Rigg – seemännisch für die Takelage eines Segelschiffs
Saling – eine Konstruktion, die zu beiden Seiten neben dem Mast Befestigungen für die Wanten bietet

Seemeile – entspricht 1/60 Breitengrad, 1,852 km
Seite pfeifen – Ehrenerweisung auf Kriegsschiffen für Offiziere oder hochrangige Gäste, die an Bord eines Schiffes kommen oder es verlassen
Sloop – kleinere Kriegsschiffe, die hauptsächlich für den Geleitschutz vorgesehen waren
Subsidien – Unterstützungsleistungen, durch die ein bestimmter Zweck erfüllt werden soll, z. B., dass der Begünstigte sich entsprechend den Wünschen des Unterstützers verhält
Wanten – stützen einen Mast oder eine Stenge, werden auch als stehendes Gut bezeichnet
Whitehall – ab 1530 die Hauptresidenz der britischen Monarchen
Yard – im Jahr 1011 von Henry I. als Abstand von seiner Nasenspitze bis zur Daumenspitze seines ausgestreckten Armes festgelegt, ein Yard betrug ungefähr drei Fuß, heute 0,9144 m

BIBLIOGRAFIE

Andrews, Kenneth R.: Admiral und Pirat Francis Drake – England auf dem Weg zur Seeherrschaft, Akademische Verlagsgesellschaft Athenaion, Frankfurt am Main, 1967

Emersleben, Otto: Zu fernen Ufern – Entdeckungen im 17. und 18 Jh., Urania Verlag, 1984

Erdödy, János: Wachablösung auf dem Ozean, Corvina Kiadó, Budapest, 1979

Exquemelin, Alexandre Olivier: Piraten der Karibik – Augenzeugenbericht eines Freibeuters, Independently published, 2018

Gulas, Stefan: Segelschiffe, Slovart Verlag, 1987

Hampden, John (Hrsg.): Sir Francis Drake – Pirat im Dienst der Queen, Horst Erdmann Verlag, 1977

Hanke, Helmut: Männer, Planken, Ozeane, Urania Verlag, 1976

Hoeckel, Rolf: Risse von Schiffen des 16. und 17. Jahrhunderts, Hinstorff Verlag, Rostock, 1970

Horlacher, Richard und Schankliss, Horst: Vorderladerschießen, Journal-Verlag, Schwend Verlag, Schwäbisch Hall, 1980

Kampas, Konrad: Anker auf, Skipper, Hillstein-Verlag, Salzburg, 1991

Komm, Ulrich: Mit Breitseite und Enterbeil, Militärverlag der DDR, Berlin, 1976

Krämer, Walter: Die Entdeckung und Erforschung der Erde, Brockhaus Verlag, Leipzig, 1974

Kurson, Robert: Pirate Hunters – Treasure, Obsession, and the Search for a Legendary Pirate Ship, Random House, 2015

Letosniková-Michálková, Ludise: Waffen, Schützen, Büchsenmacher, Albatros-Verlag, Prag, 1982

Moshejko, Igor: Am Mast der Totenkopf – Piraterie im Indischen Ozean, Verlag das Neue Berlin, 1977

Neukirchen, Heinz: Piraten – Seeraub auf allen Meeren, Transpress Verlag für Transportwesen, Berlin, 1976

Neukirchen, Heinz: Seemacht im Spiegel der Geschichte, Transpress Verlag für Transportwesen, Berlin, 1982

Rackwitz, Erich: Fremde Pfade – unbekannte Meere, Urania Verlag, Berlin, 1980

Schreiber, Herrmann: Piraten und Korsaren der Weltgeschichte, Drei Ulmen Verlag, München, 1990

Sleightholme, J. D.: Das ist Küstensegeln, Delius Klasing Verlag, Basel, 1990

Der König der Meere

MAC P. LORNE

DER PIRAT

Ein Francis-Drake-Roman

England im 16. Jahrhundert: Der berühmt-berüchtigte Pirat der Königin, Francis Drake, kehrt von seiner Weltumseglung zurück. Nach fast drei Jahren läuft die *Golden Hind* als einziges von ursprünglich fünf Schiffen wieder in den Hafen von Plymouth ein. Während die anderen Mitglieder der Mannschaft voller Freude von ihren Frauen begrüßt werden, steht Drake ein schwerer Gang bevor: Er muss seiner Frau Mary mitteilen, dass er in Patagonien Thomas Doughty, einen seiner Kapitäne, aus einem vorgeschobenen Grund hinrichten ließ. Mary hatte sich vor seiner Abreise von Doughty verführen lassen und wird von Drake fortan aus seinem Leben verbannt, da er den Gedanken an die Schmach nicht erträgt. Doch lange kann der Pirat nicht bei seinen privaten Angelegenheiten verweilen, denn seine Königin schickt ihn erneut auf große Fahrt – die zu seiner größten Mission werden soll …

»Wunderbar authentisch, historisch belegt und trotzdem fesselnd von der ersten bis zur letzten Seite, das ist die Francis Drake Story, die Mac P. Lorne in seinem Piraten-Abenteuer erzählt.«

buch-ticker.de